≪히말라야 배낭여행≫

- 히말라야 트레킹 가이드 2권 -

◀ 카시미르 히말라야 ▶
= 북인도 잠무카시미르 =

≡ 1부 ≡

카시미르
&
라다크

⟨트레킹 인디아①⟩

카시미르밸리, 카라코람, 라다크

히말라야 트레킹 가이드 2
카시미르&라다크 트레킹
〈上〉 카시미르밸리

초판 1쇄 발행 2020년 9월 4일

지은이 리릭
펴낸이 장길수
펴낸곳 지식과감성#
출판등록 제2012-000081호

디자인 윤혜성
편집 윤혜성
교정 박솔빈
마케팅 고은빛

지도 리릭
사진 리릭 & Alpine Adventure, India-hike, Haramukh Adventure—타타쿠티 원정대, Pierre Martin,
Bernd Looft, Christoph Hormann, Jean Luc Fohal, Antoine Marnat, Dr.Victor,
Petr Liska, Silvestro Franchin, Koshik Shil, Jagit Sunny, Shubham Mansingka,
Naresh Sehgal, Akhil Midha, Prajakt Kumar, Swathi Chatrapathy, Sana Geeta,
Sushant-Ale, Prasiddh Mangarola, Bilal Bahadur, Hilal & Nissar Ahmed,
Devinder Singh, Shafeeq Aarish, Bashir Malik, Ritu Saini, Mahmood Shah,
Swed Wasem, Neeraj Jat, Pardeep Parihar, Romesh Bhattachrij

주소 서울 금천구 벚꽃로 298 대륭포스트타워6차 1212호
전화 070-4651-3730~4
팩스 070-4325-7006
이메일 ksbookup@naver.com
홈페이지 www.knsbookup.com

ISBN 979-11-6552-294-0(14980)
ISBN 979-11-6552-250-6(세트)
값 20,000원

ⓒ Lyric 2020 Printied In Korea

잘못된 책은 구입하신 곳에서 바꾸어 드립니다.
이 책의 전부 또는 일부 내용을 재사용하려면 사전에 저작권자와 펴낸곳의 동의를 받아야 합니다.

이 도서의 국립중앙도서관 출판예정도서목록(CIP)은 서지정보유통지원시스템
홈페이지(http://seoji.nl.go.kr)와 국가자료공동목록시스템(http://www.nl.go.kr/kolisnet)에서
이용하실 수 있습니다. (CIP제어번호 : CIP2020036097)

홈페이지 바로가기

| 히말라야 배낭여행 | | 보방갈리 첼롱메도우 |

히말라야 트레킹 가이드 ②
카시미르 &
라다크 트레킹

리릭 저

카시미르히말라야

〈上〉
카시미르밸리

카시미르 오지마을 어린 소녀들(와르완밸리)

※ 책은 단지 유용한 정보들과 노하우들을 제공하는 데 지나지 않다. 여행을 선택하고 그에 대한 안전과 책임은 전적으로 본인의 몫이다.

~~~~~~

▶ 트레킹이란

○ 트레킹(Trekking)의 정의

사전적 의미로는 '힘들게 고생고생 도보로 여행하다(trek)'는 의미를 담고 있다. 그 유래는 과거 아프리카 원주민들이 짐승들·가축들과 함께하는 유랑생활(유목) 내지는 집단이주 과정을 묘사하는 데서 생겨난 말이다. 이러한 점에서 사실 트레킹이란 단어를 사전적으로 명확히 정의하기란 쉽지 않다.

한편으론 일반적으로 우리가 두 다리를 이용해 여행하는 모든 행위를 다 이러한 트레킹의 범주에 넣을 수 있을 것이다. 하지만 굳이 구분하여 언급해보자면, 이러한 도보여행의 대상목적지나 방법적인 측면에서 등산·등반(Mountaineering)/하이킹(Hiking)/워킹(Walking)/백패킹(Back-Packing)등의 부류로 나누어볼 수 있는데, 이들 중에서 트레킹은 등반과 하이킹의 중간 형태라 볼 수 있다. 물론 단지 '걷는다'는 관점에서는 위 모든 행태들이 다 '트레킹'의 일환이라 볼 수 있겠지만 어원에서 보듯 '노력과 수고'가 곁들여진다는 통상적인 관점에서의 '트렉'이란 단지 산보 수준의 '워킹'이나 가벼운 나들이 개념의 '하이킹'- *때론 자전거를 타고 가볍게 나다니는 행태도 포함* -을 넘어서 어감에서도 느껴지듯이 어느 정도의 고행을 감수하고 나서는 도보여행의 개념으로 보아야 할 것이며, 이를 위해서는 다소간 체력적인 측면과 준비성 또한 필요한 여가활동의 일환으로서 다루어질 영역으로서 보아야 하겠다.

또 한편으로 위의 '백패킹'의 한 부류로서 생각해볼 수도 있겠으나, 백패킹은 야영/취사 등 모든 장비를 말 그대로 본인이 직접 등에 짊어지고 하는 것임에 반해, 트레킹은 그렇게 과중한 정도의 짐과 장비를 직접 운반하지는 않고 비교적 간소한 차림과 장비만을 갖추어서 나서는 행태를 보여준다. 이러한 점에서 백패킹과도 다소 구분이 되는 여행형태라 하겠으며, 다만 트레킹 대상지역 및 방법적인 측면에서 때로는 그러한 백패킹의 형태를 가미한 소위 '캠핑트레킹' 내지는 '원정(Expedition)'의 범주에까지 확대 적용된다고도 볼 수 있겠다.

이러한 트레킹에 대하여 다른 한편으로는 대상지의 성격과 고도 등에 따라 구분 짓기도 하는데, 통상 히말라야 지역에 있어서는 해발 5천5백미터 이하 지역- *때에 따라 그 이상의 고도라도 정상등반이 아닌 단지 경유고개(High Pass)만을 통과하는 경우에도 적용* -의 도보여행을 트레킹(Trekking)으로서 제시하고 있고, 그 이상 고도로 올라가는 경우에는 등반(Climbing)으로서 구분한다. 반면 이러한 구분과는 다르게, 소위 '트레킹피크'로서 알려진 대상지들도 있다. 하지만 이들은 사실 '트레킹'으로서보다는 - 비록 난이도는 전형적인 고산 클라이밍에 이르지 못한다 하더라도 - '등반'의 범주에 넣는 것이 더 타당할 듯하다.

아울러 '트렉'은 그 목적에 있어서도 다소간 차이점이 있다. 말 그대로 '정상' 등반(등정)을 목적으로 하는 등산 알피니즘에 반해 트레킹은 반드시 정상에 올라야 하는 목적성을 배제하고 그저 단순히(또는 무작정) **'걷는 과정'**에서 얻어지는 감성과 문화적 체험, 그러한 여로 상의 문화·자연공간에서의 자아성취에 더 주안점을 두고 있다. 즉, 트레킹은 단지 어디를 어찌어찌 여행하겠다가 아니라 그저 내 스스로가 자연과 현지에 동화되어 함께 느끼며 체험하고 여행한다가 그 주목적이라 하겠다. 이러한 점에서 현지민들이나 토속문화와의 교류가 중요한 관건이 될 수가 있겠으며, 이러한 부분들을 고려하여 소위 '트레킹 대상'지들이 정해지게도 된다.

※ 고산트레킹

고산트레킹은 말 그대로 '고산' 즉 고도가 높은 산악지역을 트레킹하는 것이다. 일반적으로 해발 3천미터 이상 지역을 트레킹하는 경우를 가리키며, 통상 3천~5천미터대까지의 영역을 고산트레킹 지역으로 분류한다. 이러한 고소지역을 트레킹하는 경우에는 말마따나 '고소증'에 유의해야 하며, 아울러 지대가 높은 만큼 개개인의 안전과 편의를 위하여 갖추어야 할 장비와 준비물에도 각별히 신경을 써야한다.

※ 원정(Expedition) & 등반(Climbing)

'원정'이란 현지에서는 통상 '엑스페디션'이란 말로 표현하는데, 이는 원 뜻대로 '멀리 길을 떠나 탐험하다(expedite)'란 의미가 담겨있다. 즉, 문자 그대로 원거리 정찰 내지는 등정을 의미한다 하겠다.

반면 등반을 뜻하는 '클라이밍(Climbing)'이란 말 그대로 '오르는 행위'를 나타낸다. 하지만 이는 단순히 '오르는' 것을 의미하는 것이 아니라 통상 '정상을 목표로 오르는' 행위를 표방한다. 즉, '등정'을 염두에 두고 이루어지는 일련의 활동을 포괄한다. 여기서 클라이밍은 두 가지 관점으로 접근해볼 수 있다. 하나는 오로지 '정상'을 위해서 오르는 행위 즉 '등정'에 입각한 관점이고, 또 하나는 단지 '정상에 서는' 결과로서만이 아니라 그러한 정상으로의 '오름짓' 자체 또한 중요한 관점으로 부각시키는 소위 '등로'에 대한 정념이다. 이는 곧 이른바 '등로주의'에 입각한 클라이밍을 조성하는 사례가 되었고, 이로 인해 더욱 많은 등반가들이 수많은 코스와 루트들을 개척 시도하며 독자적이거나 차별화된 입지를 구축해가고 있다.

한편 이 두 개념을 혼합하여 일명 '원정등반'이라는 개념이 태동했다. 이는 바로 '원정'과 '등반'을 합친 말로서 통상 세계의 고봉이 밀집되어있는 히말라야 & 카라코람 일대의 무수한 등반대상지를 탐험하고 등정하는 일련의 과정과 행위, 결과를 총망라한다. 보통 이러한 '원정등반'의 대상지로는 중앙아시아의 히말라야·카라코람 14고봉과 더불어 일대의 크고 작은 고봉들과 암봉·암벽들이 주 대상지로서 등반가들을 불러모으고 있으며, 나아가 비단 이러한 히말라야나 카라코람 지역뿐 아니라 공가산(7556m)을 비롯한 중국본토 내륙의 고봉들과 멀리 남·북 아메리카 대륙의 로키-안데스 일원의 6천미터급 고봉들에도 원정의 손길을 내밀고 있다.

※ 산령·캠프·방향·루트·이동·지역 관련 이니셜약어 범례

GHR/GHT = Great Himalaya Range/Trail
GHW = Great Himalaya Watershed / WHW = West Himalaya Watershed
B.C. / H.C. / L.C. = Base Camp / High Camp / Low Camp
EBC/EHC = East B.C./H.C. // WBC/WHC = West B.C./H.C.
SBC/SHC = South B.C./H.C. // NBC/NHC = North B.C./H.C.
HBC / UBC = Himachal/Uttarakand B.C.
HP / LP = Higher Pass / Lower Pass
HR / MR / LR = High(er) Route / Middle Route / Low(er) Route
UT / LT = Upper Trail / Lower Trail
RT(MT) / VT = Ridge(Mountain) Trail / Valley Trail
NT / CT = Nature(Natural) Trail / Culture(Cultural) Trail
TT / ET = Tricky Trail / Easier Trail
BT / ST / OT = Basic(=Main) Trail / Side Trail / Old Trail
ER / WR / SR / NR = Eastern/Western/Southern/Northen Route
Of / Ov = On foot(도보) / On vehicle(차량이동)
CW = Clockwise / CCW = Counter Clockwise
LOC = Line of Control(인도-파키스탄 정전선(실질국경선) = Fire Ceased Line)
LAC = Line of Actual Control(인도-중국 실질통제선(실효지배 국경선))
IL = Inner Line / ILP = IL Permit / IL-CP = IL Check-post
SC / HQ = State Capital / Headquarter
AK = Azad Kashmir / JK = Jammu Kashmir
HP = Himachal Pradesh / UK = Uttarakand

▶ 서문

"하아, 하아, 하아, 숨쉬기가 너무 어려워. 누가 대신 숨쉬어줘 주었으면 좋겠다..." 2009년 수술 직후 중환자실에서 뇌까렸던 말이다. 그리고 정확히 똑같은 대사를 히말라야에서 되뇌었다. 수술 후 그렇게 몇 년의 시간이 흘렀다. 하지만 느낌은 변하지 않았다. 그 느낌 그대로였다. 숨 쉰다는 게 참으로 매력적인 사실이란 걸 또한번 느꼈다. 다만 이번엔 필연적으로가 아니라 나의 선택에 의해서 그처럼 숨쉬기 어려운 상황 속으로 나 스스로 찾아들었다는 것 그것만 달랐다.

폐수술 후 절망적인 상황을 '산'을 통해서 극복해갔다. 떨어져나간 폐부처럼 잃어버렸던 희망을 그렇게 '산'을 통해서 회복해갔다. 희망은 현실이 되었고 그 와중에 히말라야가 있었다. 그리고 숨쉬기 힘든 희박한 공간으로 다시금 나 자신을 몰고 갔다. 힘들었지만 즐거웠다. 더불어 이 즐거움을 나 혼자 만끽하기에는 아까웠다. 그래서 나름의 작업을 진행 중이며 그 첫 번째 결과물 제1권 - 카라코람 「K2 트레킹」 가이드북에 이어, 다시금 미흡하나마 바로 지금 이 두 번째 책자를 통해 드러내보고자 함이다.

히말라야는 더 이상 남의 이야기만은 아니라는 걸 깨달은 지 오래. 하지만 여전히 경외스럽고 범접키 어려운 대상으로서 뭇 세인들의 뇌리에 박힌 채 회자되고 있음은 안타깝기 그지없다. 그리하여 그러한 관념을 털고 좀 더 가깝고 친밀하게, 심지어 나와 같은 심폐 장애를 지닌 이도 충분히 딛고 다가설 수 있는 다감한 대상으로서 더욱 더 적극적으로 알려보이고자 한다.

내용은 단출하지만 필요한 사항들을 나름대로 빠짐없이 언급코자 하였다. 하지만 그럼에도 나 자신 머나먼 이방의 여행자로서 미흡한 정보력에 의존하여 집필되었기에 때론 빈약하고 때론 만족스럽지 못한 부분 또한 있음을 부인할 수 없겠다. 그렇다 하더라도 모쪼록 이 책자가 멀고 험난하게만 여겨졌던 히말라야에 대하여 좀 더 가깝고 친밀하게 이해하고 다가설 수 있도록 도움이 되었으면 하는 바람과 아울러, 나아가 독자들 스스로 또한 이의 히말라야 여로에 그처럼 직접 여정을 꾸리고 나설 수 있도록 도우미 역할이 될 수 있었으면 하는 소박한 바람이다.

바야흐로 이 책자의 수록내용과 정보제공에 큰 도움을 준 선답 탐험대원들과 현지 도우미들, 트레킹 에이전시 관계자들께 서두를 통해 감사의 말을 전한다.

****

▶ 저자에 대하여

1969년 닭띠 해에 태어나다. **연세대 불문학과**에 진학하고 졸업 후 **신한은행**에 입사, 금융권에 잠시 직을 두었다가 평소 관심이 깊던 여행과 관광 분야에 몰입코자 2년 후 퇴사, 이후 **한국관광공사**에 공채 입사하여 11년간 관광업무에 종사하다 2007년 여행프리랜서를 선언하고 퇴사하다.

퇴사 후 곧바로 중증 폐질환(비결핵성항산균 폐감염증)으로 장기간 항생치료를 요하게 되고, 이로 인해 정상적인 직업활동은 접고 투병생활에 돌입케 되다. 그러나 병세는 계속 악화되어 급기야 2년 뒤인 2009년 폐절제를 하기에 이르다.

(▶ 당시 절세부위는 우폐 싱딘과 중단부, 곧 우폐 전체부위외 약 2/3 가량을 절제해야만 했다. 수술 후 폐활량은 급격히 줄어들었으며 심폐기능 또한 상당히 저하되었다. 아울러 수술 후유증으로 '보상성 다한증'까지 가세, – *우폐 절제부위 내의 교감신경까지 모두 들어내었기에* – 교감신경이 제대로 제어되지 못하여 운동 때나 무더운 환경에서 과도한 땀의 배출로 인해 실생활에 상당한 지장을 갖기도 한다. 더군다나 특이하게도 상체 한쪽(왼쪽) 부위에서만 과도하게 땀이 나오는 기현상은 실생활뿐 아니라 정신적으로도 상당한 스트레스를 유발케 하였다. 하지만 보다 더 큰 문제는 호흡장애였다. 정상인 폐의 60% 정도만으로 숨 쉬고 살아야 했다. 숨이 끝까지 쉬어지지 않았다. 폐활량도 그렇게 일반인의 60~70% 정도에 지나지 않았다. 매일같이 숨을 쉬며 살아간다는 것, 아니 숨 쉰다는 자체가 참으로 쉽지 않은 일이라는 걸 알았다. 정말로 숨 잘 쉬고 산다는 게 참으로 고마운 일이라는 걸 깨달았다.)

우울했던 2009년 상반기를 보내고 스스로의 재활에 들어가다. 끌며 기며 다시 산에 다니다. 짧고 완만한 야산조차도 헉헉거리며 오르내리다. 숨쉬기도 버거운데 어찌 그리 오르내리냐 주변에선 야단이다. 하지만 어차피 이래 죽나 저래 죽나 마찬가지란 생각... 조금씩 더, 더, 더 크고 높은 산들에 도전장을 내밀다. 장애의 몸을 받아들이면서 심신의 안정도 되찾아가다. 그렇게 3년간 부단히 산에 다니다. 그리고 2011년 드디어 히말라야를 만나다.

≈ 산행경력 ≈

국내〉 한창 젊었던 10대 후반부터 약 30년간 국내 총 1,000여 산, 1,800회 이상의 산행경력을 보유. 특히 학창시절 때부터 폐수술 전까지 국내 800여개(1200회 이상) 산을 오르내렸으며, 아울러 대간 및 정맥, 지맥, 기맥 등 숱한 한국의 산줄기와 수계도 섭렵·완주해가면서 한국지리에 대한 해박한 지식과 식견을 갖추다.

해외〉 2011년 이후로 해외 고산트레킹에 나서고 있으며, 2013년 히말라야 13좌 베이스캠프 트레킹 완주 및 이후 2017년까지 파키스탄-인도-네팔 히말라야 GHT (Great Himalaya Trail) 전 구간 완주를 해내기에 이르다. 그로부터 K2를 위시 발토로 4개봉을 거느린 카라코람산맥 및 **낭가파르밧**에서 **남차바르와**에까지 이르는 대히말라야산맥(GHR; Great Himalaya Range)의 전 트레킹 루트를 탐승, 일반대중에게까지 소개하려는 야심찬 계획을 품고 있다.

저서〉 히말라야 트레킹 가이드 1권 – 『K2 트레킹』(2015)

≪ 히말라야 트레킹가이드 ≫

- 2권 -

◀ 카시미르 히말라야 ▶

[1부]

카시미르 & 라다크 트레킹

▷ 트레킹 인디아 ◁

= 북인도 잠무카시미르 =

카시미르 히말라야

≫ 트레킹 인디아 ≪

= 잠무카시미르 =

[1부]

카시미르밸리
&
카라코람(인디아), 라다크

✦ 목 차 ✦

▶ 트레킹이란 ·· 5
　※ 산령·캠프·방향·루트·이동·지역 관련 이니셜약어 범례 ············ 7
▶ 서문 ·· 8
▶ 저자에 대하여 ·· 9

〈上〉

◼ 개 관

▶ 히말라야 개관
　△ 카라코람 & 히말라야 ·· 18
　△ 히말라야 14좌 ··· 42

▶ 인도 개관 ··· 45
　▰ 북인도 ··· 76

◼ 트레킹 가이드

● 트레킹 준비 ··· 97

≫ 트레킹 인디아 - 카시미르 히말라야 ≪

◆ 카시미르 개황 ·· 113

▶ 1장 - 카시미르밸리(스리나가르분지 & 키슈트와르·카르길) ········· 136

　🚶 트레킹안내
　1-1. 콜라호이-타지와스 트렉 ·· 148
　1-2. 하라무크 산상호수 트레일 ··· 193
　1-3. 카시미르 피르판잘 트레일 ··· 226
　1-4. 브렝밸리 트레일 ·· 315
　1-5. 와르완밸리(키슈트와르) 트레킹 ····································· 334
　1-6. 수루밸리(카르길) & 눈·쿤 어라운드 ······························ 407

📖 색인 / 산행이력 ·· 468 / 469

〈下〉

▶ 2장 - 카라코람 인디아(Last Karakoram) ········ 14

♣ 트레킹안내
2-1. 대카라코람 시아첸 트레일 ········ 24
2-2. 사세르라+카라코람패스 트렉 ········ 40

▶ 3장 - 라다크 트레일(라다크산맥 하이루트) ········ 82

♣ 트레킹안내
3-0. 인더스 다·하누 & 샴밸리 하이킹 ········ 90
3-1. 잠준모라·라고라 트렉 ········ 140
3-2. 니아라·라시르모라 트렉 ········ 180
3-3. 디가르라·네북라 트렉 ········ 202
3-4. 케라·셰라라 트렉 ········ 240
3-5. 욕마야르라·(스)텐시라·군라 트렉 ········ 254
3-6. 동부 라다크산맥 트레일(특별퍼밋지역; 초모리리~팡공초 연계) ········ 275

● 트레킹 조언 ········ 326
  ◈ 여행경비산출 조언 ········ 334
◆ 고소증(고산병) 대비 ········ 340

==

〈부 록〉

◆ 육로 국경넘기 ········ 353
📖 색인 / 산행이력 ········ 372 / 373
▶ 후문 ········ 376

≪ 히말라야 트레킹가이드 ≫

≫ 북인도 ≪

〈上〉
카시미르밸리

수루밸리 & 눈(7135m)(우) · 쿤(7077m)(좌)

◨ 개 관

▶ 히말라야 개관
　△ 카라코람 & 히말라야
　　🏔 카라코람 ··· 18
　　　⛰ 범역 ··· 18
　　🏔 히말라야 ·· 19
　　　⛰ 산맥적 기원 ··· 19
　　　⛰ 범역 ··· 20
　　🏔 GHR 권역별 구분(수계 기반) ····················· 20
　　🏔 대상산군 ·· 22

　△ 히말라야 14좌 ·· 42
　　⛺ 베이스캠프(Base Camp) ···························· 43

▶ 인도 개관
  ○ 국가명칭 ·· 45
  ○ 지리환경 ·· 45
  ○ 인구와 종교 ··· 47
  ○ 언어와 문화 ··· 49
  ○ 역사와 시대변천 ··· 54
  ○ 정치·사회·교육 ·· 59
  ○ 경제와 산업 ··· 60
  ○ 교통망과 사회간접자본시설 ·· 62
  ○ 국방 및 사회(종교/정치/지역)갈등 ···································· 63
  ○ 여행유의사항(여행적기/위험지역/주의사항) ··················· 65
  ○ 인도 실용정보(비자/입국/대사관/시차/전기/화폐/통신/의사소통/차량통행) ····· 70

◼ 북인도
  △ 지리개요 ·· 76
  △ 기후 및 자연환경 ·· 77
  △ 언어·문화·종교 ·· 77
  △ 인구·산업·경제 ·· 79
  △ 교통 및 기본 여행정보 ··· 82
  △ 주의사항 ·· 92

▶ 히말라야 개관

△ 카라코람 & 히말라야

▲▲▲ 카라코람

카라코람(카라코룸)은 중앙아시아 투르크족의 언어 '검다'는 뜻의 '카라'와 '돌맹이'를 지칭하는 '코람(쿠룸)'이 합쳐진 말이다. 즉 풀이하면 '검은 돌(밭)'의 의미를 갖는 지형적 특색을 반영한다 하겠다. 곧 이 일대의 지형과 산세, 토양의 성격에서 기인하는바, 대체로 어두운 빛을 띠는 산괴와 주변의 검은 돌들이 많은 지리적·지질학적 조건으로부터 명칭에 대한 유래가 생겨났다. 다른 한편으론 이 카라코람이란 지명이 과거 동·서 문물이 오가던 동쪽의 쿤룬(곤륜)산맥을 넘는 옛 교역로상의 고개이름[쿤룬→쿠룬→(카라)쿠룸]에서부터 전해 내려왔다고 하는 설과, 또한 편으로는 과거 몽골제국의 수도였던 하라호름[Xaraxorm]의 남부방언으로서 카라코룸[Karakorum]이 되었다는 몽골어에 기반한 어원설도 있다.

▲▲ **범역** : 카라코람은 중앙아시아 파미르고원에 모태를 두고 있다. 그로부터 남하하여 인더스강에 이르기까지 파키스탄과 인도 북부의 카시미르, 중국령 신장 위구르 지역에 걸쳐 동서로 약 500km, 남북으로 약 150km에 이르는 장대한 산군*을 형성하며 아울러 이들 파키스탄-인도-중국과의 국경을 만들어놓고 있다.

> *카라코람 산군은 기실 (단위면적당) 산세의 규모 면에서는 (대)히말라야를 압도한다. 무릇 7천 미터 이상 고봉이 가장 많이 밀집해있는 산악계로서, 히말라야보다 2배가 넘는 60개 이상의 7천미터급 고봉이 카라코람에 솟아있다.

전체적인 범역은 대히말라야산맥의 분계가 되는 인더스강 북부의 거대산군을 지칭하지만 세부적으로 들여다보자면 이의 인더스강을 기준으로 남쪽은 편잡히말라야, 북쪽은 카라코람과 힌두쿠시로 나뉘며, 카라코람은 이 인더스강 북부 파키스탄 **발티스탄** 지역의 **중앙카라코람**(발토로빙하권)과 **길기트** 북방의 **북부카라코람**(훈자·나가르 & 파수·심샬 일대) 및 **카시미르** 북단의 **동부카라코람**(카라코람인디아; 샤이옥(시오크)·누브라 & 시아첸)까지를 어우른다. '인도(힌두)의 산줄기'란 의미의 힌두쿠시는 반면 아프가니스탄과 국경을 맞댄 치트랄 일원의 코나르 강을 분계로 파키스탄 서북 고산지대를 형성하고 있으며 이로부터 아프가니스탄 중앙부를 가르며 서남진, 약 1,200km에 이르는 대산맥을 구축하고 있다.

한편 이 카라코람산맥은 인더스강 동쪽의 **대히말라야산맥**과 연계, 함께 포괄하여 언급키도 한다. 즉, 대히말라야산맥의 가장 서쪽 권역으로서 이의 카라코람산맥까지 포함하여 설명하고 있는 것이다. 이에 대한 방증으로는 곧 해발 8천미터 이상 세계14대고봉을 논할 때 보통 **"히말라야 14좌"**라고 하는 데서도 찾을 수 있다.

즉, 카라코람에 있는 8천미터급 4개봉우리 역시 히말라야의 범주에 넣어 언급하고 있는 것이다. 비록 인더스강에 의해 산계가 분리되어있으나 지질학적으로는 동쪽의 히말라야와 서쪽의 카라코람이 서로 다르지 않은 지질구조와 역학적 흐름이라는 설에 입각해서도 이러한 논지를 뒷받침한다 볼 수 있겠다.

🔺🔺 히말라야

히말라야의 어원은 산스크리트어(고대 인도어)로 '눈(또는 설산)'을 뜻하는 '히말(Himal)'과 '거처/처소'를 뜻하는 '알라야(Alaya)'가 합쳐진 데서 나온 말이다. 직역하면 곧 "눈의 거처" 내지는 "눈으로 덮인 산(신)들의 세상"을 의미한다 하겠다. 지리적으로는 인도 아대륙 북단에 솟아 티베트고원과의 장벽을 이루면서 총길이 2,400km에 이르는 대산맥을 형성하고 있으며, 이는 지질학적으로 대륙이동설에 입각한 판구조론에 의거, 과거 남쪽의 인도대륙과 북쪽의 유라시아대륙이 이동하면서 바다 밑에 있던 서로의 판이 충돌하면서 솟아올라 생성된 데서 기인한다는 학설이 유력하다. 이를 뒷받침하는 자료로는 놀랍게도 이러한 세계에서 가장 높은 대산맥 일원에서 발견되는 숱한 바다화석과 해양퇴적지층들이다.

🔺🔺 **산맥적 기원** : 산줄기 '맥(脈)'의 관점으로 볼 때 히말라야산맥의 기원은 세칭 '세계의 지붕'으로 일컬어지는 중앙아시아의 파미르고원- *타지키스탄과 아프가니스탄, 파키스탄, 중국령 신장위구르 간 국경(옛 교역로)이 교차하는 지역에 형성된 대산역* -이라 할 수 있다. 이로부터 북으로 신장위구르의 텐산(천산)산맥, 동으로 티베트 쿤룬(곤륜)산맥이 뻗었으며, 남으로는 파키스탄 카라코람, 남서방면으로는 아프가니스탄 힌두쿠시 산맥이 뻗어나간다. 히말라야산맥은 파미르에서 남동방향으로 티베트고원의 카일라스(6714m) 산을 기점으로 남진- 속칭 *'트랜스히말라야'* 산맥 -하여 그로부터 양 날개를 펼치면서 동으로는 브라마푸트라(창포)강을 끼고 동북인디아/티베트의 아삼히말라야 남차바르와*(7756m)까지, 서로는 인더스강을 위에 두고 파키스탄의 펀잡히말라야 낭가파르밧*(8126m)까지 이어지는 광대역의 산맥을 이룬다.

> * 공교롭게도 양 끝단의 산이름이 비슷하다. 어원에 기초한 유래가 다르지 않아 보인다. 남차 바르와 늑 낭가 파르밧 (※ 참고로 인도 아대륙의 고어인 산스크리트어로부터 파생된 힌디어와 아울러 북방언어인 티베트어에 있어서 특히 산악 관련 지칭에 대한 표현은 서로 연관성을 배제하기 어렵다. 곧, 지역에 따라 파르밧이 파르왓으로도 불리는 것처럼, 바르와 역시 이와 유사하게 바르바 내지는 파르바, 바르밧, 파르밧 등등으로 조금씩 다르게 불려왔을 여지가 있다 보면 이들 산악 지명의 유사성에 대한 방증이 어느 정도 부합하는 셈이다.

▲ 범역

 # 협의의 히말라야(대히말라야산맥) : 서북방 파키스탄의 낭가파르밧에서 동북 인디아/동부티베트의 남차바르와까지의 총길이 2,400km의 산군을 두고 일명 '대히말라야산맥(Great Himalaya Range; 약칭 **GHR**)'이라 일컬어지며, 흔히 말하는 '히말라야산맥'으로서 매겨진다. 세부 구분으로는 파키스탄 펀잡히말라야-카시미르**히말라야**-인도 가르왈·쿠마온히말라야-네팔히말라야-시킴히말라야-부탄히말라야-아삼히말라야 이렇게 지역·국가별 7개 권역으로 나누어 설명할 수 있다.

▲ GHR 권역별 구분(수계 기반)

구분	인 더 스 계		갠 지	
	# GH-1 펀잡히말라야	# GH-2 카시미르히말라야	# GH-3 가르왈·쿠마온 히말라야	# 네팔 서부
국가	카시미르 (파키스탄령)	카시미르(인도령) & 인도(히마찰)	인도 (우타라칸드)	네팔
지역	길기트·발티스탄(남부) 아자드카시미르(AK)	잠무카시미르(JK) 히마찰프라데시(HP) (※ 히마찰 GHR만 따로 떼내어 인도 히말라야에 분류키도)	우타라칸드(UK) - 서부가르왈 - 중부가르왈 - 쿠마온	다르출라 바장·바주라 훔라·무구·줌라 돌포·루쿰 자자르코트 칼리코트
산계	낭가파르밧 사라왈리(토샤인) 데오사이 카간밸리 닐룸밸리 etc.	카시미르밸리 (조지라·아마르나트) 눈·쿤 수루밸리 잔스카르히말라야 라하울밸리 룹슈밸리·초모리리 (룽세르·참세르캉그리) 스피티밸리(실라·가야) 키나우르밸리(레오 푸르길·키네르카일 라스) etc.	- 서부가르왈: 반다르 푼치, 스와르가 로히니, 강고트리 etc. - 중부가르왈: 케다르 나트·초캄바, 마나, 카메트·아비가민, 두나기리, 난다데비, 트리술 etc. - 쿠마온: 난다카트· 난다코트, 하르데올, 트리술리, 판차출리, 아디카일라스 etc	아피히말 사이팔히말 찬디히말 창라히말 킨티히말 고라크히말 간지로바(돌포) 도르파탄
수계	북부인더스 남역 & 닐룸(키샹강가)	인더스 북부 & 인더스 **펀잡** 5대지류 (젤룸, 체나브, 라비, 베아스, 수틀레지)	야무나·갠지스 - 서부가르왈: 야무나 & 갠지스 - 중부가르왈: 람강가 - 쿠마온: 칼리	갠지스 - 칼리 (마하칼리) - 가가라 (카르날리, 베리)

광의의 히말라야(광역히말라야) : 중앙아시아의 쿤룬(곤륜)·톈산(천산)산맥 및 파미르고원~힌두쿠시산맥~카라코람산맥~**대히말라야산맥**~중국 운남 매리설산까지를 아우르는 대산역을 이른바 '광역히말라야'로서 포괄하여 언급한다.

스	계	브	라	마 푸 트 라	계
GH-4 히말라야		# GH-5 시킴히말라야	# GH-6 부탄히말라야		# GH-7 아삼히말라야
중부	동부				
네팔	네팔	인도 (시킴)	부탄		인도 (아루나찰프라데시)
바글룽·먀그디 무스탕·마낭 카스키·람중 고르카·다딩 라수와	신두팔촉 돌라카·라메찹 솔루쿰부·오칼둥가 상쿠와바사 타플레중	시킴(SK) 전역 웨스트뱅갈(WB) 북부(다르질링)	남부평원을 제외한 부탄 전역		아루나찰프라데시 (AP)
구르자히말 **다울라기리** 무스탕 **안나푸르나** **마나슬루** 가네시히말 랑탕히말	주갈히말 (+**시샤팡마(티베트**)) 롤왈링히말(가우리 샹카르) 쿰부히말(**초오유**· **에베레스트·로체**) 마칼루 룸바삼바·잘잘레히말 **칸첸중가(서부)**	카브루 **칸첸중가(동부)** 종상 초르텐니마 초모윰모 캉첸갸오 **포훙리** **(롱포겔동리)**	**조몰하리** 규강(계우강) 마사강 첸다강 테리강 제캉푸강 종가푸강 (테이블마운틴) **강카르푼숨** **쿨라강리** 치상강 촐라강 etc.		고리첸 캉토 탁파시리 곔동 **남차바르와(티베트)**
갠지스 - 간다크 (칼리간다키 & 트리슐리)	갠지스 - 코시 (순코시·아룬·타모르)	브라마푸트라 - 티스타	브라마푸트라 - 왕추, 산코시, 통사, 쿠루, 마나스		브라마푸트라 - 마나스, 카멩 (바레일리), 캄라, 수반시리, 시얌

▲▲ 대상산군

KK-1; 북부카라코람(길기트 지역) : 파키스탄 북부 길기트 북방의 훈자강을 중심으로 양안에 펼쳐진 산세를 가리키며 대카라코람과 대비시켜 소카라코람(Lesser Karakoram)으로서 언급키도 한다. 대표적인 고봉으로 남부산군 **라카포시(7788m)** 와 디란(미나핀; 7257m), 스판틱(골든피크; 7027m), 말루비팅(7458m), 하라모시(7409m) 및 북부카라코람 울타르(7388m)와 시스파르(7611m), 파수피크(7284m), **바투라무즈탁(7785m)**, 카룬코(7162m), 그리고 대카라코람으로 연결되는 동부산군 몸힐사르(7343m), **디스타길사르(7885m)**, 트리보르(7728m), 쿠냥치시(7852m), 푸마리치시(7492m), 칸주트사르(7760m) 등을 꼽을 수 있으며, 이들과 더불어 미나핀빙하(디란빙하), **히스파빙하**, 바르푸빙하, 파수빙하, **바투라빙하** 등등의 거대 빙하지역들 또한 빼놓을 수 없는 명광이다.

KK-2; 중앙카라코람(발티스탄 북·동부지역) : 일명 대카라코람(Great Karakoram)이라 칭하며, 파키스탄 북부 발티스탄 지역 스카르두에서 인더스강 북쪽에 거대 산군을 형성, 수많은 고봉과 세계 최대의 빙하가 밀집되어있다. 그로부터 동부카라코람의 시아첸빙하 다음으로 총길이 62km에 달하는 내륙최대빙하 '발토로빙하'를 중심으로 첨예한 고산준봉들이 늘어서있다 하여 이른바 '발토로빙하권'으로 따로 지칭하여 언급키도 한다. 이름난 고봉으로는 세계2위봉인 **K2(초고리; 8611m)**와 빼어나다는 필명을 지닌 **가셔브룸 1봉~7봉**[세계 11위봉(8068m) & 13위봉(8035m) 포함], 정상부가 넓다하여 붙여진 이름의 **브로드피크(8047m; 세계12위봉)**와 더불어 마셔브룸(7821m), 초골리사(7665m), 무즈탁타워(7273m), 트랑고타워(6286m) 등 6천~7천미터급 다수의 산봉이 솟아있다. 아울러 **발토로빙하**를 중심으로 **비아포빙하**, 판마빙하, 트랑고빙하, 만두빙하, 무즈탁빙하, 고드윈오스틴빙하, 비뉴빙하, 아브루찌빙하, 가셔브룸빙하, 초골리사빙하 및 남쪽의 곤도고로빙하, 마셔브룸빙하, 차라쿠사빙하, 카베리빙하, 콘두스빙하 등 극지를 제외한 세계최대의 빙하밀집지역으로서 회자되고도 있다.

KK-3; 동부카라코람(샤스감[파키스탄령]·라다크[인도령]·악사이친[중국령]접경부) : 파키스탄-인도 사이의 카시미르 영유권에 대한 분쟁지역 가운데서도 여전히 군사 대치상황이 현존하는 곳으로, 소위 '시아첸 분쟁지역'으로서 거론되는 살토로라인*과 그 세계 최고(最高)의 전장이 된 시아첸빙하를 중심으로 펼쳐진, 아울러 이의 '카라코람'의 기원이 된 이른바 카라코람패스(고개)를 떠안고 있는 라다크 북단 악사이친(중국령 카시미르) 접경지역에 이르기까지의 장중한 카라코람산맥의 마지막 동부구간을 일컫는다. 7천미터급 이상 주요 산봉으로 **시아캉그리(7422m)**, 싱기캉그리(7202m), 겐트(7401m), 세르피캉그리(7380m), **살토로캉그리(7742m)**, **K12*(7469m)**, 테람캉그리(7464m), 압사라사스(7245m), 리모(7385m), 총쿰단(7071m), 마모스통(7516m), 악타스(7016m), **사세르캉그리(7672m)** 등이 있다.

이들 산하에 드리운 빙하의 규모로서는 뭇 지구상 내륙빙하 중 최대규모를 과시하고 있음에, 총길이 72km로서 파미르의 페드첸코빙하(타지키스탄)와 어깨를 나란히 하는 세계최대의 누브라밸리 **시아첸빙하**를 몸통으로 주변의 유수한 빙하들 곧, 겐트빙하(P36빙하), 살토로빙하, K12빙하, 테람빙하, 테람세르빙하, 테롱빙하, 그리고 샤이옥(시오크)밸리 상류내원의 역시 거대한 **리모빙하**와 더불어 총쿰단빙하, 탕만빙하(키칙쿰단빙하) 및 인도령 카시미르 제1고봉 사세르캉그리를 휘감은 슉파쿤장빙하(사세르빙하)와 참센빙하, 폭포체빙하 등 허다한 빙하·빙원의 세상이 이의 마지막 카라코람의 대미를 장식하고 있다.

등반은 파키스탄 쪽으로부터 겐트, 세르피캉그리, K12 등이 가능하며, 인도 쪽으로부터는 테람캉그리, 압사라사스, 리모, 마모스통 및 사세르캉그리 등이 가능한데 단, 이들 지역으로의 진입을 위해서는 필히 일정 인원 이상의 자국민 그룹이 포함되어야 하며 허가조건 또한 대단히 까다롭다. 트레킹은 오로지 누브라밸리 시아첸빙하와 사세르캉그리 및 샤이옥(시오크)밸리, 뎁상고원 카라코람패스 일원만 가능한데 실질적으로 시아첸빙하 일대는 민감한 군사대치상황 특성상 인도 자국민조차도 허가를 받기가 거의 어렵다.(⇒ 2007년부터 군 당국 주관으로 실시하는 연중 1회 이벤트성 기획탐방프로그램으로서만 자국민(인도) 참가신청자들에 한해 선별적으로 운영.) 사세르캉그리 북쪽루트를 경유하는 사세르라 트레킹과 더불어 샤이옥(시오크)밸리 카라코람패스 트레킹 역시 외국트레커들만으로는 허가를 내주지 않으며 일정규모 이상 인도 자국민그룹이 함께 동참하는 형태로 진행되는 조건으로 그것도 멀리 수도 델리의 IMF(인도등산연맹)에 직접 문의하여 **특별허가(Special Permit)**를 신청 발급받고 나서야만 진입이 가능하다. (※ 실제 외국인 대상 발급여부는 불투명하다. 혹시나 해서 필자 역시 시도해본 적 있으나 그룹규모 미달인지 어쩐지 일언지하에 거절되었다. 인도 자국민그룹 역시도 군부 쪽에 특별한 백그라운드(!)가 없는 한 쉽지는 않을 것으로 보인다. 하지만 늘어나는 관심 속에 언젠가 쉽게 탐승탐방이 가능한 시대가 열리리라고 기대해본다.)

* 살토로라인(Saltoro Line) : 카시미르 영유권 분쟁에 있어 1984년까지 파키스탄의 관리 하에 있던 누브라밸리 상류 시아첸 지구는 그 해 4월 인도군의 기습적인 점령 이래 이른바 세계 최고(最高)의 전장터로서 비화되면서 현재까지 파키스탄 측의 재탈환이 이루어지지 못하고 세칭 인도 측의 '실효점유'를 묵인하는 것으로 매듭지어진 모양새다. 이렇게 파키스탄과 인도 간의 시아첸 점유에 대한 갈등을 놓고 논란을 빚은 그 기준선에 대한 통념이 바로 '살토로라인'인즉, 지금까지도 여전히 인도와 파키스탄 각자의 주장하는 바가 다르다. 어쨌든 일단락된 현 상황으로 보면 대략 파키스탄 발토로산군(Baltoro Group)과 맞닿은 시아캉그리(7422m)에서부터 남쪽 세르피캉그리(7380m)-살토로캉그리(7742m)-K12(7428m)-추믹(6754m) 남단의 출룽산군(Chulung Group)에 이르기까지의 말마따나 이 산줄기의 최고봉 **살토로캉그리를 축으로** 형성된 릿지라인(산릉줄기)을 작금의 '살토로라인-살토로릿지(Saltoro Ridge)'로서 명명하고 있다.

* K 시리즈 : 카라코람 산군의 산봉을 표기하는 'K'는 바로 그 'Karakoram'의 이니셜 K를 지칭하는 문자로서 과거 식민지배 시절 영국 카라코람협의회의 산악지리 분류기준법으로 채용된 방식이다. 그로부터 현 파키스탄 카라코람 일원의 고봉들을 측량 순서대로(높이 순이 아님) K1, K2, K3… 로서 표기하게 되었는바, 곧 K1은 마셔브룸(7821m), K2는 초고리(8611m), K3는 브로드피크(팔첸캉그리; 8047m), K4·5는 가셔브룸 2봉(8035m)과 1봉(8068m)이며 K6·K7은 후세밸리 차라쿠사(차락차) 산군에 위치한 각각 해발 7282, 6934m의 산봉을 호명하는 것으로 매겨져있다. – 참고로 K6(7282m)는 달리 '발티스탄피크' 내지는 '리틀티벳'이라는 이름으로도 불린다. – 이러한 K 시리즈는 나아가 위 시아첸 분쟁 선상의 살토로릿지 K12(7469m)에 이어서 총 50개가 넘는 카라코람 각 산봉들에 명칭을 부여하는 호칭체계로서 정립되어있다.

카라코람 산맥도(※ 배경지도: ⓒOpenStreetMap(http://openstreetmap.org)

길기트 라카포시(7728m) / 발티스탄 K2(초고리; 8611m) / 라다크 동부카라코람 사세르캉그리(7672m) 연봉

GH-1; 펀잡히말라야(발티스탄 남부+디아미르 지역+아자드카시미르) : 스카르두의 인더스강 남부 발티스탄과 디아미르 지역의 산군을 가리켜 파키스탄 펀잡히말라야로서 매긴다. 하지만 카라코람과 따로 구분하여 생각지 말고 함께 포괄하여 언급해본다면 이 파키스탄 북동부의 펀잡히말라야 역시 발티스탄 카라코람의 연계지경으로 다루어볼 수 있다. 이곳에는 세계9위봉인 **낭가파르밧(8126m)**을 필두로 총그라(6830m), 라이코트피크(7070m), 마제노피크(7120m), **토샤인(사라왈리; 6424m)** 등 6~7천미터의 고봉군이 함께 어우러져있다. 아울러 평균해발고도 4천미터가 넘는 데오사이 고원에 이어 인도령으로 넘어와 곧 카시미르밸리의 지경을 나누는 **조지라(3530m)**까지를 이의 펀잡히말라야 산계로 매김한다.

GH-2; 카시미르히말라야(카시미르 중부+잔스카르+히마찰 북·동부) : 펀잡히말라야가 갈무리되는 조지라(3530m)부터 카시미르 중앙부를 가르며 잔스카르산계를 거쳐 히마찰 라하울·스피티 산계 및 키나우르 산계*에 이르기까지를 이의 카시미르히말라야로 표명한다. 한편으로는 이를 앞의 펀잡히말라야와 이어붙여 통칭 펀잡히말라야로서 혹은 카시미르히말라야로서 정의하고도 있다. 이는 다름 아닌 인더스 5대지류 곧 문자 그대로 '펀잡(Punj-Ab)' 전체 수계와 연관짓는 맥락(분수계)으로서 충분히 타당한 논거이다. 다만 파키스탄과 인도라는 두 나라 지경에 의해 산줄기 역시 나누어져있음과 더불어, 뭇 전체 히말라야산맥의 맥놀이 중 가장 낮은 지세로 내려앉아있는 그 '조지라(Zozi La)'의 자연지리적, 인문지리적 표상 역시 간과할 수 없음에 이로부터 바로 이 **'최저(最低)'의 조지라(3530m)**를 기점으로 서역은 펀잡히말라야, 동역은 카시미르히말라야로 구분하였음이다. (※ 또 한편으로는 달리 이 인도령에 구획된 카시미르히말라야 중 히마찰 관내의 산령만을 떼내어 일명 '인도히말라야'로서 명명키도 하나 이웃한 우타라칸드 주의 가르왈·쿠마온히말라야 역시 아닐 것 없는 '인도'의 '히말라야'임을 짚어보면, 아울러 또 저 멀리 동북인디아의 아삼히말라야 역시도 마찬가지의 '인도-히말라야'임이라면 이러한 히마찰의 히말라야산계만을 단독적으로 인도히말라야로서 거론하는 것은 다분히 이기적,독선적 표명임이 자명하다. 그리하여 이러한 외람된 논거 역시 배제하고 무릇 위 부언한 바대로 인도령 잠무카시미르(조지라~잔스카르)+히마찰 구간의 히말라야 산역을 곧 전체 인도히말라야 중 그 첫 번째 '카시미르 히말라야'로서 표명코자 한다 ∴ 카시미르히말라야 = 북인도 인더스 수계 발원맥.)

> * 산계(Mountain Range) 가름으로 나누자면 히마찰 키나우르 지역 북부 수틀레지강과 항랑밸리가 나뉘는 카브(Khab) 합수목 바로 그 수틀레지강 북안자락(레오푸르길 산군)까지로 가름해볼 수 있겠으나, - 이 경우 키나우르 동측의 강체아, 사세르랑, 조르카텐, 키네르카일라스 산지는 본 카시미르히말라야에 배제 - 그러나 거국적인 인더스 5대강 **펀잡 수계**의 카시미르히말 산계로서 구획하자면 바로 이렇게 수틀레지강 남안의 산역까지도 포괄하여 다룸이 마땅하다.

산수계 구분에 대해서는 일단 이 대히말라야산맥의 북역을 주관하는 인더스강 본류는 차치하고 남쪽 즉 기 표명한 편잡 5대지류 수계에 기준하여 나누어보도록 하겠다. 먼저 **조지라~아마르나트**(시바성지) 산계까지는 편잡 5대지류 중 최상부 젤룸 강 수역으로 특별히 괄목할만한 고산준봉은 눈에 띄지 않는다. 다만 이 아마르나트 성지와 더불어 남쪽의 **콜라호이피크(5425m)**, 그리고 서쪽 스리나가르분지 북방의 울라르호수 방면으로 **하라무크(5148m)**＊ 산이 나름 유명세를 끈다.

이어 편잡 제2지류 체나브 수계 북단에 놓인 잔스카르산계 곧 '**잔스카르히말라야**' 구간이다. 남부지경으로는 키슈트와르밸리~찬드라바가밸리~라하울밸리이며 인더스계의 북부지경은 카르길 수루밸리~잔스카르밸리이다. 주요 산봉(6천미터급 이상)으로 인도령 카시미르 최고봉 **눈(7135m)·쿤(7077m)** ‒ 단, 인도령 카시미르의 히말라야를 넘어선 카라코람 영역(카라코람 인디아)까지 포함한다면 최고봉은 누브라·샤이옥(시오크)밸리의 사세르캉그리(7672m)이다. ‒을 필두로 다수의 6천미터급 잔스카르 산봉군(Z＊시리즈) 및 남부의 키슈트와르산계 **바란자르(시클문**(Sickle Moon); **6574m)**, 키슈트와르 아이거(Eiger; 6000m), **브라마(6416m)** 산봉군, **바르나즈(6290m)** 산봉군, **학슈(6300m)**, 다를랑(파다르)밸리 **키슈트와르 쉬블링 (6000m)**, 초모쵸르(6210m), **키슈트와르 카일라스(6451m)** 등이 있다. 아울러 히마찰 지경으로 넘어와 곧 찬드라바가(체나브)밸리 북단 팡기밸리 내원의 쉬브샹카르(6140m), **멘토사(6350m)**, 바이할리(6295m) 및 미야르밸리 파브랑(6166m), 라하울(킬롱) **강스탕(6024m)** 등도 이름있는 산봉으로 꼽는다. 나아가 이 '찬드라'와 '바가'의 상류부 곧 체나브 수계의 마지막 최상류자락에는 "산과 빙하의 골짜기" 이름마냥 히마찰 라하울밸리를 경계로 **물킬라(6510m)** 산봉군＊, 코아룽(6340m) 산봉군＊, 텔라(6035m) 산봉군＊, 찬드라바가(6340m) 산봉군＊ 및 **타뉴(타그니; 6114m)** 산봉군 등 수많은 고산준봉이 산세를 수놓고 있다. 이밖에 인더스밸리 남역의 마르카밸리 **스톡캉그리(6150m), 캉야체(6260m)** 및 룹슈밸리 창탕고원(초모리리)의 **멘톡캉그리(6248m), 룽세르(6670m)·참세르캉그리(6600m)**, 슈쿨레(6452m), 차를룽(6500m), 스팡낙리(6360m) 등도 이의 카시미르히말라야-잔스카르산계(산맥)와 연관하여 짚어볼만한 산봉들이다.

＊ 아마르나트 동굴 시바성지는 무릇 신성한 히말라야의 산신 시바의 성기가 깃든 곳으로서 숭배되는 곳이다. 흡사 시바의 빛깔처럼 푸르스름한 빛을 띠는 얼음석순이 기이하게도 한여름(7~8월) 기간 중 산 속 깊은 동굴 바닥에서 자라나 이내 거대한 크기로 성장한다. 이 때문에 시바를 추앙하는 신실한 힌두교신자들 뿐 아니라 이 특이한 자연현상을 관람 구경키 위해 인도 전역에서 수많은 관광객들이 합세하여 매년 이 7~8월 야트라 순례기간이면 더더욱 북새통을 이룬다. 다만 이 야트라 기간 중 외국여행객은 안전의 문제를 이유로 이를 관리 감독하는 카시미르 주둔군 당국에서 탐방허가를 내주기를 꺼려하는바 현지의 에이전시나 관광안내데스크의 도우미를 통해 곧 그들 행사 순례객의 한 부류로서 참가하는 형태로 진행되어야 한다. (✔ 이마저도 현지

상황에 따라 어려울 수 있다. 일단 카시미르의 군인들은 외국인들을 매우 불편한 대상으로 여기는 경향이 있다. 그도 그럴 것이 가뜩이나 지역갈등으로 예민한 곳인데 혹여라도 자국민도 아닌 외국인들한테 문제가 생기면 더더욱이나 골치 아프고 피곤해지기 때문이다.)

* 하라무크는 엄밀히 따져보면 '가장 낮은' 조지라 서역에 놓였음이니 '펀잡히말라야'로 넘기는 게 맞다 하겠다. 이 하라무크 산은 한편 카시미리(스리나가르분지) 산세의 특징을 대변하는 무릇 "Hundreds of Tarn; 일명 산상호수의 왕국"의 그 중추로 군림하는 산이기도 하다. 동시에 과거 이 일대의 트락발(라즈담간), 강가발 등의 산상루트를 통해 옛 구법승과 무역행단들이 중앙아시아와 인도를 넘나들었던 길목이기도 하다. 혜초의 서역~카시미르 기행 역시 인더스 루트, 데오사이 루트, 그리고 이 하라무크 트락발 루트 등 여러 행로를 유추케 한다.

* 눈·쿤 : 산스크리트어 유래 눈(Nun)은 하얀 소금 즉 '소금처럼 하얗게 (눈)덮인' 산세를 묘사한다. 쿤(Kun)은 이와 달리 기괴하고 험준한 바위(Stone/Rock)를 묘사하는 북방계 언어이다. 투르크어 기원의 쿠룸(코람)이나 신장위구르의 쿤룬(곤륜)과 같은 북방계 산악지명의 유래와 다르지 않다. 바로 그처럼 '눈'의 산세는 온통 새하얀 소금산의 모습으로, '쿤'은 그와 달리 험난하기 짝이 없는 급준한 산세로 점철된 깎아지른 검은 돌산, 바위산의 완연히 대비되는 모습으로 뭇 세인들의 상념에 와닿음이다.

* Z 시리즈 : Zanskar Mountain Series. 곧 잔스카르의 영문이니셜 약어 "Z"+ 숫자를 함께 표기하여 매겨놓았다. Z 시리즈로 표명된 6천미터급 잔스카르 산봉은 총 10개이다. 하지만 이 외에도 다수의 6천미터급 산봉이 주변에 포진하고 있다.

* 물킬라(Mulkila) M 시리즈: M1~10(=CB1~10) // 코아룽(Koa Rung) KR 시리즈: KR1~8 // 텔라(Tela) T 시리즈: T1~2 // 찬드라바가(Chandra Bhaga) CB 시리즈: 물킬라 M시리즈 M1~10(=CB1~10)에 연이어 CB11~57까지 매겨져있다. 이들 시리즈 번호는 높이순이 아닌 등정순.

그리고 이어서 체나브 수계를 벗고 이내 펀잡 제5지류이자 - ※ 인더스 제3, 제4 지류인 라비 강과 베아스 강의 수계는 엄밀하게는 이의 대히말라야 산계로부터 남서향으로 벗어나온 곁가지 피르판잘산맥의 분수계로서 매김된다. 이 피르판잘에 대한 부분은 나중에 다루어질 3~4권 히마찰 편에서 들여다보기로 한다. - 인더스 본류와 맞먹을 정도로 가장 큰 지류 수틀레지 수계로 나아온다. 곧 히마찰 북동부지역 스피티 산계의 카팅(6095m), 몬토(6230m), 탁링(6056m), **실라(움둥캉그리; 7025m or 6650m)*** 산봉군, 파릴룽비(라마켄트; 6186m), 라캉(6250m), 갸둥(6364m) & 겔링(6100m) 산봉군, 룽세(6175m), 갸가르(6400m), 탕모르티나(6232m), 샤르마실라(링티실라; 6132m), 라브랑(샤르마; 6195m), 초초캉(캉닐다; 6304m), 카나모(카니크마; 6024m), 파네(파누웨; 6110m) 및 중국(티베트)과의 국경산령으로서의 **가야(갸; 6794m)** 산봉군, 챠마(체아마; 6230m), 파르쿄쿨라(6527m) 산봉군, 기우(규; 6320m) 산봉군 등이 솟구쳐있다. 아울러 키나우르 지역과의 경계산릉으로서의 최고봉 **마네랑(6593m)** 과 이의 키나우르 본역으로 히마찰 제2고봉 **레오푸르길(6816m)** 및 강체아(강추아; 6288m), 세사르랑(6248m) 산봉군, 그리고 상라(바스파)밸리의 신산 **키네르카일라스(6050m)**와 **조르카덴(6473m)**, 파바르랑(파와랑; 6349m), 랑릭랑(6553m),

군다르피크(6193m) 및 우타라칸드 주와의 경계를 짓는 일명 히마찰피크(좀다르; 6278m) 등이 또한 히마찰 수틀레지의 마지막 산역을 수놓는다. 곧 이들 우타라칸드 경계산릉을 넘어서부터는 다음에 펼쳐질 가르왈히말라야의 산역이다.
(※ 한편 스피티 서쪽의 핀밸리 내원 일명 '대히말라야국립공원(Great Himalaya National Park)'으로서 쿨루 지경으로까지 뻗어간 숱한 6천미터급 이상의 고고한 산봉들도 거론해볼 수 있겠으나 무릇 그 실체로는 라하울 찬드라밸리의 쿤줌라(4550m) 이래로 히말라야로부터 갈래쳐 남서향으로 주행하는 이른바 '피르판잘' 산계에 속한즉, 다만 산세가 워낙 웅장하고 대단하여 이 역시 장엄한 히말라야를 표방한 그러한 '대히말라야'의 일원으로서 부각시켜놓고 있음이다. 고로 이 대히말라야국립공원 산경에 대하여서는 후에 역시 트레킹 본편(2부-히마찰)에서 피르판잘 트레일과 연관하여 조명키로 하고 여기서는 일단 본원적 대히말라야의 범주에서는 배제하는 것으로서 일단락하고 넘어간다.)

* 참고로, U-502(등고선식 정밀지도)나 Nelles 사에서 발행한 채단식 히말라야 지도에 의하면 스피티밸리 북쪽 파랑라 트레일에 인접해있는 이 '실라(Shilla)'란 이름으로 표기된 봉우리가 해발 23,050ft 즉 히마찰 내 유일한 해발 7천미터급(7025m) 봉우리로 부각되면서 이내 히마찰 최고봉으로서 인지되어왔으나, 실질측사에 의한 근래의 조사에서는 지도상의 고도보다 약 4백미터 정도 더 낮은 해발 6650m 정도로 실측되었다. 이에 의거 히마찰 최고봉의 지위는 달리 키나우르의 레오푸르길(6816m)과 스피티의 가야(Gya; 6794m)에게 넘겨주게 되었다. 곧 스피티의 실라 봉우리는 이들에 이어 히마찰 3위봉의 자리로 물러나게 되었으며 이로부터 히마찰 내 7천미터급 산봉은 전무한 것으로 안타깝지만 받아들일 수밖에 없겠다.

이 카시미르히말라야는 아울러 '빙하의 춘추전국'이라 할 만큼 크고작은 군소 빙하의 천지로서도 이름이 높다. 카라코람이나 파미르처럼 아주 거대한 대단위빙하는 없지만 전체 히말라야 산줄기 내원 곳곳에 수많은 빙하가 흡사 봉건토후, 군벌들이 난립하는 것처럼 각자의 세력을 뽐내고 있다. 산계에 드리운 대표적인 빙하는 다음과 같다. 먼저 카시미르밸리 지역 유명한 **콜라호이빙하**와 **타지와스빙하**가 있다. - 이 두 빙하는 가히 카시미르 최대빙하로 손꼽히는데 안타깝게도 지구촌 기후변화 특히 대기온도 상승(지구온난화)으로 인한 가장 큰 타격을 입는 빙하로서 매년 상당한 규모 빙하의 모습이 위축(후퇴)되고 있는 실정이다. 현지 사람들의 옛이야기를 들어보면 과거 그땐(불과 이삼십년 전만 해도) 정말 어마어마한 빙하였다고 한다. - 이어 수루밸리의 눈·쿤 빙하와 샤팟빙하, 그리고 잔스카르 최대빙하인 **드룽드룽빙하**가 대표적이며, 체나브 수역의 와르완밸리 내원 카니탈빙하와 키슈트와르밸리 내원 브라마빙하, 다를랑밸리 내원 **잔스카리캉탕*빙하(파둠빙하)**, 그리고 라하울 미야르밸리의 **미야르빙하(캉라빙하)** 및 그 북쪽너머 다시 인더스 잔스카르(수계) 지경의 티두(테마사)빙하, 유라츠쿠빙하(잔스카르빙하), **합탈빙하**, 학슈빙하, 물룽빙하 등도 한 몫 거든다. 더하여 라하울(체나브수계) 강스탕빙하, 고팡빙하, 코아룽빙하, 물킬라빙하, 사무다르빙하(찬디키시그리*빙하) 등을 꼽아볼 수 있다. 티베트고원 쪽에 가까워지는 수틀레지 수역 스피티밸리 쪽은 반면 큰 빙하가 잘 없는데 굳이 들자면 초모리리~키베르 트레일 상의 **파랑라 빙하군** 정도를 들 수 있겠다. 이윽고 스피티를 지나 키나우르로 접어들면 샹라(바스파)밸리 내원으로 다시금 빙하의 향연이 펼쳐진다. 곧 **바스파빙하, 람카가*빙하, 초타카가*빙하, 주피카(보라수*) 빙하** 등등. 실상 그 너머의 우타라칸드 쪽 지경은 더욱 장엄하고 험난한 빙하의 요새다. 모쪼록 뒤이을 4~5권 인도히말라야(가르왈히말라야) 본편에서 언급키로 한다.

* 캉탕 & 시그리 : 캉(얼음)+탕(대지) 즉, 그 자체로 거대한 빙하·빙원지역을 뜻하는 말이다. 잔스카리어(티베트어)에서 왔다. 시그리 역시 '빙하'를 뜻하는 라하울리 언어이다. 키나우르 지역 동부와 우타라칸드 서부(서부가르왈)권에서는 빙하를 지칭하는 '바막'이란 표현을 쓴다.

* 카가 = 남부 키나우리 방언으로 '고개'를 뜻한다. / 보라수 ≒ 바라사 =「바라(큰) + 사(땅)」의 변음으로 풀이된다. 한편 '사'를 티베트어 유래가 아닌 스피티-키나우르 토속어로 '얼음의 땅 = 빙하'를 지칭한단 설도 있다. 지형지세와 대조해보았을 때 얼추 맞아떨어지는 해석이다.

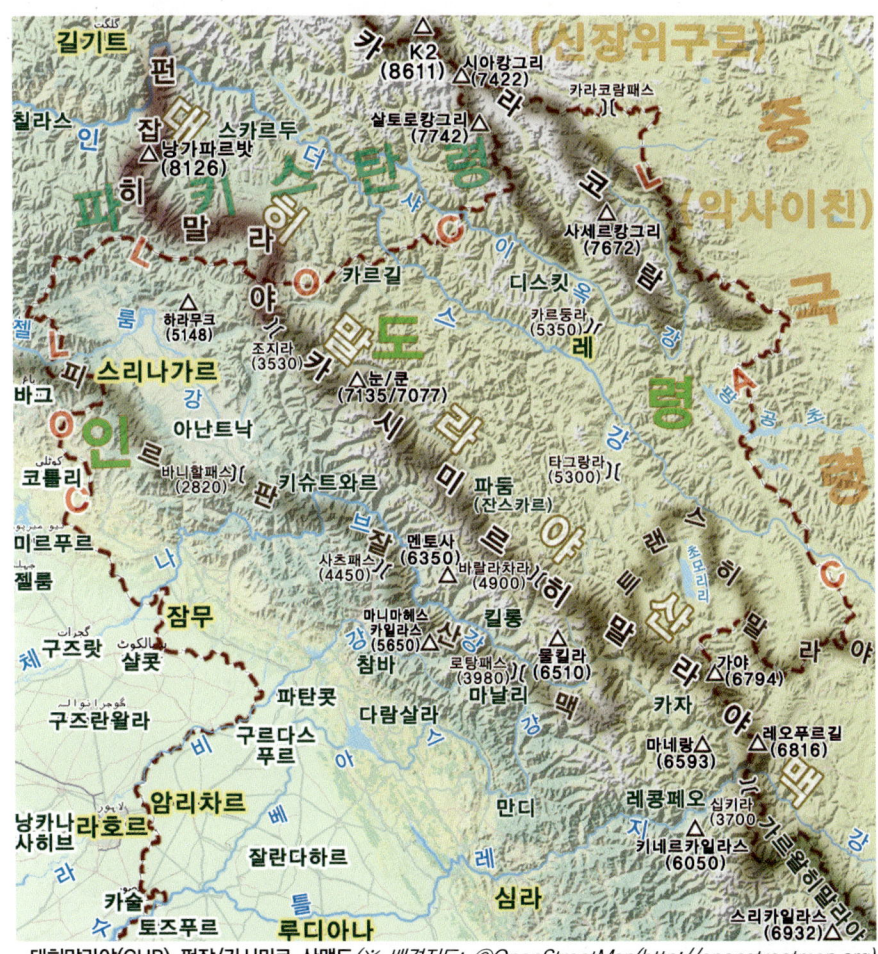

대히말라야(GHR) 편잡/카시미르 산맥도(※ 배경지도: ⓒOpenStreetMap(http://openstreetmap.org)

GH-3; 가르왈·쿠마온 히말라야(우타라칸드 북부) : 앞선 잠무카시미르~히마찰 지경의 카시미르히말라야에 이은 인도 우타라칸드 주의 히말라야 산계이다. 지리적·인문적 지역특성에 의거 최고봉 난다데비(7817m)를 축으로 서쪽 가르왈히말라야, 동쪽 쿠마온히말라야로 양분한다. **가르왈히말라야**는 수계구분으로 다시 서부가르왈[야무나·갠지스(강가)계]과 중부가르왈[알라크난다계]로 나누어 살펴볼 수 있다. 서부가르왈에는 좀다르(히마찰피크; 6251m), **스와르가 로히니(6252m)**, **반다르푼치(6387m)**, **강고트리(6672m)**, 자올리(6632m), **탈레이사가르(6904m)**, 메루(6660m), **쉬블링(6543m)**, 칼리당(6373m), 치르바스(6529m), 마트리(6721m), 요게슈와르(6678m), 수다르샨(6507m), 트리무키(6431m), **스리카일라스(6932m)**, 마나파르밧(6794m), 차투랑기(6401m), 찬드라파르밧(6739m), **사토판트(7075m)**, 자누후트(6805m), **초캄바(7138m)**, 카차르쿤드(6612m), **바기라티(6856m)** 등등의 만년설산고봉이 빙하와 계곡을 수놓으며 첩첩하게 솟아있다. 7천미터급 산봉으로 서부가르왈 최고봉 초캄바(7138m)와 제2고봉 사토판트(7075m)가 있다. 3위봉은 신산 스리카일라스(6932m), 4위봉은 아름답기로도 유명한 탈레이사가르(6904m)이며 5위봉은 강가(갠지스)의 원류 바기라티 강의 이름을 새긴 바기라티(6856m)이다. 야무나 수역의 좀다르, 스와르가 로히니, 반다르푼치를 제외하고 모두가 바기라티 수역 강고트리산군에 솟구쳐있다. 중부가르왈은 서부가르왈 접경부의 아르와 스파이어(6193m), 쿠날룽(6471m), **닐칸트(6596m)**를 시작으로 북쪽 카메트 산군의 티베트 접경 **사라스와티(6940m)**, **무쿠트파르밧(7242m)**, **아비가민(7355m)**, 그리고 맹주이자 우타라칸드 제2위봉인 **카메트(7756m)**에 이어 같은 줄기 상의 **마나(7273m)**[*] 피크와 만디르파르밧(6559m), 닐기리파르밧(6474m), 라타방(6166m), **고리파르밧(6708m)**, **하티파르밧**[*]**(6727m)** 등의 고봉군이 북역을 수놓는다. 남쪽으로는 난다데비 산군의 **두나기리(7066m)**, **창가방가(6864m)**, 그리고 우타라칸드 최고봉 성산 **난다데비(7817m)**가 솟아있으며 이로부터 데비스탄(6678m), 베하르톨리(6468m), **트리술(7120m)**, **난다군티(6309m)** 등의 첩첩한 설산준령이 서쪽자락을 장식하고 있다. 7천미터급 고봉은 최고봉 난다데비(7817m)와 2위봉 카메트(7756m), 그리고 아비가민(7355m), 무쿠트파르밧(7242m), 마나(7273m), 트리술(7120m), 두나기리(7066m)가 있다.

> [*] 중부가르왈의 마나피크(7273m)를 서부가르왈의 마나파르밧(6794m)과 혼동치 말 것.
> [*] 하티파르밧 : 힌디어 「하티(코끼리) + 파르밧(산)」 즉, '코끼리(형상을 한) 산'의 의미이다. 산스크리트어 산명 '가네시히말'과 상통하는 이름이다. (※ 가네시(가네샤)는 시바신의 아들로서 얼굴은 코끼리, 몸은 사람의 형상을 한 신이다. 힌두교의 가장 대중적인 신의 하나이다.)

동부 **쿠마온히말라야** 지역에는 역시 최고봉 난다데비의 위성봉으로서 일명 **난다데비 이스트(East/동봉); 7434m)**, 그리고 밀람밸리 북단의 **하르데올(7151m)**, **트리술리(7074m)** 등 7천미터급 고봉과 더불어 리시파르밧(6992m), 난다곤드(6315m) & 난다팔(6306m)이 포진해있으며, 이밖에 역시 난다데비의 위성봉으로 이의 남부산계를 이루는 **난다카트(6611m) & 난타코트(6861m)**, 창구치(6322m), 판왈리(6663m)와 아울러 막톨리(6803m), 데브톨리(6788m), **프리군티(6855m)** 등 고봉군을 품고 있다. 네팔이 가까운 동쪽으로 한 자락 더 나아가면 곧 '다섯 봉우리' **판차출리(6904m)** 산군과 수리틸라(6373m), 이어 우타라칸드 동북지경 끄트머리 티베트가 선한 다르마밸리의 **초타카일라스(6321m; 아디카일라스/바바 카일라스)** 내지는 **옴파르밧(6196m)**이라고 하는 신산의 무대가 펼쳐진다.

주요 빙하로서 서부가르왈 스와르가 로히니 산계의 **좀다르빙하** 및 강고트리 산계의 자올리빙하, 카틀링빙하, 케다르빙하, 그리고 우타라칸드 제일의 **강고트리빙하**와 그 곁가지로서의 락타바란빙하, 차투랑기빙하, **초캄바빙하** 등과 더불어 북쪽 람가드빙하, 스리카일라스빙하, 마나빙하 등이 있다. 중부가르왈 지경은 알라크난다 강 서안의 아르와빙하, **바기라티빙하, 사토판트빙하**, 판파티아빙하 등이 있으며 건너편 카메트 산계의 **카메트빙하**, 반쿤드빙하, 그리고 '꽃의계곡' 내원 티프라빙하가 대표적이다. 또한 난다데비 산계의 바기니빙하 및 본역 **난다데비 북부빙하**, 이어 창가방빙하, 리시빙하 및 **트리술빙하, 난다군티빙하** 등도 빼놓을 수 없다. 동부 쿠마온히말라야 방면에는 가장 규모가 큰 북쪽의 **밀람빙하**와 인근 랄람빙하, 칼라발란드빙하와 더불어 트레킹으로 유명한 난다데비 남쪽의 **카프니빙하·핀다리빙하 순데르둥가빙하** 등 크고작은 빙하군이 포진해있다. 아울러 동쪽 방면으로 **판차 출리 빙하군**과 다르마밸리 치링타스빙하 및 초타카일라스 옴파르밧 산계의 **라마 빙하**, 숨추르춤빙하, 구마빙하 등이 대표적 빙하로 꼽힌다.

대히말라야 가르왈·쿠마온 산맥도(※ 배경지도: ⓒOpenStreetMap(http://openstreetmap.org)

GH-4; 네팔히말라야 : 카시미르히말라야 + 가르왈·쿠마온 히말라야의 '인도히말라야'에 이은 동쪽 옆나라 '네팔히말라야'로 넘어간다. 이 네팔히말라야 역시 수역을 품은 갠지스(강가) 지류계에 의거 다음 3권역으로 나누어 살펴본다.

※ 아래 [ ] 안은 네팔 쪽 명칭

· 4-1〉 네팔 서부〈칼리[마하칼리] & 가그라[카르날리+베리] 분수계〉 : 서에서 동으로 6~7천미터급 **아피히말**(다르츌라-바장), **사이팔히말**(바주라-훔라), 날락캉가르히말(훔라), 찬디히말(훔라), 창라히말(훔라), 캉라히말(훔라-무구), 칸티히말(무구), 파트라시히말(줌라-돌포), **간지로바히말(돌포)** 등 대히말라야〈GH〉 산군과, 그리고 이들 하부(중역; Middle Area)의 일명 로어히말라야(Lower Himalaya) 혹은 레서히말라야(Lesser Himalaya)로 대변되는 약칭 〈LH〉산계 카프타드, 바디말리카, 케스마렉, 칼리코트, 라라, 발루렉 타쿠르지(줌라-자자르코트), 히운출리파탄 시스네히말(자자르코트-루쿰), 도르파탄(루쿰-바글룽) 등의 4~5천미터급 산지가 있다.

대표적 고봉으로 **아피히말(7132m)**, 남파출리(6929m), **사이팔히말(7030m)**, 피란코프출리(6730m) 및 티베트 경계부의 날락캉카르히말(6422m; 티베트 **구를라만다타(7728m)**의 위성봉), **찬디히말(6142m)**, 창바탕(6130m), 탕무체(6246m), **창라히말(6721m; 동봉)**, **캉라히말(6133m)**, **고라크히말(6284m)**, 아시야투파(6265m), 그리고 리미밸리 내원의 푸파르카(6034m), 리미(6050m), 타르칠라히말(6194m), 얄루(6265m) 등을 꼽아볼 수 있다. 아울러 무구·돌포 지역 **칸티히말(7062m** ※ 훔라 칸티히말과 구분), **카레히운출리(파트라시히말; 6627m)**, **간지로바(6883m〈서부〉 & 6612m〈중부〉)**와 더불어 동쪽 끝자락 무스탕과 다울라기리로 향하는 통구히말(6192m), **홍데히말(6556m)**, 무쿠트파르밧*(6087m), **시타추추라(6611m)**, **다울라기리 2봉(7751m)·3봉(7715m)·4봉(7661m)·5봉(7618m)·6봉(7268m)** 및 **구르자히말(7193m)**, **추렌히말(7385m)**, **퓨타히운출리(7246m)**, 도가리(6536m) 등도 서부네팔 대히말라야〈GH〉의 일원이다. 이 외에 하부히말라야〈LH〉 산지의 5천미터급 시스네히말 **히운출리파탄(5916m)**, 데우랄리출리(5388m), 발루렉(5367m) 등이 있다. (※ 빙하에 대한 부분은 추후 네팔히말라야 각 권·편에서 살펴보기로 하겠다.)

무릇 이 네팔 서부히말라야는 8천미터급 고봉은 없으나 가히 네팔에서 가장 첩첩하고 장엄한 히말라야의 산세를 머금은 곳임을 피력한다. 특히 티베트에 접한 서북 산역은 네팔 최오지임과 동시에 그처럼 가장 황량한 산경에 휘감겨있다.

* 동명의 인도히말라야(중부가르왈 카메트 산군) 무쿠트파르밧(7242m)과 혼동치 말 것.

· 4-2〉 네팔 중부〈간다크[칼리간다키+트리술리] 분수계〉 : 이 역시 서에서 동으로 곧 구르자히말을 시점으로 다울라기리와 무스탕 산지에 이어 안나푸르나와 좀솜히말(나르·푸 지역), 힘룽(넴중히말), 람중히말, 마나슬루, 가네시히말, 랑탕히말 & 주갈히말까지의 히말라야 산역을 어우른다.

주요 산봉으로 8천미터급 세계14대고봉(일명 히말라야14좌) 중 3개봉 즉 **다울라기리(8167m)**[7], **마나슬루(8163m)**[8], **안나푸르나(8091m)**[9]가 있으며, 이 외에도 7천미터급 다수의 산봉이 포진해있다. 대표적인 산봉으로 – 수가 워낙 많은 6천미터급은 생략 – 서부히말라야와의 경계를 세우는 **구르자히말(7193m), 다울라기리 2봉(7751m)·3봉(7715m)·4봉(7661m)·5봉(7618m)·6봉(7268m)**에 이어, 중앙부 안나푸르나 산군의 닐기리(7061m; 북봉), 틸리초피크(7134m), 강가푸르나(7454m) 및 본역 **안나푸르나 2봉(7937m)·3봉(7555m)·4봉(7525m) & 사우스(남봉; 7219m)**, 그리고 힘룽(7126m), 넴중(7140m) 등과 함께, 계속되는 마나슬루 산군 **마나슬루 노스(북봉; 7157m) & 나디출리(7871m)·히말출리(7750m)** 및 가네시히말 **가네시1봉(7422m)·2봉(7118m)·3봉(7140m)·4봉(7043m)**, 랑탕히말 **랑탕리룽(7227m)**, 랑탕리(7205m), 야낭리(7071m; 티베트 **포롱리(7284m)**의 위성봉), 리숨(7050m; 좌동) 등을 꼽아볼 수 있다. 한편 이 네팔 중부 구간은 남북으로의 국토형국이 좁아(마치 인체의 잘록한 허리부분인 양) 뭇 서부히말라야처럼 하부히말라야〈LH〉 구간이 두드러지지 못하다. 단지 해발고도가 급격히 낮아졌다가는 이내 조금 솟아오른 해발 2천5백미터 미만의 중산간지대, 일명 '**마하바라트 산지**'[*]로서의 동서로 길게 뻗은 산세(산맥)만 펼치고 있을 따름이다. 이로부터 서부네팔 방면으로는 일명 '서부 마하바라트산지', 동부네팔 방면으로는 '동부 마하바라트산지'로 가름한다. 더 남쪽으로는 이내 테라이(인도평원)에 모든 산세를 가라앉히기 전 마지막 **시왈리크산지**[*](산맥)로서 산경을 갈무리한다.

* 이 마하바라트 산지(산맥)를 일각에서는 레서히말라야(Lesser Himalaya)라 하여 별도의 '히말라야의 한 부류'로서 매겨놓기도 하나 실체를 보면 '히말' 즉 '(눈 덮인)만년설산'이 표방되어있어야 함인데 이 마하바라트산지의 산세는 해발 3천미터 이하로 거의 형성돼있어 이러한 '히말-라야'의 맥락을 충족하지 못한다. 고로 필자는 앞서 서부네팔 부분에서 드러낸 것처럼 대히말라야〈GH〉의 하부산경 곧 고도만 조금 떨구어내린 해발 4천~5천미터급의 중역부(Middle Area) 산지를 이의 '히말'에 부합하는, 다만 〈GH〉의 형세에는 "조금 못 미치는(덜한)" 「Lesser Himalaya〈LH〉」로서 표명코자 함이다. (※ 혹여 그 일각에서 말하는 '레서'라 함이 어쩌면 영문법상의 '거의 ~없다(않다)'의 의미의 "Little"보다도 한층 더 '없음'을 강조하는 비교격 Lesser의 의미라면 얼추 들어맞긴 하겠다. 하기사 만년설산은커녕 겨울 한 철 어쩌다 잠깐 눈 덮이는 때 외에는 "거의 히말(눈)이 없는" 산지이기 때문에 말이다. 그저 '작다', '조금(은 그러하다)'이란 내막을 토대로 그 "Lesser"를 차용해온 게 아니라면… 아무튼 마하바라트산지나 곧 뒤에 나올 시왈리크산지나 눈의 거처 히말-라야와 결부시키는 것은 히말라야로서도 상당히 동떨어진 불편한 발상이라 하겠다.)

* 시왈리크산지(산맥) : 추리아산지(산맥)라고도 부르며, 위 마하바라트산지와 나란히 남쪽에 그보다 낮은 해발 1천미터 이하의 지세를 구축하고 있는 산악지경이다. 곧, 더 남쪽으로 이내 테라이(=평원)로 내려앉기 직전 뭇 산악지대의 끝자락으로 갈음한다. 동/서로 북인도 우타라칸드~히마찰 / 동인도 웨스트뱅갈 다르질링 산지까지 연장된다. 네팔 지경은 거의가 해발 1천미터 이하지만 인도 히마찰 남부산간과 우타라칸드 남부산간 및 웨스트뱅갈 다르질링 산지는 해발고도 1천5백미터 이상 산지도 분포한다. 특히 시킴히말라야 바로 아래 다르질링 산지는

해발 2천미터 이상까지 고도를 높인다. 참고로 '시발릭(Shivalik)'이라고도 하는 '시왈리크' 어휘는 문자 그대로 '시바(신)의 몸통'을 뜻하는 산스크리트어에서 유래한 것으로 유추한다.

· **4-3〉 네팔 동부〈코시[순코시+아룬+타모르] 분수계〉** : 네팔 동부 수계의 인도 쪽 통칭은 '코시'이지만 네팔 쪽에서는 순코시 하나만 이의 '코시' 이름에 연관되어있다. 실제 하천의 길이로는 그러나 티베트 고원을 휘저으며 내려오는 아룬 강의 세력(630km)도 만만찮다. 타모르 강은 반면 네팔 최동단 칸첸중가 쪽 말고는 분수계로서의 세력이 미약해 상대적으로 길이(270km)와 규모에서 약세를 보인다. 강가(갠지스) 말미에 합류하는 인도명 코시 강의 최장지류 네팔 순코시의 티베트에서부터 드리워져 흘러내리는 네팔 영내 총길이는 약 720km. 이 순코시는 다시 여러 '코시*'들로 분류(分流)되는데 곧, 가장 서쪽 **주갈히말**과 **시샤팡마(티베트)** 산군으로부터 빚어내리는 '보테'코시 – *하천명 그대로 '보테(=보티야)' 즉 '티베트계'임을 표방한다.* –와 그 동편 **롤왈링히말**(가우리샹카르 산군)을 모태로 흘러내리는 '타마'코시, 그리고 에베레스트로 익히 알려진 사가르마타 **쿰부히말** 산군으로부터의 우윳빛(두드) 빙하수를 머금은 '두드'코시 이 세 '코시'들이 합하여져〈숨=순〉 곧 하나의 '순-코시'로서 흐름을 연합한다. 여기에 또 **마칼루와 룸바삼바 · 잘잘레히말** 산군의 아룬* 강과 더불어 **칸첸중가** 타모르 강을 합해 말인즉슨 이 '단일화한 코시'에 또한 합세하게 되는바, = *셋이 하나 되고 셋이 또 하나 되어[{(1×1×1)×1×1} = 1]* = 그로부터 거국적인 강가(갠지스) 말미에 유구한 이 '코시'의 이름을 걸고 힌두스탄 동부지평에서 그 어미의 젖줄 강가에 적셔들고 있다.

주요 산봉들을 살펴보자. 파키스탄 카라코람과 더불어 8천미터급 고봉이 가장 많은 권역이다. 세계최고봉 **에베레스트**(8848m)[①]를 필두로 같은 사가르마타(쿰부) 산군 내에 **로체**(8516m)[④], **초오유**(8201m)[⑥]가 있고 이어서 아룬밸리를 적시는 **마칼루**(8463m)[⑤], 그리고 타모르 강의 모산 **칸첸중가**(8586m)[③]가 있다. 이른바 「히말라야14좌」로 일컬어지는 세계14고봉 중 2위봉 카라코람 K2(초고리; 8611m)를 제외한 1~6위까지의 뭇 **5개봉**이 바로 이 동부네팔 히말라야산역에 피어올라있는 것이다. 7천미터급 고봉들 또한 즐비하다. 꼽아보자면(서에서 동으로); 롤왈링 **가우리샹카르**(7135m) 및 쿰부(사가르마타국립공원 내) 산계의 **자셈바**(파상라마출리; 7350m), 차마르(7287m; 초오유의 위성봉), **갸충캉**(7992m), 차쿵(훙치; 7029m), **푸모리**(7165m), **눕체**(7864m), **로체사르**(8382m)*, 사르체(2봉*; 7457m) 등과 함께, 상쿠와바사(마칼루국립공원) 산계의 **바룬체**(7152m),

참랑(7321m), 칸숭체(마칼루2봉; 7678m), 마칼루 사우스이스트(남동봉; 7786m) 등이 있다. 그리고 마지막 타플레중 칸첸중가(보호구역) 산군에는 자낙출리(우틀리에피크; 7041m), **진상(종상; 7462m)**, 도메캉(7264m), 파티바라카스(피라미드피크; 7140m), 키란트출리(텐트피크; 7362m), **네팔피크(7177m)**, 겜미겔라출리(트윈피크; 7350m), **얄룽캉(8505m)**[*], 캄바첸(7902m), **쿰부카르나(잔누; 7711m)**, 탈룽(7349m), **카브루 1봉(7412m)**·2봉(7339m)·3봉(7338m)·4봉(7318m) 등등 네팔 내 가장 많은 7천미터급 산봉들이 동편 시킴히말라야와의 산경을 세우며 도열해있다.

* 코시(Koshi) : '강'을 뜻하는 네팔어. 인도에서는 이 자체를 고유명사로 취급, 그리하여 인도 영내에 드리운 이 불줄기를 네팔에서 내려오는 '코시날라' 내지 '코시강가' 등으로 부르기도 한다. 한편 네팔어로 '강'을 뜻하는 또다른 명칭인즉 바로 '나디(Nadi)'. 곧 칼리간다키**나디**, 트리술리**나디** 등등으로 칭하는 게 바로 그것이다. 하지만 이 '나디'의 규모는 '코시'보다 더욱 크다. 그리하여 '나디'란 곧 큰 강을 뜻하고 '코시'는 보다 작은 규모의 강을 뜻한다 보면 되겠다. 또 한편으로 '콜라(Khola)'란 게 있는데, - *처음에 네팔을 여행(특히 트레킹)할 때 가장 헷갈려하는 말 중 하나라 그래 산속에서 웬 콜라(Cola)?* - 이 역시 물이 흐르는 '계곡'을 지칭하는 말이다. 네팔 서부지역에서는 달리 '가드(Gad)'라는 용어를 주로 쓴다. '콜라'와 같은 의미인데 '코시' 정도 규모의 하천명에도 사용한다. 곧 '코시'는 서부네팔에서는 쓰이지 않는 용어인게다. 규모가 큰 '나디'는 네팔 전국적으로 쓰인다. 표준어인 셈이다.
* 아룬 : 이 역시 동인도지방 언어로 한 치 다르지 않은 글자그대로 '골짜기/협곡' 즉 산악지대의 '강'을 지칭하는 말이다. 예로써 인도의 동북지역 주(State) 명칭인 '아루나찰'이란 이름을 들여다보면 이해가 더 쉽다. ⇒ 「아룬(하천/계곡) + 아찰(산골)」, 즉, '물골 첩첩한 산악지역'이라는 그 말뜻 자체인게다. 기왕 나왔으니 다른 것도 풀어보자.
  ▷ 히마찰 =「히말(눈) + 아찰(산골)」
  ▷ 우타란찰(우타라칸드의 이전 이름) = 「우타르(위쪽/북쪽) + 아(ㄴ)찰(산골)」
* 로체샤르는 8천미터급에 속하는 고봉이나 로체(8516m)의 위성봉으로 간주되어(실제 그렇다) 세계14고봉(히말라야14좌)에는 포함치 않는다. 한편 이의 모산인 로체 역시도 실상 그 위쪽의 세계1위봉 에베레스트의 위성봉의 하나일 뿐 다른 8천미터급 고봉처럼 그 자체로서 독자적인 산세를 구축하고 있다 보기는 어려워 하여 이로부터 14좌에서 배제해야한다 아니다 의견이 분분했던 적도 있었으나 일단 (14좌로서)정립된 바를 개정키보다는 존중하여 받아들이자는 의견이 우세하여 기존 방식을 고수(14좌로서 인정)하는 것으로 매듭지어졌다.
* 샤르체1봉(7591m)은 로체샤르의 동쪽 내리막 능선 상에 잠깐 볼록한, 즉 위성봉이라기도 뭐 한 같은 산릉 상의 돌출부나 마찬가지인 산괴이다. 이리하여 그보다는 달리 조금은 나름의 산세를 드러낸 샤르체2봉(7457m)이 더 부각될만하기에 이를 언급하였다.
* 얄룽캉 역시 해발 8천5백미터가 넘는 8천미터급 고봉이나 14좌로는 인정하지 않는 것으로 의견이 모아진 형국이다. 바로 옆 세계3위봉 칸첸중가(8586m)의 위성봉으로 치부되기 때문이다.

GHR 네팔히말라야 & 산맥도(※ 배경지도: ⓒOpenStreetMap(http://openstreetmap.org)

GH-5; 시킴히말라야 : 네팔히말라야를 벗고 바로 옆 동쪽 인도 시킴 주의 히말라야 산계를 일컫는다. 고아 주와 함께 인도에서 가장 작은 면적의 주- *과거 시킴 왕국을 인도가 합병하면서 그 영토를 다른 주에 병합치 않고 그대로 영토와 주명(시킴)을 고스란히 물려주었기에* -로 통하는 만큼 이에 드리운 히말라야지경 역시 매우 짧고 단출하다. 하지만 산세는 무시 못한다. 바로 네팔 국경에 맞닿은 세계3위봉 칸첸중가(8586m) 산이 들어앉은 고장이기에 그렇다. 때문에 이 하나 만으로서도 감히 '시킴-히말라야'란 위세를 떨칠 수 있었음이다. 아울러 '물' 또한 이제 갠지스(강가) 수계가 아닌 브라마푸트라 강 지류 티스타 수계에 놓인다. 주요 산봉으로, 기 언급한 **칸첸중가(8586m)**를 필두로 서쪽의 같은 네팔접경산릉 남부 **카브루 1봉(7412m)·2봉(7339m)·3봉(7338m)·4봉(7318m)** 및 북부 젬미젤라츌리(트윈피크; 7350m), 네팔피크(7177m), 키란트츌리(텐트피크; 7362m), 파티바라카스(피라미드피크; 7140m), 도메캉(7264m), **진상(종상; 7462m)**이 있으며, 이어 티베트에 접한 북쪽과 동쪽으로 – 이하 6천5백미터급 이상 – 켈라스(카일라스피크; 6680m), 로낙(6710m), **초르텐니마(6930m)**, 코라캉(6600m), 초모윰모(6830m), 캉첸갸오(6890m)⁽ˢ⁾, 구루동마르(6715m)⁽ˢ⁾, **포홍리(롱포곌동리; 7128m)**, 슈두첸파(7032m), 템바와캉(6630m)⁽ˢ⁾ 등의 봉우리가 솟아있다.

(Ⓢ = 순수 시킴 영내 봉우리)

* 참고로 칸첸중가는 이 시킴 방면에서는 등정이 불허된다. 신의 영역이라 하여 주정부에서 일체 등반허가를 내주지 않기 때문이다. 과거 등반에 있어서도 1955년 이를 초등한 것으로 인정받는 영국의 찰스 에반스(Charles Evans) 역시 이의 시킴인들이 숭배해마지않는 칸첸중가 산에 대한 외경심으로 정상을 바로 목전에 두고 이내 '신의 머리'로서 간주되는 그 정상을 밟지 않고 발걸음을 돌려 하산했다는 일화가 전해진다. 그만큼 칸첸중가는 시킴뿐 아니라 전 인도의 가장 성역으로 신성시되는 산이다. (∴ 등반은 현재 네팔 쪽을 통하여서만 가능)

GHR 시킴·부탄히말라야 & 산맥도(※ 배경지도: ⓒOpenStreetMap(http://openstreetmap.org)

GH-6; 부탄히말라야("스노우맨〈Snowman〉" 트렉*) : 시킴에 이어 동쪽 옆나라 부탄히말라야이다. 시킴보다는 면적이 4배가량 넓은 부탄왕국이지만 그래도 전체 히말라야로 보면 네팔히말라야의 약 1/3 정도로 그리 넓은 면적을 품고 있지는 않다. 하지만 이 부탄히말라야 하면 우선 떠오르는 일명 '스노우맨 트렉'. 소위 지구상 가장 아름다운 산악트레일의 하나로 꼽히는 유수의 히말라야탐방 트레일*을 소유하고 있다. 8천미터급 고봉은 명함은 못 내밀어도 7천미터급 고봉은 이 작은 땅덩어리에 10개가 넘는다. 꼽아보자면; 부탄 3위봉 **조몰하리(7326m)**를 시작으로 규강(7200m), **마사강(7195m)**, 첸다강(7100m), **테리강(7300m)**, 마상강(7190m), 제캉푸강(7200m), 캉푸강(7210m), **종가푸강**(테이블마운틴; **7095m)**, 캉리(7240m), 그리고 부탄 2위봉인 **강카르푼숨(7541m)** 및 제1봉인 쿨라강리(7554m)*가 있다. 그리고 이어 다소 고도를 낮추는 부탄 동부로 향하면서는 6천미터급의 치상강(6050m), 카르충(6300m), 카르슈(6380m), 촐라강(6270m) 등의 준봉이 솟아있다. 수계는 시킴히말라야와 마찬가지로 부탄 전체 산역이 브라마푸트라 강의 지류계로 점철되어 있음에, 곧 서부 조몰하리 산권은 왕추*, 서북부 규강~캉리 산권은 푸나창추(인도명 '산코시'), 그리고 중북부 강카르푼숨~치상강 산권은 망데추(통사추)와 붐탕추, 나머지 동북부와 동부 산권은 차카르추 & 쿠리추(이상 인도명 '쿠루' 지류계) 및 쿨롱추 & 감리추(이상 인도명 '마나스' 지류계) 등등의 브라마푸트라 지류계로서 드리운다.(※ 쿨라강리는 티베트 얄룽창포(브라마푸트라 강 중·상류부) 수역)

이외에 중산간지역인 부탄 중앙부는 해발 4천미터 내외의 소위 'Lesser Himalaya' 산지로 분류된다. 겨울~봄까지는 이 중앙산지 내원에도 눈이 쌓여있는 곳이 많다. 더 아래로 내려가면 브라마푸트라 강 본역의 아삼평원에 맞닿게 된다. 해발 2천미터 내외의 이 저지대 산지는 북쪽의 눈 덮인 히말라야 산지와는 딴

판인 정글형 우림산악지대가 펼쳐진다. 때로는 해발 1천미터 이하로 완전한 저지대 정글산지로 형성되어있는 곳도 있다. 인종 역시 북부 히말라야 쪽과 남부 정글산악지대 쪽의 모습이 조금 다르기도. 이 남부 지역민들 중 일부는 부탄의 국교인 불교 대신 네팔·인도 쪽 힌두교를 신봉키도 한다. 이로 인해 불교를 국교로 삼는 부탄 정부로부터 때로 종교적 탄압과 박해를 당하기도. 세계최고의 행복지수를 기록하고 있는 부탄왕국의 아이러니한 민낯이다.

* 지도상 부탄 최고봉은 이처럼 쿨라강리로 매겨져있으나 현재 이 북부지역이 중국(티베트)에 귀속된 형태로 관리되고 있어 이를 배제한 실제 부탄 영내 최고봉은 강카르푼숨으로서 갈음된다. 한편 일부 지도에 있어서는 이 두 쿨라강리와 강카르푼숨의 고도를 달리 측정 표기해놓고 있기도 하다. 곧, 쿨라강리는 해발 7538m, 강가르푼숨은 외려 이보다 높은 7570m로 표기하고 있어 이를 토대로 한다면 쿨라강리는 2위봉으로 물러나고, 강카르푼숨이 부탄 제1봉의 자리로 올라서게 되는 셈이다. 어쨌거나 실질적인 부탄 최고봉은 강카르푼숨으로 '스노우맨 트렉'은 조몰하리에서부터 이 강카르푼숨까지의 히말라야 구간을 탐승하는 것을 기조로 삼는다. 북쪽의 쿨라강리 영역은 진입부가 티베트에 속해있어 그 북역(중국령)을 통하지 않고는 탐방할 수 없다.
* '추'는 티베트어와 동일하게 '물' 즉 '계곡'을 의미하는 말이다. 파키스탄의 발티스탄 남부 데오사이 일원과 북인도 라다크·잔스카르, 라훌·스피티, 키나우르 및 우타라칸드 쿠마온 북부의 불교권에서도 이 '추'란 단어가 지명용어로서 사용된다.

★ 스노우맨트렉(Snowman Trek)을 위시한 부탄히말라야 여행은 외국인 개별적으로는 안되고 반드시 부탄 정부 지정여행사를 통해서 진행되어야만 한다. 단, 부탄왕국의 외교와 국방을 책임지고 있는 인도 국적 여행자들은 자유로운 개별여행에 제한이 없다. 즉, 인도인들만은 이 '부탄 자유 배낭여행'이 가능한 셈이다. 이 외 파키스탄, 네팔, 방글라데시, 스리랑카, 몰디브 등 같은 남아시아지역연합(SAARC; South Asian Association for Regional Cooperation) 국적 소유자라 하더라도 부탄여행은 무조건 특권 없이 동일한 매뉴얼에 입각해야 한다. 곧, 어느 나라 여행객이건 투어요금은 모든 조건[숙식+교통+투어프로그램] 다 포함하여 여행객 1인 1일 U$200~250 정도로 책정(인도여행객 제외)된다. (∴ 이 중 부탄왕실에 납부토록 제정된 소위 '로열티(Royalty)'가 35% 요율로서 대략 U$70~90 정도라 보면 된다. 향후 이 요율을 낮추어 전체 투어경비가 인하될 것이라는 기대(!)도 있었으나 시행은 아직 불투명하다.) 비수기에는 여행사에 따라 이 1일여행경비 요율을 U$170~200 정도로 조금 저렴하게 책정키도 한다. 스노우맨 트렉은 반면 일반 투어경비 요율보다 30~50% 정도 더 높게 책정된다. 그도 그럴 것이 준비할 것과 안전문제 - 고산지대에서의 응급후송은 국경수비대 인도군 헬기를 활용 - 추가비용 無. ☞ 기본 투어경비에 보험비용 필수포함 - 등 갖추어져야 할 사항이 더 많기 때문이다. 참고로 9월~11월초 성수기 스노우맨트렉 경비는 4인그룹 기준 여행사 평균 1인당 1일 U$300 정도로 제시(견적)되었던 바 있다. 8인 이상 그룹에 있어서는 1인 1인당 U$200~250 정도로 조금 낮추어 제시키도 한다. 이하 부탄 여행 및 스노우맨 트렉에 대한 더 자세한 언급은 뒤이을 편저『부탄히말라야』에서 다루기로 하겠다.

GH-7; 아삼히말라야(인도 아루나찰프라데시 주) : 부탄에 이은 히말라야 동쪽 마지막 구간이다. '아삼히말라야'로서 표명하고 있지만 인도 '아삼' 주와는 거리가 멀다. 단지 이 인도 영내의 동인도지역 전체를 일명 '아삼' 지역으로서 통칭하고 있음에 기인한다. 곧 이 아삼 지역 북방의 아루나찰프라데시 주 만이 이의 히말라야 그 마지막 동부구간 산역으로 자리매김한다. 산악 전체지경으로 보면 비교컨대 네팔히말라야 총구간의 절반이상에 해당하는 길이로서 모름지기 앞선 인도히말라야의 카시미르히말라야(카시미르+히마찰)나 가르왈·쿠마온히말라야(우타라칸드) 구간보다 더 긴 산경을 구축하고 있다. 최고봉은 해발 7756m의 **남차바르와**. 바야흐로 티베트 카일라스에서부터 발원해 이내 티베트고원 동남부를 가르며 흘러내려온 얄룽창포(브리마푸트라) 강이 이윽고 **티베트-버마 산계**에 부딪혀 급격히 남서향으로 꺾어 돌면서 굽이치는 그 남서자락 바로 위 고고하게 솟구쳐있다. 그리고 이로써 거국적인 대히말라야산맥을 갈무리한다. 하지만 이 봉우리는 기실 인도령에 속하지 않고 중국의 티베트령에 속한 산계이다. 불과 인도 땅 수십 킬로미터만 남겨두고. 그리하여 이 남차바르와를 인도 쪽 명칭을 딴 아삼히말라야에 넣어 분류키를 달가워않는 중국 측˚ 정서도 불거져 있음이다. (그래 만약 다룰 것도 없이 바로 그 얄룽창포-브라마푸트라 강 자체를 국경선으로 삼았으면 더 명확하고 좋았을 터인데 말이다. 어쨌거나 본 책에서는 대히말라야의 마지막 산경으로서 이처럼 '아삼 히말라야'를 표방하였는바, 곧 현 티베트령 남차바르와라고 해서 그 봉우리 하나만 따로 '티베트히말라야'라 떼어내지 아니하고 모름지기 이 마지막 휘어도는 브라마푸트라 '물' 자체가 바로 이 대히말라야 동단 끝자락인 고로 그렇게 브라마푸트라의 「아삼-히말라야로」로서 포용하였다.)

* 실상 티베트를 합병한 중국 측은, 더욱이 이 남차바르와 남서로 펼쳐져있는 아삼히말라야까지 즉 현재 인도가 (중국 측의 주장에 의하면) '영유권을 행사'하고 있는 아루나찰프라데시 주 거의가 옛 티베트의 영토였던 것을 과거 영국의 인도지배 시절 이 티베트에 대한 기습적(!) 맥마흔라인 설정에 의해 불합리하게 영국령 인도에 편입했던 것이니만큼, 이제는 그 얄팍한 맥마흔라인에 의한 국경선을 폐지하고 원래의 티베트령으로서 이 아루나찰-아삼히말라야에 대해 자국(중국령 티베트)의 영유권을 주장하고 있는 상황이다. 이로 인해 급기야 1962년 말 인도와 전쟁을 벌였던 지역이기도 하며 결국 양국 간 전면전으로 확전되지는 않았지만 결국 중국이 카시미르(라다크) 악사이친 지역을 강점하여 실효지배하는 것이 용인되고, 전투에서 승리하여 점령한 이 아루나찰 히말라야 산악지역은 이후 군대를 철수시켜 다시 인도의 관리 하에 넘김으로써 국경분쟁은 종결되었다. 하지만 인도나 중국이나 이들 악사이친과 아루나찰 지역에 대해서는 확정적인 국경선으로 정의하지 않고 미확정된 점선(Undefined Line)으로서 매겨둠으로써 향후 또다시 국경분쟁이 발발할 가능성을 완전 배제치 않고 있다. (※ 가장 최근의 2017년 여름 시킴/부탄/티베트 접경의 도클람[티베트명 동캉, 중국명은 둥랑] 지역 - *부탄과 인도 시킴 주 사이에 쐐기 모양으로 움푹 들어간 중국령 티베트의 접경부* - 및 2020년 6월의 라다크 팡공초(호수) & 악사이친 갈완계곡 경계부 인도 vs 중국 국경충돌 및 대규모 군사대치 사례)

이 남차바르와 외의 주요 고봉으로 서부산권 최고봉인 7천미터급 **캉토(7087m)**, 예기캉상(7047m)과 더불어 6천미터급 서쪽의 **고리첸(6538m)** 및 동쪽의 탁파시리(6655m), 겜동(6043m) 등이 있다. 이들 아루나찰 산계는 모두 브라마푸트라 강의 수역에 놓여있다. 곧 그 지류계로서 마나스, 카멩(바레일리), 캄라, 수반시리, 시얌 등의 하천수계를 빚어놓고 있다. 이렇게 아삼히말라야 브라마푸트라 자락을 끝으로 인더스 펀잡 카시미르에서부터 이어온 대히말라야는 맺음한다. 그러나 조금 더 길게 광역의 히말라야로서 들여다보자면 계속해서 이의 브라마푸트라(얄룽창포) 물길을 넘어 이내 갸라페리(7294m)로부터 이어지는 티베트-버마 산계를 아우르며 이윽고 중국 윈난(운남)의 매리설산(카와게보; 6740m) 및 더 나아가 쓰촨(사천) 공가산(7756m)까지도 이어봄직하다. 그리하여 무릇 힌두쿠시~카라코람~대히말라야~매리설산(티베트-버마 산계)~공가산(동티벳 산계)까지의 중앙아시아와 남아시아, 그리고 동남아시아(미얀마)와 남중국까지의 전반을 어우르는 거대산맥으로서, 아닐 것도 없이 지구상 가장 광대한 산, 산, 산의 물결로서 채색됨이다.

GHR 아삼히말라야 & 산맥도 (※ 배경지도: ⓒOpenStreetMap(http://openstreetmap.org)

중앙아시아 산맥 기원

△ 히말라야 14좌

히말라야 산계에 속한 해발 8천미터 이상 세계에서 가장 높은 14개의 봉우리를 가리켜 이른바 '히말라야 14좌'로서 소개한다. 이는 히말라야와 카라코람의 8천미터급 맹주들을 함께 묶어 제시하고 있음인데, 높이 순으로 열거하자면; ①에베레스트(사가르마타; 8848m/네팔), ②K2(초고리; 8611m/파키스탄), ③칸첸중가(8586m/네팔·시킴(인도)), ④로체(8516m/네팔), ⑤마칼루(8463m/네팔), ⑥초오유(8201m/네팔), ⑦다울라기리(8167m/네팔), ⑧마나슬루(8163m/네팔), ⑨낭가파르밧(8126m/파키스탄), ⑩안나푸르나(8091m/네팔), ⑪가셔브룸1봉(8068m/파키스탄), ⑫브로드피크(8047m/파키스탄), ⑬가셔브룸2봉(8035m/파키스탄), ⑭시샤팡마(8013m/티베트(중국))로서, 네팔 8개봉, 파키스탄 5개봉, 티베트(중국) 1개봉으로 자리매김되어있다. (※ 칸첸중가, 로체, 다울라기리, 마나슬루, 안나푸르나, 낭가파르밧을 제외한 8개봉 역시 티베트(중국) 접경에 솟아있지만 통상적인(자유분방한) 트레킹 가능기점을 기준으로 관할국가를 언급했다.)

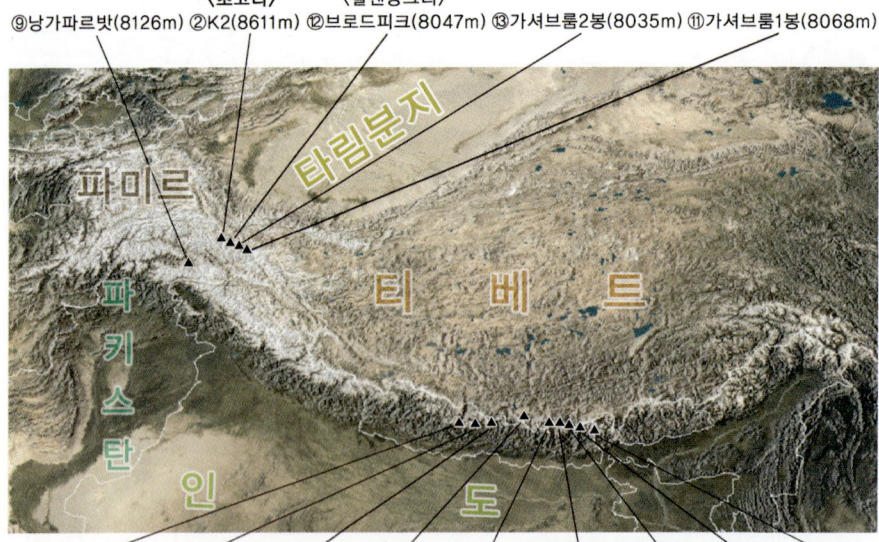

< 히말라야 14좌 >

한편 근자에 칸첸중가의 위성봉인 얄룽캉(8505m)과 로체의 위성봉인 로체샤르(8382m)를 위의 8천미터 고봉군에 추가하자는 움직임이 있으나 국가 간 이해관계가 얽혀 인정받지 못하고 있는 실정이며, 그처럼 굳이 같은 능선으로 인접한 위성봉에까지 세계고봉의 개념을 확대하여 적용하기엔 무리가 있는 것 또한 사실인즉 아울러 타 산봉군들과의 형평성에도 어긋난다는 것이 쟁점*이라 보겠다. (※ 이런 점에서 에베레스트의 위성봉으로서도 언급되는 로체(8516m)를 14좌에 포함해야 하느냐 말아야 하느냐 의견이 분분키도 했었으나 오래전부터 이미 14좌로서 등용(!)된 이래, 위성봉의 성격이 강함에도 이의 14좌에서 배제치 말고 유지하는 것으로 논의가 일단락되었다.)

▲ 베이스캠프(Base Camp; 약칭 B.C.)

마칼루 남면 B.C.   다울라기리 북면(히든밸리) B.C. & 서면 B.C.

등반을 위한 전초기지의 역할을 하는 곳이다. 보통 6천미터 이상의 고봉 등반 시 대략 3천5백~5천5백미터 사이의 비교적 터가 넓고 평평한 곳에 구축한다. 최근에는 트레킹인구가 늘어나면서 단지 등반(Climbing)을 위한 전진캠프(Advanced Base Camp; 약칭 ABC)로서의 역할만이 아닌 이러한 트레커들을 대상으로 하는 최종 탐승목적지로서의 가치를 부여하며 상품화- *여행상품 및 숙식편의시설 마련* -되고 있기도 하다. 대표적인 예가 위에 언급한 '히말라야 14좌' 각각의 베이스캠프 트레킹이 그러하며, 아울러 나라밖 여러 명산고봉들의 베이스캠프 탐승을 목표로 추진하는 다양한 프로그램들이 있다. (※ 참고적으로, 고산등반의 경우 전초기지로서의 베이스캠프 이후 정상(Summit)에 이르기까지 각 단계별로 캠프1, 캠프2, 캠프3 등의 명칭을 붙이면서 정상등정에 나서게 된다. 특히 최종캠프(High Camp) 이후에는 보통 '정상공격'이란 말로 대신하면서 등정에 나서게 되는데, 거대한 대자연 앞에 티끌과도 같은 미천한 인간이 그처럼 '공격적'인 문투와 자세로 임한다는 게 타당치 않다는 의견이 분분하여 근래에는 단지 '시도(도전)' 내지는 '추진' 등등의 단순 겸허한 표현으로 대신하자는 움직임도 일고 있다. 그러나 이에 대해 또한 일각(주로 등로주의 산악전문집단)에서는 어차피 그 말이 그 말이니 결국 말장난에 불과할 뿐이라며 '문구'에 연연치 말고 과정(등로)에나 더욱 충실하라는 논조의 반론도 있는바, 판단은 각자의 몫이다. '말'인즉 '생각'에서 나오는 것이니...)

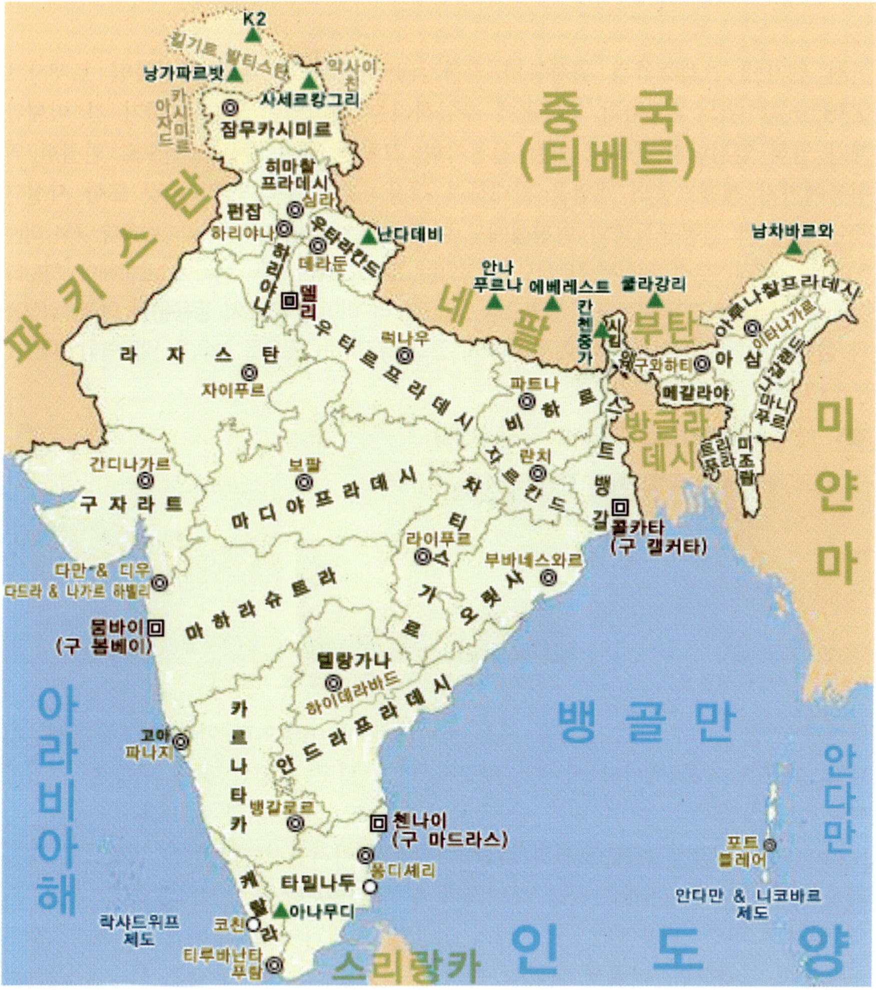

▶ 인도 개관

○ 국가명칭(Republic of India)

영어식 국가명 '인디아(India)'의 원 명칭은 '인도(Indo)'로서, 이는 과거 서방세계가 이 땅에 닻을 내린 후 크게 먼저 영향력을 행사한 네덜란드인들의 호명에 기인하는바 오늘날 역시도 한국을 비롯한 많은 나라에서 기준호칭으로 채택하고 있다. 아울러 인도 자국 내에서도 역시 '인도·인디아' 이 두 국명 모두를 개의치 않고 사용하고 있으며 다만 공식적인 대외석상에서는 영어식 '인디아'가 기준국명으로서 통용된다. 이 '인도' 국명의 유래는 다름아닌 '힌두(인)의 땅'을 일컫는 페르시아어 '힌두-스탄'에서 나왔는데 이로부터 곧 「힌두→인두(포르투갈어)→인도(네덜란드어)→인디아(영어)」로서 변천된 셈이다. 조금 다르게는 '인더스(강)의 땅'을 지칭하는 '인두스(탄)→인도→인디아'로서 변천되었다고도 본다.

* '힌두(Hindu)'를 일컫는 포르투갈어 발음은 '인두'이며 이는 포르투갈식 알파벳 자모 'Indo'로서 표현, 곧 이 글자 그대로 후대 네덜란드에서 전용, 발음도 조금 달리해 "인도"가 되었다.

○ 지리환경

'인도'를 대변하는 힌두스탄 곧 인도평원을 무대로 펼쳐진 이 힌두 땅의 지경은 정확히 유럽과 아시아를 잇는 중앙에 위치한다. **지리**적으로는 서아시아와 동아시아의 중역으로서 이른바 '남아시아'로서 대변되는 이의 「인도 아대륙」의 모태이자 중추이기도 하다. 지질학적으로 바로 그처럼 인도 아대륙(인도판)이 유라시아대륙(유라시아판)과 충돌하여 형성된 거대한 히말라야산맥 남단으로 소위 대(大) 마름모 형태의 힌두스탄 인도 땅의 지경을 드리워놓았는바, 그로부터의 남쪽 바다 수역을 일명 「인도양(Indian Ocean)」이라는 또 한편의 '대양(大洋)'의 호칭으로서 매겨놓고도 있다. 이로부터 동쪽 해역은 방글라데시-미얀마 연안과 맞닿은 '뱅골만' 수역, 그리고 이 마름모꼴 대륙의 최남단 인도양에 맞물린 좁은 해로 건너편으로 스리랑카 섬나라에 이어서 대륙의 서안을 따라 파키스탄에 이어 아라비아로 향하는 그러한 아라비아해 수역으로 아우른다. 육지 지경으로는 서쪽에 카시미르 영유권 문제를 놓고 대치중인 파키스탄, 그리고 북쪽으로 역시 영토문제로 민감한 중국령 카시미르 악사이친과 신장위구르, 티베트 지역 및 멀리 동북 방면으로 아삼지역(동북인디아)에 접한 방글라데시(구 동파키스탄), 미얀마와 국경을 맞대고 있다. 전체 국토면적은 한반도 남북한 합친 면적(22만㎢)의 15배에 달하는 약 329만㎢로서, 호주 다음으로 세계에서 7번째로 큰 나라이다. 지형적으로 보면 삼림(산악)지대가 전체 국토면적의 약 1/4가량을 차지하는바 주로 북부의 히말라야와 남부의 데칸고원 일대에 몰려있으며 저지대의 하천을 끼고 펼쳐진 농경지대는 한편 인도 땅의 절반 이상을 차지하고 이 외에 유목초지 및 기타 해안지역 등으로 분류되는 전체 국토의 1/5가량의 지형적 요인을 안고 있다.

산계로서는 인도 북부의 카시미르-히마찰 지역을 관통하는 이른바 카시미르히말라야와 그로부터 동쪽으로 우타라칸드 주의 가르왈·쿠마온 히말라야, 그리고 네팔 땅을 지나 인도 동북부의 시킴히말라야와 아삼히말라야로 솟구치는 **히말라야** 대산맥이 펼쳐져있다. 최고봉은 시킴과 네팔 경계의 대히말라야(GHR) 주산맥 상에 놓인 세계3위봉 칸첸중가(8586m)이며, 이를 배제한 순수 인도 영내의 최고봉은 우타라칸드 주의 일명 가르왈·쿠마온 히말라야 산계의 난다데비(7817m)로서 과거 히말라야에 대한 정밀측사가 제대로 이루어지지 못했던 시절 한때는 세계최고봉이라 회자되기도 했다. 이 히말라야산맥 남단에는 바야흐로 비옥한 농경지대인 힌두스탄 대평원이 펼쳐져있다. 인도 인구의 45% 이상이 분포하는 곳이기도 하다. 반면 이로부터 남인도 해안에 이르기까지는 다시금 장대한 산악고원지대가 드리워있는바 이름하여 '**데칸고원**'이다. 산스크리어(고대 인도어) 유래 그대로 '남쪽의 [덱치(ㄴ)] 마루[카한]'란 의미이다. 최고봉은 인도 최남단 케랄라 주 내륙에 위치한 아나무디(2695m) 산과 카르다몸(2637m) 산이며 그 다음 3위봉으로서 이웃한 남인도 타밀나두 주의 닐기리 산지에 속한 도다베티(2637m) 산이 있다. 평균고도 해발 800미터의 이 장대한 산악고원은 무릇 인도 아대륙 중북부에서 남부 해안까지의 거대한 산역을 드리우고 있음에 그리하여 히말라야 북방의 뭇 티베트고원과 함께 아시아에서는 가장 큰 규모의 고원산악지대로서 주목을 받는다.

수계로서는 인도 땅을 가로지르는 대표적인 물줄기 '**갠지스 강**'을 떠올린다. 하지만 정작 그 갈무리는 인도 영내가 아닌 **인도 아대륙 동부**의 방글라데시 뱅골만 해역이다. 아울러 이 갠지스강은 티베트에서 흘러오는 또 다른 장구한 '**브라마푸트라강**'(티베트명 **얄룽창포**)을 그 말미 뱅골 동쪽 방글라데시 지평에서 맞이하고 있기도 하다. 이로부터 곧 티베트의 신산 **카일라스(강린포체; 6714m)**에서 비롯되는 브라마푸트라-'아비의 물'이 또한 이의 갠지스-'어미의 물'로 스미게 되는 것인 즉, 그로부터 이들 브라마푸트라와 갠지스 수계 사이에 가로놓인 대산맥 바로 '인도히말라야-네팔히말라야'로서 대변되는 「**대히말라야산맥(GHR)**」을 감싸안고 있음이다. 그리고 또 달리 **인도 아대륙 서부**로 펼쳐져 아라비아해로 흘러드는 역시 이의 '인도'를 떠올려마지않는 '**인더스 강**' 물길 그러나 그 본류는 실상 인도 땅을 중심적으로 관통하지는 않는데, 다만 그로부터의 동쪽 다섯 물길 즉 '**펀잡(Punjab)**'이란 필명 하에 빚어진 **수틀레지**[1], **베아스**[2], **라비**[3], **체나브**[4], **젤룸**[5] 강들이 이의 인도 내륙 깊숙이 스미고 있다. 그 중 **수틀레지**는 또한 티베트 **카일라스**에서 발원하여 이내 히마찰의 히말라야 산계를 관통, 잠무 구릉대지를 거쳐 펀잡 지방으로 나아와 이윽고 인더스에 합류, 곧 이 역시 신산 카일라스로부터 빚어 내리는 웅혼하고 유장한 물길로서 새겨진다. **베아스** 강과 **라비** 강은 히마찰 **피르판잘** 산계를 모태로 하여 흐름을 빚는바 그로부터 베아스는 수틀레지에 합류, 달리 라비 강은 북쪽으로부터 흘러오는 체나브강에 합류한다. 이 **체나브**강은 한편 더 멀리 동북방 히마찰의 라하울 지역에서 발원을 뿌리는즉, 곧 대히말라야 라하울 산계를 모태로 이러한 서남향 물길을 빚으면서는 이윽고 파키스탄 편잡 평원에서 수틀레지와 합류하고 곧이어 본류인 인더스강과 어우러져 마침내 아라비아해로 흐름을 갈무리한다. 마지막 **젤룸** 강은 체나브 강 북쪽에 놓인 또 한 지류로서, 하지만 그 중추적 물길은 기실 인도령이 아닌 파키스탄령 카시미르 지역에 놓였음이나 발원은 역시 인도령 카시미르 즉 카시미르밸리의 아난트낙-파할감 상류부의 그 '**카시미르히말라야**' 지역이다. 이렇듯 편잡 5대 물길 모두가 이 인도 지경에 적(籍)을 두고 있음에, 더불어 그 '**인더스 본류**' 역시도 최상류부는 또한 신산 **카일라스**로부터 비롯, 이윽고 인도령 카시미르의 '라다크' 산계와 파키스탄 '카라코람' 남부지역을 관통하여 흘러내려오는 모름지기 거국적인 힌두-파키스탄 양자 '대하(大河)'의 물길로서 자리매김한다. 〈∴ 티베트 카일라스 발원 인도 아대륙의 세 물줄기; 인디스, 수틀레시 & 브라마푸트라(얄룽창포)〉

기후적으로는 지역에 따라 큰 차이를 보이는데, 북쪽 히말라야 산간에 놓인 지역 – *카시미르(라다크 제외), 히마찰, 우타라칸드, 시킴, 아루나찰* –은 대체로 봄-여름-가을-겨울 4계절이 뚜렷한 '**온대성 기후**', 반면 이른바 힌두스탄평원 저지대를 중심으로 한 인도 중~동부와 데칸고원 및 남인도 지역은 연중 무덥고 – *한여름 기온이 영상 45도를 웃돌기도 한다.* – 습하며 특히 여름철 많은 비를 뿌리는 **열대계절풍 일명 '몬순(Monsoon) 기후'**, 그리고 또 한편으로 서쪽 아라비아 연안으로부터의 고온 건조한 계절풍을 맞는 구자라트와 라자스탄 일대는 달리 강수량이 적어 매우 건조하고 메마른 소위 '**사막기후**'로서의 특성을 보이고 있기도 하다. 한편 티베트 고원과 맞닿은 인도령 카시미르의 최북단 **동부카라코람** 및 **라다크·잔스카르** 지역 일대는 평균 해발고도 3천5백미터가 넘는 고산지대로서 그처럼 '라스트 카라코람', '리틀 티벳'이라는 필명에 걸맞게 전형적인 고산성기후의 풍토를 보인다. 즉 여름철에도 몬순의 영향을 거의 받지 않고 냉온건조하며 특히 해발고도가 4천미터가 넘는 높은 산악지역에서는 한여름에도 영하의 기온으로 떨어지는 한랭한 기후특성을 나타낸다. 겨울은 더욱 기온이 떨어져 -30~40℃에까지 이르는데, 참고로 기온이 -50℃ 아래로까지 떨어져 모름지기 "세계에서 가장 추운 인간거주지역"으로서의 한 페이지를 장식했던 '드라스'라는 곳 역시 다름아닌 이 인도령 잠무카시미르(카르길 지역)에 위치해 있음을 상기해볼 필요가 있다.

○ **인구와 종교**

인도의 **총인구**는 2016년 조사 기준 약 13억1천만명으로, 이는 13억7천만명의 중국에 이어 세계에서 두 번째로 인구가 많은 나라로서 매겨진다. 하지만 인구조사에 반영되지 않은 누락인구까지 포함할 경우 14억이 넘을 것으로 추산하고 있는바 그렇다면 중국을 제치고 세계 1위의 인구국가가 되는 셈이다. 그만큼 인도의 인구증가치는 세계최고를 기록하는데 매년 1천만명 이상 인구가 늘어나고 있다고 보고되고 있다. (※ *30년 전 필자의 학창시절에는 인도의 인구가 5억이라 배웠다. 즉,*

30년 동안 그 수치가 2.5배 이상 증가한 것이다.) 인접국가들과 비교해보면 파키스탄 약 2억, 네팔 약 2천9백만, 부탄 75만, 방글라데시 1억6천만, 미얀마 5천7백만, 스리랑카 2천2백만, 그리고 중국 본토를 제외한 신장위구르 약 1천1백만, 티베트(동티벳 제외) 약 4백만으로 이들 전부를 다 합쳐도 인도 인구의 절반에도 미치지 못한다. **인구분포도**를 보면 중북부의 인도 제2의 도시인 수도 델리(뉴델리)를 포함 힌두스탄 평원의 상당부분을 차지하는 우타르프라데시[약 2억4천만]와 비하르[약 1억1천만] 주(State)의 인구가 가장 많고, 이어 데칸고원 서부 인도 제1의 도시 뭄바이(구 봄베이)를 끼고 있는 마하라슈트라[약 1억2천만] 주 역시 인구분포에 있어 상당한 수치를 보여준다. 그리고 인도 제3의 도시 콜카타(구 캘커타)를 포함한 웨스트뱅갈[약 1억] 주, 이어 마디야프라데시[약 7천8백만], 타밀나두[약 7천7백만], 라자스탄[약 7천4백만], 카르나타카[약 6천7백만], 구자라트[약 6천4백만], 안드라프라데시[약 5천5백만] 주들이 인구 5천만명 이상 보유 지역으로 조사되어 있으며, 이하 오릿사[약 4천5백만], 텔랑가나[약 4천만], 케랄라[약 3천7백만], 자르칸드[약 3천6백만], 아삼[약 3천4백만], 차티스가르[약 2천8백만], 하리아나[약 2천8백만], 그리고 인도 북부의 펀잡[약 3천만] 및 히말라야 산지를 끼고 있는 잠무카시미르[약 1천4백만]와 우타라칸드[약 1천1백만], 히마찰프라데시[약 7백만] 주의 순으로 나타난다. 이밖에 동인도 지역 변방의 트리푸라[약 4백만], 메갈라야[약 3백만], 마니푸르[약 3백만], 나갈랜드[약 2백만], 아루나찰프라데시[약 1백5십만], 미조람[약 1백2십만] 주의 순으로 인구 수치를 보이며, 또한 인도 내 가장 작은 면적으로 할당된 고아[약 1백5십만] 주와 더불어 과거 히말라야 시킴 왕국으로부터 물려받아 합병한 가장 적은 인구를 보유한 '시킴[약 70만]' 주가 있다.

종교적으로는 '힌두-스탄'이란 통칭에서 엿보이듯이 한마디로 거의 인도 전역이 「**힌두**」교도의 나라」로서 대변될 수 있는데, 곧 전체 인구의 약 80%, 10억 이상 인구가 **힌두교**를 신봉하는 것으로 나와 있다. 이로써 힌두교는 단지 '힌두스탄'에서만 우세한 종교임에도 그만치 인구수에 상응하여 세계3위의 종교로서 자리매김하고 있는 이유이기도 하다. 하지만 그럼에도 힌두교를 제외한 비 힌두교도들의 숫자도 그 인구수만큼이나 상당한 수치가 내포되어있는데, 특히 **이슬람교***에 있어서는 전 세계에서 가장 많은 무슬림(이슬람교도)을 보유한 나라로서 전체인구의 약 14.5%인 1억9천만명 이상이 이슬람교를 신봉하는 무슬림들이다. 이는 곧 이웃한 세계최대의 무슬림국가인 파키스탄보다도 많은 무슬림을 보유한 국가임을 드러내는 지표이다. 그리고 제3의 종교는 **기독교**로서 비율은 전체 인구의 약 2.3%로 대략 3천만명 정도 기독교 신자가 있는 것으로 알려져 있다. 대체로 인도 전역에 분포한 많은 교회(기독교/천주교)들이 이를 방증하고 있지만 특히 동인도 지역의 아루나찰프라데시, 메갈라야, 나갈랜드, 마니푸르, 미조람, 트리푸라 주 및 서인도 고아 주와 남인도 케랄라, 타밀나두 주에서 상대적 강세를 보인다. 이어 **시크교**의 비율은 약 1.7% 정도로 기독교보다도 적은 수준으로 대략 2천2백만명

정도의 교세에 지나지 않으나 이들 대다수가 북인도 편잡 지방에 분포하는바, 무릇 암리차르 황금사원(Golden Temple)으로 유명한 편잡 주 인구의 60% 이상이 시크교도로서 곧 '시크교의 성지'라 불리는 까닭이기도 하다. 아울러 이웃한 하리아나 주와 히마찰프라데시 주 및 수도인 델리에도 상당수 시크교도들이 거주한다. **불교**는 의외로 13억 인구 중 1천만명도 채 되지 않는 0.7% 정도만이 신봉하는 소수종교로서 보고되어있는데, 즉 티베트불교의 영향권에서 그리 멀지 않았던 북인도 카시미르의 라다크·잔스카르 일대, 히마찰프라데시 주의 라하울·스피티 및 키나우르 지역, 시킴 주와 웨스트뱅갈 주 다르질링 지역, 그리고 중국 합병 후 인도로 망명해 넘어온 이른바 '티베트망명정부'가 들어선 캉그라 지역의 다람살라·맥로드간즈 정도만이 이러한 불교도 지역으로서 각인되어 있을 따름이다. 아울러 동북지역 히말라야 신간 아루나찰프라데시 주와 더불어 트리푸라 주 등지에서도 대략 전체 주민 중 12~13% 가량의 불교도 주민들이 분포하고 있으며, 서인도 마하라슈트라 주에도 10% 남짓 불교신자들이 거주하는 것으로 조사되어 있다. 이밖에 전체 인구 중 5백만명 미만으로 대략 0.4% 정도의 비율을 차지하는 **자이나교**는 주로 라자스탄과 구자라트, 마디야프라데시 주 일대에 역시 소수종교로서 분포하고 있다.

> * '이슬람'의 사전적 의미는 '순종'이며 그로부터의 「평화」를 모토로 한다. 곧 이슬람교란 '평화의 종교'로서 갈음된다. 아이러니하게도 요사이 벌어지는 '테러'와 '복수'의 연상이미지로서 받아들여지는 것과는 사뭇 다른 개념이다. 단지 '급진적'인 것이 어디에나 문제인게다. 기독교 역시 다르지 않을 터. 다만 지나온 역사에 묻혀있을 따름이다. 속칭 '회교도(이슬람교도)'를 뜻하는 '무슬림'은 즉 '순종하는 자'를 의미한다. 이 고고한 관념이 급진주의자들에 의해 이내 "맹목적으로 복종"하는 자들의 이미지로서 변질되어 받아들여짐이 안타깝다. *(필자의 종교적 편향은 없다. 단지 제3의 관점, 여행자의 관점에서 바라볼 뿐이다.)*

○ **언어와 문화**

인도의 **언어**는 그 땅덩어리와 민족, 인종, 인구만큼이나 다양하고 복잡하다. 대체로 '인도'라는 명칭과 상응하는 인도어로서 곧 '힌디(Hindi)'어를 떠올리게 되지만 사실 이 인도아리안계의 '힌디'를 주 의사소통수단으로 삼는 비율은 전 인구의 40% 미만으로, - *물론 인도 중앙정부에서는 정책적으로 상용공용어인 영어와 함께 이 힌디어를 공용표준어로서 내세우고 있지만* - 실질적으로는 인도 전역을 아우르는 공용어로서 뒷받침되고 있지 못하다. 주로 델리를 중심으로 한 인도 중북부의 힌두스탄평원 지역 즉, 우타르프라데시 주와 히마찰프라데시 주, 마디야프라데시 주, 비하르 주, 하리아나 주 및 라자스탄 주 등지에서만 대중적인 공용어로서 인정되며, 이 외의 다른 지역(주) 들에서는 각자의 지역고유언어를 중앙정부의 이러한 힌디어정책에도 불구하고 주된 의사소통수단 이른바 '지역공용어'로서 삼고 있다. 특히 동인도의 뱅갈(웨스트뱅갈 주) 지역과 더불어 남인도의 드라비다계 타밀족이 많이 거주하는 지역들에서는 중앙정부의 힌디어 공용화정책에 노골적으로 반발하여 아예 대놓고 그들 자신의 뱅갈어 및 타밀어를 제1공용어라 표명키도 한다. - 이러한 방증은 유명한 볼리우드(Bollywood)* 영화에서 종종 기준 힌디어판 상영물 외에 별도로 '타밀어판'이라 하여 같은 내용(스토리&배역)을 언어만 다르게 재편하여 제작 배포하는 데서도 엿볼 수 있다. 그만큼 인도아리안계와 확연히 다른 드라비다계의 남인도 타밀 지역은 힌디어 언어정책에 대해 특히 반정서적인 면이 강하다 하겠다. - 그리하여 이들 서로 다른 지역공용어를 사용하는 지역민들 간의 의사소통은 아이러니하게도 외국어인 '영어'가 대신하고 있는 실정이기도 하다. (자국민 여행자들 역시 남인도나 동인도 지역을 여행할 때 영어의사소통이 더 수월하다고 하는 이유가 바로 여기에 있다. 실제로 인도를 여행하다보면 같은 인도인들끼리도 서로 영어로 의사소통하는 기이한(?) 장면을 많이 볼 수 있다.) 대표적인 지역별 언어사용(지역공용어) 현황은 다음페이지〈표〉참고.

* 볼리우드(Bollywood) : 봄베이(현 뭄바이)를 중심으로 하여 태동한, 곧 미국의 '헐리우드(Hollywood)'에 빗대어 표방한 인도의 영화문화시스템. 특히 영화내용 중간중간에 춤과 노래로 흥을 돋우는 그리 짧지만은 않은 뮤지컬 장면을 많이 삽입함으로써 더욱 유명해졌다. 그리하여 '볼리우드영화' 하면 일단 '뮤지컬이 가미된 흥겨운 인도영화'란 속설이 퍼지게 된 연유이기도.

인도의 **문화** 역시 한마디로 정언하기 쉽지 않다. 수많은 문명과 문화가 생성, 교차, 소멸하였으며 그래 '황금의 땅'이라는 미명 하에 숱한 외부의 침략과 그에 대항하는 봉기, 신세력이 일어나고 또 물러나고 하면서 허다한 왕조와 지배세력이 들고나며 바뀌는 긴긴 시간 헤아릴 수 없는 문명과 문화의 흔적들이 그윽히 쌓여온 땅이기에 그렇다. 하지만 아무래도 이 '인도' 하면 가장 먼저 환기되는 말인즉슨, **'카스트(Caste)'**를 떠올리지 않을 수 없다. 학창시절부터 수도 없이 들어왔던, 그러나 여전히 이를 '계급제도'란 단 한마디 어휘로서 치부한다면 큰일이다. 쌓이고 쌓인 인도 아대륙의 역사와 관습, 종교, 언어, 그리고 민족, 인종, 부족에 이르기까지 총망라하여 생성된 거대 기류이자 문화 그 자체이기 때문이다. 이에 대해서는 수많은 사료들이 더욱 자세하게, 세밀하게 설명하고 있으니 그들을 참조토록 시선을 돌린다. 단지 우리가 단순무지하게 배워왔던 마냥 한 마디 정의로 대변되는 계급사회, 계급주의만은 아니라는 것 분명히 각인해둘 일이다. 어찌 보면 이 '카스트'란 문화가 여태껏 이 거대하고 복잡다양해마지않은 '인도'란 땅덩어리를 지탱해온 기반이자 원동력이라 아니할 수 없겠다. (※ 그래서 정부에서도 이 불합리해마지않아 보이는 '계급주의적 악습'을 타파하기 위해 온갖 노력을 기울이고 있다한들, 실상 조상 대대로부터 내려와 쌓여 거의 모든 인도인들의 심오한 내면에 그 말마따나 '유전적으로' 깊숙이 스미어 깃들어있는 이 '카스트'란 정서를 쉽게 벗겨 내리란 요원한 일일 지도 모른다.)

두 번째로 이러한 인도인들의 종교적 성향에 기인한 이른바 **'야트라'** 현상을 살펴본다. 이는 단지 힌두교*에만 국한되는 현상이 아니다. 즉, 인도 땅에서 신앙을 품고 살아가는 이들이라면 다들 그러한 순례의 행보-야트라(Yatra)를 꿈꾸기 마련.

언어		사용비율	사용지역(City & State)
인도아리안계			중북부
	힌디	38.7%	델리, 우타라칸드(남부), 히마찰프라데시, 우타르프라데시, 마디야프라데시, 비하르, 자르칸드, 차티스가르(북부), 라자스탄
	우르두	5.2%	잠무카시미르(라다크·잔스카르 제외) ※ 파키스탄 공용어로 발음은 힌디와 거의 동일. 문자체계는 아랍어(우→좌) 형태
	카시미리	0.5%	잠무카시미르(서북부) ※ 다르디계(다르디스탄) 언어로 파키스탄 AK(아자드카시미르) 주 공용어
	펀자비	2.9%	펀잡
	구자라티	4.9%	구자라트
	신디	0.3%	구자라트 서북지역 일부 ※ 1947년 파키스탄 분리독립 당시 파키스탄 신드 주의 힌두교도들이 인도 구자라트로 대거 이동
	마라티	7.5%	뭄바이(구 봄베이), 마하라슈트라
	콘카니	1.0%	고아 ※ 고아는 인도 내 가장 작은 주
			동부
	뱅갈리	8.3%	콜카타(구 캘커타), 웨스트뱅갈, 트리푸라, 비하르(동부), 자르칸드(동부)
	오리야	3.4%	오릿사, 차티스가르(남부)
	아사미르	1.6%	아삼, 메갈라야
	네팔리	1.0%	시킴, 웨스트뱅갈 북부(다르질링), 우타라칸드(쿠마온 일부)
드라비다계			남부
	텔루구	8.2%	하이데라바드, 텔랑가나, 안드라프라데시 ※ 텔랑가나 주는 2016년 안드라프라데시 주에서 분리
	칸나라	3.9%	뱅갈로르, 카르나타카
	말라얄리	3.8%	코친, 케랄라
	타밀	7.0%	첸나이(구 마드라스), 타밀나두
티베트계			북인도 & 동북인디아
	라다키 잔스카리 스피티	0.4	잠무카시미르(북부&동부), 히마찰프라데시(북동부)
	마니푸리	1.0	마니푸르, 나갈랜드, 아루나찰프라데시, 미조람(일부)
산스크리트 (고대인도어)		0.1%	문헌 및 구전으로만 전승. ※ 종교경전 낭독이나 문학 등 문어체로서만 종종 활용할 뿐 현재는 일반인들 사이에 활용되지 않는 사장된 언어.

이들 순례에 나선 이들을 '야트리(Yatri)'라 하며 그들은 대단히 엄숙하고 진지한 행보로 그들의 순례를 완수코자한다. 무릇 '야트라시즌(Yatra Season)'이라는 세칭 여행신조어가 생겨난 바도 이와 다르지 않다. 이러한 순례여행 곧 야트라 대상지로서 인도 전역에 수많은 곳들이 산재해있음에, 특히 북인도 지역 대표적인 곳을 들어보자면; **힌두성지**로서의 카시미르밸리 아마르나트[시바동굴], 히마찰의 참바밸리[마니마헤스카일라스] 및 키나우르밸리[키네르카일라스] 지역, 그리고 우타라칸드의 일명 「차르-담」이라 하여 문자 그대로 4곳의(차르) 성지(담)를 품은 곳인즉 야무노트리, 강고트리, 케다르나트, 바드리나트와 더불어 또한 티베트 카일라스의 축소판이라 명명된 초타카일라스[아디카일라스 혹은 바바카일라스]를 꼽을 수 있다. 아울러 **시크교 성지**로 유명한 인도 펀잡 주 암리차르의 황금사원과 또한 매년 여름에서 가을철 수많은 시크교도들이 순례 차 방문하는 우타라칸드 가르왈히말라야 지역의 헴쿤드(호수) 등도 한 자리를 차지하며, 델리의 타지마할 역시 관광명소로서뿐만 아니라 **이슬람교** 무슬림에게 성스러운 순례대상지로서 해마다 인도 전역 및 전 세계 각지로부터 찾아온 수많은 순례객들을 맞이한다. (※ 참고로 매년 10~11월 기간은 일명 '뱅갈리 시즌'이라 하여 소위 말하는 서뱅갈(웨스트뱅갈 지역) 사람들이 집단으로 여행에 나서는 시기이기도 한데, 순례여행인 야트라시즌과는 사뭇 다르다. 하지만 이 시기에는 워낙 많은 숫자의 뱅갈리 여행객들이 여행에 나서는지라 특히 우타라칸드 주와 히마찰 주의 관광명소지역의 숙박요금이 배 이상 오르는데다 게다가 마땅한 숙소를 잡기에도 어려운 상황이 발생키도 한다. 그래 개별여행자들은 이를 염두에 두고 여행계획을 잘 짜야 할 터이다.)

다음으로 인도의 또한 가장 대표적이며 흔한 모습으로 어느 곳에서든지 쉽게 맞닥뜨릴 수 있는 '**푸자(Poojah)**' 행사. 힌두교*·불교·자이나교에서 엿보이는 문화관습의 일환으로, 우리식으로 애써 표칭하자면 '공양'이 되겠다. 지극히 '인도'다운 매우 화려하고 다채로우며 화사하고 생기발랄한 경배의식으로서 각자가 추앙하는 신에게 정성껏 헌사하는 종교문화형태의 하나로 자리매김한다. 뭇 인도를 여행하는 많은 여행객들 역시 이러한 푸자 행사에 흠뻑 매료되어 두고두고 회자하는 감흥거리의 하나로서 아로새겨진다. 한편 인도는 세계에서 **소**가 가장 많은 나라이기도 한데 이유인즉 쇠고기를 신성시하는 힌두 교의에 의함이라 하겠다. 이 또한 인도 문화 대표적 표상의 하나인바, 그리하여 인도 여행을 하다보면 길바닥 곳곳에 거반 터줏대감인 양 행세를 하는 **소님(!)**들을 어렵잖게 만날 수 있단 점도 특색이자 묘미가 아닐까 한다. (∴ 이를 대신하여 닭고기와 양고기가 주 육류소비항목을 차지한다. 돼지고기 역시 극소수의 불교도 지역을 제외하곤 일체 음식으로 등장하지 않는다. 무슬림 지역에서는 더더욱 그러하다. 단, 이슬람은 소고기를 규제하지 않지만 대중적인 인도국민들 정서가 소고기를 금기시하기 때문에 인도의 무슬림들 역시 음식으로서 소고기를 취하는 경우는 거의 보기 어렵다. 단, 버팔로(물소)의 경우에는 식용으로 활용되나 이마저도 그리 흔한 경우는 아니다. 인도와 달리 네팔에서는 버팔로 고기로 만든 음식들이 도회에서나 농촌지역에서나 버젓이 등장한다.)

* 특히나 종교-힌두교와 관련된 인도의 문화를 이해하기 위해서는 힌두교의 근간 브라만 사상과 이로부터 기본적으로 브라마(Brahma), 비슈누(Bishnu), 시바(Shiva)의 3대 신성으로 부여되는 신화적 관념을 엿볼 필요가 있다. 여기에 또한 인성적 사고가 곁들여져 이른바 남신(Male God; 전 우주를 관장하는 가장 위대하며 고고한 신관) vs 여신(Female God; 남신의 배우자이기도 하며 인간사 여성적인 면을 총괄하는 신성의 세계관)의 신관도 들여다보면 참으로 복잡다양하기 그지없는 힌두세계관을 표명한다. - *이는 한편 동시대 서구의 그리스 헬레니즘 종교관과도 상통하는 부분이기도 하다.* - 곧, **브라마** 신의 부인으로 학문의 신으로서 추앙받는 **사라스와티**, **비슈누** 신의 여신으로 이른바 풍요와 다산의 상징인 **락슈미**, **시바** 신의 부인으로 추앙받는 인자함, 온화함의 상징(그러나 때로는 분노와 파멸의 속성도 지닌) **파르바티**가 있다. 아울러 이러한 여신들은 그들의 배우자인 남신들과 마찬가지로 여러 지역 혹은 종파마다 각기 다르게 또다른 신의 모습으로 현화(Incarnation)한 이름으로 거명되기도 하는바 대표적으로 샥티, 두르가, 칼리, 데비 등의 신성으로서도 묘사된다. 이러한 힌두 신화 및 신성에 대한 사료는 지면이 좁은 본지에서는 이만 생략하고 더 상세하고 정리가 잘 되어있는 각 문헌들을 참고하자. 인도 여행을 하기 전에 미리 이들 기초적인 힌두사상에 대한 이해를 담고 떠나면 적잖은 도움이 될 터이다. 이런 말도 있잖은가, "아는 만큼 보인다 !"

끝으로 인도의 가장 대표적인 **의·식·주** 문화 또한 간단히 짚고 넘어가보자. 이 역시 종교와 인종(민족), 부족 및 계급(카스트) 간에 다양하게 표출되고 있음에, 대표격인 몇몇 특징적인 대상들만 거론하여 언급한다. **의생활**에 있어서는 우선 여성들이 입는 고전의상 즉 '**사리**'를 빼놓을 수 없다. 바느질을 하지 않은 상태로 한 단의 천을 통째로 맞춰 재단한 뒤 온 몸에 두르는 형태의 인도 전통의상이다. 상시 착용하고 다니는 이들도 많지만 특히나 혼례, 축제, 예술행사 등 큰 행사시에 거의 모든 여성참여자들이 형형색색으로 두르고 나와 더욱 다채롭고 우아하게 행사의 화려함을 북돋운다. 시크교나 무슬림 여성들도 종종 이러한 사리 형태의 의상을 착용하는데, 다만 이슬람교에서는 각자의 믿는 교파, 교의 혹은 가풍에 따라 **부르카, 니캅, 차도르, 히잡** 등등의 전형적인 이슬람 복장*을 주된 의복문화로서 표방하며 생활한다.

인도의 **식생활**문화는 한편 종교와 지역, 인종(민족) 및 계급(카스트)의 고하를 막론, 대표적으로 각종 향신료를 동원한 '커리'와 더불어 곡물가루를 반죽하여 넓게 편 뒤 기름에 튀기거나 굽거나 혹은 지져서 먹는 이른바 밀떡[차파티(로티), 난, 푸리, 도사(Dosa; 남인도음식) 등] 문화가 크게 자리잡고 있다. 인도 여행에서 가장 흔히 만나는 식생활문화이기도 하다. 또한 종교적으로 소를 신성시하는 문화로부터 일체의 소고기요리를 찾아볼 수 없는 것은 물론 돼지고기 역시도 금기시되어 그로부터 인도인들의 주된 육류소비는 거의가 닭고기와 양고기로 국한되어 있는 점도 특징이다. 아울러 또한 인도 하면 떠오르는 이나마의 육류조차 삼가는 **채식주의** 문화가 크게 성행하고 있기도 한데, 대표적으로 마하트마 간디의 고향이기도 한 구자라티(구자라트 주의) 음식이 그렇다. 이 외에 인도 전역에 걸쳐 매우 많은 채식주의 문화가 자리잡고 있는바, 다만 종교적이거나 문화적 성향에 따라서 단지 육류만 금하는 - *생선이나 달걀, 유제품(버터/치즈 등)은 섭취* - '변형 채식주의자

(Modified Vegetarian)'이거나 혹은 육류, 생선류, 달걀은 금하고 유제품은 섭취하는 '절충형 채식주의자(Normal Vegetarian)' 및 아예 일체의 살생을 통한 음식은 거부하는 말마따나 '순수한 채식주의자(Pure Vegetarian)'들로서 대변된다. *(※ 심지어는 음식조리에 사용하는 '식물성기름'조차도 거부하는 소위 '완벽한 채식주의자(Perfect Vegetarian)'들도 있다. 필자가 우타라칸드 주에서 만난 친구가 그랬다.)*

주거문화에 대해서는 한편 워낙 다양한 부족(인종)과 지리적, 지형적, 기후적 요인에 의해 지배되어 고로 지역마다 각기 자리잡고 있는 문화형태가 다르므로 대표적으로 이렇다 라고 꼬집어 드러내기 힘들다. 더군다나 현대의 신 주거생활문화까지 가세하여 더욱 복잡해져있는 현실이다. 다만 멀리 카시미르 지역의 이른바 '카시미르가옥' 형태에 대해서는 건축학적으로나 예술적인 면에서 많은 연구 및 관련자들의 영감을 불러일으킨 이의 인도 아대륙 상의 특징적 주거형태 중 하나였음을 상기해볼 일이다.

★ 전통적인 이슬람교 여성의복 형태

부르카	매우 엄격한 근본주의적 이슬람 여성복장으로 신체 온 부위가 일체 밖으로 노출되지 않게끔 - *눈조차도 그물망 형태의 가리개로 외부노출이 차단되어있다.* - 통째로 들쳐입게끔 만든 여성의복이다. 작금의 아프가니스탄 여성들을 떠올리면 쉽다. 물론 파키스탄이나 인도의 무슬림사회에서도 어렵잖게 만날 수 있다.
니캅	부르카와 달리 신체 중 안면부 곧 눈 부위만 외부 노출이 가능하게끔 만든, 역시 통째로 들쳐입는 형식의 의상이다. 특히 의상 전체가 오로지 검정색으로만 되어 있어 가뜩이나 더 더워보이고 갑갑해보이기도 하는바 수니파 이슬람여성이 착용하는 가장 보수적이며 대표적인 의상으로 꼽힌다. 카시미르밸리 지역 여성의 상당수가 이 '올 블랙' 니캅 의상을 두르고 있다.
차도르	위의 것들보다는 약간은 유연한 의상으로 역시 하의에서부터 상의, 머리 부위까지 몸 전체를 뒤집어쓰되 얼굴은 자연스럽게 노출되도록 디자인된 여성들의 복장형태이다. 가장 많은 무슬림여성들이 착용한다. 색상도 다양하다.
히잡	훨씬 더 유연하고 간소하면서도 특징적인 이슬람 여성들의 대표의상이다. 단지 목과 머리카락만 보이지 않게끔 가슴에서부터 머리 위까지만 덮는 스카프 형태의 상반신 의상으로서, 주로 흰색이나 검정색 계통의 색상으로 꾸며지는데 무슬림국가 내 도시지역의 문명화된 여성들과 서구지역, 그리고 동남아시아의 인도네시아, 말레이시아 등지의 무슬림 여성들 사이에 대중적으로 착용하고 있다. 그럼에도 자신들의 신앙을 표면적으로 강력히 드러내는 전통 이슬람복장임에는 두 말할 나위 없음이다.

○ 역사와 시대변천

인도의 역사는 넓은 땅덩어리와 장구히 흘러온 그 시간만큼이나 복잡다양하게 얽히고설킨 사건들의 집합체다. 고로 이러한 일개 지면에 할애하여 요약 기술한다는 것 자체가 불가능한 일일 터. 아쉽지만 세간에 나와 있는 많은 좋은 자료들이 있으므로 보다 꼼꼼히 들여다보고자 한다면 이들을 참고하고, 여기서는 다만 대표적으로 드러내봄직한 시대적 변화와 사건, 내용들만 대략 나열하여 정리해본다.

연대*	시대 및 주요 사건	
	기원전(BC)	고대문명
3000~1700	인더스문명 융성(드라비다족) · 하라파, 모헨조다로	
1700~1500	인더스문명 소멸 - 드라비다족은 남인도 지역으로 후퇴	
1500~	중앙아시아의 **아리안(Aryan)족** 침입 - 베다(고대 브라만교) 문화 태동. **카스트제도** 형성	베다문화시대
1500~1000	리그베다 시대 - 산스크리트어(고대인도어) 생성. 베다겸전(**힌두교 성전**) 창제	
1000~600	후기베다 시대 - BC.800 브라만교(초기 힌두교) 창시	
566~486	불교 창시(석가모니 붓다) ※ *코라(순례): 시계방향(우주의 중심이 오른쪽)*	초기왕국시대
540~468	자이나교 창시(마하비라) ※ *코라(순례): 반시계방향(우주의 중심이 왼쪽)*	
545~413	마가다왕조 - BC.500~ 우파니샤드 사상운동(브라만교 혁파) 전개	
362~321	난다왕조	
326~325	알렉산더 동방원정(인더스까지 진출)	
320~185	마우리아왕조(찬트라굽타 건국; 최초의 힌두왕조) - BC.269~233 **아쇼카왕** 재위. (BC.261 **칼링가전투**로 동·남인도 지역 복속 이후 인도 역사상 가장 광대한 통일국가 건설. ∴ 불교국가 선포, 윤리칙령 포고, 스투파(불탑) 축조)	불교융성기
185~20	숭가왕조 · 사타바하나(안드라)왕조 · 샤카왕조	
	기원후(AD)	
30~375	쿠샨왕조(카스피세스 건국) - AD.20~ 불교 중국 전파 - AD.52 예수 그리스도의 제자 도마(토마스) 남인도 상륙. (전도활동 후 AD.72 마드라스(현 첸나이)에서 생을 마침 ☞ 현재 첸나이의 무덤에 순교성지 및 성 토마스교회 세워짐) - AD.78 카시미르 종교회의에서 **대승불교** 채택. 인도전역 불교화 - AD.130~ 간다라 예술·문화 융성	
320~550	굽타왕조(찬드라굽타 1세 건국) - AD.330~ 아잔타석굴 조성 *(※ 브라만교는 힌두교로 발전)* - AD.405 나란다 불교대학 건립 (현 인도 비하르 주 파트나 지역 남서부 고대도시)	

600~740	팔라바왕조 - AD.646 당나라 현장 서역·인도 기행 (대당서역기 - '서유기'의 토대) ※ 650~700 하르샤왕국 북인도 통일 - AD.723~727 신라 혜초 인도기행(왕오천축국전) - AD.736 델리 건설	불교융성기
750~1174	팔라왕조(동인도 기반 불교왕조)	남북조
730~1279	찰루키아왕조(남인도) 촐라왕조(남인도 힌두왕조 - 해상국가) 호이살라왕조(남인도 힌두왕국)	
962~1186	아프간 가즈니왕조(이란~아프간~중앙아시아~파키스탄~북인도)	이슬람융성기
1206~1290	노예왕조(투르크계 노예출신이 세움 - 인도 최초의 이슬람왕조) - 1288 마르코폴로(동방견문록 저자) 인도 상륙	
1290~1320	할지(킬지)왕조	
1320~1414	투글루크왕조 ※ 1328~1336 남인도 호이살라왕조 멸망. 함피 지역에서 또다른 힌두왕조인 비자야나가르 왕조 시작	
1414~1451	사이이드왕조	
1451~1526	로디왕조 - 1498 포르투갈인 '바스코 다 가마' 아프리카 희망봉을 거쳐 남인도 케랄라 해안(캘리컷) 상륙 - 1510 포르투갈의 '고아' 지역 점유(유럽의 인도진출 시작)	
1469~1538	시크교 창시(구루 나나크)	
1526~1857	무굴제국 (* 무굴(무갈) = 이슬람 몽골) - 1526: 바부르 건국(아프간 근거) - 1530~1556: 2대 후마윤 - 1556~1605: 3대 악바르 대제 　·1600 영국 동인도회사 설립 　·1602 네덜란드 동인도회사 설립 　·1605 아그라포트(성) 건설 - 1605~1627: 제항기르 - 1627~1658: 샤 자한 1세 　·1632~1653 아그라 타지마할, 델리 레드포트(붉은성) 축조	

	- 1658~1707: 아우랑제브(무굴제국 최전성기) · 1661 포르투갈로부터 봄베이(현 뭄바이) 영국에 양도(1668년에 영국에 완전 할양) · 1664 **프랑스 동인도회사** 설립(1723년에 재편) · 1672 프랑스 퐁티셰리(현 푸두체리)에 근거지 건설 · 1674~ 영국/프랑스/네덜란드/덴마크/포르투갈 등 유럽열강의 인도 쟁탈전 전개 · 1681 데칸고원 아우랑자바드 신수도 건설 · 1674~1818 **마라타동맹**(남부 힌두왕국 연맹) · 1698 영국 신 동인도회사 출범(1702년에 신·구 동인도회사 합병) · 1707 아우랑제브 황제 사후 무굴제국 분열·쇠퇴기 시작 …이하 역대 황제연보 중략…	이 슬 람 융 성 기
	· 1744~1761 **영국vs프랑스 식민지전쟁** ⇒ 프랑스 패배로 이후 인도에서의 프랑스의 모든 권리 포기 - 영국의 본격적인 인도 침탈 전개 · 1773~ 영국의 인도 총독부 운영. 네덜란드 소유지 합병 · 1818 마라타동맹 굴복(영국 데칸지역 합병 - **영국의 인도지배 본격화**) · 1824~1826 영국의 1차 버마전쟁으로 동인도 아삼지역 합병	서 구 열 강 점 기
	- 1837~1859: 바하두르샤 2세(무굴제국 마지막 황제) · 1843 영국의 아프간전쟁 승리 후 인도 신드지역(현 파키스탄 남동지역) 합병 · 1848~1849 영국의 시크전쟁 승리로 펀잡지역(현 파키스탄&인도 양분) 합병 · 1853 인도 최초 **철도개통** · 1858 **무굴제국 멸망**(무굴 마지막 황제 유배지에서 1859 사망)	
1857~1858	**세포이 항쟁**. 영국 **동인도회사 종식**. 세포이 진압 후 **인도 영국에 완전 합병**(영국정부 직접통치)	
[1858~1947] 영국 제국주의 강점기(식민지시대; British India)		
1877	영국여왕 인도황제로 선포	유 기
1885	**인도국민회의** 창설	
1906	**이슬람연맹** 창설. 스와데시(국산품애용, 영제품 불매), 스와라지(자치) 운동 시작	
1911	캘커타(현 콜카타)→델리 천도(수도 이전)	
1913	인도 문인 **타고르** 노벨문학상 수상	
1915	**마하트마 간디** 인도국민회의 가담, 정치활동 전개	

1918	1차대전 종전 후 영국의 인도자치 약속 불이행(전쟁을 위해 1백만명 이상 인도인 차출, 전쟁 승리에 기여하였음에도 막상 전쟁이 끝나자 정 반대로 오히려 영국에 헌신한 인도에 대해 **제국주의적 식민탄압 극대화**)	서구열강점유기
1919	4월13일 암리차르(잘리안왈라 바그)에서 영국군의 인도인 무차별 사격 **대학살** 만행 - 민간인 1천여명 사망(타 기록에서는 학살된 사망자수가 4천명 이상이라고도 제기) ∴ 제국주의 식민강점기 인도와 한국(1919.3.1.운동)의 **동병상련**	
1920~1922	**마하트마 간디 비폭력불복종 운동** 전개	
1923	모헨조다로 유적(고대 인더스문명) 발굴(현 파키스탄 지역)	
1937	버마(현 미얀마) 인도에서 분리	
1945	**2차대전 종전(8.15)**	
1946	인도 임시정부 수립 - 자와할랄 네루 임시정부 수상 임명	

[1947~] 식민시대 종식, 현대사

1947	**인도ㆍ파키스탄 분리 독립**	독립후현대〈인도공화국〉
1947~1948	**1차 인도-파키스탄 전쟁** (※ 1949년 카라치 협약 정전선(CFL) 설정)	
1948	마하트마 **간디 피살**(힌두 원리주의자들 소행)	
1950	**인도공화국 출범**(강대국 미국·소련 배제한 제3세계 단결 천명) - 초대 대통령: 라젠드라 프라사드 / 초대수상: 자와할랄 네루	
1959	**달라이라마 인도 망명, 티베트망명정부 수립**(히마찰 캉그라 지역 다람살라-맥로드간즈)	
1962~1963	**인도-중국 전쟁** 발발. 중국 승리 ⇒ 라다크 북동부 악사이친 중국 점유(∴ 중국령 카시미르). 아루나찰프라데시(아삼히말라야 지역)는 중국군 철수로 다시 인도령 귀속	
1965~1966	**2차 인도-파키스탄 전쟁**	
1966	인디라 간디(자와할랄 네루의 딸) 수상 취임(최초의 여성총리)	
1971	구 소련과 상호협력조약 체결 **3차 인도-파키스탄 전쟁**. 인도 승리. ⇒ 파키스탄으로부터 서파키스탄(방글라데시) 독립 (※ 1972년 심라협약 CFL→LOC 정전선 변경)	
1974	**핵무기 보유**(1차 핵실험)	
1976	**인도-파키스탄 국교수립**	
1980	인디라 간디 재집권	
1984	인도의 **시아첸**(카시미르 중북부) 점령. 시크교 분리독립 시위 ⇒ 무장병력 동원 유혈 강제진압 ⇒ 시크교도 경호원에 의해 **인디라 간디 피살**. 아들 라지브 간디 수상 취임. (✔ 간디 피살 이후 인도 북부 전역에서 힌두교도들의 시크교도 폭행·살해 사태 발발)	
1991	**라지브 간디 피살**(타밀 타이거 소행). 나라시마 라오 수상 취임	

1993	야요디야 사태(힌두교도-회교도 유혈충돌)	〈 인 도 공 화 국 〉
1994	라오 수상의 경제개방 정책 실시	
1998~1999	**파키스탄 핵실험**으로 긴장고조(핵전쟁위기 극대화)	
2000	카르길전투(1999) 후 인도-파키스탄 휴전 선포	
2003~2004	인도-파키스탄 긴장완화, 화해 국면 전환	
이후~	2020년 현재 람 나트 코빈드 대통령, 나렌드라 모디 총리 재임	

* 연대는 특히 AD.1000년 이전 고대사의 경우 사료마다 다르게 언급하고도 있어 시대별 전·후 구분이 명확치 않다는 점을 참고 바란다.

○ **정치 · 사회 · 교육**

인도는 무릇 세계에서 가장 거대한 민주주의국가(공화국)로서 새겨진다. **정치**제도는 총리(수상; Prime Minister)를 행정수반으로 하는 의원내각제를 실시하며 국회는 상원, 하원 **양원제**로 운영되고, 5년 임기의 **대통령**은 의회(하원) 및 각 정당의 간접선거로 선출, 국가 최고 행정권자이며 군수통수권자로서의 역할을 부여받지만 실질적인 수행은 행정수반인 **총리(수상)**가 담당한다. 고로 인도에서의 총리의 역할과 권한은 실로 막중하다 할 수 있다. 아울러 넓은 국토와 인구를 효율적으로 관리키 위해 연방제를 실시, 전 국토를 **29개 주*** 및 수도 델리를 포함한 **7개 연방직할지***로 할당하여 관리운용하고 있으며 또한 '판차얏'이라고 하는 지방자치제도를 병행, 군소지역별 행정편의를 도모하고 있다. **사회**적으로는 카스트제도에 기반한 힌두사상과 문화가 중심이 되어 거의 전 인도를 아우르는바 특히 각각의 지역사회에 있어서 더욱 두드러진다. 이슬람과 시크 문화 역시 무시할 수 없는 사회상을 반영하고 있음에 더욱 엄격한 규율과 종교적 색채로 고유의 사회문화 풍토를 형성하고 있다. **교육**제도에 있어서는 한편 제도적으로 동아시아 한·중·일 - 초등학교(Elementary) 6년, 중등학교(Middle School) 3년, 고등학교(High School) 3년, 대학(교) (College/University) 2~4년제 -과는 확연히 다른데, 인도는 주마다 조금씩 다르긴 하지만 기본적으로 의무교육기간에 해당하는 초급학교(Primary & Secondary School) 10년 및 대학 진학을 위한 상급학교(Higher Secondary School) 2년제(선택)로 운용되며, 이어 상급학교를 이수하고 시험을 통과한 경우에 한해 3년 대학(University)과정에 진학하게 된다. 여기서 의무과정인 초급학교과정은 다시 3단계로 구분되는데, 곧 1~5학년[보통 7~11세]까지는 **초학(Lower Primary)**, 6~7학년[12~13세]은 **중학(Upper Primary)**, 그리고 8~10학년{14~16세}은 **고학(High)**으로 분류된다. - 한국과 비교하면 초교 1년, 중학 1년이 빠져있는 셈이다. - 아울러 기본 교과과정은 필수과목인 영어, 수학과 더불어 외국어, 과학, 기술, 체육, 예술 등 다양하며 특별한 경우를 제외하곤 거의 모든 수업이 영어로 진행된다는 점도 특기할 만하다. 이외에 학생들은 각 지역별, 학교별로 실시하는 다양한 과외활동 - 한국식 과외공부(방과후수업)가 아님 -에 참여할 수 있다.

★ 인도의 29개 주와 SC(State Capital; 주도(州都))

※ 아래 (　) 안 영자는 약칭이니셜(자동차번호판 등에 적용)

1. 잠무카시미르(JK) - 잠무(겨울) / 스리나가르(여름)
2. 히마찰프라데시(HP) - 심라
   (※ 구 인도 식민정부의 여름수도)
3. 우타라칸드(UK) - 데라둔
4. 펀잡(PB) - 찬디가르(공동)
5. 하리아나(HR) - 찬디가르(공동)
6. 우타르프라데시(UP) - 럭나우(Lucknow)
7. 비하르(BR) - 파트나
8. 자르칸드(JH) - 란치
9. 웨스트뱅갈(WB) - **콜카타(구 캘커타)**
10. 시킴(SK) - 강톡
11. 아삼(AS) - 디스푸르
12. 아루나찰프라데시(AR) - 이타나가르
13. 메갈라야(ML) - 실롱
14. 나갈랜드(NL) - 코히마
15. 마니푸르(MN) - 임팔
16. 미조람(MZ) - 아이자울
17. 트리푸라(TR) - 아가르탈라
18. 오릿사(OR) - 부바네스와르
19. 차티스가르(CG) - 라이푸르
20. 마디야프라데시(MP) - 보팔
21. 라자스탄(RJ) - 자이푸르
22. 구자라트(GJ) - 간디나가르
23. 마하라슈트라(MH) - **뭄바이(구 봄베이)**
24. 텔랑가나(TS) - **하이데라바드(공동)**
25. 안드라프라데시(AP) - **하이데라바드**
    (공동. 2024년 드쥐르(De Jure)로 이전예정)
26. 카르나타카(KA) - **뱅갈로르**
27. 고아(GA) - 파나지
28. 케랄라(KL) - 티루바난타푸람
29. 타밀나두(TN) - **첸나이(구 마드라스)**

★ 7개 연방 직할지: 델리(수도) / 찬디가르(=펀잡·하리아나 공동 주도(州都)) / 다만 & 디우 / 다드라 & 나가르 하벨리 / 푸두체리(퐁디셰리) / 락샤드위프 제도 / 안다만 니코바르 제도

○ 경제와 산업

인도의 **경제**는 2016년 GDP(국민총생산) 기준 약 2조2천5백억 달러로 미국, 중국 및 일본, 독일, 영국, 프랑스에 이은 **세계 7위의 경제규모**에 해당하며 1조4천억 달러 규모 한국 경제의 약 1.6배에 해당한다. 하지만 인구가 워낙 많은 탓에 선진국 분류의 기준이 되는 1인당 GNP(국민소득)는 대략 1천7백 달러로서 후진국 수준을 벗어나지 못한다. **경제성장률**은 중국에 이어 **세계 2위**이며 특히 세계적인 정보기술(IT)산업과 생명공학(BT), 영화산업 등 3차-4차 산업에 있어 전망이 밝은 만큼 향후 미래에 대한 기대가 더욱 높은 나라라 하겠다. (※ *2015년 발표 미국 농무국의 보고서에 의하면 2020년대 인도는 일본, 독일, 영국, 프랑스를 제치고 중국, 미국에 이은 세계 3위의 경제대국으로 부상할 것이라 예측하고 있다.*)

산업구조 상으로는 GDP 중 **1차산업**(농·수·축산·임업)의 비중이 약 **20%**, **2차산업** (제조·광공업) 약 **30%**, **3차산업**(건설·금융·관광서비스업) 약 **45%**이며, 그 외 미래 산업으로 분류되는 **4차산업**(정보·의료·교육·레저·패션·영화 등 지식집약산업)의 비중이 약 **5%** 정도로 나타난다. 그러나 인구 전체로 보면 60% 이상이 농촌지역에

거주하는 농업종사자로서 산업 간 불균형과 이로 인한 소득 및 빈부격차로 인해 인도 전체 경제성장의 걸림돌로 작용하고 있다. 아울러 쌀, 밀 등 중국에 이어 세계 2위의 곡물생산국임에도 불구, 방대한 인구로 인해 전체 식량의 30% 이상을 외국에서 수입해야 하는 아이러니한 농업현실도 부담으로 작용한다.

2차산업 중 제조업 부문은 자동차, 철강, 건설, 석유화학 및 섬유산업 등의 주축산업에 많은 비중이 할애되고 있는데, 특히 섬유산업에 있어서는 9백만 헥타르에 달하는 세계최대의 면화산지를 보유하고 있는바, 단일 산업으로서는 농업 다음으로 많은 약 3천5백만명이 종사하는 인도 경제의 중추적 산업으로 자리매김하고 있다. 석유화학산업 역시 GDP의 약 3%를 차지하는 비중이 높은 핵심산업 중의 하나로, 세계경제보고서에 의하면 2020년 즈음에는 미국, EU, 중국과 더불어 석유화학 부문 세계 4강의 하나로 부상할 것이라고 관망하고 있다. 건설업 부문은 GDP 중 약 1천억 달러 규모로 인도 경제에서 총생산의 4.5% 가량 차지하며, 특히 급속한 경제성장에 기반한 국토개발사업이 가속화되면서 이러한 건설부문 인프라와 투자는 더욱 늘어날 전망이다. 광업 부문에서 역시 인도는 세계에서 가장 부존자원이 풍부한 나라 중 하나로 분류되는바, 세계최대의 운모류(백운모·흑운모 etc.) 산출국이자 철광석(세계 4위) 및 철반석(보크사이트), 망간, 알루미늄의 산출량 또한 세계적 규모이다. 이 외에 구리, 크롬, 아연, 금 등의 금속광물 및 석회석, 마그네사이트, 돌로마이트, 플루오라이트, 인회암 등의 비금속광물들도 풍부하게 매장되어있다. 많은 산출량을 보이는 석탄 또한 인도 전체의 에너지원 중 절반 이상을 차지하는 핵심자원으로서 분류된다. 이를 활용한 화력발전과 더불어 풍부한 수자원을 이용한 수력발전 등 전력 부문에 있어서 역시 1,350테라와트(=135만 기가와트)가 넘는 엄청난 생산량을 보이지만 지속적인 수요증가로 인해 총 소요 전력의 20%가량은 다른 대체에너지수단 활용 및 부탄 등 주변국에서 수입하여 운용하고 있는 실정이다.

한편 서비스업을 위주로 한 **3차산업** 및 미래지식산업인 **4차산업** 부문은 더욱 고도의 성장률을 보이는 인도의 핵심전략사업으로서 부상할 것으로 전망한다. 특히 무선통신산업 분야의 성장과 함께 **IT(정보기술)** 부문에 있어 두드러지는 현상은 인도 내 전체 인터넷 이용자수가 1억5천만명 이상으로 집계, 중국 다음으로 높은 인터넷 성장률 및 이용자수를 기록한 가히 경이로운 수준이다. 이러한 사회통신망 성장세에 발맞춰 인도 전역의 인터넷 보급률 또한 10% 이상을 기록하고 있으며 이 역시 점차 빠른 속도로 확대되어 나갈 것으로 바라보고 있다. 이같은 인터넷 분야의 고성장세를 바탕으로 한 IT 산업과 더불어 또한 미래의 중점역량산업으로 분류되고 있는 BT(바이오테크)산업 역시 주목을 받는다. 아울러 의료, 교육, 패션 등에 있어서도 수준 높은 지표를 나타내고 있으며, 특히 영화산업에 있어서는 미국을 제치고 세계 1위의 영화 문화·콘텐츠 제작국으로서의 맹위를 떨치고 있기도 하다.

○ 교통망과 사회간접자본시설

인도는 세계에서 가장 잘 발달된 철도교통시스템을 갖추고 있다. 즉, 인도 전역 어디에나 이 철도여객운송 시스템만 가지고도 쉽게 여행할 수 있단 얘기다. 인도 철도여행은 IRCTC*(인도철도여행사; http://www.irctc.co.in)를 참고하자. 항공교통 역시 델리, 뭄바이, 콜카타, 첸나이, 코친, 뱅갈로르, 하이데라바드 등 인도 내 주요도시에서 세계 각국으로 운항하는 국제선*항공시스템이 잘 구축되어있으며, 아울러 위 도시들뿐 아니라 지역(주)별 각각의 거점도시(인도 전역 132개 도시)간 연결되는 국내선항공시스템 역시 매우 체계적이고 다양한 방면으로 잘 구축되어 있으므로 이를 활용하는 것 또한 손쉬운 인도여행의 활로라 할 수 있다. 도로교통에 있어서는 더더욱 세밀하고 복잡하며 다채로운 교통망이 마치 겹겹의 거미줄을 쳐놓은 양 꼼꼼하게 구축되어있는바 더더군다나 혈혈단신 나선 배낭여행자의 경우라면 이러한 육로(버스)이동을 제1의 여행수단이라 하기에 주저함이 없을 것이다. 특히 첩첩한 산세로 수놓는 잠무카시미르(라다크·잔스카르), 히마찰, 우타라칸드 등 북인도 지역과 웨스트뱅갈(다르질링), 시킴, 아루나찰프라데시, 메갈라야, 나갈랜드, 마니푸르, 미조람 등 동북지역에 있어서는 대체안이 없는 더더욱 중요한 필수 이동수단으로서 자리매김한다. 이러한 대중교통(Public Transportation) 수단은 기본적으로는 주정부(State Government)에서 직영하는 이른바 「TRC(Transport Roadway Corporation)」 버스에서부터 모름지기 각 지역노선별로 또한 분산 개설되어있는 「사설(Private Transportation/Tourist)」버스에 이르기까지, 그리고 더하여 일명 「승합택시(Ticket/Share Taxi)」로서 언급되는 7~10인승 소형운송수단(지프 혹은 랜드크루저 차량)이 이들 지역과 지역 그리고 더욱더 깊숙한 원격오지 간 교통수단으로서의 한 축을 담당한다.

* IRCTC = Indian Railway Catering & Tourism Corporation

★ 인도 내 국제선항공편 취항지역(국제공항 소재지)

국제공항(도시)	델리	뭄바이	콜카타	첸나이	뱅갈로르	하이데라바드
지역(주)	뉴델리	마하라슈트라	웨스트뱅갈	타밀나두	카르나타카	텔랑가나
국제공항(도시)	고아	코친	캘리컷	티루바난타푸람	코임바토르	티루치라팔리
지역(주)	고아	케랄라	케랄라	케랄라	타밀나두	타밀나두
국제공항(도시)	암리차르	자이푸르	아메다바드	럭나우	바라나시	가야
지역(주)	펀잡	라자스탄	구자라트	우타르프라데시	우타르프라데시	비하르
국제공항(도시)	보팔	인도르	낙푸르	푸네	부바네슈와르	
지역(주)	마디야프라데시	마디야프라데시	마하라슈트라	마하라슈트라	오릿사	
국제공항(도시)	망갈로르	포트블레어	구와하티	실롱	임팔	
지역(주)	카르나타카	안다만&니코바르 제도	아삼	메갈라야	마니푸르	

이러한 국가 근간을 뒷받침하는 기본적인 철도, 공항, 도로 외에 항만, 발전소, 댐 및 대도시의 전철·지하철 등 산업개발의 기간이랄 수 있는 사회간접자본시설에 있어서도 인도는 그 규모와 숫자 면에서 엄청난 규모를 과시한다. 해상운송과 여객수송, 물류를 위한 국제항으로서의 칸달라[구자라트], 뭄바이, 고아, 망갈로르[카르나타카], 코친[케랄라], 투티코린[타밀나두], 첸나이[타밀나두], 비샤카파트남[안드라프라데시], 파라딥[오릿사], 할디아[웨스트뱅갈] 등의 해양도시에 대규모 국제항만시설이 들어서있으며, 델리·구르가온(하리아나) 및 뭄바이, 콜카타, 첸나이, 뱅갈로르, 자이푸르[라자스탄] 등의 지역 대도시에는 잘 짜여진 메트로(Metro; 전철&지하철) 교통망이 건설되어 있다. 아울러 하이데라바드, 코친, 럭나우 등지의 메트로와 함께 찬디가르, 아메나바느[구자라트], 낙푸르[마하라슈트라] 등지의 메트로 시설 확충 또한 인도 내 주요 기간사업 중의 하나로 분류된다. (여행 시에 이러한 전철·지하철 교통수단을 활용코자 한다면 이들 주요 도시의 메트로 노선도가 인터넷 등에 자세하게 소개되어 있으니 참고토록.)

한편 국가 산업발전을 위해 또한 가장 필수적인 요소 중의 하나로서 곧 전력생산을 위한 설비에 있어서도 인도는 전 국토에 셀 수 없는 수많은 발전소 – *전국 각지에 건설된 댐 수만 해도 5,200개가 넘는다. 하물며 화력·원자력 시설까지야 이루 헤아리기 어렵다.* – 등 기간시설들을 확충해놓고 있는바, 곧 설비용량은 약 315기가와트, 이들로부터의 전력생산량은 2015~2016년 기준 약 1,117테라와트로서, 기타 군소 지역별 소수력·풍력 등을 통한 자체 발전량까지 전부 합치면 1,352테라와트라는 어마어마한 전력생산량을 기록한다. 이는 중국, 미국에 이은 세계 3위의 전력생산국의 지위이지만 그러나 경제·산업발전의 가속화에 따라 수요량(=세계4위의 전력소비국) 또한 점차 증가하여 현재 전체 전력수요의 80% 정도만 충족하고 있을 뿐 나머지 총 소비전력의 20%가량은 대체에너지 활용 및 인접한 주요 전력(수력발전) 생산국가인 부탄에서 수입하여 운용한다. 전력생산방법(발전시설)별 비율로 보면; 전체 생산전력 중 화석원료를 이용한 화력발전이 65%, 하천의 댐을 이용한 수력발전이 22%, 그리고 원자력발전이 약 3% 정도 차지하며 이 외에 태양열·풍력·조력 등 대체에너지를 활용한 발전량이 약 10% 정도 기록하고 있다. 새삼 어디나 마찬가지지만 화석연료에 의한 화력발전의 비중이 높은 것은 특히나 온실가스배출이나 대기오염 등 지구 환경에 악영향을 끼치는 주 요인의 하나로서 앞으로 또한 인도가 풀어야 할 숙제가 아닐 수 없다.

○ **국방** 및 **사회**(종교/정치/지역)**갈등**

아시아에서 중국, 파키스탄, 이스라엘, 북한과 함께 5대 핵무기 보유국가로서의 인도는 가히 그 영토와 인구에 걸맞게 모름지기 미국, 중국, 러시아에 이어 세계 4위의 군사강국으로 자리매김한다. 특히 육군의 병력은 132만명 이상으로 세계 3위

규모에 해당되며, 최신예 장비로 무장한 공군과 더불어 2개의 항모전단을 보유한 해군 역시 아시아 최강 중국과 대등 혹은 그 이상 수준으로 편성되어 있다. 이는 영토분쟁으로 민감한 이웃한 파키스탄과 중국의 위협에 대항키 위하여 자국 국방력 강화에 매진한 결과이며, 이로 인해 앙숙관계인 파키스탄은 물론 세계 2위의 군사강국인 중국 또한 인도와의 군사적 충돌에 있어서는 상당한 부담으로 작용할 수밖에 없음이다. 중국에 대한 인도인들의 국방정서는 다음의 한마디 문구로 잘 대변된다. "**악사이친*을 잊지 말자 !**"

이러한 나라밖 세력의 위협에 대한 경계뿐 아니라 인도는 내부적으로도 적잖은 갈등상황을 껴안고 있다. 특히 급진적 **종교집단 간의 대립과 반목**은 독립 이전부터도 그래왔지만 독립 이후에는 더욱더 과열되고 격해지는 양상을 보여 왔다. 곧 힌두교와 이슬람교, 그리고 또 힌두교와 시크교 간 서로 상당히 적대적인 요소와 대응으로 숱한 사건사고가 끊이지 않았던 – *심지어 인도의 아버지라 불리는 마하트마 간디의 피살, 그리고 그와 더불어 인도 독립을 이끌었던 자와할랄 네루의 딸이자 인도 최초의 여성 총리로 선출되었던 인디라 간디 총리 역시 종교적 반목과 원한에 의해 피살되었던 비극적 사건들이었음은 두말할 필요 없음이다. 게다가 이 인디라 간디의 아들 라지브 간디 총리 역시도 이른바 '타밀타이거' 단원 청년에 의해 피살되고 만 충격적 사건의 연속인즉 다만 이는 종교성에 의해서라기보다는 지역적 요인(갈등)이 더 크게 작용하였다는 점만 다를 뿐이다.* – 근현대사의 한 부분이기도 하다. 다행히 근래에는 이러한 종교적 반목과 분투는 줄어들고 있는 경향을 보이지만, 그럼에도 파키스탄과의 영유권 문제로도 더더욱 민감해마지않은 남부카시미르(카시미르밸리) 지역 일대에 있어서는 독립국가 수준의 자치를 요구하는 무슬림 수니 지역민들과 이를 수용치 않으려는 인도 정부 사이에 여전히 원만한 해결점을 찾지 못하여 해마다 크고작은 쌍방 간 대립과 충돌사건이 잦아들지 않고 있는 실정이다. (✔ 특히 2016년 7월 힌두교 야트라 기간 중 무슬림 지역인 스리나가르(카시미르밸리) 지역에서 무슬림과 정부 보안군 사이에 발생했던 대규모 소요사태*는 결국은 터질 것이 터지고야 말았다는 분석이다.)

아울러 이러한 종교적 갈등과 대립 외에도 **지역적, 민족(인종)적 반감과 저항** 역시 간과할 수 없는 부분인데, 일례로 인도의 중역을 담당하는 인도아리안계와는 다른 이른바 고대로부터 인도의 원 주인이라 자처하는 드라비다계 주민이 대거 밀집해있는 남인도 지역 특히나 그 중에서도 타밀 부족이 많이 모여 사는 타밀나두 지역은 여전히 그들만의 독립국가를 원하는 소위 '타밀분리주의'자들의 저항이 완강한 곳이기도 하며, 더하여 동북 인디아의 아삼, 메갈라야, 나갈랜드 등을 위시한 통칭 '아삼' 지역에서도 끊임없는 분리독립 요구와 시위가 반복되고 있음에 인도 정부에서도 이들 지역을 각별히 민감한 지역으로서 예의주시하며 대응하고 있음이다. 이와 같이 인도 내부적으로도 종교나 신분(카스트), 소득수준(빈부격차) 등등 다양한 원인에 의한 사회적 갈등뿐만 아니라 대표적으로 (1)카시미르 분리주의,

(2)타밀 분리주의, (3)아삼 분리주의 곧 이러한 3대 **지역분리주의(=독립운동)세력**이 전 인도의 단합과 발전을 전해하는 요인으로서 피력되고 있다. 여행객들은 고로 이러한 정치·사회적 갈등에 노출된 지역을 여행할 때에는 특히나 주의를 기울일 것을 요망한다.

* 악사이친 : 카시미르의 동북방 영역으로 소위 '인도령 잠무카시미르' 지역으로 점유하고 있던 지역을 중국에서 티베트와 신장위구르 지역을 연결하는 이른바 「신장공로」 하이웨이를 건설하면서 영유권 문제- *과거 인도 식민지시절 영국에 의해 기습적(!)으로 설정된 티베트령 맥마혼라인에 대한 중국 측의 불인정* - 가 불거지게 되자 1962년 10월 중국 인민해방군의 기습공격으로 인도군이 참패하면서 이 악사이친 지역 일대는 서쪽의 파키스탄으로부터 이양받은 샥스감 지역과 함께 속칭 '중국령 카시미르' 지역으로서 획득케 된 곳이다. 이로부터 인도는 중국에 패하여 악사이친을 빼앗긴 이 사건을 국가 최대 치욕적인 사건의 하나로 회자하고 있으며 그리하여 특히 중국에 대해서는 그러한 "(중국 침략에 의해 빼앗긴) 악사이친을 잊지 말자"는 강렬한 문구로 더욱더 안보에 대한 경각심을 국민들에게 일깨우고 있다.

* 카시미르 최대의 힌두교 야트라(시바성지 아마르나트·세슈낙 순례) 기간 중에 발생했던 무슬림 지역민들과 정부 보안군 사이에 발생한 대규모 유혈사태. 이 사건의 발단을 인도 측에서는 파키스탄이 개입, 이의 카시미르 주민들을 선동하여 대규모 시위사태로 발전되게끔 조장하였다 하나, 실상은 야트라 기간 중의 (순례객들의) 안전과 질서유지를 위해 이 스리나가르 지역으로 증파된 인도 보안군을 조롱하고 야유하던 현지 어린아이들을 향해 도를 넘는 과민한 대응으로 사격행위를 가해 처참하게 사살한 사건이 발생하자 이에 분노한 전 지역 주민이 들고 일어나 더욱 걷잡을 수 없는 대규모 소요사태로 확대(⇒ 주민 200여명 사망, 정부 보안군 30여명 사망. 부상자수는 더욱 많음) 되었다는 것이 정설이다. 필자 역시 이 기간 중 수니파 지역인 스리나가르에서 시아파지역인 카르길로 여행중이었는바 - *다행히 불과 사나흘 차이로 이 끔찍한 사태를 운 좋게 피할 수 있었지만* - 많은 현지 소식통을 통해 사건의 전말을 알게 되었다. 그럼에도 인도 정부와 언론은 계속해서 이러한 사건의 발단에 대해서는 쉬쉬한 채 오로지 그들의 '주적' 파키스탄의 후광을 업은 과격한 카시미르 분리주의자들에 의한 무력적인 집단행동에 기인한 것이었다고만 일방적으로 왜도하고 있었을 따름이다. 특히 사건 발발 후 8월말까지 약 2개월 동안 잠무카시미르(라다크 포함) 전역에서 일체의 국제통신은 물론 타 주(州)와의 통신까지 두절되었다는 반증은 이같은 실제정보가 외부로 새어나가지 않게끔 치밀하게 대응한 정부방책이었다고밖에 생각할 수 없다. 결국 인도 최대의 카시미르 야트라는 당초 7~8월 2개월간으로 계획되어있었지만 이 사건으로 인해 7월 한 달만 유지되었을 뿐 8월부터는 카시미르 내 모든 야트라 행사가 취소, 철회되고 말았다.

○ **여행유의사항**

✦ **여행적기** : 인도 여행은 그 땅덩어리의 크기와 지형적 특성만큼이나 위도와 지역, 기후조건에 따라 최적의 여행시기를 가늠하기가 쉽지 않다. 고로 여기서는 대략 지리적인 위도에 따른 남/중/북 지역 및 지형적 차이에 근거한 여행적기를 구분하여 언급해본다. 참고삼아, 다음과 같은 경구(!)가 무릇 무더운 여름철 인도 중·남부지역 여행에 나서는 이들에게 회자되곤 한다. *"하필이면 왜 가장 더운 여름철에 그리로... 좋은 계절 다 놔두고."* 덧붙여, *"또 왜 하필이면 더운 여름철 그리로..., 인도 땅 하고많은 좋은 여름여행지 다 놔두고."*

- **북인도 지역)** 잠무카시미르 라다크·잔스카르 및 히마찰 라하울·스피티 지역은 최적의 여행시기로 6~9월 기간을 꼽는다. 히말라야산맥이 여름철 몬순계절풍을 가로막아 이로부터 그 위쪽(북단)에 놓인 이들 지역은 몬순의 영향을 거의 받지 않고 게다가 지대도 높아 타 지역에 비해 기온도 상대적으로 선선하여 여행하기에 최적의 기후조건을 선사하기 때문이다. 반면 히말라야산맥 아래(남단)에 놓인 스리나가르분지 일대의 카시미르밸리와 히마찰 주의 다른 지역들 및 가르왈·쿠마온히말라야를 끼고 있는 우타라칸드 지역은 조금 다르다. 곧, 어느 정도 몬순의 영향을 받고 또 지대도 히말라야 북쪽지경보다는 평균고도가 훨씬 낮으므로 이로 인한 기후적 조건이 달라지기 때문이다. 이에 따라 이들 히말라야 남단에 놓인 지역들은 바야흐로 5월~7월중순 및 9~10월 기간을 최적여행기로 꼽는다. 우기로 인해 많은 비를 뿌리는 7~8월 기간은 아무래도 행락의 즐거움을 반감시킨다.

- **동북지역)** 뱅골만 바다에서 그리 멀지 않은 관계로 몬순의 영향이 늦게까지 지속된다. 곧, 히말라야산간을 끼고 있는 웨스트뱅갈 주의 다르질링 및 시킴히말라야[시킴], 아삼히말라야[아루나찰프라데시], 아울러 메갈라야, 나갈랜드 지역은 몬순이 끝나는 즉 포스트몬순기인 10월~12월 기간이 여행적기로 꼽힌다. 다만 해발고도가 높은 아삼히말라야 지역은 11월중순부터는 겨울로 접어들어 적설량이 많아지므로 트레킹 등 히말라야 산간여행에 제약이 따른다. 메갈라야, 나갈랜드와 더불어 마니푸르 지역은 특별한 경우를 제외하곤 12월 및 이듬해 1~2월까지도 여행에 큰 어려움이 없다. 이들 지역과 달리 브라마푸트라 강 유역 저지대의 아삼 주 본토 및 트리푸라, 미조람 일원은 뱅골만 바다로부터의 몬순의 영향을 강하게 받아 10월말까지도 기후조건이 그리 양호하지 못한바 다른 인도 남·중부 지역과 마찬가지로 11월부터 이듬해 3월까지의 기간을 통상적인 여행적기로 삼는다.

- **중·남부지역)** 위의 히말라야 산악지역을 제외한 인도의 나머지 지역을 아우른다. 곧, 기후적으로 고온다습하며 특히 여름철 열대성계절풍(몬순)의 영향을 크게 받는바 최적의 여행시기는 이러한 무덥고 비가 많은 5~10월 기간을 제외한 11월~이듬해 3월로 잡는다. 물론 몬순기의 각별한(?) 묘미를 더욱 체감키 위하여 오히려 이렇게 무덥고 습한 여름철에 이 남인도 지역을 찾는 이들도 많다만 기후, 계절적으로 본다면 말도 많고 탈도 많은 그 무더운 시기보다는 위의 포스트몬순기를 택하여 여행할 것을 권장한다. 참고로 인도 서부의 라자스탄 및 구자라트 지역은 고온다습한 열대계절풍 대신 고온건조한 사막계절풍이 드리우는 곳이므로 연중 어느 계절에 찾아도 분위기가 다를 건 없겠다만 그래도 한여름 사막에 작렬하는 뜨거운 태양빛을 감안한다면 아무래도 뜨거워죽겠는 여름날보다는 역시나 덜한 늦가을~겨울~초봄 시기에 찾는 것이 훨씬 나을성싶다.

◇ 이러한 계절적, 기후적 요인 및 지형적 요인에 의한 여행적기를 시기적으로 구분정리해보자면,

1~3월	남인도, 동인도 및 힌두스탄평원(중부) 지역
4~5월	(히말라야 남부산간) 잠무카시미르 주의 잠무, 키슈트와르 및 히마찰 참바, 캉그라(다람살라), 쿨루(마날리), 심라 지역 & 우타라칸드 남부산간 및 다르질링(웨스트뱅갈), 시킴, 아삼히말라야(아루나찰) 지역
5~6월	(히말라야 남단) 카시미르밸리, 히마찰 중부와 남부, 우타라칸드 중·북부 지역 및 동인도 나갈랜드, 메갈라야, 마니푸르 지역
6~7월	(히말라야 내원) 카시미르밸리, 수루밸리(카르길), 잔스카르, 히마찰 팡기밸리(참바), 라하울·스피티·키나우르 지역 및 우타라칸드 북부 GHT(대히말라야 트레일)
7~9월	(히말라야 북단) 북인도 라다크·잔스카르, 카라코람 누브라밸리 및 히마찰 라하울·스피티 지역
9~10월	(대히말라야산맥 내원지역) 카시미르밸리, 수루밸리(카르길), 잔스카르 내원, 히마찰 팡기밸리(참바), 라하울·스피티·키나우르 지역 및 우타라칸드 북부 GHT(대히말라야 트레일)
10~11월	(히말라야 남부산간) 잠무카시미르 주의 잠무, 키슈트와르 및 히마찰 참바, 캉그라(다람살라), 쿨루(마날리), 심라 지역, 우타라칸드 남부산간 및 다르질링(웨스트뱅갈), 시킴, 아삼히말라야(아루나찰) 지역
11~12월	남인도, 동인도 및 힌두스탄평원(중부) 지역

✦ **여행 위험지역 및 자제·제한(금지) 지역** : 인도는 종교와 인종(민족), 정치적 갈등 및 군사적 이유 등으로 인해 여행에 제약을 받는 곳이 많다. 이러한 여행 주의지역들을 대략 살펴보면;

1) 잠무카시미르 주 **카시미르밸리(스리나가르) & 키슈트와르밸리** 일원. 한국 외교부에서도 이 북인도 잠무카시미르 지역은 여행자제지역으로 분류, - 심지어 국내 여행자보험 약관에서도 이 지역 여행 시에 발생한 사고에 대해서는 일체 보상(보험처리)을 해주지 않는다고까지 규정 - 각별한 주의를 당부하고 있다. 특히 지역 수니파 무슬림과 인도정부군 사이에 민감한 갈등상황이 빈번한 스리나가르 카시미르밸리 지역은 더더욱 각별한 주의를 요한다. (반면 온건한 시아파 무슬림지역인 카르길(수루밸리)과 불교도·무슬림 혼합거주권인 라다크·잔스카르 일대는 지형(고산지대)적인 요인을 제외하곤 그다지 큰 정치적, 사회적 위험요소는 없다. 그렇지만 여행자보험(한국)의 약관은 차별을 두지 않는다. - 보험 비적용!)

2) 잠무카시미르 주 라다크 지역 관내 LOC*, LAC* 인접지경 - 여행제한지역 특별통행허가(스페셜퍼밋[SP]; 델리의 주무당국에서 발행) 없이는 외국여행객 통행 일체 불허. (✔ 단, ILP(Inner Line Permit) 통행지역은 열외 ☞ 각 해당지역 주무관청에 신청 발급받은 후 여행할 수 있음. 인도 자국민은 ILP 불필요)

> * LOC = Line of Control; 카시미르에 설정된 인도-파키스탄 간 '실질적인 국경통제선'으로서의 정전선(= Fire Ceased Line)
> * LAC = Line of Actual Control; 인도령 카시미르와 중국령 카시미르(악사이친) 사이에 설정된 인도-중국 간 소위 '실효지배 국경통제선'으로서의 정전선. 일명 '악사이친' 경계선

3) **아삼**지역 나갈랜드, 마니푸르, 미조람, 트리푸라 등 **분리독립요구 시위**가 잦은 지역. 아울러 아루나찰프라데시 북동부 중국령 티베트 접경지역은 특별승인 없이는 외국인의 여행이 거의 불가. 고로 아삼히말라야의 아루나찰프라데시 산악여행은 서쪽 고리첸, 캉토 산악지대만 여행가능하며 이 역시도 주무관청으로부터 퍼밋(최소 2인그룹 이상 통행허가)을 받아야만 여행할 수 있다.

4) 남인도 타밀나두 주를 여행할 시에도 간혹 극렬 **타밀분리주의**자들의 시위에 휘말릴 수도 있으니 유의할 것.

5) 우타라칸드 **가르왈 북부 국경인접지역** 및 쿠마온 북동부 **칼리 강 최상류** 티베트 접경지역(여행제한지역) - 외국인 통행불가. 인도 자국민 역시도 통행허가를 득해야 하며 특히 쿠마온 최동북단 칼리계곡~리푸패스(리푸라)를 거쳐 티베트 카일라스(6714m) 야트라(파리크라마)에 나서고자하는 경우는 인도/중국 양국으로부터의 특별통행허가를 득한 소수의 순례그룹(7월 야트라 기간에 국한) 만이 여행가능. (⇒ 인도 자국민 신청자 - *힌두교도에 한함. 불교도는 불가* - 중에서 매년 1백 명 이내로 선발. 외국인은 일체 불허!)

✦ **주의 및 금지사항** : 세계 어디를 여행하든지 주의해야 할 사항들은 별반 다르지 않겠지만 인도여행을 나섬에 있어서는 각별히 새겨두어야 할 사항들이 더욱 많다. 다음과 같은 부분들이 특히 유념해야 할 대목들이다.

> ·**사진촬영** 유의. 특히 국가기간시설물(항만, 댐, 교량 등) 및 군사지역(군부대, 초소, 부대원 등)에 대한 무분별한 촬영행위는 절대 금물이다. 최악의 경우 카메라 등 소지품 압수는 물론 강제 연행되어 취조(!)를 받을 수도 있다.
>
> ·현지 정서에 반하는 과한 **이교도적 종교심 표출**행위. 특히 무슬림 지역에서는 더더욱 금기사항이다. (일례로 기독교단체 선교여행시 현지의 종교회당이나 건축물, 기념물 등지에서 그들만의 예배를 드린다거나 큰 소리로 성가를 부른다든지 내지는 심지어 소리내어 기도(통성기도)를 한다든지 하는 그릇된 신앙관에 기인한 위험천만한 종교행위는 폭력 사태와도 직결될 수 있으니 절대 금물 !)

· 무슬림 지역에서 사전 동의 없이 **무슬림여성들의 얼굴 또는 신체를 촬영**하는 행위 역시 금기사항이다. 도시 지역은 그래도 덜 금기시하나 이러한 속세와 동떨어진 오지의 무슬림지역일 경우 더욱 엄격하다. ⇒ 오지트레킹 시에 더욱 유념해야 할 사항 ! (반면 상대적으로 온건하며 유순한 시아파무슬림(카르길 등) 지역 및 이스마일리(파키스탄 훈자, 파수 등), 수피(터키 등지) 무슬림 지역은 여행객들의 사진촬영에 대해 그리 거부감을 나타내지 않기도.)

· 우리보다 천하고 못사는 나라라 하여 **무시하고 멸시**하는 행위. 실제 우리의 일반적인 생각처럼 그리 후진적이지도 않으며 무시당할 수준의 국민성도 아니다. **인도=후진적 이라는 선입견을 버릴 것 !** - *여러 면에서(특히 교육과 행정) 한국보다 훨씬 뛰어난 면면을 보이기도 한다.* - 특히 현지 주민들이니 시비스세공자들에 대해 절대 욕설을 하지 말 것. 아무리 화가 나도 대놓고 욕설 및 삿대질, 완력을 수반한 물리적 반감표시행위는 절대 해서는 안 된다.

· **현지문화와 현지인들의 정서를 존중**할 것. 종교적으로 신성시여기는 문화재구역이나 기념관 등을 참관할 때는 노출이 심하고 무례해 보이는 복장을 삼가고 현지 정서를 존중하는 가급적 진지하고 숙연한 차림으로 관람에 임하기를 당부한다. 입장을 바꿔놓고 생각해보면 쉽다. 내게 소중한 것을 나 아닌 다른 이들이 함부로 다루고 우습게 여긴다면 어면 기분일런지.

· **도난 및 소지품 주의.** 많은 사람들로 붐비는 혼잡지역(역 대합실, 터미널 승강장 등등)에서 더욱 유념할 것. 인도여행 시 허다하게 발생하는 소지품 분실 및 도난 사건은 대개가 이들 혼잡한 상황에서 발생한다. 공항 내 대합실은 반면 들고나는 이용객들의 특성상 상대적으로 덜 위험하다 하겠으나 그래도 방심치 말 것.

· **음식물**에 특히 주의 ! 이는 인도여행 시 선택이 아니라 필수항목이다. 특히 고온다습한 지역에서 물갈이, 식중독에 더욱 유의하라.

· 또한 사기와 협잡으로 악명(!)높은 대도시나 유명 관광도시에서의 호객꾼 속칭 '삐끼'들에 의한 그럴듯한 **호객행위**에 섣부르게 넘어가 낭패를 보는 일도 없길 바라며*, 아울러 모르는 사람으로부터 과도한 환대나 특히 처음 보는 이로부터 차(짜이)대접을 받는다든지 하는 일 역시 소위 요새 유행하는 '**신종사기수법**'- *설사약제 등을 첨가, 신체적 고통을 유발하여 그로 인해 집중력이 떨어진 상태에서 사기 및 소지품 갈취 자행* -의 일환일 수 있으니 주의토록 한다.
※ 단, 관광업소(호텔, 식당) 등 검증된 업소로부터 제공받는 호의나 무상편의제공 서비스(일명 Complementary Service)는 예외.

* 하지만 아무리 강조한다한들 맘먹고 달려드는 이러한 모사꾼들을 떨쳐내기란 쉽지 않은 것 또한 현실이다. 최선은 그래서 일단 "꾼"이다 싶으면 일체 대꾸를 하지 않고 지나치는 것이다. 모름지기 인도여행 전문가들은 이러한 대응에 꽤나 통달해있다.

○ 인도 실용정보

✦ **비자발급** : 인도여행을 위한 비자발급은 두 가지다. 먼저 직접 인도대사관 산하의 인도비자센터를 찾아가(또는 대행사에 의뢰) 발급받는 방법으로 주로 체류기간 3개월 이상 관광비자 혹은 사업이나 학업 등 여타 목적으로 장기간 체류코자하는 경우의 비자를 신청하는 경우에 해당된다. 특히 멀티플비자(비자 유효기간 중 입국횟수 무관)의 경우 제도가 바뀌어 신청자(여행자) 본인이 직접 **인도대사관을 방문**하여 영사와 영어면담(인터뷰) 후 발급여부를 가늠하게 되므로 더욱 까다로워졌다 하겠다. - *이는 무분별한 자국(인도) 출입국을 통제하기 위한 인도 정부의 외교정책 변화의 일환이라 받아들일 수 있다. 즉 기존에는 인도 여행자들이 별 어려움 없이 이 멀티플 비자를 발급받음으로 해서 인접국 어느 나라나 마음대로 들락날락할 수 있었던 것을 이제는 좀 더 엄격히 관리하고 제한하겠다는 의중이다. 주변국들과 민감한 정치적, 지정학적 문제를 다투는 인도 입장에서는 충분히 그럴 만한 조치다.* - 두 번째는 몇 해 전부터 한국 대상으로도 새로 적용된 **전자비자[E-VISA]** 제도이다. 기존에는 인도 현지 입국장(이민국 데스크)에 도착하자마자 30일짜리 소위 '도착비자(Arrival Visa)'가 가능했는데 이 전자비자 발급시스템을 확대시행함에 따라 30일 도착비자 제도는 폐지되었다.* 고로 인도 입국시 이민국을 통과하는 방법은 앞선 경우처럼 처음부터 인도비자를 아예 여권 상에 득하고 나서는 방법과, 달리 이의 전자비자를 선 신청 후 승인이 떨어지면 이내 출력 가능한 E-VISA를 발급받아 출국 후 인도에 입국하여 현지 이민국(Immigration)에 제시하면 특별한 결격사유가 없는 한 현지에서 곧바로 여권 상에 체류비자 스탬프를 날인받은 뒤 정식 입국이 허가된다. 이 전자비자는 체류기간 60일 더블비자[최대 2회 인도 입국 가능. 1회 체류 40일 이내] 형태로 발급되며, 연간 2회 신청가능하다. 다만 이 전자비자를 소지한 경우의 입국은 육로는 불가하며 오로지 인도 내 지정된 24개 공항 및 3곳의 국제항을 통해서만 허용된다.* 이와 달리 유효기간 3개월 이상의 더블[입국횟수 2회 제한] · 트리플[입국횟수 3회 제한] · 멀티플[입국횟수 상관없음] 비자로 신청하는 일반 관광비자의 경우 전자비자처럼 입국장소에 대한 제약은 없지만 1회 최대 체류기간 90일 제약조건이 포함되어있는바 이 때문에 비자 유효기간 중 각 90일 경과 전에 한 번은 인도 밖으로 다시 나갔다가 들어와야 하는 조금은 귀찮은 면이 없잖아 있다. (⇒ 대개는 입출국사무소 어디에나 도착비자시스템이 마련되어있는 이웃국가 네팔로 잠깐 들어갔다가는 그로부터 단지 1일만 경과하고 나와도 되니 - *하루든 이틀이든 출입국 스탬프만 찍혀있으면 되므로* - 이러한 편법(!)을 많이 활용한다.) 비자 유효기간 시작은 전자비자의 경우 인도 입국시점(**비자스탬프 날인 시점**)부터 기산되며, 인도대사관을 통해 여권에 미리 받아오는 경우는 그 **비자스티커 부착** 날짜부터 기산된다. 전자비자의 경우도 일반비자와 마찬가지로 한국 내 여러 대행사를 통해

소정의 수수료와 함께 신청 대행할 수 있다. 직접 신청할 경우 주한인도대사관 [주소: 서울시 용산구 독서당로 101*(지/번주소: 한남동 37-3)* 주한인도대사관] 인근에 위치한 인도비자센터[주소: 서울시 용산구 독서당로 85, 3층 인도비자센터]를 방문하여 진행할 수 있다. 직접방문시 발급에 소요되는 기간은 약 4~5일(휴일제외) 정도이다. 전자비자의 경우는 신청 3일 후 승인이 떨어진다. (✔ 인도 정부의 비자정책은 정치적, 사회적 상황에 따라 자주 바뀌므로 여행 전에 이러한 비자발급에 대한 부분은 반드시 다시 확인하고 진행키 바란다.)

* 전자비자 입국 지정공항 : **델리, 친디가르, 고아, 암리차르**(펀잡), **자이푸르**(라자스탄), **아메다바드**(구자라트), **뭄바이**(마하라슈트라), **푸네**(마하라슈트라), **낙푸르**(마하라슈트라), **럭나우**(우타르프라데시), **바라나시**(우타르프라데시), **가야**(비하르), **콜카타**(웨스트뱅갈), **바그도라**(웨스트뱅갈), **구와하티**(아삼), **하이데라바드**(텔랑가나), **뱅갈로르**(카르나타카), **망갈로르**(카르나타카), **코친**(케랄라), **캘리컷**(코지코드 ; 케랄라), **티루바난타푸람**(케랄라), **첸나이**(타밀나두), **티루치라팔리**(타밀나두), **코임바토르**(타밀나두)
* 전자비자 입국 지정 국제항 : 고아(파나지 항), 망갈로르 항, 코친 항
* 2018년 말부터 한국인 대상 60일 도착비자 제도 재개. 단, 현장 업무행정의 불편함으로부터 이를 적극 권유하지는 않겠다. 가급적 위의 전자비자(E-Visa) 시스템을 활용하라.

✦ **입국장소** : 인도 입국은 **국제공항** 및 **국제항**, 그리고 **육로**를 통한 입국으로 구분해볼 수 있다. 먼저 국제공항을 통한 입국은 앞서 교통망 편에서 언급한 총 28개 국제공항을 통해서 가능하며, 전자비자(E-VISA) 소지자의 경우는 이 중 24개 지정공항을 통해서만 가능하게 돼있다. 여행자들이 가장 많이 이용하는 국제공항은 **델리**와 **뭄바이, 콜카타**의 국제공항이다. 이밖에 **첸나이, 코친, 뱅갈로르, 하이데라바드** 등도 나름 출입국자 수가 많은 국제도시다. 국제항을 통한 입국장소 역시 앞선 교통망 편에 소개된 10개 국제항을 통해 가능하다. 단, 전자비자(E-VISA) 소지자의 경우는 고아, 망갈로르, 코친 3개 항을 통해서만 입국 가능하다. 이러한 국제선편을 이용한 여행자들의 입국은 일반적으로 이용되는 방편은 아니지만 때때로 싱가폴, 태국, 말레이시아 등 동남아 등지로부터의 선편입국 및 크루즈여행 시에 활용되기도 한다.

이어 **육로**를 통한 입국은 일단 관계가 그리 좋지 못한 파키스탄과 중국은 비록 가장 긴 국경을 맞대고 있음에도 그러한 육로 입국이 어렵다는 점을 먼저 주지한다. 중국과는 아예 불가하고 파키스탄은 그저 이른바 "와가-아타리 보더(Border)*"로서 구현되는 양국 펀잡 주의 일개 지역에서만 그것도 외국인 여행자들에 한해 양국 간 이동을 허용하고 있을 따름이다. - 물론 또 한편으로 델리~라호르 간 국경통과 직통버스 및 열차편도 개설되어있긴 하나(☞ *1권 - 「K2 트레킹」 부록 편 참고*) 어쨌든 이들 또한 이 양측 펀잡 국경통로를 거쳐서이다. - 이와 달리 동북

방면 네팔과 방글라데시로의 육로입출국은 수월하다. 특히 네팔은 막말로 '인도의 형제국'이라 하여 양국 시민권자는 아무 제약 없이 국경 어디든(이민국이 있든 없든 국경체크포스트(Border Check-post)가 있는 곳이면 개방시간 내에) 상관없이 드나들 수 있다. 방글라데시 역시 마찬가지지만 다만 무슬림국가(구 동파키스탄)라는 차이점에서 힌두교가 주종인 인도의 출입국행정과는 다소 차이점을 둔다. 미얀마와도 동부지역 끄트머리에 서로 국경을 맞대고 있지만 실상 미얀마 정부에서 외국인들의 인도 방면에 대한 육로 입출국을 허용하고 있지 않기 때문에 이에 대해서는 논외로 한다. 동일한 히말라야 선상에 놓인 네팔은 한편 장기간 여행에 나선 이들이 이의 인도여행과 "더불어 여행하는" 국가이기도 한바, 일반 관광비자 – *전자비자(E-VISA)는 불가* –를 소지한 외국인이 입출국 가능한 – *출입국사무소(Immigration Office) 소재* – 육로입국장소는 모두 7곳*으로 이들에 대한 상세 내용은 뒤이을 시리즈 5권 인도히말라야(쿠마온히말라야)편 후반부의 부록〈인도–네팔 국경통과〉부분을 참고하기 바란다.

* 파키스탄 편집 주의 와가 마을과 인도 편집 주의 아타리 마을 사이에 이의 파키스탄–인도 국경통로가 놓여있다. 양국 간 일명 패트리어트게임(Patriot Game)이라고도 불리는 '국기강하식' 행사로 더욱 유명해진 곳이다. ☞ 이에 대한 자세한 내용은 『1권 – K2 트레킹』〈부록〉편 (P.376~) 참고.

★ 인도–네팔 육로 입출국 가능지역(출입국사무소 소재지)

구분	인도 측		네팔 측	
	지명	지역(State)	지명	지역(District)
1	반바사(가다차우키)	우타라칸드(쿠마온)	마헨드라나가르	칸차푸르
2	모하나(가우리판타)	우타르프라데시	당가디	카일랄리
3	자무하나	우타르프라데시	네팔건즈	반케
4	벨라히아(노우타나)	우타르프라데시	수노울리	루판데히
5	락소울	비하르	비르건즈	파르사
6	라니건즈 (낙살바리/파니탕키)	웨스트뱅갈	카카르비타	자파
7	수키아포카리	웨스트뱅갈 (다르질링)	파슈파티나가르 (피칼 마네반쟝)	일람
x	다르출라(Dharchula)	우타라칸드(쿠마온)	다르출라(Darchula)	다르출라

☞ 양국 출입국사무소 부재로 외국인들은 반바사–마헨드라나가르 루트를 경유해야만 함. ⇒ 이동에만 2일+2일=4일 소요. ✔ 양국 다르출라 지역은 중국(티베트) 접경에 그리 멀지 않은 곳이기도 하여 특히 인도 측 체크포스트에서 매우 엄격히 통제. (실지 국경선으로서의 칼리강[네팔명 마하칼리]을 가로질러 놓인 교량사진 촬영 불허!) ※ 인도 측 다르출라와 네팔 측 다르출라 표기철자(Dhar… vs Dar…) 유의

✦ **대사관 & 영사관** : 인도 주재 한국 대사관 1곳과 총영사관 2곳이 있다. 근무시간 평일 오전 09:00~12:30 + 오후 14:00~17:00(첸나이 총영사관은 17:30까지), 토요일·일요일 및 공휴일은 휴무이며 기본정보는 다음과 같다.

구분	주소 / 이메일 & 홈페이지	연락처
대사관 (뉴델리)	9 Chandragupta Marg, Chanakyapuri Extension, New Delhi - 110021, INDIA / E-mail: india@mofa.go.kr http://ind.mofa.go.kr	대표번호 (+0091) 011-4200-7000 사건사고접수 011-4200-7083, 　　　　　　098-7369-5972 휴일·야간 긴급(당직) 099-5359-6008 　　　　　(한인회) 012-4651-4443 현지병원 011-6620-6630(Primus병원) 　　　　011-4277-6226(Fortis병원)
뭄바이 총영사관	12th Floor, Lodha Supremus, Dr. E Moses Road, Worli Naka, Mumbai 400018, INDIA / E-mail: mumbai@mofa.go.kr	대표번호 (+0091) 022-6147-7000, 휴일·야간 긴급(사건사고접수) 　　098-3360-0184, 098-3337-9745
첸나이 총영사관	5th Floor, Bannari Amman Towers, Dr. Radha Krishnan Road, Mylapore, Chennai 600004 E-mail: chennai@mofa.go.kr http://ind-chennai.mofa.go.kr	대표번호 (+0091) 044-4061-5500 휴일·야간 긴급(사건사고접수) 　　　　　　당직) 097-8982-3270 　　　　　KOTRA) 044-2499-7283 　　　　　한인회) 098-8400-3923

(✔ 국가번호(+0091) 없이 현지 통화수단으로 직접 전화연결을 원할 경우 위와 같이 숫자 "0"을 반드시 먼저 눌러야(입력해야)만 통화연결이 된다. 의외로 이 부분이 제대로 인지가 안 되어 백방으로 해봐도 연락불통이라며 민원을 호소하는 경우가 있다.)

✦ **시차** : 국토면적이 넓은 인도는 그러나 중국처럼 단일시간대(델리 표준시)를 적용하고 있다. 곧, 인도 전역 어디든 한국과의 시차는 3시간30분 차이를 두는데, 이는 인도에서의 오전 8시30분이 한국의 낮 12시에 해당하며, 인도의 낮 12시는 한국에서 오후 3시30분이 된다. 영국 GMT(그리니치 표준시)와 비교하면 4시간30분 늦은 시차를 두고 있다. 한편 서쪽에 이웃한 파키스탄은 인도보다 30분 빠른 시간대를, 달리 네팔은 좀 특이하게도 인도 시간대보다 15분 늦은 시차를 적용한다.

✦ **전력(전기)상황** : 다른 남아시아 주변국들과 달리 인도는 풍부한 자원을 활용한 발전량으로 세계 3위의 전력생산국으로서의 지위를 구가한다. 하지만 경제·산업발전에 따라 수요량이 계속 급증하여 현재 자국 생산량만으로는 수요를 충당하지 못하고 이웃 부탄에서 일부 수입하여 운용하고 있는 실정이다. 이에

따라 일부 지역에서는 종종 예기치 않은 정전사태가 발생키도 하는데 그래도 예전에 비해 발생빈도가 상당히 줄어든 편이다. 하지만 히말라야 산간오지에서는 여전히 충분한 전력공급을 받지 못하여 마을 자체적으로 태양열이나 소수력발전 등으로 필요전력을 충당하고 있는 곳도 많은바 그만큼 상대적으로 열악한 전력 상황임을 감안, 이러한 지역을 여행(트레킹) 시에는 필히 여분의 배터리를 충분히 챙겨가도록 한다.

✦ **현지화폐** : 네팔 및 파키스탄과 마찬가지로 '루피(Rupee)'란 명칭의 화폐단위를 사용한다. 하지만 인도의 루피화(INR)는 이들보다 약 1.6~1.8배가량 화폐가치가 높다.(네팔 루피화에 대해서는 1:1.6 고정환율 적용) 아울러 2010년도에 제정된 통화기호로서 "₹"를 사용하여 표기한다.(예: ₹ 500) 화폐가치는 달러화와 약 1:65(U$1≒₹75)의 환율을 보이며 원화에 대해서는 약 16.5배 즉, ₹ 10 ≒ ₩165 정도로 계산된다.(현지에서는 그냥 계산하기 쉽게 가격에 대해서 1루피×18원 정도로 셈하는 게 편하다. 어차피 환전수수료도 계상해야 하니만큼) 동시에 이 인도 루피화 지폐(동전 제외)는 네팔이나 부탄에서도 환전 없이 그대로 사용이 가능하다. (※ 참고로 과거에는 위조지폐*에 대한 불신으로 100루피 이하 지폐만 통용가능했으나 2016년말 단행된 화폐개혁으로부터 그 이상 권종의 신권 200루피, 500루피 및 고액권 2,000루피 지폐 - 단, 1,000루피 지폐는 폐지! ⇒ 구권 500루피와 더불어 시쳇말로 '휴짓조각'이 되고 말았다. - 또한 주변국가에서도 통용이 가능하게 되었다.) 아울러 화폐에 대한, 특히 100루피 이상 단위의 지폐에 대해서는 심한 구김이나 찢어짐 같은 흠결이 있을 경우 통상적으로 수납이 거부된다. 그래서 인도 화폐는 고액권으로 갈수록 상당히 깨끗하게 잘 관리되고 있다. 만약 환전 시에 이처럼 조금이라도 찢어진 인도 루피화 지폐를 수령하게 된다면 그 즉시에서 확인하고 교환해달라 해야 한다. 그렇게 '조금이라도 손상된' 지폐는 인도 전역에서 거의 화폐로서 인정받지 못하기 때문이다. 소지 시에도 또한 흠결이 생기지 않도록 잘 관리해야 함은 물론. (⇒ 이웃나라 네팔과는 정말 딴판이다. 네팔인들은 고액권이든 소액권이든 지폐를 그냥 꼬깃꼬깃 접어서리 그네들 바짓주머니에 막 쑤셔넣곤 하는데 그래서 네팔 루피화 지폐는 거반 지저분하고 찢어져있기 일쑤인데, 허나 인도에서 만약 인도 루피화를 이랬다간 바로 거덜난다. 그런 돈은 돈으로 쳐주질 않기 때문이다. 고로 만약 네팔에서 한동안 머물다가 인도로 넘어온 여행자라면 특히 이 지폐관리에 더욱 세심하기 바란다. 필자의 쓰라린(!) 경험담이기도 하다. 그것도 1천루피짜리(화폐개혁 전) 고액권 여러 장을 말이다.)

* 과거 파키스탄과 인도가 치열한 영토분쟁을 겪을 무렵 인도 경제에 타격을 주기 위해 500루피 이상 화폐단위에 대한 엄청난 양의 위조지폐를 파키스탄 측에서 발행 유포했다 한다. 물론 파키스탄에서는 이러한 주장을 전혀 근거없는 것으로 일축하고 있다.

✦ **통신(전화/모바일/인터넷/우편)** : 모바일폰을 지참해 현지 유심칩을 구매해 인터넷(와이파이)을 활용한 국제통화가 가능한 세상이나, 만약 그러지 못할 경우 국제전화(International Phone Call)가 가능한 여행사무소나 호텔, 또는 PCO(Public Call Office) 부스를 찾는다. 통화 1분당 일정액을 내고 국제통화를 할 수 있다. 다만 대도시지역에는 이러한 곳이 많으나, 인적이 뜸한 관광지나 소도시로 접어들면 국제통화 가능한 곳을 찾기가 수월치 않다. 이 경우 현지인의 모바일폰을 빌려서 통화를 시도하는 방편도 있다. 물론 소정의 이용료는 지불해야 하겠다. 아울러 주요도시 일원의 숙식 편의시설에서 와이파이(Wi-Fi)를 이용한 인터넷 접속 및 통신이 가능한 곳도 많다. 하지만 속도는 한국에 비해 매우 느리다. 모바일 통신도 아주 첩첩한 산악지역이 아니라면 통신에 문제가 되는 경우는 드물다. 단, 이름난 관광지라 하더라도 폐쇄된 지형이나 산세에 의해 통신장애가 유발되는 경우도 많으며, 특히 산악오지 트레킹 시에는 모바일 통신과 인터넷 접속이 거의 불가능하다는 점을 유념키 바란다. (✔ 네팔과 달리 북인도 트레킹 시에는 비상상황을 대비한 위성전화(Satellite Phone)를 여행객이 지참하여 갈 수 없다. 만약 이를 어기면 스파이 혐의로 체포되어 큰 고초를 겪게 될 것이다.) 국제우편은 한국에서와 마찬가지로 EMS라든가 DHL 등의 국제우편사무소를 통해 처리할 수 있다.

✦ **의사소통** : 현지 의사소통수단인 힌디어, 뱅갈어, 타밀어 등등 각각의 현지공용어를 직접 구사하여 소통치 못할 바에야, 차라리 영어와 몸짓을 섞어 현지인과의 의사소통 수단으로 삼으면 그리 문제될 것도 없다. 그들 역시 이러한 여행객들의 소위 '보디랭귀지(Body Language)'에 친숙한바 기본적이며 필수적인 소통 정도는 그럭저럭 가능하기 때문이다. 게다가 우수한 인도의 영어 기본교육제도에 의거 요새 젊은 층들은 웬만하면 영어로 의사소통이 충분히 가능하단 점도 인도 여행의 매력적인 부분의 하나이다. 그러나 한편 영어가 전혀 통하지 않는 지역도 있다. 대부분 도시로부터 멀리 떨어진 농어촌이나 산간오지에서 그러한데, 이 경우에는 전적으로 보디랭귀지에 의존해야 하는바 또 한편으로는 이러한 오지여행의 묘미이기도 하다. 아무튼 현지인과의 소통 및 교감은 언어보다는 여행자의 마음가짐과 손짓·몸짓에 달려있다는 것을 명심하라.

✦ **차량통행** : 여타 영연방국가와 마찬가지로 인도 아대륙 내 모든 국가들의 차량은 좌측통행이다. 곧, 승차시 타고 내리는 문이 차량의 좌측에 위치한바 특히 대중교통 이용 시에 헷갈리지 않도록 한다. 한국에서처럼 생각하여 반대편에서 기다리다 전혀 엉뚱한 차를 타고 반대방향으로 가는 일이 없기를...

◢ 북인도

△ **지리개요** : 북인도(North India)라 함은 보통 인도 아대륙의 북쪽지경을 담당하는 펀잡[파키스탄 펀잡 주 & 인도 펀잡 주], 카시미르[파키스탄령 아자드카시미르 주 & 인도령 잠무카시미르 주], 히마찰 및 우타란찰[우타라칸드 주]의 4대 지역을 일컫는다. 지형적인 특징으로는 저지대 평원에 놓인 펀잡 지역을 제외하곤 나머지 3개 지역은 바야흐로 카라코람과 히말라야 산계에 감싸인 인도 아대륙 제일의 산악고장으로서의 명성을 구가하는 지역이라는 점이 부각된다. 이로부터 이 북인도 지역은 인도 아대륙 내 가장 매력적인 여행지로 꼽는 데 주저함이 없을 것이다. 아울러 이 인도 아대륙 가장 크고 유장한 물줄기의 기원을 뿌리는 지역들이기도 한즉 곧 그 '펀잡'의 유래가 된 인더스 5대〈Punj〉물줄기〈Ab〉및 인도 땅 세칭 '어머니의 강'으로서 추앙되는 강가(갠지스)와 야무나 강의 최상류 물길을 적시우고 있음이다. 더하여 이 북인도 지역은 고대로부터 근세까지 숱한 동-서방을 드나드는 기행가들 및 구법승, 그리고 군사적 목적에서였든 일신의 성취를 위한 목적에서였든 그러한 카라코람과 히말라야 원정단의 주요통로로서의 명맥을 지탱해오던 중요한 지리적 무대로서의 입지를 떠안기도 하였다.

△ **기후 및 자연환경** : 고온다습한 아열대성기후를 보이는 펀잡 주와 히마찰·우타라칸드 주의 남부 평원지대를 제외하곤, 히말라야 산악지형에 의한 고산성 기후와 더불어 카시미르 북방 곧 히말라야와 카라코람 사이에 놓인 라다크·잔스카르 그리고 히마찰 동북지역(라하울&스피티) 일대는 몬순기(여름철 우기)에도 그 영향을 거의 받지 않는 매우 건조한 기후환경을 나타낸다. 이로부터 자연적인 환경과 풍토 역시 시각적으로도 많은 차이를 보이는데, 곧 히말라야 북방의 라다크·잔스카르 및 라하울·스피티 지역은 푸른 녹지 대신 누렇고 황량한 소위 사막지형과도 같은, 그러나 때론 장엄한 저 그랜드캐년의 풍광과도 같은 이색적이며 독특한 풍치가 한없이 펼쳐진다. 반면 히말라야 남방에 놓인 지역 곧 히마찰 중·동부와 우타라칸드 중·북부 일대는 장중한 대히말라야산맥으로 하여금 남방에서 불어오는 몬순계절풍을 몸소 맞낙뜨리게 하였는바, 이로부터 고고히 솟구쳐 맥놀이친 산, 산, 산마다 억겁의 세월을 겪으며 두텁게 쌓인 그러한 만년설산과 더불어 이내 산자락을 휘감은 대빙하, 그리고 이들로부터 풍요로이 적시워진 아랫녘 푸르른 목초지와 녹음진 삼림지대에 이어 층층이 드리워진 수많은 계단경작지의 풍치로서 그렇게 이 가파르고 험준한 산세에 기댄 히말라야 민초들의 삶을 영위케 하였다.

△ **언어·문화·종교** : 같은 히말라야 산수계를 머금은 지역들이지만 구사하는 언어는 지역마다 또 다르다. 펀잡 주는 펀잡(펀자비)어를, 그리고 스리나가르 분지 이른바 카시미르밸리의 지역민들은 우르두어를 지역공용어로 구사한다. 이 우르두어는 이웃나라 파키스탄의 국어이기도 한데, 인도의 제1공용어인 힌디어와 거의 같은 언어이나 문자체계와 기술형태에 있어 아라비아식 체계를 표방한다. 인도의 펀잡 언어도 역시 힌디어와 크게 차이나지는 않는 고로 힌디어로도 충분히 의사소통이 가능한 지역이다. 히마찰 주와 우타라칸드 주 역시 통상적인 힌디어가 공용어로서의 구실을 다하지만 주 내 군소 지역들마다 저마다의 지역언어가 주된 의사소통수단으로 활용되고 있기도 하다. 일례로 히마찰 주 북부와 동부 지역민들이 구사하는 라하울리어, 스피티어, 키나우리어 등등이 그렇다. 이들 세 군소지역 방언은 더 북쪽의 잠무카시미르 주에 속한 라다크·잔스카르 지역언어인 이른바 라다키, 잔스카리 방언과도 매우 유사하다. 이는 곧 동북편의 티베트를 기원으로 삼는 동일한 태생적 시류에 기인한다. 우타라칸드 주의 가르왈리, 쿠마오니 등등으로 부언되는 지역방언 역시 그러한 맥락인바, 다만 상호소통에 큰 장벽으로 드리운 대히말라야 주산령으로 인해 그처럼 티베트 쪽보다는 다소 소통이 수월한 서부네팔 쪽 언어와 문화에 더 친밀하다. (※ 쿠마온 지역은 특히 과거 네팔왕국의 전성기시절 영토의 한 부분에 속했던 적도 있었음을 간과할 수 없다.) 한편으론 우르두어를 공용어로 삼는 카시미르밸리 지역 역시 카시미리[카시미르 토속어], 셰나[다르디스탄 언어], 힌드코[힌디+카시미리 복합언어], 카르길리[발티스탄 계열의 카르길 지역방언] 등등의 다양한 지역방언들이 여전히 깊숙한 산간오지 지역들의 언어문화에 밑바탕이 되고 있다.

문화·종교적으로 다시금 들여다보자면, 먼저 인도 **펀잡 주**는 앞서 말한 - *소위 '황금사원'으로 대표되는 시크교 강세지역* - 대로 인도 전체 시크교도의 60% 이상이 거주하는 지역인바 그러한 시크(Sikh) 종교성향의 강한 문화풍토가 자리잡고 있다. **시크교**는 힌두교의 다신주의 사상을 배제하고 이슬람교의 유일신 사상을 접목시킨 종교로서 곧 외형적인 분위기에서는 다분히 힌두교적인 요소가 깃들어있으나 내적 신앙관은 유일신 사상에 입각한 보다 엄격하고 규율적인 면모를 강조한다. 시크교 회당이 한편으론 이슬람교의 모스크와도 비슷한 분위기를 풍기는 건 바로 이러한 신앙관의 내적 표상과 무관치 않다. 펀잡 위쪽의 **카시미르**는 반면 분위기가 전혀 다르다. 문자 그대로 유일신 '알라' 곧 이에 순종하는 '이슬람' 교의에 의한 절대순종자들 즉 '무슬림' 지역이다. 과거 이 카시미르에는 애초 불교문화가 꽃피고 화려한 융성기를 맞던 시대가 있었다. 고대의 불교도시로서 번성해마지않았던 탁실라(파키스탄 코히스탄(하자라) 지역)나 샤르다(현 아자드카시미르[파키스탄령] 닐룸밸리 지역)의 불교대학 등 동방 각지로부터의 수많은 불교유학생과 구법승들이 법문과 득도를 위해 거쳐가는 관문이기도 했다. 그러나 12세기 이후부터 이 땅에 드리운 이슬람문명은 불교적 색채를 누르고 그들 본연의 유일신앙에 입각한 종교·문화적 풍토를 구축해왔는바 그로부터 작금의 퇴락해마지않은 뭇 **카시미르불교**의 잔흔들 위에 이의 이슬람 문명과 문화로서 점철된 시대의 대체자로서 군림하고 있음이다. 그러나 또 한편, 역설적으로 인도 아대륙 본연의 불교와는 다소 동떨어진 아대륙 북방의 일명 '라마불교'로서 거론되는 **티베트불교**로 하여금 다시금 카시미르 북녘 곧 라다크·잔스카르 일대를 여전히 불교적 색채로 수놓고 있음은 꽤나 이채로운 일이 아닐 수 없다. 무릇 석가모니 붓다의 설파지와는 실로 머나먼 저 카시미르 북녘 산하에 말이다. 그리고 이제 **히마찰** 관내로 내려오면 바야흐로 히말라야산맥 남단에 놓인 지경인즉, 허나 이 히마찰 북부와 동부 곧 라하울·스피티, 그리고 키나우르 일대는 여전히 라다크·잔스카르의 **불교적** 색채에 깃들여져 있는 고로 언어, 종교, 문화 모든 것 하나 다르지 않다. 어찌 보면 「황량함과 척박함인즉 곧 불교」라는 1차적인 방정식이 성립하게끔 그처럼 기후, 풍토, 환경적 모습까지도 상응하여 동일시되는 히말라야의 조화인지도 모르겠다. 그러나 이어 이들 세 지경을 물리고 히마찰 다른 지경을 돌아보면 또 전혀 다르다. 다시금 힌두와 이슬람, 시크와 기독교 또한 공존하는 산하인게라. 물론 아래 아래로 내려올수록 속세로 드리울수록 아닌게 아니라 이의 힌두스탄으로 내려앉을수록 그러한 '**힌두**' 세상은 점점 더 넓게 펼쳐진다. 문화, 종교, 언어까지 그리하여 다 '힌두-스탄' 임이다.

우타라칸드를 살펴보자. 기초적으로 가르왈과 쿠마온으로 가름(Division)하는데 가르왈은 다시 서부가르왈과 중부가르왈 두 지경으로 나누어 짚어볼 수 있다. 먼저 서부가르왈이다. 힌두스탄 공용어인 힌디어에 기반한 문화생활, 그리고 아대륙 북부 힌두교의 산실 「차르(4)-담(성지)」의 2곳 야무노트리와 강고트리를 깃들게 한 사연

만큼이나 강한 **힌두**의 정서로 고유하고 신실한 힌두문화풍토를 빚었다. 인도의 젖줄 강가(갠지스)와 야무나 강의 모태이기도 하다. 중부가르왈 역시 차르-담의 본원적 유산으로부터 벗어나지 못한다. 가장 지고한 힌두성지로 묘사되는 케다르나트와 바드리나트를 품고 앉은 고장이다. 여기에 바야흐로 산중의 여신 난다데비는 또 어떤가, 그렇게 뭇 북인도의 히말라야 신산 중 으뜸으로 치는 그 지고지순한 '난다-데비' 멧부리를 솟구치고 있음이다. 북쪽의 카메트 산봉 또한 다르지 않다. 히말라야 산, 산, 산으로 점철된 북쪽-나라 바로 '우타라-칸드'의 실체인게다. 그리하여 이들 종교와 문화 역시 "눈〈Himal〉의 거처〈Alaya〉" 히말라야로부터 한 치 다르지 않은 '힌두〈White Summit〉' 그 자체임이다. 이어 이들 가르왈 히말라야 동편으로 지경을 세운 이름하야 '쿠마온 히말라야'. 다만 여기에는 이웃나라 네팔과 북쪽 티베트의 종교·문화적 요소가 다소간 복합돼있다. 안타깝게도 정치적 장벽에 막혀 힌두인들의 가장 웅혼한 신산 티베트 카일라스에 가까이 다가설 수 없음이 한이다. 그저 다르마밸리와 칼리밸리 고원의 야크떼들을 추스르면서만 이내 넘어설 수 없는 국경장벽으로 가로놓인 리푸고개 먼발치로만 그 힌두〈Hindu〉와 인더스〈Indus〉, 수틀레지〈Sutlej〉, 그리고 브라마푸트라〈Brahma Putra〉를 태동시킨 히말라야의 시원 카일라스와 마나사로바(호수)를 그려볼 수밖에 없음이다.

△ **인구·산업·경제** : 북인도 각 지역의 **인구**를 살펴보자. **인도령 JK(잠무카시미르) 주**에는 약 1천4백만명의 주민이 거주한다. 여기에 파키스탄령 AK(아자드카시미르) 및 길기트·발티스탄 주까지 합친 본연의 카시미르 지경 총인구를 가늠하면 대략 2천만명이 넘는다. 여하튼 그 파키스탄 쪽은 제외하고 이 인도령 잠무카시미르의 인구 중 90% 이상은 '스리나가르분지(Srinagar Basin)'로서 불리는 카시미르밸리 지역 및 남쪽의 펀잡평원 잠무 지역에 살고 있다. 카르길 및 라다크와 잔스카르로 불리는 동북 지역은 한편 워낙 척박한 환경으로 인해 지경은 잠무카시미르 전체 면적의 절반 이상을 차지하나 실제 거주하는 주민(군 병력 제외) 숫자는 대략 35만명 정도로, 이나마도 1년 중 농경·목축 생활이 가능한 하계 6개월 동안의 주민수를 조사하여 집계된 것인바 - *이 기간을 배제한 동절기에는 기후가 온화한 저지대 지역인 잠무나 히마찰 마날리(쿨루 지역) 등지로의* **유동인구***가 많아* - 그조차도 온전한 인구통계라 보기 어렵다. **히마찰 주**의 인구는 한편 스리나가르 분지와 잠무평원에 편중된 카시미르와 달리 북쪽 잔스카르산계에 걸친 라하울·스피티 및 키나우르 지역을 제외하곤 대체로 고른 분포를 보인다. 총인구는 약 7백만명으로, 이 중 티베트망명정부 다람살라(달라이라마 거처지)로 잘 알려진 이른바 힌두스탄 저지대 구릉평원을 끼고 있는 캉그라 지역(District)의 인구가 약 1백6십만명으로 가장 많으며, 이어 역시 베아스강 유역의 저지대 산악분지 형국에 구획한 만디 지역이 약 1백만명, 그리고 주도(State Capital)인 심라를 끼고 있는 심라

지역의 인구가 약 90만명 정도로 다음을 차지한다. 가장 주민수가 적은 지역은 앞서 말한 라하울·스피티 지역으로 면적은 가장 넓으나[타 지역(District)의 3배 이상] 전체 인구 다 합쳐봐야 4만명을 넘지 못한다. 윗지방인 라다크·잔스카르 지역의 풍토와 마찬가지로 인구밀도 역시 크게 다를 것이 없다. 히마찰 동부 우타라칸드와 접하는 히말라야 산지인 키나우르 지역 역시 인구 10만명이 채 되지 않는 척박한 산간오지 지역으로 분류된다. 이어서 **우타라칸드 주**는 총인구 약 1천2백만명 정도로 인도 전체로 보면 매우 적은 인구수를 보유한 주로서 여겨지나 기실 이 히말라야 산지를 끼고 있는 북인도 및 동북인디아 전 지경을 통틀어서는 한편으로 가장 인구가 많은 주라 하겠다. 세분화하면 주 전체 면적의 약 60%를 차지하는 일명 '가르왈' 지경(Division)으로서 매겨지는 서부가르왈 및 중부가르왈 지역은 인구분포 역시 그와 비슷한 비율(63%)로 대략 7백5십만명 정도이며, 동부 쿠마온 지역은 나머지 약 4백5십만명 정도 인구분포를 나타낸다.

* 동절기로 구분되는 11월~이듬해 4월 기간의 레(라다크) 거주민수는 절반 이하로 줄어든다. 특히 지역 행정중심지인 레(Leh)의 인구수가 급감한다. 무릇 라다크 인구의 80% 이상이 거주하는 곳이다. 잔스카르 주민들 역시 동절기가 시작되면 상당수가 카르길로 빠져나온다. 그 중 잠무평원까지 내려가 다른 목축지대에서 삶을 영위하며 지내는 이들이 많다.

북인도 지방의 **산업**에 대해서는 편잡 주와 카시미르의 잠무, 스리나가르분지(카시미르밸리) 지역, 히마찰 중·남부지역 및 우타라칸드 남부지역을 제외하곤, 주로 산악지대로 점철되어있는 이 북인도 중·북부 일대는 그러한 산지여건을 활용한 임업 및 목축업과 더불어 무형의 큰 부가가치산업인 관광산업이 상당한 비중을 차지한다. 특히 **카시미르밸리**의 야트라시즌과 더불어 **라다크·잔스카르** 일대는 여름철 인도 최대의 관광성수기로서 엄청난 인기를 구가하는 지역인바 이곳을 찾는 내·외국인 관광객수의 90% 이상이 이 6~9월 하계기간 중 집중된다. 이의 남쪽에 위치한 **히마찰** 주 역시 상당 지역이 히말라야 산지를 영유하고 있는 관계로 이러한 산악관광을 위시한 관광산업의 비중을 무시할 수 없다. 특히 해발 2천미터가 넘는 히마찰 주도인 심라(Shimla)와 같은 산악도시는 과거 영국 식민지시절부터 일찍이 '여름철 수도'라 하여 말마따나 피서 겸 휴양 겸 찾아든 영국인들이 쾌적하게 여가를 즐기면서 행정사무를 관장했던 유명도시이기도 하다. 그래서 이 심라 일원에는 특히나 많은 서양식 건축물과 문화적 유물들이 산재해있음이기도. **우타라칸드** 주 역시 이른바 가르왈히말라야, 쿠마온히말라야로서 대변되는 중·북부 지역은 그처럼 히말라야 산악경관에 기반한 관광산업이 적잖은 비중을 차지하고 있다. 물론 경건한 힌두교의 산실 하리드와르나 리시케시 같은 다수의 비산악 여행지들 또한 관광산업의 한 축을 담당하고 있지만 아무래도 우타라칸드 하면 떠오르는

'북쪽-나라' 곧 '히말라야 설산의 세계'로서 대비되는 표상을 지울 수 없음이다. 그리하여 몬순기(여름철 우기)를 제외한 4월부터 6월, 그리고 9월~10월 기간은 특히나 많은 히말라야 여행객들이 찾는 명품 산악고장이기도 한바, 더더욱이 소위 '뱅갈리 시즌'이라 하여 곧 외국인들뿐 아니라 오려 숫자적으로도 감히 비할 수 없는 막강한 저 인도 동부의 콜카타 등 웨스트뱅갈 지역에서 찾아오는 어마어마한 자국민 관광 인파로 인해 이 9월과 10월 더욱 행복한 비명(?)을 지르는 모름지기 인도 최대의 히말라야관광 극성수기로 꼽히는 지역인게다. 그래 만약 이 뱅갈리 시즌과 맞물려 우타라칸드 여행을 하고자한다면 특히 마음을 단단히 먹고 나서라. 숙박, 음식점, 관광명소, 전망휴양지(Hill Station) 등등 어디에나 몸살(!)을 앓지 않는 곳이 없다.

지역경제를 한번 살펴보면, 먼저 **잠무카시미르** 주의 경우 연간 소득수준은 1인당 평균 미화 1천불 남짓으로 인도 전체 1인당소득 평균치[1천7백불]에 비해 매우 낮은 수준이다. 아울러 지역 총생산 중 농업과 제조업 등 1·2차산업 vs 금융, 서비스업 등 3차산업의 생산비율이 각각 절반 정도로 나누어지지만 거의 인도 전역이 그러한 것처럼 농업종사자의 비율이 전체 주민의 65% 이상으로 산업구조적인 후진성을 면치 못하고 있다. 이 외에 2차산업에 해당하는 제조업 종사자가 약 10%, 그리고 금융, 유통, 숙박, 음식, 관광업 등 서비스 부문 3차 산업 종사자 약 25%의 점유율을 보이고 있다. **히마찰** 주 경제지표는 1인당 연소득 미화 약 1천9백 불 정도로 인도 전체 평균치보다 조금 높은 수준이며 경제구조로는 지형적으로 급하고 가파른 산악지대가 2/3이상을 차지하는 지형적요인 상 제조업·광공업과 같은 2차산업보다는 농업·축산업(목축업) 등 1차산업의 비율이 역시 절반 이상의 높은 비중을 차지한다. 하지만 인도의 국가적 경제성장과 함께 이의 연방 지역 경제 또한 발전해나감에 따라 생산성과 부가가치가 높은 금융, 관광 등 서비스 산업 분야에 있어서도 비중이 점차 늘고 있다. 끝으로 가르왈·쿠마온 히말라야의 맹주인 **우타라칸드 주** 지역은 경제규모에 있어 인구비율을 상회하는 생산성으로 곧 연소득 1인당 평균 미화 2천3백불 정도로서 뭇 북인도 4개주 가운데 편잡주[1인당 연소득 미화 약 2천불]보다도 더 소득수준이 높은 부유한 지역으로 꼽힌다. 하지만 관내 지역별 그리고 신분(카스트)에 따른 격차와 그로 인한 심한 소득불균형 및 보수적 관료주의행정- *타 지방보다도 유독 심각한* -이 온전한 지역경제 발전을 저해하는 마이너스요인으로서 작용하고 있다. 경제구조상으로는 1차산업인 농·축산업의 비율이 약 45%, 제조업·광업 등 2차산업 약 25%이며 그 외 금융, 관광, 서비스업 등 3차산업 비중이 30%가량을 견인하고 있다.

△ **교통 및 기본 여행정보** : 북인도 지역의 교통은 기본적으로 수도인 델리를 기준으로 연결된다. 곧 국제선·국내선 항공편 및 철도, 육상교통의 메카로서 델리는 바로 그러한 인도 내 전체 교통망의 구심점인 바, 지리적으로 보다 근접한 북인도 여정에 있어서는 더욱 그러하다.

· **항공교통)**

1〉 편잡 방면 : 델리↔찬디가르 / 델리↔암리차르 매일 다수의 항공편이 운항한다.

2〉 카시미르 방면 : 델리↔잠무 매일 7~8회 / 델리↔스리나가르 매일 수시운항 / 잠무↔스리나가르 매일 5~7회 운항한다. / 아울러 매일 4~10회(성수기) 운항하는 델리↔레(라다크) 직항편도 편성되어있으며 여기에 주 1회 스리가가르↔레 직항편(매주 수요일) 및 잠무↔레 직항편(주 3회; 월/금/일)도 개설되어 있으므로 여정과 날짜에 맞춰 북부 카시미르 연계 신속한 여정계획을 수립할 수도 있다.
(그 외 지역 직항노선으로 편잡 암리차르↔잠무 매일편 / 암리차르↔스리나가르 매일 2회 / 찬디가르↔잠무 매일편 / 찬디가르↔스리나가르 1일3회 운항한다.)

3〉 히마찰 방면 : 델리↔캉그라(다람살라) 매일 3~5회 / 델리↔쿨루(마날리 연계) 매일편 및 델리↔심라 주 5회(水~日) 노선도 활용가능하다.

4〉 우타라칸드 방면 : 델리↔데라둔·리시케시(가르왈 지역 남부) 매일 다수편 / 델리↔판트나가르(쿠마온 지역 남부) 주 5회(水~日) 운항한다.

⇒ 이들 항공노선별 각 여정스케줄은 Skyscanner, Makemytrip 같은 해외 항공예약조회 사이트 등을 참고하여 알아보도록. 아울러 항공편 조회시 다음과 같은 취항지 약어(영문 이니셜)를 알아두면 더 좋다. 특히 외국사이트에서 조회시 훨씬 더 쉽고 유용하다.
[∴ DEL(델리), IXC(찬디가르), LUH(루디아나), ATQ(암리차르), IXJ(잠무), IXL(레,라다크), SXR(스리나가르, 카시미르), DHM(캉그라·다람살라), KUU(쿨루-마날리연계), SLV(심라), DED(데라둔·리시케시), PGH(판트나가르)]

· **철도교통)**

1〉 편잡 방면 : 델리~암발라~루디아나~잘란다하르~암리차르/파탄코트

2〉 카시미르 방면 : ⋯~암리차르/파탄코트~잠무~우담푸르 // 바니할~카지군드~아난트낙~스리나가르~바라물라 (※ 우담푸르~바니할 철도 공사중)

3〉 히마찰 방면 : ⋯~파탄코트~캉그라(다람살라)~팔람푸르~베이즈나트~조긴데르나가르 // 델리~암발라~찬디가르~칼카~(환승; 협궤열차〈Toy Train〉)~심라

4〉 우타라칸드 방면 : 델리~사라한푸르~루르키~하리드와르~데라둔/리시케시 // 델리~(사라한푸르)~할드와니·카트고담~반바사·타낙푸르

⇒ 이들 철도노선별 각 여정스케줄은 Makemytrip, Cleartrip의 철도편이나 직접 IRCTC(인도철도여행사) 사이트를 참고토록.(https://www.cleartrip.com/trains, https://www.irctc.co.in http://www.irctc.com)

・육상교통)

1〉 델리~펀잡 주 각 방면 주정부(펀잡/하리아나) 공영버스 주·야간 수시운행.
델리~루디아나/암리차르 등 대도시 방면으로는 1등급*[Volvo/AC] 버스 운행.
(사설버스 포함).

2〉 델리~카시미르 잠무, 우담푸르 방면 공영버스(AC 버스 포함) 주·야간 수시운행.
(델리~)잠무~스리나가르 행은 2층 침대버스(Sleepers)도 운영. 라다크 방면은;
①카르길 경유〉 5/15~10/15 기간 중 스리나가르~카르길~레 공영버스 1일 1회
운행. 카르길 하차 가능. 단, 카르길 중간하차지에서 스리나가르 발 JK 공영버스
편을 통한 레(라다크) 여정 이용은 불가. ⇒ 1일 1회 운행하는 카르길~레 노선
사설버스를 이용하든가 사설 승합지프(1일 3~4회)를 이용해야 한다. 이 외에 스리
나가르~카르길 행 1일 3~5회 운행하는 사설 승합지프 편을 이용할 수도 있으며
혹은 아예 잠무에서부터 카르길까지 운행하는 1일 1회 승합지프 편을 고려할 수
도 있겠다. (✔ 단, 차를 통째로 대절하지 않는 그 장시간 여정을 7인 좌석에 10인 이상
승객이 말마따나 '낑겨서' 가야 하는 매우 괴롭고 힘든 여정임은 각오할 것 ! - 그렇다고 운임
이 저렴하냐, 절대 그렇지 않다. 1인당 요금이 통상 공영버스 요금의 1.5~2배가량으로
책정돼있다. 이동시간이 빠르냐 하면 그것도 아니다. 말마따나 운전기사 맘이다. 어떤 때는
승객 채우려 경유지에서 한참을 기다렸다가 가는 경우도 비일비재하다. 그래 뒤늦게 출발한
버스가 목적지에 더 일찍 도착하기도... 그야말로 '배째라'식의 승합지프기사들 참 많다.)
②마날리 경유〉 히마찰 마날리에서 환승해서 가야 한다. 마날리~라다크(레) 간
관광객용 HRTC* 디럭스(Deluxe) 버스는 7월~8월 2개월 기간 동안 격일제 운행
(승객(예약자)수가 적으면 4일 간격 운행).

3〉 델리~히마찰 주 각 방면 공영버스 주·야간 수시운행. 특히 관광객들이 많이 찾는
심라, 다람살라(맥로드간즈), 마날리 등지는 Volvo, Tata AC 등 럭셔리버스들도
매일 운행. 히마찰 오지인 라하울(킬롱)·스피티(카자) 방면은 마날리에서 환승하여
가야 한다. 심라에서도 매일 출발하는 버스편이 있으나 모두가 마날리를 경유
하여 가기 때문에 어차피 마날리를 거점으로 삼고 육로여정에 임하는 것이 유리
하다. 참고로, 잠바 지역 최북단 찬드라바가(체나브)밸리 방면은 마날리나 킬롱
(라하울)에서 1일 2~3회 운행하는 팡기(킬라르) 행 차편 이용 가능하며 아울러
지역 행정도시인 잠바에서도 1일 1회 운행하는 공영버스 혹은 승합지프를 이용
하여 접근할 수 있다. 단, 버스 이용시 마날리 경유시는 로탕패스(3980m) 통행
기간[4/15~10/15] 중에 가능하며 잠바 경유 시는 사츠패스(4420m) 통행기간
[5/15~10/15] 중에만 가능하다. 승합지프 이용 시에는 1~2주가량 통행가능기간
이 확대되기도. 하지만 일단 눈이 내려 쌓이면 이후로는 육로를 통한 접근은 불가
하다 보면 된다. 또 다른 오지인 키나우르(레콩페오) 방면은 심라를 기점으로
운행하는 육로교통편 이용. 아울러 키나우르(레콩페오)~스피티(카자) 간 1일 1회
버스편도 운행한다.

4〉 델리~우타라칸드 주 남부지역 각 방면 공영버스(UKRTC* & UPRTC*) 주·야간 수
시운행. 델리~데라둔 / 델리~네이니탈 / 델리~할드와니 노선은 Volvo, Tata AC

버스도 편성. 동부 쿠마온 지역 내 산간도시들로 향하는 델리 발 일반버스(Ordinary)도 매일 운행/라운딩 형태로 곧 델리~할드와니~알모라~바게슈와르~베리낙~문샤리~다르출라~피토라가르~참파왓~타낙푸르~반바사~할드와니~델리 노정/되며 운전기사들은 각 지역 거점도시마다 현지(지점) 소속 운전사^로 수시 교대하여 운전하는 방식으로 운용. 즉, 같은 버스가 델리를 출발하여 쿠마온을 한 바퀴 돌아 다시 델리로 복귀하기까지 총 4일이 걸린다. 도중 야간운행구간도 있다. 단, **데라둔 노선은** 위 펀잡, 카시미르, 히마찰 노선처럼 델리 카시미르게이트 정류장(Bus Stand)을 이용하지만 네이니탈이나 할드와니 등 우타라칸드 동부 쿠마온 지역으로의 노선은 델리 시가지 동쪽에 위치한 **아난드 비하르 정류장**(Bus Stand)를 이용해야 한다. 우타라칸드 중·북부 지역으로의 이동은 가르왈 지역의 경우 하리드와르/데라둔/리시케시/우타르카시 등지로부터 각 방면 공영/사설 버스편(Ordinary & Local) 노선 편성. 쿠마온 지역은 네이니탈/알모라/바게슈와르/피토라가르 등 거점도시에서 공영/사설 버스편(Ordinary & Local) 노선 편성.

* HRTC = Himachal Roadway Transport Company / UKRTC = Uttarakand Roadway Transport Corporation / UPRTC = Uttar Pradesh Roadway Transport Corporation
* 각 운전사별 휴일은 1주일에 단 하루. 거의 모든 공영버스 운전기사들이 그러하다. 사설버스는 더 심각하다. 놀면 수당을 받지 못하기 때문에 더욱 차 안에서 먹고 자고 제대로 쉬지도 못하고 다음날 아침 일찍 바로 또 나서고... 휴일은 언감생심. 실로 극한직업이다. 승합지프기사들 역시 마찬가지.

★ 인도의 버스등급

- Volvo / Tata AC : 최상급 버스. 에어컨은 물론 차체도 고급형이고 좌석과 서비스도 훌륭한 인도 내 최상등급으로 분류되는 버스 타입. 한국 시외버스·고속버스 수준이다. 운임도 비싸다.
- AC : 에어컨이 구비된 버스타입. 차체 역시 고급형이나 좌석과 서비스 수준은 위 타입보다 약간 떨어진다. 운임도 그래서 조금 낮다.
- Deluxe : 표현에서부터 럭셔리한 즉 고급형버스가 연상되나 실제로는 일반버스 수준이다. 한국의 '좌석버스' 정도 연상하면 될듯하다. 에어컨은 나오지 않는 대신 차창개폐가 가능하다. 운임은 매우 저렴해 알뜰 배낭객들의 각지 여행에 있어 가장 선호하는 육로이동수단이다.
- Ordinary : 최하등급의 버스. 가장 많은 인도인들이 이용하는 버스로, 세칭 '로컬버스(Local Bus)'로 통한다. - 하지만 엄밀히 분류하면 로컬버스=사설 지역(Local)버스를 가리키는 수단으로. 현지인들에게 로컬버스에 대해 물으면 바로 그렇게 공영(Government; TRC)버스가 아닌 이러한 사설버스를 알려준다. 그러므로 차편을 물을 때 특히나 공영버스 vs 로컬버스의 이원적 시스템(심지어는 버스 스탠드(터미널)까지도 상이하다.)이 있음을 상기하고 임할 것. - 인구가 많고 번화한 도시지역을 제외한 외곽·변방지역은 오로지 이 오디너리 버스만 노선으로 편성되어있는 곳이 많다. 차체도 매우 낡고 허접하기 짝이 없지만 달리기는 잘 달린다. 아울러 산악지대나 협곡지대를 운전하는 기사들의 운전실력 또한 경이롭기 그지없다. - 한편으론 요즘 들어 새 차(신형버스)를 도입하여 운용하는 노선도 적지 않다. 고로 더욱더 살벌(!)하게 잘 달린다. - 쌀쌀한 고산지역 노선을 제외하고 차창은 아예 개방되어있는(때론 유리창조차도 없는) 형국이다. 인도 배낭여행 최고의 묘미(!)로 꼽힌다. 운임은 정~말 싸다. 한국으로 치면 거의 거저먹기 수준. 북인도 일대에서 배낭여행객들에게 이 오디너리 버스는 최악이 아닌 가히 최선의 교통수단이다. 가다서다 경유하는 데도 많고 또 속도도 느려 차창 활짝 열고 사진 마음대로 찍을 수도 있어 더더욱 매력적이다.

· 기본 여행정보(각 거점도시별)

1〉 **펀잡** : 가장 인기있는 여행지는 뭐니뭐니 해도 **암리차르**에 있는 시크교의 성지 '황금사원(Golden Temple)'이다. 아울러 파키스탄으로의 육로 국경넘기에 나선 이들이 반드시 거쳐가는 관문이기도 한바, 곧 암리차르-아타리-〈인·파 국경〉-와가-라호르 여정으로 인도↔파키스탄 국경통과여정으로 갈음된다.

****

2〉 **카시미르** : 스리나가르분지 카시미르밸리와 카르길 수루밸리, 그리고 북인도를 대표하는 유명한 탐방지 라다크와 잔스카르가 있다. **카시미르밸리** 여행은 **스리나가르를 거점**으로 다방면으로 펼쳐진다. 만약 조금 더운 잠무 평원이나 펀잡 줄기 체나브 강 계곡부의 키슈트와르(도다)밸리까지 챙긴다면 훨씬 더 풍요로운 카시미르 여행이다. 델리 발 잠무 및 스리나가르까지 직항편을 이용하면 보다 쉽게 접근할 수 있다. 직행 항공편 구하기가 여의치 않다면 어떻게든(항공/철도/육로) 잠무까지 이동 후 잠무~스리나가르 육로편으로 이동해 올라올 수도 있겠다. 잠무-스리나가르 행 항공편은 늘상 교통체증으로 몸살을 앓는 잠무~바니할(자와하르)터널~아나트낙~스리나가르 하이웨이의 혼잡과 시간낭비를 피하는 대안이다. 스리나가르는 영국 식민지시절 영국인들의 여름철 행정수도 겸 휴양지로서 이름을 날린 곳이다. 지구상 가장 아름다운 샹그리-라의 풍경을 드리운 곳 중 하나라 감히 말할 수 있다. 유명한 달 레이크(호수)를 위시하여 카시미르 최대의 콜라호이빙하와 야트라 힌두성지 파할감, 세슈낙, 아마르나트 시바동굴, 그리고 카시미르 제2의 빙하 타지와스빙하와 인근 소나마르그 이름 그대로 '황금초원', 이어 강가발 호수를 비롯한 수십수백의 산상호수들은 이의 카시미르밸리를 더욱 돋보이게 하는 명승탐방지이다. 여기에 겨울이면 인도 제일의 스키장으로 변모하는 굴마르그의 설원리조트까지 사철 매력이 넘치는 고장이다.

라다크 쪽으로 눈을 돌리면 설명이 필요 없는 '리틀 티베트(Little Tibet)' 그처럼 티베트불교의 유산이 고스란히 간직된 황량하지만 빼어나게 아름다운 땅이다. 다만 기후적 특성으로 일반여행객들은 하계(5월말~10월초) 기간만 탐방이 가능한 게 아쉽다. 스리나가르에서 라다크 올라가는 길목에 카르길이 위치한다. **카르길**은 또 하나의 불국토 잔스카르로 입문하는 거점이다. 단지 라다크 가는 길에 아니면 반대로 스리나가르 가는 길에 잠깐 거쳐가는 경유지 그저 중간기착지로서의 카르길이 아니라. 그래 수루밸리를 거쳐 해발 4400m의 펜지라를 넘어 옛 **잔스카르** 왕국의 도읍이었던 파둠까지 들어간다. 무슬림 도시 카르길처럼 파둠에도 많은 무슬림들이 터를 닦고 살아간다. 파둠 주민의 약 40%는 무슬림이다. 다만 시아파무슬림 지역 카르길과 달리 파둠은 거쳐온 수루밸리 사람들과 마찬가지로 모두가 수니파무슬림들이다. 하지만 그들 역시 평화롭기 그지없다. 단지 추구하는 교의와 믿는 방법만 다를 뿐. 그리고 훨씬 더 많은 불교도 주민들 역시 잔잔하고 화평하기 이를 데 없다. 잔스카르는 그래서 더욱 북인도 여행의 꽃이라 불릴만하다. 라다크 레 가는 길은 카르길에서 계속 차를 타고 도로여정으로 나아갈 수도 있지만 이의 잔스카르 파둠에서 도보여정 즉 '트레킹'으로 몸소 잔스카르 땅을 품으며 며칠간 걸어 나아갈 수도 있겠다. 소위 라다크 여행의 백미 「잔스카르 트레킹」이다. 요새는 도로가 계속 확장되어 이러한 잔스카르 첩첩한 오지에까지 쉽게 차가 드나들기에 고로 예전엔 열흘 이상 소요되던 트레킹여정이 적절한 차편이용을 병행하면 단지 3~4일 정도만으로 줄어들기까지 한다. …참으로 편리한 세상이 되었다. 이런 지구상 최대 오지 잔스카르에까지 문명의 편리가 드리운다는 것이. 한편으론 그러나 어쩨 막막한 아쉬움이 밀려온다. 머잖아 더 이상 예전의 잔스카르는 볼 수 없을 지도 모른다는 그저 두려움이랄까… 트레킹이 여의치 않다면 그냥 카르길에서 차편으로 레로 넘어가되, 도중 나미카라(3780m), 포투라(4090m) 두 개의 큰 고개를 넘으며 아울러 샤르골, 물벡, 라마유루, 알치, 리키르, 파양, 스피툭 등등의 이름난 불교유적지(곰파 소재)들을 찾아볼 수 있겠다. 제한지역 통행허가〈ILP〉를 득하고서는 일명 '아리안밸리(Aryan Valley)'로 회자되는 인더스 본류 다·하누 밸리를 찾아볼 수도.

라다크 지역의 행정도읍인 **레(Leh)**에 이르면 여행거리가 더욱 풍성하다. 단기간의 불교유적 탐방프로그램에서부터 멀리 라스트카라코람(카라코람 인디아) 지경 누브라밸리와 발티스탄(파키스탄 행정구)에 인접한 투르툭, 그리고 샤이옥(시오크)밸리 등등 원격지 탐방프로그램에 이르기까지. 아울러 볼리우드 영화〈3 Idiot〉로 더욱 유명세를 타게 된 라다크 팡공초(호수)와 또한 중앙아시아 파미르고원과 더불어 지구상 최고(最高)의 창탕고원에 드리운 룹슈밸리 초모리리 호수까지도 쉽게 일반인들도 탐방 가능한 여행메뉴로서 차려진다. 이러한 수많은 여행코스와 여로기행에 대한 것들은 이후 각각의 트레킹코스 소개 편에서 다시 들여다보기로 하고 이만. 한편 이 레(Leh) 행로는 단지 위 스리나가르~카르길~레 노정만 생각할 건 아니고 사실 대다수 여행객들은 그보다 델리에서 곧바로 항공편으로 레로 입성하는 방편을 선호한다. 가장 빠르고 쉽기 때문이다. 다만 해발 2백미터 정도에 불과한 힌두스탄 저지대 델리에서 이내 한두 시간 만에 훌쩍 해발 3천4백 고지에 다 떨구니만큼 급격한 고도변화에 의한 고소증에 각별히 유의해야 함이다. 곧 이같은 급행편(!)을 택한 여행객들 상당수가 레에 내리자마자 곧바로 신체적 불편 [두통, 욕지기, 식욕부진 내지는 심지어 구토현상까지]을 호소해마지않는다. 그래서 이러한 고지대에 적응하기까지 대략 이틀 정도는 무리하지 말고 조심조심 숙소 근방에서 차근차근 고소적응기를 가지라 권고함이다. 헌데 어차피 이렇게 레 도착해서 곧바로 본격적인 라다크 여행에 나설 것이 아니라면 아예 시작부터 차근차근 고소적응과정을 거치면서 라다크로 나아오는 여정방편도 권해봄직하다. 즉, **델리(220m)~***(심라(2230m))***~마날리(2050m)~로탕패스(3980m)~바랄라차라(4900m)~나키라(4730m)~라충라(5100m)~타그랑라(5300m)~라다크(레; 3400m)**

이처럼 5개의 고지대 하이패스(High Pass)를 넘어서 나아오게 되므로 이 과정에서 얼추 고소적응이 다 된단 얘기다. 이러한 히마찰 경유 육로이정 소요일수는 최소 4일을 잡는다. 하지만 레까지 오면서 거진 고소적응이 되기 때문에 실제 도착하자마자 본격적인 라다크 여행에 곧바로 나서도 큰 무리가 없을 터이다. 아울러 육로로 거쳐오는 동안의 풍치 역시 지구상 최고라 탄성을 자아내게 할 만큼 빼어나기 이를 데 없는바 이의 북인도 여행의 감흥을 배가시키기에 부족함이 없다. 그래 최근에는 이러한 히마찰~라다크 육로기행을 포함 섭렵해오는 여로기행이 앞선 스리나가르~카르길 경유 기행과 더불어 점점 더 많은 여행자들을 불러모으고 있다.

****

3〉 **히마찰** : 히마찰 역시 카시미르와 더불어 북인도 대표적인 가장 선호되는 여행지 중 하나다. 여행적기는 카시미르밸리와 엇비슷한 4월~11월 기간이며 라다크·잔스카르 행로인 라하울·스피티 지역은 그보다 짧은 5월~10월초까지를 여행적기로 친다. 히마찰 여행의 거점은 일단 주도(State Capital)인 **심라**를 첫 번째로 꼽는다. 즉, 히마찰 어느 지역이든 이 심라를 제1기점으로 여정계획을 수립할 수 있단 얘기다. 이로부터 쿨루·마날리, 캉그라(다람살라), 참바 및 동부히말라야 키나우르(레콩페오) 방면으로의 여로가 폭넓게 펼쳐진다. 마날리와 다람살라·맥로드간즈는 한편 델리 북부터미널(☞ 카시미르게이트 버스스탠드)과 곧바로 연결되는 직행버스편도 있다. 아울러 다람살라에 인접한 각갈공항(캉그라공항)과 델리간 국내선항공편도 운항한다. 북부 히말라야와 피르판잘 지경인 라하울(킬롱)·스피티(카자) 방면은 반면 **마날리**가 거점이다. 물론 심라~라하울(킬롱/우다이푸르) 직행버스편도 있으나 하루 한 대 뿐이며 시간대(출발·착)도 그렇고 소요시간 역시 15시간 이상이라 아주 급한 여행객이 아닌 이상에야 도중 어디선가 하루 머물고선 이동하기 마련. 그래 가장 적합한 곳이 바로 '여행자들의 안식처'라는 마날리임이다. 그렇게 마날리는 히마찰의 보석과도 같은 곳, 세칭 '인도의 알프스'라고나.

키나우르의 **레콩페오** 역시 관광지로 이름난 도시인데 실은 그 위쪽의 해발 2천9백미터 산록에 들어선 '칼파' 휴양촌의 명성이 이 키나우르의 행정도읍 레콩페오까지도 이름을 떨치게 한 모양새다. 이로부터 바로 앞 바라보이는 카일라스신산 일명 '키네르카일라스'의 장관은 가히 압권이다. 이에 대한 소개 역시 차후 트레킹 편 본문에서 언급토록 한다. 레콩페오에서 ILP를 득하고 - *또는 미리 심라나 람푸르 등지에서 신청 발급받을 수도* - 계속 북으로 올라 이내 인도 히마찰 주와 중국 티베트 사이의 최단 경유루트인 숨도 체크포스트를 지나면 바야흐로 히마찰 최오지 **스피티** 지경이다. 카시미르 북방의 라다크·잔스카르 산세와 하나 다를 것이 없다. 풍경도 그렇고 종교[불교]도 그렇고 또 감탄사가 절로 나오는 급준한 산세에 세워진 곰파(불교사원)의 모습 또한 그렇다. 여기에 세계에서 가장 높은

87

인간거주마을(코믹 빌리지)에 또 황량하고 척박하지만서도 너무나도 아름답고 경이로운 대자연에 탄성을 금치 못하는 빼어난 풍치 등등... 실로 스피티는 히마찰의 보석 중에서도 보석임에 틀림없다. 스피티의 행정중심지 **카자**를 거점으로 이의 스피티 여러 방면으로의 탐방과 탐승, 트레킹 행보가 열린다. 행정중심지라지만 워낙 첩첩오지에 놓인지라 그래 이곳 카자에는 변변한 현금인출기조차 눈에 띄지 않는다. 시내에 단 하나의 ATM만 놓여있을 뿐인데 혹여라도 온전치 못할(작동불능) 경우를 대비하여 필히 이 스피티 여행에 나설 요량이라면 미리 충분한 현금을 지참하고 나서도록.

카자에서 서쪽으로 돌아 곧 고산지대에 놓인 로사르 마을을 지나면 이내 해발 4550m 쿤줌라를 넘어 다시금 **라하울** 지경으로 발을 들인다. 아울러 풍경도 바뀐다. 황량하기만 했던 풍경에서 백색 빙하지대가 드리우기 시작한다. 이름하야 '빙하의 고장' 라하울인게다. 히마찰 최대빙하 바라시그리빙하를 위시한 수많은 빙하가 산과 산 여기저기서 흘러내린다. 그야말로 풍치절경이 따로 없다. 바로 북쪽의 찬드라탈(호수)과 이로부터의 찬드라계곡은 무릇 펀잡 5대지류 체나브 강의 원류이다. 킬롱에서 이내 북쪽에서 내려오는 '바가' 계곡과 만나 그리하여 '찬드라바가' 강이 되어서는 이의 '체나브' 본류를 형성한다. 그로부터 이 찬드라바가-체나브 강을 따라 계속 하류방향으로 나아가면 이윽고 카시미르의 키슈트와르(도디) 지역까지 나아가겠지마는 그 전에 히마찰 지경은 우다이푸르(미야르밸리 초입부)를 지나 팡기밸리(킬라르)까지만으로 멈춘다. 그리고 이내 다시 남쪽 높디높은 사츠패스(4420m)를 넘어 참바 지역으로 나아온다. 이 육로여정은 오로지 5월중순~10월 기간만 가능하다. 쌓인 눈이 녹은 후에야 비로소, 그리고 이윽고 눈 내려 다시 쌓이기 시작하면 그것으로 외부세계와의 연결은 종료된다. 오로지 지역주민 편의를 위한 정부 차원의 헬기편이 주 2회 정기 운항할 뿐.

이 팡기밸리를 제외하고 **참바** 본토는 반면 연중 어느 때나 찾아도 무방하다. 지역 행정중심지로서의 참바 도심 자체도 한편 산실한 힌두교의 성지로서 명성이 자자하다. 더불어 참바밸리 내원의 힌두성지 바르모르와 신산 마니마헤스 카일라스, 그리고 또 가족단위 즐거운 행락유원지인 캇쟈르 산상초원과 인근의 휴양도시 달하우지 등등 참바에도 찾아볼만한 곳이 꽤 있다. 참바 지역으로의 여행에 곧바로 나설 요량이라면 심라, 마날리보다는 **다람살라**나 **파탄콧**을 거점으로 삼는다. 아니면 **잠무** 방면에서 내려올 수도 있겠다. 참바 지역 또한 오로지 육로교통편만 가능하다. 항공편 이용은 캉그라 다람살라(각갈공항)를, 철도이용은 펀잡 파탄콧을 경유기점으로 삼는다. 아울러 이 펀잡 여행[암리차르 황금사원 등]과 연계하여 곧 암리차르~파탄콧~참바 여정으로 임할 수도 있겠다. 후반기에는 이의 역순 즉 참바→암리차르 여정순서가 좋다. 아무래도 펀잡평원의 열기가 조금이라도 식을 때 이러한 저지대 펀잡 지역으로 들어서는 게 나을 성싶다.

캉그라 지역의 **다람살라·맥로드간즈** 또한 꽤나 유명세를 치르는, 특히 달라이 라마가 머무는 이른바 '티베트망명정부' 소재지로서 더욱 세간의 주목을 받는 관광도시이다. 곧 라하울·스피티 및 키나우르 지역과 더불어 히마찰 내 대표적인 불교권지역의 하나로, 그처럼 불교적 의·식·주 문화와 다양한 종교행사 등을 찾아볼 수 있다. 아울러 힌두적으로 돈육을 삼가는 이 힌두-스탄 풍토에서 한껏 고생(!)해마지않은 혈기왕성한 우리네 돈육제일주의 청년들에게는 더할 나위 없는 식도락의 고장으로서 무릇 '식욕의 오아시스'와도 같은 곳이기도. 하지만 모름지기 '인도'란 나라에 왔으면 아무래도 그 나라 고유의 음식이 더 구미가 당기지 않을까 ? 한국 가면 실컷 먹는 돼지고기보다는…

****

4〉 **우타라칸드** : 우타라칸드를 떠올리는 첫 번째 전제인즉슨 '히말라야'다. 곧 가르왈히말라야, 쿠마온히말라야로 정의되는 그 히말라야 산스크리트어 문자 그대로 '눈의 거처'로서 일컬어지는 설산의 향연 그것이 첫째로 뇌리에 박히는 아름답고 고고한 산의 고장이다. 아울러 지고한 힌두의 산신으로부터 새겨진 4곳의 성지 이름하야 「차르-담」을 빼놓을 수 없다. 서부가르왈의 야무노트리와 강고트리, 그리고 중부가르왈의 케다르나트와 바드리나트 이들 4성지는 무릇 전 인도의 힌두교도들에게 가장 지고하고 신성한 순례지로 꼽힌다. 그래서 매년 7월과 9월 야트라 기간에는 인도 전역에서 순례차 방문하는 엄청난 인파가 몰리기도 한다. 이들의 본산 **히말라야**를 들여다보자. 수많은 7천미터급 하얀 만년설과 빙하로 덮인 설산고봉들이 이의 우타라칸드 북역을 수놓는다. 그 중심은 단연 난다데비(7817m). 이로부터 서쪽은 가르왈히말라야, 동쪽은 쿠마온히말라야로 구분된다.

가르왈히말라야는 다시 서부가르왈과 중부가르왈로 나누어볼 수 있는데, **서부가르왈** 지역은 야무나 강의 실질적인 최장지류 톤스 강의 발원을 뿌리는 고빈드파슈국립공원 내원의 루핀밸리와 하르키둔 같은 명품 산악여행지를 필두로, 이의 야무나 강의 상징적 시원으로 추앙받는 그 차르-담의 첫 번째 야무노트리, 그리고 어머니의 모태 곧 '강가(갠지스)'의 시원으로서 더욱 추앙받는 두 번째 담〈성지〉 강고트리 일대를 대표적인 산악탐방여행지로 꼽는다. 아울러 트레킹 매니아라면 이들 명소 안쪽 더욱더 깊숙한 곳까지 탐승에 나설 수도 있을 것. 이들 서부가르왈 지역의 거점은 '우타르카시'이다. 지역 행정도시이기도 하다. 이로부터 각각 고빈드파슈국립공원[루핀밸리, 하르키둔 방면], 야무노트리 및 강고트리 국립공원 방면으로 공영·사설 버스편이 매일 수 회 운행한다. 일부는 데라둔에서 출발, 우타르카시를 거치지 않고 곧바로 들어오기도. 유명한 관광휴양지인 머수리를 경유하는 차편(공영버스)도 있다. **중부가르왈** 지역은 제3성지 케다르나트가 특히 많은 순례객들을 모으는 곳으로 인기가 높다. 산세와 풍치가 가장 뛰어난 곳이기 때문이다. 북방으로 하얀 설산장벽을 두른 가르왈히말라야의 맹봉들이 도열해있다. 지대도 네 곳의 성지 중 가장 높다. 때문에 무턱대고 나섰다가 고산증세로 어려움을 호소하는 여행객들도 적잖은바 주의해야 할 대목이다. 트레킹 겸한 여행으로 찾았다면 동쪽 방면으로 초캄바(7140m) 남측자락을 휘도는 칸차니칼-난디쿤드(산상호수) 고산트레일이 섭렵해볼만하다. 그리고 이내 가르왈히말라야의 맹주 난다데비(7817m)와 카메트(7756m) 두 우타라칸드 최고봉이 우뚝한 곳 바로 가르왈 본토이자 알라크난다 강을 끼고 들어앉은 차몰리 지역에는 바야흐로 이들 가르왈히말라야의 베이스캠프로서 일컬어지는 거점도시 조시마트를 중심으로 또한 여러 수많은 탐방코스와 트레킹코스가 열려있다. 북쪽 카메트(7756m) 산군 아래에 제4의 성지 바드리나트가 깃들어있으며, 아울러 아랫녘 프랑크 스마이스의 '꽃의 계곡(Valley of Flowers)'과 함께 이웃한 시크교성지 헴쿤드(산상호수), 그리고 남쪽의 난다데비 산봉 내·외곽으로 펼쳐진 생추어리(Sanctuary) 트레일과 순환(Outer Circuit) 트레일 등 조시마트를 기점으로 한 다양한 산악관광 대상지들이 이의 가르왈 여행의 즐거움에 한 몫 거든다. 더하여 이 조시마트 근방에 위치한 오울리 설원은 카시미르(스리나가르 분지)의 굴마르그, 히마찰 마날리의 솔랑밸리 및 심라 지역 나르칸드와 함께 인도 내 4대 스키리조트의 하나로 매년 동계시즌(12월~2월) 많은 스키여행 인파로 또한편의 성수기를 맞이하기도 한다.

난다데비 동편 **쿠마온히말라야** 쪽을 들여다보면, 사실인즉 산악국가 네팔과 더욱 가까워져서인지 산세만으로 치면 가르왈 쪽보다 더 웅장하고 깊고 수려하다. 곧, 난다데비(7817m) 동편 밀람밸리와 밀람빙하, 그리고 난다데비 남쪽 위성봉인 난다카트(6611m)-난다코트(6861m) 두 설산봉우리 사이에 수놓은 세 개의 빼어난 빙하관광코스 바로 순데르둥가빙하, 핀다리빙하, 카프니빙하 일대가 그러하다. 아울러 코스도 비교적 수월하고 중간중간 편의시설도 그럭저럭 갖추어져 있어 초보트레커들이 탐승에 나서기에도 그리 큰 부담이 없다. 진입거점은 밀람밸리 쪽은 문샤리(ILP 발급 포함), 핀다리·카프니·순데르둥가 빙하 탐방은 바게슈와르이다. 지역거점인 문샤리 역시 아름다운 산악도시로서 동편으로 화려하게 솟구친 판차출리(6904m)의 빼어난 풍광을 조망하는 최고의 관광전망휴양지로 봄·가을철 수많은 관광인파를 끌어모은다. 특히 10월에는 이른바 '뱅갈리시즌'이라 하여 인도 동부 웨스트뱅갈 쪽에서 찾아온 대규모 단체여행객들로 인해 문샤리 일대 숙소와 음식점 발 디딜 틈이 없을 정도다. 이어 난다데비에서 점차 벗어나 동쪽으로 한 자락 더 나아가면 위 언급한 판차출리*라는 이름 그대로 5개의〈판차〉설산군〈출리〉과 성산 초타(小)카일라스 - *성스럽다는 의미를 덧붙여 '아디카일라스' 혹은 '바바카일라스' 내지는 '옴파르밧'으로서도 표현* -로서 아로새겨지는 티베트풍의 다르마밸리가 유명세를 끈다. 하지만 다르마밸리 일원은 정치·군사적 관계가 그리 좋지 못한 중국(티베트)과의 국경인접지역이라 여행객들이 쉽게 진입할 수 없다는 점이 아쉬운 대목이다. 게다가 외국여행객들은 일체 다르마밸리 진입이 불허된다. 단지 판차출리 베이스캠프까지만 그것도 까다로운 지역 관청(Tehsil)에서 출입통행허가를 득한 후에야 가능하다. 접근거점은 '다르출라'로서 트레킹퍼밋 역시 이곳 관청에서 받아야 한다. 다르출라는 한편 바로 앞 칼리[네팔명 마하칼리] 강을 건너는 소탈한 현수교 하나로 이웃나라 네팔과 연결되어 있는데 양국 국민은 아무 제지 없이 그냥 통행이 가능하지만 외국여행객은 출입국사무소가 없는 관계로 이 국경관문으로서의 교량을 통과할 수 없다. 결국 남쪽으로 멀리 반바사(인도)-마헨드라나가르(네팔) 국경통과루트로 한참을 에둘러 가야 함이다. (※ 네팔 쪽 다르출라 – *Darchula*; 인도 쪽 다르출라(*Dharchula*)와 철자가 약간 다르다. – 국경에 섰다면 한편으론 한국인들에게 다소 우호적인 네팔 국경경찰의 성향(!)상 이의 인도 네팔 다르출라 국경교량 중간까지 기념삼아 갔다 오는 건 허용해주기도(심지어 사진촬영까지도) 한다. 다만 반대편 인도 쪽 ITBP* 대원의 호각소리가 거슬릴 뿐이다. *"Go Back ! No Photo !"* 그래 불과 20미터만 더 건너가면 인도 땅이라 말이지.)

* 판차(판치)출리는 다분히 이웃나라 네팔 식 이름이다. '~출리'라는 것 자체가 네팔의 히말라야 산봉에 붙이는 명칭인게다. 즉, 이 일대가 과거 네팔의 강력한 영향권 안에 놓여있었음을 반증하는 예시라 하겠다. 지금도 주민들이 구사하는 지역언어의 많은 부분이 네팔어와 혼용된다. 칼리 강을 사이에 두고 맞댄 네팔 다르출라(Darchula)와 이의 북인도 쿠마온의 다르출라(Dharchula) 지명이 서로 다르지 않음은 더더욱 이를 뒷받침하는 방증이라 본다.
* ITBP = Indo-Tibet Border Police

이러한 히말라야 내원의 산악관광지 말고도 우타라칸드에는 또한 많은 유명관광도시들이 있다. 대표적 명품 **힐스테이션**(Hill-Station; 조망관광지)으로 꼽히는 **쿠마온**의 간디 아슈람*이 자리한 코우사니와 알모라 카사르데비&빈사르, 베리낙*과 초우코리 등지에는 관광객들을 위한 훌륭한 휴식공간과 편의시설들이 잘 갖추어져있다. 아울러 네팔과 인접한 동부 행정도시 피토라가르와 참파왓 역시 거쳐가는 여행객들에게 훌륭한 히말라야 조망과 함께 넉넉하고 풍성한 볼거리, 먹을거리를 갖춘 좋은 대상지로 꼽힌다. 문샤리 역시 앞서 말한 바와 같고, 이밖에 우타라칸드 여행의 중간기착지로서 바게슈와르, 베이즈나트 등지는 또한 고대의 힌두교 유적과 유물을 간직한 곳으로도 이름이 높아 여행객들의 방문이 더욱 잦다. 쿠마온 남부의 네이니탈과 라니케트 역시도 이름난 힐스테이션의 지위를 누리고 있는데 다만 먼저 언급한 곳들보다는 도시 규모가 크고 인구도 많아 한적하고 호젓한 여행을 선호하는 이들에게는 조금은 거리감이 있다 하겠다. 라니케트는 특히나 유명한 인도 '쿠마온 부대'-유래는 영국 식민지시절 이른바 '쿠마온 연대'의 활약상에서 출범 -의 사령부가 소재한 곳으로서 도시의 태반이 거의 군사지역으로 자리매김되어있다. 또한 라니케트는 우타라칸드의 도시 중 데라둔을 제외하고 인구비율로서는 하리드와르와 함께 무슬림이 가장 많은 도시이기도 한데 곧 이때껏 전반적인 힌두 풍토에 젖어있던 분위기와는 완연히 다른 이슬람적인 면모도 많이 엿볼 수 있다. 주의할 점은 다만 이 라니케트에서 특히 이러한 무슬림들이 운영하는 숙박업소(호텔/게스트하우스)는 체크인(Check-in)시 정말 잘 살펴야 한다는 것. 아닌게아니라 청결도와 위생상태가 가히 경악할 수준이다. 이것만 빼면 라니케트 또한 매력적인 힐스테이션 여행지로 삼는 데 무리가 없다. 힌두교인이 운영하는 숙박업소는 그래도 낫다. 요금이 조금 비싼 편이지만. **가르왈** 쪽에도 역시 랜스다우니, 파우리, 뉴테리, 참바(히마찰 참바와 구분), 다나울티, 머수리, 차크라타 등등의 멋진 전망도시들이 있다. 특히 머수리는 외국여행객들에게도 익히 알려진 유명한 산악휴양도시로서 쿠마온의 네이니탈과 어깨를 견주는 곳이기도 하다. 차크라타 역시 고지대에 위치한 훌륭한 전망도시이나 인도군 대규모 군 병력과 사령부가 들어서있어 일반여행객들은 허가 없이 방문이 곤란하다. 미리 데라둔이나 머수리 등지의 주무관청에서 차크라타 방문 및 체류 허가를 득한 후 나설 일이다.

* 아슈람 : 힌두교 수행을 위한 순례숙소. 종교참례(예배)와 더불어 숙소, 음식이 제공된다. 소정의 비용을 부담하게끔 되어있는 곳도 있지만 대개는 이용자들로부터의 기부(Donation) 형태로 운영된다. 즉, 취지 자체로서 '자선기관' 시설인 셈이다. 중요한 힌두 도시 및 성지마다 이러한 외지 여행객(순례객)들을 맞이하는 아슈람들이 활성화되어있다. 시크교의 구루드와르 순례숙소 역시 같은 맥락이다.
* 저 카시미르의 정원도시 베리낙(아난트낙 지역 소재)과 혼동치 않도록 유의.

이러한 히말라야와 연계한 대상지 말고도 우타라칸드 남부 저지대 또한 여행객들로부터 인기를 모으는 곳들이 있는바, 무릇 지고한 힌두의 수행처이자 요가의 요람으로서 일컬어지는 리시케시와 함께 강가(갠지스)를 끼고 들어앉은 고대로부터의 힌두도시 하리드와르, 그리고 인근의 야생동물보호구인 라자지국립공원과 더불어 남부중앙 구릉 정글지대에 구획된 인도 뱅골호랑이의 보호서식지 이른바 '코르벳 야생동물보호구(국립공원)' 등등의 명소들이 있다.

....

△ **주의사항** : 북인도 여행시 다음과 같은 사항에 특히 신경을 쏟길 바란다.

1. 국경지역이나 군사지역에서의 무단 접근 및 촬영행위 - 엄격히 금지된다. 위반시 연행은 물론 차후 인도 입국에 제한(비자발급 거부)이 걸릴 수 있다. 아울러 댐이나 발전소, 공항 및 항만시설 등 **국가기간시설에 대한 무허가 촬영행위** 등도 제한된다. 자칫하면 테러와 연관된 첩보행위로 오인될 수도 있다. 인도는 특히 테러에 민감한 나라인데 더욱이 북인도 지역은 이러한 종교적, 지정학적 입지상 갈등과 분쟁으로 예민한 지역이어서 더욱 주의해야 한다.

2. 야생동물 주의 - 히말라야 산악지역에는 많은 종류의 야생동물들이 서식하고 있는데 그 중에는 곰이나 표범 등 공격성향이 강한 위험한 동물들도 종종 출몰

하는바 고로 아주 외딴 곳에서의 단독행동은 금물이다. 아울러 지대가 낮은 삼림지역이나 정글지역에서는 **야생원숭이** 부류가 매우 성가시게 굴기도 하는데, - *특히 정글지역에서 서식하는 '반다르'라 불리는 갈색원숭이들(※ 산악지대에서 서식하는 흰색원숭이 랑구르는 반면 경계심이 많아 인간에게 거의 위해를 가하지 않는다.) - 이 또한 경계해야* 할 부분이다. 개중에는 인간에게 매우 적대적으로 공격적으로 덤벼드는 놈들도 있으니 특히 주의할 것. 음식물을 들고 있거나 아니 뭔가 먹을거리인가보다 여겨 지게끔 보이기만 해도 사정없이 달려드는 놈들도 있다. 시쳇말로 완전 '양아치'같은' 놈들이다. (⇒ 히마찰 중·남부와 우타라칸드 남부 쪽 특히 !)

* 일례로 히마찰 주도 심라 산정상부에 있는 자쿠 사원의 경우 아주 영악하기 그지없는 반다르 원숭이들의 극성이 이루 말할 수 없을 정도다. 필자의 경우 이 막돼먹은(!) 놈들로부터 당시 착용하고 있던 안경을 강탈당한 사례가 있다. 결국 지참하고 있던 무언가 먹거리를 던져줌으로써 말하자면 '일대일 교환'을 통해 다시 회수하긴 했지만 정말 기가 찬 놈들이다. 안경이란 게 실제 이놈들에겐 전혀 쓸모없는 물건이건만 그러나 이렇듯 '물물교환'으로 삼기에 안성맞춤인, 그래서 말하자면 '랜섬' 용도로 매우 요긴한 탈취거리가 되는 것으로 소위 '학습화'되어 있는 것이다. 참으로 영악스럽기 짝이 없다 !

3. 대중교통 이용시 - 버스의 경우는 발차시각이 거의 준수되지만 승합차량(특히 승합지프)의 경우는 그따위(!) 시간이란 것 무시되기 일쑤다. 무조건 정해진 인원 (승객)이 다 차야 출발한다. 그리고 지프기사들의 현란한 호객행위도 일품이다. 절대 현혹되지 말라. 처음 얘기한 것과 나중 얘기하는 것이 많이 다르다. (∴ 인도 배낭여행에서 가장 열받는 것 중 하나가 이 승합택시/지프로부터 받은 스트레스일 것이다. 하긴 어딘들 다를 바 있겠냐마는...) 버스는 반면 그러한 이율배반적인 상황이 많이 없다. 아울러 모든 버스마다 차장[콘택터(Contactor. 일명 '티켓맨')]이 동승하여 상황에 따라 운행도우미 역할도 하고 승객에 대한 서비스편의도 도모한다. 요금 물론 동일노선 조건에 버스 운임이 더 저렴한 건 기정사실이고. 속도 ? 물론 상황에 따라 다르긴 하겠지만 정류소가 많아 가다 서다를 자주하는 버스라고 해서 무조건 느린 건 아니다. 정해진 운행스케줄에 따라 움직일 뿐이다. 고로 같은 목적지에 대한 두 옵션[버스 vs 승합차량]이 있다면 필자는 무조건 일단 버스편을 이용할 수 있으면 그러라고 강권한다. 디럭스(Deluxe)든 오디너리(Ordinary)든. 한편 버스의 차장은 대개가 남성인데 간혹 여성이 차장으로 일하는 경우도 있다. 특히 히마찰 산간오지 지역에서 종종 보이는 일이다. 그렇다고 해서 얕잡아볼만한 그녀 절대 아니다. 외려 남자들보다도 더 똑 부러지고 드센 모습으로 승객들을 다룬다. 오래전 우리 역시 그랬던 시절이 있었음을 상기하자. (✔ 버스여행에 있어서 한 가지 더, 공영버스가 대체로 사설버스보다 운임이 좀 더 저렴하고 운행시간도 잘 지켜져서 일반인들로부터 그리하여 더 많은 호응을 얻고 있지만 딱 하나 단점이 있다. 그것은 바로 '난폭운전'이다. 특히나 히마찰이나 우타라칸드 같은 히말라야 산간오지 험난한 구비길, 고갯길을 헤치고 나아갈라치면 정말 곡예운전이 따로 없다. 이유인즉슨 그들에 대한

열악한 처우도 한 몫 하겠지마는 가장 큰 건 바로 '내 차'가 아니라는 것이다. 그래 운전자 입장에서는 단지 급여를 지급받을 수 있게끔 주어진 수단, 일감으로서의 매개에 지나지 않은게다. 반면 사설버스는 좀 다르다. 물론 그렇지 않은(난폭운전을 하는) 경우도 있긴 하다만 대개는 운전자 자신의 소유물인양 즉, 내 이 돈벌이 수단(차량)에 흠결이 생기면 곧 돈벌이 시스템 자체에 문제가 될 수 있다는 사고에서인지 그들은 통상적으로 상당수 공영버스 기사들처럼 그렇게 난폭하게, 거칠게 차량을 몰지 않는다. 그래서 만약인즉슨 같은 노선에 이 두 가지 곧 공영버스편과 사설버스편이 함께 편성되어있다면 개인적으로는 이러한 논지에 근거 사설버스편을 비록 약간 더 운임을 치르더라도 이용하라 제안하는 바이다. - 실제 힘난한 히말라야 산록도로에서의 어마무시한 난폭운전을 한번 겪어보면 알 터. 그래도 선택이 없다면 어쩔 수 없는 일이고... 물론 승객에 대한 친절도에 있어서는 공영버스든 사설버스든 운전기사, 차장 모두가 다 좋다. 운전습관이 문제일 따름이다.)

4. **현지문화 및 정서, 종교에 대한 존중**에 대해서는 이미 앞부분에서 말한 바 있다. 특히 이슬람교 무슬림 정서가 강한 북인도 카시미르 지역에서는 더더욱 간과하지 말아야 할 대목이다.

5. **음주·가무 및 고성방가 행위** - 절대 금물이다. 만약 정 그러고 싶다면 대도시의 유흥주점을 찾아가라. 아무도 뭐라 하지 않는다. 아울러 기본적인 여행자로서의 예의에 입각하여 어떤 공동으로 이용하게끔 주어진 장소나 시설- *예를 들면 식당의 공동 테이블이나 휴게공간, 벤치, 추운 날씨 하의 스토브 주위 등등* -에 대해 단지 우리가 **먼저 와서 차지했다 하여**, 또는 우리 **인원이 대다수라 하여 그래 우리들끼리만의 점유물로 삼는 몰상식한 행위**는 다른 이들에게 불편을 끼치고 눈살을 찌푸리게 하는 것임은 물론 국가적으로도 망신을 입히는 행위임을 명심하라. 단적인 예로 속칭 최악의 '민폐여행자'로서 기치(!)를 드높인 ○○○○ 국적의 젊은 단체여행자*들을 떠올려보자. 어느 나라인지는 거명치 않겠다. (☞ 해외 특히 인도 쪽 여행을 많이 해본 이들에게 물어보면 쉽게 답이 나올 것이다. 그들로부터 이들 민폐국 여행자들에 관련한 후기들을 참고하라.) 오죽하면 저들과는 같은 숙소를 쓰지 않고 또 식당도 같이 이용치 않으려는 각국여행자들의 불평불만이 허다하지 않은가. 우리 역시 이처럼 기피대상자, 민폐여행자가 되지 않도록 명심하자. (※ 담배처럼 피우는 향정신성 마약류 **하시시**로 악명높은 히마찰의 마날리 역시 ○○○○ 국적의 문란한 젊은 여행객들의 추태와 무관치 않다. 단언컨대 폭음, 고성방가는 물론이거니와 절대 저러한 현지 '꾼'들이나 속칭 '삐끼'들의 **하시시** 권유에 혹여라도 솔깃해하지 말라. 여행은 물론이고 인생을 망치는 지름길이다.)

* 단, 해당 국적의 개별여행자나 나이 지긋하신 분들은 예외이다. 외려 이분들은 배려심이 더 강하고 친절하며 호의적이다. 필자 역시 그 나라에서 온 좋은 분들로부터 친절한 도움을 여러 번 받은 적이 있다.

6. 소매치기나 도난, 분실 등 주의 - 이 역시 앞서 언급한 부분으로, 타 지방(주)에 비해 이 북인도 지역은 이같은 사건사고들이 덜하긴 하나 그래도 항상 유의해야 함이다. 특히 루디아나(펀잡), 심라(히마찰), 데라둔(우타라칸드)과 같은 대도시 지역의 역 주위나 버스스탠드(터미널) 및 사람이 많이 몰리는 유명 관광지 등지에서는 더더욱 주의한다. 아울러 카시미르 스리나가르 지역에서도 도시규모가 큰 만큼 사기와 협잡꾼들을 적잖게 만날 수 있는데 조심하기 바란다.

7. 추행은 당연 하지도 말아야겠거니와, 당하지도 않게끔 매사 조심하라. 남자라고 해서 예외되지 않는다 인도라는 나라는! 또한 인도를 여행하다보면 특히 북인도 지역의 현지여성들 아리안족의 인종적 특성상 꽤나 아름답고 매력적으로 보인다 해서 도에 넘는 무례한 신체접촉행위 등 외람된 행동은 정말 큰일 날 일이다. 주변인들로부터 매우 위험한 물리적 상황을 촉발시킬 수 있다. **무슬림 여성들에 대한 사진촬영** 역시 미리 언급키도 했지만 이 무슬림이 많은 북인도 여행에 있어서는 특히나 주의해야 할 대목이다. 절대 동의 없이 카메라를 들이대지 말라. 철칙(!)이다.

8. 음식물에 대한 주의사항 역시 앞서 당부한바 있다. 기온이 높은 펀잡, 잠무, 히마찰 남부지역 및 우타라칸드 남부지역을 여행할 때는 특히나 물과 음식물로 인해 신체적으로 어려움을 겪지 않도록 신경쓸 것.

9. 북인도 일원은 카라코람과 히말라야에 벗한 높은 산악지대로 형성된 곳인 만큼 이들 **고산지대로 나서는 트레킹 시 준비에 철저**를 기하기 바란다. 특히 평균 해발고도 4천미터가 넘는 라다크·잔스카르 및 히마찰 라하울·스피티 산간의 고산 트레킹은 준비할 것이 더욱 많다. 이 부분은 뒤에 트레킹 준비 편에서 다시 자세히 들여다본다.

10. 소요사태 및 테러에 대한 주의사항 - 카시미르 스리나가르 일원을 여행코자 할 경우는 이러한 지역상황에 미리 예의주시하여 여행계획을 잡기 바란다. 아울러 현지에서도 항상 그러한 현지 동향에 귀 기울이며 여행에 임하기를 당부해마지않는다. 만약 소요사태나 테러가 발생했을 경우 절대적으로 그 중심권에서 벗어날 것이며 아울러 당황치 말고 침착하게 현지의 통제와 주무부처(관청)의 지시에 따라 즉각 소개(疏開)되도록 최선을 다하라. 또한 사유가 어떻든 당해 사태에 휘말리는(엮이는) 일이 없도록 유념키 바란다. 기자도 아닌 일개 여행자로서 나설 일도 아니거니와 내 나라 아닌 타국임을 명심하라. *(※ 필자의 경우 2016년 카시미르(인도령) 소요사태 때 운 좋게도 불과 며칠 차이로 해당지역을 벗어날 수 있었다.)* 다시금, 카시미르밸리 스리나가르 방면으로의 여행은, 물론 지구상 가장 매력적인 여로임에는 틀림없으나 위험요소가 상존하는 곳이라는 점 새겨두고 떠나길 바란다.

▣ 트레킹 가이드

● 트레킹 준비

1. 계획 (대상지 / 여행기간 및 경비계획 / 항공권 / 여행사) ·············· 97
2. 준비 (장비 / 의복 / 주변용품 / 의약 / 자료 / 팀워크 / 체력) ············ 100
3. 실행 (여권 / 비자 / 사전학습 / 물품구입 / 경비납부) ·················· 107
4. 현지진행 (잔금결제 / 퍼밋 / 환전·인출 / 지도 / 스태프미팅 / 사전고소적응) ··· 108

◆ 카시미르 개황

- 지리 · 기후 ·· 113
- 역사 · 문화 · 정세 ·· 115
- 인구 · 종교 · 언어 ·· 117
- 산업 · 경제 ·· 119
- 주요 거점도시 & 여행대상지 ······································ 120
- 특기사항 ·· 121

▶ 1장 - 카시미르밸리(스리나가르분지 & 키슈트와르 · 카르길) ············ 136

　🚶 트레킹안내 ·· 148

네팔 돌포

● 트레킹 준비

1. 계 획

대상지 선정 : 떠나기로 마음먹었으면 먼저 어느 곳(나라)을, 어디를 여행(트레킹)할 것인지 정한다. 히말라야 트레킹을 마음먹었다면 네팔과 인도, 파키스탄 쪽으로 방향을 잡고 계획을 추진한다. 트레킹을 하고자하는 지역도 미리 정한다. "단지 네팔"이나 "인도·파키스탄"이 아니라 구체적으로 어느 나라의 어디어디를, 어느 지역을 어느 코스를 트레킹하겠다는 것을 마음속에 명시하고 아울러 사전 인터넷 검색이라든가 관련서적을 들여다보면서 자가학습을 통해 관심을 기울이며 마음에서부터 준비작업에 돌입한다. (트레킹뿐 아니라 모든 여행의 시작이 다 그러하다.)

여행기간 및 경비계획 수립 : 대상지가 정해졌으면 본인의 여력에 맞는 여행기간과 소요경비(예산) 계획을 수립한다. 반면 역으로 본인의 기간과 예산에 맞춰 대상지를 선정코자하는 경우도 있을 수 있다. 해당 범위에 맞춰져야 하기 때문에 선택의 폭을 좁을 수밖에 없다. 여행(휴가)기간이 짧거나 금전적으로 넉넉지 못한 경우 서글프지만 이 방법이 종용된다.

항공권 예약 : 목적지와 여행기간, 예산계획 등이 어느 정도 정해졌다면 곧바로 항공권 예약에 돌입토록 한다. 이유인즉 여행시작 수개월 전 항공권을 미리 예약 결제하게 되면 항공사별로 다르긴 해도 상당액의 할인율이 적용되며, 아울러 본인이 원하는 날짜의 항공편을 선택하기에도 유리하기 때문이다. (임박하여 항공권을 구입코자하면 특히 성수기인 경우 원하는 날짜의 항공권이 매진되어 없거나 혹은 요율이 매우 높게 변경된 할증금액으로 지불하고 구입해야 하는 상황이 발생한다.) 보통 여행 1~2개월 전에 항공권을 구매하는 것이 좋으며, 만약 해당지역의 극성수기에 여행 코자한다면 그보다 좀 더 일찍 계획을 세워 적어도 3개월 이전에 항공권 구매에 나서는 것이 좋다. 알뜰여행을 지향하는 여행자의 경우라면 더더욱 신경써야 할 대목이다.

아울러 직항편 vs 경유편의 경우도 가격차이가 있으므로 본인의 시간과 예산에 맞춰 항공편을 선택하도록 한다. 일반적으로 한국출발의 경우, 경유항공편보다는 직항편의 가격이 높다. 하지만 직항편의 가장 큰 매력은 이동시간이 짧다는 점에 있다. 반면 경유편은 상대적으로 가격은 저렴하지만 도중 1~2곳의 경유지를 들르며 환승- *다른 비행기로 갈아탐* -해서 가야 하므로 그만큼 시간이 많이 소요되며 항공편에 따라 꽤 긴 시간- *심지어는 반나절 이상* -을 환승지에서 대기해야 하는 경우도 있다. 따라서 본인의 선택(우선순위)이 중요한바, 즉 돈보다는 시간이 중한 (시간에 쫓기는) 여행자라면 경유편보다는 직항편이, 반대로 시간보다는 금전적으로 절약코자한다면 직항편보다 경유편이 선호될 수 있을 것이다. 물론 이러쿵저러쿵

따지고자시고 하는 것 다 싫고, 단지 '환승(대기)'이 불편해서 직항편을 택하려는 경우도 있을 수 있다. 다만 알아둘 것은 히말라야 방면으로의 항공편의 경우 직항편의 주 운항횟수는 경유편에 비해 상대적으로 훨씬 적다는 것. 예로써, 네팔 카트만두 취항 직항편인 대한항공편의 경우 평수기 주1회, 성수기 주2회이므로 날짜와 일정안배를 따라서 잘 해야 할 것이다. 반면 타이항공, 말레이시아항공, 싱가포르항공, 케세이퍼시픽, 및 중국 동방/남방항공 등은 경유편이지만 거의 매일 운항하므로 날짜선택에 있어 그만큼 유리하다. 단, 이러한 항공사별로도 시간대와 더불어 가격 및 서비스 수준이 다르므로 덥석대고 아무 항공사나 선택치는 말고 각 항공사·항공편별로 출발(Departure)/경유지(Transit)착·발/목적지도착(Arrival) 시간을 꼼꼼히 체크함과 더불어 본인의 사정과 만족도에 부응할만한 항공편을 선택하는 게 좋겠다. 아울러 각 항공사와 항공편 이용후기 등도 인터넷 검색을 통해 다양하게 접할 수 있으니 이로부터도 본인의 여건에 맞는 항공편을 선택하는 데 도움이 될 수 있을 것이다.

 # 여행사 접촉/확정 : 여행사(에이전시)를 정하는 것 또한 중요한 일이다. 만약 국내여행사에 일임하여 진행하는 경우라면 굳이 항공권예약이나 현지일정진행에 대한 부분을 본인이 직접 도맡아할 필요가 없을 것이다. 하지만 본인 스스로 계획을 수립 추진해나가면서 현지여행사를 통해 진행코자하는 경우 위의 항공권구매와 더불어 현지여행사 선정이 중요한 항목이 된다. 아울러 대부분의 현지여행사의 경우 영어로의 질의 및 답변이 이루어지기 때문에 어느 정도는 언어적인 실력도 갖추고 있어야 한다. (기본적으로 중학생 정도 수준의 언어구사력이면 소통에 큰 문제는 없다. 물론 언어력이 딸린다 해도 시간적 여유가 많다면 사전을 들여다보며 영어공부하는 셈치고 시도해보는 것도 나쁘지 않다.) 일단 FIT(자유여행/가족개별여행)*에 입각하여 진행코자 하는 경우를 들면;

* FIT : Free Individual Travel 또는 Family Independent Tour/Travel

1) **현지여행사 접촉** - 방법은 여러 가지가 있겠지만 호평을 받은 현지에이전시 정보를 주변으로부터 제공받거나 또는 인터넷 검색을 통해 그 중 괜찮음직한 여러 곳을 뽑아 본인이 의도하는 여행에 대한 구체적 일정계획 및 견적문의를 넣어본다.

2) **견적수신 및 회신** - 적극적으로 회신하는 에이전시가 있는 반면 아예 회신치 않거나, 한다 해도 대충 소극적인 답변에 그치는 에이전시가 있을 것이다. 소극적인 데는 당연 배제하고 적극적인 에이전시들로부터의 회신자료를 취합·검토 후 그들 중 더욱 전문성있어보이고 구체적이며 명료한 몇 곳을 다시 추려 세부내용(서비스내용/진행방법)과 부가사항(견적조건)에 대한 더욱 면밀한 자료 제공 및 부연설명 등을 요구한다.

3) **최종결정** - 취합된 여러 에이전시들의 일정계획(Itinerary) 및 견적(Quotation) 자료로부터 최적의 일정과 서비스, 가격조건을 제시하는 에이전시를 최종적으로 결정, 연락을 지속하면서 보다 구체적이고 세밀한 사항까지 주고받는다.

4) **확정(확약)** - 필요에 따라 에이전시 측에서 사전준비를 위한 선수금(Deposit)을 요구하는 경우가 있다. 일리가 있는 부분으로, 보통 총 견적의 10~20% 선에서 책정하여 여행시작 전 일정기일까지 지불함으로써 여행계획을 확정한다. 이후 잔금은 통상 현지 도착 후 에이전시와의 직접 만남에서 지불토록 할 것이며, 간혹 극성수기의 여행인 경우 잔금 역시 여행시작 전 언제까지 지불토록 종용하는 에이전시들이 있으나 그 말에 현혹되지 말고 잔금은 가급적 현지에서 지불하겠다고 못박아두도록 한다. (굳이 전체경비를 여행도 시작하기 한참 전에 사전결제토록 요구하는 에이전시와는 거래치 않는 것이 좋다. 아울러 선금(및 잔금)을 선납하는 경우에도 Paypal이나 Bidpay 등과 같이 어느정도 안전장치가 마련된 결제 시스템을 통하여 진행하는 것이 좋다. 만약 공급자(에이전시) 측이 그러한 계정이 없다면 만들도록 종용하라.)

※ **국내여행사 vs 현지여행사를 통하는 경우 각각의 장단점**

✔ **애초부터 국내여행사에 일임(또는 기 수립된 여행계획·패키지상품에 합류)하는 경우**, 시간과 노력이 많이 필요치 않다. 말따마나 주어진 밥상에 그냥 숟가락만 들고 참여하면 되는 격이다. 그저 차려진 밥상 즉 짜여진 프로그램을 잘 즐기기만 하면 된다. 다만 그에 상응하여 여행사가 취해야 할 몫 또한 부담해야 하므로 그만큼 비용적으로 예산소요액이 크다. 또한 기 짜여진 프로그램에 단순히 따르기만 하면 된다는 점은 하나의 장점이지만 반대로 여행자 본인의 자유의지에 따른 변용이나 확장이 쉽지 않다는 점에서 단순히 맹목적으로 따라다니는 소위 '깃발여행'의 행태로 퇴색될 여지도 있다.

✔ **기본계획은 본인 수립, 이후 현지진행은 현지여행사에 의뢰 추진하는 경우**, 단점부터 말하면 위와 반대로 본인 스스로의 열정과 시간, 노력(언어적인 부분 포함)이 많이 요구된다. 그런 것들이 없거나 혹은 부족하다면 애초부터 국내의 잘 짜여진 여행사 프로그램에 합류하는 게 낫다. 하지만 스스로 충분히 열정적이고 그러한 열정을 분출할 시간과 노력, 실력 또한 충분하다고 믿으면 직접 계획을 수립하고 실행에 나설 수 있다. 가장 큰 장점이다. 즉, 내 스스로 내 입맛에 맞는 계획과 일정을 세워 진행할 수 있다는 것이다. 아울러 비용적인 측면에서도 계획한 바를 어떻게 구성하고 진행하느냐에 따라 다양한 옵션이 가능하다. 소위 비용대비 만족도를 극대화시킬 수 있는 본인만의 일정을 꾸릴 수 있다는 점이다. 현지에서도 그만큼 선택의 폭이 넓다. 굳이 항공권 날짜에 쫓겨 일정을 서두르거나 다그칠 필요가 없으며 상황에 따라 일정에 대한 변용과 융통성을 발휘할 수 있다. 나아가 후속 여행프로그램을 본인 자유의지에 의거 계속해서 추구할 수도 있다. (예를 들어 어느 하나의 프로그램(여정)을 마치고 난 후에 계속해서 연장·확장 여정을 진행코자 하는 경우 등)

2. 준 비

 # 장비구입 : 트레킹은 일반 배낭여행보다 챙겨야 할 준비물이 많다. 특히 장비면에서 그러하다. 더욱이 고산지역을 트레킹하는 경우라면 준비해야 할 장비들은 더욱 늘어난다. 히말라야·카라코람 고산트레킹의 경우 다음과 같은 장비들이 필요하다. (★ : 필수품목 / ☆ : 비필수품목)

1) 기본장비

- ☆ 카고백 : 80~120리터 용량. (단순 **롯지트레킹**✔의 경우 60~80리터 정도의 대형 배낭도 무방. 운반도우미를 대동한 캠핑트레킹의 경우는 배낭보다는 카고백이 유리. 특히 2주 이상 장기간 트레킹하는 경우 옷가지와 부식거리 등을 넉넉히 지참해가고자 한다면 100리터 이상 용량을 준비토록)

- ★ 배낭 : ①트레킹도우미(포터) 없이 본인이 직접 메는 경우 60~70리터 규모의 배낭 필요. (야영·취사장비 포함시 더 큰 용량으로 준비) ②큰 짐은 트레킹 도우미에게 맡기고 본인은 간소차림으로 나서고자하는 경우 약 25~40리터 가량의 개인배낭 별도준비

- ★ 수통 : 1~1.5리터 용량 또는 1리터+0.5리터 등으로 나누어 지참.

- ☆ 미니백(숄더백 종류) : 여권, 화폐, 모바일폰, 메모리카드 등 중요물품 수납. 트레킹과 별도로 간소복장의 시내관광시에도 유용. (단, 사람이 많은 곳을 다닐 시에는 항상 앞으로 멜 것)

- ★ 침낭 : 오리털/거위털 침낭으로 구비. 특히 동절기 트레킹 시나 4천미터 이상 고지대를 장기간 트레킹하는 경우에는 충전재 1,000g 이상 제품을 지참토록. 동절기 배제, 단기간의 롯지트레킹이나 3천미터대 이하의 저지대를 트레킹하는 경우는 800g 이하 충전재로도 가능. 아울러 롯지트레킹 시에 해당 숙소의 침구 동시 활용.

- ☆ 베개 : 공기주입식 '에어필로우(Air Pilow)'가 좋음. 필수품목은 아니며, 숙소에 비치된 침구나 본인의 의복류를 활용해도 됨.

- ☆ 매트커버(은박돗자리) : 필수품목은 아님. 지저분한 현지숙소의 침상이나 텐트 내부의 매트리스 위에 깔기 위함. 고가품 필요없고 트레킹 후 폐기.(**캠핑카라반**✔ 시 매트리스는 에이전시 측에서 지급하며, 롯지트레킹 시에는 대개 침상에 매트리스가 깔려있음. 단, 에이전시를 통하지 않고 독자적 캠핑트레킹을 수행하는 경우는 매트리스를 별도 구입하여 지참토록.)

- ★ 등산화 : 두툼하고 목 긴 것. 예비용 스트랩(끈)도 준비.

- ☆ 운동화(또는 샌들) : 숙소지나 캠프지에서 착용. 운동화는 등산화 파손시 임시대안으로 활용가능. 오지트레킹 시 샌들은 계곡 건널 때에도 유용 - 대용품으로 현지에서 '쪼리' 구입 활용.

- ☆ 크램폰(아이젠) : 적설시나 빙설구간 통과시 필요
- ☆ 게이터(스패츠) : 동절기 심설구간 트레킹 시 필요
- ☆ 등산스틱 : 산행습관에 따라 반드시 필요한 것은 아님. 수시로 사진장비 다루는 경우는 오히려 불편요소. 필요시 현지에서 조달가능
- ★ 비옷 : 고가품이 아니더라도 배낭까지 덮을 수 있는 종류면 됨.
- ☆ 대형비닐 : 우천시 카고백 방수 및 캠핑카라반시 짐승털/냄새 방지. 코팅처리된 방수카고백의 경우라면 굳이 필요치 않음. (참고로 인도·네팔·파키스탄 등지에서는 비닐을 '플라스틱'이라고 함. 현지에서 구입코자하는 경우 "Big Size Plastic Please"라 말하여 주문토록)
- ☆ 소형비닐 : 카고백 내부물품 커버(이중방수효과 겸함). 수량 10개 내외로 준비
- ★ 랜턴 : 헤드랜턴이 좋으나, 롯지트레킹의 경우라면 손전등도 무방함.
- ☞ 이들 대부분의 장비는 현지의 아웃도어 쇼핑가 등지에서도 구입할 수 있으며 가격 또한 저렴하다. 하지만 시간적 여유가 없는 경우라면 미리 한국에서부터 준비하여 오는 것이 낫겠다. (현지구입품은 유명브랜드의 로고를 모사한 속칭 '짝퉁' 제품들이 대부분으로 가격은 저렴하지만 그만큼 디자인과 품질에 차이가 있다. 하지만 전문등반이 아닌 일반적인 트레킹에 나서는 경우라면 이러한 염가제품들도 무방하다. 행색에 그리 치중하지 않는 젊은 유러피안 등 실속파 트레커들은 현지구입을 많이 선호한다.)

> ✔ **롯지트레킹** : 로칼 현지의 숙식이 가능한 상업적 롯지(Lodge)를 활용하여 트레킹하는 방식을 말한다. 게스트하우스(Guest-house)/티하우스(Tea-house) 트레킹이라고도 한다. 캠핑과 취사가 필요없다. (※ 유사하지만 비상업적인 '홈스테이(Home-stay)' 방식의 트레킹도 있다. 말 그대로 현지의 민가를 활용하는 '민박트레킹'인 셈이다. 상업화되지 않은 오지를 여행하는 개인 트레커들이 종종 이용하는 방식이다.)
>
> ✔ **캠핑트레킹(카라반)** : 야영·취사장비 및 관련 도우미들(가이드/포터/주방요원 등등)까지 대동하여 대규모 캠핑팀을 꾸려 트레킹에 나서는 방식이다. 보통 4인 이상 단체의 경우가 일반적이지만 최근에는 커플(2인) 또는 단독으로 나서는 경우도 많다. 대개는 현지의 숙식편의 시설이 열악한 오지의 트레킹에 나서는 경우 이러한 캠핑방식의 트레킹이 추진되며, 이를 과거 동서양의 대상(隊商)들이 오가던 모습에 비유, '카라반(Caravan)'으로서 명명키도 한다. 나아가 그처럼 단지 인력만이 아니라 말이나 나귀(노새), 야크, 낙타 등 짐승들을 운반수단으로 동원하여 실제적 '카라반'의 형태로 운용하기도 한다.

2) 의복류

- ★ 자켓 : 방수·방풍기능이 가미된 기능성소재로 된 옷이 좋음. 동절기나 고지대 트레킹 시 동계용으로 구비. (오리털/거위털로 만든 일명 '다운자켓'은 숙소나 야영지에 도착해서 저체온증 방지를 위해 착용하면 좋음. - 필수적이지는 않음)
- ★ 내피복 : 자켓 안에 덧입을 용도. 경량의 다운자켓이나 스웨터 정도면 됨. (고산지역이라도 해가 쨍쨍한 낮에는 그리 춥지 않으므로 자켓을 벗고 스웨터나 셔츠 차림만으로 트레킹하는 경우가 많음)

★ 셔츠 : 동절기용, 춘추용, 하절기용으로 각각 1~2벌 준비 - 보통 해발 4천미터 이상 베이스캠프 등 고지대에서는 동절기용으로, 3천~4천미터 이내의 중단부 지역에서는 춘추복으로, 2천미터대 이하의 저지대에서는 하절기용으로 착용. (※ 트레킹 중간중간 빨아입을 경우를 염두에 두었다면 무게·부피 부담을 고려하여 굳이 여러 벌씩 준비할 필요는 없음. 다만 하절기용은 빨래와 상관없이 갈아입어야 할 상황이 많으므로 2벌 이상 준비. 아울러 저지대의 경우 정글지역을 통과하는 경우가 많으므로 반팔셔츠보다는 소매가 있는 긴팔차림을 권장.)

★ 바지 : 위와 동일. 우기(6월~10월중순) 트레킹 시에는 **거머리**의 공격을 우려하여 가급적 반바지·반팔차림으로 나서는 걸 지양할 것.)

★ 속옷 : 자주는 아니어도 3~4일에 한번씩은 갈아입을 것으로 상정, 트레킹 기간에 맞춰 준비할 것. (보통 상하의 3~4벌 정도씩 준비하면 무난 - 장기간 트레킹 시에도 도중 빨아입을 상황이 많으므로 굳이 많은 수량을 챙겨올 필요는 없음.)

★ 양말 : 등산용 양말로 구비. 1~2일 단위로 갈아신는 것을 상정하여 트레킹기간에 맞춰 준비할 것. (보통 3~5컬레 정도 준비 - 도중 빨래를 한다 해도 등산양말의 특성상 마르는 데 시간이 걸리므로 대비하여 여유있게 구비하는 것이 좋음. 아울러 편안한 잠자리를 위한 수면양말도 챙겨오면 좋음.)

★ 모자 : ①햇빛가릴 용도의 넓은 원테모자(Hat)나 선캡(Sun Cap). (※ 선캡과 더불어 뒷목과 옆얼굴을 가릴 수 있도록 햇빛가리개로 나온 천 제품도 함께 지참하여 가면 좋음.) ②추위에 대비한 털모자도 구비. (※ 네팔에서는 일명 '야크모자'- *실제로는 양털로 직조* -를 손쉽게 저렴한 가격으로 구입하여 지참해갈 수 있다. 인도와 파키스탄의 관련 상점에서도 구입이 가능하나 "Made in Nepal"이라고 찍혀있다.)

★ 목도리/후드 : 목주위의 방한, 방풍을 위한 필수품목. 굳이 전문용품이 아니더라도 보통의 머플러(목도리)나 후드 정도면 충분.

★ 장갑 : 동계용·춘추용 장갑(면장갑 무방) 각각 준비. 특히 춥고 바람이 강한 고지대 지역에서 머무르거나 통과해야할 때 방한장갑이 절실. 이 경우 굳이 고소 등반용 전문 방한장갑까지는 아니어도 스키장에서 착용하는 장갑 정도면 무난하며 그 외의 경우는 일반 동계용 장갑이면 되고, 추운지역을 벗어나면 일반 춘추용 장갑이나 저렴한 면장갑으로도 무리가 없음.

★ 수건/손수건 : 잘 마르는 기능성 소재로 된 것이 좋음. 손수건은 얇고 가벼운 것이 좋으며 때때로 마스크 대용으로도 활용가능(공해·먼지 대처)

★ 선글라스 : 대단위 설상지역을 트레킹할 때 필수품목. 미지참시 설맹의 위험에 노출. 다만 트레킹의 특성상 너무 진한 것보다는 50~70% 정도의 차단율을 보이는 렌즈착용 권장.

☆ 무릎보호대 : 무릎관절이 안좋은 경우 지참하여 가도록. (트레킹 시 무릎통증을 호소하는 이들이 의외로 많음)

3) 기타 주변용품 및 여가물품

★ 손톱깎이 : 세트로 준비해가는 게 좋다.

☆ 다용도칼 : 속칭 '맥가이버칼'로 불리며, 여러 상황에서 요긴하다.

★ 세면도구/양치도구 : 비누·샴푸 &, 치약·칫솔 등. (대개의 경우 비누는 숙소지의 롯지에도 비치되어 있으며, 캠핑카라반 시에는 스태프(Staff)들이 준비하여 온다. 이를 활용, 짐을 줄이고자 한다면 양치도구만 챙기라.)

★ 휴지/물휴지 : 여러 면에서 필요하다. 특히 용변 후 뒤처리에 물휴지가 요긴하며, 고지대에서 고소증을 우려하여 물휴지로만 간단히 세안하기도 한다. 여행용 일반규격의 경우 대략 2~3일에 한 팩 꼴로 수량을 산정한다(물휴지도 마찬가지). 장기간 트레킹 시에는 좀 더 오래 쓸 수 있는 두루마리 휴지를 지참해가는 것도 괜찮다.

☆ 선크림/입술크림 : 햇빛이나 눈의 반사로 인해 피부가 벗겨지는 것을 방지키 위해 선크림(자외선차단제)을 준비. 아울러 춥고 건조한 지역을 트레킹하는 경우 입술이 터서 고생하는 경우가 많으니 입술크림(립글로스)을 준비해가는 것이 좋다.

☆ 고무장갑 & 빨랫줄/집게 : 트레킹 도중 빨래시에 필요. (고산지역은 특히나 물이 차가워 빨래할 때 고충이 많다. 이 경우 면장갑을 끼고서 고무장갑을 착용하면 손 시림이 훨씬 덜하다. 아울러 롯지트레킹의 경우 숙소에 빨랫줄과 집게가 마련되어있는 경우가 많은데, 하지만 상황이 여의치 않을 경우를 대비해 빨래집게 서넛 정도는 구비하여가는 것이 좋다.)

☆ 카메라 : ①무겁고 클수록 짐만 되므로 전문 사진여행이 아니라면 가급적 부피와 무게가 적은 성능 좋은 하이엔드급이나 미러리스(Mirrorless) 카메라로 지참하여 가길 권한다. DSLR이라면 간단한 줌렌즈 하나만 지참토록 하자. ②예비용으로 소형카메라(일명 '똑딱이') 하나 더 준비해가면 좋다. 메인카메라에 문제가 생겼을 때(분실/고장 등) 서브카메라로 활용토록. 명심하자. 남는 건 사진이다. (※ 스마트폰보다는 카메라가 다루기에 낫다.)

☆ 메모리카드 : 각자의 사진취향과 촬영대상(목적)에 따라 적당한 용량으로 준비한다. 단, 메모리카드 불량의 경우를 대비하여 예비메모리 또한 준비해가도록 한다. (평소 한국에서는 메모리용량 끝까지 다 채워서 찍는 일이 거의 없지만 해외여행시에는 많은 사진을 찍다보면 어느 순간 불량섹터와 맞닥뜨리게도 된다. 이런 경우를 대비치 않으면 낭패를 보기 십상이다.)

★ 배터리 : ①카메라배터리 - 오지트레킹 시 충전이 여의치 않은 경우가 많으므로 카메라배터리는 여유있게 준비해가도록 한다. (여분으로 3~5개 정도) ②전등(랜턴)용 배터리 - 캠핑트레킹의 경우 1일 2~3개 소요량을 산정한다. 개별적인 랜턴 사용이 많이 요구되지 않는 롯지트레킹의 경우는 소요량을 1/2~1/3 정도로 줄일 수 있으며, 도중 상점이나 롯지에서도 배터리를 구입할 수 있다.

☆ 휴대용 음향기기(MP3, MDP 등) : 소일거리용. 클래식명곡은 취침시 불면증에도 도움이 된다. 스마트폰을 활용할 수도 있다. 여별 이어폰도 지참토록.

☆ 책 : 음향기기와 더불어 무료함을 달래기에 좋다. (※ 단, 너무 작은 글자체의 서적을 뚫어지게 쳐다보면 고산두통이 심화될 수 있으니 유의토록)

☆ 필기구 : 기록을 위한 미니노트 또는 수첩(다이어리) 및 유성볼펜 등 지참. (수성펜은 얼어붙음.)

★ 여권사본 & 사진 : 특별한 경우(여권분실시나 항공편 변경시 등)를 위해 여권사본 1~2부 복사하여 각기 다른 가방(배낭)에 수납하여 지참. 본인사진은 도착비자의 경우와 더불어 트레킹허가증(퍼밋)과 팀스카드(네팔의 트레킹카드) 발급시에 필요하다. 본인의 트레킹계획과 대상지역에 맞춰 필요수량-비자용·퍼밋용·팀스용(네팔 경우)을 가져오도록 한다. (반드시 여권사진 동일규격의 크기일 필요는 없다. 명함판, 반명함판이나 증명사진도 무방하다.)

☆ 플레잉카드(트럼프) : 오락용. 숙소지에서의 여가시간 활용 및 고소증 방지 차원에서도 유용. (※ 고산에서는 휴식기(휴식시간/휴식일)라 하더라도 널부러지지 말고 계속해서 무언가 나름의 육체·두뇌활동을 진전시키는 게 좋다. - 고소증 노출의 위험이 큰 밤시간 숙면에도 도움이 된다.)

4) 의약품류

★ 두통약 : 20정 내외 (1일1회 복용 상정하여 트레킹 소요기간에 맞춰 준비)

★ 종합감기약 : 10정 내외 (2~3일치)

★ 지사제(설사약) : 10정 내외 (2~3일치)

★ 소화제(위장약) : 10정 내외 (2~3일치)

☆ 사혈침 : 식체시 응급조치. 고소상황에서의 혈액순환에도 도움

★ 항생제 : 10정 내외 (2~3일치) - 상처감염 및 염증치료

★ 상처연고제 : 후시딘/마데카솔 등(소형)

★ 스티커밴드 : 10개 이상 - 상처보호 및 치료용
        (※ 국내 약국에서 판매하는 밴드닥터가 좋다.)

★ 거즈 & 반창고 : 소형 스티커밴드로 처치하기 곤란한 상처부위가 큰 경우 대비

★ 벌레물린 데 바르는 약 : 물파스 종류나 크림 타입의 연고제

☆ **아스피린 장용정(혈행개선제)** : 30~40정 (1일 2정 복용 기준으로 트레킹 소요기간에 맞춰 준비) ✔ 주의〉 단순두통약으로서의 일반 아스피린이 아닌 혈행개선제로서 피를 묽게 해주는 '장용정'으로 약국에 주문 - 복용시 고소상황에서 효과적. 단, 출혈시 지혈이 잘 안될 수 있으므로 신체적 상황에 따라 복용(출혈을 동반하는 상처가 났거나 사혈을 요하는 경우는 복용 자제.) 징코민 등의 혈행개선제로 대신할 수도 있다.

☆ **다이아목스(고소예방약)** : 탄산탈수 효소억제제로서의 일명 '아세타졸 아마이드'라는 다이아목스(Diamox)는 이뇨제로서 고소예방약으로도 유용. 보통 해발 3천 미터 고도에 이르기 전날부터 복용. 1일 1정 기준으로 트레킹 소요기간에 맞춰 준비(1회 1/2정 × 1일 2회 복용). 단, 국내에서는 현실적으로 구입이 힘든 경우가 있기에(녹내장/백내장 처방전 요구) 인도·네팔·파키스탄 현지의 약국에서 구입하는 편이 유리하다. [※ 일반증상 및 부작용 : 잦은 이뇨감으로 소변량이 많아지며 그만큼 갈증도 생겨나 물을 더 많이 마시게 됨 - 수분섭취가 많아지고 신진대사가 활발해짐으로써 고소증에 상당한 효과. 부작용으로 안면과 손발 떨림·저림 증상. 특히 취침 시 경련증세가 심화되기도 함. 심할 경우 복용을 중단하고 다른 대안을 모색할 것.]

☆ **비아그라(고소치료약)** : 1정(=4회 분량) 준비. 처방전을 받아 약국에서 구입가능. 국립의료원 해외여행클리닉에서도 구입할 수 있음. 고소증으로 인한 응급상황에 복용.(1회 1/4알로 쪼개서 복용. - 복용해도 고소상황에서 비뇨기적으로는 효과 미미) [※ 트레커가 많이 몰리는 네팔 타멜의 여행자거리에서도 구할 수 있다 하나 정품여부는 확실치 않음.]

☆ **근이완제** : 1일 2회 2~3일분. 운동과다로 인한 근육통이나 고소환경에서의 순환장애에 따른 근육통증 완화에도 유용.

☆ **패치류(파스)** : 근육통·결림증상 부위에 붙이는 패치(찜질파스), 관절 통증부위에 붙이는 패치(관절파스), 고지대에서의 취침시 저체온증 방지를 위해 신체에 붙이는 핫팩(열파스) 등 패치류 적당량 (각 2~4개)

☆ **비타민C** : 1일 4~6정 (트레킹 소요기간에 맞춰 준비)

☆ **영양제** : 오메가3, 종합영양제 등도 지참해가면 체력, 영양 증진에 도움이 된다.

∴ 의약품류 전부를 카고백에 수납하여 다니지 말고 응급상황시 요구되는 필수구급의 약품 각각의 적당량(최소 1일분)을 일명 '구급키트'로서 꾸려 상시 본인 배낭에 지참하고 다닐 것.

5) **부식류** : 위의 기본적인 품목들 외에 음식이 입에 맞지 않을 경우를 대비하여 먹거리 등도 지참하여 갈 수 있다. 대표적인 부식거리로 라면, 햇반, 즉석조리음식(레토르트식품), 누룽지, 캔류(햄/참치 등), 절임반찬(깻잎/마늘 등), 건어물류(멸치/오징어포 등), 죽 종류, 차류(커피/녹차 등), 고추장 등 음식거리와 견과류, 초콜릿/사탕류, 육포 등 행동식이 있다. 하지만 이런 부식거리들이 많아질수록 짐의 무게와 부피 또한 늘어난다는 점을 명심하자. 가급적 현지식을 위주로 삼고, 꼭 필요한 (간절한) 경우에만 이러한 부식거리를 활용하는 방편을 모색하라. (★ 단, 초콜릿, 사탕, 초코바 등의 비상 행동식은 상시 본인 배낭 안에 떨어지지 않게끔 준비하여 지니고 다닌다. 부족시에는 트레킹 도중이라도 인근 상점이나 롯지에 들러 확보토록 한다.)

자료준비 : 지참물에 대한 정리가 어느정도 되었다면 마찬가지로 숙지해야할 정보와 지녀야 할 자료들에 대해서도 준비토록 한다. 인터넷을 통해 해당국가와 여행루트에 대한 자료를 수집하거나, 필요한 경우 관련서적의 내용을 스크랩하여 나름대로 정리하여 활용하여도 좋다. 트레킹과 관련해서는 인도나 네팔 쪽은 비교적 자료가 풍부한데 반해 파키스탄 쪽은 상대적으로 빈약하다. 필요하다면 국내자료에만 의존하지 말고 외국어검색(구글링 등)을 통해 타 국가(또는 현지)의 정보사이트나 에이전시에서 제공하는 정보 및 그들 외래여행객들의 여행후기 등을 참고 활용하는 방편도 있다. 아울러 각종 가이드북 - "Lonely Planet" 등 - 에 수록된 유용한 정보들을 수집하여 취합 정리할 수도 있겠다. 이 모든 것이 나름 시간과 노력이 수반되는 과정이지만 이를 통해 그만큼 충분한 사전학습과 더불어 추구하는 여행에 대한 다양한 밑그림을 구상할 수 있게 될 것이다.

팀워크 체크(사전간담회 & 예비산행 등) : 만약 단체로 팀을 이루어 트레킹에 나서는 경우라면 참여자(대원)들 간의 이른바 '팀워크(Team Work)' 또한 중요하다. 필요에 따라 사전모임(간담회 등)을 통해 목표와 방향을 설정하고 서로의 의견을 조율해가면서 공동의식과 협력·화합의지를 조장해가도록 한다. 나아가 친목도모 및 교감증대와 더불어 대원간의 여행(산행)스타일도 파악할 겸 사전 예비산행을 추진해보는 것도 좋은 방안이다.

체력연마 : 팀워크훈련(준비산행)과는 별개로 본인 스스로의 체력증진에도 힘을 기울인다. 성공적인 트레킹 완수를 위해 본인의 체력과 신체조건은 스스로 연마해야 한다. 이를 무시하고 대충 어찌 되겠지 하는 마음으로 따라나선다면 본인은 물론이거니와 함께한 동료들과 주변 타인에게까지 적잖은 영향을 미친다. 여행 전 항상 좋은 건강을 유지토록 노력하고 아울러 잠깐씩이라도 매일같이 꾸준한 운동을 통해 기초체력과 지구력, 근력을 유지토록 힘쓴다.

상돌포(Upper Dolpa) 셰이라(고개) 트레일(네팔)

칸첸중가 북면 B.C. 트레일(네팔)

3. 실 행

 # 여권발급 : 해외여행 첫 번째 조건으로 여권은 필수다. 구청이나 지자체 시·군청에서 발급이 가능하며, 기 보유 여권을 활용코자하는 경우 유효기간 6개월 이상 남아있어야 한다. 발급비용*은 가장 보편적인 유효기간 10년짜리 복수여권(횟수에 상관없이 출국 가능)의 경우 수수료·기금 포함 5만3천원, 유효기간 1년 이내의 단수여권(귀국 후 재사용 불가)의 경우 2만원(사진부착여권의 경우 1만5천원)이다. 대부분의 여권발급기관에는 관련도우미가 배치되어있어 신청 및 처리절차에 큰 어려움이 없다.

* 여권발급비용(수수료 및 국제교류기금)

종류	구분		기간	여권발급수수료	국제교류기금	계
전자여권	복수	성인	5년 초과 10년 이내	38,000원	15,000원	53,000원
		미성년	5년 (만8세~18세 미만)	33,000원	12,000원	45,000원
			5년 (만8세 미만)	33,000원	-	33,000원
	단수		1년 이내	15,000원	5,000원	20,000원
사진부착 여권	단수		1년 이내	10,000원	5,000원	15,000원

(▷ 복수여권 경우 여권 내지 사증(VISA) 란 페이지 수 반절(24매)로 신청 시 ₩3,000 감액. 아울러 여권발급에 있어 사진의 조건과 규격이 중요한바, 신규로 사진관에서 촬영하여 제출코자하는 경우는 대부분 사진관에서 알아서 해주지만 만약 본인이 직접 촬영하거나 기존의 사진을 활용코자한다면 여권사진의 조건과 규격에 어긋나지 않도록 주의를 기울여야 한다. 인터넷 등을 통해 미리 이에 대한 정보를 열람하여 실수가 없도록 바란다)

 # 비자신청 : 여행코자하는 대상국가의 한국주재대사관에 신청하여 받는다. 관광비자의 경우 여행기간 및 각국의 비자정책에 따라 15일/1개월/3개월/6개월 단위의 유효기간을 지닌 싱글(1회만 입국 허용)/멀티플(횟수 상관없이 재입국 허용)비자를 신청하여 받을 수 있다. 비자에 관한 절차와 비용, 구비서류(사진 포함) 등에 대해서는 해당대사관에 문의하거나 인터넷 검색으로 알아볼 수 있다. 아울러 각국의 비자정책 또한 수시로 바뀌니 신청 전 해당대사관에 미리 문의하여 착오가 없도록 한다.(발급절차, 대행발급 가능여부, 유효기간 개시/기산 시점 등등.)

※ **도착비자** : 네팔의 경우 현지(국제공항 및 출입국사무소 소재 국경도시)에 도착 즉시 멀티플 비자 발급이 가능하며, 15일/30일/90일 단위로 신청 발급받을 수 있다. 비자비용은 15일-25달러, 30일-40달러, 90일-100달러이다. 비자연장은 해당국가의 이민국(Immigration Office)을 방문하여 진행한다.(인도 도착비자는 불편한 현지행정에의거 그리 권할만하지 못하다.)

준비자료 학습 및 현지정보 사전숙지(Pre-Familiarization) : 그간 준비한 여행자료 및 추가 필요한 정보들에 대해서도 계속 돌아보고 취합, 반복적으로 학습함으로써 지식적으로도 소양을 갖추도록 노력한다. 여행(트레킹)하고자 하는 대상지역의 현지정보에 대해서도 수시 열람하여 이해도를 높이고 사전 충분히 숙지하여 나서길 권한다.

의약품 & 부식거리 구입 : 준비물 중 의약품과 부식거리는 여행출발 1주일 전쯤에 구비토록 한다. 일찍부터 준비치 않는 이유는 특성상 변질의 우려가 있기 때문이며, 그렇다고 너무 임박해서 구하려면 시간적 여유가 없어 미처 구비치 못할 수도 있으니 대략 출국 3~4일 전까지는 완비토록 한다.

잔금납부 : 여행사(에이전시)가 정해졌으면 결제조건에 따라 잔금납부를 시행할 수도 있다. 특히 국외여행사(현지에이전시)의 경우 완납이든 분납이든 충분한 의견조율을 통해 진행토록 한다. 혹시 모를 경우를 대비하여 어느 정도 안전장치가 마련된 결제시스템을 통하여 진행하는 게 바람직하다.

4. 현지진행

현지에이전시 미팅 및 잔금결제 : 외국 현지에 도착해 가장 먼저 할 일은 에이전시(에이전트)와의 접촉이다. 만약 모든 상황이 제대로 '정리(Arrange)'되었다면 입국장소에서부터 에이전트가 마중- 이른바 '픽업'(Pick-up)서비스 -을 나올 것이다. 이후부터는 에이전시 측에서 다 '알아서 진행(Manage)'할 것이므로 크게 신경쓰지 않아도 된다. 잔금결제 역시 해당 에이전시 사무실로 안내받아(혹은 직접 방문) 직접 현금지불하거나 신용/체크카드 또는 스마트폰을 통한 여타 결제수단(페이팔 등 결제시스템)을 이용하여 지불처리하면 되겠다. 그리고 증빙(영수증)을 받아두는 것을 잊지 말자. 서구식 처리방식인 경우에는 견적(Quotation)이 영수증(Receipt)을 내신키도 하는데, 이 때 "Paid" 날인을 받고 아울러 영수자=대표자의 서명(Signature)도 표기되도록(또는 인장 날인) 요청한다. (※ 만약 이와 같이 아니한(에이전시 예약 없이 입국) 상황이라면 숙소 이동 후 곧바로 준비절차에 돌입해야 하겠다. 에이전시 사무실을 직접 방문 상담(견적) 후 적당한 에이전시와 계약을 체결하고 본격적인 트레킹을 준비토록 한다. 단, 성수기의 경우 유능한 일꾼(트레킹도우미)들은 먼저 예약한 단체프로그램(그룹투어) 등에 선점되어있는 경우가 일반적이라 상대적으로 능력과 수준이 다소 떨어지는 일군들을 배정받을 가능성이 크다. 따라서 성수기라면 앞당겨 에이전시를 확정짓고 미리 투어/트레킹 예약을 통해 진행하는 것이 바람직하다.)

허가증(Permit) 신청 및 발급 : 트레킹지역에 따라 출입(입산)허가가 필요한 곳이 있는바, 현지 에이전시를 통해 진행토록 한다. 만약 사전에 에이전시와 모든 일정진행 및 프로그램이 확약되어있는 경우라면 보통은 그쪽에서 다 알아서 할 것이므로 딱히 신경쓸 일이 없다. 특히 북인도 지역의 경우 제한구역 여행허가 일명 '이너라인퍼밋(Inner Line Permit; 약칭 ILP)'이라고 하는 여행승인시스템이

정해져 있는데 이를 위해서는 당해 지역(국경인접지역) 여행 전 현지여행사를 통해서나 때로는 여행자 본인이 직접 개별적으로 퍼밋을 신청해 발급받고 나서도록 한다. 반면 각 권역 국립공원 출입 시에는 에이전시를 통할 필요 없이 거의가 각자 본인이 개별 지불하는 방편으로 되어있다. 다만 외국인의 경우 때로 2인 혹은 그 이상의 단체입장규정이 있는 경우도 있으므로 미리 알아보고 나섬이 좋다. 한편 원정등반(히말라야/카라코람 고산)의 경우 통상 최소 2인 그룹을 최소요건으로 하며(내외국인 동일), 높이별로 6천~6천5백미터 미만(단, 트레킹피크는 제외) // 6천5백~7천미터급 // 7천미터 초과급 이렇게 3단계 구분 및, 아울러 난이도가 덜한 이른바 트레킹피크급(보통 6천~6천5백미터대 범위 내) 이렇게 4개 등급으로 나누어 차등 적용하고 있는바, 각 해당 등급에 따른 입산료 및 조건은 다음과 같다.

△▲ 인도 산악등반료(Mountaineering fee) 일람

등급(그룹) (☞ 고도별 구분)	등반고도	등반료 (최소 2인 그룹 총액)	추가 1인당 가산액 (최대 12인까지)
트레킹그룹	6천미터 이상의 트레킹등급 산봉	U$100	U$50
A그룹	6000~6500m	U$500	U$225
B그룹	6501~7000m	U$700	U$325
C그룹	7001m~	U$1,000	U$450

※ 단, 제한지역에 인접한 고산권의 원정등반에 나서고자할 시에는 외국인 단독 그룹은 허용이 되지 않고 최소 7인 이상의 인도 자국민 원정그룹에 동참, 즉 '합동원정대'의 형태로서만 등반허가를 받을 수 있다. 대표적으로, LAC(중국령 티베트/신장위구르와의 실효지배국경선)에 인접한 동부 카라코람산역 및 중국령 티베트 국경인접지 히마찰 동북부, 우타라칸드 북부, 시킴 및 아루나찰 지방의 히말라야산역 대상지들이 그러하다. (✔ IMF(인도등산연맹) 입산규정 참조.)

[★ 2020년도 인도산악 등반 프로모션 : 위 도표 상의 기준 등반료 & 추가인원 가산액을 50% 감면 적용중. 대표적 대상지로서 **카시미르**의 눈(7135m)·쿤(7077m), 사세르캉그리(7672m) // **히마찰** 레오푸르길(6816m), 파르바티(6633m) // **우타라칸드** 가르왈·쿠마온의 초쿰바(7138m), 카메트(7756m), 난다데비(7817m) // **시킴** 카브루(7412m) 등의 고산들이 그러하다. 다만 카브루의 모산으로서 동부네팔과의 경계 상에 솟은 칸첸중가(8556m; 세계 3위봉)는 작금의 인도(시킴) 쪽에서의 정상등반이 허가되지 않아 통상 네팔 쪽을 통해서 오르게 된다. 한편, 네팔의 경우는 일반 트레킹지역을 트레킹하고자할 때 퍼밋/입산료뿐 아니라 소위 'TIMS(Trekking Information Management System)'라고 하는 트레킹카드도 만들어 나서야 한다. 이 역시 에이전시를 통해 진행하는 것이 일반적이지만, 그러잖고 만약 본인이 개별적으로 추진코자한다면 이모든 필요절차를 직접 스스로 다 처리해야 하므로 다소 번거롭다 할 수 있겠다.]

현지화 준비(환전/현금인출) : 파키스탄, 인도, 네팔은 루피(Rupee=Rs)화를 쓴다. (※ 나라마다 환율은 다르다.) 물론 미 달러화도 통용되는 경우가 많으나 곳에 따라 환율이 매우 불리한 경우가 많다. 미리 대비하여 쓸데없는 낭비를 막도록 한다. (※ 현지도우미(스태프) 임금/팁 지불 시에도 달러보다 루피화가 서로에게 좋다.) 은행이나 환전소를 찾아 환전하되, 짐이 될 정도로 너무 많은 액수를 환전치는 말자. 트레킹차 방문한 경우라면 2주 내외 일정의 경우 1인당 대략 100~200달러 정도 환전해 지참하면 무난할 듯싶다. 해외사용 가능한 현금카드(일명 '글로벌 체크카드')를 준비해오는 것도 좋다. 굳이 많은 현찰(달러화)을 지참하고 다닐 필요 없이 필요시 요소마다 비치된 ATM(Auto Teller Machine) 기기를 통해서 현지통화를 인출하여 사용하면 되기 때문이다. 현금인출 가능한 ATM 부스는 웬만한 중소도시에는 다 있다. (단, 네팔은 원격지(오지) 소도시의 경우 은행은 있지만 환전이 불가능하고 ATM도 없는 경우가 많아 주의를 요한다.)

지도구입 : 트레킹 내내 내가 어디를 어떻게 가는지 모른다면 눈 뜬 장님이나 마찬가지. 한국에서 미리 해당루트의 트레킹지도를 구비치 못했다면 현지에 도착하여 트레킹 시작 전에 필히 지도를 구입토록 하자. 트레킹의 메카로 불리는 네팔의 경우는 서점마다 다양한 트레킹지도들이 매우 잘 구비되어있고 소개도 잘 되어있지만 인도나 파키스탄 쪽은 그렇지 못하다. 있다 하더라도 트레킹과 관련한 지도들의 수준이 썩 만족스럽지 못하다. 그렇다 하더라도 외면치 말고 구입토록 한다. 없는 것보단 낫다.

시킴 카브루 베이스캠프(종그리라) 트레일

현지도우미(스태프) 미팅 & 세부논의 : 보통 트레킹 출발 하루이틀 전쯤에 본인의 트레킹을 함께 수행할 도우미(스태프)들과의 만남(Meeting)을 가지게 된다. 이때 각 일군들과의 통성명은 물론, 보다 구체적인 심도있는 이야기와 의견을 나누도록 한다. 트레킹하는 본인(팀)의 성향과 본 트레킹의 목적 및 주안점에 대해서 주지하고, 장비 및 식단에 대한 언급과 더불어 서로에 대한 당부와 주의사항(금지/금기사항, 고도적응/응급상황 등등)에 대해서도 이야기한다. 나아가 각각의 일정에 대해서도 시작 전에 좀 더 세부적으로 이야기를 나누길 권면한다. 예를 들어 해당일의 이동거리 및 소요시간, 도중 휴식처 또는 들를(만한) 곳, 특별한 뷰포인트(View Point; 조망처) 내지는 그에 대한 사진촬영 할애시간, 휴식일(적응일) 할애 및 그날의 일과 등등 더욱 다양하고 세세한 부분들에까지 사전 조율하고 나서면 보다 체계적인 일정진행과 더불어 도중 잡음이나 마찰이 생길 염려도 그만큼 적다.

사전 고소적응 및 현지 필요물품 구입 : 고산트레킹은 보통 해발 3천미터~5천미터 일원을 걸어서 여행하는 것이기에 이에 대한 사전 적응단계가 필요하다. 고로 현지에 도착하여 곧바로 트레킹을 시작하기보다는 어느정도 고도가 있는 거점도시에서 1~2일 가량을 머물며 신체적응 및 필요한 준비물 등도 챙기면서 보내도록 하자. 카라코람 & 히말라야의 고지대 라다크 트레킹의 경우 해발 3천4백미터의 거점도시 레(Leh)에 이르기 전에 카르길(2670m)이나 히마찰 주의 킬롱(3040m)에서 하루이틀 머물고서 나서면 좋다.

쿤줌라~찬드라탈 트레일(북인도 히마찰)

♦ 카시미르 개황

o **지리·기후** : 카시미르의 지경은 파키스탄령 길기트·발티스탄 지역과 아자드카시미르(AK) 지역, 그리고 인도령 잠무카시미르(JK) 및 중국령 악사이친과 샥스감밸리 지역으로 구획된 모든 영역을 합한 영토로 매겨진다. 전체 면적은 약 230,700㎢로서 남북한 합친(약 22만㎢) 면적보다도 크다. 이 중 ①**길기트·발티스탄** 지역은 인더스 북부수역 및 샤이옥(시오크)강, 훈자강을 주축으로 카라코람과 펀잡히말라야 산세에 얽힌 지역으로 구성된다. 영토면적은 약 73,000㎢로 카시미르 전체의 1/3 가까이 차지하며 자치권을 부여받은 파키스탄의 하나의 주로서 할당되어있다. 고위도 지역인데다가 지형적으로도 전반적인 해발고도가 높아 여름철에도 몬순의 영향을 기의 받지 않는 전형적인 대륙성 고산기후의 풍토를 보이는 점이 특징이다. 서쪽으로 힌두쿠시산맥 치트랄 지역 및 코히스탄(NWFP*) 하자라 지역, 북쪽으로 파미르고원 중국령 신장위구르 지역에 접하며, 남쪽 아자드카시미르, 동쪽 인도령 잠무카시미르와 경계(LOC)를 맞대고 있다. ②**아자드카시미르(약칭 AK)**는 파키스탄의 인더스 편잡지류 젤룸강을 근간으로 그 북부지류 닐룸강과 중앙의 젤룸강 본류, 그리고 남부지류인 푼치강을 끼고 들어앉은 지역으로서, 역시 주민자치권을 행사하는 파키스탄 내 하나의 주로 편성되어있다. 면적은 약 13,300㎢로 카시미르 전체의 6% 미만에 불과하나 인구나 산업 측면에 있어서는 위의 길기트·발티스탄 주보다 우위를 점한다. 기후적으로는 닐룸강 북단 이른바 '닐룸밸리' 지역은 온대성 고산기후대로 윗지방 발티스탄의 기후풍토와 크게 다르지 않다. 반면 중부 이남 지역으로 젤룸강과 푼치강 유역의 남부산지는 편잡평원에서 불어오는 몬순의 영향을 다소간 받는 온대성 계절풍기후의 면모를 나타낸다. 북쪽으로 발티스탄 디아미르 & 아스토르, 서쪽으로 코히스탄(NWFP) 하자라 지역에 접하며, 남쪽 파키스탄 편잡 주, 동쪽 인도령 잠무카시미르 주와 맞닿아있다. 이어 인도령 ③**잠무카시미르(약칭 JK)** 지역은 총면적 약 101,400㎢로서 전체 카시미르 영토의 절반에 조금 못 미치는(44%) 가장 넓은 면적을 차지하고 있으며 이는 한국(남한) 국토면적보다도 넓은 영역이다. 카시미르밸리(스리나가르분지) 일대는 인더스 편잡지류 젤룸강 수역, 남쪽 잠무평원과 키슈트와르밸리(도다) 지역은 역시 편잡지류인 체나브강 수역이다. 이 외 북쪽 카르길 및 라다크·잔스카르 지역은 인더스 북부수계로서 이 중 라다크 북단의 누브라밸리 카라코람 일원은 파키스탄의 발티스탄 지역과 동일한 인더스 북부지류 샤이옥(시오크)강의 수역으로 구획된다. 기후대는 크게 셋으로 나뉘는데, 저지대의 남부 잠무평원 지역은 고온다습한 아열대성기후, 중산간의 중앙부 카시미르밸리(스리나가르분지) 일대는 이웃 아자드카시미르와 같은 온대성기후, 그리고 고지대로 향하는 북쪽과 동쪽으로 곧 카르길, 누브라밸리, 라다크 · 잔스카르 일대는 고위도의 고산지대에 둘러싸여있어 여름철에도 몬순의 영향을 거의 받지 않는 파키스탄 길기트·발티스탄 지역과 마찬가지의 전형적인 대륙성 고산기후의 풍토를 나타낸다. 파키스탄 아자드카시미르 주처럼 이 잠무카시미르 역시도 행정

구역상 인도 내 하나의 주로서 매겨져있으나 주민 대다수를 점유하는 무슬림 지역 주민에 의한 자치권은 보장되지 않는 형국이다. 서쪽으로 아자드카시미르, 남쪽 펀잡평원(파키스탄/인도), 동남 지경으로 히마찰 참바 지역 및 라하울·스피티 지역에 맞닿아있으며, 북쪽 라다크 동북방으로 파키스탄령인 발티스탄과 중국령 신장위구르 지역, 그리고 동쪽으로 창탕고원 너머의 중국령 티베트고원과 접하고 있다. 끝으로 중국령인 ④**악사이친**과 ⑤**샥스감밸리** 지역은 가장 늦게 중국령으로 넘어간 지역으로, 악사이친은 1962년 인도와의 전쟁을 통해서, 그리고 K2(8611m) 북부권으로 알려진 샥스감밸리 지역은 1963년 파키스탄으로부터 할양받아 중국령에 편입케 되었다. - *이에 대해서도 인도 측은 카시미르의 (중국으로) 무단 이양이라며 강력 반발, 현재까지도 이를(샥스감밸리의 중국령 편입을) 인정치 않고 있다.* - 면적은 악사이친 약 37,200㎢, 샥스감밸리 약 5,800㎢로 이들을 합한 중국령 카시미르 전체 면적은 약 43,000㎢로서 길기트·발티스탄 및 아자드카시미르를 점유한 파키스탄령 카시미르 (약 86,300㎢)의 절반에 해당하는 점유면적이다˚. 중국령 악사이친은 평균해발고도 5천미터 이상의 서쪽 뎁상고원과 동쪽 소라고원으로 구성되고, 특히 소라고원 일대는 거의가 구릉 형태의 고위평탄면으로 이 일대를 가로질러 이른바 인도-중국 국경분쟁[악사이친 분쟁˚]의 씨앗이 된 신장위구르 야르칸드~티베트 아리 지역을 잇는 '신장공로'가 지나간다. 이 악사이친은 뎁상고원 서쪽으로 일부 인더스 수계 [샤이옥(시오크) 지류계]를 빚고 있는 것 말고는 카라카스강을 비롯한 대부분 물줄기가 북쪽 신장위구르 지역의 타림분지로 흘러 이내 타클라마칸사막의 지평 속으로 스며든다. 샥스감밸리의 수계 역시 K2(8611m) 북부지역를 위시한 카라코람의 물길을 받아 이내 야르칸드 수역에 합류하면서는 이윽고 동일한 타림분지의 타클라마칸사막으로 스미어 흐름을 갈무리한다. 기후적으로 이 두 중국령 카시미르는 모두가 건조한 고산풍토에 기반한 대륙성 고산기후의 특성을 보이나 평균해발고도 4천미터가 넘는 악사이친 지역에 비해 깊은 강과 골짜기를 빚어내리는 샥스감밸리 지역은 여름철 뜨거운 타클라마칸의 사막열풍을 맞닥뜨리는 매우 고온건조한 기후환경을 접하고도 있다. 악사이친이나 샥스감밸리 지역이나 인도령 카시미르처럼 독자적인 지역갈등은 없으나 이의 본토 신장위구르 자체가 자신들에 대한 중국의 반강제적 점유지배에 크게 반발하고 있는 곳인지라 이로부터 전반적인 반중국 정서가 기저에 매우 크게 깔려있는 곳이라 하겠다. - *특히 신장위구르의 무슬림들은 티베트의 온순한 불교도와 달리 때로 과격하고 급진적인 양상으로 분리독립을 주장하며 중국정부와 직접 충돌을 빚기도 한다.* - 샥스감밸리 남쪽은 원 점유국 파키스탄의 길기트·발티스탄 지역이며 북쪽은 중국령 신장위구르 지역이다. 악사이친 역시 북쪽은 신장위구르, 동쪽은 티베트이며 서쪽은 이를 빼앗긴 인도령 잠무카시미르의 라다크 지역과 마주하고 있다.

˚ NWFP = North West Frontier Province(북서국경지방(주))

* 곧, 카시미르 전체로 보면 파키스탄령이 약 38%, 인도령이 약 44%, 중국령이 나머지 약 18%의 면적으로 분할되어있다.
* 중국 측은 기실 이 악사이친 지역이 과거 카시미르에 속한 영토가 아니라 영국의 인도 식민지배시절 힘의 논리를 앞세운 영국의 강제침탈과 기만적인 맥마흔라인 설정에 의해 부당하게 영국령으로 할양된 구 티베트 영토의 일환이었다고 주장한다. 즉 원래부터 카시미르가 아니라 티베트였다는 것으로 자국(중국)은 인도-파키스탄처럼 카시미르 영유권 행사와는 아무 관련이 없다고 강변한다.

o **역사·문화·정세** : 군소부족국가들이 난립하던 카시미르 일대는 기원전 250년경 **불교왕조**인 마우리아왕국의 아쇼카 왕에 의해 복속되었고 이로부터 불교가 전파, 찬란하게 꽃피운 고대 불교문화의 일원으로서 자리매김한다. 이후 쿠샨왕조, 굽타왕조의 불교시대를 지나 힌두스탄 평원에서 창궐한 **힌두왕조**들의 세력에 들면서 11세기말까지 이들에 의한 힌두문화의 일원으로 탈바꿈. 이어 12세기부터는 북서부 아프간고원으로부터 밀고 내려온 아프간왕조와 슬레이브(노예)왕조 등 이슬람왕조에 의해 문화적 전통이 이슬람적 요소와 세계관으로 변모하고 14세기 중엽 결국 **이슬람왕조**의 직접적인 지배하에 놓인다. 15세기 중반 이후에 들어서서는 카시미르 남부(현 펀잡 지역)에서 탄생한 시크교의 영향을 받기도 하였으나 다시 16세기부터 이슬람 몽골인들이 세운 **무굴(무갈)제국**의 지배를 받으면서 19세기초까지 가장 강력한 이슬람체제와 문화의 일원으로 자리매김한다. 그러다 1819년 펀잡 지방에서 일어난 **시크왕국**에 이 카시미르 지역이 합병되고 이어 1846년 잠무 지방의 **힌두왕조** 도그라왕국으로 다시 합병되었다. 영국의 인도강점 시절에도 이 잠무-카시미르의 도그라왕국은 카시미르의 주군으로서 국가형태를 지속했으며, 이윽고 인도·파키스탄이 분리독립을 선포하던 1947년까지도 도그라왕국은 명맥을 유지하였으나 1947년말 카시미르의 바라물라 지역을 침입한 파슈툰(파탄)*족 연맹을 토벌하기 위해 독립 인도정부가 카시미르에 군대를 급파하면서 이 **도그라왕국** 카시미르의 **힌두교도** 마하라자(봉건토후)였던 **하리 싱**은 이들 무력을 동원한 인도군의 겁박에 자의를 상실한 나머지 거의 반강제적으로 인도연방으로의 편입을 재가하는 조약문서에 서명케 된다. 이로써 **카시미르의 잔인한 분쟁의 역사가 시작**됨이다. 곧, 카시미르 지역민의 70% 이상을 차지하는 이슬람교도 즉 무슬림들의 뜻과는 상관없이 힌두교도 중심의 인도에 나라를 넘기게 된 것이다*.
이로부터 1948년 결국 카시미르 영유권 문제로 **1차 인도-파키스탄 전쟁**이 발발, 그 후 인도는 이 카시미르 영유권 문제를 국제연합에 상정했으나 파키스탄은 이를 반대하여 곧 그 주인공인 카시미르 지역민들의 주민투표로 정하자고 제의함으로써 인도 측도 이에 원칙적으로 수락하였다. - *하지만 인도정부는 여태껏 갖은 이유를 들어 이행치 않고 있는 상황이다.* - 이후에도 계속되는 카시미르 주민들의 분리독립 요구 및 파키스탄의 압박으로 인도정부와의 마찰과 갈등이 심해지던 차 결국 1965년 다시 카시미르에서 **2차 인도-파키스탄 전쟁**이 발발하였으며 이로부터 세계의 화약고로서 카시미르는 더욱 집중 조명을 받는다. 특히 1971년 파키스탄으로부터 동파키스탄(현 방글라데시)이 분리독립 당시 인도가 이를 지원하면서 다시 **3차 인도-파키스탄 전쟁**이 발발하였고, 전후 인도-파키스탄 양국은 카시미르에서의 전투를 종결하는 협정에 합의하고 이로부터 양국 간 정전선 즉 LOC(Line of Control)가 그어지게 된다. 이로써 LOC 서쪽과 북쪽은 파키스탄령 카시미르[길기트·발티스탄 & 아자드카시미르], 동쪽과 남쪽은 인도령 카시미르[잠무카시미르]로 양분된다. 그러나 **1974년 인도가 핵실험**을 통해 핵무기보유국으로 올라서게 되자 카시미르의 긴장상태는 다시 높아졌고 이에 맞서 **파키스탄 역시 1998년 핵실험**으로 핵무기보유국으로 등단하자 무릇 카시미르는 단지 인도 아대륙의 화약고일 뿐만 아니라 전 세계의 평화와 안전을 위협하는 3차세계대전으로까지* 비화될만한 전쟁위험지역의 핵으로 부상케 된다. 그러나 이내 2000년 인도-파키스탄 양국 정부는 상호안전과 세계평화를 위한 **휴전**안에 합의하였고 그로부터 2003년 이래로 상호존중에 의해 양국 간의 화해국면은 더욱 진전되어 이로부터 카시미르의 긴장은 완화되고 다시금 평화로운 카시미르의 현 상황으로까지 발전되게 된다. 그러나 2008년 다시금 인도 수도 델리, 뭄바이 등지에서 동시다발적 테러로 인해 인도-파키스탄 간 긴장이 고조되고 또 계속되는 카시미르 지역 내 주민들의 분리독립요구 시위도 과열되고 격해짐으로써 카시미르의 불안한 정세는 여전히 수그러들지 않고 있는 형국이다*.

한편 현 카시미르 3분할국가의 하나로서 **중국 역시 1962년 인도와 국경전쟁**을 일으킴으로써 카시미르에 개입, 이로부터 라다크 북동부 악사이친 지역을 획득하고 이어 무력을 앞세워 진주했던 동북인디아의 아루나찰 지역은 이후 군대를 철수시킴으로써 세칭 "인도에 대한 중국의 교훈"을 남기고서 떠난 사례로 각인하는바, 그리하여 이전까지는 인도-중국 간 상호 우방국으로서의 긴밀한 관계였으나 이 악사이친 점유와 아루나찰 전쟁으로 인해 **중국 또한 파키스탄에 버금가는 인도의 '주적'**으로서 대결국면을 펼치게 되었다.

---

* 파슈툰(파탄) : 파키스탄과 아프가니스탄 고지대를 터전으로 삼아 생활하는 부족공동체로, 현 파키스탄의 국명은 바로 이 파슈툰/파탄의 'P'와 카시미르의 'K'를 조합하여 곧 파·키의 나라 '파키-스탄'이라 정했다는 설이 유력하다.

* 이 때문에 마하라자 하리 싱이 단지 힌두교도였기 때문에 무슬림국가인 파키스탄보다는 그가 원하는 힌두교국가인 인도에 편입되기를 원하여 인도연방 가입조약에 서명했다고 하는 것은 전말을 모르고 하는 초보적인 생각이다. 한 나라의 통치자로서 어찌 국민의 신앙과 열망을 무시한 채 지극히 개인적 일신의 바람 - *그저 개인의 종교성 하나만으로* - 에 의해 이러한 대의를 결정할 수 있단 말인가? 특히나 종교-신앙이란 게 내 것이 그렇게 왈가왈부할 수 없는 것처럼 나 아닌 다른 이들(대다수 국민들)의 것 역시 더욱 그러할진대. 내막을 들여다보면 바로 그처럼 지극히 개인적인 '자의'에 의해서가 아닌 (인도군의) 무력 앞에 '거반 강제적'으로 인도 편입에 서명할 수밖에 없었음이라는 게 이 카시미르 사태의 본말이다. 역사의 이면을 들여다보라!

* 만약 당시 세계 각국으로부터의 양국 간 대화 재개와 평화를 위한 중재 노력이 없었더라면 아마 지구상 두 나라는 더 이상 지금의 형태로 존재치 않았을 지도 모른다는 사전 연구(시뮬레이션) 결과까지 있었을 정도로 그만큼 양국 간의 더군다나 핵무기까지 보유한 저들로서는 가히 이 카시미르로 인해 전 국가의 흥망까지 뒤흔드는 그러한 최악의 상황으로까지 치달았던 일촉즉발의 상황이었음을 반증한다.

* 특히 몇 해 전 2016년 7월에는 인도령 카시미르 스리나가르에서 대규모 소요사태가 발생하였고 이를 진압하려는 인도 보안군과 카시미르 무슬림 주민 사이에 많은 사상자가 발생키도 하였는바 계속해서 지역민들의 종교문제로부터 촉발된 카시미르의 갈등상황은 그리 쉽사리 잦아들지 않고 있다. 지역민들 또한 인도정부의 주민투표를 통한 자치권 약속에 대해 더는 신뢰하지 않는 모양새다.

o **인구·종교·언어** : 인도령·파키스탄령·중국령 전체를 합한 카시미르 총인구는 대략 2천5십만명으로, 그 중 70%인 1천4백만명 정도가 인도령 잠무카시미르에 거주한다. 나머지 파키스탄령 아자드카시미르 4백7십만명, 길기트·발티스탄 1백8십만명으로 카시미르 전체인구의 약 30%이다. 중국령 악사이친과 샥스감밸리는 군 병력을 제외한 거주민수가 워낙 적어 카시미르 인구분포에 거의 영향을 끼치지 못한다. 굳이 드러내자면 악사이친 약 2만명 이내, 샥스감밸리 약 3천명 이내로 추산한다. 외려 이들 지역은 사람 수보다 유목으로 영위하는 가축 숫자가 더 많은 곳이다.

각 지역별 종교는 파키스탄 쪽 카시미르는 일부 극소수의 기독교인을 제외한 주민 모두가 무슬림으로 이 중 다수가 수니파 무슬림이며 시아파 역시 북쪽 길기트 일원에서 어느 정도 주민분포를 보이고 있다. - 이로 인해 길기트 일대에서는 수니파와 시아파 간 갈등과 마찰로 종종 혼란스러운 상황을 빚기도 한다. 여행시 주의해야 할 곳 중의 하나다. - 이슬람 제3분파인 이스마일리 또한 길기트 북쪽 훈자와 파수, 심샬 일대를 무대로 분포하고 있는데 이들의 특색은 8세기 무렵 종교지도자 선출에 반대하여 다시 시아파에서 분파되어 나온 교파로, 곧 "종교와 기도는 지극히 개인적인 일"로 주창하고 모스크를 주민공동회당으로 바꿈과 동시에 개방적이고 온건한 사고와 행동을 권장, 심지어 종교가 다른 이방인들에게까지도 매우 우호적인 태도를 지향하여 뭇 무슬림 중에서는 가장 평화롭고 호의적인 종파로 언급된다. 이 외에 이슬람 본래의 기조와 맥을 같이하는 '수피' 교파도 있으나 실상 이 카시미르 지역에서는 찾아보기 힘들다. 한편 인도 쪽은 무슬림, 힌두교도, 시크(시크교도), 불교도가 골고루 분포한다. 남쪽 펀잡평원에 접한 잠무 지역 일원은 힌두교가 전체 주민의 65% 이상을 차지하는 우세종교로 자리매김하고 있고 나머지 이슬람교와 더불어 시크교도 일정비율을 차지한다. 안쪽 체나브강을 따라 키슈트와르밸리(도다) 지역 또한 힌두교/이슬람교 각각 절반 정도의 분포로 양분된다. 이에 반해 특히 파키스탄령 아자드카시미르와 접한 인도령 카시미르밸리(스리나가르분지)와 북쪽의 카르길 일원은 이들 지역과는 판판으로 극소수 기독교인과 힌두교인을 제외하곤 주민 대다수가 무슬림들이다. 다만 거의가 수니파인 카시미르밸리와 대조적으로 카르길 쪽은 '시아 알리' 즉 선지자 모하메드의 사후 그의 사위 '알리'를 이맘(종교지도자)으로 삼고 따르는〈시아〉이른바 '시아파' 무슬림들로서 시아파 국가인 이란의 교의와 명분에 동조한다. 아울러 상대적으로 원론주의적인 수니파 무슬림들에 비해 이 시아파 무슬림들은 다소 유연하고 온건한 성향을 보인다. 카르길 안쪽 즉 수루밸리 내원으로 들어가면 그러나 다시금 수니파 무슬림들의 터전이다. 단지 카시미르 최고봉 눈·쿤 봉우리 바로 아래 파르카칙 일대 사람들만은 예외적으로 카르길 시내의 무슬림과 같은 시아파이다. 잔스카르 내원 파둠 역시 주민의 약 40%가 무슬림으로 이들 역시 경유지 수루밸리의 수니파와 같은 이슬람을 신봉한다. 북쪽 라다크 역시도 이슬람 무슬림들이 다수 분포하는데 행정중심지인 레(Leh)에 주로 거주한다. 인구비율은 대략 25% 정도로, 이 중 20%는 수니파, 나머지 5% 정도만이 시아파 무슬림이다.

불교는 라다크와 잔스카르에서 위 무슬림 분포비율을 훨씬 웃도는 주축종교로서 영향력을 행사하고 있는데, 곧 잔스카르(파둠) 주민의 60% 이상, 라다크(레) 주민의 70% 이상이 불교도이며 소통이 불편한 첩첩한 오지로 들어갈수록 무슬림들은 찾아보기 힘들고 거의가 동일한 라마불교이거나 원시불교인 뵌교(본포교)를 신봉한다. 시크교와 기독교 역시 라다크 레 주민 중 각각 3% 미만의 소수종교로서 분포한다. 과거에는 한편 라다크나 잔스카르의 **불교도와 무슬림이 함께 가정을 꾸리는 일도 허다**했으나 지금은 정치적인 이유에서인지 상호간 거리감이 커져 양 종교 간 함께 결혼가정을 이루는 경우는 극히 드물다. 오히려 카르길, 라다크, 잔스카르의 무슬림 쪽은 불교도에 대해 반감이 적은 데 반해 불교도 쪽이 무슬림들에 대해 왠지 모르게 거부감을 더 표출하는 편이다. 다소 의외스러운 북인도의 종교적 특색이라 하겠다.

지역별 구사하는 언어(공용어)는 먼저 무슬림 지역인 파키스탄령 카시미르와 인도령 잠무카시미르의 카시미르밸리(스리나가르분지) 및 카르길 일원은 우르두어가 공용어로 쓰인다. 파키스탄의 국어이기도 한 이 우르드어는 발음은 힌디어와 동일하나 문자체계와 기술방식에 있어 아라비아식 체계를 표방한다. (∴ 즉, 아라비아식 문자에 글쓰기방향이 우→좌 순서이다.) 힌두교가 우세한 남쪽 잠무평원 방면은 힌디어가 공용어이며 지역에 따라 편잡언어인 펀자비어 또한 상호 소통된다. 불교권인 북인도 라다크와 잔스카르는 티베트계인 라다키어·잔스카리어를 사용한다. 문자체계는 티베트어와 동일하다. 다만 이 티베트계의 라다키·잔스카리 언어를 문자로 구현해 쓰는 경우는 갈수록 점점 보기 힘들어져 작금에는 주로 구어(회화)적으로서만 통용되는 실정이다. 이 외 인도의 국가·정책적 공용어인 힌디어 역시 라다크와 잔스카르 지역 내 행정사무에 관련한 용어로 영어와 더불어 병행 사용된다. 중국령 악사이친 역시 티베트어 혹은 티베트계의 라다키어가 원래 사용언어이나 중국의 서북공정 정책의 일환으로 지역민들 간 회화체를 제외하곤 공식언어는 중국어(간체)를 내세우고 있다. 샥스감밸리 쪽 역시 중국령에 귀속된 이래로 중국어를 표방하지만 지역이 지역인지라 본토인 신장위구르 지역언어인 위구르어 및 투르크어 계열의 지역방언이 통용된다. – 인접한 '카라코람'패스 지명이 이들의 투르크어에 기원을 둔다. 무릇 '카라코람 산맥'이 태동한 근원지이다.

o **산업·경제** : 카시미르 지역의 주산업은 1차산업인 농업 및 목축업의 비율이 절대적이다. 지형적인 여건상 대규모 산업단지나 공장이 들어서기 곤란하다는 점이 크게 작용하며, 이로부터 제조업 등 2차산업 분야는 상대적으로 저조한 내용을 보인다. 반면 이처럼 카라코람과 히말라야를 품은 인도 아대륙 제일의 산악지대로 부각되는 만큼 (파키스탄 쪽이든 인도 쪽이든) 그러한 산악관광을 모토로 하는 관광서비스산업 등 3차산업의 비중은 매우 높다. 게다가 우르드어 시용으로 아랍권과 소통이 유리한 점으로부터 이내 중동으로 진출한 많은 노동인구로 인해 그들로부터의 송금처리에 분주한 금융부문 역시 카시미르의 3차 서비스산업 특징 중의 하나다. 지역특산품으로서 고급향신료인 사프란* 및 지역명칭을 딴 카시미어* 제품이 유명하고 지역마다 양잠도 성행하여 이로부터의 비단제품도 많이 유통된다. 아울러 익히 알려진 남아시아의 구자르* 유목민과 가디* 유목민의 계절에 따른 이동방목을 통한 목축업 또한 눈에 띄며, 이들 대개는 양·소·염소 등을 방목하며 살아간다. 이와 달리 고도가 높은 북쪽 라다크·잔스카르 등 고산지역에서는 그러한 고지대에 특화된 야크를 가축으로 부리며 방목생활을 하는 이들도 많다. 부존자원으로는 지하광물로서 철광석, 구리, 아연, 보크사이트 등 금속광물과 화석연료로서의 석탄(무연탄) 및 석회석 등 비금속광물이 매장되어있으며 아울러 아자드카시미르 닐룸강 유역과 잠무카시미르 바르물라 지역은 풍부한 대리석의 산지로서도 알려져 있다. (※ 부의 척도를 나타내는 지역 총생산과 더불어 부유함[잘 사는 정도]의 기준이 되는 1인당소득 등 경제지표에 있어서는 아래 표를 참고한다.)

(2019년 기준)

지역 구분	파키스탄령		인도령	중국령
	GB*	AK*	JK*	AC* & SG*
면적(㎢)	73,000(32%)	13,300(5.5%)	101,400(44%)	43,000(18.5%)
인구(천명)	1,800(9%)	4,700(23%)	14,000(68%)	23
지역총생산(U$)	6억(3%)	33억(16%)	168억(81%)	-
연평균소득(미화)	$330	$700	$1,200	-

* 카시미르는 인도 내 최대의 사프란 생산지이다. 히마찰 주의 라하울·스피티 및 키나우르 지역에서도 다소간 생산된다.

* 캐시미어(카시미어; Cashmere = Kashmir)는 양/염소 등 방목가축의 털로 짠 스카프와 숄 등 직물제품을 말한다. 격조가 있는 고급제품은 '파슈미나'라는 명칭으로 유통된다.

* 구자르(Gujjars) : 주로 잠무평원 및 스리나가르분지(카시미르밸리)와 아자드카시미르 지역에서 유목을 하며 살아가는 부족민으로, 거의가 무슬림들이다. 참고로 카시미르 북방 즉 중앙아시아 파미르 일원에는 일명 '키르기즈' 유목민들이 있다. 이들 역시 이슬람을 신봉하나 교의는 조금 다르다.
* 가디(Gaddi) : 주로 체나브강 상류부(키슈트와르밸리)와 히마찰 서부지역에서 유목생활을 하는 부족민을 일컫는다. 구자르, 키르기즈 유목민들과 달리 이들은 대개가 힌두교를 신봉한다.
* GB = Gilgit·Baltistan / AK = Azad Kashmir / JK = Jammu Kashmir / AC = Aksai Chin / SG = Shaksgam Valley

o **주요 거점도시 & 여행대상지** : 파키스탄 길기트·발티스탄 주의 행정도읍은 **길기트**이며 북쪽의 **훈자**와 동쪽의 **스카르두**는 각각 KKH* · 북부카라코람[훈자·히스파·파수·심살]과 K2(8611m) · 발토로빙하로 유명한 중앙카라코람[발토로·비아포·후세] 여행을 위한 거점이다. 펀잡히말라야 낭가파르밧(8126m) 여행을 위해서는 남쪽 **아스토르**나 디아미르의 **칠라스**를 거점으로 삼는다. 아울러 아자드카시미르의 닐룸밸리를 통해 펀잡히말라야 남부권 여행에 나설 수 있다. 지역거점도시는 아자드카시미르의 주도(SC)인 **무자파라바드**이다. 파키스탄 히말라야의 또 한 명물 데오사이(고원) 여행은 스카르두와 아스토르 양쪽 방면을 기점으로 삼을 수 있다. 즉, 이 두 곳으로부터 데오사이 통과행로가 열린다.

인도령 잠무카시미르는 주도(SC)가 두 군데다. 남쪽 잠무평원에 내려앉은 잠무(시)와 북쪽 스리나가르분지 카시미르밸리에 들어앉은 스리나가르이다. 잠무의 해발고도는 330m, 스리나가르는 1580m이다. 이러한 고도편차에 의해 **스리나가르는 여름수도[4~10월]**로서, **잠무는 겨울수도[11월~이듬해 3월]**로서 자리매김한다. 인구는 여름수도로서의 스리나가르가 약 1백35만명으로 전체 카시미르 도시 중 가장 많다. 겨울수도인 잠무의 인구는 스리나가르의 절반 정도인 약 70만명으로, 인구수로는 파키스탄령 아자드카시미르의 주도 무자파라바드(약 75만명)에 이어 카시미르 제3의 도시로 매겨진다. 봄~가을 카시미르밸리 여행의 거점은 역시 여름수도인 스리나가르이다. 스리나가르의 명물 달레이크(호수)를 위시하여 울라르 레이크(호수), 바라물라, 구레즈(구라스)밸리 및 히말라야 산계의 굴마르그, 소나마르그, 강가발, 타지와스, 아마르나트 등등 명소들이 이 스리나가르를 기점으로 여정이 수립된다. 스리나가르분지 남단 젤룸강 상류부의 **아난트낙**은 파할감, 리데르밸리-콜라호이, 찬단와리-세슈낙, 마르간-와르완밸리, 심탄고개 등지로의 여행 거점이 된다. 스리나가르보다 인구는 적지만 거주지역이 분산되지 않고 몰려있어 훨씬 더 복잡하게 느껴지며 평균기온도 스리나가르보다 좀 더 높다. 이로부터 바나할 터널을 거쳐 남쪽 잠무 지역으로 내려오면 카시미르의 동부지경 키슈트와르 방면으로 여정을 잡을 수 있다. 곧, 유명한 산악휴양지(Hill Station) **바토테**, **쿠드** 등지를 기점으로 동쪽 체나브강을 거슬러 키슈트와르밸리 내원으로의 여정이 그어진다. 달리 잠무평원으로 더 내려앉으면 가을~겨울~봄 여행지로 적합한 히마찰 남부(잠바-다람살라)와 펀잡(파탄콧-암리차르) 방면으로 연계할 수 있다. 이 여정은 여름수도인 **잠무** 또는 조금 북쪽에 위치한 **우담푸르**를 거점삼아 진행할 수 있다.

그리고 북인도 하면 가장 선하게 떠오르는 곳 '라다크'. 스리나가르에서 이 라다크로 가려면 항공편(주1회)이 아닌 이상 육로를 통해 올라가게 되는데 히말라야산맥 최저점인 조지라(Zozi La; 3530m)를 넘어 **카르길**을 들러서 가게 된다. 카르길 또한 아름다운 드라스밸리, 수루밸리 여행의 거점임과 동시에 더 안쪽으로 이내 라다크와 진배없는 잔스카르 파둠 행로의 기점이기도 하다. 잔스카르는 트레킹으로도 유명하다. 무릇 북인도를 대표하는 그「잔스카르 트레킹」바로 이 잔스카르 지역의 거점인 **파둠**을 기착지로 삼는다. 이로부터 트레킹에 나서 북쪽코스를 경유하여 라다크 본토 레(Leh)까지 나아갈 수 있다. 달리 남쪽코스를 택하여 히말라야산맥 싱코리(싱고라; 5100m)를 넘어 히마찰 라하울 지역으로 나아갈 수도 있겠고…

카르길이든 잔스카르든 차량편이든 트레킹이든 어느 경로, 어느 방법을 택하든 이제 북쪽 **라다크**로 올라오면 여행거리가 더욱 풍성하다. 단, 고위도지역인데다가 해발 3천5백미터가 넘는 고산지대이기까지 하니 기후적 계절적 특성을 더 탄다. 고로 통상적인 이 라다크 **여행적기는 대략 6~9월 여름철 4개월** 기간으로 한정되므로 시기를 잘 조율해야 하겠다. 주요 행선지는 기본적으로 수많은 곰파(불교사원) 등 불교문화유적지들을 비롯하여 서쪽 인더스 다·하누밸리, 북쪽 카라코람 누브라밸리 & 샤이옥(시오크)밸리, 그리고 팡공초, 초모리리 등 산상고원호수와 각 산역, 골짜기(밸리)별로 수많은 트레킹코스가 산재해있다. 이들을 망라하는 모든 라다크 여행의 거점지는 바로 해발 3천4백미터 고지대에 위치한 행정중심지 **레**(Leh). 이로부터 트레킹(Trekking)이건 지프사파리(Jeep Safari)건 랜드크루즈(Land-cruise) 여행이건 어떤 종류의, 방법의, 코스(로)의 여행이건 심지어 필요하다면 함께할 동행을 모으는 것까지 다 할 수 있다. 한마디로 북인도 배낭여행의 파라다이스인 셈.

* KKH = Karakoram Highway

◉ 특기사항

- **카시미르 산수계** : 산맥의 흐름으로 볼 때 북쪽에서부터; 카라코람산맥 / 라다크산맥 / 잔스카르산맥 / (대)히말라야산맥 / 피르판잘산맥 순으로 산경이 펼쳐지고 있다. 수계로서는 북쪽부터; 야르칸드강[파미르] / 인더스 본류 & 샤이옥강[카라코람] 및 잔스카르강 / 젤룸강 / 체나브강 수역이 드리운다. ⇒ 서두의 카시미르 산수계 지도 참고.

- **국경통과** : ①파키스탄령 카시미르 길기트·발티스탄 주 북방으로 중국 신장위구르 지역과의 국경 쿤제랍패스(4700m)를 경유하여 **파키스탄↔중국** 육로이동이 가능하다. 파키스탄-인도 간은 이 카시미르 지역에서는 육로이동이 불가하다. 단, 파키스탄령 아자드카시미르의 칠레아나에서 닐룸강(인도명 키샹강가) 티트왈

브릿지를 건너 인도령 잠무카시미르의 티트왈로 1달에 2번 정해진 날짜에 카시미르 현지 지역민들에 한해 왕래할 수 있다. 하지만 조건이 매우 까다롭고 복잡하며 카시미르의 정세에 따라 폐쇄되기도 하여 실질적인 카시미르 주민간의 자유왕래는 잘 이루어지지 않고 있는 실정이다. 그저 LOC 닐룸강을 사이에 두고 멀리서만 바라볼 뿐...(한국의 분단현실이 오버랩된다.) 외국인이 인도↔파키스탄을 육로로 넘고자한다면 카시미르 남단을 한참 돌아 곧 ②파키스탄 펀잡 주 라호르 ↔ 인도 펀잡 주 암리차르 루트를 통해서 가야 한다. 유일하게 **인도↔파키스탄** 육로이동이 가능한 곳이다. (☞ 이상 ①항과 ②항에 대한 자세한 내용은 『1권 - K2 트레킹』 > 부록 편(육로국경넘기) 참조.) 인도령 카시미르(라다크) ↔ 중국령 카시미르(악사이친) 국경(LAC)은 알다시피 영토분쟁지역으로 통행은 물론 접근조차 불가하다. 인도 자국민도 매우 까다로운 조건을 충족하고서야 겨우 방문이 허락되는 곳인바 외국인은 아예 언감생심이다. 파키스탄과의 정전선인 LOC 일원도 방문이 제한되기는 마찬가지다.

· **제한지역 통행허가**(ILP; Inner Line Permit) : 북인도 여행에 있어서 LOC와 LAC 정전선 부근으로 여행코자하는 경우에는 외국인은 필히 이 '이너라인퍼밋'을 신청 발급*받고 나서야 한다. 대상지역은 인도령 잠무카시미르 주 라다크 지역의 다하누밸리, 누브라밸리, 샤이옥밸리 일원과 호수지대인 팡공초와 초모리리, 그리고 히마찰 주 스피티- 단, 라하울 방면에서 진입할 경우는 퍼밋 불필요 - 와 키나우르 동북지역 일대이다. (※ 참고로 카시미르밸리(스리나가르분지 일대) 역시 인접한 파키스탄(아자드카시미르) 접경지역을 방문코자 할 경우 이 ILP를 신청 발급받고 나서야 하는데, 실질적으로 외국인들의 경우는 스리나가르 지역의 민감한 정치적 상황상 접경지역 여행허가를 받기가 어렵다.) 한편 인도 자국민 역시 과거 이 ILP(최대 3주까지 가능)를 발급받고 이러한 접경(분쟁)지역 여행에 나섰으나 2015년 이후로 자국민 대상 ILP는 폐지, 현재 어느 지역이든* 제약 없이 여행할 수 있다. (⇒ 이러한 접경지역을 소위 허가를 득해야 출입하는 '분쟁지역'으로서가 아니라 당연히 국민들이 자유롭게 여행가능한 자국영토임을 환기시키고자 하는 정치적 안목에서 자국민들 대상으로 이처럼 여행제도를 개선했다고 보겠다.) **라다크(레) 여행사무국에서는 외국인 대상 1회 최대 1주일 기간의 ILP를 발급해주는데, 단독여행은 불허하고 최소 2인 이상 그룹**여행객이어야 하며 - 하지만 이른바 '나홀로여행객'이라 할지라도 여행성수기에 방문했다면 신청발급에 큰 어려움이 없다. 매일매일 수많은 여행객들이 각 에이전시를 방문하여 ILP를 신청하기에 에이전시는 이들 신청자들의 서류를 모아 한꺼번에 여행사무국에 신청하면 되기 때문이다. 단, 카르길, 카자(스피티), 레콩페오(키나우르) 등지에서는 이들 지역을 거쳐 제한지역으로 여행하려는 외국여행객의 수가 상대적으로 적기에 1인 신청자(단독여행자)라 하더라도 ILP 발급을 허용해주고 있다. - 여행기간 역시 1주일을 초과할 수 없게끔 규정하고 있는바, 만약 1주 이상 이러한 제한지역 여행을 계획하고 있다면 여행도중 레(Leh)로 귀환하여 추가 1주 기간의 ILP 재발급 후 다시 해당 여행을 재개해야 하는 불편한 점이

있다. 아울러 **발급 신청은 반드시 레 소재의 여행사무소(에이전시)를 통해서** 해야 하고 비용 또한 1인당 ₹600~650(한화 약 ₩11,000선; 에이전시커미션 포함) 정도로 매우 비싼 편이다. 하지만 재신청 시에는 약간의 편의를 봐주어 꼭 2인 이상 그룹이 아니더라도 즉 1인 신청 발급도 허용해주며 비용 또한 절반(₹300~350) 정도로 감면해주기도 하나 – *하지만 꼭 그런(= 환경부담금 감면) 것은 아니다.* – 단, 처음 ILP 신청접수를 받았던 동일한 에이전시를 통한 행정사무에 의해서만 재발급을 해주게끔 더욱 까다로운 조건을 내걸고 있다. 즉, **라다크(레) 지역에 있어서는 ILP 최초신청 당시의 담당 에이전시와 재신청 때의 에이전시가 달라서는 안 된다**는 제약조건인바 이 또한 매우 불편한 ILP 발급행정의 하나라 아니할 수 없다.

하지만 이러한 ILP 규정에 있어서는 지역마다 조금씩 다르기도 한데, 같은 잠무카시미르(JK) 주 **카르길** 지역 여행사무국에서는 외국인 1인 신청가능에 기간은 1주일, 비용은 1인당 ₹500(한화 약 9천원선; 에이전시커미션 포함) 정도로 책정하고 있다. 한편 히마찰 주 스피티 지역 **카자(Kaza)** 여행사무국의 경우는 역시 외국인 1인 신청가능 및 여행당사 본인 직접신청도 허용, 여기에 기간은 더욱 유연하게 2주까지 허용되고 발급비용 또한 1인당 ₹50~70(한화 약 1천원 내외) 정도로 매우 저렴하다. 반면 같은 히마찰 관내의 **심라(Shimla)** 및 쿨루 지역 **마날리(Manali)**, 키나우르 지역 **레콩페오(Recong Peo)** 여행사무국 등은 동일하게 외국인 1인 신청 가능에 기간 역시 2주까지 허용되나 에이전시를 통해 신청해야 하고 발급비용 역시 1인당 ₹400~500(한화 약 8~9천원선; 에이전시 커미션 포함) 정도로 스피티 지역에서 발급받는 것보다 훨씬 비싸다. (※ 우타라칸드 주의 경우에는 신청조건이 외국인 2인 이상 그룹이어야 하며 – *하지만 이 역시 요령껏 편법을 써서 실질적으로는 1인 여행객도 ILP를 발급받을 수 있다. 단, 미리 서류(여권사본/비자사본 등)를 제출해야 하며, 퍼밋 발급에 2인 비용을 부담해야 한다.* – 최대 2주 기간에 발급비용은 1인당 ₹300(한화 약 5~6천원선) 정도로 책정하고 있다.)

각 지역 주무부서의 ILP 행정업무 시간은; 오전10시~오후4시, 토요일은 오전10시~오후1시까지만이다. 휴일(일요일 & 국경일)은 휴무이다. 참고로, 중국 국적의 여행객들은(대만, 홍콩, 마카오 제외) ILP 발급이 불허된다. 즉, 인도령 카시미르(라다크 포함)나 히마찰을 여행할 순 있어도 그들 나라와 민감한 대치상태에 놓인 라다크 동북지역 및 스피티, 키나우르 등지의 제한(접경)지역으로의 방문은 불허하겠다는 의미다. 아삼지방과 시킴 역시 중국인들이 여행할 수 없는 곳으로 규정되어있다.

[☆ 이니셜약어 : IL = Inner Line / IL-CP = Inner Line Check-post]

* 단, 중국령 악사이친에 직접 맞닿아 대규모 군 병력이 주둔해있는 창탕고원 일대 추술, 한레, 로마 등지의 특수지역은 인도 자국민이라 하더라도 ILP를 득해야 한다.

★ 북인도 카시미르와 히마찰 지역의 ILP 발급사무소는 다음과 같다.
△ 잠무카시미르〉
- 레: DC(Deputy Commissioner) 사무국
- 스리나가르: DC 사무국
- 카르길: ADC(Additional Duputy Commissioner) 사무소
△ 히마찰〉
- 심라: DC 사무국 및 ADM(Additional District Magistrate) 사무소
- 카자(스피티): ADC(Additional Duputy Commissioner) 사무소
- 쿨루, 푸(키나우르): ADM(Additional District Magistrate) 사무소
- 레콩페오(키나우르), 니차르(키나우르), 람푸르(심라), 쿨루/마날리: SDM 사무소
(Sub-Divisional Magistrate)
(※ 참고로, 히마찰 관내 제한지역을 여행코자할 경우 인도 수도인 델리에 소재한 히마찰 RC (Resident Commissioner of HP) 사무소에서도 신청 발급받을 수 있다.)

※ **특수(제한)지역 여행허가**(SP; Special Permit) : 델리 소재 IMF(인도등산연맹; India Mountaineering Foundation) 사무국에 신청. 단, 일정규모 이상의 인도 자국민 그룹- 특수지역 원정등반 입산규정에는 인도 자국민 클라이머(Climber) 기본 7인 이상에, 여기에 합류하는 일명 '합동등반대' 외국인 인원은 이의 인도인 인원수 이하로 규정 - 이 포함되어야 하는바, 이러한 인도령 카시미르 서·북방의 **닐룸(키샹강가)**, **구라스 (구레즈), 카라코람 & 라다크**(Upper Shyok Valley), **팡공, 창탕** 등등의 국경 〈LOC/LAC〉에 매우 인접한 군사지역을 여행코자 하는 경우에는 기본적으로 외국인들끼리만의 여정에 대해서는 특별퍼밋 발급이 거의 불가하다고 보고, 가급적 기 일정이 짜여진 인도여행객 그룹과 연계(합류)하여 계획을 잡도록 할 것. 이 경우 원정등반이 아닌 이상 통상적인 트레킹이나 투어프로그램으로서 진행되는 상황이라면 이러한 특수지역으로 여행(트레킹)하는 소규모- 꼭 7인 이상이 아니더라도 -의 인도 자국민 여행(트레킹)그룹에 동참하여 진행하는 것도 가능하다. (※ 대략 자국민 4인 이상 그룹이면 사무국에서 이에 동침하는 외국인 2~3인 정도는 동행가능토록 허가해주기도 한다. 물론 이러한 준비 역시 현지에 닥쳐서 이리저리 알아보기보다는 미리 1~2개월 전에 관련 에이전시를 통하여 조율해 놓고선 여정에 임하는 것이 전적으로 유리하다.)

· **트레킹시스템**(라다크·잔스카르) : 기본적으로 숙식을 전제로 하는 장기간 트레킹에 있어 ①**홈스테이·게스트하우스 트레킹** 방식과 ②**캠핑트레킹** 방식으로 나설 수 있다. - 전자는 파키스탄 쪽 카라코람이나 펀잡히말라야 트레킹에서는 활용키 힘든 방식이다. 거의가 캠핑트레킹으로 진행함이다. 반면 개별여행객 상대로도 히말라야 트레킹이 대단히 활성화되어있는 네팔 쪽에서는 트레커의 70% 이상이 이러한 현지편의시설 이용방식으로 임한다. 일명 '**롯지** 트레킹'이라고 불리는 방식이다. 북인도 우타라칸드의 가르왈·쿠마온히말라야 지역에서도 이러한 방식이 도입되어있다. 단, 개인 롯지가 아니라 기관에서 운영하는 '**레스트 하우스(Resthouse)**'나 힌두교단에서 운영하는 '**아슈람(순례숙소)**'을 이용하는 형태로 진행한다. -

특히 라다크와 잔스카르 지역은 트레일(트레킹루트) 상에 현지 편의시설보다는 민가〈홈스테이(Homestay)〉를 활용하는 트레킹방식이 보편화되어 있다. 이에 따라 통상적인 룰(Rule)이 정해져있는데, 곧 현지의 어느 민가(홈스테이)건 투숙객(트레커) 1인당 1박 3식[저녁+아침+점심도시락(팩런치)] 제공으로 ₹1,000(한화 1만8천원선)을 징구한다. 외국에서 온 여행자들로서는 그리 부담되는 가격은 아니겠으나 현지 주민들 입장에선 꽤 짭짤한 수익이다. 일행이 여럿이라면 곧 위 {단가×머릿수} 하면 된다. 다만 인원이 여럿일 경우에 주인과 얘기하기에 따라서 20~30% 정도 할인해주기도 한다. 이유인즉슨 (현지 민가를 이용하는 홈스테이의 특성상) 머물 수 있는 방이 여러 개가 아니라서 일행들 한꺼번에 같은 방에서 머물러야 하니만큼. 어쨌거나 라다크·잔스카르 전역의 홈스테이 이용 룰은 1인당 ₹1,000라니 참고토록. 아울러 동행하는 현지도우미(가이드·포터·마부 등)가 있다면 이들에 대한 요금은 징구하지 않는다. 즉, 말마따나 "(돈 되는)손님들을 데려왔다 하여" 고마움의 표시로 이들에게는 "무료접대" 해주는 것이다. 좋은 제도이다. 꼭 자기 단골이나 지인의 집이 아니더라도 트레일 상에 만나는 어떤 민가에서든지 다 이렇게 현지 도우미들을 대우해준다고 하니*. 반면 이러한 홈스테이트레킹이 가능한 인기트레킹코스 외에는 천상 '캠핑트레킹'으로 나서야 함이다. 물론 이렇게라도 탐승해야겠는 수많은 훌륭하고 경탄할만한 최고의 트레킹코스들이 이 라다크·잔스카르에는 산재해있기에 그렇게 또한 '(캠핑)트레킹의 천국'이라고도 불리는 것이다. 헌데 이 캠핑-트레킹이라고 해서 트레커 본인이 캠핑/취사 장비들을 전부 싸들고 트레킹하는 것은 아니다. 물론 그렇게 할 수도 있다. 체력과 각자 선호방식에 따라서. 하지만 일반적으로 이 히말라야 - *카라코람도 마찬가지* - 트레킹에서의 '캠핑트레킹'이란 보통 **'캠핑도우미'**를 대동하고 나서는 방식을 말한다. 곧 가이드〈Guide〉, 취사(주방)요원〈Cook & Kitchen Boy〉, 짐꾼〈Porter〉 또는 말〈Horse〉·나귀〈Mule/Pony〉 등 운반짐승(마부 포함)을 대동하고 하는 방식이다. 이에 대해서는 트레킹준비 편의 글상자를 다시 참고토록 한다.

* 롯지(Lodge) = 트레일 상의 현지숙식편의시설. 게스트하우스(Guesthouse)와 같은 의미로 혼용된다. 현지에서는 보통 동일하게 '호텔'이란 말로 표현한다. 아무리 허름하고 곧 무너질 것 같은 허접한 시설이라 하더라도. (∴ 우리네 고급스런 '호텔'을 연상치 말 것. 그냥 손님(여행자)들 잠잘 수 있는 데면 무조건 다 호텔이다. 심지어 낙하산 타입의 천막숙소(일명 파라슈트텐트), 그 딱딱한 돌맹이침대 놓인 곳조차도 '호텔'이라 한다. 멋진 동네다.)

* 네팔 히말라야 트레킹에서도 불과 몇 해 전까지만 해도 이러한 방식을 운용했으나 지금은 롯지 주인장들의 장삿속이 더 약아져서 트레커를 몰고(!) 온 트레킹도우미(가이드/포터)들에게도 밥값을 징구한다. 다만 트레커들보다 조금 저렴하게 1/2~2/3 정도의 가격으로. 이나마도 유명 트레킹지역에서나 그렇지 오지트레일로 들어가면 속절없이 똑같다. 대신 밥값이 좀 저렴하긴 하지만... (☞ 이하 네팔에 대한 부분은 차후 「네팔트레킹」 권에서 본격적으로 다루기로.)

※ 하계트레킹 불가코스 : 일반적으로 6~9월 하계트레킹으로 이름을 날리는 라다크·잔스카르 지역이지만 의외로 이 여름철에 쉬이 트레킹할 수 없는 곳들도 있다. 대표적으로 잔스카르 강의 얼음이 얼어야만 탐승이 가능한 일명 '**차다르 트렉**'이라고 하는 동절기트레일(1~2월만 가능), 그리고 역시 계곡의 유량이 줄어야만 통과가 가능한 '**중람·카르낙 트렉**' 및 '**슘·사데 차랍밸리**' 트렉 등이다. 이들 계곡트레킹은 말 그대로 계곡부를 그냥 물 타고 걷듯이 탐승해나가는 트레일이다. 곧, 유량이 적은 5월~6월 및 9월중순~10월중순 기간에 한해서만 탐승이 가능하다. 해당 내용은 트레킹안내 각 트레일 본편에서 살펴보도록 한다.
(✔ 중국령 카시미르인 삭스감밸리 지역 'K2 북부 트레일' 역시도 여름철 유량 급증으로 일반적인 트레킹이 불가하다. 4~5월 및 9~10월 기간이 적기로 꼽힌다. ☞ 상세 내용은 「1권 - K2 트레킹」〉부록 - "K2 북부" 편 참고)

・현지추천여행사(트레킹에이전시)

- 스리나가르〉
    ★★ **Kashmir Treks** (http://kashmirtreks.in)
    ★ **R.F. Tours & Travels** (e-mail: rftourandtravels@gmail.com, farooq_quest@yahoo.co.in)

- 카르길〉
    ★★★ **Roots Ladakh** (http://rootsladakh.in) : 무슬림 매니저가 운영하는 신뢰도 높고 체계적 관리시스템을 가진 트레킹여행사. 히말라얀패스 전문이며 잔스카르와 라다크 지역 트레킹프로그램도 수행. 카시미르 전체에서 가장 정직하고 호의적인 여행사 중 하나.

- 라다크(레)〉
    ★★★ **Markha Tour & Travel** (http://markhatrek.com) : 대표매니저 본인이 트레킹경험 매우 풍부. 라다크 내 가장 정직한 여행사 중 하나. 매우 친절하며 호의적. 단점은 이스라엘 여행자거리에 위치해있는 관계로...
    ★★★ **Indo Himalayan Adventure** (http://indohimalayanadventure.com) : 라다크 내 가장 성실하고 호의적인 트레킹여행사 중 하나. 스태프들도 매우 우수하며 전문적. 특히 위기상황 대처능력 탁월. 영어권·불어권 모두 담당 가능(매니저가 프랑스에서 유학).
    ★★★ **Hayan Himalaya** (하얀히말라야; http://hayanhimalaya.com) : 한국과 일본여행객에게 인기 높음(대표매니저 부인이 한국인). 친절도 및 서비스, 책임감 면에서 높이 평가
    ★★ **Himalayan Adventure Mate** (http://himalayanadventuremate.com) : 트레킹 경험이 풍부하고 솔직 정직한 트레킹여행사. 호의적이며 성실하고 책임감 우수.

- ★ Frozen Himalayas (http://frozenhimalayas.com) : 경험이 많고 체계적으로 프로그램을 잘 관리 운영하는 트레킹여행사. 라다크 내 유명한 여행사 중 하나로, 서양인그룹들이 많이 이용.
- ★ Wild Himalaya Tours & Trave : 레 시내 포트로드에 위치. 무슬림이 운영하는 여행사로 대표매니저 본인이 트레킹 경험이 풍부하며 정직하고 성실.
- ★ Mero Expedition (http://ladakhmeroexpedition.com) : 상호명에서 짐작하듯 등반(Expedition)에 더 특화된 에이전시. 장비점(Mero Equipment Hiring)을 겸하고 있으며 매니저의 등반/트레킹 경험이 매우 출중.

- 잔스카르(파둠)〉
  - ★★ Roots Ladakh 잔스카르 지점 : 잔스카르(파둠) 현지 팀당매니저(Tariq Rasool Wani) 식접 문의시; tariq@rootsladakh.in, zapladakh@gmail.com 활용 (지역특성상 전화연결 불투명). 매니저는 무슬림으로서 영어에 매우 능통.
  - ★ Adventure Treks (T.9469-559748 / e-mail: nayankhagsar@gmail.com)

- 마날리〉 쿨루 지역 마날리의 트레킹에이전시들은 일반적으로 히마찰과 라다크(잔스카르)의 트레킹아이템을 함께 취급.
  - ★★★ Potala Adventures (http://potala-himalaya.com)
  - ★★ Mystic Himalayan Trails (www.mystichimalayantrails.com, www.mystichimalayantrails.tumblr.com)
  - ★★ Into Wild Himalaya (www.intowildhimalaya.com, www.campinginmanali.in)
  - ★ Himalayan Spirit (http://himalayan-spirit.com)

- 심라〉
  - ★★ Adyalaya Trekking Camping Expedition (http://adyalaya.com)

- 레콩페오(키나우르) 〉
  - ☆ The Monk Himalaya Adventure (http://themonktravels.com) : 키나우르 전문 여행사. 친절도는 괜찮으나 수행도는 하급. 주로 스피티 지역으로의 ILP 신청발급을 위해 들르는 곳. 트레킹프로그램도 다루나 고용하는 일꾼(특히 주방요원 및 포터)의 자질이 매우 떨어짐(**트레킹에이전시로서는 비추!**). 가급적 마날리나 우타르카시(우타라칸드)의 에이전시를 이용할 것.

- 카자(스피티)〉
  - ★ Spiti Master Tour & Travel (e-mail: spitimaster2016@gmail.com)
  - ★ Spiti Holiday Adventure (http://spitiholidayadventure.com)

- 맥로드간즈(다람살라)〉
  - ★ Dream Holidays (http://dreamholidayindia.com) : 맥로드간즈 광장(메인스퀘어)에 위치. 캉그라 및 참바 관내 기본적인 트레킹프로그램 합리적 운용. 비교적 정직하고 솔직하나 기본프로그램 이외에는 정보력이 약한 게 단점.

◎ 요주의 여행사
- 레 : A) Modern Ladakh(구 Himalayan Tamers(Black List)) : 사파리여행만 할 거라면 상관없다(나름 한국여행객들에게 호평을 받고 있기도 하다).
 단, 트레킹 특히 캠핑트레킹 하려거든 이 여행사는 절대 피하라. 그래도 하겠다면 트레킹매니저가 "Black Fatman" 티베탄 그자인지 주위에 물어보고 하라. 생사가 관계될 수도 있다. (http://modernladakh.wordpress.com)
  B) Himalayan Trails (http://ecohimalayantrails.com)
  C) Himalayan Journeys (홈페이지 불명)
- 레+마날리 : Zanskar Kanishka Tours & Trekking : 가격덤핑으로 말이 많은 여행사다. 싼 게 비지떡이란 말이 있듯이 타 견적보다 너무 저렴한 건 피하자. 분명 이유가 있다. 자고로 에이전시는 절대 손해보는 장사 안한다. 만약 그렇게 말하는 이가 있다면 새빨간 거짓말이라는 걸 명심하자. (http://www.zanskar-kanishka-trek.com)

마켓과 정류장이 소재한 레 외곽 번화가. 멀리 스톡캉그리(6150m)가 보인다.

레(Leh) 여행자거리의 트레킹 모집 게시보드

※ 라다크 내 인도국적 미취득 티베탄들 사기성 영업에 주의! : 인도국적 미 취득 티베탄들은(과거 티베트에서 망명해 넘어오거나 한) 인도 내에서 여행사무소를 운영할 수 없다. 그럼에도 이들 중 상당수는 버젓이 자칭 '트레킹매니저'라며 외지에서 온 여행객들을 유인한다. 말하자면 무면허영업인 셈이다. 심지어 게스트하우스를 운영하는 이들도 있다. 물론 서류상으로는 전혀 표면에 드러나지 않을 것이다. 대표적으로 라다크 현지인(라다키)의 이름만 빌려서는 일정 커미션만 주고 거의 전적으로 자기 소유인양 운영하는 것이다. 트레킹도 마찬가지. 여행(트레킹)사무소를 개설한 인도국적의 매니저와 동업 형태로 — 그러나 실상 이 '동업'이란 것 자체도 불법이다. — 말하자면 본인 자신은 '트레킹에 특화된' 소위 트레킹매니저라면서 (그러한 티베탄으로서) 이 티베트나 진배없는 라다크 트레킹의 전문가인양 호객 및 영업 행위에 열을 올리고 있는 것이다. 반드시 주의해야 할 대목이다. 이러한 불법영업에 기승을 부리는 속칭 티베탄 협잡꾼 매니저들을 구별해내기란 쉽지 않다. 그러므로 에이전시를 방문하여 면담할 때 필히 꼭 출신에 대해서 물어보길

바란다. 그래도 개중엔 (라다키라고) 속이기도 하겠지만, 그렇다면 사무실을 나와 다른 이들에게 해당 매니저가 라다킨지 티베탄인지 물어보면 금방 답이 나온다. 라다크의 모든 티베탄들은 이미 누가 누군지 주민들은 다 알고 있기 때문이다. 물론 모든 티베탄들이 다 그런 건 아니겠지만 특히 이 라다크의 상흔에 흠뻑(!) 물든 티베탄들은 아주 요주의 인물*이 꽤 있다. 심지어 이런 '티베트적인' 라다크의 특성을 이용코자 인도 내 타 지방의 티베탄들도 찾아들어와 이에 합세, 호객에 열을 올리고 있기도 하다.

* 그렇다고 이들의 견적이 저렴하냐, 그래 처음에는 고객을 끌기 위해 다소 낮은 가격을 제시하는데 그러나 이건 완전한 사기의 전초단계다. 첫 눈에 20%~30% 저렴한 가격으로 견적 내용 또한 타 에이전시와 별단 다르지 않건만 정작 돈을 지불하고 - *이것도 꼭 전체 선불을 요구한다. 타 에이전시들은 대략 50%를 먼저 지불하고 트레킹 종료 후 나머지 잔금을 치르라고 하는 '정직한' 데도 많은데 말이다.* - 나면 바야흐로 본색을 드러낸다. 그리하여 일단 트레킹을 출발하고 나면 서비스의 질과 스태프의 수준은 완전 붕괴된다. 아니 평균치의 반의반에도 못 미친다. 심지어는 수행키로 약정된 스태프의 수와 운반짐승들의 수를 말도 안 되는 이유로 절반이하로 줄여버리기까지. (이러면 과연 일정이 제대로 진행이 되겠는가?) 돈은 다 받아놓고서. 그래놓곤 나중에 어찌어찌 복귀하여 콤플레인을 제기하면 별 말 같지도 않은 이 핑계 저 핑계를 늘어놓으면서 그래 환불은커녕 심지어 고객(여행자)을 더 몰아세우기까지. 라다크 내 많은 매니저를 만나보았지만 정말 가관이었다.

★ 이 중 가장 대표적인, 현지 라다키들도 혀를 내두르는 소위 「Super Black List」 하나를 소개하겠다. 이자로부터 피해 입은 여행객들의 콤플레인은 이루 말할 수 없을 정도다. 경고컨대, 라다크여행을 망치고 싶지 않다면 이 자는 절대(!) 피하라. 아니, 고산트레킹에 있어서는 부실하다 못해 최악의 서비스와 진행방식으로 어쩌면 당신의 목숨까지도 좌지우지될지 모른다.(실제 그러했다. 그리고 온갖 거짓이란 거짓은 다 동원한다.) 이름은 영문 이니셜로 갈음하여 "Tz"라고만 적어두겠다. 티베트계의 아주 흔하디흔한 이름이다. 우리 식으로 하자면 '철수'나 '영수' 쯤. 수많은 라다크- *라다키·잔스카리 다 포함하여* -의 Tz 중 이자의 외형은 한 눈에 봐도 딱 표가 난다. 이른바 "Black Fat Man Tibetan ○○"이라 하면 레의 사람들 모두가 다 안다. 알지만 그들은 그러나 본인들이 직접적인 피해를 당하지 않는 한 험담하기를 꺼려한다. 아니 설사 조금 피해를 입었다 해도 그냥 넘어가는 게 통념의 선량한 라다키, 잔스카리들의 심성이다. 즉, 이런 점에서 여행자만 피해를 보는 것이다. 당하고 나서 당국에 민원제기 해봐야 헛일이다. 알다시피 인도란 나라의 행정상 더군다나 티베트적인 분위기가 팽배해있는 라다크의 정서상 이들 티베탄들을 - *아무리 막돼먹은 놈이라 할지라도* - 배타적으로 밀어내는 것은 쉽지 않아 보인다. 고로 별 수 없이 여행자들이 이런 정보를 공유하여 대처할 일이다. 다시금 말하지만 라다크의 티베탄들에 대한 환상(!)을 버려라. 측은지심, 나라 잃은 서러움... 다 옛이야기다. 그런 고아한 이미지보다는 아닌 말로 레 시내를 활보하며 사기와 협잡을 일삼는, 곧 불국토 '티베트'의 품격을 흐리는 돼먹지 못한 자들이 더 많다. 심지어는 본토 라다키들까지도 이들을 경계~.

- **티베트망명정부 달라이라마 방문·체류** : 티베트망명정부의 수장이자 티베트불교의 환생부처로 추앙받는 달라이라마가 매년 7월중순~8월말 기간 중 자신의 여름 거처인 히마찰 캉그라 지역의 다람살라를 떠나 이의 카시미르 라다크의 레(Leh)를 방문하여 약 1개월여 체류, 동시에 여러 지역을 돌면서 법회와 설법(강연)을 수행한다. 이 시기에 방문한다면 정해진 날짜에 직접 달라이라마의 모습을 가까이에서 볼 기회를 잡을 수도 있을 것이며 아울러 그의 범세계적이며 박애주의적인 연설과 강연을 청취할 수 있겠다. 단, 세칭 티베트의 축소판 곧 '리틀 티베트(Little Tibet)'라 불리는 이 라다크 지역으로의 달라이라마의 방문은 이웃한 중국, 즉 라다크의 바로 옆 그의 본향 티베트를 현재 강점 지배하는 나라 중국으로서는 꽤나 심기가 거슬리고 불편해마지않은 사안인 만큼 인도 측은 혹시라도 이 시기에 발생할지 모를 사건사고에 대비하여 특히나 철저한 경비·경호- *심지어 달라이라마의 동선을 따라 무장헬기를 동원한 경호작전까지 수행한다.* -와 함께 안전상의 모든 조치를 강구하면서 만반의 태세를 갖춘다. 곧 라다크 현지의 군·경·관·민 모두가 온 신경을 곤두세우며 맞는 시기이니 여행자들 역시 유념하길.

> ※ **인도 독립기념일 행사 및 달라이라마 설법(강연)** : 한국과 마찬가지로 8월15일은 인도 독립기념일이다. 매년 이날에는 전 인도가 성대한 독립기념행사를 벌이겠지만 라다크 역시 특히나 민감한 영토분쟁의 중심에 놓여있는지라 그로부터 과감한 대내외 정치적 표출〈Demonstration〉의 일환으로 더욱더 '인도임(Being India)'을 과시하는 독립기념행사가 펼쳐진다. 더욱이 라다크에 발 내린 뭇 종교계 전부를 포괄하여 거행되는 소위 "하나의 인도"를 주창하는 패트리엇 퍼포먼스(Patriot Performance)는 가히 압권이다. 라다크 제1신앙인 불교부터 이슬람 수니파와 시아파, 그리고 힌두와 시크까지도 모두 연합하여 대결, 대립이 아닌 바로 그 '하나의 조국'을 향한 이념적이며 상징적인 어울림의 대공연을 펼친다. 참으로 모두가 저렇게만 같다면 더 바랄 것이 없겠는 인도의 염원이렷다. 공보적인 측면이 강하다 해도 바라보고 있노라면 실로 가슴 뭉클한 장면이다.

- **라다크의 교통수단** : 럭셔리한 관광버스는 보기 힘들다*. 오로지 정해진 구간만을 운행하는 공영버스(JK/HP)와 중간크기의 콤보버스(20~25인승) 및 15인승 미만의 미니버스만 눈에 띈다. 라다크 여행 대부분은 소규모그룹 관광객이거나 개별여행자인 관계로 이들에 특화된 20인승 이하 콤보버스[일명 Traveller 버스]나 10인승 이하의 랜드크루저, 중형택시(봉고타입) 및 6~7인승 지프와 3~4인승 소형택시[일명 스즈키]로 대표되는 이동수단이 주가 된다.

> *그도 그럴 것이 라다크에 진입키 위해서는 스리나가르 방면에서는 최소 3회, 마날리(히마찰) 방면에서는 최소 5회 험난한 고개를 넘어서 와야 함이다. 이러니 아예 라다크에 상주하지 않는 한 속칭 '비까번쩍한' 도시형 대형차량이 이런 험악한 고개들을 연이어 운행할 시 남아날 리 없다. 게다가 라다크 내에서도 카르둥라, 창라 등등 더욱 험악한 고개들은 또... 아닌게아니라 누브라나 샤이옥(시오크) 등 라다크 핵심여행지들을 아예 빼버릴 것이 아니라면 말이다.

☆ 육로이동 시 하이패스(고갯길) 차량통행 및 버스운행 시기

- **조지라(3530m)**; 스리나가르~카르길 : 5월~10월. JK 공영버스는 5/15~10/15 기간만 운행(1일1회)
- **펜지라(4400m)**; 카르길~잔스카르(파둠) : 5/15~10/15. 단, 공영버스편은 없고 주 2회 레~카르길~파둠 간을 운행하는 소형 콤보버스만 다님. 승합지프는 매일.
- **나미카라(3780m)**; 카르길~샤르골~물벡. 4/15~11/15. JK 공영버스[스리나가르~카르길~레] 및 사설 대형버스[카르길~레]는 5/15~10/15 기간만 운행[각 1일1회]. 그 외 사설 콤보버스는 5월~10월 기간 운행[1일 1~2회].
- **포투라(4090m)**; (카르길~)물벡~레 : 5월~10월. JK 공영버스[스리나가르~카르길~레] 및 사설버스[카르길~레]는 5/15~10/15 기간만 운행[각 1일1회].
- **카르둥라(5350m*)**; 레~누브라(디스킷) : 6월~9월. 단, 공영버스편은 없고 격일로 운행하는 마이크로버스나 승합지프만 다님[6/15~9/15 기간].
- **와리라(5300m)**; 레~샤이옥(탕갸르·아걈) : 6/15~9/15. 단, 공영버스편은 없고 마이크로버스만 주 2회 운행. 도로가 험하여(전 구간 비포장) 기상상황에 따라 때로 차량통행 불가. (⇒ 카르둥라나 창라로 우회˚)
- **창라(5360m)**; 레~탕체 : 6월~9월. 레~탕체~스팡믹(팡공초) 간 격일 또는 3일 간격으로 공영버스편[6/15~9/15 기간] 운행.
- **타그랑라(5300m)**; 레~모레탕(팡) : 6~9월. 2~4일 간격으로 운행하는 마날리~레 HP 디럭스(직통)버스는 7/1~8/31까지 2개월간만 편성. 그 외 JK/HP 공영버스(Ordinary)는 6/15~9/15까지 운행[1일 1~2회].
- **라충라(5100m)·나키라(4730m)**; (레~)모레탕(팡)~사르추 : 6월~9월. 이하 상동
- **바랄라차라(4900m)**; 사르추~히마찰 라하울(킬롱) : 5월말~10월초. 2~4일 간격으로 운행하는 마날리~레 HP 디럭스(직통)버스는 7/1~8/31까지 2개월간만 편성. 이 외 HP 공영버스(Ordinary)는 6월~9월 기간 동안 운행[1일1~2회].
- **로탕패스(3980m)**; 히마찰 라하울(킬롱)~마날리 : 4월~11월. 2~4일 간격으로 운행하는 마날리~레 HP 디럭스(직통)버스는 7/1~8/31까지 2개월간만 편성. 그 외 HP 일반버스(Ordinary)는 4/15~11/15까지 운행[1일 3~4회].
- **사츠패스(4420m)**; 히마찰 팡기(킬라르)~참바 : 5월~10월. HP 일반버스(Ordinary)는 5/15~10/15까지 운행[1일1회].
- **쿤줌라(4550m)**; 히마찰 라하울(킬롱)~스피티(카자) : 5월~10월. HP 공영버스는 5/15~10/15까지만 운행[1일1회].
- **카르둥패스(3960m)**; 히마찰 스피티(카자)~키나우르(레콩페오) : 4월~11월. HP 공영버스는 4/15~11/15 기간 운행[1일1회].

✔ 위 기간이 일반적이나 눈이 내려 쌓이기 시작하면 그것으로 차량통행은 종료. 다음해 개통시기까지 기다려야 함. 공영버스/사설버스 운행기간에 비해 소형 승합 지프의 경우 약 1주~2주가량 통행가능 시기가 확대되기도.

* 해발 5602m로서 세계에서 가장 높은 자동차도로라고 부각된 카르둥라는 그러나 실은 잘못된 것이다. 이 부분은 뒤에 트레킹 본편에서 다시 언급하겠다.
* 단, 창라 루트를 택할 시 역시 노면이 거칠고 험난하기 짝이 없는 샤이옥(시오크)밸리 하안도로 (비포장)를 거쳐 샤이옥(시오크) 마을까지 나아와야 하므로 신중히 판단. 특히 바이크(Bike) 투어 시에는 대단히 위험 !

※ **히치하이킹** : 교통이 불편한 오지에서 특히 대중교통편을 이용하기 어려운 구간이나 지역에선 그럼 어떻게 이동해야 할까 ? 걸어서 ? 맞다. 걸어서다. 하지만 무작정 걷는 게 능사는 아닌 고로 상황에 따라서는 편법(!)을 이용해야 함이 대표적인 사례가 라다크나 잔스카르에 있다. 카시미르밸리 쪽이 지역인지라 좀 예외로 치고, 반면 수루밸리~잔스카르 구간은 소위 **'지나는 차를 얻어 타는'** 히치하이킹 전문지역으로 꼽힌다. 카르길이나 잔스카르 시·종점에서 승합지프에 탑승하지 않는다면 도중(에 내리는 것은 상관없다), 이 오가는 승합차편을 이용하기란 하늘의 별따기다. 그도 그럴 것이 도중에 내릴 사람이 거의 없기 때문이다. 운임도 그래서 중간에 내리든 끝까지 가든 승객 누구나 전 구간 운임을 지불해야 한다. 룰이다. 어쨌거나 이 수루밸리~잔스카르 구간 도중 그 긴 거리(카르길~파둠 차량이동 시간만 10시간 이상)를 당최 걸어서 이동할 수는 없는 노릇이니 결국 차량을 이용해야 함인데 다행스럽게도 이 잔스카르히말라야 최오지 구간에도 적잖은 트럭들이 오간다. 옳거니, 이걸 이용하면 될 일이다. 단, 사례는 알아서 적당선에서 지불하라. 세상에 공짜는 없다. *- 굳이 안 받겠다는 성인군자급 운전수도 있을 터. 하지만 그래도 조금이라도 사례하는 게 예의다. -* 카르길~파둠(잔스카르) 간 승합지프 1인 운임이 대략 ₹1,500(≒ 한화 약 2만6천원선) 정도 하니 우선 지도를 보고 이동(코자 하는) 거리에 맞춰 어림잡아 *- 물론 승합지프 요율을 그대로 적용하는 것보다는 낮춰서 흥정토록. 일행이 여럿이면 훨씬 더 저렴하게... -* 지불하면 되겠다. 하긴 어떤 운전수들은 또 터무니없게 많이 요구할 수도 있을 터이니 미리 승차하기 전에 지불금액을 흥정하고 올라타라. 때론 덜컹거리는 짐칸에 실려서(!) 갈 수도 있을 것이다. 여하튼 그 또한 묘미이다. 범핑(Bumping)을 넘어 점핑(Jumping)으로까지! 한편 이 수루밸리~잔스카르 구간 말고도 라다크 각지에서 히치하이킹이 가능하다. 다·하누밸리, 투르툭, 누브라밸리, 샤이옥(시오크)밸리, 와리라, 룸체, 타그랑라, 모레탕, 초카르, 팡, 사르추 등등. 단, 안전에 유의하라. 특히 여성여행자들은 더더욱. 그러한 점에서 체크포스트는 반드시 멈춰 서서 신상기록을 하고 떠난다. 차량정보는 물론 탑승자도 함께 기록됨이다. 범죄예방에 큰 역할을 한다.

- **국제통신/위성전화** : 국제통신은 각 거점도시의 PCO(Public Call Office)나 STD, ISD 부스를 이용하면 된다. 하긴 요즈음은 모바일 스마트폰으로도 소위 '보이스톡(Voice Talk)' 기능이 있어서 와이파이(Wi-Fi)가 되는 곳이라면 어디라도 문제없이 이를 활용하면 될 것이지만. 여하튼 스마트폰을 지참치 않는 경우라면 부득불 위 국제통신 가능한 곳들을 찾아 연락을 시도하면 되겠다. 오지를 트레킹하는 경우에는 그러나 이러한 와이파이는 물론이고 국제전화 가능한 시설을 만나기가 거의 불가능하다. 별 수 없다. 다시 도회지로 나올 때까지 참아야 할밖에. 단, 그렇다고 위성전화를 소지하고 나선다면 정말 큰일 날 일이다. 말했듯이 북인도 일원은 각국 간 분쟁으로 민감한 지역이라 혹여라도 그런 '첩보' 행위로 의심받을만한 위성전화 소지는 불법으로 규정하고 있다. 만약 이를 어기면 간첩행위 혐의로 체포되어 매우 심한 고초를 겪을 것이다. 고로 인도 트레킹 시에 위성전화를 갖고 가겠다는 생각일랑 버려라. 오로지 원정등반 시에 동행하는 정부연락관 만이 지참해갈 수 있다.

- **고산병대비** : 앞의 〈트레킹준비 - 고소증(고산병)대비〉 부분을 참고하라.

- **의료지원** : 잠무나 카시미르밸리와는 별도로 이 북인도 카르길, 라다크 및 히마찰 라하울·스피티 지역은 병원을 통한 무상의료가 지원된다. 히마찰 참바 지역의 팡기밸리(킬라르) 일원도 마찬가지다. 심지어 이방객으로 찾아온 외국인에게까지 무상의료편의를 제공한다. 참으로 좋은 제도다. 고로 이러한 지역들로 여행 중 만약 몸이 불편하여 병원을 찾고자한다면 주저치 말고 내원하라. - *단, 병원진료시간은 오전10시~오후4시까지. 토요일은 오전만. 공휴일은 휴무* - 참고로, 병원 말고 일반 시내의 약국(Chemist/Pharmacy/Medical Shop)에서 구입하는 약제는 물론 비용을 다 지불해야 한다. 즉, 병원에 내원하여 검사 받고, 진단 받고, 처방 받고, 심지어 입원까지 하여 산소 호흡기를 하건 뭘 하건 다 무료지만 병원에서 직접 제공해주는 의약품이 아닌 이상 처방에 나온 약제는 모두 환자 개인비용으로 부담해야 한단 얘기다. 그래도 이게 어딘가. 이 사실을 모르고 그저 우리나라도 아닌 외국에서 의료보험도 없는데 **병원비*** 많이 나오지 않을까 하여 혹시라도 머뭇거린다면 바보 같은 짓이다. 병을 더 키우기 전에 일단 내원부터 하고 보라. 특히 라다크와 히마찰 라하울·스피티 지역은 고도가 무척 높은 고산지대라서 이로 인한 신체적 불편을 많이 겪을 수밖에 없다. **고산증***은 당연 기본이고. 그래서 레 시내의 병원에는 아예 이러한 **외국여행객들을 위한 전문 병동***을 따로 마련해놓고 있기도 하다. - *물론 한국의 병원환경을 생각하면 안 되겠지만. 하기사 한국의 병원들은 사실 (외국인들이 볼 때) 이들에 비하면 거의 호텔수준이라고나.* - 이 외 다른 지역들 곧 스리나가르(카시미르밸리) 지역이든 다른 히마찰 지역이든 아프면 일단 병원에 가라. 의료비용 그렇게 많이 들지 않는다. 그 전에 물론 자기 몸은 자기가 잘 검사해야겠지만. 아울러 만약 극심한 질환(고산병

포함)으로 병원치료가 오래될 것 같다면 바로 대사관에 연락해서 도움을 요청토록 하라. 이것도 어렵다면 라다크 레 현지의 한국여행객을 많이 다루는 여행사에게 도움을 부탁해볼 수도 있겠다. (※ 레 여행자거리 광장에 위치한 'Hayan Himalaya' 여행사의 대표매니저 부인이 한국인이다. 현지 의사소통이 어렵다면 이분께 정중히 부탁하여 도움을 청하도록. 여행문의는 차치하더라도, 정작 어려움에 맞닥뜨렸을 때 오아시스 같은 역할을 하는 곳이다.)

✔ **의료(병원) 무료지원 대상지**
▷ 잠무카시미르 : 드라스, 카르길, 파둠(잔스카르), 레, 디스킷(누브라),
　　　　　　　탕체(팡공초 방면 IL-CP)
▷ 히마찰 : 라하울(킬롱, 우다이푸르) & 스피티(카자), 팡기(킬라르; 참바 최북단)

* 개중에는 트레킹스태프(라다크 지역에 한함) 중 고객이 고산증세로 어려움을 겪자 병원에 가자며 **병원비**를 부담시키는 불량(!)한 자들이 있는바, 이러한 무상의료시스템을 모르고서 일단 급한 마음에 덜컥 병원비조로 많은 돈을 쥐어주는 경우가 있는데 절대 그러지 말라. 만약 그렇게 병원비를 요구하는 스태프가 있다면 완전 사기라는 걸 간파하고 일절 대응치 말든가 아님 본인이 병원에서 직접 지불하겠다고 전하라.

* 참고로 **고산증**이 심할 경우 이들 지방병원에서는 심라(히마찰 주도)나 델리의 큰 병원으로 후송을 종용한다. 만의 하나 환자가 잘못되었을 시 특히 외국인의 경우라면 더더욱 주치의로서는 피곤해지기 때문이다. 물론 심라, 델리의 병원은 절대 무료가 아니다. 급성고산병(AMS)으로 델리로 긴급 후송되는 환자의 경우 이동비용도 그렇고 병원비도 만만찮다. 최대한 몸을 잘 추스르고 가급적 현지 병원에서 처치를 잘 받기 바란다. 대개는 아무리 심한 고산증이라 하더라도 2~3일가량 병원에서 입원치료 받으면 낫는다. 물론 아주 위험한 폐수종, 뇌수종 등의 경우는 더 오래 걸리거나, 위에 말한 것처럼 긴급히 (고도가 낮은) 아래지역으로 후송 내지는 시설과 장비가 좋은 대도시의 병원으로 후송해야겠지만. 특히 깊은 상처나 골절상 등의 중증에 해당할 경우 환경이 척박한 고산지대의 특성상 완벽히 치료를 받는 것은 거의 불가능하다. 곧바로 큰 병원으로 이동하여 치료에 만전을 기하기 바란다. (∴ 대사관에서는 이러한 경우 단순여행객들에 대해서는 델리 병원보다는 곧바로 귀국을 종용하고 있다. 곧 신속한 귀국항공편 수속 편의를 도맡아 처리해주는바, 물론 그에 따른 항공운임은 각자 본인이 부담해야 함이다.)

* 외국인병동(Foreigner's Ward)의 병실 환자들은 말 그대로 침대 전부 다 외국인이 누워있다. 대부분은 고산증 환자라 산소통(실린더)에 연결된 산소마스크를 끼고 있다. 물론 설사, 장염 등 내장기관 질환으로 내원해도 상관없다. 역시 무료다. 레 병원에서는 다만 주사 처방은 해주지만 주사 약제까지 무료지원은 아니다. 바깥 약국에서 본인(또는 보호자)이 구입해와 담당 간호사에게 건네주어 처치하게 해야 한다. 반면 히마찰 라하울·스피티 지역은 병원에서 주사처방에 이어 주사약제와 여타 복용약(3~5일분)까지 무료로 제공키도 한다. 처음 보는 외지 여행객인데도 말이다. 고맙기 그지없다.

잔스카르 율충 산록의 카타(당나귀과의 작은 종자). 누구녀석 몸통일까 머리일까, 맞춰보라!

▶ 1장 - 카시미르밸리(스리나가르분지 & 키슈트와르·카르길)

○ 카시미르밸리 ·· 138
  ※ 스리나가르분지 ·· 139
  ※ 피르판잘산맥 ·· 140
  ※ 세키판잘산맥 ·· 144
  ※ 키슈트와르밸리 ·· 144
○ 수루밸리(카르길) ··· 145
○ 접근방법 ·· 146
○ 코스개략 ·· 147

🚶 트레킹안내

1-1. 콜라호이-타지와스 트렉 ································ 148
1-2. 하라무크 산상호수 트레일 ······························ 193
1-3. 카시미르 피르판잘 트레일 ······························ 226
  1-3-0. 반거스밸리 트레일(하라무크 지맥) ··············· 231
  1-3-1. 피르판잘 북부 산상호수 트레일(토사마이단~두드파트리) ··· 254
  1-3-2. 타타쿠티 초티갈리 트레일 ······················· 267
  1-3-3. 피르판잘 사트사리안(산상7호수) 트레일 ········· 274
  1-3-4. 브라마사칼 아하르발 트레일 ···················· 300
1-4. 브렝밸리 트레일 ·· 315
  1-4-1. 마르간 초하르낙 트레일 ························· 316
  1-4-2. 팜베르밸리 판즈낙 트레일 ······················· 322
  1-4-3. 포슈완(꽃의계곡) 마와르낙 트레일 ·············· 327
1-5. 와르완밸리(키슈트와르) 트레킹 ························ 334
  ▲△ 기획여정; 와르완밸리-키슈트와르밸리 크로스서키트 △▲ ··· 404
1-6. 수루밸리(카르길) & 눈·쿤 어라운드 ·················· 407
  1-6-1. 수루밸리 & 파르카칙 하이킹(파르카칙패스 + 눈·쿤 빙하) ······· 408
  1-6-2. 카르체밸리 와카라 트렉 ························· 425
  1-6-3. 수루밸리 사이드 트레일 〈ST〉 ·················· 432
    ST-1〉 사피라-루시라 트레일 ························ 434
    ST-2〉 움바라 트레일 ······························· 446

- 교통가이드(항공/육로) ··· 454
- 음식 & 숙박 ··· 457
- 주요명소(여행/탐방대상지) ··· 460
● 주의사항 ··· 462

카시미르밸리 지형 개략도   (※ 배경지도: www.freeworldmaps.net)

★ 혹 현지 시판 레오만 지도(Leomann Maps)의 카시미르 편 지도(Jammu & Kashmir Sheet1) 참조 시에는 각별한 주의 요망! ⇒ 1백년 전 즉 1910년대에 조사된 자료를 토대로 작성된 1944년판 지도인데다, 게다가 대략적인 산수계 시스템 정보로서만 표현하여 그로부터의 산줄기, 능선줄기의 흐름은 실사정보와 확연한 차이를 보임. 대강 물줄기 사이사이에 산줄기라인을 끼워넣어 그린 양태로서, 고로 약식 개념도로서는 몰라도 트레킹 지도로서 전적으로 신봉 준용하는 것은 바람직하지 않음. 이보다는 차라리 1970년대 조사 기반으로 한 일명 U-502 지도 참고토록 함이 더 고무적. (※ 현대인들이 애용하는 속칭 구글맵(Google Map) 또한 실제와 다른 지명표기 및 고도표기(등고선) 등으로 인해 이 역시 전적으로 수용키 곤란함도 주지.)

○ 카시미르밸리

인도령 잠무카시미르 주 젤룸강 유역으로 펼쳐진 **스리나가르분지**를 중심으로 사방으로 형성된 골짜기와 산악구릉 중산간지대를 통칭한다. 아울러 본권에서는 남부 저지대 잠무평원 지역을 제외하고 **무슬림** 주 거주권인 **키슈트와르밸리**와 북쪽의 카르길 **드라스밸리, 수루밸리** 권역도 이의 카시미르밸리 범계에 포함한다. 수계로 보면 북쪽 인더스강 지류 시가르 강(또는 싱고 강)*의 지류인 드라스밸리와 수루밸리의 카르길 중·서부권, 그리고 스리나가르분지의 젤룸강 유역 및 남동부 체나브강 유역의 키슈트와르밸리 지역이다. 산맥(산계)상으로는 남쪽 잠무평원과의 분계를 세우는 **피르판잘산맥**, 북쪽과 동쪽으로 **잔스카르산맥**[펜지라(4400m)~칸지라(5250m)~사피라(4350m) 분계]과 **대히말라야산맥**[잔스카르(Z8) 산봉군~브라마(6425m) 산군]에 의해 구획되는 것으로 가름한다. 즉, 인도령 잠무카시미르 주의 힌두권인 잠무지방과 불교권인 라다크(레) 지역 및 잔스카르(카르길 동부) 지역을 제외한 전체 카시미르의 중앙부 일대를 포괄함이다. - 단, 서쪽 피르판잘산맥 마지막 구간인 파키스탄령 아자드카시미르는 제외한다. 이는 별개로 닐룸밸리(젤룸강 북부지류) 및 피르판잘산맥 종지부 말단산역으로서 갈음한다. (☞ 1권 「K2 트레킹」 〉5장 - 닐룸밸리 편 무자파라바드 지역 참조) - 이 카시미르밸리의 산악자연에 대한 본격적인 소개는 1930년대 유명한 탐험가이자 등산가인 에릭 쉽톤(Eric Shipton)에 의해 그가 카라코람 탐험에 나서면서부터 서방세계에 보다 세밀하게 알려지기 시작했다.

*시가르강 vs 싱고강 : *파키스탄령 카시미르의 발티스탄 지역 일명 '데오사이고원(오호즈뱌르차)' - 오호즈는 '크다'는 뜻, 뱌르차(뱌르사)는 '초원', '목초지'라는 뜻이다. - 남측으로 흘러내리는 두 물줄기. 데오사이 동남향의 베알리 조트(Zot) 산릉을 경계로 서쪽 싱고강, 동쪽 시가르강으로 나뉘며, 이 두 물줄기는 차흐마두(팔와이)에서 만나 이내 동쪽으로 LOC를 넘어 인도령 카시미르 각사르에서 드라스계곡을 합류시키고는 곧바로 카르길을 관통하여 흘러간다. 그리고 카르길에서 남쪽으로부터 유입되는 수루강(수루밸리)을 합한 후 북으로 흘러 다시 LOC를 가로질러 파키스탄령으로 넘어선 뒤 그리 멀지 않은 마롤(Marol) 합수부에서 인더스강으로 합류해 들어간다. 지도상에는 데오사이 발원의 이들 싱고강과 시가르강 물줄기를 위의 차흐마두 합류지점부터 마롤 합류부(인더스강)까지 계속해서 '싱고강'이라 매겨놓고 있으나 기실 물줄기의 길이나 규모[바라데오사이 vs 초타데오사이]로 보면 그 상위(북역)의 **시가르강이 더 우세**- 발원지는 데오사이고원 북단의 부르게라(뱌르차라; 4816m). 이로부터 부르게룽마(부르와이) 계곡이 발원, 그로부터 데오사이고원(바라데오사이)의 여러 지류들을 합하여 일명 '시가르강'으로서 물길을 구축 동남향으로 흘러간다. 반면 싱고강은 데오사이의 서부와 남부 산지를 모테로 하여 동향으로 흘러내리는데, 그로부터 이 싱고강 수류가 놓인 산세를 위 시가르강의 '바라(大)데오사이'와 대비되는 '초타(小)데오사이(추니데오사이)'로서 부기해놓고도 있다. -한바 그로부터 굳이 지도상의 '싱고강'에 얽매일 것 없이 그렇게 이 '시가르강'을 주축수계로서 새겨도 무방하겠다. 필자 역시 이러한 '우세'한 '주축' 수계에 무게추를 두어, 곧, **초타데오사이-싱고강**보다는 **바라데오사이-시가르강**에 더 우선순위(Main Stream)를 부여코자 한다.(※ 한편 발티스탄 동부 중앙카라코람 지역 내 또하나의 인더스강 북부지류의 명칭이 '시가르 강'이라 천명된 것도 있는바, 이 데오사이(히말라야) 시가르강과 그 카라코람 시가르 강 이 둘을 혼동치 말길 바란다.) ☞ 이상 1권 「K2 트레킹」 〉4장 - 데오사이 편 참조.

* 사피라~칸지라~펜지라 분계선(산줄기)은 이슬람권인 수루밸리와 불교권인 잔스카르밸리의 인문·자연지리적 경계선이다. 물론 펜지라 서쪽 수루밸리 발원부인 랑둠 및 타시동테 일원은 무슬림이 아닌 잔스카르의 불교도와 같은 주민구성이다. 그래서 한편으론 이 랑둠 일대부터 잔스카르로 표명하고도 있다. (⇒ 잔스카르의 정확한 시작점은 수루밸리 말미구간 랑둠 못미처 샥마쿠르포 언덕부의 초르텐(불탑)이 세워져있는 곳부터~)

※ **스리나가르분지** : 펀잡지류 젤룸강 수역이 드리우는 인도령 잠무카시미르 서·중부 산악분지와 그들 내원의 골짜기들을 아우르는 통칭이다. 단지 행정구역상으로 스리나가르 일대만 지칭하는 것이 아니라 이를 중심으로 한 거대 산악분지 형국에 포진한 주변 전 지역 – *스리나가르를 중심으로 쿠프와라, 바라물라, 반디포라, 구레즈, 캉간, 파할감, 아난트낙, 풀와마, 바드가, 쿨감, 쇼피안 등등의 주변 지역들까지 포괄* –을 함께 어우르는 표현이다. '카시미르밸리'와 상호 호환 통용키도 하나 본권에서는 카시미르밸리는 보다 광역인 무슬림권 전역(강세지역)을 대변하는 것으로서, 스리나가르분지는 단지 이의 젤룸강 대분지에 형성된 그 젤룸강 수계에 의거 구획되는 지리적 입지만을 천명한다. 즉, 북부인더스계인 드라스밸리, 수루밸리 및 남동부 체나브계인 키슈트와르밸리는 제외하고 말함이다. 산줄기 구획으로는 남쪽 피르판잘산맥 북역으로부터 이내 동부·북부산계 분수령을 구축하는 대히말라야산맥으로서 이 스리나가르분지가 형성되었다. 오래전 과거 거대한 화산 혹은 운석충돌구였을 것으로 추정되는 이 거대한 분지는 무릇 지구상 가장 우아하고 아름다운 산수를 머금은 곳으로도 회자된다. 세칭 남아시아의 샹그리라(Shagri-La); 지상낙원이라고까지 칭할 만큼 아늑하고 풍요로운 곳임에, 다만 종교적, 정치적 갈등만 없다면 더 바랄 것이 없겠을 바람이어라. 무릇 현 스리나가르의 도시는 기원전 3세기경 힌두스탄의 대군주 아쇼카 왕 때 형성된 것으로 전해지고 있다.

1) 스리나가르분지 위성사진(※ *나사(NASA) 제공*)
2) 잠무평원 상공에서의 카시미르밸리-스리나가르분지 조감.
(그래픽이미지 / ※ 자료협조: Christoph Hormann, 관련자료: http://earth.imagico.de)
정면 중앙 반듯한 고원분지가 스리나가르분지이며 이의 좌우 서쪽~남쪽~동쪽으로 피르판잘산맥이 울타리를 두르고 있다. 곧 서쪽과 남쪽은 펀잡평원 & 잠무 저지대로 구획. 한편 우측 멀리 새하얀 만년설산은 파키스탄령 카시미르의 낭가파르밧(8126m; 세계9위봉)

※ **피르판잘산맥(Pir-Panjal)*** : 카시미르분지의 서쪽과 남쪽 장벽을 두르고 있는 산맥이다. 아대륙 **카시미르** 산계 전체 산맥체계에서 보면 북쪽에서부터 카라코람산맥//라다크산맥//잔스카르산맥//히말라야산맥에 이은 **제5의 산맥**으로 자리매김한다. 구체적으로는 북인도 히마찰 주 북부 라하울 동부산지의 히말라야산맥에서 남쪽으로 갈래쳐 그로부터 서북향으로 길게 뻗어 달린 산맥줄기로서 구현된다. 범역으로는 대히말라야·트랜스히말라야 분계인 타뉴(타그니; 6114m) 산지 혹은 그 아래(남쪽) 라하울/스피티 경계의 쿤줌라(4550m)에서 출발, 이내 라하울-쿨루-캉그라(바라방갈)-참바 일원의 히마찰 중·북부 산역을 달리며 - ☞ 이상 뒤이을 4권 히마찰 북인도히말라야-히마찰 편의 피르판잘 산맥도 참조 - 이윽고 키슈트와르 체나브강 너머로 카시미르밸리로 진입, 북쪽 스리나가르분지(카시미르밸리)와 남쪽 잠무평원을 가름하며 북서진하여 바야흐로 젤룸강 북부 파키스탄령 아자드카시미르의 무자파라바드 로어닐룸(Lower Neelum) 산지까지 이어진다. 곧 이 북역은 히말라야, 남역은 다울라다르*와 시왈리크* 산지가 놓여있음이다. 평균고도는 해발 4천미터 이상으로, 히말라야산맥에 버금가는 높고 웅장한 산세를 구축하고 있다.

전체적인 산세의 흐름으로 보면 이러한 라하울~참바~키슈트와르~카시미르밸리~아자드카시미르 주행이 확연하게 두드러지긴 하나 실상 속내를 들여다보면 무릇 편잡 제2지류 **체나브강**의 키슈트와르밸리 구간을 경계로 동/서 **양분**되어있는 형국이다. 즉, 히마찰 라하울~참바~잠무카시미르 키슈트와르까지는 **동부피르판잘**[EPP*, 또는 일명 GPP*], 이어 카시미르밸리~굴마르그(아파르왓산지)~우리(젤룸강 남부) 산지를 거쳐* 파키스탄령 아자드카시미르 하벨리~젤룸(하티안)~무자파라바드 남안 도멜 합수언덕에 갈무리하기까지의 산맥줄기는 곧 **서부피르판잘**[WPP*, 또는 KPP*]로 구분할 수 있으며, 이 서부피르판잘은 모름지기 관할주체(!)에 의거 인도령 잠무피르판잘[JPP*] vs 파키스탄령 아자드피르판잘[APP*]로 다시 가름해볼 수 있다.

★ 다른 한편으로 이 **서부피르판잘**은 아파르왓 산지에서 서향으로 틀어 파키스탄령 아자드카시미르 행로로 진행치 않고 곧장 북상, 이내 젤룸강을 뛰어(?)넘어 곧바로 다시 4천미터급 **카지낙(4340m), 삼사바리(4300m) 산군***으로 일어선 후 시나브로 닐룸강에 맥을 떨구어내리는 형세 즉, 앞서의 **체나브강** 뿐 아니라 또한 이렇게 **젤룸강**에 의해서도 산수계가 분리되는 소위 거국적 **'3분할산맥'**의 형태로서 표명되기도 한다.

주요 산봉군을 들여다보자면 무릇 히마찰 지경의 동부피르판잘(EPP/GPP)과 달리 서부피르판잘 카시미르(WPP/KPP) 산계는 5천미터 이상의 고봉은 드러나질 않고 주로 해발 4천~4천5백미터급으로 일렁이는 맥놀이로 일구어져있다. 다만 북쪽 스리나가르분지(1600m)와 남쪽 잠무평원(300m)의 상대적 고도편차로 인해 이로부터 스리나가르(카시미르분지) 방면에서 보면 아주 두드러지지는 않은 일상적인 준수한 산령으로 달리는 데 반해, 잠무 방면에서 보면 가히 웅장하고 고고히 솟구친 산세로 이룩된 우람한 산맥의 형태로 다가온다. 대표 봉우리로, 키슈트와르 서부산지 피파란(4070m), 바스마굴(4010m), 히마날(4200m), 순다르칸티(4140m), 코우쿠트(4110m) 및 스리나가르분지(아난트낙)~잠무평원을 잇는 **바니할*고개(2830m)** 서편의 무니말

(4550m), **브라마사칼(브라마 사클리; 4570m)**, 프리시(4440m), 라탄피르(4540m) 등의 산봉이 솟아있으며, 계속해서 서북향으로 뻗은 산맥 상의 **투키하르(4550m)**, 구르와탄(4500m), 부달피르(4520m), 다키야르(다클리; 4660m), 코토리아(4350m), 한두(4190m), 카그할나(4110m), 루프리(4430m), 찬단피크(4300m), 난단피크(4250m) 및 **피르키갈리(피르판잘패스; 3490m)** 북방으로 뻗어나가는 산줄기 상의 **선셋피크 (Sunset Peak; 4745m)**, 초티피크(4705m), 카르마르그피크(4605m) 등과 더불어 이의 카시미르 피르판잘 최고봉 **타타쿠티(4752m)**, 그리고 인도령 피르판잘을 갈무리하는 북부산지의 카라파하르(보드사르피크; 4430m) 및 쉬브낙(4350m) & 쉬브마히누(4530m), 초르판잘(초링팔; 4380m)과 굴마르그 후위봉 **아파르왓(4140m)** 등의 준봉들이 있다. 이로부터 피르판잘산맥은 서쪽으로 고개를 돌려 이내 **북**쪽에 놓인 젤룸깅과 나란히 달리면서는 곧 **페이제디갈리(3100m; JPP/APP 분계)~하지피르갈리 (판잘패스; 2640m)**~비아리(트레카나; 3430m)~가이코트(3080m)~피르칸티(키아리나카; 3330m)~코브라(자바르; 3030m)~사란판잘(2820m)~추라갈리(2670m)~도바타파(3050m)~수단갈리(2330m)~프렘코트(2640m)~미르파테(2100m)로의 다소 야트막한 최후반 능줄기를 이으며 이윽고 아자드카시미르의 무자파라바드 도심이 바라보이는 도멜(750m) 합수부 언덕에 이르러 젤룸강 아래로 가라앉힘으로써 바야흐로 저 먼 체나브강 발원지로부터 빚어져 내려온 이의 장구한 산맥줄기로서의 여정을 갈무리한다.

☆ **카지낙-샴사바리 산맥줄기**는 북쪽 펀잡히말라야 사라왈리(토샤인; 6424m)를 모산으로 흘러내린 어퍼닐룸(Upper Neelum) 산지의 하라무크(5148m) 지맥, 곧 '**펀잡히말라야의 아류**' - 북쪽 닐룸강(키샹강가)와 남쪽 젤룸강의 분수령산맥 -로서 매겨지기도 한다. (☞ 이 '닐룸밸리' 산계에 대해서는 「1권 - K2 트레킹」 '5장 - 닐룸밸리' 편을 참조한다.) 이러한 피르판잘 산줄기체계의 혼란은 다름아닌 '**물**'가름에 있지 아니하고 단지 '**산**'세의 흐름에 입각한 지형적 형세, 즉 유역-분수령으로서의 산맥체계가 아닌 다분히 지세적 관점에 의거한 분류에 기인한다. 달리 말해 산맥과 산맥이 서로 갈래쳐 각기 다른 목표(종점)로 달리는 게 아니라 '일단 갈래'쳤다가 어느덧 '다시 만나'는 형국 즉, '**분화구**'와 같은 모형이다. 바라보는 관점에 따라 상당한 시각적 차이를 보인다. (✔ 체나브강에 의해 나누어진 이 서쪽편 카시미르피르판잘 역시도 엄밀히는 북쪽 히말라야산맥의 조지라(3530m) 이하 남부 아난트낙(파할감) 산지로 분기하여 나온, 소위 또하나 히말라야의 아류로서 분류되고 있기도 하다. 물가름(분수령)에 입각하면 사실은 이러한 분류[**하라무크지맥 & 아난트낙지맥**(=세키판잘산맥+카시미르피르판잘산맥)]가 훨씬 더 정확하다 할 수 있다.)

* '**피르**'는 페르시아어에서 유래한 이슬람 분파 수피교의 **성자(명상가/은둔가)**를 상징하는 말이며 '**판잘**'은 펀자비 카시미리 혹은 우르두어 어원의 '다섯[판즈] 으뜸[알]'을 표명하는 말이다. 고로 원래는 이러한 다섯 명의 뛰어난 현자/성인을 지칭하는 '판잘-피르' 호칭의 어순이 도치되어 이의 '피르-판잘'로서 매겨진 것으로 본다. - 혹은 추측이지만, 오른쪽에서 왼쪽으로 쓰고 읽는 아랍어 계열 페르시아어/우르두어의 특성상 이를 당시 (인도를 지배하던) 영국인들이 어순을 바꿔 해독했을 가능성도 있다. - 곧 이 카시미르 고원산상에서 자매들과 함께 명상수행했던 그러한 다섯 명의 덕망 높은 이슬람 현자/성인을 기리는 '피르-판잘'의 의미가 무릇

이의 장구한 산맥줄기 전체를 어우르는 명칭으로 자리매김하게 된 것. (※ 카라코람산맥의 어원 유래와도 흡사한 면이 있다. ⇒ 그 또한 단순히 '검은〈카라〉돌〈코람〉'고개라는 일개 지형적 표상으로부터 파생한 저 '카라코람'패스라는 단순한 지칭으로부터 무릇 전체 산맥줄기를 아우르는 범역적 명칭으로서 매겨지게 되었는즉.)

* 다울라다르 = 큰/흰[다울라] + 산릉/마루[다르] 즉 '큰 산(맥)줄기'란 의미.
* 시왈리크(Siwalik) = 시발릭(Shivalik) : '시바(Shiva)의 몸통'을 의미. '시바의 머리(꼭대기)'를 상징하는 '쉬블링(Shivling)'과도 연관지어봄직하다.
* EPP = East Pir-Panjal / GPP = Great Pir-Panjal
  WPP = West Pir-Panjal / KPP = Kashmir Pir-Panjal
  JPP = Jammu(Jammu Kashmir) Pir-Panjal / APP = Azad(Azad Kashmir) Pir-Panjal
* 바니허 : '눈폭풍/눈보라'의 뜻(카시미리어). 말 그대로 (양 지역 간 기후편차에 의해) 고갯마루에 눈보라 몰아치는 험난한 고개 바로 '바니할고개(2830m)'의 표상이다. 한마디로 카시미르밸리(스리나가르분지)와 잠무평원을 분할하는 피르판잘산맥의 지리적·기후적 특성을 대변한다. 산릉 서편에 '자와하르터널'이 뚫려있어 이 명칭으로서도 주로 통용된다.
* 참고로 기존 U-502 지도에 의거한 지리(지형)정보를 따른다면 본 카시미르 피르판잘 최고봉의 자리는 오해의 여지가 있다. 지도상에는 이 해발 4752m의 봉우리(타타쿠티) 말고도 JK 바드감 지역(District)과 푼치 지역과의 피르판잘 경계산릉 상에 - *다만사르~가드타르사르~보드사르 산상호수 일대* - 흡사 피라미드와 같이 불쑥 솟구친, 무려 그보다 8백미터 이상이 더 높은 해발 5572m(18,275ft)의 멧부리가 나와 있으나 실사 결과 이렇게 높은 (만년설산) 봉우리는 존재하지 않는 것으로 판명되었다.(※ 필자 역시 이를 찾으려고 백방을 뒤져보았지만 결국 '지도상의 오류' 임을 발견하곤 끝내 이 카시미르 피르판잘 상에서 5천미터급 봉우리가 전무하다는 사실에 허탈감을 금할 수 없었다.) 아마도 이 일대가 그간의 카시미르 정세에 따라 오랜 기간 군부대에 점유되어 그동안 제대로 된 측사가 이루어지지 못하면서 모쪼록 과거의 잘못된 지도정보를 그대로 채용해왔던 데서 기인한 지리학적 해프닝(!)이었던 듯하다. 그래 만약 정말로 이 5572 봉우리가 존재한다면 그야말로 본 카시미르밸리 제일의 만년설산이자 최고봉이라 주저 없이 주장할 수 있었음이다.
* 이 페이제디갈리 일대 LOC(정전선)를 기준으로 인도령 잠무카시미르〈JK〉vs 파키스탄령 아자드카시미르〈AK〉가 나뉜다. 즉 말마따나 이를 경계로 JPP vs APP로 가름하면 되겠다.

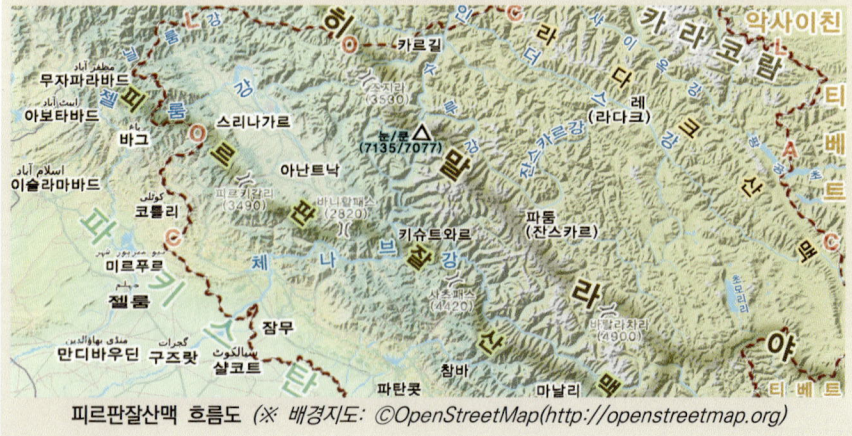

피르판잘산맥 흐름도 (※ 배경지도: ⓒOpenStreetMap(http://openstreetmap.org)

▲ **하라무크산맥(지맥)** : 펀잡히말라야 낭가파르밧(8126m) 남쪽으로 사라왈리(토샤인; 6424m)~캄리발(4073m)~부르질(데오사이; 4200m)~카로발(4160m; **LOC 파키스탄/인도 경계**)~레타가치시(쿠자르기; 5240m)~카불갈리(카오발갈리; 4150m)~키나리 다르쿠시(5210m)~**보트쿨란갈리(4500m)**~보트쿨란(서봉; 5235m)~텡가파타르(4970m)~조지라(3530m)로 이어지는 대히말라야 줄기 상에서 이내 **보트쿨란갈리** 근방에 이르러 서쪽으로 갈래쳐 나온 '아류'로서의 지맥줄기. 이로부터 산줄기의 으뜸 **하라무크(5148m)**를 표방하여 일명 하라무크산맥 또는 하라무크지맥이라 천명, 무릇 닐룸강(키샹가강)의 남단 분수계 산맥줄기로서 설명하고도 있다. 분수령 관점에서 보다 타당하고 정확한 맥락이다.

* 보트쿨란(서봉; 5100m) 동남방향 텡가파타르(4970m)~조지라(3530m)까지의 대히말리야 산경(분수령 마루금)이 바로 **펀잡히말라야** 마지막구간으로 갈음됨이다. 하라무크산맥은 곧 이처럼 펀잡히말라야 서측가지로 분계하여 나온 지맥줄기-아류로서 매김하고 있는 바이다.(※ 조지라 이후〈동남향 대히말라야 주산줄기〉는 '**카시미르히말라야**'로서 개명)

산줄기상의 주요 산과 고개들을 열거해보자면; 곧 보트쿨란갈리(4500m)~**보트쿨란**(W) **(5100m)**~네와스(4763m)~비아나르갈리(4280m)~니즈네이갈리(4060m)~**비슈누(5085m)** ~추르갈리(4320m)~사트사란바르(3760m)~**하라무크(5148m)** 산지(강가파르; 4480m)를 넘어 북쪽 닐룸강 연안으로 올라붙으며 그로부터 닐네이갈리(4220m)~와릴갈리(3900m)~리시하팟갈리(4100m)~한드망갈(비제이갈리; 3820m)~**트락발(라즈담간/라즈단; 3560m)**~코리발(코르왈; 3800m)~사르갈리(3240m)~케이나그랏(3640m)~비란두이(3640m)~라즈데인(3750m)~**무튤(3920m)**~사파왈리갈리(3150m)~**마리낙(3600m)**~푸타칸갈리(2900m)~피셰통(3400m)~파르키안갈리(2950m)~구투르(라자람; 3710m)~랑와르(3770m)~**사드나패스(초우키발; 3130m)~샴샤바리(4300m)**~툿마리갈리(3300m)~**카지낙(4340m)**~카라마루(국경봉; 3850m)~칸디안갈리(3420m)~다오칸(도우칸; 3470m)~브리타와리갈리(리파패스; 2980m)~레시안갈리(2800m)~시샤말리(3500m)~**카피르칸(3510m)**~피르하시마르(3180m)~피르차나시(2920m)를 끝으로 곧바로 무자파라바드 남단 도멜(750m) 합수부에 이르고 이내 북쪽 닐룸강과 남쪽 젤룸강 합류물길(=도멜) 아래로 떨구어내리면서 곧 그러한 **닐룸/젤룸 분수령** 산줄기로서의 장중한 맥놀이를 마감한다.(⇒ 트레킹안내 각 장 지도에서 확인.)

하라무크산맥 흐름도 (※ 배경지도: ⓒOpenStreetMap(http://openstreetmap.org)

※ **세키판잘산맥(아난트낙지맥)** : 카시미르분지 서쪽의 피르-판잘 산맥과 댓구(Counter Range)를 이루는 이의 카시미르밸리 동측 장벽을 형성하는 산맥. 대히말라야 분수령 조지라(3530m)부터 언급되는 이의 카시미르히말라야 주산줄기로부터 이내 남쪽 가지로 분기해나와 달리는 산맥(지맥)으로, 산줄기상의 최고봉은 파할감 세슈낙 호수 동편의 갈롤피크(5444m)이지만 명칭은 조지라 바로 남쪽 아마르나트의 배후봉 **세키판잘(아마르나트; 5185m)**의 이름을 따와 천명하였다. 아울러 카시미르밸리의 동부지경 아난트낙 지역으로 흘러내린 산맥줄기라 하여 일명 '아난트낙지맥'으로서도 호환 대치될 수 있음이다. 이는 곧 카시미르 펀잡지류 젤룸강의 최상류부를 품어 안은 산경으로, 이로부터 리데르밸리, 아라팟밸리, 브렝밸리, 아흘란밸리, 카프란밸리 등등의 카시미르분지 동남지경 명품 골짜기들이 빚어내려있다.

흐름상에 놓인 주요 산봉과 고개로서; 카시미르히말라야 분계령 조지라(3530m) 남쪽 **세키판잘(5185m)**을 필두로 마초이(5458m)~**우타갈롤(5444m)**~갈롤갈리(4450m)~**코히누르(쿠니라얀; 5136m)**~카찰(4885m)~사르갈리(4140m)~코낙갈리(4030m)~닐툽(4426m)~나가코티갈리(4000m)~**마르간패스(3700m)**~시샤르갈리(4140m)~호크사르갈리(3940m)~호크사르(4300m)~다리안사르패스(4160m)~완다르두르(4430m)~**심탄패스(3800m)**~만타르갈리(3950m)~옐(4280m)~싱포라갈리(3560m)~루탄갈리(마와르갈리; 3810m)~샤리파하르(4400m)~쿤갈리(3970m)~**히마날(4200m)**에 이르러 동쪽 체나브강을 건너(!)온 피르판잘산맥 주산령과 결합, 이로부터 서향으로 굽어지며 곧 브라리갈리(3980m)~코우쿠트(4110m)~난드마르그(3800m)~난드마르그갈리(3660m)~한스라지(3970m)~샤파완갈리(3470m)~하잔갈리(3190m)를 거쳐 피르판잘 산령의 가장 낮은 마루 바니할(2830m; 자와하르터널=2200m)에 이른다.

※ **키슈트와르밸리** : 키슈트와르의 체나브(찬드라바가)강 유역으로 그 북쪽지류인 머로우(마르와) 강과 상류 와르완밸리까지를 어우른다. 아울러 체나브강 본류인 서쪽 도다밸리*와 동쪽 갈하르밸리- *이들 전체구간(바토테~도다~키슈트와르~갈하르)을 일명 도다밸리라 통칭키도* -까지의 구간 역시 이의 키슈트와르밸리 범위에 포괄하여 언급할 수 있다. 와르완밸리와 키슈트와르국립공원 등 유명한 산악관광지가 포함돼있으며 체나브 상류를 따라서도 깊은 협곡과 수려한 산악풍광이 연이어 펼쳐지고, 이윽고 아톨리·굴랍가르의 티베트풍의 파다르(부트)*계곡을 지나 히마찰 관내 팡기밸리(참바 북부) 지역으로까지 승경이 연속된다. 단, 길이 험하므로 우기 통행시 유의. 키슈트와르(도다)지역은 무슬림과 힌두교도 대략 절반씩 주민구성분포를 보인다. 체나브 유역의 잠무 권역임에도 카시미르정국 여파에 의한 갈등으로 간혹 소요사태가 빚어지기도 해 여행시 조금 주의할 필요가 있다.

* 히말라야산맥 너머 잔스카르 지경에도 도다밸리(파둠~펜지라 구간)로서 명명되는 지역이 있는바 혼동치 말 것.
* (티)베트 = 보테/바토 = 보트/부트 ⇒ 무드/파드. 곧 이로부터 (변음되어) '파다(르)'가 된 것으로 풀이한다. 말 그대로 '티베트(인)의 골짜기'라는 의미이다.

○ 수루밸리(카르길)

북부인더스의 남부지류 시가르(또는 싱고) 강 수계에 속한 지역으로, 카르길은 이들 물길 남단에 놓인 행정중심지이다. 북쪽 바로 5km 근방에 파키스탄령 카시미르와의 정전선으로 그어진 LOC가 놓여있으며, 이로부터 과거 1998년 초근거리의 파키스탄군의 포격으로 시작된 '카르길전투' 당시 약 2개월간 파키스탄군의 점령 하에 들어갔던 곳이기도 한바, 1971년 3차 인·파 전쟁 종결 이후 28년 만에 재점화된 - 시아첸 소규모 교전(1984년~) 제외 - 인도/파키스탄 간 대규모 전투가 벌어졌던 역사를 안고 있다. (✔ 마을 위쪽으로 돌아다니다보면 어렵잖게 당시의 벙커와 방공호 등 대피시설을 만날 수 있다. 이 카르길전투(전쟁)에 대하여는 드라스의 전쟁기념관을 참관해보길 권한다.) 이곳 카르길에서부터 서쪽은 드라스밸리, 남쪽은 수루밸리로 나뉜다. '수루'란 이름은 이 카르길 동쪽 산하의 거점인 파니카르 마을의 옛 이름이 '수루'였음에 - 지금도 여전히 이 지명이 통용되고도 있다. - 기인하여 명명된 것이다. 현재는 이보다 아래쪽(하류방면) 상쿠 마을의 규모가 더 크나 사람들은 '수루' 하면 우선 '카르길'을 떠올리고 다음으로 이 '파니카르'를 연관짓는다. 그만큼 파니카르는 수루밸리 여로의 핵심거점이다. 카시미르 최고봉* 눈(7135m)·쿤(7077m)의 위용과 장려하면서도 그윽한 계곡의 풍광으로 인해 더욱 유명세를 타게 되었다. 현 잔스카르 행로(도로)의 유일한 통로이기도 하다. (※ 향후 킬롱~다르차~싱쿤라*~잔스카르(파둠) 도로 및 레~님무~잔스카르강~네락/하누밀~파둠 도로 개설 예정 - 현재 공사중.) 카르길 주민 대부분은 시아무슬림이다. 반면 골짜기 안쪽으로 들어간 수루밸리 일원은 시아파 파르카칙 마을을 제외하곤 거의가 수니무슬림 지역이다.

* 카시미르 최고봉 : 카라코람(발티스탄 & 시아첸/누브라 지역) 및 펀잡히말라야(낭가파르밧)를 제외한 순수 카시미르밸리 내경에 국한
* 현재 라하울(히마찰) 방면 다르차~싱쿤라 구간은 도로개통 완료.

카시미르밸리 산수계(※ 배경: ⓒOpenStreetMap(http://openstreetmap.org) / 수루밸리 눈(7135mn) & 쿤(7077m)

○ **접근방법**

카시미르밸리 여행 거점은 스리나가르이다. '여름수도'로 거명되는 만큼 봄~여름~가을 사이 카시미르 여행에 특화돼있다. 스리나가르 진입은 빠르게는 델리/잠무→**스리나가르 항공편**을 이용할 수 있다. 매일 수 회 항공편이 운항한다. 육로여정은 **철도편*** **델리~잠무 또는 우담푸르** 노선 이용 후 잠무나 우담푸르에서 차편[버스/승합지프 수시운행]으로 스리나가르에 접근할 수 있다. 파할감 방면(콜라호이/세슈낙)이나 와르완밸리 방면으로 진입시는 육로편 이용시 스리나가르까지 올 필요 없이 바나할터널을 지나서 **아난트낙에 이르러 곧바로 파할감/와르완밸리** 방면으로 환승해가면 되겠다. 물론 항공편 활용시에는 스리나가르 기점으로 출발해야겠고.

> * 참고로, 카시미르밸리 스리나가르분지 내에도 철도노선이 드리워있는데 잠무에서 곧바로 연결되는 것이 아니라 바니할 자와하르터널 북쪽의 카지군드를 기점으로 바야흐로 2007년부터 개통된 이의 쿨감(카지군드)~아난트낙~풀와마(아반티포라)~스리나가르(바드감)~바라물라 '카시미르철도(Kashmir Railway)'가 그것이다. 하지만 남쪽 펀잡 지방과의 연계가 되지 않는 단지 카시미르밸리 내에서만의 이동수단에 불과하므로 이용성이 그리 크지 않다 보겠다. 이 노선은 향후 잠무평원 우담푸르까지 연계하여 확장되는 것으로 상정되어있다. 그리 되면 카시미르밸리로의 진출입이 더욱 수월해질 전망이다. 아울러 이러한 잠무~카시미르 노선은 계속해서 히말라야 조지라(3530m) 고개 너머 카르길~레(라다크)까지도 확장 계획되어있다. ⇒ 일명 '스리나가르-카르길-레(라다크)' 노선으로 2014년에 입안.

키슈트와르밸리(도다) 방면은 **잠무나 우담푸르에서** 진입한다. 그로부터 키슈트와르에 이르러 키슈트와르밸리 내원 환승차편을 이용하여 들어간다. 전용차량의 경우는 환승 없이 곧바로 이동이 가능하나 단, 도로사정이 열악한 구간에서는 고급 중대형차량은 진입이 어려우므로 필히 지프차량으로 환승해가야 한다. 이밖에 **히마찰 참바에서 카시미르 도다 행** 여정(노선)을 이용해 갈 수도 있으며 그로부터 도다~키슈트와르 행로로 이어간다. 한편 키슈트와르밸리 내원에서 머로우강 계곡을 따라 계속해서 상류 와르완밸리까지 나아갈 수도 있다. 다만 도로사정이 여의치 않을 경우 도보이동을 필히 상정해야 함이다. 그로부터 와르완밸리 기점 인샨에 이르면 서쪽 아난트낙~마르간패스를 넘어온 도로와 만난다. 즉, 키슈트와르밸리를 경유치 않고 보다 빠르게 **스리나가르~아난트낙~마르간패스~와르완밸리** 노정으로 진입/복귀가 가능하다.

카르길 방면 접근은 두 가지다. 하나는 이의 **스리나가르에서부터 '올라가는'** 것이고 다른 하나는 라다크 **레(Leh)에서부터 '내려오는'** 것이다. 카시미르밸리 여정과 달리 대중교통편이 그리 여유롭지(다양하지) 못하니 이동수단(차편) 확보가 쟁점이 되기도. 여행시즌〈5월~9월〉 상행 스리나가르~캉간[하라무크 강가발트렉 들/날머리]~소나마르그[타지와스 들머리]~발탈[아마르나트 시바성지 들머리]~조지라(3530m[히말라야 최저점])

~드라스~카르길 공영(JK)버스편은 1일 1회[※ 라다크 레까지 연장], 사설 승합지프편은 1일 3~5회 운행한다. 반면 라다크 출발 하행 레~칼시~라마유루~포투라(4090m)~물벡~샤르골~나미카라(3780m)~카르길 노선은 매일 공영버스 1회[※ 스리나가르까지 연장], 사설버스 1회로 총 2회 편성된다. 승합지프 운행은 일정치 않다. 그리 많은 주민이 거주치 않는 라다크 특성상 - *정기편성된 버스를 제외하고* - 정기승합차량보다는 해당지역(장소)으로 가고자하는 소수의 사람들이 차편을 아예 통째로 대절해서 이동하는 경우가 주를 이루기 때문이다. 그래서 라다크 내 이동여정에 있어서 교통비가 타 지역보다 많이 들어가는 이유이기도 하다. 어찌어찌됐든 카르길까지 왔다면 그다음은 수루밸리 행이다. 키르길~트레스폰~상쿠~수루(빠니카르) 차편[공영버스]이 1일 2회로, 그 중 오후편은 좀 더 깊숙한 파르카칙까지 들어간다. 눈·쿤 봉우리 바로 아래 자리한 마을이다. 파니카르 이전구간 수루밸리의 각 마을[사피(람바), 상쿠, 바르투/이차르, 움바 등]까지 진입하는 차편은 조악한 사설버스 내지는 승합지프 차량으로 국한된다. 각각의 내원마을로 카르길 기점 1일 1~2회 정도만 편성돼있다.

○ 코스개략

스리나가르분지 일대에서는 ①**스리나가르 도시 자체**의 달레이크(호수) - *이동수단으로서의 '시카라'라고 하는 수상보트가 또한 명물이다.* - 및 하리파르밧 두라니포트(성) 등 주변명소를 제1코스로 꼽는다. 이어 굴마르그, 바라물라, 반디포라 & 울라르레이크(호수)와 구레즈(구라스)밸리, 굴마르그 등지로 확장 연계할 수 있다. 아울러 트레킹 겸한 **하라무크 강가발** 산상호수지대, 소나마르그의 **타지와스빙하**, 리데르왓계곡의 **콜라호이빙하**, 카시미르 피르판잘산계의 **쉬브낙 토사마이단**, 아하르발~코운사르낙~피르키갈리 일대 **피르판잘 산상호수** 등등 역시도 이 스리나가르 기본여정에 포함시킬 수 있다. ②키슈트와르밸리 방면으로는 이름 그대로 '**키슈트와르국립공원**' 탐방이 유력하다. 아울러 북쪽 내원의 **와르완밸리**와 나아가 론비라드패스(4550m) 너머 수루밸리까지도 트레킹 확장여정이 가능하다. 다른 한편으로 키슈트와르~잠무 여정 중간의 **바토테**, **쿠드** 등지의 산악피서휴양지들도 이의 키슈트와르 여정에 포함할 수 있겠다. ③카르길 수루밸리 방면은 단연 카시미르 최고봉 **눈**(7135m)·**쿤**(7077m) 유람이 으뜸이다. 특히 파니카르~파르카칙~샤팟빙하 사이의 풍광이 압권이다. 이 외 수루밸리~**움바라**(4500m)~드라스밸리 코스, 수루밸리~**루시라**(4900m)/**사피라**(4350m)~샤르골 코스 및 다소 험난한 트레킹여정으로 눈·쿤 산군 주위(Around)의 잔스카르산맥 **와카라**(5360m) **트렉**이나 보방갈리(4800m)-론비라드패스(보트콜갈리; 4450m) 등의 **히말라얀패스 트렉**도 섭렵해볼 수 있다.

🔺 트레킹안내

1-1. 콜라호이-타지와스 트렉

✦ **개략** : 카시미르 최대규모의 두 빙하를 연계 탐승하는 트레킹. 콜라호이빙하는 카시미르 최대빙하이자 펀잡5대지류 젤룸강의 시원(始源)이기도 하다. 해발 5425m의 콜라호이피크를 모태로 그 아랫녘 4700m 빙원에서부터 발류, 약 5km 길이로 하얀 드레스를 펼치듯 눈부신 빛을 발하여 아래로 흘러내린다. 이로부터 세칭 '그와스브라니' 즉 '빛의 여신'이란 필명을 얻게도 되었다. 이 콜라호이의 빙류는 이내 수려한 리데르계곡의 풍광을 일구며 아루(Aru)와 파할감으로 하행, 이윽고 아난트낙 카시미르분지로 나와 펀잡지류 젤룸강 본류로서 북상하여 스리나가르와 울라르호수를 적시고 바라물라 지평을 가르며 파키스탄령 아자드카시미르의 무자파라바드로 흘러들어간다. 콜라호이 트레일 도중 만나는 소박한 현지 부락민들과 또한 여름 한 철 올라와 방목생활을 하며 지내는 구자르 유목민들과도 만나 서로 교감하면서 진행하는 오지체험 트레킹으로서 더욱 묘미가 있다. 인근 힌두성지인 파할감, 찬단와리, 세슈낙 등지와도 함께 아울러 찾아볼 수 있다. 이와 댓구를 이루는 타지와스빙하는 한편 콜라호이빙하 북쪽 너머의 빙하로서, 연이은 카시미르 제2위의 빙하로 자리매김한다. 특히 유명한 '황금초원' 필명을 새긴 소나마르그 관광휴양지 근처에 있어 탐방이 더 쉽다. 나아가 콜라호이빙하와 연계하여 리데르계곡 북쪽 골짜기를 통해 소나사르(호수)~바스메이갈리(고개) 루트를 통해 곧바로 넘어가는 트레일은 다소 고된 중상급 트레킹코스로서 언급된다. 카시미르를 대표하는 이 두 빙하는 한편 근래의 기후변화(지구온난화현상)의 폐해를 가장 크게 입는 곳 중의 하나로 조명되어 점점 그 규모와 세력이 현저하게 위축(후퇴)되고 있음이 안타깝다.

✦ **트레킹 적기** : 5~7월, 9~10월 (∴ 최적기는 6~7월)
(※ 여름방학/휴가 시즌에는 우리와 마찬가지로 수많은 학생들과 방문객들로 북적댄다. 특히 7~8월 무자(야트라) 휴가기간과 맞물릴 때라면 더욱더 인파로 차고넘침을 유념.)

✦ **트레킹 최고점** : 콜라호이 전망포인트(3900m), 바스메이갈리(4260m)

✦ **트레킹 방식** : **캠핑트레킹**(※ 또는 현지 레스트하우스(Resthouse)나 유목민 거처
　　　　　　　　(Nomadic Homestay) 활용)

✦ **참고사항** : 파할감이나 아루 마을에서 캠핑장비와 트레킹도우미(가이드/말)를 구할 수 있다. 콜라호이빙만 왕복 탐방시 굳이 가이드 대동치 않아도 무방.
　　(※ 말 1필 1일 ₹800~1,200선[한화 ₩15,000~20,000 선]. 가이드비 1일 ₹1,200 안팎)

✦ **퍼밋** : 불필요

I. 일정가이드

0~1일차 : 출발〉 **잠무(330m)/스리나가르(1580m)~바니할(자와하르터널; 2200m)/아반티포라(1590m)~아난트낙(이슬람아바드; 1600m)***
~(환승)~마르탄드(1650m)~멀수(1700m)~에이슈무캄(1880m)
~파할감(팔레가온; 2140m)~(환승)~몬들람(2220m)~아루(2400m)
[차량이동 잠무~아루 8~9시간 / 스리나가르~아루 4시간]

잠무까지는 항공편으로 델리, 뭄바이 등 대도시에서 매일 직항편 수 회 운항한다. 철도교통은 델리를 기점으로 파탄콧 경유 잠무 편을 이용, 잠무 타위 역에서 하차 후 바니할(자화하르터널)을 거쳐 카시미르분지로 올라가는 육로여정으로 이어간다. 또는 델리나 잠무 발 매일편 수 회 운항하는 스리나가르 항공편을 이용할 수도 있으며 그로부터 스리나가르~아난트낙 행로로 육로여정을 잇는다. 도중 거쳐가는 아반티포라의 아반티스와미 옛 힌두사원유적을 들러볼 수 있다.

* 잠무-아난트낙 경로 : 잠무(330m)~우담푸르(760m)~바토르(2020m)~바니할(자와하르터널; 2200m)
~(아차발(1690m)~)아난트낙(1600m) /
* 스리나가르-아난트낙 경로 : 스리나가르(1580m)~판드레탄(1580m)~팜포르(1590m)~아반티포라(1590m)~상감(1600m)~카나발(1600m)~아난트낙(1600m)

아반티포라 고대 사원유적   아난트낙 시가   베리낙 정원

아난트낙에 이르면 편잡지류 젤룸강 물줄기가 사방 각기 다른 명칭의 여러 갈래로 나뉜다. 이의 힌두식 지명 아난트낙은 현지 카시미르인들 사이에서는 무슬림풍의 이슬람도시 즉 **'이슬람-아바드'**로서 호칭된다.(= 파키스탄 수도 '이슬라마바드'와 같은 명칭으로, 선뜻 구분코자 본지에서는 '이슬람아바드'로서 표기한다.) 카시미르밸리에서는 스리나가르 다음으로 인구가 많은 복잡한 도시이다. 시간여유 있다면 남쪽 잠무 행 자와하르 도로에서 조금 떨어진 산드란 강기슭의 베리낙 정원 찾아볼만. 무굴시대의 유적으로 카시미르에서 가장 아름다운 정원으로 꼽힌다. 전용차량이 아니거나 (파할감까지의) 직행차편이 아닐 경우 아난트낙에서 차편[버스/랜드크루즈/지프]을 환승하여 파할감으로 이동한다. 도중 마르탄드 산기슭 아래 흔적이 아련한 이의 **마르탄드** 순 힌두사원도 들러볼만하다. 8세기 중엽 건립된 웅장한 힌두교 유적으로, 15세기 이슬람 세력이 들어오면서 완전히 파괴되어 잔해만 남았다. 젤룸강 최원류 리데르계곡을 따라서 다다른 **파할감**은 힌두교 순례유적지로서도 이름이 높다.

이로 인해 또달리 '**팔레가온**'이라는 힌두식(힌디어 스타일) 명칭*으로도 불리곤 하며 그러한 힌두 명소 가우리샹카르 사원이 시내 외곽에 자리해있기도 하다. 이로부터의 파할감~아루/찬단와리 일대 리데르밸리는 아난트낙 지역(District)의 '**오베라-아루 야생보호구(Overa-Aru Wildlife Sancturary)**'로 지정되어있다.

* 카시미리어 지명 파할감은 힌디권역 지명표기로 달리 '팔레가온'이라 칭하기도 하는바, 곧 '마을'을 뜻하는 힌디어 '가온(Gaon)'은 카시미르 지방에서 '감(gam)'이라는 조금 다른 표현/발음으로 통용되고 있다. 즉 이 권역에 놓인 허다한 '~감' 지명들이 모두 이와 같다.

마르탄드 순 고대 사원유적   파할감   파할감 가우리샹카르 사원

전용차편이 아닐 경우 예서 다시 차편을 환승하여 아루 골짜기로 들어간다. 계곡가 위락시설(글램핑)이 드리운 **몬들람**을 지나면서부터 본격적인 리데르밸리의 울창한 삼림과 계곡 골짜기풍경이 펼쳐진다. 마침내 다다른 도로 끝지점 **아루** 마을은 이의 리데르계곡을 끼고 들어앉은 동화속의 마을과도 같은 분위기를 자아낸다. 수려한 계곡과 싱그러운 산록자락, 마을풍정과 더불어 여행자숙소로서의 여러 호텔/게스트하우스*들이 방문객들을 맞이한다. 더불어 상부 산록초지에 PDA* 레스트하우스 및 주정부 운영의 FH* 산막숙소가 들어서있다. 아루 일대는 한편 계곡에서의 송어낚시를 겸한 여행으로도 많이 찾는다.(⇒ 단, 이를 위해서는 사전에 스리나가르 관청의 어로부(Directorate of Fisheries)에서 퍼밋을 발급받고 나서야 한다. 비용은 외국인 1인당 ₹2,000, 내국인 ₹1,000이며 퍼밋기간 동안 1인 최대 6마리까지만 잡을 수 있다.)

* 아루 일원 주요 숙박시설 : Hotel Alpine(JKTDC 운영), PDA Guesthouse, Hotel Milky Way, Fimi Hotel, Snow Mount Guesthouse, Rohella Guesthouse, Friends Guesthouse, Aru Eco Resort(글램핑), River Front Guesthouse etc. 이들 중 정부시설인 Hotel Alpine을 제외하고 모든 호텔/게스트하우스는 방문객들 대상으로 아루~콜라호이 탐승 트레킹을 주선해준다.

* PDA = Pahalgam Development Authority / FH = Forest Hut

아루 산촌마을   아루마을 카시미르가옥

2일차 : 트레킹〉 아루(2400m)-(30분)-코트파트리(2600m)-(2시간)-드레다드 (2600m)-(1시간30분)-노우뉴르(2740m)-(40분)-리데르브릿지 (2720m)-(20분)-리데르왓(2800m)-(1시간)-쿨란(2950m)- (1시간30분)-콜라호이(3100m)

카시미르밸리의 가장 인기 있으면서도 쉽고 가벼운 명품 트레킹코스 본 콜라호이 트레일이 시작된다. 목적지 콜라호이빙하 이정 트레일은 두 가지. 보통은 북쪽 리데르계곡을 따라 평이한 트레일을 밟아 오르나, 다소 모험적이고 도전적인 트레커들의 경우 리데르계곡 지류 **나프란계곡**◇ 초입의 북동 골짜기를 따라 올라 가스앙간* 유목민거처를 경유, 카타르낙 호수(3750m) 위로 거슬러오르며 이내 정면 우뚝한 쌍봉으로 솟구친 카타르낙(버트레스피크; 5117m) 산봉 좌측(서쪽) 고갯길(카타르낙 갈리; 4540m)를 넘어 콜라호이피크 남사면의 두드낙(호크사르) 호수로 바로 입성하는 노정에 나서기도 한다. 단, 이 루트는 훨씬 더 힘들고 넘어서야하는 고도차가 상당하여 도중 1박 캠핑이 필수이며 하산길에서도 빙하지대를 경유하는 등 트레일 난이도가 매우 높기에 철저한 캠핑준비와 더불어 반드시 숙련된 현지가이드를 대동하고 나서야 함이다.(※ 혹은 단지 아루에서 7km 거리의 카타르낙 호수(3750m)까지만 왕복탐승하고 돌아올 수도. ⇒ 당일왕복 또는 1박2일 프로그램.)

* 가스앙간 = 풀(초지)[가스] + 거처[앙간]

아루 마을

아루 레스트하우스

나프란계곡

가스앙간

코트파트리

난다케인

모름지기 통상적인 루트에 의거, **아루**를 출발하여 이내 가파른 산록초지 경사길로 오르며 빽빽한 소나무숲 트레일을 밟아 수림지대 등성마루 **코트파트리**로 오른다. 이로부터 리데르계곡의 번듯한 우측(동쪽)기슭 허리길을 타고 진행, 비로소 숲지대가 벗겨지며 완경사의 너른 초지사면이 드리운 **드레다드**에 이른다. 하계처소로서의 가옥 약 10채가 세워져있으며 카시미르분지 저지대의 아난트낙에서 올라온 유목민들이 4~10월 기간 동안 가축방목을 하면서 기거하는 곳이다. 계속해서 리데르계곡 우측(동측)자락 트레일로 진행, 좌측(서쪽) 발아래 놓인 리데르계곡 건너편으로는 또다른 유목초지 **난다케인** 방목지가 바라보인다. 차츰 계곡변으로 가까이 붙으면서 수더분한 아름다운 하안초지길을 경유하여 나아가며 도중 계곡 건너편으로 넘나드는 통나무다리와 어우러진 다채로운 풍정과도 마주한다. 그로부터 리데르계곡 하안단구 위쪽 초지부의 **노우뉴르** 유목민 거처지에 닿게 되고, 이어 곧바로 서쪽기슭 아래로 하행, 리데르계곡의 목교를 건너 광활한 **리데르왓**[*] 목초지로 들어선다. 계곡 건너편 층층진 거대한 암산절벽의 풍모 또한 감흥을 더한다.

드레다드   노우뉴르 하부 리데르계곡변의 현지인 티숍(매점)   노우뉴르 메도우(초원)

리데르왓 단구초원   리데르왓 레스트하우스 & 배후 암산봉

두 계곡이 만나는 합수목 상층부 단구초지로서 형성된 리데르왓은 이름처럼 리데르계곡의 평탄한 초원〈왓〉임을 지칭, 그처럼 완경사의 넓고 풍요로운 목초지가 장쾌하게 펼쳐져있는바 드넓은 초원마루 일대 어디나 훌륭한 캠프지로서 손색없다. 방문객들을 위한 레스트하우스도 2곳 마련돼있으며 이 중 큰 숙소는 주정부 PWD[*] 소관으로 운영된다. 드넓은 리데르왓 완사면 초원을 가로질러 북상, 서쪽에서 흘러내린 각각의 골짜기 하단부엔 때로 녹지 않은 빙설자락이 드리워있기도. 그로부터 야생화 흐드러진 초원지평에 이내 말들과 양떼, 염소떼의 목가적인 풍경을 뒤로하고 어느덧 울창한 소나무숲지대가 다시 드리우면 곧 이로부터 이름을 달리한 북동향 콜라호이계곡 좌측(서측) 기슭루트를 밟아 나아감이다. 한편 이 리데르왓으로 넘어오지 않고 노우뉴르에서 계속 동측하안루트로 **수시르완**(2900m)까지 나아가

간이목교를 건너 이의 콜라호이 트레일에 합류할 수도 있다. 단, 목동들이 세워놓은 가교가 불안정하여 유실되었을 수도 있음을 상정, 상행길엔 이렇게 안전한 리데르왓 루트를 택하여 나아가길 종용한다.

* 리데르왓 : 리데르 초원〈왓/와스〉 / * PWD = Public Works Department

소나무숲 울창한 트레일 상에는 '**쿨란**'이란 지명의 또하나의 유목민거처가 자리해 있다. 다른 방목초지 일원의 처소와 다르게 숲지대에 터잡고 있음이 이색적이다. 계곡 건너편으로는 이와 댓구를 형성한 수시르완 유목민들의 하계거처 가옥들이 바라보인다. 초지길을 대신하는 커다란 돌무더기와 바위로 점철된 계곡하안루트를 따라 진행, 깎아지른 암산절벽으로 무장한 골짜기 또한 점차 좁아지면서 동시에 아랫녘 물골계곡의 모습도 보다 거세지고 격렬한 흐름으로 변모한다. 더하여 계곡 곳곳에 녹지 않은 눈과 얼음덩어리로 가로놓인 일명 '스노우브릿지(Snowbridge)' 또한 이채로운 풍경거리의 하나. 이와 나란히 한동안 북상해 오르면서는 곧 계곡 하안의 소나무숲 지대가 벗겨지고 이윽고 골짜기가 다시 넓게 열리는 콜라호이 유목민마을 기슭부에 다다른다.

북서골짜기에서 내려오는 로힐계곡 수류에 놓인 통나무다리를 건너 들어선 **콜라호이** 마을은 본 트레일 상의 마지막 유목민마을. 소위 '**구자르(Gujjar)**' 유목민들의 거처지로서 연중 6개월(5월~10월) 동안만 거주마을로서 자리매김한다. 앞선 리데르왓 초원에 버금가는 너른 산골분지 초원지평이 드리워져있음에, 다만 완전히 파릇파릇한 1급 목초지대는 아니고 군데군데 돌과 바위지대가 성근 '중상급' 방목초지로서 갈음된다. 북방으로는 스리나가르~카르길 하이웨이의 소나마르그 방면으로 넘어가는 루트가 연결되고, 달리 동북방 웅장한 바위설산령 아래의 주계곡 루트로는 이제 본 트레일 행로상의 여정목적지 콜라호이빙하로 나아가는 본노정 행보로서 이어지게 된다. 캠핑은 유목민마을 아래 너른 방목초지부 일대가 무난하다. 아니면 인원규모가 작을시 전망 좋은 언덕부의 초지에다 차릴 수도 있겠다. 다만 일대 경사도가 있어 장소선정이 좋지 못하면 취침시 불편을 느낄 수도. 늦은 오후~저녁시간을 보내면서 주변 친절하고 호의적인 유목민들과의 친목도 즐길거리의 하나다. 특히 어린아이들과의 교감은 더더욱 기억에 남는 여행의 묘미!

* 이 '구자르' 명칭은 이른바 카시미르 지방에 흔한 카스트[족속/부족]명의 하나로서 매겨지고 있기도 하다.

쿨란

쿨란-수시르완 리데르계곡 목교

수시르완(좌) & 쿨란(우)

콜라호이 유목민부락

유목부락의 아이들

✧ 사이드트레일; 나프란밸리 & 하르바그완 트렉
(※ 사진협조: Bernd Looft(독일) - 산악오지탐험가)

· 개략 : 아루 동편 나프란계곡을 타고 콜라호이산군 일대 **가장 큰 산상호수인 하르낙(하르바그완)** 호수를 탐사 유람하는 트레킹루트. 아루 기점 단순왕복(3~5일 일정)으로 섭렵하고 돌아올 수도 있지만 북행으로 연계하여 소나마르그~조지라 하이웨이의 발탈 캠프로 여정을 확대(4~5일 일정)해갈 수도 있겠다. 단, 이 확장노정의 경우 7~8월 야트라[∴ 아마르나트 시바동굴 순례] 시즌에는 퍼밋 없이는 이의 도멜, 발탈 방면으로 진출 불가할 수도 있음을 유념! (✔ 안전상의 이유로 <u>군 체크포스트</u>에서 제지.)

⇒ 아루(2400m)-(3:00)-각디파트리(보즈파트리; 2900m)-(2:00)-아람파트리(아르미움; 3300m) // -(2~7:00)**(다나왓**(3950m; 빙하탐승))-나프란(3500m; 구자르목초지) [런치캠프] // -(2:00)-하르갈리(3880m)-(1:00)-하르낙(3770m; 호수지대)-(0:30)-**하르바그완**(3700m) [런치캠프] // -(3:00)-두핀포르(3540m)-(3:00)-도멜(2920m)-(1:00)-발탈(2840m) / 이동 ➤ **발탈**(2840m)~소나마르그(2720m) [차량이동 1시간] 또는, **발탈**(2840m)~조지라(3530m)~드라스(3230m)~카르길(2670m)(~레(라다크; 3400m)) 행로로 확장.

각디파트리

아람파트리

나프란

∴ **아람파트리**는 평탄한 목초지대로 흙으로 만든 목동집들이 마련돼있으며 주위로 목동들이 몰고 올라온 소떼와 양떼가 한가로이 풀을 뜯는 목가적 풍경을 만끽할 수 있는 멋진 곳이다. **다나왓빙하** 탐승은 선택여정으로 갈음할 수 있는바 아람파트리 기준 왕복 약 5~6시간 소요된다. 해발 4천미터에 육박하는 곳이라 고소증에 유의. **나프란** 목초지는 구자르 바카르왈 유목민들의 하계 방목거처지로서 돌집 처소와 계곡변 너릇한 목초지의 풍광이 인상적이다. **하르갈리**는 그리 높은 고개는 아니나 카시미르분지 북쪽 신드밸리와 남쪽 리데르밸리를 가름하는 중요한 분수령으로 바로 이를 넘어 커다란 **하르바그완(하르낙)** 산상호수가 자리하고 있다. 계속해서 만약 두핀포르~도멜~발탈 행로로 나아가고자할 시 사전 퍼밋 확보가 필요하다. 아울러 인적이 뜸하므로 루트를 잘 아는 길잡이와 동행하여 나서도록. 종료점인 발탈에서 서쪽 방향 소나마르그 또는 동쪽 히말라얀패스 조지라(3530m) 넘어 카르길-레(라다크) 행선으로 도로여정을 이어갈 수 있다.

하르갈리(나프란밸리 방면) / 하르갈리 내리막에서 바라본 하르낙(하르바그완 호수)(※ 사진: Jagit Sunny)

하르바그완 초지 / 두핀포르 서쪽 카타르낙빙하 / 두핀포르 합류지 & 카타르낙(중앙)-콜라호이피크(우)

두핀포르 계곡초지　　　　　도멜 어귀　　　　조지라(3530m) 오름길에서의 발탈 캠프

3일차 : 콜라호이(3100m)-(2시간)-사틀룬잔(3250m)-(1시간30분)-콜라호이 LBC*(3400m; 하부 모레인캠프)~전망포인트 왕복[+1시간]-(1시간)-사틀룬잔(3250m)-〈스노우브릿지〉(2시간)-콜라호이 HBC*(호크사르 바익; 3760m; 상부 메도우캠프)

* LBC = Lower Base Camp / HBC = Higer Base Camp
* 사틀룬잔 = 일곱[사트] + 다리[룬잔/란잔]. 즉 (건너야할) 일곱 개의 계곡이 빚어내려있다는 의미.

콜라호이 유목민마을을 뒤로하고 더욱 넓게 드리우는 계곡하상의 완만한 하안루트를 따라 오른다. 군데군데 스노우브릿지가 형성된 풍경도 담으며 이내 동쪽으로 서서히 굽어도는 콜라호이 상류골짜기 내원으로 진입, 곧이어 너른 계곡자락 목초지평 위의 **사틀룬잔** 캠프지에 이른다. 이곳 역시 구자르 유목민들의 방목캠프지로서 여기저기 풍성한 초지가 흐드러져있어 풀 뜯는 가축들 천지다. 예쁜 아니라 이의 리데르-콜라호이 골짜기 산록 곳곳마다 카시미르 구자르 유목민들의 여름거처지가 산재해있다.(∵ 좀 더 세밀히 짚어 부르자면 이 카시미르밸리의 각 산과 골짜기 내원에서 방목생활을 하며 여름을 나는 이들 유목민들을 일명 '구자르 바카르왈'이라 일컫는 즉 대략 짧은 여름 한 철(5월말~10월초)을 주 활동시기로 삼아 이동-방목생활을 영위한다.) 더불어 트레커들을 위한 캠프지로서도 훌륭해마지않은 입지와 풍정을 갖추고 있다.

리데르계곡 스노우브릿지(하류쪽)   상류방향 스노우브릿지   사틀룬잔 초지

계속해서 동남향으로 굽어지는 콜라호이계곡을 따라 나아가면 마침내 더는 나아갈 수 없는 막다른 지경에 이른다. 바로 카시미르 제일의 빙하 **콜라호이빙하 하단부 어귀**(Snout)에 다다름이다. 주변은 계곡수류 위로 미처 녹지 않은 두꺼운 스노우브릿지로 아우성이다. 7월 중순쯤 돼야 이러한 눈과 얼음의 향연이 사그라들 터. 이 모질고 삭막한 곳에도 어김없이 목동들의 처소가 들어서있다. 거칠고 투박한 회백색 모레인(Moraine) 자갈더미 위 그렇게 울긋불긋 허름한 천막거처가 세워져있음인즉 곧 이 일대 빙하어귀(Snout)가 바라보이는 기슭편의 모레인캠프지를 일명 '**콜라호이 LBC**'로서 지칭함이다. 이를 가로질러 좀 더 나아가면 바로 앞 거대한 콜라호이 하부빙하의 풍광과 맞닥뜨리는데 실상 시야가 좁아 진면모를 만끽하기에는 부족하다. 해서 거대 빙퇴지형으로 형성된 이의 U자 협곡부 북측사면의 가파른 등성이 위로 올라 보다 풍성한 광경을 조망해보길 권한다. 웅장한 콜라호이 빙하의 장관뿐 아니라 그 위로 검푸른 삼각탑처럼 우뚝한 해발 5425m 콜라호이 피크의 모습 또한 가히 압권이다.

사툴룬잔 도카(유목민거처)

콜라호이피크(5425m; 우측봉) & 빙하어귀(Snout)

전망언덕에서 바라본 콜라호이피크(5425m) & 빙하

콜라호이메도우(호크사르바익) 방면

콜라호이 하부빙하 탐승을 마치고 길을 되돌려 사틀룬잔 캠프지로 되내려온다. 이로부터 남쪽 바로 앞 콜라호이계곡 적당한 곳에 형성된 **스노우브릿지**를 타고 건너 이제 보다 상층부에 위치한 본격적인 콜라호이 베이스캠프(상부 메도우캠프)를 향해 오른다. 그로부터 상부 설원과 빙하지대로부터 녹아 흘러 폭포수처럼 쏟아내리는 물줄기를 잘 회피하여 오르면 곧 목동들이 만들어놓은 돌다리를 건너 이의 지계곡 물길을 가로질러 트레일이 이어지고 이로부터 다시 가파른 산길 오르막으로 등행, 숨가쁘게 오르면 곧이어 동쪽 방향으로 부드러운 완사면 둔덕 허리길로 나있는 유목트레일을 밟아 진행케 된다. 좌측(북쪽) 방향은 깎아지른 콜라호이 골짜기 방향으로 거칠고 험한 바위자락 돌밭길이 급준한 산록사면을 형성하고 있음에, 반대편 우측(남쪽) 방향으로는 점차로 너룻한 산상목초지대가 드리우면서 이윽고 광활한 고산초원으로 이룩된 이의 **콜라호이메도우** 지평에 이르게 된다. 해발 3천 7백미터가 넘는 이곳은 말 그대로 콜라호이고원의 산상목초지. 현지 유목민들은 달리 '**호크사르바익**'이란 이름으로 호칭한다. 역시나 목동들의 천막이 성글어있으며 주위로 널따랗게 펼쳐진 초지부 곳곳에 방목중인 양들과 염소들의 한가로운 목가적 정취가 만연해있다. 굳이 알프스를 떠올릴 필요 없음이다. 아니 더욱 이국적이며 그윽하고 너그러워마지않은 이곳 카시미르 히말라야의 목가임이다. 고원산상의 지대도 평탄하고 또 포근하고 싱그러운 초지부를 가르는 맑은 계류부도 깃들어있어 캠핑하기에도 나무랄 데 없다. 다만 해발고도가 높은 고로 밤사이 고소증에 유의토록.

* 호크사르 = 인근 두드낙 호수의 다른 이름. 이로부터 곧 메도우(초지)를 뜻하는 카시미리어 '바익(벡)'을 써서 이 일대 콜라호이 고산초지를 일컫는 '호크사르바익'이란 명칭이 비롯됐다.

콜라호이메도우에서 바라본 이노미네이트(4890m) 원경(중앙봉)

콜라호이메도우 HBC & 콜라호이피크(5425m)

호크사르바익 콜라호이메도우

호크사르바익 유목거처 & 콜라호이패스 능선줄기

4일차 : 콜라호이 HBC(호크사르바익; 3760m)-(1시간)-콜라호이빙하(전망 포인트; 3900m)-(1시간)-두드낙(호크사르; 3740m; 제1호수)-(1시간)-초테낙(3580m; 제2호수)-(1시간30분)-사틀룬잔(3250m)-(1시간30분)-콜라호이(3100m; 유목민마을)

콜라호이메도우(호크사르바익) 캠프 동쪽으로 등성진 언덕마루 위로 올라 거대한 콜라호이빙하의 풍광을 관람한다. 오름길 중간중간 채 녹지 않은 설상구간이 드리워있을 수도 있는데 유의해서 잘 회피하여 진행토록 한다. 너머 콜라호이빙하 방면으로는 실족치 않도록 특히 유의!(✔ 필요시 크램폰 지참.) 해발 3천9백미터 가량의 **콜라호이 전망언덕**까지 루트 상황에 따라 대략 왕복 1~2시간 잡는다. 탐승을 마치고 이후 세상 평온하고 아늑한 목초지길 따라서 서쪽 이의 콜라호이 봉우리 바로 아래 드리워진 명소 **두드낙***(호크사르) 호수지대로 넘어간다. 호반기슭을 두른 녹지 않은 설사면과 커다란 얼음덩어리, 그리고 이를 띄운 푸른 물빛과 더불어 그로부터 반영된 바로 위 우뚝 솟구친 웅혼한 콜라호이피크의 모습과 어우러진 풍경이 가히 장관이다. 셰나어권(※ 카시미르 북부권역)에서 넘어온 바카르왈 목동들은 달리 '호크사르' 또는 그냥 단순히 '첫째 호수'라고만 칭해마지않는다. 아닌게 아니라 아래쪽 또 하나 즉 '둘째 호수'가 있음인게다. 곧 두드낙 호수에서 흘러내리는 계곡을 따라 계속해서 서쪽 내리막길로 하행, 불룩한 마루터기를 지나 내려서면 곧이어 훨씬 '규모가 작은' 두 번째 호수로 안착한다. 그처럼 작은 호수(연못)라 하여 일명 **'초테낙'** 혹은 **'초테사르'**로서 지칭키도 함인즉 그러나 앞선 두드낙 호수와는 물줄기 원류가 다르다. 두드낙은 콜라호이피크에서 바로 북쪽으로 내려온 빙하- *카타르낙갈리(4540m) 북쪽 빙하골짜기* -로부터 형성된 소위 '빙하호수(Glacial Lake)'이지만 이 두 번째 호수는 달리 한 자락 건너 지능선 안부계곡으로부터 빚어내려온 골짜기 담수가 스며들어 형성된 '비(非) 빙하호수(Non Glacial Lake)'이다. 고로 수심도 얕고 크기도 작다. 일대 주변 역시 멋진 목초지대로서 역시나 놀집 형태로 구축된 목동거처 몇 곳이 자리해있다.

* 두드낙 = 우유[두드] + 샘/연못[낙] / 초테낙 = 작은[초테] + 샘/연못[낙]

콜라호이피크(5425 m) & 콜라호이빙하 원경 / HBC 전망포인트에서의 콜라호이빙하 / 두드낙 & 콜라호이피크

초테낙(소호수) & 빙하골짜기   초테낙 하행목초지길 & 콜라호이패스(중앙) 원경

하산길은 이제 초테낙 북쪽 가파른 길로 곧장 내려서서 이내 두드낙에서부터 함께 흘러내린 계곡 따라 목동길을 밟아서 내린다. 급사면을 내려온 중간에 이의 골물계곡을 건너서 서쪽 초지언덕 방향의 바카르왈 유목민거처로 넘어갈 수도 있으나 물이 많으면 건너기가 매우 위험하기에 - *실족하여 미끄러지면 바로 수십 미터 아래 폭포로 떠내려감. 고로 모험(!)은 절대 금물* ! - 그냥 계속 북향의 가파른 내리막길로 아랫자락 콜라호이계곡 합수부까지 하산해 내려간다. 이어 다다른 콜라호이계곡 본

물길 위 형성된 마슐(!)같은 **스노우브릿지**를 조심조심 타고 건너 북측기슭으로 옮겨붙으면 모름지기 전날 지났던 **사틀룬잔** 목동캠프의 기본트레일과 합류. 이로부터 길을 되밟아 **콜라호이** 마을까지 하산 진행하면 이날의 일정은 갈음된다. 주의컨대 이 콜라호이 상부고원 코스는 루트를 헷갈릴 여지가 매우 높아 필히 현지 길잡이 대동은 필수다. (∴ 정 여의치 않다면 현장에서 즉석으로 길잡이목동 섭외. ⇒ 물론 탐방 완료 후 (당사자가 원치 않더라도) 소정의 사례는 기본이다. 한나절 도우미에 대략 ₹ 500~800(한화 1만~1만5천원) 정도 사례.)

※ 사틀룬잔에 일찍 하산, 시간여유 있을시 만약 전날 이 동쪽 콜라호이 하부빙하(빙하어귀 LBC – 속칭 '스나우트 코스') 탐승에 채 나서지 못했을 경우 이날 여유시간을 해당 탐승여정으로 할애해볼 수도 있겠다. 게다가 역광의 오전보다는 순광으로 펼쳐지는 이러한 오후 무렵 탐승이 더 추천할만.(⇒ 사틀룬잔 기점 왕복 2시간 내외. 상부 전망포인트 왕복 시에는 1~2시간 추가소요)

5일차 : 콜라호이(3100m)-(1시간)-도마일(3320m; 합수목)-(2시간)-소나사르 (산상호수; 3840m) [런치캠프]

콜라호이 유목마을 북서골짜기 로힐계곡 방향으로 거슬러오른다. 초반부 가파른 오르막을 거쳐 1시간쯤 오르면 서쪽 한딜사르(호수) 방면에서 내려오는 주계곡과 북쪽 소나사르에서 내려오는 지계곡과의 합수지 **도마일**에 이르고 이로부터 서쪽 주계곡길을 버리고 북쪽 지계곡길로 등행, 가파른 오름길로 약 2시간여 나아가면 이윽고 해발 3천8백고지 산상분지에 형성된 **소나사르** 산상호수에 닿는다. 구자르 목동들의 방목루트를 따라 오르게 되면 큰 애로는 없다. 다만 도중 지질펀펀한 갈래길들이 여럿 나오므로 주의를 기울여 진행해야 할 것. 호수 주변 목초지에 캠프를 차리고 머물면서 주변 유람에 나서봄직도. 다음날 등행해야 할 고도적응을 위해서도 좋을 일이다. [※ 도마일 서쪽골짜기 상류 순파트리~한딜사르(3850m)·도다사르(2900m) 등 산상호수 탐승연계 시 추가일정 필요(도마일 기점 왕복 5~6시간)]

콜라호이 유목부락 상부 로힐계곡 초입

도마일(합수초지)

소나사르

 /  /

로힐계곡 상부 순파트리 / 한딜사르 암봉 & 목초지 / 한딜사르 전경 (※ 사진협조: India-hike)

6일차 : 소나사르(3850m)-(2시간)-바스메이갈리(4260m)-(1시간)-바스메이사르(3900m)-(4~5시간)-가강기르(아샨; 2500m) / 이동) 가강기르(2500m)~시트키리(2650m)~소나마르그(2720m) [차량이동 30분]

본 콜라호이-타지와스 트렉의 가장 힘든 일정으로, 해발 4천2백미터가 넘는 바스메이갈리 고개를 넘어 신드밸리의 타지와스빙하 소나마르그 지평으로 내려앉는 길고도 험한 노정이다. 캠프지 **소나사르*** 호수를 뒤로하고 북서쪽 가파른 산등성이 위로 길을 잡아 오른다. 이전과는 다르게 유목민과 짐승들의 통행이 상대적으로 적어 트레일이 흐릿하다. 단독으로 섣부르게 나서지 말고 길잡이를 잘 고용하여 나설 것. 대략 시간반가량 오르면 펑퍼짐한 둔덕부가 나오고 이어 다시 급한 오르막을 약 30분쯤 거슬러 등행, 마침내 리데르밸리〈南〉와 신드밸리〈北〉의 분수령 능고개 **바스메이갈리(4260m)**에 올라선다. 북동방으로 막아선 장중한 타지와스피크(4850m)를 제외한 동-서-남 조망은 막힘이 없다. 날만 좋으면 북으로 대히말라야의 첩첩한 산마루 너머로 서북방 멀리 펀잡히말라야의 영주 낭가파르밧(8126m) 산괴가 떠오르고, 남쪽으로는 이제 우뚝한 삼각봉우리 콜라호이피크(5425m)의 형상이 뚜렷, 나아가 동남방 첩첩산령 너머로 멀찍이 카시미르밸리의 맹주 눈(7135m)·쿤(7077m) 봉우리의 오롯한 모습 또한 가다듬어볼 수 있다.

바스메이갈리 정상부 빙퇴사면(오름길 뒷방향)   바스메이갈리 서쪽 바시날피크(4760m) 방면

하산은 북서향 가파른 바스메이계곡 골짜기 따라 길고긴 내리막으로 이어진다. 북향의 그늘아래 놓여있어 눈과 얼음이 녹지 않고 그대로 쌓여 마치 빙하트렉과도 같은 난코스로 형성되기도 하는 만큼 진행에 각별히 유의토록. (✔ 만약 이 내리막 루트가 영 내키지 않다면 고민할 것 없이 그냥 뒤돌아 왔던 길로 하산해 내려갈 일이다. 무엇보다도 '안전'이 가장 중요한 덕목이니만큼.) 루트에 훤한 안내자의 통제와 숙련된 경험치를 가지고 험준한 이 타지와스 서부골짜기 루트로 섭렵 하산해 나아감에, 대략 1시간쯤 내려서면 이내 좁은 골짜기 분지형국 아래 형성된 작은 호수 **바스메이사르**에 안착한다. 이로부터의 하행길은 보다 수월해진다. 목동들과 짐승들이 오간 루트의 흔적도 선연하다. 급준한 좌우 산세 아래 계속되는 북서향 골짜기길로 하행, 이윽고 너댓 시간쯤 고된 다리품을 팔아 내려가면 마침내 스리나가르~카르길 하이웨이가 바라보이는 **가강기르(아샨)** 산록자락에 닿는다. 곧바로 신드계곡 건너 차편이 오가는 아샨 도로변으로 나아가 차량편을 이용 동쪽 소나마르그 방면으로 행선, 이내 시트카리 지나 바야흐로 이름처럼 '금빛 찬란한' **소나마르그***로 나아와 고단함과 피로를 풀며 일정을 갈무리한다. 소나마르그 일대 초지에서의 캠핑 혹은 분위기 좋은 휴양지 숙소를 잡아 머물 수도 있겠다. (∴ 타지와스빙하 아래 메도우지대에서 캠핑 가능하며 소나마르그~타지와스빙하 사이 구간에 다수의 호텔, 게스트하우스, 관광숙소(TRH*) 및 산림숙소(FRH*), 방갈로, 코티지 등 숙박시설단지가 확충돼있다. ⇒ 사전 예약코자할 시에는 스리나가르의 관광사무국(TRC*)을 방문하여 미리 요청토록. 특히 7~8월 성수기(=야트라시즌)에는 미리 예약하지 않으면 숙소 잡기가 쉽지 않다.)

* 소나사르 = 금빛[소나] + 호수[사르] / 소나마르그 = 황금[소나] + 초원[마르그]
* TRH = Tourist Rest-house / FRH = Forest Rest-house / TRC = Tourist Reception Centre)

바스메이사르 / 바스메이사르 전망언덕에서의 바스메이계곡 목초골짜기 / 가강기르 신드강변

시트카리 신드강 물줄기 / 시트카리에서 바라본 소나마르그 일대 / 소나마르그 타지와스피크 & 빙하

7일차 : ≪소나마르그·타지와스 유람≫

⇒ 소나마르그(2720m)~타지와스빙하(3000m) 하이킹[도보 왕복 3~4시간] / 복귀〉 소나마르그(2720m)~시트카리(2650m)~가강기르(아샨; 2500m)~쿨란(2270m)~군드(2130m)~캉간(1800m)~와잔(1750m)~와일(1680m)~간데르발(1610m)~스리나가르(1580m) 귀환 [차량이동 4~5시간]

카시미르 제2빙하 **타지와스빙하**의 눈부신 반영으로부터 어우러진 빛나는 산상초원 곧 그로부터 필명된 '황금초원' 이의 **소나마르그 유람**으로 오전일정을 갈음한다. 여유일정을 가지고 왔다면 실로 눈부신 이 타지와스빙하 발치 메도우 기슭에서 하루 더 캠핑하며 풍류를 즐길 수도. 그러잖다면 이내 하이킹을 갈무리하고 오후 일정은 다시 카시미르밸리의 본관 스리나가르로의 복귀여정으로 긋는다. 또는, 연이어서 이른바 KGL* **트렉**이라 불리는 히말라얀 하라무크 산상호수 트레킹여정으로 계속 확장해봄직도 하다.(☞ 1-2. 하라무크 산상호수 트레일(KGL 트렉) 참조)

* KGL = Kashmir Great Lakes

소나마르그(좌) & 타지와스빙하골짜기(우) / 소나마르그 타지와스빙하(좌) & 타지와스피크(4850m)(중앙)

시트카리캠프(KGL 트렉 기점) 캉간 택시스탠드(KGL 트렉 종점) 스리나가르 & 달레이크 원경
(하리파르밧에서의 조망)

8일차 : 예비일

(※ 스리나가르 귀환 후 달 레이크(호수)의 명물 시카라(피크닉보트) 유람을 즐기거나 아예 호수 위에 떠있는 이색적인 하우스보트에서의 조용한 편안한 여가를 즐겨봄직도.)

달레이크 보트하우스

달레이크 시카라 & 하리파르밧 두라니포트(코-이-마라안 성) 원경

콜라호이빙하, 콜라호이피크, 콜리호이메도우

사틀룬잔의 유목민 소년

노우뉴르 유목민 처자

✧ 대체루트; 콜라호이패스 트렉(상급트레일)
(# 5일차~)

・**개략** : 카시미르밸리 최대 규모의 두 빙하 콜라호이빙하~타지와스빙하로 곧바로 연계하여 넘는 트레일. 일명 '콜라호이-타지와스 전망트렉'으로서도 언급된다. 간간이 카시미르 목동들이 넘나들곤 하나 대개는 인적이 뜸하고 찾는 이가 거의 없어 고립무원의 산상루트로서 매겨지고 있다. 기존루트 바스메이갈리 트렉과 함께 북쪽 신드밸리와 남쪽 본 리데르밸리를 가름하는 분수령 산맥의 통과행로로서 거론되며 더욱이 해발 3천2백미터대의 콜라호이계곡 바닥에서부터 곧장 치울라 해발 4천5백미터대의 높은 산상을 단번에 넘어서야하는바 체력적으로도 심히 고되고 너머의 설사면 통과 난이도도 높아 제법 힘깨나 드는 일급 트레킹루트로서 평가된다.(※ 반대로 북쪽 신드밸리 방면의 사르발계곡을 거슬러오를 시에는 경사도가 완만하여 좀 더 수월한 행보로 임할 수 있겠다.) 이의 콜라호이패스 산줄기 너머로는 또다른 크고작은 산상호수지대*가 놓여있으며 그로부터 장쾌한 타지와스 북동 능자락을 따라 북상, 웅장한 타지와스빙하의 전경을 눈앞 마주하며 이내 소나마르그의 자브나르메도우 혹은 베어밸리 방면으로 하산길을 긋는다. 실로 만만찮은 상급루트이기에 필히 경험이 풍부한 숙련된 길잡이와의 동행이 요구된다.
 《∴ 앞서 4일차에 콜라호이 유목마을까지 진행치 말고 사틀룬잔까지만 하산하여 머묾.》

* 조사에 따르면 이 타지와스 산군 일대 약 6개의 산상호수가 빚어져있는 것으로 보고되어있다.

 # 5일차 : 사틀룬잔(3250m)-(3:00)-구자르독(4000m)-(2:00)-콜라호이패스(4450m) -(2:00)-두리나르사르(호수; 4300m)

사틀룬잔 캠프에서 동쪽 콜라호이계곡 상류방향으로 조금 올라간 연후에 곧 북쪽 가파른 녹지언덕으로 연결되는 **지그재그 산길**을 따라 등행해 오른다. 매우 가파른 급경사코스로서 거의 현기증이 날만큼 급격히 오르는 트레일이다. 이리저리 틀어 오르는 등행길은 비교적 잘 나있는바 단지 급한 오름길에 발을 헛디뎌 실족치 않도록만 유의한다. 꾸준히 약 3시간쯤 오르면 다소 경사가 누그러지는 자락(**구자르독**)에 이르는데 녹지 않은 눈과 얼음이 도사리고 있을 수 있으므로 방심은 금물. 이로부터 방향을 북동으로 틀어 산허리를 끼고 진행, 다시 가파른 허리길 등행루트를 따라 약 2시간 거리의 능선마루 정상부에 발을 딛는다. 비로소 수계가 갈리는 산줄기 분수령 마루에 올라섰음인즉 바로 남쪽 거대한 콜라호이 봉우리와 빙하의 전경이 한껏 펼쳐짐으로 인해, 아울러 아랫녘 콜라호이계곡으로부터 빚어올린 고갯마루라 하여 일명 '**콜라호이패스**'로서 명명됨이다.

이로부터 곧장 북향으로 쏠려내려간 빙하골짜기 따라 하산(사르발 방면 ⇒ 두리나르 트렉*)을 지을 수도 있지만 보다 준수한 일품 승경루트로서 선보이고자, 더불어 연계하는 타지와스빙하로의 행보와도 결부시켜 달리 북서향 완사면 고산루트로 밟아 여로를 진행해 나간다. 곧 능줄기 북사면을 끼고도는 너릇한 산상고원루트를 섭렵, 약 두어 시간 거리의 화강암산 안부 아래 푸른 물빛을 머금은 고원호수 **두리나르사르** (호수)에 이름으로써 하루여정을 갈무리한다. 이 두리나르사르는 한편 트레킹피크로서 알려진 서쪽의 크리스탈피크(4800m)와 동쪽 피라미드 형태의 이노미네이트(=무명봉; 4900m) 등반 하이캠프로서도 거명된다. 호수 부근 적당한 곳을 찾아 야영하고 특히 해발고도가 4천3백에 이르는 고산이라 밤사이 고소증에 각별히 유의.

= 호크사르바익에서 바라본 콜라호이패스 방면 조망 =

사틀문잔~구자르독 등로 원경　　　　　구자르독 안부 & 콜라호이패스(중앙)

6일차 : 두리나르사르(4300m)-(0:30)-바랍사르(4400m)-(2:00)-두리나르갈리(4200m)-〈자브나르메도우(타지와스빙하 전망루트)〉(3:30)-**자브나르 산상캠프(4000m)**

두리나르사르를 뒤로하고 북서향 산상 위쪽 또다른 호수 **바랍사르**로 오른다. 거리는 얼마 안 되나 빙설구간에 따라 시간 제법 잡아먹을 수도. 해발 4천4백미터 바랍사르는 하도 높은 곳에 위치하여 그렇게 말마따나 호수〈사르〉가 늘상 얼어붙어〈바랍〉있다 하여 이러한 이름이 붙었다. 이로부터 바로 북쪽 능고개를 넘어서면 이내 장엄한 타지와스빙하의 지평이다. 허나 워낙 험준하여 그 길로는 일반 트레커들은 절대 통행할 수 없다. 고로 이의 타지와스 북릉길을 밟아 곧 능선 상부 허리길로 에둘러 해발 4천2백미터 높이로 잘록한 **두리나르갈리**까지 나아간다. 예서 길은 세 갈래로 나뉘는데 동쪽 가파른 내리막은 이내 두리나르 골짜기로 하행, 소나마르그와 조지라(3530m) 발탈 행로의 사르발 마을로 이어진다. 반대편 서쪽 내리막은 일명 '곰의 골짜기'로서 거명되는 베어밸리(Bear Valley)*로서 약 7km 구간 길게 뻗은 계곡이 곧장 타지와스빙하 하단부의 빙하어귀로까지 이어진다. 이 루트는 대개 너머의 소나마르그 방면에서 많이들 오르내리며 내외국인 할 것 없이 본 타지와스빙하 탐승과 연계한 인기코스로서 부각되고 있다.(∴ 퍼밋 불필요.) 특히 동절기 이른바 '헬리스키' - 헬리콥터를 타고 날아와서는 곧바로 상부설원으로 하강하여 타는 스키 종목 - 대상지로서도 꽤 인기를 얻고 있다. 한편 이 두리나르갈리 북서릉을 따라서도 루트가 열려있는데 자브나르계곡 바로 북쪽 장쾌한 산릉초지길(**자브나르메도우**)을 경유하여 말미의 **자브나르 산상캠프**로 연결되는 트레일이다. 이 산상루트는 특히나 여정 내내 남쪽의 장엄한 타지와스빙하의 전모를 품어안으며 나아가는 일품 전망트레일로서 이름이 높다. 자브나르 산상캠프에서의 빼어난 일몰과 다음날 일출 또한 기억에 남을 멋진 선물이다.

* 베어밸리의 명칭유래는 말 그대로 이 골짜기 일대에 카시미르 보호종인 히말라야갈색곰 (Himalayan Brown Bear) 개체가 많이 발견되었다 하는 데서 붙여진 연유이다.

두리나르사르 / 바랍사르 & 콜라호이피크 원경(※ 사진협조: Alpine Adventure)

7일차 : 자브나르 산상캠프(4000m)-(3:00)-타지와스메도우(2800m)-(1:30)-소나마르그(2720m)

자브나르 산상 목초지캠프에서 곧장 서북향으로 내려앉는 능선길을 따라 하산해 내려간다. 장대한 타지와스빙하는 계속 남쪽 후방의 시야를 장식한다. 수목한계선이 다시 드리우며 삼림지대를 통과, 이윽고 산자락이 너른 초원지평으로 떨구어져내리는 소나마르그 **타지와스메도우** 기슭에 안착한다. 길은 뚜렷하여 어려울 건 없으나 간간이 북쪽방향으로 변외길이 갈래쳐 루트를 헛짚지 않도록 유의할 것. 타지와스빙하 메도우(초지)에서의 여유로운 휴식을 즐긴 후 편안한 길을 밟아 **소나마르그** 위락지구에 이르는 것으로 본 트레킹 여정행보의 마침표를 찍는다.

자브나르 산상캠프 　　자브나르메도우에서의 타지와스빙하 　　자브나르 베어밸리 트레일

❖ 단축루트(두리나르 트렉)〉

⇒ 사틀룬잔(3250m)…(5:00)…콜라호이패스(4380m)-(2:00)-바진캠프(3520m) // -(1:30)-두리나르메도우(3150m)-(1:30)-사르발(2800m) / 이동) 사르발(2800m)~소나마르그(2720m) [차량이동 20분]

∴ 사르발은 카시미르밸리의 최동북단 마지막 주민거주마을. 이후로는 동쪽 조지라(3530m) 너머의 카르길 권역 드라스밸리로 이첩.

사르발 두리나르계곡 & 이노미네이트(4890m)(좌)-콜라호이패스(중앙) / 소나마르그 타지와스메도우 & 빙하

☆ 확장코스; 리데르-신드밸리 산상호수 트레일
(# 5일차~)

• **개략** : 콜라호이 트레일과 연계하여 서쪽 또다른 산상호수지대를 섭렵하여 서북단 신드밸리 유역으로 나아가는 코스아이템이다. 타르사르, 마르사르, 순데르사르 등 카시미르밸리 동부권의 이름난 3호수가 짧은 거리로 몰려있어 탐승이 용이하고 풍치도 그만이어서 기본 콜라호이트레일 못지않은 인기를 누리는 산상트레킹 대상지이기도 하다. 아울러 당초의 소나마르그(타지와스) 행로 바스네이갈리(4260m) 루트나 콜라호이패스(4450m) 루트를 섭렵해 넘어가기가 여의치 않을 경우 달리 이들 리데르밸리 서부산상호수 트레일을 경유하여 보다 수월한 자즈마르그갈리(3900m), 소나마스갈리(4120m), 주마르패스(4080m)* 등 분수령고개를 타고 신드밸리 하이웨이 방면으로 우회해 넘어가는 대안루트로서도 적용해볼 수 있다.

5일차 : 콜라호이(3100m)…(2시간)…리데르왓(2800m)-(2~3시간)-홈와스(3200m) -(1시간)-세키와스(3330m)

콜라호이 유목부락에서 리데르왓까지는 기존 올랐던 노정 그대로 돌아내려간다. **리데르왓**에 이르러 남행길 복귀행로 이의 리데르밸리 주계곡을 건너지 않고 서쪽으로 오르는 골짜기길을 따라 등행, 약 서너 시간 거리의 **홈와스-세키와스** 유목민초지로 향해 나아간다. 이내 삼림지대가 벗겨지면서 목초지가 흐드러진 너룻한 분지골 세키와스는 서쪽과 남쪽 북쪽 각 방향 여러 골짜기가 모여드는 곳. 말마따나 '교차로'인 셈. 북쪽 골짜기로는 주마르패스(4080m) 넘어 신드밸리 쿨란 방면으로, 서쪽 골짜기로는 소나마스갈리(4120m) 내지는 자즈마르그갈리(3900m)를 넘어 신드밸리 숨발행. 그리고 서남 골짜기로는 본 산상트렉 주 행로로서의 타르사르-마르사르(다치감국립공원*구역)-순데르사르 방면 이정으로서 새겨지며, 더하여 남쪽골짜기 능고개 넘어서는 이내 다시 리데르밸리 본역 아루 골짜기 근방의 난다케인 목초지로 나아온다. 머물 곳은 유목민거처가 형성된 세키와스까지만 진행해 캠프를 차려도 좋겠고 시간 여유 있다면 서남 행로로 조금 더 올라가 타르사르 호수 일원에서 취해도 되겠다.

 리데르왓을 뒤로하고
 홈와스 계류부
 세키와스 유목초원

6일차 : 세키와스(3330m)-(2시간)-타르사르(3800m)-《(+2시간-마르사르(3850m)》 -(2시간)-순데르사르(찬드사르; 3870m; 자즈마르그 초원)

세키와스 서남향 계곡을 따라 등행, 곧이어 돌과 바위로 펼쳐진 산사면을 통과하여 **타르사르** 호수로 올라선다. 리데르-다치감 산상3호수 중 크기로서 가장 규모가 크며 간소한 목동집이 주변 초지언덕에 세워져있다. 이내 타르사르 호안 북쪽으로 **타르사르갈리(3950m)**를 넘어 자즈마르그(서프로메도우) 목초지길 경유 서북방 **순데르사르(찬드사르)** 호수까지 곧바로 진행해갈 수도 있지만 시간여유 넉넉하다면 서쪽으로 **다그완갈리(4000m)**를 넘어 다그완밸리 다치감국립공원 경내의 **마르사르** 호수도 탐방하고 넘어간다. 그리고 곧바로 북쪽 **순데르사르갈리(4050m)**를 넘어서 순데르사르* 호수로 행보를 그으면 되겠다.[∴ 약 2시간 추가소요.] 본 산상트레일의 가장 핵심적인 여정이다.

* 순데르사르 = 예쁜[순데르/순다르] + 호수[사르]

타르사르갈리 전망바위에서 바라본 타르사르   다그완갈리에서의 타르사르

타르사르갈리 후방 / 타르사르갈리 전방 자즈마르그 원경 / 자즈마르그(※ *사진협조*: Shubham mansingka)

7일차 : 순데르사르(찬드사르; 3950m)-(30분)-자즈마르그갈리(3900m)-(1시간)-손마스티폭포(3600m)-(1시간)-손마스티(소나마스; 3240m)-(2시간30분)-수라파라오(수라파랍; 2300m)-(1시간)-숨발(2020m) / 이동) 숨발(2020m)~군드(2130m)~쿨란(2270m)~가강기르(아샨; 2500m)~시트카리(2650m)~소나마르그(2720m) [차량이동 1시간30분]

고원지평 자즈마르그 초원의 순데르사르 호수 서북편 완만한 구릉등성이로 형성된 이의 **자즈마르그갈리(3900m)** 목초고갯길을 타고 서북 행보로 넘어간다. 크게 두드러질 것 없는 두리뭉실 널찍한 이 초원마루 고갯길이지만 그러나 분계는 명확하다. 곧 예까지의 동쪽 리데르밸리와 이제곧 직면하는 북쪽 신드밸리와의 **분수령** 고갯마루인 것. 조망도 멋지다. 올라온 동쪽방향으로 리데르밸리 콜라호이피크(5425m)의 장려한 모습이, 반대편 넘어가는 서북방향으로는 또다른 신드밸리 북방의 맹주

하라무크(5148m) 멧부리의 인상적인 모습이 아련하다. 유역을 달리하여 이어지는 트레일은 이제 역시 서향으로 계속되는 부드러운 완경사의 초원부를 따르다 곧 북향으로 틀어지며 점차 가팔라지는 골짜기 따라 내려앉으며 아랫녘 언저리에 걸린 소나마스골짜기 **폭포지대**와 마주한다. 주 루트에서 벗어나있어 크게 어려울 건 없지만 녹지 않은 잔설과 빙상구간이 남아있을 경우 보행에 애로가 따를 수 있으니 주의하여 하산토록. 그로부터 다시금 드리우는 완경사 초지길을 따라 북향의 골짜기 아래 약 1시간 거리의 구자르 유목민부락 **소나마스(손마스티) 합류목**에 이르고 곧 동쪽에서 내려오는 소나마스갈리(4120m) 트레일과 만나면서 길은 더욱 넓어지고 뚜렷해진다. 하행길은 북서향 내리막 골짜기 아래로 들어서면서 진행, 곧이어 계곡이 크게 서쪽으로 휘어돌면서 점차 산세도 급준해지고 골짜기 양안의 풍경도 험상궂게 변모. 소나무숲길을 따라 그로부터 얼마지 않아 좀 더 넓어진 계곡안부 하상의 신드밸리 첫 주민거주지 **수라파라오(수라파랍)** 마을로 나오면 대략 다리품깨나 팔았던 트레킹 여정은 갈무리된다. 완사면 구릉산간 마을길을 경유하여 신드강 하안의 **숨발** 마을에 이르러 다리 건너 스리나가르~조지라 하이웨이(NH1D*) 도로로 나와 차편을 이용 소나마르그(※ 또는 그냥 스리나가르로의 귀환여정)로 마지막 행선을 지으면 되겠다.

* NH1D : 북인도 잠무카시미르지역에 놓인 1번국도-D (NH = National Highway)

순데르사르 / 자즈마르그 & 자즈마르그갈리 원경(타르사르갈리에서의 조망) / 자즈마르그갈리 방면

자즈마르그갈리(손마스티 방면) / 소나마스(손마스티) 목초캠프 / 수라파랍 골짜기 & 숨발 전경

군드 신드강기슭(하류방향) / 쿨란(상류방향) / 가강기르 신드강변

❖ 주마르패스 루트

⇒ 순데르사르(3950m)…(2:00)…세키와스(3430m)-(1:00)-시아브(3470m)-(2:00)-주마르패스(4080m)-(1:00)-켐사르(호수; 3960m) // -(3:00)-쟈완(2900m)-(2:00)-신드브릿지(2150m)-(0:30)-쿨란(2270m) / 이동〉 쿨란(2270m)~가강기르(아샨; 2500m)~시트카리(2650m)~소나마르그(2720m) [차량이동 1시간]

∴ 순데르사르에서 자즈마르그갈리 루트 대신 다시 세키와스로 하산, 그로부터 세물 합수부(시아브*) 지나 북쪽골짜기길을 경유하여 주마르패스 루트를 관통해 넘는다. [일정 1일 추가 산정.] 켐사르는 신드밸리 지경의 주마르패스 북향으로 내려앉은 작은 산상호수지대로 그로부터 산록사면 트레일을 경유, 삼림지대로 내려서면서 쟈완(자하완) 목초지대에 안착(캠핑). 이로부터 신드강 하안(쿨란 하안기슭)까지 가파른 내리막으로 진행, 이어 신드강 다리 건너 스리나가르~조지라 하이웨이 상의 쿨란(2270m)*에 이른다.

* 시아브 = 시아〈셋〉+아브〈물〉. 즉, 삼수(三水) 합수지대를 일컫는다.
* 콜라호이트렉 본 트레일 상의 쿨란(3100m) 지명과 헷갈리지 말 것.

8일차~ : ☞ 본 편 기본노정〈7일차〉 준용

소나마르그 산록초원 & 타지와스피크

✧ 변응트렉; 다그완밸리(다치감국립공원) 트레일
(# 6일차~)

- **개략** : 마르사르 호수 남쪽으로 배수되는 다그완계곡을 따라 이내 서향으로 꺾어돌아 **다치감국립공원** 내원루트를 경유, 스리나가르 시내 외곽 하르완으로 하산하는 노정 트레일이다. 야생동식물의 보호구로 지정된 아름답고도 평화로운 심오한 골짜기 행로로서, 언급한 바와 같이 인도 연방정부와 JK 주정부 소관 국립공원으로서 지정 관리되고 있다. 단, 이 루트를 섭렵하기 위해서는 사전 퍼밋(국립공원 입장료는 무료이나 다치감국립공원 트레킹 허가 필수) 발급이 선행되어야 함이다. (⇒ 스리나가르의 관광사무국에 신청 발급.)

6일차〉 세키와스(3330m)···(2:00)···타르사르(3800m)···(2:00)···〈순데르사르(찬드사르; 3870m)-(1:00)〉···마르사르(3850m)

☞ 세키와스~마르사르까지 이동은 앞 산상호수 트레일 6일차 일정의 노정행로를 조금 달리하여 준용, 곧 이날 목적지를 마르사르 호수로 삼을 수 있도록 여정 조율.

순데르사르 캠프초지

순데르사르갈리에서의 마르사르 전경

7일차〉 마르사르(3850m)-(2:00)-초타도멜(3400m)-〈다그완밸리〉(1:30)-구갸르(3000m)-(2:30)-나스카르(레치나르; 2350m)-(2:00)-낙바렌(다치감; 1930m; TCP)

다치감국립공원 구간 트레일 시작. 곧 마르사르 호수 동편으로 난 하행루트를 따라 남향으로 구부러지는 다그완계곡 하산길을 따라 이동한다. 도중 동편 산릉고개(다그완갈리; 4000m) 방면 타르사르(3800m) 행로로 넘어가지 않도록 주의.(⇒ 전날 이 타르사르 행로로 넘어오지 않고 순데르사르를 경유하여 이동해 넘어왔을 경우에 해당.) 2시간쯤 내려오면 골짜기가 좁아지면서 크게 서향으로 휘어도는 합수지점(**초타도멜**)에 이르고, - ※ 여기서 계류를 가로질러 남쪽으로 오르면 또다른 고원산상 목초지를 경유하는 산상고개(나라스탄갈리; 3580m)를 넘어 아르팔밸리의 나라스탄 마을 지경으로 연결. - 계속해서 우측 주계곡 다그완계곡 따라 이어지는 서북향 하행트레일을 밟아 하산, 약 1시간반 거리의 하안목초지 **구갸르**에 이른다. 이를 지나면 이제 서북향

계곡루트 따라 하안기슭 상부로 나있는 트레일을 밟아 진행, 곧이어 산세가 더욱 깊어지고 골짜기가 좁아지는 협곡부의 산자락길을 타고 이동해 내려가 이내 서남향으로 굴곡지는 계곡 방향으로 길을 재촉하여 곧이어 북동 골짜기로부터 내려오는 **나스카르(레치나르)** 합수부에 다다르게 된다. 나스카르에부터의 하산길은 보다 수월한 노정으로 서남향 계곡루트를 따라 진행하면 곧 다시 너른 하안목초지경이 드리우고 이로부터 얼마지 않아 아늑한 초지부의 캠프사이트와 방문자 **체크포스트(TCP*)** 가 들어선 낙바렌(다치감) 하안분지로 내려앉는다.

* TCP = Tourist Check-post

≈ **다치감국립공원 하행길 풍경** [※ 사진협조: *Bernd Looft*(독일) - 산악오지탐험가] ≈

다그완갈리에서의 마르사르 방면 조망 / 초타도멜 일대 / 구갸르 산록초지 방면

나스카르 삼림초지골짜기 / 다치감국립공원 계류물길(다그완계곡) / 낙바렌(다치감)의 산림숙소 폐가건물

8일차〉 낙바렌(다치감; 1930m)-(2:00)-낙포라(라즈푸르; 1850m)-(0:40)-하르완(1700m)~달레이크〈스리나가르(1580m)〉 [차량이동 15분. (※ 도보이동도 가능. 약 2시간 거리)]

낙바렌(다치감) 이후 트레일은 편하디편한 소풍길과 같은 안락한 노정. 북서향으로 점점 더 골짜기 양편이 넓게 열리면서 산세도 낮아지고 평화롭고 너른 산간초원지평이 드리우며 곧 따사로운 완사면 산기슭부의 첫 주민거주마을 **낙포라(라즈푸르)** 마을에 당도한다. 찻길이 나있는바 곧바로 차량편으로 귀환여로에 임할 수도. 다양한 대중교통편을 이용코자한다면 조금 더 북상, 약 40분 거리의 **하르완** 마을까지 나아가 공용정류장에서의 차편을 활용해도 좋다. 하르완 서남쪽 바로 머지않은 곳에 **달 레이크**(호수)가 있으며 도중 하차하여 호반 일원의 숙박지를 잡거나 달 레이크의 명물 나룻배 **시카라**를 타고 호수를 가로질러 건너편 호안기슭의 일명 '**하우스보트**'를 숙소로 정해 섭렵해봄직도 하다.(단, 위치와 시설/품격에 따라 가격 천차만별.) 달레이크~달게이트(스리나가르 도심지역으로의 갈림목)까지는 차로 불과 20분 거리. 달레이크 호안을 따라 약 2시간가량 여유로운 도보이정으로도 무난하다.

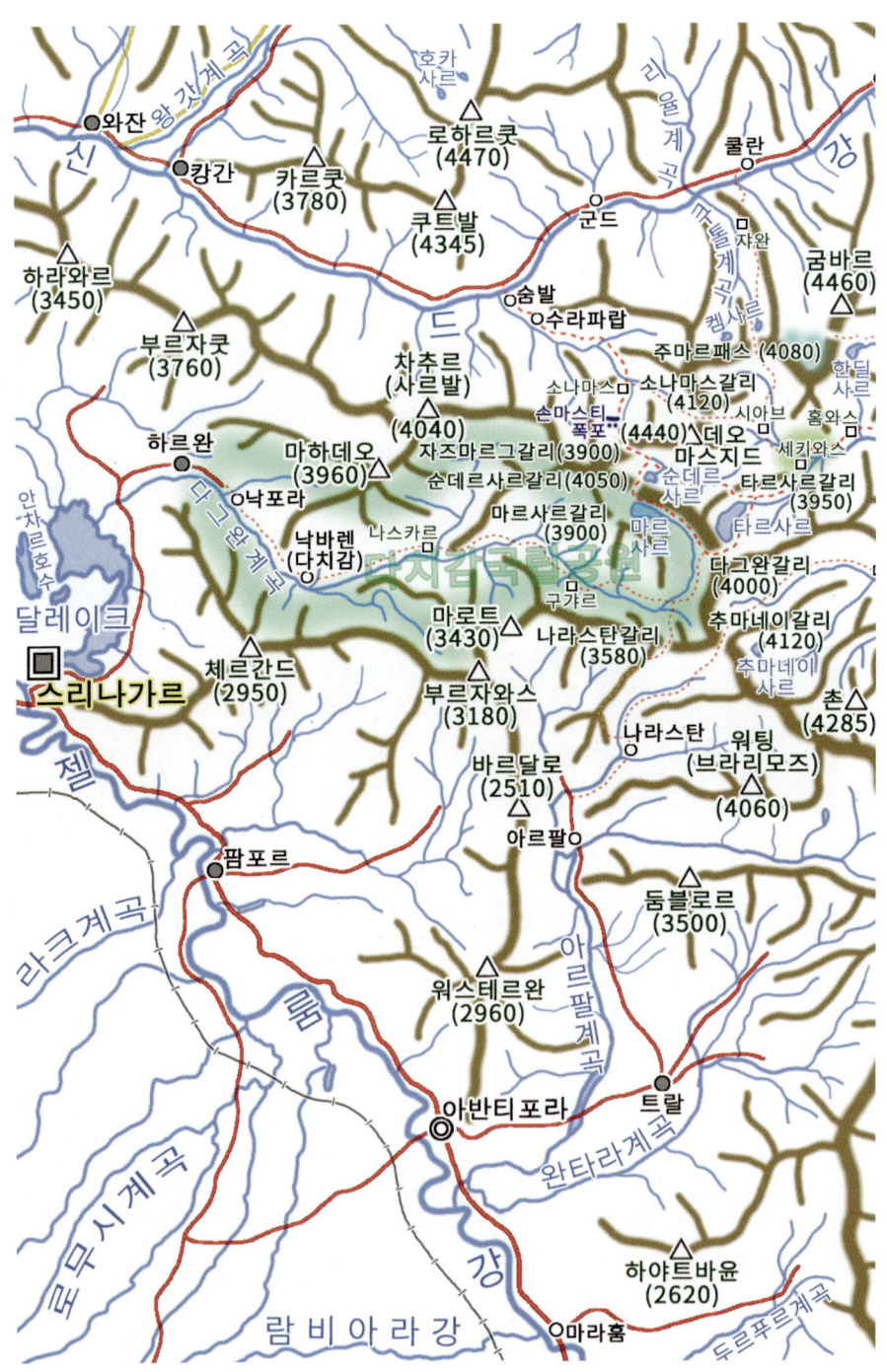

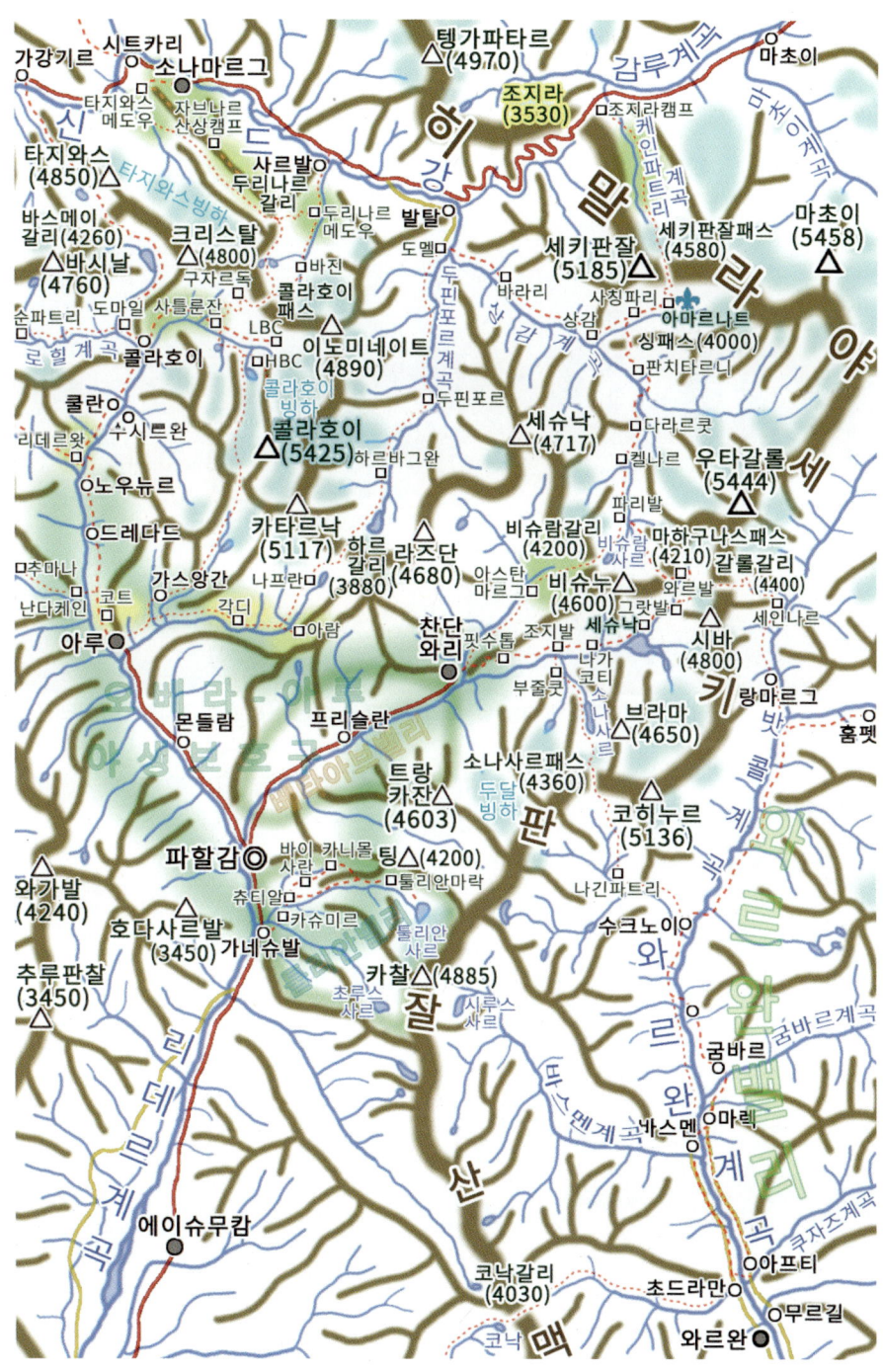

스리나가르의 명물 달레이크의 시카라(나룻배) & 호수 건너편 네루파크(공원)

달레이크 서남방 스리나가르 도심을 가로지르는 젤룸강(=펀잡 5대지류)

※ 확대여정; 아마르나트 야트라 트레일
(# 5일차~)

- **트레킹난이도** : 중하급
- **개략** : 카시미르 제일의 힌두성지로 알려진 '**슈리 아마르나트***' 시바동굴 탐방을 연계하여 섭렵하는 히말라얀 트레일로, 젤룸강 최상류부 리데르밸리의 파할감과 신드밸리 최상류부 발탈 간 마하구나스패스(4270m)를 넘어 연결하는 카시미르의 이름난 탐방루트이다. 단, 순례차 방문하는 힌두교도가 아니라면 이 루트는 7~8월 야트라 기간에는 절대적으로 피할 것. 아울러 외국인 트레커는 확실한 트레킹 퍼밋 없이는 통행 불가함도 염두에 두기 바란다.(✔ 군 체크포스트에서 강력 제지.) 정히 나서고자 한다면 스리나가르의 관광사무국에 퍼밋 신청 및 아울러 파할감 수도로변에 있는 관광안내소(TRC*)에 도우미를 요청하여 진행토록함.
(∵ 야트라 시즌 PWD* 코티지- *가족단위 숙사시설. 찬단와리, 세슈낙, 판치타르니 등지에 소재* -를 이용코자할 경우 사전예약 필수 ! ⇒ 스리나가르/파할감 TRC에서 예약 접수)

* TRC = Tourist Reception Center / PWD = Public Works Department

---

★ **아마르나트** : 시바(신)의 성기가 깃들어있다 하여 매우 신성한 힌두교의 성지로 꼽히는 곳이다. 거대한 바위굴 한복판에 매년 7~8월이면 어김없이 커다란 하얀 얼음석순이 자라난다. 이를 힌두교 시바신의 성징(性徵)이라 믿는바, 그리하여 이 기간 중에 특히 많은 힌두교 신자들이 전 인도 각지에서 몰려와 일명 '야트라(Yatra)' 순례 시즌을 이룬다. 특히 민감한 카시미르 지역인데다가 더더군다나 힌두교와는 영 대립적인 이슬람교 그중에서도 더더욱 근본주의적 성향이 강한 수니파 무슬림들의 터전인 이의 카시미르밸리 산하에 자리한 힌두교 성지인지라 참으로 아이러니컬한 현상이 아닐 수 없다. 이 때문에 매년 이 야트라(7~8월 2개월간) 시기가 되면 인도 정부 당국은 만약의 사태에 대비하여 수많은 군 병력과 경찰병력을 투입 배치, 나름 사건·사고를 미연에 방지코자 하는 행정을 펼치고 있다. 하지만 때론 이러한 과도한 병력 투입에 맞물린 과잉대응으로 인해 가뜩이나 인도 정부에 반감이 강한 이 카시미르 지역민들의 정서를 더더욱 민감하게 촉발시켜 급기야 이의 지역민들과 군 병력 간에 적잖은 충돌 내지는 유혈사태가 발생하기도 한다. 실례로 2016년 7월 야트라 시즌에 발생한 대규모 유혈사태 역시 이러한 인도군의 카시미르 지역민들에 대한 과잉대응에 기인한 것이었다고 평하고 있다. 이로 인해 그 해 아마르나트 야트라 기간은 8월까지 지속되지 못하고 7월 말일자로 중단, 조기 종료되고 말았다. 서로 간 상흔은 아물지 못한 채.

파할감 관광안내부스

베타아브밸리

찬단와리

5일차 : 콜라호이(3100m)…(1:00)…쿨란(2950m)…(1:00)…리데르왓(2800m)(또는 수시르완(2900m) 경유)…(1:00)…노우뉴르(2740m)…(2:30)…아루(2400m) / 아루(2400m)~(파할감(2140m; 환승지)~)프리슬란(프라슬룬; 2480m) ~〈베타아브밸리〉~찬단와리(2850m; ACP*)[차량이동 1시간30분±]

아루까지는 기존 올랐던 루트를 되밟아 하산. **아루**에서 차편으로 **파할감**으로 내려와 **찬단와리** 편으로 환승하여 가면 되겠으나 차를 대절했다면 파할감 시내를 경유치 않고 찬단와리 방향으로 곧바로 질러갈 수도 있다. 도중 경유하는 동부 리데르밸리 파할감~찬단와리 구간의 **베타아브밸리***의 승경구를 관통케 되는데 찬단와리 못미처 우측(남쪽) 골짜기 건너로 보이는 두달빙하의 풍광이 멋지다. 찬단와리 PWD 레스트 하우스에서 숙박 또는 캠프지에서 야영. 일대에 먹거리촌이 형성돼있어 편리하다.

* 1983년 인도 볼리우드(=봄베이영화) 필름 '베타브(Betaab)'란 제목의 영화가 이곳에서 촬영 되었다 하여 그렇게 일명 '베타아브밸리'란 지명으로 굳어졌다. 원래 이 골짜기(계곡)일대는 '하간 밸리' 혹은 '하군밸리'라 불리어왔던 곳.

* ACP = Army Check-post

동부 리데르밸리(하간계곡) 상류방향 / 하간계곡 베타아브밸리 하안녹지(하류방향) / 두달빙하 방면

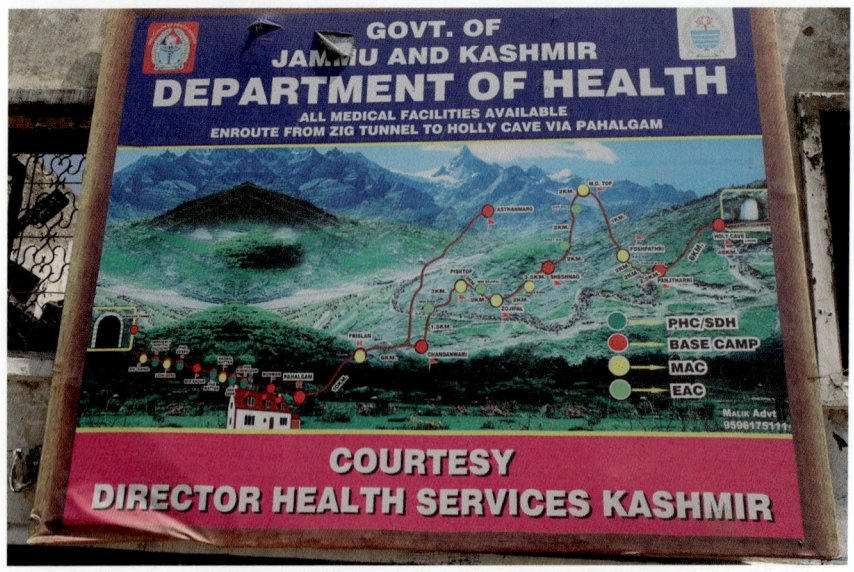

파할감(찬단와리) 아마르나트 케이브 링감 트레일 안내도

6일차 : 트레킹〉찬단와리(2850m)-(2:00)-핏수톱(Top; 3300m)-(1:40)-조지발(가이즈발라; 3350m)-(1:00)-나가코티(3510m; AC)-(0:40)-세슈낙(호수; 3570m) -(0:40)-세슈낙캠프(3740m; ACP)

찬단와리에서부터 본 야트라(아마르나트 시바동굴 순례) 트레일이 시작된다. 출발부터 등행길이 거세다. 이내 해발 3300m 고도의 **핏수톱**(Pissu Top)까지 힘겹게 올라야 함이다. 상대적으로 수월한 이 핏수톱 루트를 선호해 일반적으로 여정을 진행하나 달리 좀 더 경사가 가파른 남쪽 계곡등행로 핏수가티(3220m) 코스를 통해 나아갈 수도 있다. 지그재그 힘겹게 오른 핏수톱 전망포인트에서의 서쪽 리데르밸리 쪽 풍경이 장관이다. 동측방향 산허리길로 트레일을 지으면서는 이내 경시도가 누그러지며 다시 민저의 농부 리데르 계곡부로 접근해 이의 계곡 북측자락 가파른 측면길을 경유, 그로부터 골짜기가 넓게 열리는 계곡합수지의 **조지발** 캠프에 이른다. - 진행이 더딜 경우 이곳에서 중식 해결. - 이를 지나 남쪽 소나사르(3750m) 골짜기에서 내려오는 합수계곡을 뒤로하고 계속 동진, 곧 군 막사(Army Camp)와 주변 간이쉼터가 형성된 너른 안부 **나가코티**에 이르고 이로부터 다시 동북향 계곡사면 오름길로 등행, 골자락을 휘어돌아 이어가면 곧 검푸른 성호(聖湖) **세뉴낙**에 이른다.

고원산중호수 세슈낙은 유래가 오래된 빙하호수로, 시계방향(북-동-남)으로 비슈누(사스캇; 4600m)-시바(4800m)-브라마(4650m) 3산이 에워싼 아늑한 분지형국에 들어앉아있다. 풍치가 뛰어나지만 호숫가 바로 가장자리에서의 캠핑은 금기시된다. 일명 영국 네스호의 괴물과 유사한 거대호수괴물의 전설이 깃들어있기도 한즉. 그로부터 세슈낙 북측호안자락 산록트레일을 끼고 등행, 곧이어 거대한 순례캠프가 형성된 **세슈낙캠프**에 다다른다. 군 체크포스트(ACP)가 소재해있으며 순례탐방객들을 위한 PWD 레스트하우스와 대규모 천막숙사가 마련돼있다. 개별캠핑도 물론 가능하다.

핏수톱 등행 / 핏수톱 산록트레일 / 조지발
세슈낙(호수) 어귀 / 세슈낙 호반 / 세슈낙캠프 & 세키판잘산맥 시바피크(중앙봉; 4800m)

7일차 : 세슈낙캠프(3740m)-(1:00)-그랏발(3880m)-(1:00)-와르발(와우발; 4100m)-(0:30)-마하구나스패스(4210m)-(0:40)-파리발(포슈파트리; 4040m)-(0:40)-켈나르(3750m)-(0:40)-다라르쿳(3660m)-(1:00)-판치타르니(3600m; ACP)

세슈낙캠프 북동 방향으로 나있는 골짜기길을 따라 오른다. 완사면 등행길로 이어지다 곧 골짜기 폭이 좁아지며 경사진 계곡 동단기슭으로 거슬러올라 이내 너른 초지부 **그랏발** 간이캠프에 이른다. 계곡 따라 좀 더 북상해 올라가면 키슈트와르 와르완밸리 행로의 트레일로 연결- 곧 우측(동남) 방향으로 갈롤갈리(4560m)를 넘어 와르완밸리 랑마르그로 진출 -되나 본 야트라 코스진행은 그랏발 서쪽으로 가파른 산등성이를 타고 올라 이내 **와르발** 고산초지를 거쳐 마하구나스패스로 곧장 올라선다. 해발 4천2백 **마하구나스패스**는 바야흐로 북쪽 신드밸리와 남쪽 리데르밸리를 가르는 **분수령** 고갯마루. 정상에서의 조망 또한 장관이다. 동쪽으로 히말라야 첩첩준령 너머로 만년설을 덮어쓴 카시미르의 맹봉 눈(7135m)·쿤(7077m) 산봉이, 서쪽으로는 이의 리데르밸리의 으뜸 콜라호이피크(5425m)와 카타르낙(5117m) 봉우리가 맹위를 떨친다. 북서향으로 이어지는 내리막은 오름길과 달리 평이하고 완만한 내리막이다. 다만 녹지 않은 설상면이 드리워있기도 한즉 보행에 유의하여 통행할 것. 곧이어 내려앉은 남서쪽 계곡과의 합수지 **파리발**은 일명 '꽃밭'이란 지칭의 '**포슈파트리**'로서도 일컬어진다. - ※ 이로부터 소위 '꽃의 계곡(포슈파트리)'으로서의 남서 골짜기 방향으로는 또다른 산상호수 비슈람사르(4150m)를 거쳐 비슈람갈리(4,200m) 너머의 아스탄마르그 방면으로 연결, 시작점 찬단와리 행로로 이어지게 된다.

* 파리발 = 초원[파리(파트리)] + 마루[발]. 즉 단순히 고산초원을 지칭하는 표현.
* 아스탄마르그 = 휴식처/쉼터[아스탄] + 초원[마르그]. 곧 평화로운 목가적 초원을 지칭.

그랏발　　　　　/ 그랏발 & 시바피크 배경 와르발 등행 / 마하구나스패스(4210m)에서 와르발 방면

풍치 그윽한 여름철 야생화원의 파리발(포슈파트리) 계곡 하류 방향으로 남진, 곧이어 남서쪽에서 내려오는 계곡(켈나르)과 만나는 합수부 초지에 이르고 이의 물길 건너 좌측(동측) 기슭 방면으로 붙어 잘 나있는 트레일을 따라 북동진 행로로 하행, 이어 남쪽에서 또다른 계곡이 합류하는 언덕부 초지의 **다라르쿳** 간이캠프지에 닻을 내리는즉 마하구나스패스 이후 길고긴 계곡 골짜기길 따라 고단한 다리품 팔아 내려왔음이다. 곧장 북쪽자락 아래로 내려서면 이제 서쪽에서 흘러오는 넓은 하상계곡과 만나면서 곧바로 너른 계곡하상 건너편으로 풍요로운 파릇한 목초지가 바라보이는 곳 바로 목적지인 **판치타르니**이다. 이름처럼 '다섯〈판치〉 물골〈타르니〉'이 모여

드는 멋진 계곡하상목초지. 나아가는 길은 두 갈래로 나뉘어져있는데 다라르쿳 우측(동쪽) 기슭으로 돌아 골짜기 상류방향으로 조금 나아간 뒤 임시가교- *유실 가능성도 있으므로 사전 확인* -를 건너 북측기슭으로 올라선 뒤 서향으로 루트를 밟아 이르는 것, 또는 그냥 직진, 다라르쿳 북쪽으로 계곡하상으로 내려선 뒤 넓은 자갈지평과 도중 물길을 건너는 가교를 타고 넘어 곧장 나아가는 것으로, 계곡유량이 많지 않다면 대개는 이 직진루트를 밟아 나선다. 그로부터 도착한 판치타르니 캠프지에는 위급시를 대비한 헬리포트와 더불어 역시 탐방객 확인을 위한 군 체크포스트(ACP)가 소재해있음에 야트라(7~8월) 기간에 나섰다면 확인절차를 마치고 일대의 널찍한 초지부 일원에서 야영하거나 순례숙사로서 마련된 천막숙소를 이용하면 되겠다.

* 포슈파트리 : 꽃[포슈] + 초지[파트리]. 즉 말 그대로 '꽃밭'임을 지칭한다. 이른바 흔하디 흔한 '꽃의 계곡(Valley of Flower)'이란 미화된 표현으로서도 거명.

파리발(포슈파트리)　　켈나르 계곡루트　　다라르쿳 산록초지길

판치타르니 방면(하류방향)　　판치타르니 하상초원(상류방향)

8일차 : 판치타르니(3600m)-(1:30)-싱패스(4000m)-(0:30)-사칭파리(3770m; ECP)-(1:00)-아마르나트(링감; 3900m)-(0:30)-사칭파리(3770m)-(1:00)-상감(3550m)-(1:30)-바라리(3100m)-(1:30)-도멜(2920m; EP)

판치타르니 서북방으로 이어지는 골짜기 따라 내려가다 이내 북향으로 꺾어오르는 지그재그 트레일을 타고 등행, 가파른 산사면을 거슬러올라 산릉허리를 감싸도는 싱패스(3850m) 마루터기에 이르러 다시 북동향으로 산허리길 밟아 서서히 내려앉으며 곧이어 만년빙으로 형성된 시꺼먼 스노우브릿지(Snowbirdge)를 타고 넘어 아마르나트에서 내려오는 계곡(아마르바티계곡)분지 사칭파리에 안착한다. 이로부터 세 갈래

트레일이 나뉘는바 남서쪽은 넘어왔던 싱패스-판치타르니 행로, 서쪽은 이의 아마르바티 계곡 따라 내려가는 하산루트 상감-발탈 행로, 그리고 동쪽은 바야흐로 순례탐방객들의 최종목적지 시바동굴 아마르나트 등행길이다.(※ 아울러 이로부터 아마르나트 케이브 북쪽 히말라얀패스 세키판잘 고개(아마르나트패스; 4580m)를 넘어 케인파트리 계곡을 경유 카르길 드라스밸리 행로로 넘어갈 수도 있다. 단, 등로가 무척 가파르고 험준하여 일반 순례행보 차림으로 무작정 나서서 넘어가기에는 상당한 난점. 고로 산악트레킹 필수장비를 갖추고 전문 길잡이와 함께 동행하여 나설 것 ⇒ 중상급 트레킹코스)

판치타르니 전경(상류방향) / 싱패스 후방 우타갈롤(5,444m) 원경(좌중앙) / 사칭파리

아마르나트 케이브(시바동굴) / 동굴 내 아마르나트 링감(얼음석순) (※ 사진협조: Naresh Sehgal)

야트라(7~8월) 기간에는 사칭파리 ECP*에서 확인절차를 거친 후에 이제 골자기 북쪽에 위치한 히말라야 시바(Shiva) 신의 성지 **아마르나트 케이브(링감)***로 오르게 되는데 주위 사태위험이 높은 낙석지대 통과에 유의토록 한다. 탐방을 마치고서 다시 **사칭파리** 캠프로 돌아와 귀로를 이음인즉 이의 서남향 아마르바티 계곡을 따라서 하행, 곧 산기슭사면 내리막 지그재그 트레일을 밟아 하산해 내리면 이내 네 갈래 골짜기 행로가 열십자 형국으로 모이는 **상감** 합수분지에 이른다. 이로부터 동쪽 판치타르니에서 흘러내려오는 주계곡(판치타르니계곡) 북안기슭 트레일을 밟아 서북행로로 하행, 이윽고 산자락 아래 군 캠프가 들어선 **바라리**를 지나 곧 북동골짜기로부터의 물골 건너 30분쯤 계속 더 나아가면 바야흐로 루트가 북쪽으로 크게 휘어 돌면서 이내 남쪽의 큰 골짜기 두핀포르계곡- ※ 이 골짜기 따라서는 두핀포르~하르바그완(하르사르) 호수를 거쳐 하르갈리~나프란~아람파트리~각디파트리~아루 행로의 이른바 '하르바그완 트렉'으로 연결. -과 만나며 골짜기가 크게 열리는 거국적 합류목 **도멜** 기슭에 당도한다. 넌 하안자락의 목초지 일원에서 캠프를 차리고 야영함으로써

하루 일정을 갈무리한다. (※ 시간/체력적 여유가 있을 시에는 EP* 게이트를 통과하여 약 1시간 거리의 트레킹종점 발탈캠프까지 더 나아가 야영할 수도.)

★ 아마르나트 암굴 내부에 소위 '시바의 성기'로서 묘사되는 거대한 **링가**(=남근상) 형태의 푸른 얼음석순이 한여름에 자라나며 특히 7~8월 중 달이 뜨고 지는 시간에 따라 그 크기가 변화하여 더욱 신비로운 현상으로 회자된다.(⇒ 이 시기를 기려하여 인도 전역에서 몰려드는 수많은 참배객들의 이른바 '아마르나트 야트라' 시즌으로 명명. 고로 일반 탐승/트레킹으로 찾는다면 이 혼잡스럽기 짝이 없는 7~8월 야트라 시즌은 절대 피하도록. 6월 및 9~10월이 최적인바 물론 신비스런 시바 신의 얼음석순은 보기 어렵겠지만.) 한편 이는 신령한 링가가 깃든 영지라 하여 일명 **'링감'**이란 지명으로도 호칭된다.

* ECP = Entry Control Post. (✔ 야트라 시즌에는 회당 탐방인원 엄격 통제 ⇒ 사칭파리에서 매 회 일정인원 단위로 묶어 아마르나트 케이브(동굴)로 올려보내며 탐방시간도 제한적.)
* EP = Entry Post(Gate)

상감 합수캠프

바라리 하행트레일

도멜 합수목 야트라트레일 관문

9일차 : 도멜(2920m; EP)-(1:00)-발탈(2840m; ACP) / 이동*〉 발탈(2840m)~소나마르그(2720m) [차량이동 1시간30분±] 또는, 발탈(2840m)~조지라(3530m)~드라스(3100m)~카르길(2670m) 여정확대 [차량이동 3~4시간]

야트라 진출입 기점이자 본 트레일 마지막 목적지 발탈까지는 지척. 곧 **도멜 게이트**(EP)를 통과하여 합수초지 북동향 계곡 따라 여로를 이어가 광활한 **산간초원 발탈** 캠프지에 이른다. 아마르나트에서 내려온 이래로 상감~바라리~도멜~발탈 하산길 내내 주계곡〈판치타르니계곡〉 북측기슭 따라서 크게 어려울 것 없는 평이한 노정으로 이어왔던즉. 발탈은 이제 카시미르(스리나가르)~라다크(레) 하이웨이가 넘는 히말라얀패스 **조지라*(3530m) 바로 남쪽에 가라앉은 천혜의 권곡분지로서 그러한 입지적 지형적 밑바탕으로부터 **체크포스트**와 함께 **대규모 군 캠프**가 들어서있기도 하다. 귀로는 스리나가르~카르길 하이웨이(NH1D) 상의 발탈 도로변으로 나와* 차편을 이용, 서쪽 소나마르그로 이동해가면(스리나가르 방면) 되겠다. (※ 또는 반대로 동쪽 구불구불 험난한 히말라얀고개 조지라를 넘어 드라스~카르길~레(라다크) 행 여로로 확대해갈 수도. 단, 레(라다크) 행선은 거리가 멀어 당일여정으로는 무리 ⇒ 일정 +1일 추가)

(※ 소나마르그에 일찍 도착 시 인근 타지와스빙하 탐승도 포함해볼 수 있다.)

* 조지라 : '(산)고개'를 뜻하는 카시미르 파하리 방언 [조트/조스/자스/자즈 etc.] + 라다키어 [라]의 합성어로 유추된다. 즉 둘 다 높은 '고개/마루'를 뜻하는 중첩 합성어인게다. 한편 이 해발 3530m의 조지라는 뭇 전 대히말라야산맥(GHR) 분수령줄기 상에서 '가장 낮은' 마루로서 피력한 바 있다. 곧 이 '최저점'을 기준으로 서쪽은 파키스탄 낭가파르밧(8126m)으로의 '펀잡히말라야', 동쪽은 이의 '카시미르히말라야'로서 분계하였음이다.

★ 발탈에서 소나마르그~조지라 도로(NH1D)까지 나와야 대중교통편 이용이 가능한데, 지름길(도보) 택할 시 약 3km(1시간 거리) 단축.(※ 이후 소나마르그까지도 도보로 이동코자 할 시 약 3~4시간 소요.) 차량대절 시에는 곧바로 발탈까지 들어오게 하여 탑승해 이동할 수 있다. 순례(야트라)시즌에는 발탈~소나마르그~스리나가르 간 정기버스(1~2시간 간격)가 운행하며 소나마르그까지 약 1시간30분, 스리나가르까지는 약 7~8시간 소요된다. ⇒ 발탈에서 오후버스 탑승시 스리나가르에는 저녁시간대에 도착케 된다. 비순례시즌(7~8월 제외)에는 스리나가르 직행편은 편성되지 않고 - ※ 라다크(레)에서 넘어오는 JK 공영버스는 이곳에서 정차하지 않고 스리나가르까지 직행 - 소나마르그 까지만 교통편(승합지프)이 가능하다. 단, 오전시간대에만 운행하므로 발탈 도착(트레킹 종류) 후 다음날 이용해야 함이겠다. 소나마르그~스리나가르 행은 버스편이 1일 3회 운행한다.)

발탈 야트리(순례자) 캠프 전경

조지라 오름길에서 바라본 발탈 분지골짜기

소나마르그 산림캠프

소나마르그 타지와스피크(4850m) & 빙하

10일차 : 예비일

⟨∴ 소나마르그~캉간~스리나가르 귀환 또는, 소나마르그~조지라(3530m; 히말라야 분수령)~카르길(~레(라다크)) 행선으로 이정을 꾀할 수도.⟩

조지라(3530m) 등행 절벽고갯길

조지라 등행길 상부골짜기

히말라얀패스 조지라 정상마루 분수령(카르길 방향)

케인파트리계곡 초입 조지라 전적기념비 / 드라스 산촌과 툴롤링(5140m)(좌) / 카르길 & 쿠르바탕 단구평원

◇ 사이드트렉; 파할감 툴리안밸리 트레킹

- **개략** : 리데르밸리가 주골짜기(콜라호이 방면 서부 리데르계곡)와 지골짜기(세슈낙 방면 동부 리데르밸리)로 나뉘기 전 파할감 남부 산상에 형성된 세키판잘산맥 아래 아름다운 목초지와 타른호수 일원을 탐승하고 돌아오는 짧은 트레킹코스다. 특히 툴리안밸리 초입부의 아름다운 삼림초지 바이사란과 상부의 카니마르그(카니몰) 산상초원의 그윽한 풍광 또한 매력적인 유람여정으로 각인된다. 다만 초반부와 후반부 트레일이 난잡 혹은 불분명하여 길을 헷갈릴 여지가 많으므로 가급적 현지 길잡이와 함께 동행하여 나섬이 요구된다. 기회가 주어진다면 아울러 더 위쪽의 고산 전망봉우리 팅(4170m) 피크 등정에 나서봄직도 하다. 한편 콜라호이 트레킹이나 세슈낙-아마르나트 트레킹 시도가 여의치 않을 시 혹은 일정상의 문제로 코스를 달리해야할 시 본 툴리안밸리 트레일을 대안으로 담아볼 수 있겠다.

- **1일〉 접근) 파할감(2140m)~가네슈발(2100m)** [차량이동 10분 / 도보 1시간] / **트레킹) 가네슈발(2100m)-(1:20)-카슈미르밸리(2300m)-(0:40)-츄티알(2430m)-〈초원루트〉(1:00)-바이사란(2470m)-(2:00)-카니몰(카니마르그; 2850m)** [런치캠프]

  (※ 또는 **계곡루트**로 곧장 질러올라 츄티알-(4~5:00)-**툴리안마락** 코스로 진행할 수도. 단, 등행고도차가 상당한바 체력안배와 고도적응에 유의. ⇒ 이 경우 다음날 일찍 나서서 툴리안사르(3700m) 탐승 후 곧바로 하산 진행, 파할감 복귀 가능.〈∴ 2일 왕복일정〉)

가네슈발은 파할감에서 약 3km 남쪽에 위치한 마을로 유명한 산상초원관광지 바이사란으로 등행하는 길목으로 자리매김한다. 택시로 쉽게 이동할 수 있으며 또는 파할감 기점 인근마을을 오가는 승합지프(수시운행)를 이용하여 접근할 수도 있겠다. 트레킹은 이내 가네슈발 동쪽으로 골짜기길 따라 등행 시작, 바로 툴리안사르에서 내려오는 툴리안계곡의 리데르계곡 합류부의 물길(목교)을 건너 진행하는데 초반엔 완만하게 나아가나 점차 가파른 지그재그 트레일로 이어지며 오른다. 약 1시간여 오르면 이내 부드럽고 아늑한 초지부 평탄지형에 올라서는즉 지역민들에 의해 일명 **카슈미르밸리**로서 호명되는 멋진 목초지대이다. 너른 벌판에 말들과 양떼의 한가로운 목가적 풍경이 가득하다. 북쪽으로 길을 잡아 평탄지형 따라 나아가면 곧 유목민마을 **츄티얄**에 이르는바 약 30분여 거리에 놓인 아름다운 산악마을지경이다. 거주민들 또한 매우 우호적이며 친절한 모습으로 방문객을 맞이한다. 계속해서 북행길로 구릉등성이를 넘어 유명한 산상목초지대 **바이사란**으로 이동, 약 1시간거리의 편안하고 호젓한 삼림자락길을 경유해 이어간다. 바이사란은 속칭 '인도의 작은 스위스' 내지는 '인도 내 스위스(알프스)의 축소판'이라 불릴 정도로 뛰어난 산상초원풍정을 지닌 곳. 사방으로 설산마루를 이고 있는 고고한 산봉우리들을 배경으로 소나무와 전나무 등 침엽수림대에 감싸인 아름답고 멋진 드넓은 목초지가 한껏 펼쳐져있다.

단, 근처에 물이 없어 캠프지로서는 마땅치 않다. 이어서 동쪽 방향으로 잘 나있는 오르막 트레일을 밟아 카니몰(카니마르그) 행로로 진행, 완만히 오르다 조금씩 가팔라지는 오름길로 등행하여 울창한 삼림대를 관통하며 이윽고 숲이 벗겨지며 넓고 평탄한 완사면의 목초지대 **카니몰(카니마르그)** 산상초원에 도착한다. 근처에 구자르 유목민들의 거처가 형성돼있음에 일명 '**브레데이 앙간**[*]'이라는 이의 아난트낙 현지방언으로 불린다. 목초지 가까이 맑고 수더분한 계류가 흘러 식수로 활용 가능, 캠프지로서도 최상의 조건이다. 경치와 전망도 뛰어나 하루 머물며 유람을 즐기며 보내기에도 훌륭한 대상지로 손꼽는다.

* 카슈미르밸리는 본 잠무카시미르 주의 카시미르 지방을 말함이 아닌, 파할감 남단 산악지형 상의 등행골짜기와 목초지 지명을 일컫는 말. 혼동을 피하기 위해 '카시미르'기 이닌 '가슈미트'밸리로서 표칭한다.

* 브레데이 앙간 = 초원산상[브레데이] + 거처[앙간]. 즉, 유목민거처(지)를 말함이다. 브레데이는 카시미르 지방의 히말라야 파하리(산악) 언어에서 나온 말로 유추, 곧 초지[브로/브라]와 산악[디아/데]의 합성어로 풀이해본다.

카슈미르밸리

츄티알

바이사란 (※ 사진협조: Akhil Midha)

· 2일〉 카니몰(카니마르그; 2850m)-(2:30)-툴리안마락(3250m)-(2:00)-툴리안사르(3700m; 호수)…(1:30)…툴리안마락(3250m) 왕복

남쪽 가파른 루트로 올라 이내 툴리안밸리 방면으로 산자락을 비껴(트래버스) 진행, 그로부터 숲 짙은 남쪽 능선자락 아래 툴리안계곡 골짜기와 만나는 지경에서 동쪽으로 완사면의 둔부자락으로 꺾어 나아간다. 도중 울울창창 원시림 정글지대를 통과하여 진행케 되는바 루트가 헷갈리고 경사도 급하여 꽤나 미끄럽기도 한즉 유의해서 나아가야 함이다.(가이드 동행 요망.) 곧이어 완사면 기슭으로 내려앉은 툴리안계곡 골짜기안부의 **툴리안마락**[*]은 매우 아늑하고 멋진 방목초지. 돌로 쌓아 만든 유목민들의 처소가 몇 집 들어서있어 이를 활용하거나 일대의 초지에서 캠핑 가능하다.

⇒ 도우미를 대동한 카라반으로 나섰을 시 도착하여 일단 캠프를 취하고 여장을 푼 뒤 팩런치(점심도시락) 지참, 간소한 차림으로 동남방 골짜기 최상부에 위치한 툴리안사르(호수) 탐승에 나선다. 왕복 약 4시간 거리. 도중 골짜기 행로의 계곡이 나뉘는 일대에서 루트가 매우 헷갈리는바 - 딱히 뚜렷이 그어지는 트레일이 없다. - 가급적 길잡이를 대동하고 나서도록. 곧 이로부터 남동으로 꺾이는 가파른 골짜기 상부로 등행, 작은 목동집이 세워진 자락을 지나 돌길로 일구어진 잡석길, 푸석길을 밟아 약 1백미터 위 상부언덕으로 올라서면 곧바로 푸른 물빛 호수와 마주하게 되는즉

189

탐승목적지인 **툴리안사르**이다. 세칭 팔색조와도 같은 형형색색의 물빛을 반사하는 신비롭기 그지없는 산중호수로 게다가 사방이 매우 급준하고 험한 산세로 둘러쳐있어 호수의 분위기가 더욱 운치있고 인상적으로 전해진다. 해발 4천8~9백미터에 달하는 남쪽과 동쪽 준령은 여름에도 녹지 않는 거반 만년설산의 풍모로 시선을 장악한다. 특히 곧바로 호수 정남향으로 솟구친 삼각탑 형상의 봉우리는 이른바 세키판잘산맥(아난트낙지맥)의 주릉줄기가 지나는 해발 4885m의 카찰 봉우리로, 너머로는 초루스(소루스)사르, 시루스사르 등의 또다른 고산호수가 형성돼있다. (✔ 실상 이 툴리안사르 일대는 캠프지로서는 적합지 않다. 고도도 높은(해발 3천7백m)데다가 사방이 급준한 고산으로 막혀있어 일조량도 적고 - *해가 일찍 넘어간다.* - 추위도 일찍 찾아온다. 게다가 텐트를 칠만한 장소도 썩 마땅치 않은 고로 차라리 이 아랫녘 툴리안마락 초지부에 캠프를 취하고 이를 반나절 유람일정으로 다녀옴이 훨씬 바람직한 방안이다.)

* 마락 : 초지를 뜻하는 '마르그'의 현지(아난트낙 지방) 방언.

카니몰 　　　　　　　　툴리안마락 　　　　　툴리안사르 & 우측 카찰(4885m) 산봉

※ 팅(Ting) 전망피크 등정

⇒ 일정여유 있을시(∴ 가이드 대동 필수), 툴리안마락 바로 북쪽의 전망봉우리 팅(4200m) 피크 등정을 옵션사항으로 첨가할 수도.(일정 +1일 추가.) 정상까지 약 서너시간 가량의 매우 가파른 산악등정 트레킹루트이나 그만치 멋진 풍광과 화려한 조망으로 보답한다. 바이사란과 추티얄을 위시한 본 툴리안밸리 전경을 한눈에 담아볼 수 있으며 나아가 북쪽 콜라호이피크(5425m)와 동쪽 멀리 히말라야 카시미르의 맹봉 눈(7135m)·쿤(7077m) 봉우리의 모습 또한 시야에 드리운다. 단, 급경사 산봉으로 이룩된 만큼 하산시 실족치 않도록 더욱 유의한다.(특히 절대 무모한 단독등행은 금물!) 툴리안마락 기점 팅 피크 왕복 탐사에 중식(팩런치) 포함 약 6~7시간 잡는다.

- **3일〉 툴리안마락(3250m)-〈계곡루트〉(2:30)-추티얄(2430m)-(1:00)-가네슈발 (2100m) / 복귀) …파할감(2140m)**

왔던 루트로 똑같이 되밟아 하산진행할 수도 있으나 보다 신속히 내리고자한다면 곧바로 이의 툴리안밸리 계곡루트를 밟아 추티얄 마을로 곧장 하산할 수 있다. 약 3시간 정도 소요되며 이후 추티얄~가네슈발~파할감은 기존 등행루트 동일.

◇ 참고정보

- 스리나가르 근교 명소

달레이크 수변공원 및 시카라(Picnic Boat) & 보트하우스. (※ 라다크/잔스카르 여행(트레킹) 후 스리나가르로 귀환하여 휴식여가를 보내기에 유망한 아이템.)

하리파르밧 두라니포트(코-이-마라얀) : 1590년 무굴제국 악바르 대제 때 공사를 시작했으나 완공되지 못하고 이어 세월이 한참 흐른 1808년 슈자 샤흐 두라니 황제 재임 시에 완공되었다.

하즈랏발 마스지드*(모스크) : 스리나가르 달레이크 북서 호안에 소재. 1635년 축조되었다. 선지자 무함마드(모하메드)의 머리카락 유물이 보관되어있다 하여 카시미르의 성지로서 꼽힌다.

스리나가르 카시미르밸리의 무갈(무굴) 정원

1) **샬리마르 바그*** : 스리나가르 달레이크 북쪽에 위치(다치감국립공원 길목). 1633년 무갈 황제 제항기르가 그의 부인 누르자한을 위해 만들었다.

2) **니샷 바그** : 스리나가르 달레이크 동안기슭에 위치. 누르자한의 오라버니인 아시프 칸에 의해 1632년 만들어졌다.

3) **차스미 샤히** : 스리나가르 달레이크 남동쪽 산록부에 위치. 1632년 무갈 황제 샤자한에 의해 만들어졌다. 이른바 로얄스프링(Royal Spring)이라 하여 정원 내에 용출되는 광천샘으로 유명하다.

4) **파리마할** : 차스미샤히 인근 남서쪽 산록기슭(달레이크 남단 동쪽산지)에 위치. 17세기 중엽 무갈 황제 샤 자한의 재임기에 그의 왕자를 위한 거처로서 건립되었다.

5) **아차발 정원** : 아난트낙 남동쪽 아차발 산록자락에 위치. 1620년 무갈 황제 제항기르의 부인 누르자한이 조성해 만들었다.

6) **베리낙 정원** : 아난트낙 남쪽 피르판잘산지 바니할패스(자와하르터널) 행로상의 길목에 위치. 1620년 무갈 황제 제항기르에 의해 만들어졌다. 연못 정원 형태로 조성한 명수 용천샘으로도 유명하다.

* 마스지드(Masjid) : 무슬림 공동회당 모스크(mosque)를 지칭하는 말. 카시미르 지역에서 주로 쓰이는 용어이다.
* 바그(Bagh) : 정원(Garden)의 뜻. 곧, 카시미르 지역 내 소재한 모든 '바그' 명칭들은 전부 잘 조성된 정원지, 나아가 정원도시임을 지칭한다.

1) 스리나가르 달레이크(호수)의 시카라(나들이배) & 하리파르밧 두라니 포트(성) 원경
2) 하리파르밧 두라니포트(Koh-e-Maraan) 성채 / 3) 스리나가르 하즈랏발 마스지드(모스크)

샬리마르 바그   니샷 바그   챠스미 샤히

파리마할   아차발 정원   베리낙 정원 인공 팔각연못

- **카시미르 투어/트레킹 여행사**

    # KASHMIR TREKS (간데르발 소재; http://www.kashmirtreks.in/
    Email: info@kashmirtreks.in)

    # 스리나가르 에이전시

    - Trek Kashmir (https://trekkkashmir.com)
    - Alpine Lakes Trek (https://alpinelakestrek.com)
    - Kashmir Mountains (https://kashmirmountains.com)
    - Snow Leopard Expeditions (https://snowleopardexpeditions.com)

    # 파할감 에이전시

    - Mountain Magic Tours (http://www.mountainmagictours.com)
    - Kashmir Tourways (http://kashmirtourways.com)

- **참고사항** : JK 관광청 스리나가르 사무국은 관광안내센터(Tourist Reception Centre; 약칭 TRC)에 있다. 잠무~스리나가르~카르길~레 도로교통(버스편)은 JK RTC(Road Transport Corporation)를 찾아 예약 진행. (✔ 성수기(7~8월)에는 미리 예약치 않으면 당일 차편(버스) 이용 곤란 !)

1-2. 하라무크 산상호수 트레일(KGL 트렉)

✦ **개략** : 카시미르의 명산 하라무크(5143m)의 강가발 산상호수(사르)를 내원하는 트레킹 탐방코스이다. 하라무크 일대는 예로부터 중앙아시아와 카시미르를 연결하던 카라반루트가 지나던 곳으로, 라즈담간패스(3526m), 트락발(3200m)과 강가발(4050m) 등등 히말라야 산상트레일을 넘나들던 교역상들과 유목민들 그리고 식민지시절 영국의 많은 탐험가와 기행가들 또한 숱한 발자취를 남겼던 곳이다. 황금초원 소나마르그에서부터 여정을 긋는 이른바 '카시미르 산상호수 트레일(KGL* 트렉)'은 특히 첩첩한 산과 골까지를 가로지르며 만나는 수많은 카시미르 고산 호수들의 빼어난 풍치를 만끽할 수 있어 더욱 감흥이 짙은 코스로 인기를 끈다. 더하여 기회가 주어진다면 반대편 서쪽의 울라르호수 일원 반디포라나 북쪽의 수려한 구레즈밸리·툴렐밸리 방면으로 연계 확장하는 트레킹여정도 꾸려볼만하다.

* KGL = Kashmir Great Lakes. 이 카시미르밸리 북단 곧 신드밸리 북역 산상에 무려 50개가 넘는 타른(Tarn)호수들이 산재해있는 것으로 보고되고 있는바 실로 카시미르밸리의 가장 '성대한〈Great〉' 호수〈Lakes〉의 향연이라 아니할 수 없다. (※ 전체 카시미르밸리 산경 내 총 산상호수들의 숫자는 대략 1백여 개가 넘는 것으로 조사되어있다.)

✦ **트레킹 적기** : 5~7월, 9~10월 (∴ 최적기는 6~7월)

✦ **트레킹 최고점** : 니츠네이갈리*(4060m), 바즈발*(가드사르*)갈리(4200m),
　　　　　　　　　자즈발(장기발)갈리(4180m),

* 갈리: 고개 / 발: 산(릉), 마루 / 사르: 호수(카시미르 셰나어). 둘 모두 셰나어를 쓰는 카시미르 중·북부 지방의 흔하디흔한 자연지명.

✦ **트레킹 방식** : **캠핑트레킹**(도중 편의시설 없음)

✦ **참고사항** : 소나마르그/나라낙 마을에서 캠핑장비와 트레킹도우미(가이드/말)를 구할 수 있다. (※ 말 1필 1일 ₹ 800~1,200 선{= 한화 약 ₩15,000~20,000}. 가이드 1일 임금 ₹ 1,200 안팎.)

✦ **퍼밋** : **트레킹퍼밋** (⇒ 스리나가르의 관광사무소에서 신청. 단, 나라낙에서 곧바로 오르는 왕복트레킹의 경우 및 가드사르(둡타파니)~사트사르(메간도아브) 구간을 경유치 않는 경우는 굳이 필요치 않음. ✔ 특히 구레즈·툴렐밸리 방면 연계시에는 트레킹퍼밋뿐 아니라 ILP*도 반드시 필요.)

* ILP = Inner Line Permit

I. 일정가이드

> # 1일차 : 출발〉 스리나가르(1580m)~간데르발(1610m)~와일(1680m)~와잔(웃산;
> 1750m)~캉간(1800m)~군드(2130m)~쿨란(2270m)~가강기르(아샨;
> 2500m)~*시트카리(2650m)*~소나마르그(2720m) [차량이동 3~4시간]

인더스 펀잡지류 젤룸강의 원류인 앞선 콜라호이 트렉의 리데르계곡과 더불어 또한 이 카시미르밸리 스리나가르분지의 양대 계곡인 북쪽 신드계곡을 따라 거슬러 오르며 여정에 나선다. 사원지구 **간데르발** 휴게소, 신드강브릿지가 놓인 **와일** 휴게소에 이어 **와잔(웃산)** 마을 지난 중간지점 **캉간**은 본 트레킹행로의 종착점인 북쪽 나라낙 마을에서 내려오는 길이 합류하는 곳. 7~8일간의 여정 갈무리 뒤에 다시 이로부터 스리나가르 행 복귀행로가 열릴 터이다. **군드**와 **쿨란** 마을을 거쳐 이윽고 다다른 **소나마르그**는 신드계곡 상류의 거대한 골짜기 아래 패인 아름다운 초원지대. 이름처럼 휘황찬란한 '황금〈소나〉 초원〈마르그〉'임을 피력한다. 주위로 전나무와 소나무로 일구어진 침엽수 삼림지대가 아득하게 펼쳐져있으며 또한 자작나무와 카시미르 플라타너스로 둘러친 활엽수림도 울창하다. 일찍 도착하여 오후시간 여유가 넉넉하다면 인근 카시미르 제2위의 빙하인 타지와스빙하(3,000m) 탐방·유람[왕복 3~5시간]에 나서도 좋겠다. 아울러 숙박시설을 이용치 않고 캠핑을 즐기고자한다면 바로 이 타지와스빙하 아래 초지 일대를 활용할 수 있다. 소나마르그~타지와스 사이에 다수의 여행자숙소(Tourist Resthouse; 약칭 TRH) 및 방갈로, 코티지, 산림숙소(Forest Resthouse; 약칭 FRH) 등 숙박시설단지가 마련돼있다.(사전 예약은 스리나가르의 관광사무국에 신청.)

간데르발의 키르바와니 마타 힌두사원

와일휴게소

와일브릿지 신드강 상류물길

캉간 중심거리

군드

쿨란

시트카리 신드강변에서 바라본 타지와스피크(4850m) & 빙하　　　소나마르그 숙박단지

((※ 콜라호이 트렉 또는 마하구나스패스 트렉(세슈낙~아마르나트 야트라 트레일)과 연계하여 소나마르그로 나아올 수도 있다. ☞ 1-1. 콜라호이-타지와스 트렉 편 참조))

2일차 : 트레킹〉 **소나마르그(2720m)**-(1시간)-**시트카리(2650m; 이정갈림길)**-(1시간)-**라시마르그(3040m)**-(1시간30분)-**쇼카두르(슈코데르; 3350m)**-(1시간20분)-**도멜(3200m)**-〈계곡도하〉(1시간40분)-**니츠네이(3620m)**

스리나가르 방면 도로 따라 서쪽으로 약 3km 신드밸리와 북쪽 니츠네이계곡이 합류하는 **시트카리**로 이동한다. 도로변 작은 상점이 들어서있으며 이로부터 신드계곡 다리 건너 북쪽에서 내려오는 니츠네이계곡 지프도로 따라 본격적인 트레킹 여정이 시작된다. 곧 찻길을 버리고 이 서북향 니츠네이 골짜기 좌측(서측)루트로 등행, 꾸준한 오르막길로 이어간다. 밟아오르는 훤칠한 초원언덕부에서 뒤돌아보면 이내 소나마르그 풍경이 한가득. 이어 푸른 녹지에 소나무, 단풍나무 군락이 어우러진 **라시마르그** 초원마루에 당도, 이의 삼림트레일을 따라 내려선 후 작은 계류를 통과하면 다시 오르막 등행이다. 그로부터 숲짙은 단풍나무지대를 통과하고 이어서 등성마루를 지나면서 이내 거쳐온 뒷방향으로 소나마르그 산록분지의 훤칠한 풍광이 더욱 넓게 펼쳐진다. 옆자락 웅장한 타지와스빙하도 장관.

1〉 시트카리 신드강변캠프(※사진협조: Veera-Pendyala) / 2〉 시트카리에서의 타지와스빙하 방면
3〉 라시마르그에서 바라본 소나마르그 & 사르발 이노미네이트(4890m) 원경

라시마르그 초원길

라시마르그의 목동집

라시마르그초원~쇼카두르 삼림대 구간

쇼카두르의 유목민거처(도카)

건너편 쇼카두르피크(3730m)

쇼카두르 삼림지대와 도멜 합수지

오르막이 끝나고 정북방 아랫녘으로 목초지대가 드리운다. 자작나무숲*이 어우러진 초지길을 밟아 완만한 내리막으로 진행하다 곧이어 목초지 일원 몇몇 목동캠프도 형성돼있는 곳에 이르는즉 바로 **쇼카두르** 캠프지. 동쪽 골짜기 건너편 위로 솟은 인상적인 봉우리 '쇼카두르(3730m)'의 명칭에 기인하여 붙여진 지명으로, 주위로 전나무, 자작나무숲이 둘러친 아늑하고 멋진 초지캠프이다. 널따란 초원부 가운데에 맑은 계류가 관통하여 식수원으로도 훌륭하다. 본 트레킹여정 상의 유일한 수림캠프로서 이후로는 나무숲이 없는 고산초원캠프로서만 섭렵해 나간다.

(※ 스리나가르에서부터 출발하여 소나마르그에서 머물지 않고 곧바로 트레킹여정을 이을 경우 금일 이곳 쇼카두르까지 진행하여 캠프를 차리고선 다음날 비샨사르·크리샨사르까지 여정토록.[일정 1일 단축])

* 자작나무를 뜻하는 힌디어 '보즈(Bhoj)'를 써서 일명 '보즈와사(Bojwasa)' 캠프라 일컫기도.

쇼카두르의 광활한 목초지 끝자락까지 완사면의 기나긴 내리막길로 초원루트가 이어진다. 초지부가 끝나면 자작나무숲으로 진입, 계속해서 완만한 내리막 트레일로 진행한다. 곧이어 숲길이 갈무리되고 두 골짜기가 만나는 합수부(**도멜**) 언저리에 이른다. 서쪽 방향으로 계곡을 건너 이의 주계곡 우측(북쪽) 기슭루트로 올라서 트레일을 진행, 이로부터 바야흐로 니츠네이계곡 상류방향으로 양안의 웅고한 산세 아래 골짜기가 넓게 열리며 인상적인 풍경이 연출된다. 계곡이 남에서 서북으로 급격히 휘어도는 기슭변의 가파른 바위지대 언덕부로 등행하여 나아가면서는 제법 고단하고 힘이 드는 구간이다. 그로부터 바위지대를 벗어나 다시 푸르른 목초지가 드리우는바 방대한 초원풍경과 맞닥뜨린다. 방목을 위해 찾아든 구자르 유목민들의 활짝 열린 세상 바로 니츠네이초원이다. 완경사의 초지트레일을 따라 니츠네이계곡을 거슬러오르며 마침내 니츠네이갈리 고개가 바라보이는 그 바로 아래 목적지 **니츠네이** 산상캠프지에 이르는 것으로 하루여정은 마무리된다.

니츠네이계곡 상행골짜기 / 니츠네이초지 방목캠프 / 니츠네이갈리 등로에서 담은 니츠네이 목초분지 전경

3일차 : 니츠네이(3620m)-(2시간)-니츠네이갈리(비샨사르발리; 4060m)-(1시간20분)-람파트리(3800m)-(2시간)-비샨(비슈누)사르(3660m)-(40분)-크리샨사르(3820m)

질리도록 푸르른 산상초원지대로 연결되는 트레일, 곧 풍치도 더욱 매력적으로 변모하는 가장 포근하면서도 아름답고 편안한 일정이다. 니츠네이 캠프지 서북방으로 멀찍이 올라서야할 니츠네이갈리 능선고개가 바라보인다. 계류 따라 거슬러 오르막 진행, 곧이어 계곡수를 건너 남측사면으로 붙어 길을 잇는다. 완사면 등행으로 넓은 목초지대를 가로질러 오르고, 이어 다소 경사진 오르막 트레일로 이어지면서는 이내 널따랗게 둥글게 원호형태로 패어진 **니츠네이갈리** 고갯마루에 당도한다. 니츠네이갈리는 남쪽 젤룸강(신드계곡) 수계와 북쪽 닐룸강(키샹강가) 수계의 분수령. 즉 이로부터 남과 북 양 지역 간 언어/문화/풍토가 다소간 차이[*]를 빚는다. 니츠네이갈리 동남향 멀리로 전날 출발지였던 소나마르그 일대 풍경이 아스라이. 일기가 좋다면 고개 너머 북쪽 멀찍이 봉긋한 두 삼각봉우리 파키스탄령 카시미르의 사라왈리(6424m)와 낭가파르밧(8126m)의 형상도 아련하다. 서쪽으로는 암산준령에 하얀 빙설로 치장한 비슈누피크(5085m)의 모습이 선하다. 해발 4천미터가 넘는 고지대인바 고산증세 발현에 유의토록. 휴대폰 통신은 이곳 니츠네이갈리까지만 가능하다. 이후론 네트워크연결이 차단된다(군부대지역).

[*] 힌드코 카시미리어권(젤룸) vs 힌드코 셰나어권(닐룸)

니츠네이(초지) 배경 니츠네이갈리 등행 / 니츠네이갈리 동쪽사면 / 니츠네이갈리 내리막 서쪽 빙하지대

북서향 내리막은 바위지대를 경유하여 가파르게 진행, 그로부터 얼마잖아 돌밭길은 물러나고 완만한 목초지길이 다시 드리우는바 '람' 신의 이름을 새긴 **'람파트리'** 초원언덕이다. 여름철엔 야생화가 만발하여 더욱 그윽한 풍치를 자아낸다. 이어 내리막길 서쪽편으로 웅장한 폭포가 낙하, 이내 아래쪽 계곡수에 합세한다. 폭포지대까지 급한 내리막으로 이어지다 이를 지나면서 다시 넓은 초지부가 드리우고 이의 초원길 좌편(서쪽)으론 눈 덮인 히말라야 산봉들이, 우편(동쪽)으론 완연히 다른 흡사 라다크의 풍경인양 적막하고 황량한 산세가 펼쳐져있다. 이 두 대조적인 풍치 가운데 놓인, 푸르름 가득한 카펫과도 같은 초원길을 밟아 여정을 짓는다. 곧 완만히 내려앉는 골짜기 하상에 나란한 두 물줄기의 왼쪽(서쪽) 물길 따라 나아가며, 이윽고 후방의 니츠네이갈리에서부터 내려온 골짜기가 끝나는 너른 안부에 이르러 서쪽 급준한 산골에서 흘러내리는 합수계곡과 만난다. 본격적인 카시미르 산상호수지대로서의 첫 작품 바로 비샨사르(호수)에서 흘러내리는 물줄기임이다. 이곳 너른 초지부를 세칭 비샨사르 캠프지로서 일컫는바 곧바로 이 합수계곡 따라 거슬러 서쪽 5백미터 거리의 상부 언덕으로 올라서면 이내 인상적인 바위산세로 둘러쳐진 육중한 산중호수 **비샨사르**와 마주한다. 아랫녘 합수지캠프(비샨사르캠프)에서 10분 거리. 이렇듯 두리뭉실 초원마루를 경유하여 산상호수지대로 나아가는 여정 내내 아름답고 화사한 목초트레일로, 시나브로 야생화가 흐드러지는 여름날 찾았다면 더욱 매혹적인 황홀한 정취를 만끽하리라.

람파트리 방면 니츠네이갈리 하행트레일   람파트리 초원(후방은 니츠네이갈리)   비샨사르 & 크리슈나피크 원경

마지막으로 계류를 건너 비샨사르 호반 북측기슭으로 올라 또 하나의 산상호수 크리샨사르로 걸음을 옮긴다. 여기저기 산만한 트레일이 지질편편하게 나있는바 적당한 전망 좋은 곳으로 올라 큼지막한 이들 호수를 내려다보는 멋도 쏠쏠하다. 그리고 이어 다다른 **크리샨사르**(호수). 북서쪽의 인상적인 크리슈나피크(4,600m) 수직암봉 바로 아래 드리운 이 역시 웅장하고 아름다운 산상호수로서, 아래 비샨사르와는 동남 방향 1킬로미터 거리로 떨어져있으며 고도차 약 1백5십미터의 상-하 호수형국으로 놓여있다. 무릇 남쪽 그 비슈누(=비샨; 우주의 신으로 군림하는 힌두 3신의 하나) 이름마냥 웅장한 비슈누피크(5085m) 봉우리가 이들 호수를 내려다보고 있음에 더욱 신비로운 감흥을 불러일으킨다.

비샨샤르 *(※ 사진협조: Prajakt Kumar)* ≫ 서쪽방향   vs   남쪽방향(뒤쪽은 비슈누피크)

크리샨사르 *(※ 사진협조: India-hike)* ≫ 1) 크리샨사르 방면 크리슈나피크(좌) & 바즈발갈리(우중앙)
2) 크리샨사르 전경 & 남쪽 비슈누피크 운무

모름지기 비샨샤르, 크리샨사르 두 호수 모두 카시미르밸리를 대표하는 히말라야 고산의 아름다운 산상호수인즉 또한 다름아닌 닐룸강(키샹강가)의 발원지이기도. 이로부터의 물줄기는 곧 인도령 카시미르 최서북단 구레즈(구라스)밸리를 관통하여 파키스탄령 아자드카시미르의 닐룸밸리와 아트무캄을 거쳐 무자파라바드에서 펀잡5대강 젤룸강과 합류한다. 두 호수의 물빛은 사뭇 다르게 비샨사르는 초록빛, 크리샨사르는 푸른빛 색조를 반영한다. 넓은 목초지가 크리샨사르 북동자락으로 드리워있어 캠핑장소로 삼기에 적합하며 아래의 비샨사르와 마찬가지로 호수 내에 송어가 많아 낚시* 겸한 유람으로 많이 찾기도. 이로부터 바라보이는 서북향 산릉마루는 곧 두 번째 산상 호수지대 가드사르로 넘어가는 바즈발갈리(가드사르갈리; 4200m) 고개이다.

* 단, 스리나가르 주재 어로부(Directorate of Fisheries)에 낚시허가(퍼밋) 신청하여 발급받고 나서야 한다. 1인당 외국인 ₹2,000 / 내국인 ₹1,000 이며, 허가기간 동안 1인 최대 6마리까지만 허용.

4일차 : 크리샨사르(3820m)-(1시간30분)-바즈발갈리(가드사르갈리; 4200m)-(40분)-초토사르(3930m)-(40분)-얌사르(3740m)-(40분)-가드사르(3570m)-(2시간)-둡타파니(가드사르 ACP; 3320m)

서북 방면 길게 이어진 능선마루금이 바로 이제 넘어야 할 **바즈발갈리**(고개). 동시에 본 전체여정상의 가장 높은 고개(해발 4천2백미터)이기도 하다. 너머의 가드사르(호수)의 명칭을 가져와 달리 '**가드사르갈리**'라고도 불린다. 크리샨사르 북서향 완사면 오름길로 이어지다 이윽고 막바지 가파른 산사면을 타고 오르면 마침내 고갯마루 정상이다. 올라온 남동쪽 아랫방향으로 크리샨사르와 아랫녘 비샨사르 풍경 전부가 한 눈에 들어온다. 나아가 멋진 조망처로서 날만 좋다면 바야흐로 북쪽 멀리 설산마루 덮어쓴 파키스탄령 LOC(정전선) 너머 아자드카시미르의 사라왈리(6424m)와 8천미터급 세계9위봉 펀잡히말라야의 맹주 낭가파르밧(8126m), 그리고 반대편 올라온 방향 남쪽 비슈누피크(5085m)와 아울러 더욱 멀리 되돌아본 동쪽 방향으로 카시미르 대히말라야의 영봉 눈(7135m)·쿤(7077m) 두 우뚝한 멧부리가 아스라이 사로잡히리.

1) 바즈발갈리에서 돌아본 비샨사르-크리샨사르 & 비슈누피크(우)
2) 바즈발갈리 너머골짜기 초토사르(전방) & 얌사르(후방) / 3) 얌사르(전방) & 가드사르(후방) 원경

고개 넘어 트레일은 다시 경사진 내리막으로 이어지다 곧 부드러운의 완경사 목초지길로 진행, 일기가 좋다면 하행길 정면으로 북서쪽 멀리 만년설산 사라왈리(토샤인; 6424m) & 낭가파르밧(8126m) 모습을 줄곧 응대하며 걸어 내린다. 이 서북향으로 내려앉는 골짜기는 기나긴 계곡트레일로 이어가며 도중 여러 산중호수를 섭렵, 그 첫 번째 자그마한 타른호수(**초토사르**)를 지나 곧이어 조금 더 큰 형태의 일명 히말라야 '야마(Yama)' 산신이 깃들었단 유래에 기인한 명칭의 두 번째 호수 **얌사르**에 이른다. 이를 지나 더욱 좁아지는 긴 골짜기길 따라 30분쯤 내려가면 이윽고 평평한 초지부가 다시 드리우고 여름철이면 녹지 주위로 형형색색 야생화 만발하는 이 일대 아랫녘 바로 큼지막한 세 번째 호수 **가드사르**가 내려앉아있다. 남서쪽 육중한 암산봉의 설사면 절벽아래 깃들어있는 이 호수는 뭇 카시미르밸리의 허다한 산상호수 가운데서도 가장 자연미가 그윽한 소위 '천상의 화원'으로서까지 칭송되는 아름다운 풍경의 하나다. 아래쪽 서북방 정면으로는 점차 수목한계선 아래로 내려선 푸르고 청량한 골짜기풍정이 한가득 놓이며 일대에 흐드러진 풍성한 여름철 야생화군락의 정취 또한 감흥을 배가시키는 멋진 감미료다.

본 가드사르계곡 내경의 이들 3호수는 비록 거리감은 있으나 모름지기 동일 골짜기 내 계곡수 따라 단계적으로 연결된 '원격 3단호수'의 형국으로 드리워있다. 이의 가드사르 호반 동측 언저리에 작은 초지부가 형성돼있으나 터가 아주 넓진 못하여 많은 인원의 그룹이 캠핑하기에는 마땅찮다. 조금 아래쪽에 방치된 옛 군 초소건물이 들어서있는데 소규모 인원이라면 이곳 일대에 캠프지를 차려도 무방하겠다. 허나 시간여유도 있고 하다면 계속 더 내려가 계곡 아래 둡타파니(코스투르코트) 캠프지에서의 야영이 보다 일반적인 행보이다.

가드사르　　　　　　둡타파니 목초지(후방은 가드사르 골짜기)　　가드사르포스트(통과승인 필수!)

가드사르를 뒤로하고 북서향의 골짜기길 따라 계속 하산, 곧이어 계곡부가 넓게 열리며 트레일 좌측(서편)으로 또다른 푸른 중호수가 나타나는바 딱히 주어진 이름은 없다. 계속해서 이를 지나 초지가 드리우는 골짜기길 따라 하행, 곧 너른 목초지를 가로질러 이내 돌집으로 세워진 구자르 목동들의 하계거처지가 나오며 이로부터 다소 경사진 내리막으로 이어지면서는 이윽고 계곡가 언저리 군 막사가 들어앉아있는 일명 **가드사르 ACP* 둡타파니**에 이른다. 그리 크지 않은 분대급 규모(6~8명 배치)의 초소캠프로서 본대는 서북골짜기 따라 한참 내려간 5km 거리의 조우다르 마을(2900m) 인근에 위치해있다. 곧 현지인을 제외한 모든 탐방객들은 이 가드사르 포스트에서 트레킹퍼밋 및 신상확인을 하고 통과해야 하는바, 바로 본진(인도군 3선 예비대*)인 조우다르 군 캠프와의 무전교신을 통해 통과승인✓이 떨어져야만 이후 여정을 계속할 수 있다.

> ✔ 이 가드사르(둡타파니) 체크포스트 통과에 걸리는 시간은 빠르면 1시간 내외지만 길게는 3시간 이상도 소요되므로(※ 필자 경우 초소 군인들로부터 점심밥까지 제공받으며 기다려야했던 사례가...) 시간여유를 넉넉히 잡고 임하도록. 고로 당일여정 중간부에 이 장시간(!)의 행정절차를 감내- 예를 들면 이곳까지 내려오지 않고 저 위의 가드사르 호수캠프에서 머물고 이튿날 본 하행여정으로 진행 경우 -하려하기보다는 이곳에 머물러 캠프를 취하면서 이내 동반되는 행정절차를 함께 처결하고 다음날 보다 신속 수월하게 일정을 진행하길 종용한다.

* ACP = Army Check-post

* 카시미르밸리 파키스탄과 대치하는 인도군 방어라인(LOD; Line of Defense) : 1선) LOC / 2선) 구레즈·툴렐밸리 / 3선) 레서(Lesser; 하부)히말라야 ⇒ 트락발~**강가발**~보트쿨란~조지라에 이르는 인도령 펀잡히말라야 서부능선줄기.

5(~6)일차 : 둡타파니(3280m)-(2시간)-코스투르코트(3600m)-(1시간)-메간도아브(3580m; ACP)-(30분)-라스발(포슈파트리; 3650m; 1호수)-(20분)-사트사르(3670m; 2호수) // -(20분)-사트사란바르(3700m; 분수령 고원마루)-(20분)-사르니체(3670m; 3호수 갈림길)-(2시간)-자즈발(장기발)갈리(4180m)-(1시간30분)-강가발눌라(3550m; 계류도하)-(20분)-눈드콜(난단사르; 3520m) · 강가발사르(3570m)

둡타파니 캠프 서쪽으로 스노우브릿지가 형성된 가드사르계곡을 건너 산록자락을 타고 오른다. 북서향으로 휘어지는 산자락길 밟아 등행, 1시간반쯤 오르면 경사가 누그러지면서 이내 산릉을 돌아 넘는 **코스투르코트(4000m)** 허릿길을 비껴돌아 나아가면서는 곧 남쪽으로 트레일이 크게 꺾어 이어지면서 평탄한 고원부의 목초고원 향해 행보를 짓는다. 그로부터 약 1시간쯤 진행하면 두 골짜기로 나뉘는 합수처 **메간도아브**˚에 이르는데 신통하게도 북쪽 하류 쪽으로는 이내 물줄기가 말라들어 다소 황량한 풍정으로 아로새겨진다. 아울러 이 메간도아브 일대 약 10분 거리에 ACP가 들어서있는데 앞서(둡타파니 ACP)와 마찬가지로 이로부터 또한 북쪽골짜기 아랫녘에 위치한 동일한 조우다르 본부와의 무전교신을 거쳐 탐방자들의 통행 승인✓이 주어진다. (∴ 바로 북쪽에 놓인 구레즈밸리(키샹강가- *파키스탄 쪽 명칭 '닐룸강'* - 최상류부) 너머로 민감한 파키스탄과의 정전분계선 LOC(Line of Control)가 인접해있는 관계로 이렇듯 매우 까다로운 통과절차와 맞닥뜨려야 함이다.)

* 메간도아브 = 마른[메간] + 두(개의)[도] + 물(줄기)[아브]. 즉 두 물줄기(계곡)가 내려와 만나서는 이내 사라져버리는(땅 속으로 스며 없어지는) 특이한 지형적 형국을 묘사한 지명이다. 실제 이 일대 지형이 그러하여 신비로운 현상이라고들 회자한다.

둡타파니 스노우브릿지   둡타파니 배경 코스투르코트 트레일   메간도아브 체크포스트

1),2) 코스투르코트 트레일 뒷방향(둡타파니 방향) / 앞방향(조우다르 방향) (※ 사진협조: Swathi Chatrapathy)
3) 코스투르코트에서의 낭가파르밧(8126m)(중앙 설산) 원경(※ 사진협조: Sana Geeta)

> ✔ 승인절차가 늦어져 시간을 많이 지체할 경우엔 이후 굳이 무리해서 (자즈발갈리 넘어) 강가발캠프까지 진행하려하지 말고 사트사르바르 고원일대의 라스발(포슈파트리)이나 사트사르캠프(2호수)까지만 나아가 캠프를 치고 머물고선 다음날 강가발 여정으로 임하도록.

메간도아브 상행트레일 / 꽃의 계곡 라스발(포슈파트리) 초원 / 후방 라스발 초원과 맞닿은 사트사르 1호수

이를 통과하면 이제 곧바로 남쪽 **라스발(포슈파트리; 사트사르 1호수)**까지 완만한 산상초원을 가로질러 트레일을 진행한다. 일명 '꽃〈포슈〉의 계곡〈파트리〉'이라는 이 라스발 일대 고산초지는 캠프지로서도 탁월하다. 이로부터 본격적인 사트사르 호수지대가 펼쳐지며, 모름지기 '일곱〈사트〉 호수〈사르〉'가 형성돼있음을 반영하는 지명이나 실상 고원언덕부의 단계적으로 놓인 크고작은 너댓 호수만이 시야에 드리운다.* 첫 번째 만나는 라스발(포슈파트리) 호수지대에서 남향으로 20분쯤 나아가면 보다 큰 호수가 놓여있는바 본명칭의 '사트사르' 호수(2호수)이며, 바로 이 남쪽 거의 평지와 다름없는 완만한 구릉등성이가 바야흐로 키샹강가(닐룸강) 수계를 벗고 다시금 젤룸강 신드계곡 수역으로 발을 들이는 분수령 마루로서의 **사트사란바르**. 주위로 우뚝한 산들에 에워싸인 아늑한 고산자락 아래 늘어진 초원지경의 산상고원으로 서쪽 거대한 산괴로 장벽두른 풍치 또한 일품이다. 더하여 또하나 산중호수를 더 찾아볼 수 있음인즉 이의 사트사르(2호수)와 사트사란바르 사이 남동향 바위협곡으로 형성된 골짜기를 조금 거슬러 올라가면 이내 세 번째 호수가 깃들어있음도 주지한다.(※ 한여름 이 사트사르를 찾았다면 무릇 고소적응 완벽히 되어있는 건장한 사내들이 이곳저곳 호수 물속에 풍덩 뛰어들어 냉수욕을 시연(!)하는 광경도 목격할 수 있을 터. 단, 고소적응 되지 않은 상태에서 이런 무모한 행위는 심각한 고산증과 저체온증을 유발할 것이기에 절대 삼갈 것 !) 이곳 사트사르 초원마루에서의 캠핑 또한 적격으로, 일정에 여유를 둔다면 충분히 강권할만한 방편이다. 캠프지로서는 이의 사트사란바르 목초고원이나 그 전 2호수 언저리 초지 혹은 앞서 1호수 일대 라스발(포슈파트리) 초지에서 캠프를 차리고 머물길 종용. 세 번째 호수(3호수)는 반면 주변부가 돌과 바위지대로 형성돼있어 캠프를 치기에는 적합지 않다. 그냥 다녀와보는 것으로만 갈음. 한편 사트사란바르 분수령 평원마루 넘어 내리막으로 그어지는 남향길 완사면 아래(**사르니체**) 조촐한 소호수 또한 들어앉아있음이나 주 트레일 상에서는 다소 벗어나있는 고로 대개들 애써 발품해 섭렵치는 않는다. 그저 지나온 사트사란바르 물가름에 의해 수역이 완전 달라져있음으로서만 새겨두어야 할 일. // (∴ 상황 따라 이로부터의 여정 익일 이첩)

| 사트사르 2호수 접근 | 사트사르 2호수 뒷방향 | 골산 속에 숨겨진 사트사르 3호수 |

사트사르 2캠프(3호수는 정면골짜기 내 위치) / 사트사란바르 방면 / 사트사란바르캠프

* 트레일 상에는 3개의 호수만 가늠케 되는데 실상 찾아보면 좌우 골짜기와 산상 위쪽으로 4개의 호수가 더 있다. 고로 도합 7개의 호수 곧 이러한 '사트사르' 지명이 생겨났다.

이제곧 수역이 바뀐 사르니체 골자락을 거쳐 시나브로 수목한계선 아래 산림지대가 울창하게 드리우는 깊숙한 남쪽골짜기 내리막 행로(⇒ 왕갓계곡; 나라낙 방면)로 루트가 이어지나 본 여정트레일은 이를 버리고 서쪽 메마른 골사면 방면으로 길을 잡아 돌과 바위로 점철된 황량한 산비탈을 거슬러 다시 오르막으로 이어간다. 가파른 지그재그 트레일을 밟아 고도차 약 5백여 미터의 힘든 구간을 등행, 이윽고 첫 능선부에 이르고 계속 서쪽으로 방향 잡고 진행하면 이어지는 두 번째 마루터기에 이르러 올라온 뒷방향으로 훤칠한 풍광이 한껏 열린다. 반대편 동남 골짜기 추르계곡 상층부 안부의 울창한 소나무숲 사이 구자르 유목민들의 여름거처(추디마르 방목캠프)가 바라보이는즉 나름 풍성하고 녹음 우거진 자연조건인 반면 이 서쪽 강가발로 넘어가는 자즈발갈리 등행길은 그야말로 삭막해마지않은 불모의 노정트레일로 사뭇 대조적이다. 오르막 고된 행보를 끝내고 마침내 서쪽기슭 아래 강가발 호수지대가 바라보이는 최고점 **자즈발갈리(4180m)** 정상마루에 올라선다. 비로소 풍치절경의 웅장한 하라무크(5148m) 산봉과 그 아래 두둥실 놓인 강가발사르, 눈드콜(난단사르) 두 산상호수의 인상적인 풍경 모두 한 눈에 들어오는 최고의 전망포인트. 본 여정행로 상의 가장 아름답고 멋진, 예로부터 이 카시미르 여행자들이 감탄해마지않았던 스리나가르 행로 히말라얀 트레일 상의 화룡점정 ! 멀찍이 바라보이는 큼지막한 두 호수 외에 위쪽으로 두 개의 자그마한 호수 또한 아련히 시야에 든다. 바로 그들 아래쪽으로 웅장한 강가발사르가 놓여있으며 다시 그로부터 흐르는 물길을 타고 이내 길쭉한 둔덕 등성이를 경계로 나누어진 눈드콜 호수가 조금 더 아랫자락에 드리워있다. '난단사르'라고도 불리는 이 눈드콜은 서편 바로 위 우뚝 솟구쳐있는 하라무크 알파인등정 베이스캠프[*]이기도.

그 바로 위쪽으로 하라무크 산에서 내려와 단락된 거대한 백색빙하가 펼쳐져있음에 기후변화(지구온난화)가 가속화되면서 해가 다르게 점점 더 이 하라무크빙하의 규모가 줄어들고 있는 안타까운 현실....

* 실제 고전적인 하라무크(5148m) 등반은 강가발갈리 너머 산 서북방의 쿤드사르 방면에서 주로 이루어지는바 달리 이 동쪽의 눈드콜 베이스캠프는 이러한 고전적인 등정주의를 배제하고 보다 도전적이고 모험적인 '등로주의'에 입각, 새로이 시도되는 등정 베이스캠프의 일환으로 자리잡게 되었으나 사실상 이 극도로 험난한 동면 루트를 통해 하라무크 정상 등정에 성공한 예는 아직까지 보고되고 있지 않다. 이런 연유로 무릇 저 유럽 알프스 난공의 아이거 북벽에 빗댄 일명 '카시미르 아이거(Kashmir Eiger)'란 별명으로 회자되고 있기도 하다.

≈ 자즈발갈리(4180m) 등행 ≈

사르니체 캠프지(후방 사트사란바르)

2호수-사트사란바르-사르니체 원경

사트사란바르 분수령줄기

동쪽 추디마르 산록 방면

동남방 왕갓밸리 방향

자즈발갈리 능선고개(4180m) 접근

1) 자즈발갈리에서 바라본 하라무크(5148m) & 눈드콜(좌)-강가발사르(우) 조망 (※ 사진협조: Sushant-Ale)
2) 강가발사르 전경 (★ 우측 상단 능선안부가 하라무크 서키트 트렉 로갈사르~자즈발갈리 루트)

자즈발갈리 서쪽으로 하라무크와 강가발 호수지대를 바라보며 하행길을 긋는다. 다름없이 가파른 4백여미터 급준한 내리막을 지그재그 틀면서 하산, 한참 내려서면 곧 서북쪽 강가발(고개)에서 내려오는 계곡(강가발눌라)을 건너고 이내 풋풋한 초지길이 등장하며 이로부터 루트는 두 갈래로 나뉘는바 우측(서북)길은 강가발사르(호수)로 직행, 좌측(서남)길은 길쭉한 초지등성이를 넘어 눈드콜(난단사르)로 나아간다. 각 호수 안부의 초지(캠프지)까지는 각각 사오십 분 거리. 눈드콜은 다른 호수들처럼 원형이 그리 잘 보전되어있는 형국은 아니다. 반면 이보다 높은 곳에 형성된 더욱 거대한 **강가발사르**는 훨씬 더 자연미가 그윽한 원초적인 고원산상호수로서의 풍모를 간직하고 있다. 눈드콜(난단사르)~강가발사르 간의 거리는 약 1km 20분 정도 소요. 도중 두 호수를 연결하는 계곡부를 건너 이동해야하지만 목동들이 만들어놓은 나무다리가 있어 굳이 발 벗지 않고도 건너설 수 있다. 두 호수 모두 송어가 많이 서식하여 허가를 득하고서 송어낚시 겸한 하이킹으로도 많이 찾으며, 이와 더불어 스리나가르의 행락객들은 아랫마을 나라낙을 기점으로 소위 1박2일 주말여정으로 왕복 탐승하는 스케줄로도 많이들 오르내린다. 캠프지는 눈드콜, 강가발사르 어느 곳을 택해도 무방하다. 때로 거대한 하라무크(5148m) 산의 빙하가 우지끈 무너져내리는 소리도 들린다.

강가발사르(정면 잘록고개는 강가발갈리) / 강가발 호반의 힌두사당 / 강가발계곡 징검다리

눈드콜(호수) & 하라무크 / 눈드콜 호반 하라무크 전경 / 눈드콜계곡 목교 (※ 사진: Swathi-Chatrapathy)

(# 6일차 : 휴식(유람)일

※ 전날〈5일차〉만약 강가발사르까지 진행하지 못했다면(사트사르캠프에서 머물렀을 경우) 이날 강가발사르 행 일정계획으로 수립, 강가발사르 도착 후 런치캠프를 차리고 오후유람(반일휴식일) 일정으로 갈음한다.

휴식·유람일 활용으로 강가발사르(3570m)와 눈드콜(눙콜; 3650m) 각 호수를 시계방향으로 도는 이른바 파리크라마 - 불교용어로는 '코라' - 순회 추천. 눈드콜 일주 약 1시간, 강가발사르 일주 약 2시간가량 잡는다. (단, 하라무크빙하 낙빙 유의 !) 덧붙여 눈드콜 남쪽 능성고개 **룰굴갈리(3900m)***-안다르사르(콜사르; 3740m) 산상호수 탐사에 나서봄직도 하다.* 강가발 산상 제일의 뷰포인트 중 하나로, 북향에 놓인 하라무크(5148m), 그리고 이 두 산상호수와 더불어 강가발갈리(4050m) 능선고개 너머의 편잡(파키스탄)히말라야 사라왈리(토셰인; 6424m), 낭가파르밧(8126m) 방면 산맥의 너울을 조망할 수 있다. 눈드콜(난단사르) 기점 왕복 4~5 시간 가량 소요.

☆ 룰굴갈리 하산루트 연계

⇒ 눈드콜(3520m)-(1:30)-룰굴갈리(3900m)-(2:30)-사르발(3540m)-(2:00)-말리스(탐나르; 2560m) / 귀환〉 말리스(2560m)~페타푸르(1980m)~차타르굴(1900m)~와잔(옷산; 1850m) [차량이동 20분± / 도보 2~3시간]

7일차 : 강가발사르(3570m)-(1시간)-보드파트리(3330m)-(1시간)-트룽콜(3290m; 유목민거처)-(1시간)-마이단(3400m)-(30분)-붓체리패스(3450m)-(30분)-붓체리(3250m)-(2시간)-나라낙(2290m) / 귀환≫ 나라낙(2290m)~왕갓(2050m)~캉간(1800m)~(환승)~와잔(옷산; 1750m)~와일(1680m)~간데르발(1610m)~스리나가르(1580m) [차량이동 3시간]

강가발사르와 눈드콜 호수 아래로 흐르는 계류 따라 하행길을 긋는다. 이내 계곡 행로를 버리고 남쪽 산등성이 측면루트로 진행, 그로부터 등성자락이 끝나는 곳에서 남동기슭 아래 평탄한 **보드파트리**＊ 목초지로 내려선다. 수목한계선 아래로 들어서면서 울창한 소나무 삼림지대가 정면으로 드리우고 이어 목초지와 어우러진 유목민들의 하계거처지 – 동절기(11월~4월)엔 주민들 퇴거 – **트룽콜**에 이른다. 계류부를 가로질러 울창한 소나무숲 사이사이 들락날락 다시 완사면의 오름길로 등행, 약 1시간반 이러한 **마이단** 초지부와 숲자락 가로지르는 등로를 밟아 이윽고 산릉자락 돌아 넘어가는 능고개(**붓체리**＊**패스**)를 넘어서면 이제 가파르게 형성된 남사면 허리길 따라 하행길을 긋게 된다. (※ 한편 보드파트리~트룽콜 직행루트를 경유치 않고 서쪽으로 조금 우회하여 경치 좋은 한적한 룰굴갈리~안다르사르(콜사르)~마이단 유람코스로 섭렵해 하산노정으로 나아올 수도. 곧 눈드콜(3520m)-룰굴갈리(3900m)-안다르사르(3740m)로 곧장 진행할 수도 있고[2시간], 달리 룰굴갈리를 배제하고 보드파트리나 트룽콜에서 안다르사르로 오르는 루트를 밟아 나아갈 수도 있겠다[1시간30분]. 안다르사르에서 붓체리패스로 내려서는 합류길 마이단(3400m) 초지까지는 부드러운 내리막 루트로 약 1시간이면 충분하다.)

＊ 보드파트리: 목초지대 / 붓체리: 삼림지대

보드파트리 하행

보드파트리 후방의 하라무크

트룽콜 유목초지에서 붓체리패스 방면

붓체리패스 남부산록 급사면 허리길 밟아 내려선 등성자락의 **붓체리** 삼림지대 목동캠프를 지나면 이제 더욱더 가파른, 아닌 말로 '꼴아박듯 낙하하는' 이때까지완

판세가 완전히 다른 진정한 하산 내리막이다. 울울창창 소나무숲을 관통하여 이내 수직고도 1천미터를 거의 쏟아내리듯 급격히 떨구어내리며 하산, 무릎과 발의 피로도가 심히 가중되는 마지막 가장 힘든 4km 구간이다. 마침내 다다른 종착지 **나라낙**은 소나마르그 이래 본 장구한 트레킹여정 상에 만나는 첫 민가마을. 본마을에 이르기 전 시바신을 숭배했던 오래된 거대한 사원유적을 둘러본다. 8세기경 세워진 것으로, 15세기 이후 이슬람문화가 대체하면서 현재 내부의 신상은 모두 파괴되거나 소실되고 석주와 기단, 건축문양만 남아있다*. 거친 내리막 트레일 땀깨나 흘렸다면 바로 앞 깨끗한 계곡가에서 냉수욕을 탐해볼 수도. 저 위 하라무크 강가발 호수에서부터 내려오는 매우 맑고 시원한 계곡수임이다. 나라낙 고대 힌두사원을 지나면 곧바로 잘 포석된 마을길이 나오며 그로부터 이제 차량이 드나드는 나라낙 FRH(Forest Resthouse) 앞에 이르는 것으로 기나긴 산상트레일 여정을 마무리한다. (∴ 귀환여정은 스리나가르~조지라 하이웨이가 지나는 길목 캉간에서 환승차편으로 스리나가르 귀환 또는 다시 소나마르그로 복귀할 수도 있겠다. 시간이 늦었다면 캉간에서 머물고 다음날 나서도록. 캉간에 PWD(Public Works Department) 레스트 하우스 소재. 이를 이용코자한다면 미리 스리나가르의 PWD 사무국에 예약 요청한다.)

* 알렉산더 원정 이후 유입된 헬레니즘 전통과 유사한 고대 아리안 스타일의 건축양식과 장식문양은 소위 인도 내에서도 손꼽히는 중요한 건축사학적 예술적 의미를 지니고 있다.

붓체리패스 마이단의 목가

붓체리패스 목동집

붓체리패스 내리막트레일

붓체리 유목민거처(도카)

붓체리 하행 삼림트레일

나라낙 마을 원경

나라낙 힌두사원 유허

나라낙 마을의 강가발 안내판

나라낙 마을 앞 왕갓계곡의 나무다리

8일차 : 예비일

| 나라낙 왕갓계곡 | 왕갓마을 일원 | 캉간 방면 |

★ 역방향(나라나~강가발·소나미르그) 트렉 일정계획(안)

⇒ 스리나가르(1580m)~[차량이동 3시간]~나라낙(2290m) / ⋯(3:00)⋯붓체리(3250m)
// ⋯(2:30)⋯트룽콜(3290m; 유목민거처)⋯(2:30)⋯강가발사르(3570m) // ⋯
(7~8:00)⋯둡타파니(3280m) // ⋯(6~7:00)⋯크리샨사르(3820m) // ⋯(6:00)⋯
니츠네이(3620m) //⋯(4~5:00)⋯소나마르그(2720m) // ⋯ 타지와스빙하(3000m)
유람 후 스리나가르 복귀

(※ 강가발사르(호수)만 왕복 하이킹시; 왕복 3일 일정)

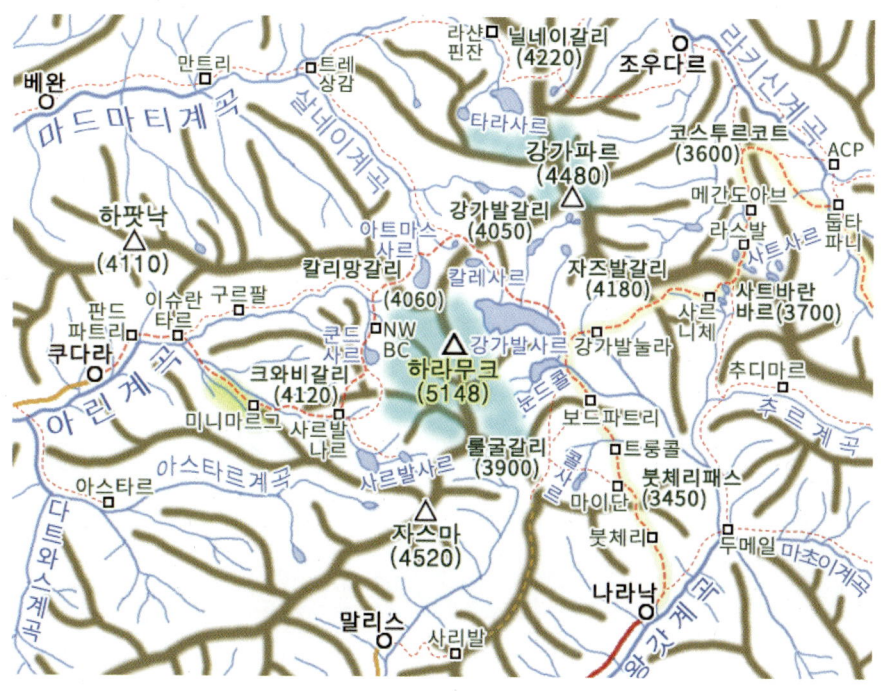

◇ **단축루트; 마르초이밸리 트레일**
(# 3일차~)

- **개략** : 일정과 시간관계상, 혹은 공식적인 트레킹퍼밋*을 득하지 못했을 경우 대안 노정으로 택할 수 있는 방편으로, 니츠네이캠프 서쪽으로 열린 살네이갈리 코스를 통해 마르초이계곡을 따라 나라낙 행로로 곧장 넘어가는 트레킹루트이다. 고도가 높은 살네이갈리(4490m)를 통과하는 게 관건이 되겠으나 고소적응 수칙만 잘 따른다면 크게 무리없이 넘어설 수 있으며 나아가 너머의 마르초이밸리의 풍성한 목초지와 그윽한 계곡풍경 또한 여느 산상트레일 못지않은 매력적인 경관을 내보이고 있음에 단지 대안루트 이상으로서의 만족할만한 트레킹행보로서 새겨질 수 있을 터이다.

> * 바즈발갈리(4200m) 이후로는 퍼밋 없이 통행 불가. ⇒ 둡타파니의 가드사르 군 체크포스트 (ACP)에서 퍼밋 엄격 확인.

3일차 : 니츠네이(3620m)-(2시간)-살네이갈리(4490m)-(2시간30분)-상감(마르초이 마이단; 3310m)

니츠네이캠프 서남골짜기 언덕방향으로 루트를 밟아 살네이갈리(4490m)로 등행. 목동길이 나있으나 도중 헷갈릴 염려가 있으므로 가급적 루트를 잘 아는 길잡이와 나서길 종용한다. 고도가 높으므로 무리하지 않게 천천히 잘 오르고 도중 녹지 않은 빙설구간에 유의해서 통행한다. 고갯마루 정상에서의 동쪽과 서쪽 조망이 일품으로, 신드밸리 첩첩산하를 어우르는 히말라야산맥의 맥놀이와 더불어 일기가 좋다면 동남방 멀리 눈(7135m)·쿤(7077m) 봉우리의 형상도 어렴풋 가늠할 수 있다. 아울러 넘어서는 서북 방면으로는 멀리 강가발 산상고원 위에 솟아오른 명승봉우리 하라무크(5148m)의 오롯한 산세가 떠오른다. 내리막은 서북 방향 골짜기 아래로 이어진다. 계곡 따라 약 2시간여 진행하면 골짜기가 남서향으로 크게 굽어지는 곳에 이르고 이로부터 약 30분 목초지길 따라 하행, 너릇한 분지골에 방목초지가 흐드러진 계곡합수지 상감에 이른다. 달리 이 아래 마르초이 계곡의 명칭을 따와 일명 '마르초이 마이단(초지)'으로서도 지칭되는바 초지 일대 적당한 곳에 캠프를 차리고 야영, 일찍 도착했다면 런치캠프를 차리고 주변 유람을 즐길 수도 있겠다.

상감 마르초이마이단의 목가적 풍경

마르초이밸리에서 바라본 하라무크

4일차 : 상감(마르초이 마이단; 3310m)-〈마르초이밸리(두메일밸리)〉(3시간)- 두메일(2400m)-(1시간)-나라낙(2290m) / 복귀〉 나라낙(2290m)~왕갓(2050m)~캉간(1800m)~와잔(옷산; 1750m)~와일(1680m; 갈림목)~간데르발(1610m)~스리나가르(1580m) [차량이동 3시간]

상감 합수계곡 서북향으로 이어지는 마르초이밸리(두메일밸리) 골짜기 따라 하행. 길고 완만한 계곡루트를 따라 약 3시간쯤 진행하면 이윽고 신드강 지류로서의 북쪽 강가발 호수지대와 사트사르 호수지대에서 내려오는 왕갓계곡과의 합류지점 두메일* 기슭에 이르고 곧 바로 앞 나무다리를 건너 남서향 트레일을 따라 1시간여 내려오면 웅장한 옛 힌두사원 유적이 바라보이는 나라낙 마을에 닿는다. 차편을 이용하여 곧바로 귀환할 수 있는바 여의치 않다면 택시를 불러 캉간까지 이동 후 스리나가르행 환승차편으로 여로를 갈무리한다.[∴ 총 4일 일정]

* 두메일 = '합류목'을 뜻하는 도멜(도마일)의 다른 표현.

나라낙 왕갓계곡

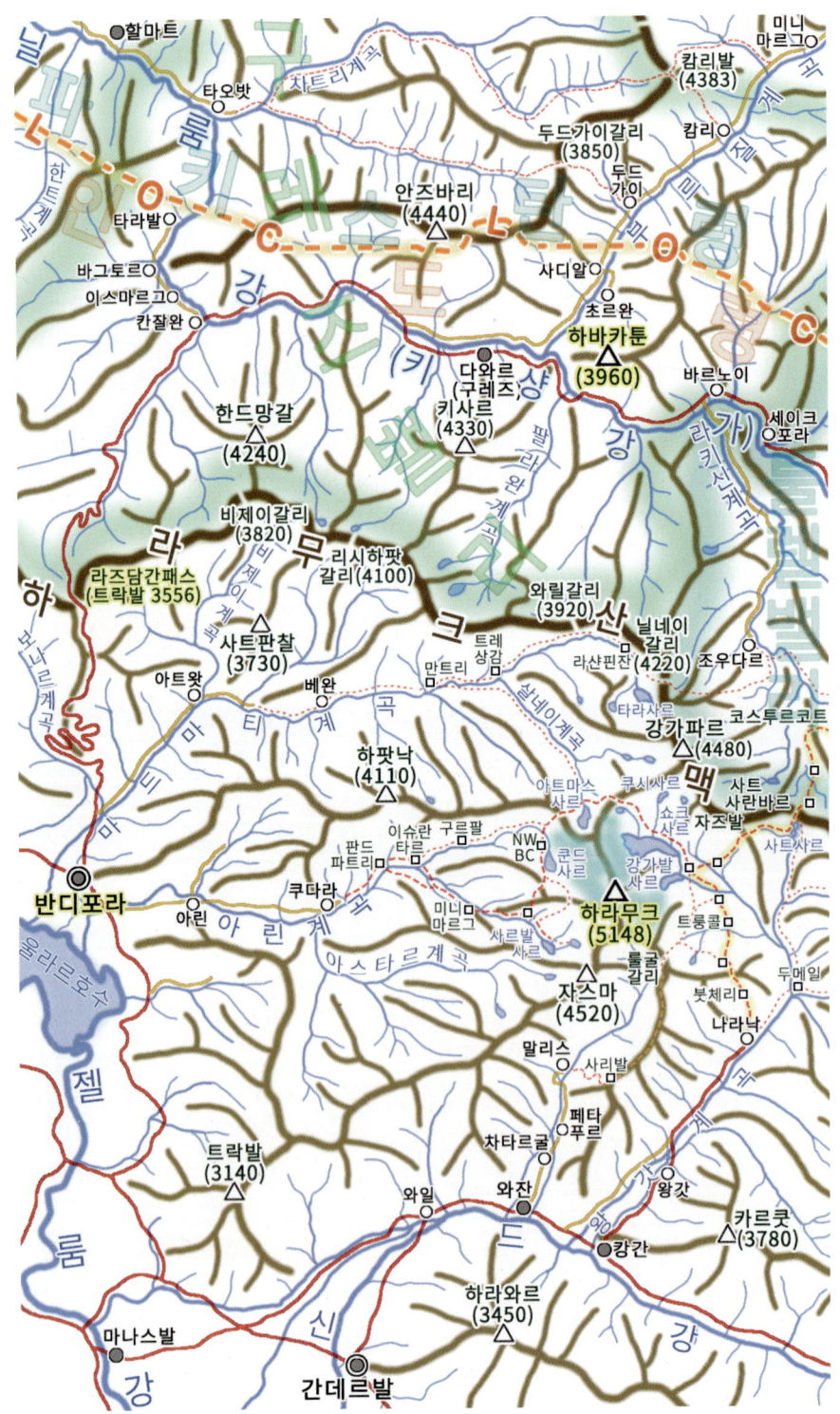

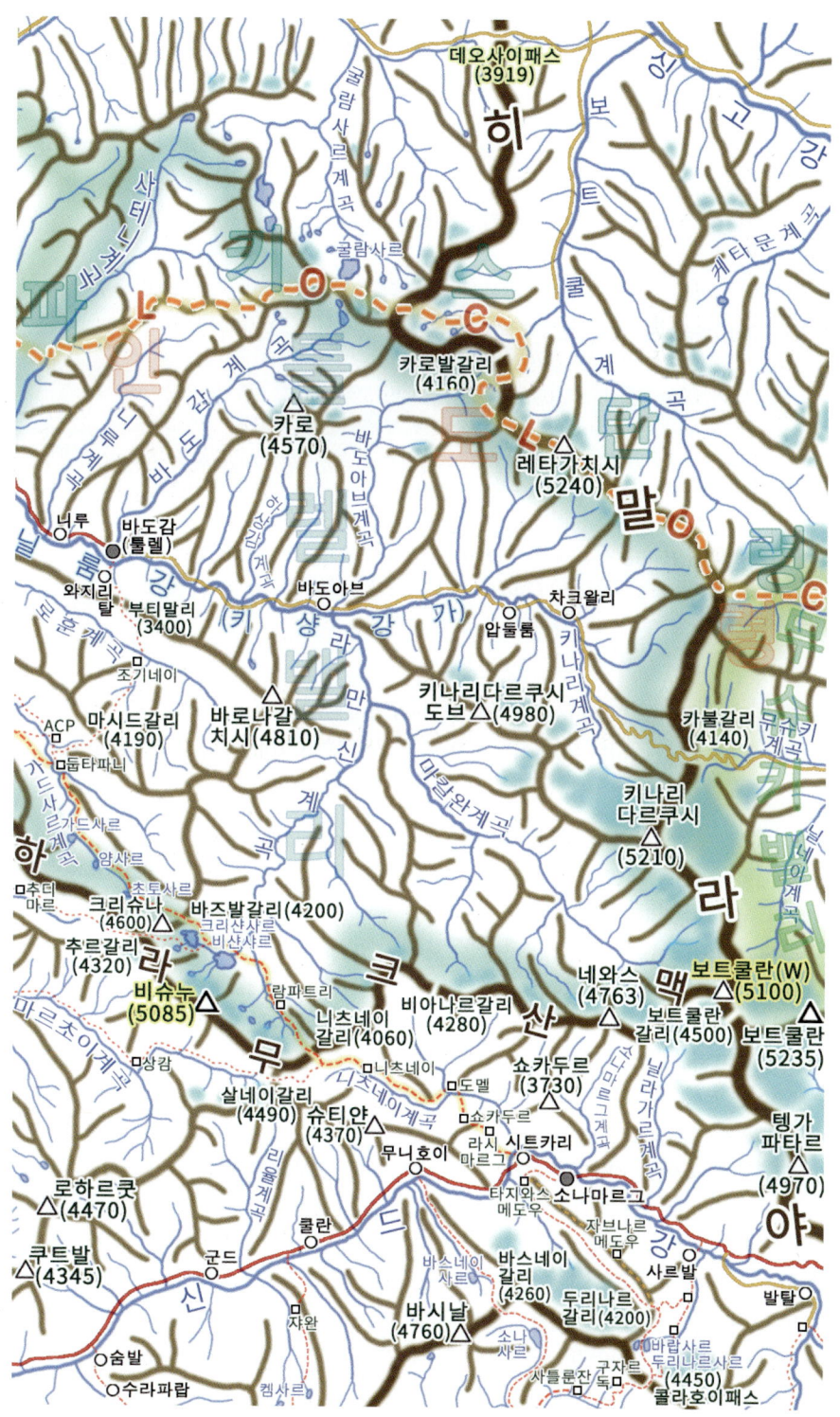

☆ 확장트렉-1; 하라무크 서키트 트레일

- **개략** : 카시미르밸리(스리나가르분지) 7위봉 하라무크(5148m) 둘레를 반시계방향으로 돌아 순회하면서 아울러 주위의 산상호수들도 함께 유람하며 돌아내려오는 트레킹여정. 첨예한 고봉과 아늑한 산상초지, 호수 및 아랫녘 수더분한 카시미르 산록마을들의 풍정을 아우르며 밟아내리는 카시미르의 명품 트레일이다.

> * 카시미르밸리 10대 고봉(5천미터급) (※ 히말라야 조지라(3530m) 서-남 권역)
>
> ① 우타갈롤(5444m) - 아난트낙 파할감 세슈낙 북쪽봉우리. *세키판잘산맥*
> ② 콜라호이피크(5425m) - 아난트낙 아루 리데르밸리 주봉
> ③ 레타가치시(쿠자르기; 5240m) - 키상강가 툴렐밸리 동북방 히말라얀피크
> ④ 보트쿨란(서봉; 5235m) - 조지라(3530m) 서북방 히말라얀피크
> ⑤ 키나리 다르쿠시 5210m) - 키상강가 툴렐밸리 최상부 카불(카오발)갈리(4140m) 남릉
> ⑥ 세키판잘(아마르나트; 5185m) - 아마르나트 케이브(링감 시바동굴) 북봉
> ⑦ 하라무크(5148m) - *하라무크산맥 주봉*
> ⑧ 코히누르(쿠니라얀; 5136m) - 아난트낙 파할감 세슈낙 남쪽봉우리. *세키판잘산맥*
> ⑨ 카타낙(버트레스피크; 5117m) - 콜라호이피크 남쪽봉우리
> ⑩ 비슈누(5085m) - 강가발 트렉 비산사르 남봉

> **+1일〉 강가발사르(3570m)-(1시간40분)-칼레사르(로갈사르; 3980m)-(40분)-강가발갈리(4050m)-(40분)-아트마스사르(3870m)-(1시간)-칼리망갈리(4060m)-(2~3시간)-쿤드사르(시라즈사르; 3910m)**

강가발사르 동부자락에서 이내 서북향으로 이어지는 가파른 산세의 허리길을 밟아 등행 시작, 아래로 거대한 강가발호수를 내려다보며 거슬러오르며 약 1시간반여 나아가면 경사가 완만해지면서 곧 둥그런 달걀 형태의 아담한 상부호수 **칼레사르(로갈사르)** 에 이르고 이의 좌측(남측)사면을 휘어돌아 서북 마루로 올라서면 바로 해발 4050m의 능고개 **강가발갈리**이다. 북쪽으로 바라보이는 구레즈밸리 방면 산하와 멀리 첩첩산령을 뚫고 불쑥한 파키스탄 편잡히말라야의 영봉 낭가파르밧(8126m)의 형상이 아득하다. 북서 방향으로 내려서서 완경사의 둔덕 아래로 하산, 이어 좌측(남쪽)으로 돌아 나아가면 곧바로 또다른 호수 **아트마스사르**와 맞닥뜨린다. 앞선 칼레사르보다 좀 더 규모가 큰 호리병 모양의 호수. 트레일은 호안 우측(서쪽)으로 이어가 그로부터 곧바로 서쪽 잘록하게 패인 또하나의 고개 **칼리망갈리(4060m)**를 넘어 서쪽 골짜기 아래 야지까지 진행, 곧 가파른 남릉등성이를 끼고 돌아 이내 남동 방향으로 휘어오르는 골짜기길 따라 등행하여 가파른 계곡측면을 디뎌 올라서면 바야흐로 하라무크(5148m) 서면 아래에 깃든 아늑한 초지부의 호수지대 **쿤드사르**에 이른다.

쿤드사르는 고전적인 하라무크 등정 베이스캠프로서, 이로부터 1856년 카시미르밸리의 반디포라 지역 아린 지구에서 탐험해 올라온 영국 측량국의 토마스 몽고메리

(Thomas George Montgomery; 1830~1878)에 의해 첫 등정이 이루어졌으며 당시 바로 이 하라무크 산 정상에서 북쪽 멀리 솟구친 인상적인 K1(마셔브룸; 7821m)과 K2(초고리; 8611m) 산봉이 최초로 발견되었다고도 전한다. 2015년 9월 카시미르 지역 산악인들에 의해서도 등정※되고 있는 만큼 근자 들어 더욱 활발한 등반 활동이 이루어지고 있다.

강가발 초지에서의 하라무크 / 강가발사르에서의 강가발갈리(중앙) 조망 / 강가발사르 & 강가발갈리(우상단)

칼레사르(호수)와 강가발갈리 능선   아트마스사르   칼리망갈리 등행길

※ 하라무크 등정루트

⇒ NW B.C.*(쿤드사르 또는 북쪽 계곡안부; 3700m)…ABC*(4700m) // …정상등반 & 하라무크 정상캠프(5418m)* // 하산) 정상…ABC…NW B.C.…구르팔(3300m) // …이슈란타르(2700m)…판드파트리(2300m)…쿠다라(2200m)…아린(1720m)

* NW B.C. = Northwest Base Camp
  ABC = Advanced Base Camp : 전진캠프

* 만년설산 정상이라 해도 해발고도가 5천미터대이기 때문에 어느 정도 고소증을 극복해있다면 수면고도로 인한 급성고산병은 크게 걱정하지 않아도 될 터이다.

하라무크(5148m) 산정에서 내려다본 강가발 호수 방면 산세 (※ 사진협조: Summitpost.org)

> +2일〉 쿤드사르(시라즈사르; 3750m)-(1시간)-크와비갈리(4120m)-(2~3시간)-
> 사르발나르(3440m)-〈계곡도하〉(1시간)-사르발사르(3560m)

쿤드사르 서편으로 가파른 산자락을 끼고 올라 잘록한 산릉줄기 고갯마루 **크와비갈리(4120m)**로 올라서고 곧바로 남쪽 산릉사면 루트로 밟아 나아가면서는 곧이어 다시금 급준한 남향 내리막 산세와 맞닥뜨리면서 조심스레 지그재그 목동길 트레일을 밟아 내린다. 그로부터 움푹 가라앉은 골짜기 안부(**사르발나르**)에 이르면 곧바로 계곡 건너 뚜렷한 트레일이 이어지는바 상류 방면 동쪽 루트로 길을 잡아 다시 완만한 오르막 골짜기길로 등행, 이어 골짜기가 크게 열리며 계곡이 두 갈래로 나뉘는 목초지 안부의 남동 골짜기 방향으로 진행하여 곧 기슭변 숲과 바위가 함께 어우러져있는 독특한 형국의 호수 **사르발사르**로 올라선다. 이로부터 동북편 곧바로 급준하게 솟구쳐있는 하라무크(5148m) 산의 모습이 압권이다. 시간여유가 있다면 호수 북단 초지에 캠프를 차리고 동쪽 고원언덕 위로 올라 호수의 원류를 뿌리고 있는 하라무크 바로 남단 아래 소호수까지 탐승해볼 수도.[왕복 2시간±]

크와비갈리 등행

사르발나르(계곡)

사르발사르(호수)

> +3일〉 사르발사르(3560m)…(1시간)…사르발나르(3440m)-(30분)-미니마르그(3230m)
> -(1시간20분)-판드파트리(포슈파트리; 2300m)-(40분)-쿠다라(쿤다르; 2200m)
> -(2시간)-아린(1780m) / 복귀〉 아린(1680m)~반디포라(울라르호수; 1590m)
> ~마나스발(1600m)~간데르발(1610m)~스리나가르(1580m) [차량이동2~3시간]

올랐던 길 되밟아 사르발사르 북서향 골짜기 따라 하산 진행한다. 계곡합수부(**사르발나르**)에서 남측기슭루트로 계속 서쪽으로 내려가다 곧 완사면 구릉목초지 서부자락으로 등행해 오르면서는 바야흐로 넓고 시원한 고산초원 **미니마르그**에 발을 들이게 됨이다. 이로부터 기다란 구릉등성이 넘어 목동집이 산재한 구자르 두카(유목민 거처지)를 지나고 계속해서 완사면 골짜기 서북 행로로 내려앉으면서는 곧 수목한계선 아래로 입성, 녹음 우거진 삼림지대가 드리우며 이내 동남 방면에서 내려오는 사르발계곡 골짜기행로와 다시 만난다. 이어 또달리 동쪽에서 내려오는 구르팔계곡과의 합수지 이슈란타르의 삼림캠프를 계곡 건너편으로 바라보면서 본 산록사면 서향으로 굽이돌며 진행, 얼마지 않아 본물줄기 계곡 위로 놓인 다리를 건너 길을 이으면 곧바로 푸르름 만연한 완사면 기슭 **판드파트리** 초지에 들어선다. 유랑인을 뜻하는 '판드(족)' 즉 다름아닌 유목민 방목지임을 표방하는 말뜻인데 또한편으론 무릇 여름철 야생화가 만발해 그처럼 '꽃의 골짜기' 일명 '포슈파트리'로서도 불린다.

판드파트리에 이르는 것으로 본 트레킹여정의 기본 행보는 끝이 난다. 이로부터 편안한 길로 골짜기 북측 하안트레일을 경유하여 하산, 곧이어 초원지경의 고즈넉한 마을집들과 민초들의 모습과도 맞닥뜨리며 나아가는바 도중 골짜기 너머 동편으로 바라보이는 하라무크(5148m)의 모습 또한 다시 봐도 빼어나기 그지없는 멋진 풍경. 곧이어 다다른 **쿠다라**는 이이 반디포라 행로로 내리서서 만나는 첫 마을로, 마을규모는 작으나 예까지 찻길이 들어와 곧바로 차편으로 복귀여정에 임할 수도 있으련다. 좀 더 도보길을 잇고자한다면 계속해서 북안자락 트레일로 서진, 약 2시간 거리의 **아린** 마을까지 나아간다. 또한 아름다운 산촌마을 아린은 제법 번화한 동네로 이로부터 반디포르 행 정기차편(승합지프) 이용, 다시 스리나가르 행 차편으로 환승하여 여정을 갈무리한다.

* 파키스탄령 아자드카시미르의 닐룸강 북역 부르질계곡 내원 상에도 동일한 '미니마르그'란 지명이 있는바(☞ 1권; 'K2 트레킹' 〉 5장-닐룸밸리 편에서 소개) 오인치 않도록 유념.

미니마르그

판드파트리

아린

반디포라 트락발 초원언덕에서의 하라무크 조망

트락발 오름길에서의 반디포라 & 울라르호수 원경

키샹강가(닐룸강) 구레즈밸리의 명산 하바카툰(3960m)

카시미르의 왕후이자 카시미르 역사상 가장 뛰어난 시인이었던
하바카툰(Habba Khatoon; 1554~1609)

⟨※ 그림: Valentine Cameron Prinsep(1838~1904; 영국)⟩

☆ 확장트렉-2; 툴렐-구레즈(구라스)밸리 트렉

- **개략** : 카시미르밸리의 스리나가르분지 서북녘 울라르호수 연안의 반디포라에서 북쪽 트락발 고개(또는 라즈담간패스)를 넘어 파키스탄령 아자드카시미르에 접한 **인도령 키샹강가(파키스탄명 '닐룸'강)**의 최북단 골짜기, 아름답고 수려한 경관을 지닌 '구레즈밸리'로 연계 탐승하는 노정계획이다. 이 인도령 구레즈밸리는 건너편 파키스탄 닐룸밸리 쪽에서도 거의 동일한 명칭의 '구라스밸리'란 이름으로 부각하여 소개하고도 있다. - ☞ *1권「K2 트레킹」◈ 5장 - 닐룸강 & 닐룸밸리(편잡 히말라야) 〉▣ 구라스 편(P.336) 참조* - 본 여정은 앞선 하라무크 강가발 트렉과 연결, 툴렐밸리를 경유하여 하행루트로 삼아 섭렵하는 노정안으로서 제시한다. 물론 파키스탄과의 민감한 국경(LOC) 대치지역이라 일반인들의 통행이 쉽지는 않은바 사전 필히 이러한 제한구역 통행을 위한 **퍼밋**을 당국으로부터 발급받고 나서야 하겠다.

    * 2014년부터 시행된 국경(LOC/LAC)지역 통행제한해제 정책과 맞물려 인도 자국민 여행객에 대해서는 이 구레즈밸리 여행을 위한 퍼밋행정이 폐지, 해당 지역 24개 마을에 대해서는 누구나 신분확인만 필하면 자유롭게 드나들 수 있게 되었다. (물론 현지민은 신분확인조차도 필요 없다.) 외국여행객은 반면 비록 2014년도부터 역시 이 구레즈밸리 여행이 허용되었다 해도 여전히 많은 제약이 따르는바 필히 현지의 유력한(정부 지정) 에이전시를 통해 당국으로부터 통행증(퍼밋)을 신청 발급받고(최소 2일 소요) 나서야 한다. 즉, 당해 에이전시가 이들 외국여행객들의 '보증인'이 되어야하는 셈이다.

- ✓ **통행허가(퍼밋)** : 인도 자국민의 경우 JK 주 반디포라 지역(District) 주민- *해당 지역 주민은 반디포라 관청에서 곧바로 신청하여 출입증 발급받을 수 있음.* -이 아닌 이상 최소 15일 전 본인 세부 신상정보(사진 포함)를 스리나가르의 SP 관광사무국에 제출하여 통행증(퍼밋)을 신청 발급받는다.(실제적으로는 1개월 전부터 미리 준비하여 제출토록 하는 것이 유익. 동행 가이드/운전기사 정보와 사진 또한 함께 제출.) 외국인은 좀 더 까다로워 아예 처음부터 현지(스리나가르) 에이전시를 통해서만 진행가능하다.(최소 1개월 전 신청. 발급여부는 불확실.)

- ◉ **주의!)** 구레즈·툴렐밸리 퍼밋발급 행정은 그리 체계적이지 못하고 매우 혼란스러운 탁상행정으로 인해 여행객들이 곤란을 겪는 경우가 많다. 이는 다른 제한구역(반거스밸리/카르나밸리(티트왈)/케란밸리/마칠밸리/세슈낙 등등) 탐방시에도 대동소이. 적어도 1개월 전 퍼밋신청이 요망되는바 실제 퍼밋 발급 후에도 지속적으로 현지 관광행정과 카시미르정국(e.g.분리주의 재점화 여부) 및 관련 스리나가르 경찰국으로부터의 안전관계 등등 사후조처를 따라야 한다. 특히 외국인은 이 구레즈밸리로의 독자적 여행은 불허되며 반드시 인도인 자국민그룹과 연합하여 동행해야 하며 아울러 ILP/SP 또한 필수적으로 발급받고 나서야 함이다. 자국민들 또한 현지거주민이 아닌 이상 대중교통편으로의 여행은 금지되며 오로지 전용차량 대절을 통해서만 탐방 가능하다. 또한 통상적으로 15인 이상 그룹은 방문에 제한을 받는다. 모쪼록 단체여행자 관리 및 안전의 이유에 의함인 것으로 파악된다.

✓ **체크포스트** : 반디포라~라즈담간(라즈단)패스~칸잘완~다와르(구레즈밸리) 사이에 여권(외국인)/ID카드(자국민) & 퍼밋 확인처 총 4곳(왕복여정 시 총 8회 검사). 특히 근자에 구레즈밸리 키샹강가 협곡부에 세워진 댐 & 수력발전시설과 관련한 보안관리 문제 때문에 더욱 까다롭고 엄격하게 출입을 통제한다.(※ 실상 잠무 평원 동남부에 곧바로 마주한 파키스탄과의 최단접경부보다도 훨씬 더 평화롭고 아늑한 곳이지만 통제는 더욱 엄격! - 단지 LOC 근접부란 이유에서다.)

+1일〉 강가발사르(3570m)…(4:00)…사트사르(3610m)…(4:00)…둡타파니(가드사르 ACP; 3280m) (☞ 앞서 기본일정 〈5(~6)일차〉 역방향 준용)

하라무크(5148m) & 눈드콜-강가발사르 전경(자즈발갈리에서) / 사트사르2호수 배경 / 사트사르1호수 방면

+2일〉 둡타파니(가드사르 ACP; 3320m)-(2:30)-마시드갈리(조기네이패스; 4190m) -(3:00)-조기네이(초로다라; 3040m)

둡타파니 동쪽 지계곡으로 진입해 등행, 약 1시간반쯤 거슬러올라 동남향 주골짜기를 버리고 가파른 북동 골짜기로 길을 잡고 오른다. 그로부터 1시간쯤 더 올라 **마시드갈리 (조기네이패스; 4190m)** 고갯마루에 올라서고 이내 동쪽 내리막사면으로 하행, 1시간쯤 내려서면 초로계곡 골자락에 다다르며 이의 골짜기 따라 북상해 내려가 약 2시간 거리

둡타파니 이정 분기점(루트 갈림목)

의 동남쪽에서 내려오는 주계곡 합류지 **조기네이(초로다라)**에 이른다.

+3일〉 조기네이(3040m)-(2:00)-부티말리(라투패스; 3400m)-(1:00)-와지리탈 (2900m)-(1:00)-바도감(툴렐; 2700m) [런치캠프(구레즈밸리 유람)]

북쪽 바로앞에 놓인 로훈(라키신)계곡 건너편 산사면을 타고 비껴오르며 서북 행로로 진행, 2시간쯤 올라서면 이윽고 부드러운 능선고개 **부티말리(라투패스; 3400m)** 에 이르고, 이를 넘어 가파른 북쪽 산록 타고 내려앞으면서 곧 산중턱 아래 터잡은 와지리탈 마을과 만난다. 하산점인 키샹강가 툴렐밸리 방면으로 구비구비 비포장도로가 연결돼있으나 마을 주민들이 다니는 지름길 따라 하행, 이내 1시간 거리의 바도감(툴렐) 마을 앞 주도로 키샹강가브릿지에 이름으로써 트레킹은 종료된다. 이후 여정은 도로이정으로 서쪽 구레즈밸리 또는 동쪽 툴렐밸리 방면으로의 사파리여정으로 갈음.

+4~5일〉복귀+예비일(구레즈밸리 유람)〉**바도감(툴렐*; 2700m)**~〈구레즈(키샹강가=닐룸)밸리〉~니루(2650m)~세이크포라(푸라나 **툴렐*; 2600m**)~바르노이(부르네이; 2540m)~다와르(구레즈; 2420m)~칸잘완(2370m; 갈림목)~라즈담간패스(트락발; 3526m)~울라르레이크(반디포라; 1590m)~스리나가르(1580m) [차량이동 5~6시간]

* 푸라나 툴렐이란 '옛[푸라나] 툴렐'이란 의미의 지명이며 현 바도감은 이 툴렐밸리의 새로운 지역거점으로서의 '신 툴렐'이라 이해하면 되겠다.

▶ 지리 관점으로 보아 **바르노이(부르네이)**를 경계로 툴렐밸리(동)와 구레즈밸리(서)가 나뉘는 것으로 본다. 곧 이로부터 키샹강가 서쪽은 **구레즈밸리**, 동쪽은 **툴렐밸리**로서 구분함이다. 하지만 통칭하여 이 키샹강가 상류부 인도령 전역을 구레즈밸리라 매기는 경우도 적지 않다. 현실적으로는 하지만 그럭저럭 큰 제약 없이 여행 가능한 - *단, 외국인은 퍼밋 필요* - 바도감(툴렐)까지의 지경을 보통 구레즈밸리로서 칭한다. 이후 바도감 지나 키샹강가 최상류부 서부산경으로의 내원여정을 '진정한' 툴렐밸리 여정으로 언급하고 있음이다.(☞ 후속 연계 ✧ 카불갈리 횡단여정 간략 참조.)

▶ **다와르**는 인도령 **구레즈밸리**의 거점타운. 북쪽 파키스탄령 부르질계곡에서 내려오는 합수부의 키샹강가(닐룸강) 서쪽편에 위치하며 이로부터 교량을 건너 부르질계곡 따라 거슬러오르면 파키스탄과의 접경부 정전선(LOC) 바로 남쪽의 소위 인도령 최북단 마지막마을 **초르완**(초르가온)에 이른다. 방문객들이 갈 수 있는 최북단 지경이며 곧바로 정전선 너머 대치한 파키스탄 쪽 - *길기트·발티스탄 아스토르 지역* - 최남단 마을은 **두드가이**. - 앞서 1권 「K2 트레킹」〉◈ 5장 - 닐룸강 & 닐룸밸리(편집히말라야)〉▣ 구라스 편(P.336)에서 소개한 바 있다. - 초르완 건너편의 부르질계곡 서안 마을은 **사디알**이며 이 둘을 그냥 구분 없이 통칭하여 초르완 내지는 사디알이라 거명키도 한다. 이 초르완 바로 남쪽에 솟구친 봉우리가 유명한 **하바카툰(3960m)** 산으로 과거 16세기에 본 카시미르지방에서 이름을 날렸던 - *세칭 '카시미르의 나이팅게일*'이라 불렸던* - 무슬림 여류시인 '하바카툰(Habba Khatoon)'의 이름을 따와 명명하였다 한다. 이런 연유로부터 무릇 더 남쪽 키샹강가 구레즈밸리(다와르) 방면에서 바라보면 피라미드처럼 솟구친 모습이 마치 히잡을 둘러쓴 고고한 여인네와 같은 형상처럼 각인되기도 한다.

* 여기서 나이팅게일은 인물명사- *크리미아 전쟁 시의 여 간호사 나이팅게일* -를 뜻함이 아닌, 문자 그대로 '**노래(시) 부르는 새**'란 의미의 보통명사로서 즉, 그처럼 시와 노래로 세상을 살던 노래새-나이팅게일(Nightingale/Nachtigal)과 같은 삶을 살았음을 은유.

▶ **칸잘완**은 북서향으로 흘러가는 키샹강가 물줄기로부터 벗어나 남쪽 **라즈담간(트락발)** 고개 넘어 카시미르밸리 본토로 향해가는 노정상의 갈림길목. 즉, 달리 이로부터 계속 북서방향으로 키샹강가 수류 따라 나아가면 인도령 구레즈밸리의 최서북단 마을 **바그토르**에 이르고 그로부터 북으로 꺾이는 키샹강가(닐룸강) 물길 따라 좀 더 올라가면 이내 도로가 끝나는 마지막마을 파키스탄령 아자드카시미르(AK)와의 접경부 **타라발** 국경마을에 이른다. 단, 현지인을 제외한 일반여행객들은 바그토르까지만 방문할 수 있으며 타라발은 진입 불허! [∴ 타라발 : 파키스탄령 AK vs 인도령 JK 정전선(LOC) 교차지(양국초소 대치)]. 향후 이 두 곳 너머로의 여정 또한 가능해지는 날이 오리라 고대해본다.

▶ 옛 **'트락발'**고개로서도 표명되는 **라즈담간패스**는 닐룸강(키샹강가) 수역의 구레즈밸리(북)와 젤룸강 수역의 카시미르밸리(남)를 연결하는 중요한 길목으로서 예로부터 중앙아시아로부터 이의 카시미르를 오가던 대상들, 구법승들 및 각계각층의 여행자, 탐험가들이 넘나들었던 중요한 교통로의 역할을 담당해왔는바, 무릇 고대 신라의 혜초선사의 기행 역시도 현 파키스탄 지역의 인더스 데오사이고원 혹은 아스토르밸리를 경유하여 이의 구레즈~트락발 행로의 카시미르 경로를 섭렵해 나아온 것으로 유추하고 있기도 하다. 이 해발 3556m라 새겨진 고갯마루 표석에는 한편 옛 명칭 라즈담간 대신 '라즈단'이란 약칭표기로 써놓고 있다.

바도감

니루

푸라나 툴렐(셰이크포라)

키샹강가 바르노이 뒤안길

다와르 전경(하류방향)

다와르에서 돌아본 구레즈밸리 하바카툰(3960m)

구레즈 키샹강가 댐 담수호

칸잘완

이스마르그

바그토르 / 타라발(인도령 구레즈 마지막구간) / 칸잘완 상류골짜기(라즈담간패스 상행산록)

라즈담간패스(3556m) 정상 초원마루 체크포스트 / 라즈담간 산상초원에서의 하라무크(5148m) 전망

라즈담간패스 반디포라 방면 능마루길 도로 / 라즈담간패스 내리막에서 바라보이는 하라무크 (좌) & 반디포라-울라르호수 원경

라즈담간패스 하행 반디포라 구릉평원 & 카시미르밸리 울라르분지 원경 / 울라르호수 건너편에서 바라보는 하라무크 방면 산세

◈ 카불갈리 횡단여정
(∴ 구레즈·툴렐밸리~무슈코밸리~드라스밸리 사파리)

· **Section1; 구레즈밸리**〉 반디포라(1590m)~라즈담간(트락발; 3526m)~**칸잘완(2370m)** *(+바그토르(2350m))*~**다와르(구레즈; 2420m)***(+초르완(2500m))*~바르노이(부르네이; 2540m)~세이크포라(푸라나 툴렐; 2600m)~니루(2650m)~**바도감(툴렐; 2700m)**

반디포라~라즈담간(라즈단패스)~구레즈밸리~툴렐밸리 도로는 2010년 BRO*에 의해 개통되었으며 그로부터 2014년 이후 현재 자국민 일반인에게도 방문가능대상지로 개방되어있다.

* BRO = Border Road Organization

· **Section2; 툴렐밸리**〉 바도감(툴렐; 2700m)~**바도아브(2800m)~압둘룸(3050m)~** 차크왈리(다라발리; 3120m)~〈키나리계곡〉~**카불(카오발)갈리(4140m)**

바도감 이후 동쪽 상류계곡으로 펼쳐지는 툴렐밸리는 일명 숨겨진 '지상낙원'으로 회자된다. 동절기 6개월간은 특히나 눈에 완전히 덮여 이동이 불가, 현지 주민들은 집밖으로 거의 나가지 않고 집안에서만 생활한다. - ※ ☞ *1권 「K2 트레킹」* ◆ *5장 - 닐룸강 & 닐룸밸리(펀잡히말라야)* 〉 ◪ *구라스(구레즈) 부분과 비교 참조* - 이 바도감 이후 키샹강가 상류방향 내원(툴렐밸리)으로 행선을 잡을시 LOC 접경부에 매우 인접한 관계로 내외국인 불문 기본 구레즈밸리 출입허가증(퍼밋) 외에 당해지역 주둔 군부대장의 출입승인(통행허가)를 필히 득하고 나서야 한다. (⇒ 툴렐밸리(바도감)~무슈코밸리~드라스에 이르는 구간)

바도아브

압둘룸

차크왈리

• Section3; 무슈코(무스키)밸리〉 카불(카오발)갈리(4140m)~닐네이라페(3560m)~ 밧(바토칼; 3440m)~무스키(무슈코; 3180m)~드라스(3100m)~카르길(2670m)

히말라얀패스 카불(카오발)갈리(4140m)를 넘어 동서로 연결되는 이 노선〈북〉은 조지라(3530m) 노선〈남〉과 더불어 카시미르와 라다크를 접목하는 양대 노선으로 자리 매김한다. 다만 드라스밸리와 툴렐(구레즈)밸리로 직접 연결되는 이 북부노선은 아직까지 일반인들의 대중적인 탐방이 극히 제약되어 아쉬움이 가득하다. 향후 이 노정의 통행이 완전히 자유로워질 날이 온다면 무릇 라다크를 여행하고 내려오는 자국민들뿐 아니라 수많은 외국여행객들에게 또한 아름답고 수려한 이의 툴렐-구레즈밸리를 향해 곧장 연계하여 섭렵해 나아가는 명품 관광여정행로로서 이름을 떨치게 되리라 기대해본다.

카불갈리 행로

무슈키

드라스 마을과 툴롤링(5140m) 설경

◆ **주변명소** : 마나스발(힌두사원/호수), 스리나가르 달레이크(일명 카시미르의 베니스), 네루파크, 무갈가든(샬리마르바그, 니샷바그, 차스마샤히, 파리마할 etc.)

◆ **음식** : 케밥(구운 고기요리), 와즈완(카시미리 코스요리), 야크니(카시미리 치킨수프), 리슈타(카시미리 쌀가루 파스타), 메티 고슈트(이슬람식 양고기커리), 로간 조슈(카시미리 양고기커리), 고슈타바(카시미리 미트볼 디저트), 촐레 바터르(카시미리 콩 커리), 세몰리나(인도식 푸딩) etc.

1-3. 카시미르 피르판잘 트레일

✦ **개요** : 2006년 **무갈로드(Mughal Road)**★ 개통과 함께 각광받기 시작한 카시미르 피르판잘산맥 내원 여정행로. 이로부터 카시미르 서부권 사파리여행 및 등산, 트레킹의 신천지가 열리게 되었으며 그러한 여러 대상지들 공히 내외국인 모두에게 개방되어 선보이기에 이르렀다. 지세적으로는 곧 고원지평 카시미르분지 방면으로는 완사면의 부드러운 산록을 길게 늘어뜨린 반면 저지대 잠무지방 푼치, 라조우리, 리아시 방면으로는 실로 수직으로 내리꽂듯 매우 가파른 급사면 첩첩협곡의 산세를 이룩해놓고 있다. 이러한 지형적 편향으로 말미암아, 무릇 대개의 큰 빙하지대가 주로 남향으로 치우쳐있고 북향으로 빚어진 빙하는 대체적으로 급준한 산세 때문에 빙하의 길이도 짧고 규모도 작은 저 카라코람이나 히말라야의 빙하와는 다르게, 이 피르판잘산맥- *히마찰 산경 포함* -의 빙하지대는 대개가 산줄기 북향으로 놓여있음이 특징이라 하겠다.

계절적으로 들여다보자면 카시미르 피르판잘 일대는 겨울(12월~3월) 내내 눈으로 덮여있음에 그로부터 눈이 녹기 시작하는 4월, 5월이 되어서야 사람들의 왕래가 이루어지며 이를 무대로 삼아 활동하는 **유목민**★들 또한 다를 바 없다. 특히 해발 4천미터 이상 고지대 고갯길은 5월말이나 되어야 두텁게 쌓였던 눈이 녹으면서 비로소 통행길이 열린다. 그러나 여전히 고도가 높고 응달진 곳에는 여름으로 접어든 6월말까지도 녹지 않은 눈과 얼음을 발견하기란 어렵지 않을 일이다. 이 카시미르 피르판잘 통과행로가 가장 쉽게 드리우는 계절은 바야흐로 하계 몬순(우기)이 지난 9월부터로 자리매김한다. 이때는 쌓인 눈도 거의 찾아볼 수 없고 계절적으로도 우기를 벗어나 구름전선이 벗겨지며 맑고 쾌청한 날이 점차 드리우기 시작하면서 최적의 산행, 하이킹, 트레킹 시기로서 인정받는다. 특히 이 너머의 서쪽 지경 **푼치** 지역(District)은 예로부터 '카시미레 사기르(Kashmir-e-Sageer)'라 하여 그처럼 소위 카시미르의(Kashmir-e) 축소판(Sageer)이라 불렸던 곳이기도. 무릇 자연미 그윽한 풍치절경의 산수로 인해 많은 카시미르 여행자들의 눈과 마음을 사로잡았던 고장으로서도 회자되어왔다. 이러한 카시미르 피르판잘 서북산경(남부산경 제외)을 넘는 이의 카시미르분지~푼치·라조우리 간 고개만 얼추 12개 이상으로 이야기되는데 대표적인 초원고개(갈리마이단★)로서; 가잔갈리(3740m)[1], 초르갈리(3950m)[2], 자미안갈리(4060m)[3], 치니마르그갈리(4070m)[4], 카라키갈리(4050m)[5], 팜사르갈리(4120m)[6], 누르푸르갈리(4100m)[7], 초티갈리(4300m)[8], **피르키갈리**★(3490m; **무갈로드**)[9], 카비키갈리(3950m)[10], 바르할갈리(4000m)[11], 다르할갈리(4080m)[12] 등을 꼽을 수 있다.

★ 갈리마이단 = 고개[갈리]+초원[마이단]. 고갯마루에 펼쳐진 초원 즉 '초원고개'임을 피력한다. 짧게 '갈리메단'이라 불리기도.

★ 피르키갈리 = 피르(성자)+키(의)+갈리(고개)

★ **무갈로드(Mughal Road)** : 카시미르밸리 **쇼피안** 지역 히르푸르~잠무지방 **푼치** 바플리아즈 간 피르판잘산맥을 넘어 직통으로 연결하는 도로노선. 실제 이 도로 개통 후 양 지역 간의 거리가 무려 460km나 단축 - *잠무 경유(바니할 경유)시 590km → 무갈로드(피르키갈리) 경유시 130km* -되었다. 특히 스리나가르~바니할(자와하르)터널~잠무 간의 엄청난 교통체증을 감안하면 훨씬 더 많은 시간거리 단축을 상정할 수 있다. 이 피르판잘고개(피르키갈리)를 넘는 무갈로드는 그 이름처럼 '무굴' 제국 시대부터 카시미르밸리와 푼치·라조우리 지역 간 연결통로로서 많이 활용되어왔던 루트이다. 일례로 16세기 무굴제국의 위대한 군주 **악바르** 대제 또한 카시미르 정벌시 이 피르판잘루트를 통하여 원정에 나섰으며, 이후 그의 아들 **제항기르** 황제 역시도 이 루트로 잠무와 카시미르를 드나들며 시찰, 급기야 이 길을 넘어와 현 라조우리 지역 사다바드에서 병사하게 된 역사적 사실까지 기록은 전하고 있다.

실질적으로 이 루트의 도로계획은 1950년대부터 수립, 이후 1979년 이같은 '무갈로드'라는 타이틀로 건설계획을 발표했으나 이웃한 파키스탄과 야기된 인·파 카시미르분쟁으로 인해 그 전시교전상황에 인접한 연유로 해서 본 계획은 실현되지 못하고 계속 답보상태로서 보류, 이윽고 21세기 들어선 2006년 2월에서야 본격적인 도로건설에 착수케 되었다. 하지만 이에 따라 관통해가야 하는 일명 **'히르포라 야생보호구역'** 환경파괴의 문제 - *특히 희귀종 마코르 산양의 보호구로서 더욱 생태계파괴 논란 대두* - 때문에 역시 수년간 지체, 당초 2007년 완공 목표였으나 한 해 늦어진 2008년 12월 비로소 공식적인 도로(비포장)가 완공되었고 그로부터 눈 덮인 겨울이 지나 완전 해빙이 된 6개월 뒤 2009년 7월 첫 개통되기에 이른다. 이로부터 이듬해 2010년 초 소위 **'무갈로드 자동차경주(Mughal Road Rally)'** 행사까지 시연되었음에 이는 곧 본 카시미르 피르판잘산맥을 관통하여 커다랗게 한 바퀴 휘돌아 달리는 소위 총 6백km 노정의 피르판잘 대장정 자동차랠리였기도 하다. 그리고 이후 2010년 가을부터 대형차량 제외 경차량들의 통행이 가능토록 허용되었고 2012년 여름 현 상태의 2차선 포장도로로 준공, 이어 2013년 여름 비로소 모든 구간의 도로가 완전히 준공 개통된 현 상태의 무갈로드로서 정립되었다. 단, 현재까지 이 도로는 중대형차량의 통과는 허용되지 않는 오로지 지역간 소통, 관광 목적의 경차량들만 이용가능한 도로로서 천명돼있다. 그러나 어쨌든 이 카시미르 피르판잘을 가로지르는 무갈로드가 개통됨으로써 그간 잠무 피르판잘 내원의 첩첩오지였던 라조우리 및 푼치 지역까지 바야흐로 경제·관광 개발 활로가 본격적으로 열리기 시작했음을 알리는 바이다.

* **히말라얀 모터스포츠(무갈로드랠리)** : **스리나가르(1580m)**~아난트낙(1600m)~닥숨(2350m)~**심탄패스(3800m)**~차트루(1600m)~무갈마이단(1250m)~키슈트와르(1630m)~우담푸르(750m)~만사르(호수; 660m)~수린사르(호수; 600m)~**잠무(330m)**~리아시(480m)~**라조우리(915m)**~푼치(바플리아즈; 1620m)~**피르키갈리(3490m)**~쇼피안(2070m)~**스리나가르(1580m)**

★ **피르판잘 산상유목민** : 여전히 작금의 인도와 파키스탄 간 카시미르 영유권분쟁으로 인한 민감한 정전선(LOC) 대치지역에 인접해있음으로 해서 과거보다 이러한 **구자르 바카르왈 유목민**들의 왕래가 많이 줄어들었지만, 이전까지는 어느 왕조, 제국이 들어섰든지 간에 이들 유목족속들은 수 세기 동안 일절 방해받지 않고 자신들의 가축 떼를 몰고 드나들었던 이의 풍요롭고 아름다운 천상의 고산초원의 주연으로서 명성을 떨쳐왔다.

✦ 트레킹 적기 : 5월~7월초, 9월~10월 (∴ 최적기는 5~6월 및 9월말~10월)
(※ 도로상황 : 여름(몬순기)이 시작되는 5월말 무렵부터 해발고도 3천5백미터 이상 하이패스 고갯길(도로)이 열림. 하지만 7~9월초 기간은 몬순이 절정에 달해 도로유실과 도로교통상의 사건 사고가 많으므로 도로여행에 부적합. 이를 지나 비로소 9월말 무렵부터 일기가 나아지면서 건기에 접어드는바 여행하기 좋은 시기로 자리매김. ⇒ 계곡의 수량도 상대적으로 줄어들어있어 때로 감내해야하는 계곡도하시에도 유리. 높은 고갯길에도 눈이 없이 말라있어 도로여행에도 최적. 게다가 9월말부터는 항공요금도 상대적으로(5~6월 시기보다) 저렴해지고 좌석확보도 용이.)

✦ 참고사항 : 현지에서 별도의 통행허가(퍼밋) 발급절차가 필요할 수 있으므로 필히 넉넉히 여분의 개인 증명사진(여권판/반명함판 등) 지참토록.

~ ~

▲ 카시미르 피르판잘 : (카르길/라다크 제외) 잠무카시미르 지역의 동북권역 카시미르밸리와 서남권역 잠무지방을 가름하는 거국적 산줄기. 곧 카시미르밸리의 젤룸강 vs 잠무 지경 체나브강, 푼치강 수계와의 분수령 산맥. 그 흐름은 바야흐로 히마찰 라하울 체나브강 발원지에서부터 비롯되어 이어져 내려온 이래 키슈트와르의 체나브강에 의해 단절된 전체 피르판잘산맥의 서쪽[WPP] 즉, 도다밸리~카시미르밸리~푼치밸리~로어 닐룸밸리(Lower Neelum = 무자파라바드) 산지까지를 아우른다. 이러한 카시미르분지/잠무지방 지리(자연·인문)경계로서의 분수령 마루금 상에 거쳐가는 주요 산봉, 고개들을 순서대로 짚어보면 아래와 같다. (※ 행정지경(Distrcit 경계)과도 연관키에 모름지기 정확한 분수령 능선줄기에서 다소 떨어진 봉우리들은 제외하였다.)

 ○ 약례) KPP = Kashmir Pir-Panjal / WPP = West Pir-Panjal /
    JPP = JK Pir-Panjal / APP = AK Pir-Panjal

≈ 카시미르 피르판잘[KPP] 산경(산봉 & 고개) 및 지리(행정구역) 경계 ≈

(잠무지방 행정구역) // 카시미르밸리 행정구역)

~ 인도령 잠무카시미르[JPP] ~

1) **피파란(4070m)~파드리갈리(3250m)~바스마굴(4010m)~히마날(4200m)**
   ⇒ *도다〈서남〉// 키슈트와르〈동북〉*

2) **히마날(4200m)~브라리갈리(3280m)~코우쿠트(4110m)** ⇒ *도다〈남〉// 아난트낙〈북〉*

3) **코우쿠트(4110m)~난드마르그갈리(2960m)~칸질로스(한스라지; 3970m)~한스라지갈리(3530m)~샤파완갈리(시나르갈리; 3680m)~하잔갈리(3190m)~바니할(2830m; 자와하르터널)** ⇒ *람반〈남서〉// 아난트낙〈북동〉*

4) **바니할패스(2830m; 자와하르터널(2200m))**~메단갈리(미트완갈리; 3500m)~순데르톱 (3830m)~라탄갈리(3260m)~누세갈리(3230m)~**디담(4210m)** ⇒ *람반〈남〉// 쿨감〈북〉*

5) **디담(4210m)**~디담갈리(3920m)~**디다르(4200m)**~디다르갈리(자즈마르그갈리; 3810m) ~칼리갈리(4200m)~**브라마사칼(4570m)**~하르쇼갈리(4050m)~**라탄피르(4540m)**~부달 피르갈리(3960m)~**부달피르(4520m)**~**다키야르(4660m)**~다르할갈리(4080m)~바르할 갈리(3940m)~차마르갈리(4070m)~파다야란갈리(4200m)~디야사르갈리(3950m)
⇒ *리아시〈남〉// 쿨감〈북〉*

6) **디야사르갈리(3950m)**~난단갈리(3860m)~**난단피크(4250m)**
⇒ *라조우리〈남서〉// 쿨감〈북동〉*

7) **난단피크(4250m)**~피르키갈리(3490m)~**선셋피크(Sunset Peak; 4745m)**
⇒ *푼치〈서〉// 쿨감〈동〉*

8) **선셋피크(Sunset Peak; 4745m)**~**초티피크(4705m)**
⇒ *푼치〈서〉// 쇼피안〈동〉*

9) **초티피크(4705m)**~초티갈리(4300m)~**타타쿠티(4752m; 카시미르피르판잘 최고봉)**~누르 푸르갈리(4100m)~파트리갈리(팜사르갈리; 4120m)~**카라파하르(보드사르피크; 4430m)** ~카라키갈리(4050m)~치니마르그갈리(4070m)~**쉬브낙(4350m)·쉬브마히누(4530m)**
⇒ *푼치〈서〉// 바드감〈동〉*

10) **쉬브마히누(4530m)**~자미안갈리(4060m)~**초르판잘(초링팔; 4380m)**~초르갈리(3950m) ~가잔갈리(데브하리갈리; 3740m)~다와르갈리(니칸갈리; 3600m)~**아파르왓(4140m)** **남서릉~페이제디갈리(3100m; JPP/APP* 분계)** ⇒ *푼치〈남〉// 바라물라〈북〉*

~ 파키스탄령 아자드카시미르[APP] ~

11) **페이제디갈리(3100m)**~하지피르갈리(판잘패스; 2640m)~**비아리(트레카나; 3430m)**
⇒ 파키스탄령 아자드카시미르 하벨리

12) **비아리(트레카나; 3430m)**~**가이코트(3080m)**
⇒ *아자드카시미르 바그〈남서〉// 인도령 잠무카시미르 바라물라〈북동〉*

13) **가이코트(3080m)**~피르칸티(키아리나카; 3330m)~코브라(자바르; 3330m)~사란판잘 패스(2820m)~추라갈리(2670m)~도바타파(3050m)~수단갈리(2330m)~**프렘코트 (2640m)** ⇒ 파키스탄령 아자드카시미르 *바그〈남〉// 하티얀〈북〉*

14) **프렘코트(2640m)**~**미르파테(2100m)** ⇒ *아자드카시미르 하티얀〈동〉// 무자파라바드〈서〉*

15) **미르파테(2100m)**~**도멜(750m; 무자파라바드)** ⇒ 아자드카시미르 무자파라바드

(※ 상기 언급된 산명/고개명은 이후 각 코스 편에 수록된 각각의 지도들을 참조키 바람.)

잠무·편잡평원 상공에서의 카시미르밸리 조감 *(※ 그래픽이미지 자료 협조: Christoph Hormann. 관련자료: http://earth.imagico.de)*

포근히 가라앉은 분화구와도 같은 카시미르밸리 스리나가르분지 앞으로 긴 장벽 울타리를 두른 피르판잘산맥이 일어서있다. 그로부터 좌측 스리나가르분지 모서리의 초록지경이 반거스밸리, 그리고 산맥줄기 중앙 좌현으로 골 패인 긴 협곡부가 젤룸강 수류가 관통하는 골짜기다. 이어 험산령 너머 중앙분지 아랫녘 피르판잘 산상초원(굴마르그, 두드파트리, 유스마르그 etc.)이 펼쳐지고, 계속해서 우현 잘록이 패인 산릉부가 이의 스리나가르분지와 잠무지방 푼치·라조우리를 잇는 무갈로드 피르판잘고개 피르키갈리(3490m)이다. 드넓은 스리나가르분지 뒤편으로는 한편 카라코람과 히말라야의 첩첩산하가 아득... 바야흐로 좌현의 만년설산 낭가파르밧(8126m)에서 좌중앙 누릇한 데오사이고원을 거쳐 이윽고 우측 다시금 허옇게 일어난 카시미르밸리 최고봉 눈(7135m)·쿤(7077m)을 넘어 대히말라야(GHR) 맥놀이가 달린다.

응석둥이 피르판잘 카시미르 산상의 목가

1-3-0. 반거스밸리 트레일(하라무크 지맥)

◆ **개요** : 산스크리트어 '반〈숲〉+풀〈밭〉〈거스〉'의 합성어로서 회자된 반거스밸리는 이름처럼 '크게 웃자란 풀이 무성한 초원' 내지는 '푸른 숲과 광활한 초지'가 펼쳐진 천혜의 골짜기임을 반영하는 표징으로서 본 카시미르 북방의 한 자락을 풍미한다. 이른바 히말라야산맥의 아류 '하라무크산맥(보트쿨란지맥)'의 가장 마지막 서부구간* 바로 카시미르밸리 최서북단 산경 샴샤바리(4300m) 동쪽줄기 팔라파타르(3820m) & 다즐룽간(바드란; 3800m) 동편의 해발 2천5백~3천미터대의 고산자락에 형성된 대규모 목초고원으로, 이를 품어안은 그 해발 4300m의 **샴샤바리**와 인근 남쪽 4340m의 **가지낙*** 고산준령은 본 기시미르분지의 웅고한 북서장벽을 두르고 있는 형세로 자리매김, 이러한 지리적·지정학적 형세와 입지로부터 이의 범역 쿠프와라 지역(District)은 카시미르밸리의 가장 위쪽 '머리의 관(Crown)'에 해당하는 속성으로서의 세칭 '카시미르밸리의 왕관'이란 칭호를 선사받고 있기도 하다.

다만 불운(!)하게도 카시미르분쟁 상대자인 파키스탄과의 정전선(LOC)으로부터 겨우 25km 거리에 떨어져있는 관계로 이 반거스밸리는 그 하류부인 북쪽 드랑갸리밸리와 함께 오랫동안 외부인들의 탐방이 제약되어왔던 속칭 '**금단의 골짜기**'로서 차츰 세간의 관심으로부터 멀어져왔던 게 사실. 하지만 근래 2014년 이래로 카시미르의 관광정책이 변화를 맞게 되면서 비록 제한적이나마 관광객들의 방문을 비로소 조금씩 허용하기에 이르렀는바, 1980년대 중반까지만 해도 자국민뿐 아니라 외국여행자들에게도 큰 인기와 사랑을 받아왔던 당시만큼 그러나 아직은 경쟁력을 갖춘 인기관광지로서의 개발이 완벽히 추진되지는 못하고 있는 실정이다. 그래도 근자 들어 관할주체인 이의 쿠프와라 지역개발당국(LBDDA*)에 의해 점진적으로 관광개발사업이 추진되고 있는 만큼 향후 카시미르 내의 가장 이국적이며 이채로운 풍치와 감흥을 선사할 명품 여행지로서 등극케 될 것으로 기대한다. 특히 하계시즌 세칭 '트레킹 파라다이스'라 회자될 만치 실로 환상적이고 눈부신 지상낙원과도 같은 승경은 JK 주 내의 가장 멋진 산세를 머금은 초원풍경구의 하나로서 매겨지는즉, 아닌게아니라 **1백 곳***이 넘는 **목초지**가 골짜기 내원과 산경 내 파다하게 퍼져있음과 더불어 어김없이 또한 가축떼를 몰고 나서는 바카르왈 유목민들에게 역시도 그처럼 낙원이라 칭해마지않을 터이다. 그로부터 이들 목동들이 끌고 온 여름철 소떼, 양떼, 염소 떼가 한가로이 풀을 뜯는 목가적이며 전원적인 풍취 또한 누려야 할 그윽하고 인상적인 장면으로 아로새겨지리라.

이 반거스밸리 일대는 아울러 생태계의 보고로서도 표명, 그동안 인간의 간섭도 거의 받지 않고 또 이렇다 할 찾아오는 여행자들도 뜸해 그 어느 지역보다도 더욱더 아름답고 풍성한 자연미 넘치는 생태환경을 간직하고 있음에 그로부터 인도의 환경문화예술단체인 인타츠(INTACH)*에 의해 소위 '히말라얀 생태지구'로서 보존 내지는 그러한 환경생태학적 측면에서 다루어 개발해야 할 것을 제안하고도 있다.

* 실상 이 일대는 젤룸강 북단에 위치한 지역으로 젤룸강 남부산경(분수령)을 형성하는 카시미르 피르판잘산맥과는 동떨어진 다소 괴리감이 있는 지역이다. 하지만 앞서도 잠깐 언급한 바 있듯이 또다른 시각에서 보면, 무릇 체나브강을 넘어와 본 카시미르 지역으로 접어들어 달리는 산맥(피르판잘)이 곧 이로부터 '대체로' 북서진 행로의 장중한 산악산맥을 펼치며 뻗어나가는 형세에 의거 이제 젤룸강 또한 뛰어넘어 곧바로 솟구친 카지낙(4340m)과 샴샤바리(4300m) 산지의 고고한 산악산맥으로 연결됨이 더 타당하다고 보는 견해도 있는 만큼, 고로 이들 젤룸 북부산군 샴샤바리(4300m) 동편자락에 놓인 반거스밸리 역시 본 카시미르 피르판잘 트레일의 연장선상으로 함께 들여다볼 수 있다는 취지하에 이를 본 피르판잘 장의 한 부류로 포괄하여 아우름이다.
* 카지낙(4340m) 봉우리 북쪽 아래 샘(Qazinag Spring)이 바로 반거스밸리(바라반거스)의 발원샘이자 그로부터 젤룸강으로 유입되는 마와르강의 거국적 원천. 이 산줄기 남쪽은 현재 바라물라 지역(District) 관할 카지낙국립공원 '림베르 야생보호구(Limber Wildlife Sanctuary)'로서 지정되어 있다.
* LBDDA = Lolab-Bangus-Drangyari Development Authority : 롤랍-반거스-드랑갸리 개발국. 쿠프와라 소재.
* 반거스밸리의 고원분지 하부는 광활한 목초지가, 상부는 울창한 침엽수림으로 빽빽히 산세를 수놓고 있다. 그리고 이들 목초지들 중 절반은 고원분지 위쪽 마루터기에 형성, 절반은 아랫녘 분지골짜기의 너른 목초지 형세로 펼쳐져있다.
* INTACH : 인도 국립 예술문화신탁(Indian National Trust for Art and Cultural Heritage)

◆ **트레킹 최고점** : 반거스갈리(2950m), 와다르갈리(밀다르갈리; 2980m)

◆ **트레킹 방식** : 게스트하우스 + 캠핑(1박) 트레킹

◆ **퍼밋** : 반거스밸리 방문허가(Visiting/Trekking Permit).

⇒ 최소 15일 전 쿠프와라의 DM(District Magistrate) 사무국에 사진 2장과 신분증[외국인-여권 / 자국민-ID카드] 사본 제출. 제반 행정사항에 대한 문의 및 도움 요청은 쿠프와라의 LBDDA TRC(Tourist Reception Centre)에 조회. (※ 인도 자국민은 한드와라, 쿠프와라 현지 관서에서 반거스밸리 방문증(퍼밋) 신청. 외국인은 지정 에이전시를 통해 1개월 전 미리 퍼밋(반거스 특별통행허가) 신청발급 진행*. 단, 실제 허가(퍼밋)를 득했다하더라도 탐방가능여부는 현지 상황과 군 당국(✔ 카시미르 주둔 인도군 17보병여단)의 재량에 전적으로 달려있는바 아닌 말로 거의 '운빨'이라 할 정도로 매우 쉽지 않고 복잡한 사안. 아울러 외국인의 경우 단독(독자적) 여행 불허. 인도 자국민그룹과 연계 필수! (ILP/SP도 필요.) 또한 자국민일지라도 1인 단독탐방은 불허. 최소 2인 이상 그룹여행의 경우에만 퍼밋 발급. 또한 현지거주민이 아닌 경우 대중교통편으로의 여행은 금지되며 전용차량 대절을 통해서만 탐방 가능.)

★ 외국인은 스리나가르의 에이전시를 통해 진행. (∴ 반거스밸리 탐방을 위한 최적의 방편은 주정부 소관 「잠무카시미르 관광개발공사(Jammu & Kashmir Tourist Development Corporation; 약칭 JKTDC)」이나 현지 유력한 에이전시에 위촉, 패키지프로그램 형태로 수립/참여하여 진행하는 방안도 모색. ⇒ 현재 독자적 탐방은 제한되고 지정된 유력 여행사를 통한 가이드트레킹으로서만 탐방 허용.)

- **관광사무소** : LBDDA TRC(쿠프와라 소재. T.01955-252333) / JK Tourism TRC(스리나가르 소재. T.0194-2479527,2472449 http://jktourism.org) / JKTDC* TRC(스리나가르 소재. T.0194-2472644 http://jktdc.co.in)

  > ※ 반거스밸리 퍼밋발급 행정은 그리 체계적이지 못하고 매우 혼란스러운 탁상행정으로 인해 여행객들이 곤란을 겪는 경우가 많다. 이는 다른 제한구역(구레즈·툴렐밸리/카르나밸리(티트왈)/케란밸리/마칠밸리/아마르나트/세슈낙 등등) 탐방 시에도 대동소이. 곧 퍼밋 발급 후에도 지속적으로 현지 관광행정과 카시미르정국(e.g.분리주의 재점화 여부) 및 관련 스리나가르 경찰국으로부터의 안전관계 등등 사후조처를 따라야 한다.

- **진입장소(엔트리 포인트)** : 2곳. 바라반거스 레슈와리(라즈와르) & 초타반거스 와다르발라. (∴ 레슈와리 1박 필수 ⇒ 모쪼록 퍼밋확인 및 통과행정 때문에라도 필수적으로 하루는 머물러야 함.)

  [∵ 반거스밸리(초타반거스 방면) 진입은 세 방향. 1) 한드와라 경유 마와르강 따라 바라반거스(라츠~레슈와리)를 통해 닐반갈리(2600m)-반거스갈리(2950m)를 넘어 진입 또는, 2) 와다르~와다르갈리를 넘어 진입하는 산악루트, 3) 쿠프와라 경유 카밀강 따라 드랑갸리~초우키발을 거쳐 이의 카밀강 상류 드랑갸리계곡을 거슬러올라 진입하는 계곡루트. 이 중 3)번 항목은 카르나밸리 티트왈 행로의 LOC 접경지대로의 노선이라 통행에 제약 – *수많은 체크포스트 및 확인절차* –이 많아 진입행로로서는 부적절.(단, 퇴로(복귀행로) 시엔 큰 문제없이 통과.)]

- ◇ **주의사항** : 국경(LOC) 인접지역에서의 돌출행동, 야생동물로부터의 위험에 대한 안전문제 등으로 지정된 루트에서 조금이라도 벗어나는 것은 용인되지 않음. 절대 삼갈 것!

랑가테의 반거스밸리 진입 관문

I. 일정가이드

> **# 1일〉 이동)** 스리나가르(1580m)~바라물라(1590m)/소포르(1585m)~한드와라(1580m)~랑가테(1600m)~바트군드(1630m)~칼라마바드(1700m)~숀티포라(1730m)~라츠(마와르발라; 1760m)~로우사(니체리안; 1790m)~노우감 ACP(1800m)~레슈와리(노우감/보르반거스; 1980m; **PCP**) [차량이동 3~4시간 / **하이킹) 레슈와리(노우감; 1980m)-(1:30)-닐반(2300m; ACP)**

차량편으로 스리나가르를 출발, 카시미르밸리 북역 중심지 **바라물라**나 울라르호수 근방의 **소포르**를 경유하여 쿠프와라 지역 부행정도시(Sub-Headquater) **한드와라**로 들어선다. 필요시 이곳 관서에서 반거스밸리 퍼밋확인 및 방문절차를 진행할 수 있다. 북쪽으로 향하는 주도로(쿠프와라 행) 하이웨이를 벗어나 서쪽으로 지선도로를 따라 진입, 마와르강을 따라 진행하여 반거스밸리 행선의 기점 **라츠(마와르발라)**를 경유하여 나아간다. 실상 반거스밸리 지경은 이로부터 시작, 소위 바라반거스 즉 '대(大) 반거스'라고 하는 산악승경구로의 진입을 알림이다. 도로를 따라 그처럼 파릇한 녹지와 삼림구간 풍경구를 경유 거점마을 레슈와리(노우감)까지 약 8km 구간 마와르강을 따라 펼쳐진 드넓은 초원지경을 섭렵하며 진행, 다만 직전 못미쳐 **노우감포스트(ACP)**를 통과해야하는데 이 일대 대규모 군부대 들어서있기도 한즉 본 반거스밸리 트레킹을 위해서는 이곳 통과가 첫 단추라 하겠다. (✔ 만약 통과가 제대로 이루어지지 않는다면 다소 까다롭더라도 쿠프와라의 DM(District Magistrate) 사무국에 연결하여 통행증(퍼밋) 재확인 절차를 밟도록 한다.) 확인절차를 마쳤으면 이제 계속해서 마와르강을 끼고 늘어선 울창한 삼나무숲길을 따라 여러 작은 마을들을 경유하여 레슈와르까지 이동하면 될 일이다. 그로부터 일명 '아홉〈노우〉+촌락〈감〉'이라는 의미의 **노우감***은 곧 이 일대 9개의 마을이 연속적으로 옹기종기 들어앉아있다는 데서 착안된 명칭으로, 그처럼 매우 아름다운 풍정으로 연이어지는 이들 촌락지구 중에서 소위 '바라반거스 베이스캠프'로서 일컬어지는 **레슈와리(보르반거스)** 마을이 단연 두드러진다. 더하여 이들 아홉 촌락 중 가장 인상적이고 호젓한 풍치를 간직한 마을 역시 바로 이 레슈와리 서쪽골짜기 상부에 깃든 이의 바라(보르)반거스 최서북단 트레킹 진입행로 상의 **닐반*** 마을.

* 스리나가르 기차역을 달리 부르는 '노우감 정거장(Naugam Railway Station of Srinagar)'과 혼동치 말 것.
* 보르반거스 : 힌디/우르두어 '바라' 대신 본토 카시미리어 '크다'는 의미의 '보르(보드)'를 써서 현지인들은 그렇게 '보르반거스'라고 지칭한다.
* 닐반 = 푸른[닐] + 숲[반]. 이름처럼 푸른 숲에 감싸여있음을 내포하는 마을지명.

바라반거스 노우감 촌락구 레슈와리는 이제 마와르강 남안의 파트와리 마을과 마주보고 있는 북안 기슭변의 마을로, 달리 힌두식 지명으로 '라즈와르(=라자(왕)의 초원)'

라고도 불린다. 바야흐로 하라무크(5418m)로부터 이어져내려온 히말라야지맥 샴사바리(4300m)-카지낙(4340m) 준령 아래 빚어진 자락 일대에 주위로 삼나무숲이 둘러친 언덕진 숲지 가운데에 형성, 아랫녘으로는 풍요로운 들녘 푸르른 논과 밭의 풍경 또한 인상적이다. 곧 이러한 풍치 그윽한 경관을 마주하며 이의 마와르 강변자락에 방문객들을 위한 숙소로서의 방갈로(JK 관광청 운영 Tourist Bungalow) 및 게스트하우스(Reshwari Tourist Spot) 등이 들어서있으며 레슈와리 남서향 전방 2.5km 거리의 강기슭에 또하나 여행자숙소(Kishtwar Tourist Spot)가 마련돼있다.(⇒ 이들 모두 예약은 쿠프와리의 LBDDA 사무소 또는 스리나가르의 JK 관광사무국에 신청.) 인도 자국민은 한편 이 레슈와리까지는 굳이 퍼밋 없이도 방문이 가능하다. 반면 외국인은 퍼밋 없이는 불가. 레슈와리의 **경찰체크포스트**(PCP)[*] 또한 무장경관들이 지키고 서있어 무단진입을 엄격히 통제한다.

* PCP = Police Check-post

레슈와리에서 이제 트레킹 진입기점이 노우감 마지막마을 **닐반**까지 약 4km 구간 비포장 찻길이 나있어 차량편으로 이동가능하나 폭이 좁고 노면이 거칠어 녹록치 않다. 고즈넉한 숲길과 마을정취를 만끽코자한다면 마을길 따라 도보로 이동(하이킹) 하길 권고[약 1시간30분 소요]. 도보트레일은 주도로를 벗어나 레슈와리 뒤편으로 짙은 침엽수 산림숲지를 경유하여 닐반 마을로 곧장 오르게 돼있다. 단, 숲이 너무나 울창하여 헤맬 여지가 많으므로 안내자와의 동행이 필수다. 물론 어차피 에이전시(여행사)를 통해 진행해야- *독자적 여행 불허* -하니만큼 가이드 동행은 당연한 사항이기도 하겠지만.

이윽고 다다른 닐반은 본 노우감 아홉 마을 중 최서북단의 마지막 마을로, 말 그대로 '푸른〈닐〉+숲〈반〉'이란 이름처럼 주위가 온통 울창한 숲으로 감싸여있다. 이곳 또한 JK 주정부에서 마련한 2개의 신설 관광숙소(Tourist Hut)가 들어서있다. 자동차길은 여기서 끝나며 비로소 본격적인 반거스밸리 도보이정이 시작되게 된다. 이러한 레슈와리나 닐반에 여장을 풀고 머물시 해지기 전에는 주변산책을 마치고 일찌감치 복귀할 것. 밤시간이 되면 여러 위험요소와 당면케 됨이다.

쿨라감의 반거스 이정표 　　노우감 반거스밸리 진입 체크포스트 　　레슈와리에서의 카지낙(4340m) 전망

≈ 반거스밸리 초입 레슈와리~닐반 풍경 [※ 사진협조 : Koshik Kumar Shil] ≈

바라반거스 레슈와리 마을

레슈와리 마와르 계곡변

레슈와리 레스트하우스

마와르계곡과 레슈와리 삼림숙소

닐반 반거스밸리 진입부

닐반 산림숙소(TRH)

2일〉 트레킹) 닐반(2300m)-(2:00)-닐반갈리(닐도리패스; 2600m; **ACP**)-(1:00)-고리베르(2580m)-(1:30)-반거스갈리(2950m)-(0:30)-야딜벡(야딜마이단; 2920m)

닐반마을 서쪽으로 완경사 삼림지대 트레일로 밟아 나아가며 사이사이 성근 초지길을 경유, 매우 아늑하고 멋진 산악초원풍정을 맞닥뜨리며 산길을 거슬러오른다. 그로부터 경사도 차츰 가팔라지면서 이윽고 고갯마루 **닐반갈리**(닐도리패스; 2600m)에 도착, 역시나 어김없이 들어서있는 군 체크포스트(ACP)에서의 확인절차를 마치고 다시 북서향 산자락길 따라 북상해 오른다. 곧이어 정남향으로 뻗어내린 **고리베르** 골짜기 계류 건너 서북향으로 돌아 이어가게 되면서는 이내 가파른 오름길이 다시 드리우며 곧 산림숲지 사이로 난 트레일을 경유하여 등행, 때로 다소 힘들고 성가신 돌길, 푸석지대로 펼쳐진 루트를 밟아 오르면서 이제 해발 3천미터에 육박하는 산릉줄기 고갯마루 **반거스갈리**(2950m)로 올라서게 된다.

반거스갈리 고갯길 반대편 서쪽으로 펼쳐진 완사면 내리막은 이제 '**로쿳반거스**' 또는 '**초타반거스**'라 불리는 본 반거스밸리 서부자락의 광활한 산상초원지대로서 활짝 만개. 싱그럽고 풋풋한 목초지가 한껏 열려있으며 말과 양, 염소 떼가 한가로이 풀을 뜯는 목가적 정취에 실로 눈이 부시도록 멋진 초원의 풍광에 맞닥뜨린다. 극도로 까다롭고 복잡한 퍼밋문제만 아니라면 가히 카시미르 제일의 탐방대상지, 승경구라 매김에 이견이 없을 듯. 초원 중앙부를 가르는 맑은 계류 근처 풀밭 적당한 곳을 찾아 캠핑토록. 이른바 **야딜벡**(야딜마이단)이라 불리는 목초기슭이다. 단, 해가 지고 어두워지면 워낙 인적이 없고 적막하여 야생동물 등의 습격 등 위험에 노출될 수도 있으니 돌출행동을 하거나 혼자 떨어져있는 등의 위험한 상황은 연출되지 않도록 유의해야 함이다.

* 보르반거스 vs 로쿳반거스 : '대(大) 반거스' vs '소(小) 반거스'. 카시미리어 [보르/로쿳]은 '크다/작다'는 뜻으로 힌디어 '바라/초타'와 상통하여 외지 방문자들 사이에서는 이처럼 그들이 사용하는 용어를 적용하여 '바라반거스/초타반거스'라 표칭하는 경우가 보통이다.
* 이 반거스밸리를 경유하는 각각의 최단거리의 마을 간은 현지인들 보행속도로도 최소 하루 일정으로 그만큼 사람이 드나들기 어려워 인적이 매우 드물단 반증. 그리하여 닐반 이후 이 초타(로쿳)반거스까지의 트레일은 해가 저물시 밤시간 특히 곰, 표범 등 산속 야생짐승들로부터의 습격 등등으로부터의 안전문제가 여러 차례 대두된 바 있다. 그래서 더욱 소수 인원의 단독탐방을 허용치 않는 이유이기도 하다.

≈ 반거스밸리 진입 [※ 사진협조 : Koshik Kumar Shil] ≈

반거스밸리 진입 삼림트레일

반거스갈리 오르막 삼림구간

반거스초원 야딜벡 진입 후 뒷방향

≈ 반거스초원 하이킹 [※ 사진협조: Prasiddh Mangarola] ≈

틸완콜 합수초원

마시드앙간 초원계류

와다르발라 방목초원

3일〉 야딜벡(야딜마이단; 2920m)-(1:00)-틸완콜(2910m; 합수지)-(1:00)-마시드앙간(2880m)-(1:00)-와다르발라(2870m; ACP) [런치캠프]

거대한 목초분지 산상초원 풀밭길을 밟아 거진 평지와도 같은 완만한 초지길을 걸어 나아가면 곧 초원분지 중앙부를 가르며 흐르는 계류가 이내 서쪽 골짜기에서 흘러오는 주계곡과 만나는 **틸완콜** 합류부에 이른다. 이 일대 계곡주변은 소위 '습윤초원(초원습지)' 형국의 풍토적 특성을 내포, 매우 이색적이고 독특한 분위기를 아우른다. 이로부터 트레일은 계곡 따라 하류골짜기 방향 북쪽으로 틀어 진행, 곧이어 다시 방목지가 넓게 열리는 **마시드앙간** 초원부로 나아가며 일대의 유목민 거처[앙간]를 마주하며 진행하여서는 계속 이어지는 목초지길 행로로 북서진, 이내 우측(동북) 골짜기로부터의 또한 광활한 메도우밸리가 깃든 일명 **와다르발라** 초원으로 입성하여 소풍길과도 같은 하루 행보를 갈무리한다. 골짜기 어귀에 군 체크포스트(ACP)가 소재해있는바 확인을 마치고서 캠핑장소는 너른 초지부 어디에서나 무방. 맑은 샘도 흘러내려 하루 머물기에 안성맞춤이다. 일찍 도착해 시간

여유가 많으므로 주변부 한가한 유람이나 반나절 내내 느긋한 휴식으로 일관해도 좋을 터. 일정상 여유가 없다면 물론 계속 동북방 초지길로 거슬러올라 와다르갈리(밀다르갈리; 2980m) 너머의 와다르 마을까지 계속 진행할 수도 있을 것. 하지만 이 좋은 곳을 놔두고 그냥 주마간산 스치듯 내쳐 넘어가기엔 참 아까울 터이다. 찾아들기 쉽지도 않은 곳인데... 결정은 각자 트레커의 몫.

* 왈라(왈리/와리/와르)=발라(밸리)=바익(벡) : 모두 다 '산상초원(마이단)'의 의미이다. (⇒ 카시미리 지역방언. 각각의 현지인들 (사용)언어에 따라 이러한 조금씩 다른 표현으로 지명을 호칭.)

초타반거스(로쿳반거스)(※ 사진: Koshik Shil) / 와다르발라 초지 & 와다르갈리 방면(※ 사진: Prasiddh Mangarola)

4일〉 와다르발라(2870m)-(1:00)-와다르갈리(밀다르갈리; 2980m; ACP)-(2:00)-페트와다르(2100m)-(1:00)-분와다르(1900m) / 복귀) 분와다르(1900m)~자찰다라(1650m)~와디포라(1640m)~한드와라(1580m)~소포르(1585m)/바라물라(1590m)~스리나가르(1580m) [차량이동 3~4시간]

와다르발라 동북 방향으로 이어지는 목초지길을 밟아 완사면 오름길로 등행해 나아간다. 그리 힘들 것 없는 완경사의 등로로 진행, 곧 산릉줄기 안부의 해발 3천미터에 이르는 **와다르갈리(밀다르갈리; 2980m)** 고갯마루에 올라서면 이로부터 펼쳐지는 판이하게 다른 동쪽과 서쪽 정취로부터 새삼 평화롭고 아늑해마지않았던 하늘초원 천상의 향연에서 이내 다시 속세로의 숲길 우거진 삼림자락으로 떨구어 내림을 실감한다. 되돌아본 서쪽 방향으로는 광활한 로쿳반거스(초타반거스)밸리의 화사한 초원풍광과 더불어 그 위 거대한 샴사바리(4300m) 산봉을 필두로 장벽처럼 우뚝선 팔라파타르(3820m; 북)와 다즐룽간(바드란; 3800m; 남) 호위봉우리의 풍모가 기세등등하다. 동쪽으로는 곧장 다시 꺼져내린 와다르골짜기 분지골 너머로 인간사 첩첩이 드리워진 아스라한 지평이, 그리고 이어 멀리 불쑥 올라선 하라무크(5148m)의 형상이 아련하다. 고갯마루 한켠에 세워진 마지막 **군 체크포스트(ACP)** 에서의 확인절차를 마치면 곧바로 하산이다. 그로부터 약 2시간여 소나무와 삼나무가 어우러진 숲길을 밟아 내려가면 이윽고 민가가 들어앉은 산간분지 첫 마을 **페트와다르*** 마을자락에 이르고 다시 좀 더 길을 이어 아랫자락 **분와다르*** 마을에 내려앉음으로써 짧지만 강렬했던 본 반거스밸리 트레일 탐방여정은 종료 된다. 찻길이 드리워있음에 차량편을 이용, 마지막 복귀노정에 임하면 될 것. 한편 으론 앞선 페트와다르 마을로도 찻길이 올라와있는바, 거기서 곧바로 차량편을 불러 복귀행로에 임할 수도 있겠다. 단, 카시미르밸리의 악명높은 '반드(= Strike; 파업)'시엔 전 지역 모든 차량운행이 중지되어 이동에 상당한 차질을 빚기도 하는 즉 특히 이런 더더욱 외진 지역으로의 여행시 유념토록.(⇒ 발생했다 하면 보통 카시미르밸리 전역뿐 아니라 남동부 잠무지방에까지 여파!)

* 페트 vs 분 : 상부 vs 하부. 즉 와다르 촌락의 상부마을/하부마을을 구분하는 카시미리 접두언어

☆ 확장여정; 드랑갸리밸리 · 카르나밸리(티트왈) · 롤랍밸리 탐방

- **개략** : 반거스밸리에서 배수되는 북부계곡을 따라 나와 쿠프와라~티트왈 노선 합류지 초우키발 및 북동부 드랑갸리까지 이르는 수려한 계곡구간을 일명 **드랑갸리 밸리***라 일컬으며, 반거스밸리 하류부의 바리바익에서부터 도로가 연결, 이로부터 쿠프와라 행 복귀편 차량을 활용한 사파리형태로 탐방에 임할 수 있다. 한편 쿠프와라로 곧바로 복귀치 않고 드랑갸리 마을에 이르기 전 초우키발 삼거리에서 서쪽으로 사드나패스(3130m)를 넘어 파키스탄 접경지 티트왈 행로로 연계하는 **카르나밸리*** 탐방을 삽입하여 연계할 수도 있음이다. 단, 지역이 지역이니만큼 이 티트왈 카르나밸리로의 행선은 제약이 많아 설령 계획을 세워놓았다 하더라도 현지에서 여정이 불발될 가능성이 농후함을 미리 염두에 둘 것. 이어서 드랑갸리에서 동북향으로 이어지는 카밀(카흐밀)강 북안의 쿠프와라 행 하이웨이를 타고 이동하여 쿠프와라 동부골짜기 내원으로 진입하면 또다시 신세계와도 같은 풍요롭고 빼어난 넓은 계곡풍경이 펼쳐지는즉 바로 반거스밸리와 쌍벽을 이루는 뛰어난 승경지 **롤랍밸리***이다. 이곳을 마지막 여정지로 삼아 머물면서 본 카시미르 서북부 쿠프와라 일주여행을 갈무리, 또는 이의 롤랍밸리~울라르호수(소포르) 행로의 호젓한 산악트레킹루트를 섭렵하여 여로를 마무리할 수도 있겠다.

> * 드랑갸리밸리 + 롤랍밸리 여정은 앞선 **반거스밸리** 탐방과 함께 소위 쿠프와라 지방정부의 LBDDA(Lolab-Bangus-Drangyari Development Authority) 역점 관광개발대상 항목이기도 하다.
>
> ※ 카르나밸리 : 본 사드나패스~탕다르~티트왈 여정행로의 계곡과 골짜기를 일컫는바 지역 중심지 탕다르의 명칭을 따와 '탕다르계곡(밸리)'라고도 불린다.

- **특기사항** : 파키스탄령 아자드카시미르[AK] 지역(닐룸밸리 칠레아나)과의 유일한 소통로- 월 2회 브릿지관문 개방 -인 닐룸강변의 인도령 티트왈 행선의 경우, 현지 거주민 제외한 일반인 엄격 출입통제지역으로서 이곳을 방문하려면 SP뿐 아니라 군 고위급 관계자와의 긴밀(?)한 협조가 필수! (⇒ 1개월 전부터 미리 준비. 설령 퍼밋(SP)발급이 이루어졌다 하더라도 현지 군 초소에서 제지당할 가능성 높으므로 군 당국과의 긴밀한 연락 필수. 아울러 카시미르 정세 불안정 시에는 퍼밋 여부와 관계없이 내외국인 일체 불허.)

≈ 초타(로쿳)반거스~드랑갸리(초우키발) 하행 (※ 사진: Bilal Bahadur) ≈

디아르의 유목민거처(도카)

벨리안마이단

바리바익(드랑갸리계곡 합류지)

> +0일〉 드랑갸리밸리 & 카르나밸리》 하이킹) 와다르발라(로쿳반거스; 2870m)-(1:00)-디아르(2530m)-(1:00)-바리바익(도드콜; 2350m; AC*) / 이동) 바리바익(도드콜; 2350m)~〈드랑갸리밸리〉~초우키발(2180m; ACP)~사드나패스(나스타찬패스; 3130m)~〈카르나밸리〉~탕다르(1840m; CP*)~참코트(1100m; AC)~티트왈(1070m) [차량이동 3시간] / 복귀) 티트왈…사드나패스…초우키발 [차량이동 2시간]

로쿳(초타)반거스밸리의 **와다르발라** 초원에서 서북향으로 이내 좁아지는 하류골짜기 협곡부로 진입하여 약 2시간쯤 걸어 내려가면 다시 널따란 분지골 합류부의 **디아르** 초지언덕에 당도한다. 예서 동쪽에서 흘러드는 벨리안계곡을 거슬러 나아가면 벨리안마이단(초원)을 거쳐 벨리안갈리(2950m)로 등행, 이를 넘어 살락카즈 또는 앞선 반거스밸리 트레킹 종료점 와다르 마을 이정이 연결된다.[도보 각 방향 약 5~6시간 거리.] **드랑갸리밸리** 노정은 이와 달리 계속 북서향 주계곡 하류방향으로 진행, 곧 남쪽에서 내려오는 도드콜(두디콜)계곡 합류지의 **바리바익***(도드콜) 캠프(AC)에 이르고 이로부터 연결되는 도로 따라 북상, 초우키발 삼거리를 지나 이윽고 서쪽과 북쪽에서 합류하는 도나리계곡, 구르달계곡과 만나 비로소 카밀(카흐밀)강의 수류가 비롯되는 드랑갸리 일대로까지 좁은 골짜기를 형성하여 길게 달린다. 찻길은 바리바익캠프 이전의 상류지역 디아르 일대까지 들어와있어 예서부터 본격적인 복귀 사파리여정에 임할 수도 있겠다. 한편 바리바익 남쪽의 큰 지류계곡인 **도드콜**(두디콜) 내원골짜기로는 아늑하고 호젓한 목초지와 더불어 더욱 깊숙한 상류부의 본산 샴샤바리(4300m)와 팔라파타르(3820m) 산군에 둘러싸인 너른 분지골 아래 또한 맑은 물이 솟는 용천샘이 빚어내려 이곳을 찾는 목동들과 가축들에게 좋은 방목입지조건을 선사하고 있다. 향후 일반인들에게도 통제가 완화되어 이 도드콜 골짜기로 거슬러올라 바로앞 고고한 샴샤바리 산령 위로 올라서게 될 날이 오기를 고대해본다.

* AC = Army Camp / CP = Check-post
* 바리바익 : 발원지이자 모산인 샴샤바리(4300m)의 '고원/고산'을 뜻하는 '바리'와 곧 그로부터의 계곡(도드콜) 말미자락 합류부의 '목초지(초원)'를 뜻하는 '바익(벡)'을 합쳐 일명 '바리바익(바리벡)'이란 지명이 생성케 되었다.

초우키발에서 사드나패스 방면

사드나패스에서의 북쪽 풍광(랑와르(3770m) & 구투르(3710m) 능선)(※사진: Koshik Shil)

사드나패스 하행고갯길

드랑갸리밸리의 좁은 골짜기를 빠져나와 이제곧 만나는 **초우키발** 일원은 또한 대단위 군부대(AC) 주둔지역으로 카르나밸리 & 드랑갸리밸리 행로의 출입자를 확인키 위한 군 체크포스트(ACP) 소재, 모든 방문자들은 이곳에서 퍼밋과 출입가능여부를 확인받고 통과하게 된다. 이를 지나 바로앞 언덕부 마을 내에는 여행객들을 위한 편의시설로서의 정부 산하 PWD 레스트하우스가 세워져있다. 초우키발 북방으로 **드랑갸리**를 지나 동북향으로 휘어지는 카밀강을 따라서 쿠프와라 행로로 복귀여정을 잡을 수 있겠으나 만약 여건과 자격이 충분히 갖추어져있다면 이 초우키발 서쪽으로 사드나패스(나스타찬패스; 3130m)를 넘어 카르나밸리 티트왈 행로로 임해보길 권한다. 쉽게 갈 수 없는, 외지인들에겐 그야말로 금단의 지경인바 기회가 그리 쉽게 주어지는 건 아니니 말이다. 하여간 파키스탄 마을과 사람들, 그쪽나라 도로와 자동차들 곧장 제일 가까이에서 코앞 마주할 수 있는, 아니 인도 어디에서도 찾아볼 수 없는 아련한 지경임을 피력해마지않는다. 곧 초우키발 서쪽행로의 이내 가파르게 지그재그 올라서는 구비길을 경유, 이윽고 해발 3130m의 고갯길 관문 **사드나패스(나스타찬패스)**를 통과해 넘어가는 내내 남쪽 산릉너머로 치솟은 거대한 샴사바리(4300m) 산군의 파노라마를 담으며 그로부터 고개 넘어 서쪽길 내리막 역시나 구불구불 한 치 어김없는 질곡(!)의 노정임이다. 고갯길 돌고돌아 내려앉은 **탕다르** 도회는 다시 또 여러 절차를 확인하고 나아가야 하는 곳. 이제곧 인도령 제일 마지막마을 티트왈 방문*에 대해서는 다음과 같다. 1) 본 탕다르의 관청에서 방문허가를 득하고, 2) 이후 경찰관서에서 역시 출입증 발부 및 3) 티트왈 여정 상의 마지막 관문 **참코트** 소재 현지 군부대장으로부터의 출입승인도 동시에 받아야만 최종 마무리.(✔ 이 때 카메라 등 촬영장비와 휴대폰 등 통신장비 일체 회수.) 아울러 티트왈 현지 체류는 불허되며 오직 당일방문만 허용된다.(현지숙박 불가!)

★ 외국인은 스페셜퍼밋(SP)을 득했더라도 현지(군부대)에서 제지당해 이 티트왈 방문이 매우 어려울 수 있다.

≈ 카르나밸리 티트왈 여정 (※ *사진협조: Koshik Kumar Shil*) ≈

카르나밸리 타드 마을

탕다르 방면

탕다르 레스트하우스

티트왈행로 참코트

파키스탄 접경 닐룸강 티트왈브릿지

티트왈 건너편 칠레아나(파키스탄령)

드디어 다다른 **티트왈**은 닐룸(인도명 키샹강가) 강변 최전방(!)의 한적한 국경마을. 서쪽 바로앞으로 마주보이는 이의 티트왈 닐룸강 다리 건너편으로 파키스탄 칠레아나 마을지경이 이내 마주해있는바 불과 닐룸강 건너 50미터 거리로 파키스탄 국기 & 아자드카시미르(Azad Kashmir*) 깃발과 가옥·주민·도로·차량 등 마치 이웃인양 곧바로 마주보인다. 무릇 인도깃발 드리워진 산하 내에서 파키스탄을 가장 가까이 볼 수 있는 곳! 기 언급했듯 안타깝게도 1달에 2회 까다로운 절차를 거쳐 허가를 득한 이의 인·파 양국 지역민들에 한해서 왕래가 이루어진다는 것, 이 외는(자국민 물론) 일절 접근이 불허됨이다. 티트왈- *탕다르분지에서부터 이 티트왈에 이르는 카르나밸리 전역* -은 한편 고대 카시미르의 도읍이었던 곳이기도 하여 곳곳에 예사롭지 않은 웅장한 규모의 옛 유허, 유적이 남아있어 볼거리를 더한다. 국경도시 티트왈 마을 내 꽤 근사하게 세워진 PWD 레스트하우스는 그러나 실상 외지인의 '당일방문만 허용' 조건 때문에 이를 이용(숙박)하는 것은 근본적으로 불가능하다. 고로 이곳을 찾는 고위직 관계인사, 군 관계자(가족 포함) 등등을 위한 이용시설로서 봐야함이겠다. 또는 전적으로 어쩌면 일반여행자를 위함이 아닌 일종의 '전시효과'로서의 시설물로서 봐야할지도.

* Azad Kashmir : '자유(Azad) 카시미르'란 의미. 인도는 파키스탄의 이 명칭을 준용치 않고 대개는 'POK(Pakistan of Kashmir)'란 표현으로 축약하여 대신한다. 다분히 파키스탄의 카시미르 점유를 '인정치 않겠다'= *"카시미르가 파키스탄에 점령되어있다."* =는 의중이 깔려있는 표현이라 보겠다. (∴ POK와 KOP는 사뭇 다르다. 즉 '카시미르의 파키스탄'이냐 '파키스탄의 카시미르'냐 단지 어순차이인 듯도 여겨지지만 그러나 실상은 매우 중요한 의미를 내포한다. 카시미르의 파키스탄(POK)이란 곧 **카시미르를 (무단) 점유한 파키스탄**이라는 의미. 반대로 파키스탄의 카시미르(KOP; Kashmir of Pakistan)란 곧 **파키스탄에 구속된(영유된) 카시미르**'란 의미로서 새겨진다. 고로 인도는 이 전자 POK를 고수하는 가장 명백한 이유로 과거 도그라왕국의 군주 마하라자 싱의 이 카시미르 인도 이양을 들고 있음이다. 즉, 파키스탄은 카시미르를 불법 점유하고 있음에 한 치도 물러설 수 없다는 발상!)

짧은 아쉬움의 티트왈 방문을 마쳤다면 이내 더 이상 머물 수 없이 곧바로 뒤돌려 왔던 행보로 다시 사드나패스(3130m)를 되넘어 **초우키발**로 돌아와야 할 터. 미련은 다음 훗날을 기약하고 언젠가 또다시, 아니 나아가 다시 이 경로를 통하여 저 파키스탄 너머로의 '자유카시미르*'의 땅 까지도 무던히 발을 들이게 될 날이 오기를!!

드랑갸리계곡 삼샤바리(4300m) 방면

카밀강 하류방면 드랑갸리 분지

드랑갸리밸리 안내판

+1일〉 롤랍밸리*≫ 이동) **초우키발(2180m)~드랑갸리(2100m)~판즈감(레디; 1980m) ~크랄포라(1800m)~트라감(1700m)~쿠프와라(1630m)~캄리알(쿠메리알; 1650m)~칼라루스(사트번케이브; 1800m)** / **~캄리알(쿠메리알; 1650m)~ 〈롤랍밸리〉~포투샤이(롤랍; 1700m)~바디베라/크루산(1730m)~소감(1740m)~ 찬디감(1750m)** [차량이동 2~4시간 ⇒ 칼라루스동굴(사트번케이브) 방문 여부 에 따라]

초우키발 삼거리 북쪽길로 **드랑갸리**로 이동, 곧 이로부터 다시 북쪽으로 나누어지 는 두 골짜기 방향으로는 거주민 제외 일반인 출입제한지역인 닐룸강 서·남부연안※ 구투르밸리와 케란밸리로의 분기목. 이 두 금단의 골짜기 행로를 훗날로 기약하고 이내 드랑갸리 동북향으로 계속해서 이제 카밀(카흐밀) 강의 이름으로 빚어지는 강 자락 남안기슭 하이웨이를 타고 이동, 너른 하상분지의 판즈감, 크랄포라, 트라감 등지를 경유하여 바야흐로 지역행정중심지 **쿠프와라** 도회로 입성한다. 도중 거쳐오 는 판즈감 카밀강변에 '레디 관광롯지(Redi Tourist Lodge)'가 마련, 아울러 JK 주 정부 운영의 방갈로(JK Toursit Bangalow)도 들어서있는바 경치 수려한 이곳 일 원에서 잠시 머물렀다 갈 수도. 이러한 (티트왈~)초우키발~쿠프와라까지의 여정 상 에는 흡사 전시상황을 방불케 하는 대규모 군수시설들과 부대들이 운집해있음에 아 닐 것도 없이 일반차량보다도 훨씬 많은 군용차량이 거반 도로를 점거하다시피 왕 래하고 있음은 바로 인접한 파키스탄과 대치중인 민감한 LOC 접경지역임을 다시 금 시사하는 대목이다.

판즈감(레디) 구릉평원 / 카밀강변 레디 레스트하우스 휴게쉼터 / 크랄포라 들판과 샴사바리(4300m) 산군

쿠프와라 삼거리에서 이제 남쪽 한드와라-소포르 행로의 하이웨이(스리나가르 노선)를 버리고 동쪽 산악지대 골짜기행로로 진입, 곧 북쪽과 동쪽으로 길이 나뉘는 **캄리알 (쿠메리알)**에 이르는데 북쪽골짜기 행로로 접어들면 일명 '일곱 문=혈(穴)'이 뚫려있 다 하여 '**사트바란**(= Seven Doors) 케이브'라고도 지칭되는 명소 **칼라루스동굴** 탐 방길에 나설 수 있는바, 동굴 관람은 로컬가이드의 안내에 따라 진행케 되며 내부 에 석기시대의 벽화가 그려져있어 신비로움을 더한다. 또한 전설에 의하면 이 동굴 속 비밀통로(?)를 따라 끝까지 들어가면 마침내 러시아 혹은 중앙아시아의 실크로드 까지 연결된다고도 하는 다소 뜬금없는 소리도 들리지만 하여간 그만큼 끝을 알 수 없는 깊고 신비한 동굴이라는 반증이라고나. 칼라루스 사트바란 인근 캠프사이트가 마련되어있어 이곳에서의 캠핑도 상정 가능하며 혹은 다시 캄리알로 되돌아나와 신 설된 관광객숙소(Tourist Hut)를 이용할 수도 있을 것. 그리고 이제 달리 본격적인

롤랍밸리로의 행보(사파리)를 짓고자한다면 캄리알 동쪽으로 이내 더욱 넓게 열리는 하상골짜기 행로로 진입, 곧 너른 완사면 산록구릉자락의 **포투샤이(롤랍)** 마을지평을 지나면서부터 바야흐로 '롤랍'밸리의 본격적인 장이 열림을 알린다.

이의 롤랍밸리 동향길로 직진, 곧 다시 두세 갈래 나뉘는 **바디베라** 갈림목에 이르는데 남쪽 행로는 롤랍밸리 본토 소감과 찬디감, 다루스, 낙사리 등지로의 노정. 반면 계속되는 동쪽 직진길은 크루산 마을을 경유하여 롤랍밸리 최동부의 바르노이계곡으로 향해가는 노정으로, 도중 거쳐가는 **세크나르(세이완)** 마을에 방문객을 위한 게스트하우스가 마련돼있으며 아울러 앞전의 크루산 마을에도 관광오두막(Guest Lodge)이 신설돼있어 여행객의 이용편의를 도모, 숙박예약은 쿠프와라의 LBDDA 사무소나 스리나가르의 JK 관광사무국에 신청하면 될 일이다. 또한 크루산에서 달리 남쪽길로 **쿠라마**를 경유, 소감/찬디감 노정을 생략하고 곧바로 **낙사리** 방면으로 여정을 지을 수 있음도 주지.

쿠프와라 전경　　　쿠프와라 레스트하우스　　　캄리알 레스트하우스

사트바란 언덕에서의 칼라루스 전경　　사트바란 케이브(굴)　　바디베라 분기목의 만체르계곡

한편 남쪽 행로로 **소감**을 지나 **찬디감**에 이르면 비교적 앞선 동네와는 좀 더 소박한, 전원적인 풍모가 깃들어있음에 많은 롤랍밸리 여행자들이 선호하는 머물곳으로 택해 마지않는다. 관광객을 위한 JK 주정부 운영의 방갈로 및 레스트하우스가 들어서있으며 혹은 마을자락 풍치 좋은 산간초지 일원에서 캠핑을 즐길 수도 있겠다. 곧 이의 소감~찬디감~낙사리 일대를 소위 **'와디롤랍'** 즉 카시미리어 말 그대로 **"롤랍-초원(와디)"*** 내지는 그러한 "롤랍-분지(밸리)"임을 피력, 다시 말해 바로 이 롤랍밸리 본역임을 표칭하는 말인게다. 싱그러운 목초지와 더불어 롤랍밸리 일대에 펼쳐진 풍요롭고 아늑한 논밭 경작지의 풍치 또한 일품인즉 또한 주위로 울창한 소나무숲에 에워싸여있어 더욱 매혹적인 풍경을 자아낸다.

* 초원(목초지)을 뜻하는 카시미리어는 각각의 지역/지방에 따라 이처럼 「와디(와리)/왈리(왈라)/발리(벨리)/발라(벨라)...」 등등의 각자 조금씩 다른 표현(발음)으로서 매겨지고 있음을 알면 사뭇 이해가 편하다. [∴ 와리(와디)=왈라=벨라 : 초원. '바리〈고원〉'와도 상통]

≈ 롤랍밸리 내경 진입 [※ 사진협조: Koshik Kumar Shil] ≈

포투샤이 도로에서 바라보이는 하라무크(5148m) 설산

나야(New) 찬디감 산록기슭 숲지초원

소감 마을진입관문

찬디감 산록마을

찬디감 레스트하우스

★ **롤랍밸리** : 인도령 카시미르밸리 최북단 쿠프와라 지역 동편에 깃든 폭 5km, 길이 20km에 달하는 산악골짜기 풍경구로 전 JK 주 통틀어 가장 아름다운 골짜기의 하나로 자리매김한다. 히말라야 지맥줄기 하라무크(5148m) 서북산경으로부터 휘감아 내려온 산릉자락에 포근히 감싸인 곳으로, 타원형으로 둘러친 산세 아래 고즈넉이 들어앉은 깊숙한 분지골 형태의 이 산간골짜기는 주위로 그러한 아름다운 산세에 에워싸인 소나무숲과 그 중앙을 관통하는 맑고 수더분한 계곡풍치로 인해 더욱 매력적인 은둔의 산수지경으로 회자되어왔는바 무릇 1947년 독립 때까지 식민주체였던 영국인들로부터 가장 많은 인기를 얻었던 여행지의 하나로 인정받기도 하였다. 여러 각각의 마을 주위로 산에서 흘러내린 초지〈와디〉가 아름답게 펼쳐져있고 경작지에서는 사과, 체리, 살구, 복숭아 등 과실농장과 더불어 무성한 호두나무숲과 옥수수밭이 주변 일대에 산개해있다. 마을집들은 전형적인 북부카시미르 스타일의 함석지붕을 얹은 고풍스런 목조가옥들로 여기에 형형색색의 채색으로 더욱 빛을 발한다.

· **퍼밋** : 롤랍밸리 하부지역 여행에서는 불필요. 단, 칼라루스(사트바란) 상부 북쪽계곡 방면으로의 여정시에는 ILP/SP 필요. 아울러 롤랍밸리 동북부 바르노우 북방 산악도로 너머로의 마칠밸리* 방면으로는 거주민 제외 일반인 출입제한구역.

크루산

찬디감

군드만체르

+2일〉 하이킹(와디롤랍 유람)》 **찬디감**(1750m)-(1:00)-**군드만체르**(1720m)-(1:00)
-**두루스**(**다루스**; 1740m)-(0:40)-(*두라스와니*(*다루스완; 1780m*)-(*1:00*)-)
테카야(**테키포라**; 1720m)-(0:40)-**낙사리**(1770m)-(0:30)-**낙마르그**(1800m)

찬디감 마을 북동향으로 난 길을 따라 **군드만체르** 마을까지 나아가 그로부터 남쪽 산기슭에 붙은 길 따라서 **두루스**(**다루스**) 마을까지 이어간다. 찻길보다는 산길걷기를 더 좋아하는 경우라면 찬디감 마을 남쪽골짜기로 올라 목초지 안부에서 이내 좌측(동쪽) 숲지대 산록을 타고 올라 표고차 약 2백미터 높이의 울창한 숲능선을 넘어 곧바로 다루스 마을기슭으로 내려설 수도 있다.[약 1시간30분 소요.] 다루스 지평에 이르러 동쪽 잘 뻗은 마을길로 올라 경작지와 과수원, 마을집들이 옹기종기 성근 푸르른 지평을 가로지르며 **테카야**(**데키포라**) 마을을 거쳐 남동향 분지골 아래 낙마르그 초원으로 향한다. 바로 북쪽엔 제법 번화한 **낙사리** 마을녘이 크게 펼쳐져 있으며 그로부터 장대하게 뻗은 넓고 눈부신 이의 롤랍밸리 풍광이 지평선처럼 아스라이 드리운다. 한편 시간여유가 있다면 다루스 마을에서 바로 낙사리로 넘어오지 않고 남쪽 골자락 **두라스와니**(**다루스완**) 마을지평 산자락길로 에둘러 섭렵해 나아가는 것도 괜찮다. 1~2시간 정도 더 소요되나 호젓한 시골길 정취와 아름다운 풍경으로서 보상받는다. 다루스 남단 산골짜기에 위치한 아담한 마을 두라스와니에는 이러한 찾아오는 여행객들을 위한 게스트하우스가 신설되어 방문객들에게 좋은 쉼터와 시설편의를 제공하고 있다.

데키야(데키포라) 저수지

두루스(다루스) 마을

두루스 레스트하우스

두라스와니(두루스 메도우)

낙사리 삼림초지

낙마르그 산록초원

롤랍밸리 하이킹 종착지 **낙마르그**는 또한 이제 카시미르의 가장 매력적인 목초지의 하나로 자리매김하며 그로부터 한가로이 흐느적한 너른 목초지와 산골 내원의 초지부에서 양떼와 말, 나귀, 소떼가 무리지어 풀을 뜯는 목가적 풍경이 그림처럼 다가온다. 캠핑장비를 지참하여 나섰다면 이곳 낙마르그 일대 초지에서 야영함을 강권. 그러잖다면 다시 북쪽으로 되올라 **낙사리** 마을 일원에서 민가를 활용한 홈스테이 혹은 정부/개인 운영의 레스트하우스 등의 관광숙박시설을 이용하여 머물면 되겠다.

> **+3일〉 트레킹(울라르호수 행)**》 *(낙사리(1770m)-(030)-)낙마르그(1800m)-(2:00)-와트발갈리(코와트패스; 2580m)-(1:00)-람포라(2120m)-(0:40)-라즈포라(라즈푸르; 2080m) / 복귀) 라즈포라(2080m)~와트랍(울라르호수; 1590m)~소포르(1585m)~스리나가르(1580m)* [차량이동 3시간]

낙마르그 남쪽 골짜기길로 등행, 빽빽한 삼림계곡 트레일 따라 2시간 정도 오르면 반디포라 지역으로 넘어가는 능선고개 **와트발갈리(코와트패스; 2580m)**에 이른다. 이 능선안부는 북쪽 롤랍밸리와 남쪽 울라르호수 연안 소포르 일원의 사람들이 주 왕래하던 소통로로 현재도 여전히 적지 않은 오르내림의 발걸음이 이어지고 있다. 아울러 이 능선부 좌우로 양 날개 펼친 듯한 산세 각 방향으로는 이의 산상목초지를 무대로 터를 잡고 삶을 영위하는 목동들의 방목거처지가 파다하게 펼쳐져있기도 하다. (※ 참고적으로, 본 와트발갈리 트렉을 꼭 이 남쪽 골짜기행로로 진입해 올라야하는 것은 아니고 달리 앞선 낙마르그 북쪽마을 낙사리 동쪽으로 오르는 디와르골짜기 루트로 등행하여 그로부터의 능선고개 **디와르갈리(2560m)**에 이르러 남쪽으로 길게 뻗은 해발 2천 6백~7백미터대의 목초능선을 경유, 소위 환상적인 **목초지 초원능선 + 카시미르 전망능선 트레일**을 타고 이의 와트발갈리까지 나아오는 장쾌한 능선트레킹으로 섭렵해올 수도 있다. 다만 도중 해발 2750m 최고점 산릉정상부에 인도군 3선 예비대 캠프- 하라무크 강가발 트렉 (KGL 트렉)의 가드사르・메간도아브 캠프(AC)와 같은 형국 -가 또아리를 틀고 있어 무탈하게 이를 통과하기 위해서는 사전 통과승인이 필수. 아울러 외국인의 경우 트레킹퍼밋도 지참해야 함을 명심하자. [∴ 고로 만약 이러한 행정절차가 수반되지 않았다면 그냥 낙마르그~와트발갈리 직행루트로 올라 넘을 것.])

1) 롤랍밸리 다와르저수지에서 바라본 다와르갈리(좌)~와트발갈리(우) 능선줄기
2) 와트랍 하산길에서 내려다본 와트랍 서남부 평야지대(소포르평원)

이 와트발갈리는 또한 카시미르밸리의 유수한 전망포인트의 하나로, 동남향 바로 아래 거대한 울라르호수의 전경이, 서편 멀리로는 흰 눈을 이고 있는 샴샤바리(4300m), 카지낙(4340m)의 육중한 산세와 아울러 반대편 동쪽으로는 하라무크(5418m)의 인상적인 모습, 그리고 남방으로는 이제 카시미르분지 아득한 평원 가로질러 장쾌하게 달리는 피르판잘 준령의 아스라한 흐름을 시야에 담아볼 수 있다. 내리막길은 곧 남동향 경사진 산록자락으로 그어지는바 약 이삼십 분 가량 수풀 우거진 산길을 밟아 내리면 이내 완만한 구릉둔덕부에 안착하게 되고 이로부터 좌우로 트레일 행보가 나뉘

는즉 울라르호수 방향으로 직행해 나아가고자 한다면 좌측(북동)길로 행로를 잡아 길을 잇는다. 얼마지 않아 마을지형이 훤한 **람포라(람푸르)** 마을녘에 이르게 되고 계속해서 동쪽 구릉안부 넘어 잘 닦인 길 따라 이동하면 마침내 트레킹 종착점 **라즈포라(라즈푸르)** 마을에 당도하며 곧바로 차량편을 호출(또는 운이 좋다면 곧바로 마을길 아래 대기중인 승합지프에 몸을 싣고), 산자락 꼬불꼬불 돌고도는 산악도로를 타고 내려가 이윽고 울라르호수 연안의 와트랍 마을을 거쳐 호수 서남단의 배수지 젤룸강변 소포르 도회에 이름으로써 본 롤랍밸리~반디포라(울라르) 하이킹 & 트레킹여정의 마침표를 찍는다. 이후 여정은 차편을 환승하여 스리나가르 하이웨이를 달려 복귀하면 될 것.

와트랍고개 공원지구(뒤쪽은 와트발 산세)   울라르호수 와트랍~반디포라 이정표(마나스발 도로)

반디포라 남부지대의 울라르호수 & 호안습지. 멀리 보이는 산군은 랑갓(2810m) & 와트발능선

(※ 젤룸강 주 물길이기도 한 이곳은 담수량이 점점 줄어 시나브로 거대 습지와 같은 형태로 변모하고 있다. 현재 산너머 구레즈밸리의 키샹강가(닐룸강) 물줄기를 끌어와 이곳으로 유역변경 시키려는 대토목공사(수로터널공사)가 한창이다.)

⟨∵ 스리나가르의 관광사무소(TRC) 근방 택시승차장에서 이들 목적지[반거스·롤랍·드랑갸리] 전부를 패키지투어- *트레킹 제외 사파리투어* -로 담아 다녀오는 전용택시를 대절해 나서볼 수도 있다. 단, 외국인의 경우는 비용이 다소 들더라도 필히 스리나가르의 에이전시를 통해 진행토록 권고.(⇒ 퍼밋관계부터 비롯해 제반 행정절차가 내국인보다 더욱 까다로워 여차하면 도중 체크포스트에서 출입거부 당하고 환송되는 상황이 심심찮게 발생!)⟩

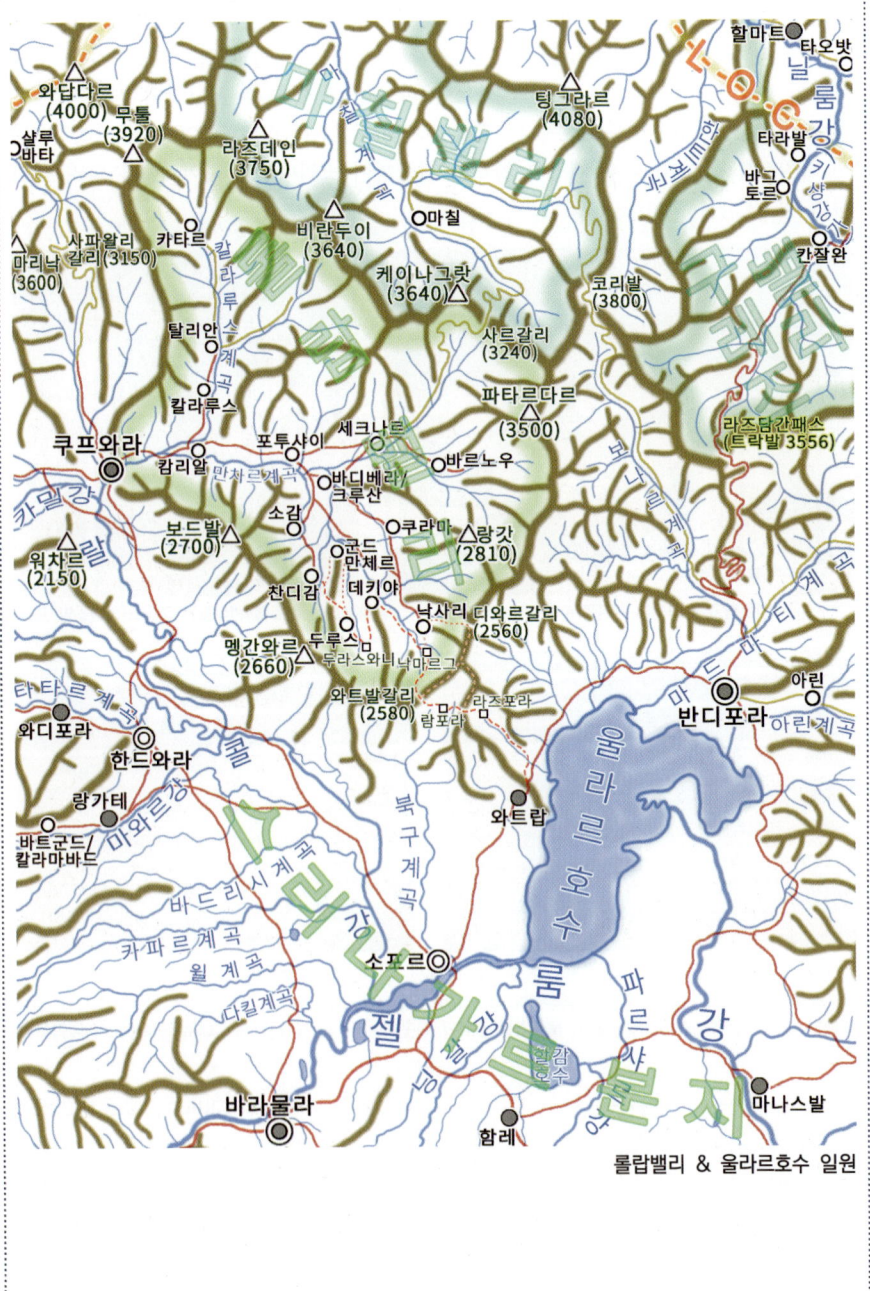

※ 닐룸강 남부연안에 접한 인도령 특별지구
= 파키스탄령 아자드카시미르 닐룸 수역 남부 인도령에 속한 승경계곡 & 골짜기 =

✔ 현지거주민을 제외하고 관광국 출입허가(퍼밋) 및 군부대 승인 없이 일반인(내외국인 일체) 출입통제(앞선 카르나밸리 포함).

a) **리파밸리** : 하라무크산맥 최후고봉 샴사바리(4300m)와 카지낙(4340m) 서쪽으로 빚어내린 골짜기로, 바로 티트왈 참코트 카르나밸리 남쪽 원래의 주골짜기 내원 **리파** 마을을 중심으로 한 계곡과 골짜기일원을 일컫는다. 하지만 실상 '리파' 마을 본원은 LOC 경계 너머의 파키스탄령으로 자리해있는 관계로 그 상류골짜기만을 본 인도령 리파밸리로서 언급, 이로부터 곧 이의 샴사바리~카지낙 산군 바로 동북편의 반거스밸와 댓구(對句)를 이루는 서남 산수계로서 매김한다. (※ 히마찰 키나우르 지역의 리파밸리와 혼동치 말 것.)

b) **구투르(구테르)밸리** : 파키스탄 아트무캄 - *아자드카시미르 어퍼닐룸(Upper Neelum) 지역 중심지(Headquater)* - 동남쪽 닐룸강 건너편 인도령에 속한 골짜기.
(▷ 소계곡)

c) **케란밸리(카샤르카티 계곡)** : 파키스탄 케란(닐룸 마을) 동남쪽 닐룸강 건너편 인도령에 속한 골짜기.(▷ 중급계곡)

d) **마칠밸리** : 파키스탄 폴로와이 – *구라스밸리 서쪽 끝* – 남쪽 닐룸강 건너편 인도령에 속한 골짜기.(▷ 닐룸강(키샹강가) 수계 인도령 골짜기 중에서 가장 범위가 넓은 깊고 수려한 계곡!)

파키스탄령 아자드카시미르 하티얀 지역 강가피크에서의 LOC 경계봉 카지낙(4340m) 원경

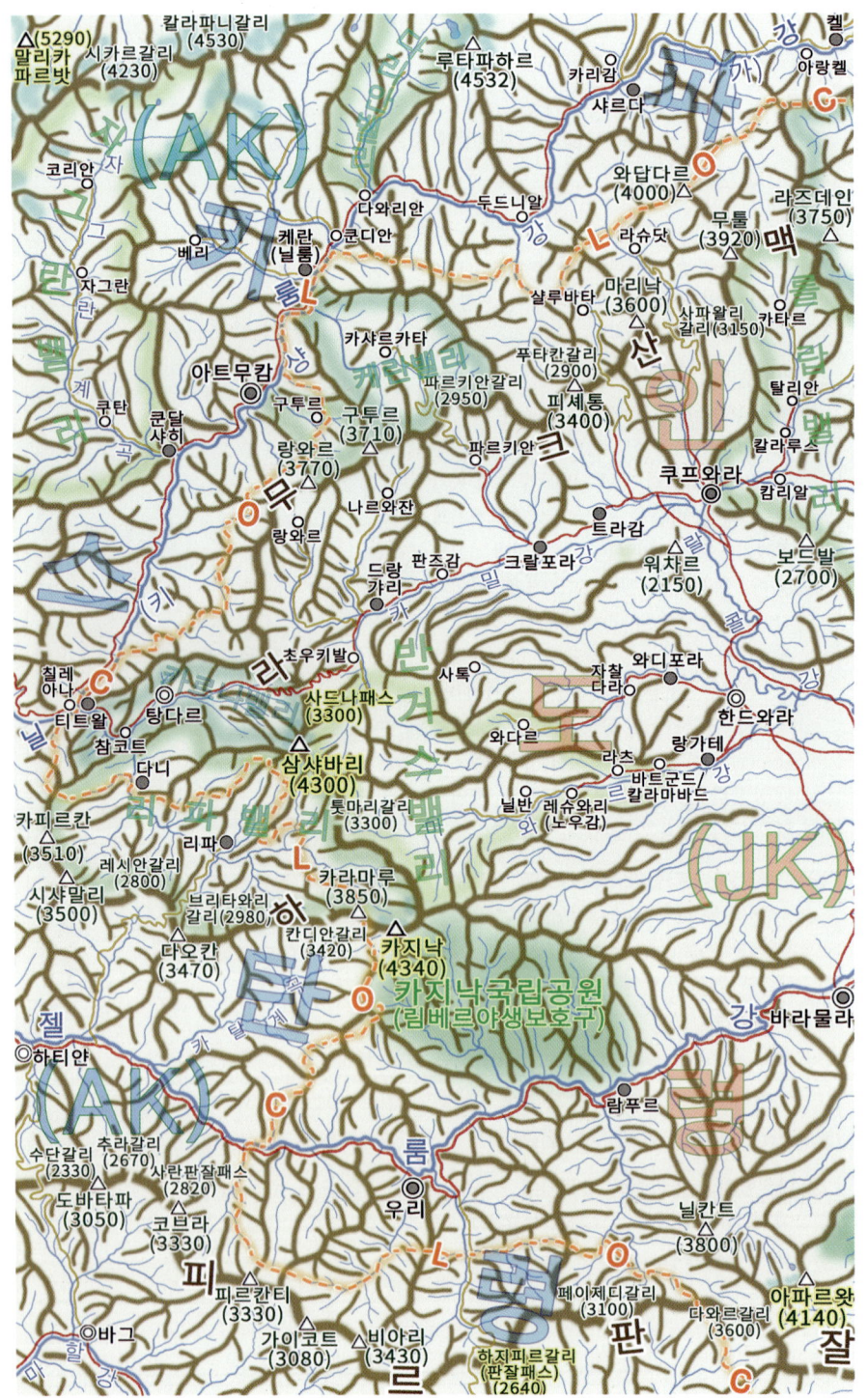

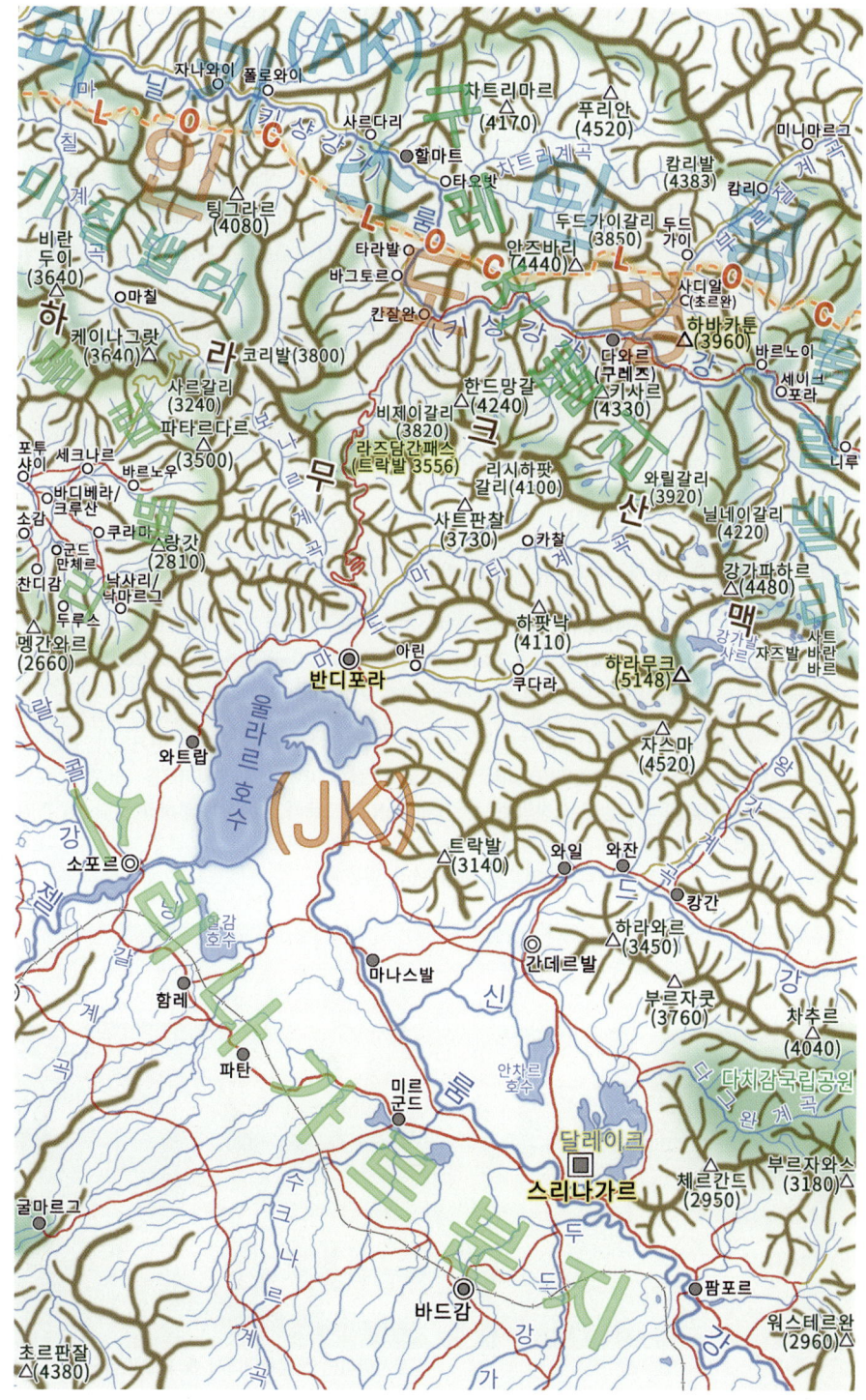

1-3-1. 피르판잘 북부 산상호수 트레일(토사마이단~두드파트리)

◆ **개략** : 카시미르의 서부피르판잘[WPP] 산계에 놓인 트레킹코스로서, 무릇 파키스탄과의 카시미르 영유권다툼에 의거 민감한 대치지역에 접한 연유로 1964년부터 군사지대(군 사용전유지역)로 묶여 일반인의 통행이 자유롭지 못했던 곳이었는 바, 바야흐로 50년이 지난 2014년 4월 군 점유권이 비로소 해제(50년 임차계약 종료)되면서 그 해 9월부터 일반관광객에 개방, 카시미르 피르판잘의 명품 트레일로 다시금 각광받기에 이르렀다. 특히 인도령 카시미르 피르판잘산맥의 웅산 카라파하르(보드사르피크; 4430m) 산지를 끼고 두른 아름다운 산상초원과 고산호수지대를 섭렵, 실로 눈부신 거대한 토사마이단과 두드파트리 두 명승 초원대지를 함께 엮어 탐승하는 명품 루트로서 소개해 선보이고자 한다.

◆ **트레킹 최고점** : 가드타르릿지(4150m), 파트리갈리(팜사르갈리; 4120m)

◆ **트레킹 방식** : 캠핑트레킹

◆ **퍼밋** : 불필요. 푼치* 여정시엔 ILP 필요✔

✔ 단, 푼치 방면 여정(하산)시 ILP를 발급받았다 하더라도 치니마르그갈리(4070m) 경유 자미안 계곡 방면으로는 하산 불가하며(LOC 인접지역) 카라키갈리(4120m) 또는 파트리갈리(팜사르갈리; 4120m) 루트로만 통행 가능, 곧 그로부터 로란밸리를 거쳐 만디~푼치 행로로만 통과 허용.

* 푼치 : 젤룸강의 카시미르 산경 내 형성된 첫 번째 중요지류인 **푼치강 수역**에 근거하여 구획되어진 카시미르 서부지방의 행정구역(District)명칭으로서, 현재 이 지경은 카시미르를 양분한 인도와 파키스탄에 의해 각각 동일한 명칭의 '푼치 지역(District)'으로서 행정을 관할하고 있다.(⇒ 파키스탄 아자드카시미르〈AK〉주 푼치 지역 vs 인도 잠무카시미르〈JK〉주 푼치 지역. 단, AK쪽은 푼치(북) & 수드노티(남) 지역으로 다시 행정 이분화.)

토사마이단 산상초원대지 & 피르판잘산맥 설산령

I. 일정가이드

0~1일 : 출발〉 잠무(330m)/스리나가르(1,80m)~쿨감(1740m)/바드감(1770m)~
쇼피안(2070m)/칸사히브(1670m)~샹리포라(슐링푸르; 2150m)
[차량이동 잠무 시점 9~10시간 / 스리나가르 시점 1시간30분±]
트레킹〉 샹리포라(슐링푸르; 2150m)-(3시간)-바리발(3180m)-(1시간
30분)-토사마이단(3100m)

잠무 방면에서는 쿨감과 쇼피안, 스리나가르 방면에서는 바드감과 칸사히브*를 거쳐 본 카시미르밸리(스리니가르분지) 바드감 지역(District)이 서남부 최오지 피르판잘산지의 **샹리포라** 마을로 들어선다. 샹리포라는 바로 남쪽의 드랑 마을과 함께 본 토사마이단 행로의 트레킹기점이다. 어느 마을을 택해도 좋지만 JK 관광홍보는 이 북쪽 샹리포라 코스를 주 루트로 잡는다. 곧 이로부터 남서향 행보로 트레킹 여정을 시작, 이어서 소나무, 자작나무 삼림이 어우러진 숲길은 산록 수림대를 통과하여 오름길을 지으면서는 점차 돌길, 바윗길로 어우러진 가파른 트레일을 밟아 등행루트가 이어지고 그로부터 3시간가량 올라서면 이윽고 펑퍼짐한 **바리발(3180m)** 산릉마루 안부에 당도한다. 바야흐로 서남향으로 장쾌한 피르판잘 주산령 쉬브마히누(4530m), 쉬브낙(4350m) 두 봉우리와 남쪽의 카라파하르(보드사르피크; 4430m)의 형세가 웅장하게 바라보인다.

바리발 후방 샹리포라 방면 / 바리발 고갯마루에서의 토사마이단 & 피르판잘산맥 방면 전망

서쪽 드넓은 지평으로 열린 초지부로 완만히 내려앉으면서 곧 아랫녘 **가드타르계곡** 안부로 하행, 그로부터 계류를 건너 초지를 가로지르며 이제 방대한 **토사마이단*** 초원부로 입성한다. 토사마이단은 부드러운 완경사면의 초원으로 에워싸인 거대하고 광활한 목초지대. 젤룸강 지류 푼치강 유역 무갈의 후예 구자르 바카르왈* 유목민들이 소와 말, 양, 염소 등 가축 떼를 이끌고 피르판잘 쉬브마히누(4530m) 안부의 치니마르그갈리*(4070m)를 넘어 찾아들어와 방목생활을 하며 여름을 나던 곳. 끝없는 초록의 카펫을 펼쳐놓은 듯 가히 환상적인 풍경으로부터 세칭 '피르판잘의

보석'이란 찬사를 받고도 있는바, 아닐 것도 없이 저 유명한 굴마르그나 소나마르그 초원보다도 더 풍치가 뛰어난 아름답고 매혹적인 경관지역으로 언급되기에 이른다. 날만 좋다면 북동방 인상적인 하라무크(5148m) 산세가, 아울러 동쪽 먼 방향으로는 기골찬 콜라호이피크(5425m)와 뒤편 우향으로 카시미르밸리 최고봉 눈(7135m)·쿤(7077m) 두 만년설봉의 오롯한 형상들도 시야를 장식한다. 계류가 어디에서나 훌륭한 캠프지로 손색없다.

* 칸사히브 : 칸(Khan) 님/귀하(Sahib)의 이름을 따와 명명된 도시. '사히브'는 영어의 Sir에 해당.
* 토사마이단 : 카시미리어 대왕〈토사〉+초원〈마이단〉 즉, 광활하고 거대한 초원대지를 상징.
* 무갈, 구자르, 바카르왈 : 무갈(Mughal)은 과거 무굴제국 시대 하의 이슬람교도를 일컫는 말. 구자르(Gujjar)는 이렇듯 이슬람교를 신봉하는 잠무와 카시미르 지역의 무슬림 족속으로, 주로 짐승(가축)들을 이끌고 계절에 따라 연중 유랑 방목생활을 하는 것으로 알려져 세칭 '구자르=카시미르 유목민'이란 등식화가 성립케 된 배경이기도 하다. 이는 한편 인도 내 하나의 (하급)카스트로 자리매김하고 있음에 - 카시미르밸리 일원에선 실제 이러한 '구자르' 이름(성씨=카스트)을 지닌 사람들을 예사롭지 않게 만날 수 있다. - 또한편으로 이로부터 분파된 곧 카시미르밸리(스리나가르 분지) 너머로 이의 피르판잘 서남부(잠무·리아시·라조우리·푼치) 지역을 터전으로 활동하는 구자르인 부족을 일명 '구자르 바카르왈(Bakarwal)' 내지는 약칭 '바카르왈'이라 호칭하고도 있다. 이와 달리 카시미르 동편 히마찰 일원의 산악지역에서는 이슬람과 대비되는 힌두교를 신봉하며 방목생활을 하는 '가디(Gaddi)' 유목민들이 있다.
* 치니마르그갈리 = 설탕〈치니〉+초원〈마르그〉+고개〈갈리〉

≈ **토사마이단에서의 풍광**(※ 사진협조: Hilal Ahmed) ≈

수타란 방면

토사마이단 산상초원 & 쉬브낙(4350m)(좌측봉)

≈ **토사마이단 초원길 & 수타란 골짜기**(※ 사진협조: Nissar Ahmed) ≈

토사마이단의 유목민처자들

토사마이단 아래 수타란 마을

수타란 유목부락의 아이들

2일 : 토사마이단(3000m)-(4~5시간)-가드타르사르*(3920m)/다만사르(3950m)

남쪽방향으로 완만히 오르는 그리 힘들지 않은 여정이다. 다만 오를수록 고도가 높아짐에 따라 고산증세가 발현하니 호흡과 보행에 유의토록. 끝이 없이 펼쳐지는 아름답고 아늑한 초원대지 산상트레일로, 서너 차례 서쪽 피르판잘산지에서 내려오는 계류를 건너며 진행한다. 계류부와 어우러진 완사면 초지 역시 광활하기 이를 데 없다. 흐느적 너댓 시간쯤 걸어올라 이윽고 피르판잘 주산릉 분수령 바로 동쪽기슭에 놓인, 3개의 호수가 층층이 연이어 형성된 **가드타르사르** 산상지구에 당도한다. 호수 내 송어가 서식하여 낚시 겸한 유람으로도 각광받는 곳. 각 호수 간 탐방은 거대한 바위가 성근 돌길 트레일로 연결되며 주변 싱그러운 풋풋한 녹지가 드리워있다. 시간여유 있다면 가드타르사르 북쪽으로 또하나 그림같은 **다만사르*** 산상호수 역시 탐방해봄직하다. 직경 약 8백미터의 작지 않은 타른(Tarn)호수로, 가드타르사르에서 왕복 1시간반 정도 소요된다. 또는 아예 이 다만사르 초지부에서 캠프를 취할 수도. (∴ 이들 산상호수지대에서의 야영시 해발 4천미터에 육박하는 고지대이므로 밤사이 고산증에 유의.)

한편 이 다만사르 북방으로 푼치~토사마이단으로 넘나들던 구자르 고갯길 **치니마르그갈리*(4070m)**가 놓여있는바, 이를 넘어 서남향 로란(술탄파트리)계곡 따라 내려가면 곧 만디*~푼치 행로의 인도령 카시미르 최서단 LOC 접경부로 연계할 수 있다. (✔ 단 계절적 이유로 5월말~10월초 기간만 고갯길 통과가 가능하며, 아울러 지역민이 아닌 이상 ILP/SP 소지 여행자에 한해, 그것도 서쪽 자미안계곡 방면으로는 나아갈 수 없고 남서향 로란밸리 방면으로의 행보만 통행이 허용된다.)

* 가드타르사르 = 물고기〈가드〉+셋〈타르〉+호수〈사르〉 즉 물고기가 사는 세 개 호수.
* 다만사르 = (높은)언덕〈다만〉+호수〈사르〉 즉 말 그대로 '산상호수'임을 지칭.
* 치나마르그갈리 = 설탕〈치니〉+초원〈마르그〉+고개〈갈리〉
* 히마찰 주 만디 지역 명칭(행정도읍지)과 헷갈리지 않도록.

피르판잘산맥 & 가드타르사르계곡 등행길 / 가드타르사르(상부호수) / 다만사르

가드타르사르캠프 / 카라파하르(4430m)(우측봉) & 보드사르 방면 트레일 / 보드사르 & 카라파하르 운무

3일 : 가드타르사르(3920m)/다만사르(3950m)-(1시간30분)-가드타르릿지 (4100m)-(1시간)-보드사르*(3960m)-(1시간20분)-파트리갈리(팜사르갈리; 4120m)-(40분)-팜사르(3980m)

가드타르사르(또는 다만사르) 캠프지에서 남쪽으로 이제 가드타르릿지를 넘어 또 다른 산상호수지대 보드사르 방면으로 나아간다. 가드타르릿지 오르막은 제법 가파른 등성이길로 초지와 바위지대, 설상지대가 혼연돼있다. 그로부터 동쪽 조망 훤칠한 **가드타르릿지** 둔덕마루(4100m)를 넘어서면 이내 남쪽으로 바라보이는 보드사르 행 내리막이 드리우며 비교적 덜 가파른 측면길 하행루트를 경유, 모름지기 일대의 가장 큰 호수지대 **보드사르**에 내려앉는다. 때로 대규모 가축떼를 몰고 이동방목에 나서는 카시미리 목동들과도 심심찮게 조우한다. 풍치 수려한 보드사르 3개 호수 유람 후 계속해서 남향 행보로 완만한 구릉둔덕 바위지대를 통과, 곧 잠무지방(푼치밸리)~카시미르밸리를 오가던 또하나의 구자르 고갯길 **파트리갈리(팜사르갈리; 4120m)**를 지나서 이내 마지막 호수지대 **팜사르**에 이른다. 이 또한 매력적인 산상호수로서 바야흐로 해발 4천고지 피르판잘 고산에서의 마지막 야영지로 갈음한다.

팜사르

* 보드사르 = 숲〈보드〉+호수〈사르〉 즉 숲에 둘러친 호수의 의미.

4일 : 팜사르(3980m)-(2시간)-칼카트(3500m)-(1시간)-찬즈(3300m)-(3시간) -두드파트리(2730m)

팜사르에서 왔던 길 되돌아 토사마이단 방면으로 하산할 수도 있겠으나 기왕이면 새로운 루트로, 아울러 JK 정부에 의해 더욱 각광받는 명소로 부상 중인 동북녘 또다른 대초원 두드파트리 방면으로의 하산트레일로 본 트레킹의 대미를 장식한다. 곧 팜사르 동북루트로 수크낙계곡 최상부의 완만한 초원산록 내리막을 타고 2시간 가량 하행, 구자르 유목민들의 여름거처인 **칼카트** 목초지에 안착한다. 그로부터 남쪽에서 내려오는 지류계곡을 건너 다시 동쪽 완만한 둔덕부로 잠시 올라서며 곧바로 또다른 유목민거처 **찬즈** 목초지에 이른다. 이로부터 계속 동북향 구릉능선을 타고 완만하게 내려앉다 곧이어 산세가 가파르게 떨구어내리면서는 곧 너른 분화구처럼 펼쳐진 광활한 초원지대 **두드파트리***로 발을 들인다. 부드럽게 굴곡진 평탄한 대초원 가운데 흐느적 계류가 통과, 이 또한 북향으로 흘러 수크낙계곡으로 합세한 후 스리나가르 북단의 젤룸강을 향해 나아가는 물길이다. 달리 또 한편으로는 두드파트리 동북 방향으로 수르시아브 운하 쪽으로도 수류를 흘려 이내 스리나가르 남단의 젤룸강 상류부로 합세해들고도 있다. 두드파트리 초지에서 캠핑 또는 PWD(Public Works Department) 레스트하우스를 이용하여 투숙, 꿈같은 초원지대에서의 멋진 마지막날 하룻밤을 갈무리한다.

* 두드파트리 = 우유(빛)〈두드〉 + 초원〈파트리〉 (※ 포슈파트리: 꽃초원 / 보드파트리: 숲초원)

두드파트리의 유목민 거처지(도카)   두드파트리 구릉초원 & 피르판잘산맥 원경

5일 : 복귀〉 두드파트리(2730m)~칸사히브(1670m)/쇼피안(2070m)~바드감(1770m)/쿨감(1740m)~스리나가르(1580m)/아난트낙(이슬람아바드; 1600m) [차량이동 각 방향 1시간30분±]

복귀 전 키시미리 초원에서의 멋진 여가를 즐기고 싶다면 두드파트리 일대 구릉초지에서의 조빙(zorbing)이나 두드파트리~마감(Magam) 구간 수크낙계곡 따라 송어낚시 내지는 래프팅 등 레저활동도 추진해볼만하다. (∵ 앞선 토사마이단 산상초지에서 역시 조빙 외 패러글라이딩/패러세일링 등 산악레저스포츠를 즐겨볼 수 있다.)복귀 시에는 두드파트리 아래쪽으로 나있는 찻길로 나와 차량편을 이용, **스리나가르** 또는 **아난트낙**(⇒ 파할감/키슈트와르/잠무 행선시) 행로로 여정을 마무리한다.

두드파트리 공원개발국 입구   두드강가 수르시아브 운하   차라르-에-샤리프(경유지 마을)

◆ 인근명소 :

· **카시미르밸리 방면**〉 알파테르호수, 굴마르그, 탕마르그, 유스마르그, 수타란(시타하란) 용출샘, 페흐잔 초지 & 나키와르팔(콧구멍바위), 나라낙 카그(용천샘), 포슈카르낙, 닐낙, 간다크낙(유황천), 셰이크 누르우딘왈리(사당), 수르시아브 운하

· **푼치 방면**〉 로란밸리, 자미안밸리, 수란밸리, 스와미붓다 아마르나트지 만디르, 지아랏 셰인미란사히브, 푼치포트(성), 난디슐폭포, 누리참브(폭포), 라타참브(폭포)

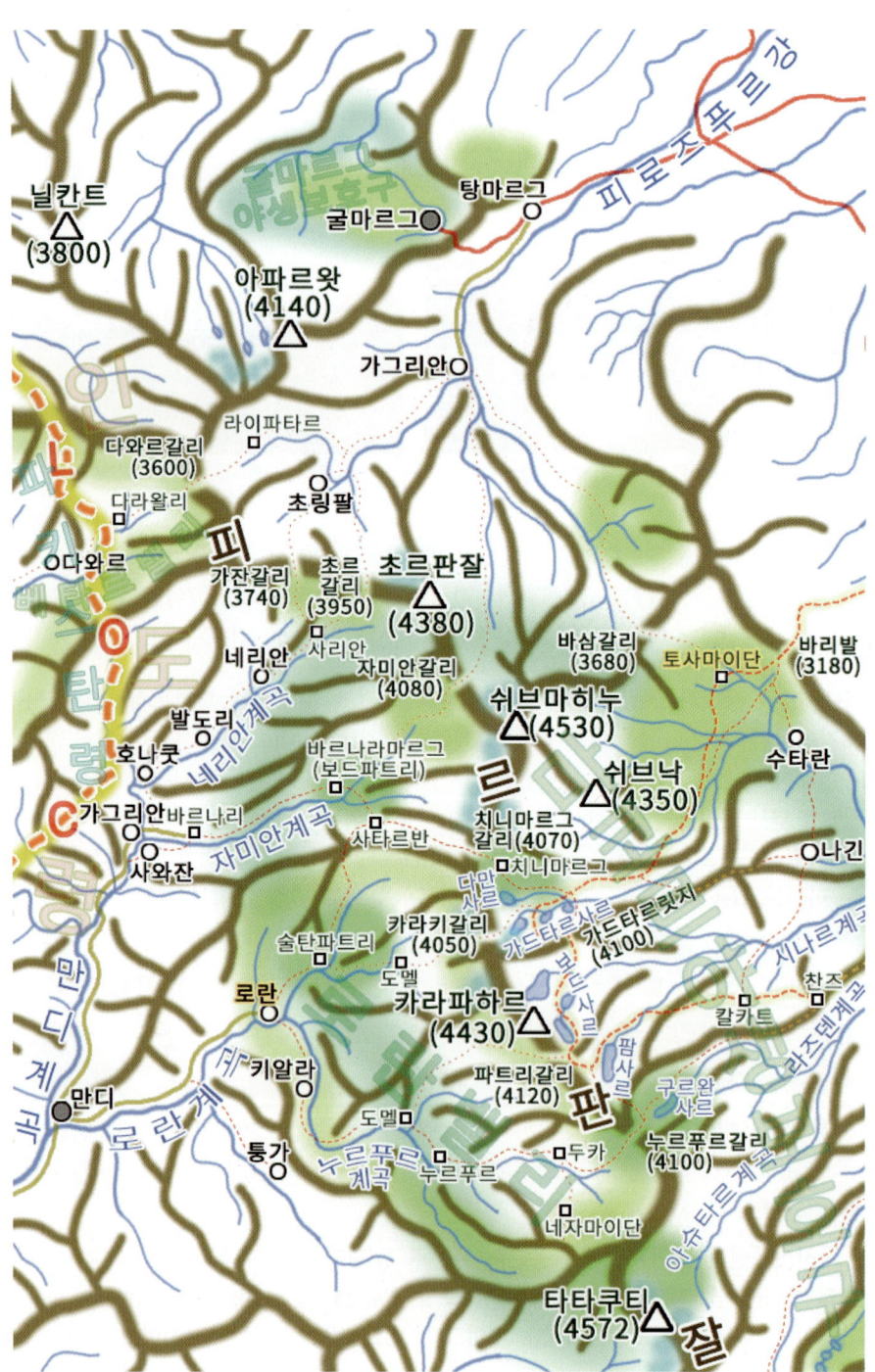

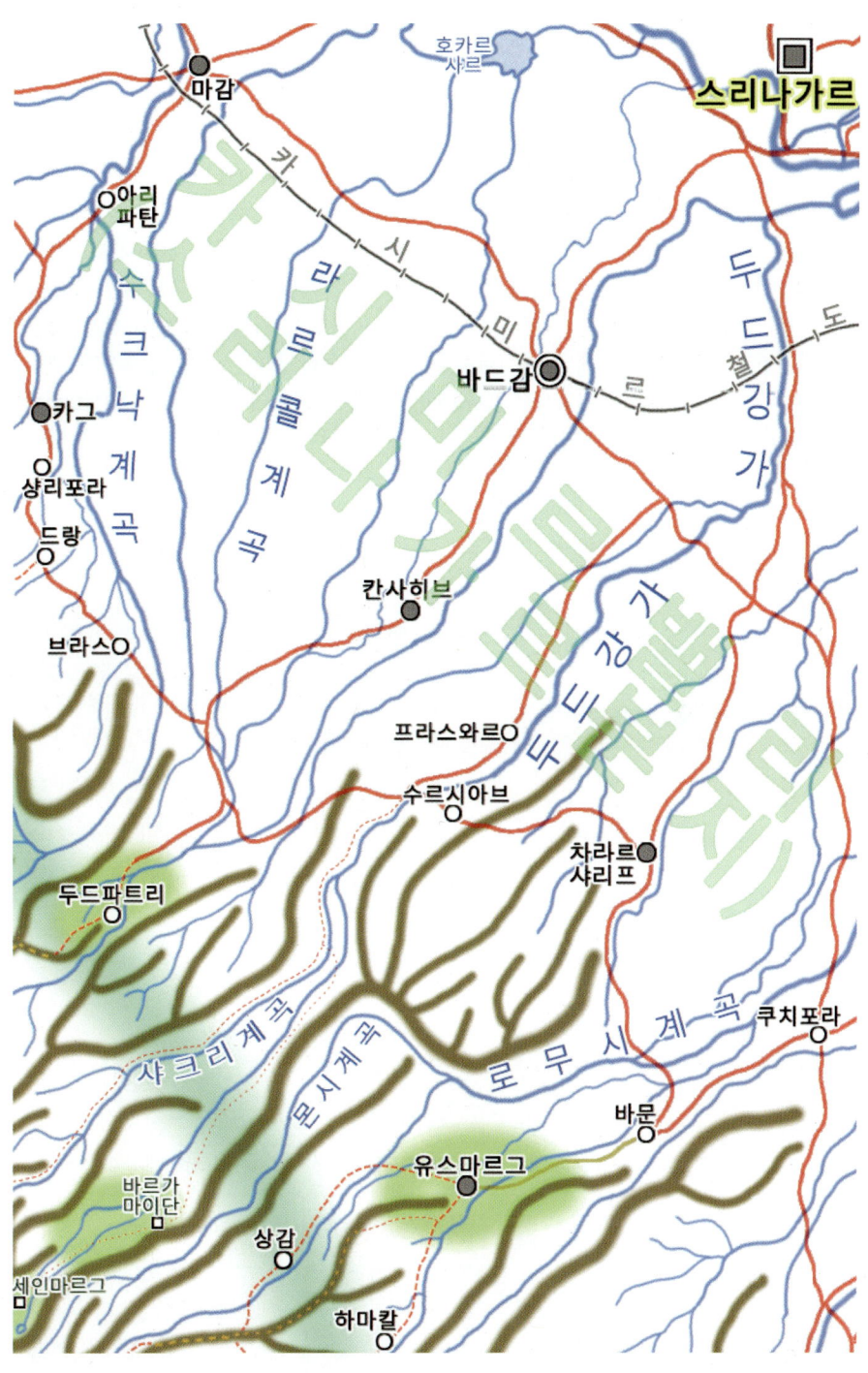

☆ 확장트렉; 로란밸리 트레일
(# 3일/4일~)

· **개략** : 인도령 카시미르의 푼치-라조우리 피르판잘 산지 일원에는 깊고 험준한, 빼어난 계곡승경지가 산재해있다. 그 중 **로란밸리**는 카시미르 피르판잘 서남자락에 놓인 매우 아름다운 골짜기로서, 북쪽의 **사와잔밸리**와 쌍벽을 이루는 푼치 지역의 명소로 자리매김한다. 특히 파키스탄과의 정전선(LOC)에 근접한 사와잔밸리의 자미안계곡 루트가 일반인들에게 쉽게 개방을 허용치 않음에 반해 이 로란밸리 일원은 어느 정도 요건만 갖추고 나서면 탐방이 가능하여 향후 더욱 많은 인기를 구가할 것으로 예상된다. 더욱이 카시미르밸리 쇼피안~푼치/라조우리 행로의 피르판잘 고산고개 피르키갈리(피르판잘패스)를 넘는 이른바 '**무갈로드**(Mughal Road)'가 개통됨에 따라 그동안 지역간 소통의 어려움과 지역적 낙후성으로 인해 여행의 행선으로부터 외면받아오던 이 푼치 피르판잘 내원의 산간지역이 작금에 이르러 각광받기 시작, 바야흐로 높은 관광잠재력을 드러내보일 수 있는 발판이 마련된 계기가 되었다 할 수 있다. (✔ 단, 외국여행자들은 ILP 소지 필수)

무갈로드 피르키갈리(3490m; 피르판잘산맥 분수령)

무갈로드 데라키갈리(2230m)에서의 푼치 피르판잘산맥 조망 / 푼치 난디슐폭포(로란밸리 소재)

푼치 방면에서의 피르판잘 카라파하르(4430m) / 푼치 스와미붓다 아마르나트지 힌두사원 / 푼치 로란밸리

▷ **루트1**; 치니마르그갈리 루트〉 **다만사르(3950m)**-(0:30)-**치니마르그(4020m)**-(0:30)-**치니마르그갈리(4070m)**-(1:30)-**사타르반(3530m)**-(3:00)-**술탄파트리(2230m)**-(1:30)-**로란(2000m)** //

다만사르 서북방으로 넓게 열린 방목지대 곧 '설탕초원'이란 명목의 **치니마르그**를 가로질러 이의 펑퍼짐한 피르판잘 고갯마루 **치니마르그갈리**를 넘어 계속 서북방 행로로 내리막, 그로부터 피르판잘 서쪽지경 푼치밸리 자미안계곡의 지류계곡 골짜기가 드리우는 안부(**사타르반**)에서 님쪽으로 틀이 이이긴다. (※ 달리 계속 서북향 골짜기 따라 직진해 내려가면 이내 자미안계곡 주골짜기로 들어서서 바르나라마르그(보드파트리) 경유 바르나리~사와잔밸리~가그리안 루트로 하행케 되지만 이 코스는 아자드카시미르(파키스탄령)와 매우 인접한 정전선(LOC) 경계구역으로 진입하게 돼 일반인들의 통행은 쉽게 허용되지 않는다. ☞ 루트개략은 아래 ※ 자미안계곡 루트 참조) 이로부터 피르판잘산맥에서 내려오는 남쪽 지능선 산등성이 허리길을 밟아 오르면서는 곧 다시 남쪽 가파른 내리막사면으로 하행, 이내 로란밸리 북동지류 상부골짜기로 내려앉으면서 곧바로 너른 산록목초지가 드리운 **술탄파트리** 초원부에 안착하고, 이어 서남향 계곡 따라 나아오면 바로 로란밸리의 첫 마을 **'로란'** 마을에 이른다. 숙박/야영은 로란 마을 일대나 그 전의 술탄파트리에서의 캠핑으로 갈음한다. 로란에 트레커들을 위한 사라이(여객숙사)가 마련돼있다.

※ **자미안계곡 루트**(외국인은 인도 자국민그룹과 합동으로 탐방)

⇒ …**사타르반(3530m)**-(2:00)-**보드파트리(바르나라마르그; 2700m)**-〈자미안계곡〉(1:30)-**바르나리(2100m)**-(0:30)-**가그리안(1920m)**-(0:30)-**사와잔(1900m)** // 사와잔(1900m)~[차량편 30~40분]~만디(1460m)~… 이하 하단 복귀노정 준용

∴ 또한 예로부터 피르판잘 트레일의 유명한 산행기점이었던 사와잔 역시 푼치 지역(District) 개발당국에서 마련한 트레커들을 위한 사라이(숙사)가 들어서있다.

▷ **루트2**; 카라키갈리(케라갈리) 루트〉 **가드타르사르(3920m)**-(1:00)-**카라키갈리(케라갈리; 4050m)**-(2:30)-**술탄도멜(2850m)**-(1:30)-**술탄파트리(2230m)**-(1:00)-**로란(2000m)** //

가드타르사르 서쪽으로 피르판잘 **카라키갈리** 고개를 넘어 곧바로 서남자락 급준한 내리막사면을 타고 곤두박질치듯 떨구어내리면 그로부터 두 골짜기가 만나는 계곡 합수지(**술탄도멜**) 안부에 이르고 계속 서향으로 계곡루트 따라 하행, **술탄파트리** 초지산록 말미에 닿으면서 이내 **로란** 마을에 이른다. 로란밸리 트레일 중에서 가장 가파르고 힘겨운 코스이다.

▷ **루트3; 파트리갈리(팜사르갈리) 루트**〉 **팜사르(3980m)-(1:00)-파트리갈리(팜사르갈리; 4120m)-(3:30)-누르푸르도멜(2550m)-(2:00)-키알라(2130m)-(1:30)-로란(2000m) //**

팜사르 서쪽고개 **파트리갈리(팜사르갈리)**로 올라 이의 피르판잘산맥을 넘어 곧바로 서향 내리막으로 지그재그 내려앉으면서 이윽고 남서향으로 굴곡진 계곡 골짜기와 만나 하행, 그로부터 남쪽 누르푸르마르그에서 내려오는 합수계곡(**누르푸르도멜**)과 만나 다시 서향으로 루트를 잇는다. 이로부터 깊고 심오한 **로란밸리 주계곡**이 펼쳐지며 곧이어 첫 민가지역 **키알라** 기슭에 이르고 이내 북상해 꺾어 흐르는 계곡트레일을 밟아 **로란** 마을까지 이어간다.

▷ **루트4; 누르푸르갈리 루트**〉 팜사르(3980m)-(1:00)-**누르푸르마르그(4150m)-(0:30)-누르푸르갈리(4100m)-(2:00)-누르푸르(2700m)-(0:30)-누르푸르도멜(2550m)-(2:00)-키알라(2130m)-(1:30)-로란(2000m) //**

팜사르 남쪽 완사면 등성이길로 진행, 이의 피르판잘 고갯마루 누르푸르갈리 일대 초원지대(**누르푸르마르그**)까지 나아간다. 이 바로 남단, 동서로 왕래가 잦았던 **누르푸르갈리** 고갯길이 열려있음은 곧 푼치~카시미르밸리로 나아가는 푼치 피르판잘 상의 가장 쉬운 노정이자 가장 많은 인기를 구가했던 트레킹루트이다. 아울러 본 푼치 피르판잘 산상호수 트레일 상의 로란밸리 행로의 가장 남쪽에 놓인 코스. (※ 누르푸르갈리 바로 북동쪽(카시미르밸리 방면) 0.5km 거리에 한편 '**구르완사르**' 라고 하는 자그마한 호수가 하나 더 있다. 평탄지형에다 가까운 거리이므로 탐방 후에 본 여정을 이어갈 수도 있겠다.) 누르푸르갈리에서 곧 서쪽으로 깊게 팬 골짜기길을 타고 하산, 이윽고 구자르 바카르왈 유목민들의 독(도카)이 형성된 이 고갯길의 유래 '**누르푸르**' 초지골짜기에 안착한다. 이로부터 서북향으로 휘어도는 계곡 따라 하행, 이내 북동쪽에서 내려오는 파트리계곡과의 합수지(**누르푸르도멜**) 어귀에서 다시 서향으로 꺾어도는 계곡길 따라 **로란밸리 키알라** 마을로 향한다. 이후 **로란** 마을까지의 트레일은 동일.

....

⇒ 이후, 복귀〉 **로란(2000m)~팔레라(1800m)~만디(1460m)~찬닥(크와자; 1150m)~수란코트(1380m)~사모트(1470m)~바플리아즈(1620m)~(환승)~데라키갈리(2230m)~아즈타마바드(마니알; 1700m)~탄나만디(1450m)~바롯(1300m)~라조우리(915m)** [차량이동 2~3시간] 또는,

피르키갈리 행로)) …**~바플리아즈(1620m)~〈무갈로드(Mughal Road)〉~마흐라(세일란; 1800m)~베람갈리(1900m)~찬디마르(찬난세르; 1880m)~다르잔(두르기안; 2400m)~포시아나(2880m)~차타파니(라타참브; 3000m)~바글라(3100m)~피르키갈리(피르판잘패스; 3490m;** ACP**)~피르마르그(3400m)~둡잔(알리아바드; 3200m)~수크사라이(2800m)~히르푸르(후라푸르; 2280m;** ACP**)~쇼피안(2070m)~스리나가르(1580m)/아난트낙(이슬람아바드; 1600m)** [차량이동 6~7시간]

(※ 참고로, 이 무갈로드는 5~10월 트레킹시즌에는 도로 최상부 차타파니~피르키갈리~둡잔 구간 차량통행 문제없으나 이후 동절기(12~2월)에는 두껍게 쌓이는 눈으로 인해 차량통과 불가(도로폐쇄). 아울러 차타파니~피르키갈리~피르마르그 구간은 여름철(7~8월) 몬순폭우 등으로 산사태 위험이 높아 통과에 난점이 따르기도. 도중 거쳐가는 탄나만디, 베람갈라, 히르푸르 등 각 요소(마을/경관지 등)마다 여행객들을 위한 숙박시설(호텔/방갈로/코티지/ 레스트하우스 등)이 확충돼있다.)

로란~만디까지는 좁고 험한 비포장구간. 만디 이후로는 노면상태도 좋고 차량통행도 잦다. **찬닥**은 푼치〈서〉/라조우리〈남동〉행로의 **이정분기목**으로 수란강(Suran River) 다리 건너 하안에 자리한 작은 마을이다. 비교적 큰 도회인 수란코트에는 호텔 및 PWD 레스트하우스 등 여행자를 위한 편의시설이 다수 확충돼있다. 수란강 남쪽연안의 **바플리아즈**는 푼치·라조우리 간 도로교통의 요지로 피르판잘 산간 저지대에 형성된 꽤 크고 번화하며 복잡한 도회지다.(※ 이의 푼치~바플리아즈~데라키갈리~라조우리 간선도로는 70년대에 완공.) 바플리아즈에서 동쪽 카시미르밸리(피르키갈리) 행로와 남쪽 라조우리(데라키갈리) **행로가 나뉘는데** 각자 여정행로에 따라 취사선택하여 길을 잇는다.

라조우리(잠무 방면) 행선 시 해발 2천미터 넘게 다시 오르는 데라키갈리를 넘으면서의 전후구간 울울창창 산림지역을 통과하는 묘미가 쏠쏠하다. **데라키갈리(2230m)** 는 바로 푼치 지역(Dirstict)과 라조우리 **지역 경계**로서 곧 이 산릉줄기를 기준으로 푼치 지역〈북〉과 라조우리 지역〈남〉이 나뉜다. 고갯마루 정상부에 여객숙박편의를 위한 PWD 레스트하우스가 세워져있다.(⇒ 이용 원활시 푼치/라조우리에서 미리 예약.) 데라키갈리 남쪽 아즈마타바드 갈림목 지나 내려선 탄나만디 역시 매우 번화한 도회지로 이를 방증하듯 옛 무굴제국 제항기르 황제가 머물렀던 무갈 사라이(여관)가 들어앉아있으며 샤흐다라샤리프 모스크도 유명하다. 탄나만디에서 바롯을 거쳐 라조우리까지의 남행길은 이의 탄나계곡(망고라계곡) 하안을 따라 이동한다. 라조우리 못미처 북동쪽에서 합류해 들어오는 계곡은 피르판잘 중산간 다르할(탄나마르그)에서 흘러내려오는 다르할(다르왈리 타오)계곡으로 나름 풋풋하고 인상적인 또하나의 아름다운 계곡풍치를 지닌 라조우리 지역의 명승골짜기로 회자되고 있다.
(☞ 이하 라조우리 지역 일반에 대해서는 1-3-3. 라조우리 피르판잘 샤트사리안(산상 7호수) 트렉〉☆ 확장루트; 라조우리 산상초원 트레일〉※ 라조우리 지역(District) 부분 참조.)

로란밸리 구자르도카 / 만디 시내거리(로란밸리 거점마을) / 탄나만디의 이슬람성지 샤흐다라 샤리프 모스크

1-3-2. 타타쿠티 초티갈리 트레일

◆ **개략** : 1910년 8월 영국 탐험가 에르네스트 네브(Ernest F. Neve)가 서양인으로서 최초 등정한 이의 카시미르 피르판잘 최고봉 타타쿠티(4752m) 남동부의 이른바 펀치~카시미르밸리 행로 초티갈리 고갯길을 통과하는 트레킹여정이다. 대략 산세가 급준한 피르판잘 서편 잠무지방 펀치밸리 방면에서 고단하게 오르기보다는 동편 카시미르밸리 방면 기점으로 출발, 곧 동→서로 넘는 노정으로 선보인다. 이 또한 유수의 구자르 산상목초지를 경유하는 트레일로, 유스마르그, 세인마르그, 카르마르그, 초티마르그, 타타쿠티마르그 등등의 풍성한 목초지대를 섭렵 아우를 수 있는 피르핀잘 명품 트레킹루트로서 언급된다.

◆ **트레킹 최고점** : 초티마르그갈리(4200m), 초티갈리(4300m)

◆ **트레킹 방식** : 캠핑트레킹

◆ **퍼밋** : 트레킹퍼밋 필요. 최소 15일전 신청(✔ 현지 에이전시를 통해 가급적 1개월 이전 신청 요망).

타타쿠티 산상초원(※ 사진협조: Haramukh Adventure 타타쿠티 원정대) | 타타쿠티(4752m) 설산봉우리

I. 일정가이드

0~1일 : 출발〉 잠무(330m)/스리나가르(1580m)~쿨감(1740m)/바드감(1770m)
~쇼피안(2070m)/야리칸(1950m)~유스마르그(2400m)
[차량이동 잠무 시점 9~10시간 / 스리나가르 시점 1시간30분±]
트레킹〉 유스마르그(2400m)-〈로무시계곡/하마칼계곡 경유〉(4~5시간)-
쿤들란(3200m)

잠무 방면에서는 바니할(자와하르)터널을 거쳐 아난트낙 서부의 **쿨감~쇼피안**을 경유, 스리나가르 방면에서는 바로 남쪽 바드감에서 **야리칸**을 경유하여 유스마르그로 이동한다. **유스마르그**는 굴마르그, 소나마르그 등지와 함께 카시미르밸리 굴지의 초원지대로 이름이 높은 곳. 찾아오는 관광객들을 맞이하기 위한 많은 관광편의 시설들이 들어서있다. 바로 이 유스마르그를 기점으로 본 트레킹행로가 시작, 남서쪽 피르판잘산지로 들어서는 **쿤들란** 목초지까지 도보여정을 잇는다. 유스마르그~쿤들란까지의 여정은 북부루트〈NT〉와 남부루트〈ST〉로 갈리는데 북쪽길은 서향의 로무시계곡을 따라 상감(Sangam)을 경유하여, 남쪽길은 서남향 하마칼계곡을 따라 하마칼을 경유하여 올라간다.

유스마르그 관광숙박센터

유스마르그 닐낙 호수

피르판잘 타타쿠티(4752m) 설산

유스마르그 남향 구릉산록 & 피르판잘산맥(선셋피크 방면)

유스마르그 초원 & 피르판잘산맥 설산줄기

유스마르그 삼림계곡

유스마르그 하마칼계곡

유스마르그의 구자르도카

2일 : 쿤들란(3200m)-(4~5시간)-마르그도멜(3900m)-(1시간30분)-초티마르그 갈리(4200m)-(30분)-마르그사르(초티마르그; 4000m)

쿤들란 초지에서 서쪽 완사면의 골짜기 안부길을 따라 오르며 곧이어 능선둔덕부를 지나서 로무시계곡 상류골짜기의 계류부로 근접해 나아온다. 곧 이로부터 남서향으로 완곡히 굽어도는 **로무시계곡** 골짜기길 따라 등행, 이의 로무시계곡 좌측(남측)자락 루트로 거슬러오르며 이윽고 피르판잘산맥 본줄기 바로 아래 맞닥뜨리는 합수초지 도멜에 이른다. 쿤들란 출발 대략 너댓 시간 소요되는 긴 계곡코스로, 이 일대 물줄기가 모이면서 너른 초지부(마르그)를 형성하였음에 연유, **마르그도멜**이라 새겨졌다. 이로부터 남쪽으로 향하는 주계곡을 버리고 서쪽 완경사의 초지언덕을 등행해 오르면 곧 넓디넓은 초원루트가 펼쳐진 **초티마르그갈리**(4200m) 능선마루다. 서북향으로 완만히 내려서면서 널찍하고 풋풋한 본격적인 초원트레일을 섭렵해 나아간다. 불규칙 마름모형태의 아담한 호수가 드리운 곳이 바로 이의 피르판잘 초원호수인 '**마르그사르**'. 호숫가 근처 초지 어디에나 캠프지로서 손색이 없다. 여름날 구자르 유목민들과의 만남도 심심찮게 이루어진다. 고원을 뜻하는 '초티'를 써서 일명 '초티마르그'라고도 불린다.

3일 : 마르그사르(초티마르그; 4000m)-(1시간)-초티갈리(4300m)-(1시간)-강가초티(3950m)-(2시간)-쿠트왈리 바글라(3300m)-(2시간)-힐카카(2300m)

초티마르그 고원 바로 남쪽에 솟은 초티피크(4,705m) 북서향 능마루 고갯길이 바로 **초티갈리**. 이 해발 4300m의 고갯길은 무릇 카시미르 피르판잘 산상의 전 통과행로 중에서 가장 높은 '넘이-패스'이기도 하다. 기 언급했듯 초티는 '고원'의 뜻으로 초티피크란 곧 이러한 (산상)고원 위에 솟은 봉우리의 의미를 지녔음으로 풀이해볼 수 있다. 초티갈리를 넘어서면 바야흐로 서쪽 푼치밸리 방면으로는 이제완 완전히 다른 몹시 가파르고 급준한 산세로 이룩돼있다. 이내 초티갈리 북서자락으로 내리막행보를 지으며 북쪽에서 흘러내리는 계곡부 바로 강가초티 안부를 통과하면 곧바로 지질편편한 산록트레일이 서남향으로 다시 굴곡져 내려앉으며 피르잔잘 남서 지릉선 상의 **쿠트왈리** 능선부로 이어진다. 이로부터 구자르 유목민의 캠프가 깃든 **바글라** 초지를 가로질러 서북향 가파른 내리막으로 진행, 이윽고 서남향 계곡트레일 따라 내려앉아 이내 푼치 피르판잘의 최오지 **힐카카** 마을기슭에 안착한다. 푼치밸리 주민과의 첫 만남 힐카카 마을 일원의 초지에서 캠핑 혹은 인심 후덕한 마을주민과의 교감을 위해 홈스테이를 자처할 수도 있겠다. 트레커를 위한 여행자숙소 또한 마련돼있다.(∵ 푼치 지역 관광어드벤처 개발국 운영.)

4일 : 힐카카(2220m)-(1시간30분)-차나왈리(1950m)-(2시간)-쿨랄리(1750m) / 복귀〉 쿨랄리(1750m)~바플리아즈(1620m)~〈무갈로드(Mughal Road)〉~세일란(마흐라; 1800m)~찬디마르(찬난세르; 1880m)~다르잔(두르기안; 2400m)~포시아나(2880m)~차타파니(라타참브; 3000m)~바글라(3100m)~피르키갈리(피르판잘패스; 3490m; ACP)~피르마르그(3400m)~둡잔(알리아바드; 3200m)~수크사라이(2800m)~히르포라(히르푸르; 2280m; ACP)~쇼피안(2070m) [차량이동 3~4시간] 또는,

…~바플리아즈(1620m)~데라키갈리(2230m)~아즈마타바드(마니알; 1700m)~탄나만디(1450m)~바롯(1300m)~라조우리(915m) [차량이동 2~3시간]

피르판잘 푼치밸리로 내려와 만나는 첫 주민거주마을 힐카카에서의 하산은 이제 완연한 마을길 트레일로 곧 남서향 골짜기 따라 완만한 내리막으로 진행, **차나왈리** 마을기슭 합수부에 이르러 북쪽에서 내려오는 창가계곡 물줄기와 만나 이로부터의 남행의 하산길을 긋는다. 점점 더 많은 거주민 마을지역을 섭렵해 내려오면서 이윽고 **쿨랄리** 마을에 이르면 남쪽으로부터 올라오는 도로가 놓였는즉, 마을주민들이 애용(!)하는 승합지프에 몸을 싣고 혹은 아예 대절차량을 준비시켜놓아 고단한 여정행보의 종지부를 찍을 수도 있겠다. 공공차량편 이용시 쿨랄리 골짜기 따라 남쪽 교통요지이자 이정분기목 **바플리아즈**에 이르러 카시미르밸리(피르키갈리 경유) 행로일지 아니면 라조우리 행로일지 취사선택하여 여정행로를 운용토록.

바플리아즈 분기점　　　　　베람갈라 브릿지　　　　　누리참브(폭포)

카시미르밸리 방면으로 회귀시 피르판잘산맥을 다시 넘기 전 찬디마르(찬난세르) 근방의 '**누리참브**' 폭포를 들러보고 갈 것. 높이 약 30미터에 달하는 거대한 폭포로 이 일대 옛 무갈 시대에 세워진 오래된 사라이(여객숙사시설)이 세워져있기도 하다. 이어 찬디마르~다르잔~포시아나~차타파니까지 울창한 산림지역의 연속으로, 바야흐로 차타파니에서부터 다시금 수목한계선이 드리우며 차츰 관목림과 더불어 훤칠히 벗겨진 산등성이 초지부가 펼쳐지기 시작해 피르키갈리 너머의 피르마르그 광대한 산상초원까지 이어진다. 한편 피르키갈리로 구비구비 오르기 전 차타파니 계곡부의 다리 바로 아래 '**라타참브**'(폭포) 또한 유명한 곳으로 많은 관광객들이 그냥 지나칠 리 없는 명소로서 자리매김한다. 이를 지나서 이제 피르판잘산맥의

'피르키갈리〈Pass of Pir〉' 말마따나 피르판잘 '다섯 성인'의 고개에 이르기까지 지그재그 겹겹이 굽이돌아 오르는 험난한 길의 연속인즉 그러나 이로 인해 주변 자연환경 또한 많이 훼손되기에 이르렀음이다. 하여 자연환경 및 생태보존 문제가 예나 지금이나 화두에 오르기도.

* 누리참브 = 빛나는/눈부신〈누리〉 + 폭포〈참브〉 ※ 누리나르 = 눈부신〈누리〉 물골(계곡)〈나르〉

다르잔   포시아나   차타파니

피르키갈리는 광활한 **피르마르그** 초원이 시작되는 언덕부 V자 형태로 움푹한 지형에 가로놓인 고갯길로 군 초소와 경찰 체크포스트가 상주해있음과 아울러 고갯마루 정상부 무갈시대 여객숙사인 '사라이(Sarai/Serai)' 건물이 자리해있고 그 위쪽으로 이슬람교도들의 순례기도처인 **'지아랏(Ziarat)'**이 세워져있다. 나아가 상부 초지언덕에는 구자르 바카르왈 유목민들의 하계처소인 독(도카) 건물들도 형성돼 있다. (※ 참고로, 구자르 유목민들의 산상등/하행기인 5월 및 10월에는 이 피르판잘 도로 일대가 수백수천의 가축 떼로 인해 거의 점거되다시피 교통정체를 빚는 경우가 허다하다. 게다가 한둘 가족도 아니고 수십 부족민들이 통째로 이동에 나서기에 그 하루나절 정체(Traffic!)되는 빈도수도 꽤나 많을 터. 도리가 없다. 그저 인내심을 갖고 느긋하게 여로를 즐기길. ∴ 피르판잘 유목시즌 5~10월.)

피르키갈리 굽이길(푼치 방향)   피르키갈리 정상 방면   피르키갈리 서쪽(푼치 방면) 풍광

피르키갈리 정상부 초원마루   피르키갈리 정상의 지아랏(순례기도처)

피르키갈리를 넘어서면서부터 이제 쇼피안 지역(District)의 '**히르포라 야생보호 구역(Hirpora Shakarghah)**'**을 통과하게 되는데 이는 피르키갈리 동쪽 그 시작 기점인 히르푸르(히르푸라)에서부터 이의 피르키갈리와 북쪽 선셋피크(4745m), 그리고 피르키갈리 남쪽 산상호수지대(라조우리 피르판잘 일명 사트사리안 산상호수지구)에까지 이르는 광범위한 구역으로 설정되어있다. 이의 피르키갈리~히르푸르 구간 도중 **둡잔** 아래 피르마르그 초원이 갈무리되는 파냐랑가계곡 기슭의 **알리아바드 사라이**와 좀 더 내려간 동쪽 루프리계곡 합류부의 **수크사라이** 등지의 옛 무갈숙사의 흔적 역시 시간여유 삼아 여정행로 상에 들를만한 곳으로 권해봄직하다. 이어 **히르포라 군 체크포스트(ACP)**를 지나면 모름지기 카시미르 제일가는 사과산지 쇼피안 행로의 휜칠한 여정. **쇼피안**에서 머물러도 좋을 것이지만 이를 지나쳐서 계속해서 스리나가르/아난트낙으로의 여정은 아래 〈6일〉 귀환여정을 참조한다.

* 이 쇼피안 서부 피르판잘 산역의 〈히르포라 야생보호구(Hirpora Wildlife Sanctuary)〉와 더불어 본 초티갈리(마르그사르) 북방 피르판잘산역 타타쿠티(4752m)~초르판잘(4300m) 구간- 기 소개 토사 마이단~두드파트리~로란밸리(푼치 피르판잘) 포함 -은 멸종위기의 **마코르**(Markor) 야생종 보호를 위한 이른바 〈마코르 야생보호구(Markhor Wild Sanctuary)〉로서 구획돼있다. 현지 우르드어로는 (야생)보호구를 지칭하는 '샤카르가흐(Shakarghah)'로서 표현.

피르마르그

알리아바드 사라이

수크사라이

히르포라 야생보호구 관문표석

무갈로드 쇼피안 람비아라강변

쇼피안

✧ 대체루트; 카바르파탄(칼라문드; 3480m) 트레일
(# 3일~)

⇒ 마르그사르(초티마르그; 4000m)…(4:00)…쿠트왈리 바글라(3300m)-(1:00)-카바르파탄(칼라문드; 3480m)-(2:00)-바라나리(2800m) // -(2:00)-알라토파(3020m)-(2:30)-찬디마르(찬난세르; 1800m)~[차량이동 복귀 3~4시간~쇼피안(2070m)/라조우리(915m)

6일 : 귀환≫ 쇼피안(2070m)~스리나가르(1580m)/아난트낙(이슬람아바드; 1600m)
[차량이동 1~2시간] 또는,

라조우리(915m)~칭거스(700m)-노우셰라(550m)~순데르바니
(630m)~아크누르(300m)~잠무(330m) [차량이동 4~5시간]

피르판잘 산지 히르포라 야생보호구의 수크사라이 일대 그로부터 파냐랑가계곡과 루프리계곡(수크사라이계곡)이 합류물길을 빚는 **람비아라강**을 따라 이어온 하안자락의 **쇼피안** 일원 야지는 예로부터 카시미르의 이름난 사과산지로 명성이 높은 곳. 주변 사과농장이나 시장을 방문하여 직접 품평(!)의 기회를 누려볼 수도. 카시미르여행 일정을 끝내고 **복귀**코자할 시 쉽게는 **스리나가르**로 귀한, **항공편**을 활용하는 방편을 종용할 수 있겠다. 반면 계속해서 파할감이나 찬단와리 셰슈낙 트레일 및 리데르밸리 콜라호이 트레킹 등지로 더 **확대여정**을 운용코자할 시에는 곧장 **아난트낙**으로 직행, **파할감** 방면으로 이동토록 종용한다.

한편 전날 이 카시미르밸리 쇼피안 행로로 귀환치 않고 달리 잠무지방 행선의 **라조우리** 행로로 연계하였다면 곧, 라조우리 남역으로 흐르는 **타위강**(Tawi River) 따라 잠무평원 어귀의 산간분지 **노우셰라**를 경유하여 **잠무**로 나아오는 여정으로 임할 수 있다. 참고로 도중 타위강이 크게 휘도는 하안자락의 **칭거스***는 라조우리~노우셰라 이정 상의 휴식처로 삼는 작은 마을로, 과거 이 칭거스 마을에 무굴제국 황제가 묵었다던 세라이(Serai=Sarai)가 있으나 마을풍정도 보잘것없는데다가 도로에서도 한참 떨어져있어 그다지 주목을 받지 못하는 까닭에 여행객들의 관심밖 대상으로 물러나있다.

* 칭거스 : 무굴제국 제항기르 황제 시절 페르시아어에서 유래한 말로, '창자'의 의미를 지닌다. 이 일대 강물의 물굽이 모양이 흡사 창자처럼 굴곡져 흐르는 데서 연유한 듯하다.

바카르왈 가축떼에 의해 점령된 라조우리 진입도로 / 타위강이 가로지르는 라조우리 도회 / 칭거스 사라이

◆ 인근명소 :

· **카시미르밸리 방면**〉 두드강가(샬리강가) & 상계사페드 계곡, 굴마르그/탕마르그 (바라물라 지역), 유스마르그(바드감 지역), 아하르발폭포(쇼피안 지역).

· **푼치 방면**〉 스와미붓다 아마르나트지 만디르(힌두사당), 세인미란사히브 지아랏(이슬람 사당), 구르드와라 낭갈리 사히브(시크교 사당), 샤흐다라 샤리프(이슬람 사원), 누리참브(폭포), 빔베르갈리/자란왈리갈리(고개) etc.

1-3-3. 피르판잘 사트사리안*(산상7호수) 트레일

◆ **개략** : 인도령 잠무카시미르〈JK〉 주(State) 카시미르밸리 쇼피안·쿨감 지역(District)~잠무지방 푼치·라조우리 지역 사이에 놓인 카시미르 피르판잘산맥 중남부 산경을 휘감고 있는 해발 4천미터급의 산상고원 타른(Tarn)호수지대를 탐승하는 트레킹노정이다. 1980년대까지 많은 탐방객들로 넘쳐나던 인기있는 코스였으나 이후 카시미르의 정세가 악화되면서 군(India Security Force Kashmir)에 의해 일반인들의 여행이 제한되어왔던, 그러다 2014년 JK 주정부당국에 의해 카시미르의 관광활성 정책에 의거 다시금 일반인 대상 여행/트레킹명소로서 부각되기 시작했다. 하지만 때로 카시미르 보안정국에 의하여 예기치 않게 이 일대 탐승(트레킹)이 제지될 수 있음을 염두에 두어야할 일이다.(✔ 필히 사전 트레킹퍼밋 및 스리나가르 관광사무국과 긴밀한 연락체계를 구축해놓을 것. - 에이전시 공조가 필요한 가장 큰 이유라 아니할 수 없다!) 이곳 일원은 한편 쇼피안 지역의 이른바 '히르포라 야생보호구' 지경 안에 들어있기도 하다. 대략적으로 이 카시미르밸리 서남부 피르판잘산맥 쇼피안-라조우리 산경 일대 약 9백 평방킬로미터 내 총 27개의 산상호수가 형성돼있는 것으로 보고되어있음에 이는 다시 말해 하라무크산맥의 산상호수지대나 콜라호이 리데르밸리의 산상호수지대보다도 훨씬 더 많은 수의, 실로 산상호수의 천국 세칭 '타른 파라다이스'란 칭호가 무색치 않음이다. 이들 중 대표적인 것으로 - *앞선 푼치 피르판잘 산상트레일 상의 다만사르, 가드타르사르, 보드사르, 탐사르, 구르완사르 등은 차치하고 본 트레일 상에 소개될 -* 다음 일곱〈사트〉 호수〈사리안〉 곧;

①**난단사르**-②**찬단사르**-③**아칼 다르시니**-④**수크사르(루크사르)**-⑤**파다야란사르**-⑥**차마르사르**-⑦**바그사르** 및 인근 라비왈리 일대 4호수(⑧코카르사르, ⑨닐사르, ⑩바그사르*, ⑪딩사르)와 너머의 벨라마르그 ⑫카토리사르, ⑬시마르사르(사모트사르) 등 대략 13개 호수 정도가 비교적 규모 있고 인지도 있는 호수들로서 알려져있다. 이 중 본 피르판잘산맥 주산령 피르키갈리(3490m)~부달피르갈리(3960m) 사이에 놓인 이른바 **일곱**[사트] **호수지대**[사리안]라 명명된 위 7호수(①~⑦)는 각 호수 주위로 크고 우뚝한 멧부리들이 첩첩 둘러쳐있어 더욱 인상적인 아름답고 그윽한 풍경을 연출한다. 더구나 이들 해발 4천5백미터 이상 고봉들은 연중 거의 눈에 덮여있는 만년설산의 모습으로 각인, 단지 이들 아래쪽 목초지와 호수 일대로 무릇 여름철 기온상승으로 해빙되면서 풍요로운 목초지와 유목민들의 생활거처로 변신해마지않는다. 아울러 근래 들어서는 하절기(6월~9월)를 찾아 이런저런 호수 내에서 보우팅(뱃놀이)이나 래프팅(뗏목놀이)을 즐기는 이색 탐승가들도 속속 등장하고 있다.

* **1-2. 하라무크 산상호수 트레일(KGL 트렉)** 노정 상에 나오는 지명 '사트사란'과 혼동치 말 것.
* ⑩항목 바그사르 vs ⑦항목 사트사리안 바그사르(3940m) 구별. 같은 이름의 서로 다른 호수.

- ♦ 트레킹 최고점 : 파다야란갈리(4200m), 아칼 다르시니(4000m) 등 해발 3천 8백~4천1백미터대 각 고원호수.
- ♦ 트레킹 방식 : 캠핑트레킹
- ♦ 퍼밋 : 트레킹퍼밋 필요. 최소 15일전 신청.(가급적 1개월 이전 신청 요망)
  ✔ 근자에 인도 자국민뿐 아니라 외국여행객들에게도 개방된 일급 트레킹코스. 하지만 외국인 경우 **체크포스트** 등지에서 예기치않은 제약이 많아 미리 현지(스리나가르)의 에이전시와 확실한 공조 하에 트레킹을 진행할 것.(현지 에이전시 없이 외국인 독자적 행보는 거의 불허된다 보면 됨.)

I. 일정가이드

0~1일 : 출발〉 잠무(330m)/스리나가르(1580m)~쿨감(1740m)/풀와마(1630m)
~쇼피안(2070m)~히르포라(후라푸르; 2280m; ACP)~수크사라이
(2800m)~둡잔(알리아바드 사라이; 3200m) [차량이동 잠무 시점
9~10시간 / 스리나가르 시점 2시간30분±]

트레킹〉 둡잔(알리아바드; 3200m)-(30분)-파냐르브릿지(2950m)-(30분)
-알리아바드사라이(3050m)-(1시간)-하팟칼(3140m)-(1시간)-
하팟나르(3250m)

잠무 방면에서는 **바니할(자와하르터널)**을 넘어와 카시미르밸리의 **쿨감**을 경유하여, **스리나가르** 방면에서는 반면 쿨감까지 내려올 필요 없이 **풀와마** 경유 쇼피안으로 들어선다. '사과[쇼우/셰우]+접시[피안]'의 미로서의 **쇼피안**은 이름처럼 일대의 사과재배의 유명세에 기인하여 생성된 지명으로 카시미르밸리 내 가장 큰 사과산지로서 언급된다. 이로부터 서쪽 람비아라 강을 따라 이동, **히르포라**의 **군 체크포스트(ACP)**를 통과하여 '**히르포라 야생**

바니할 피르판잘산맥 분수령

보호구' 지경으로 접어들며 곧 서쪽에서 내려오는 파냐랑가계곡과 남쪽에서 유입되는 루프리계곡(수크사라이계곡)이 만나 새로이 '**람비아라**'강의 이름을 걸고 카시미르밸리 쇼피안-아난트낙 평원으로 달려내려가는 합류기점 **수크사라이**에 이른다. 이곳 언저리에 무갈 시대의 아담한 정자 한 켠에다 그 옆 17세기 지어졌던 퇴락한 무갈사라이(이슬람 여객숙사)의 폐허가 놓여있다. 이내 람비아라강의 이름을 벗은 서쪽 지류계곡 파냐랑가계곡 북안기슭에 닦인 도로를 타고 구비구비 오르면

곧이어 나타나는 **둡잔** 삼림초지. 인기있는 피크닉장소로 이곳을 지나는 거의 모든 여행자들이 머물렀다 가는 곳이다. 수목한계선이 드리우며 울창한 수림대는 아랫발치로 멀어지고 일대로부터 성근 관목림과 초원지대가 펼쳐지기 시작한다. 이의 피르판잘산맥을 관통하는 무갈로드(Mughal Road) 최정상부 피르키갈리(3490m) 까지의 구간인즉 바로 피르판잘 '히르포라 야생보호구'로 설정된 공원구역임이다.

쿨감 시에드 삼나네이 지아랏(기도사당)

풀와마

쇼피안

히르포라 야생보호구

수크사라이 표지

무갈로드 둡잔 브릿지

트레킹은 이제 도로를 벗어나 **둡잔** 남쪽 아랫길로 내려서서 시작한다. 조금 내려가면 **유황천**이 솟는 온천지대가 있다. 질병치료에 효험이 있다고 알려져있다. 계속해서 250미터 아래 **파냐랑가 계곡**의 다리를 건너 올라서면 이내 광활한 피르마르그 초원대지의 기슭자락에 옛 무갈 황족들이 머물러갔던 **알리아바드 사라이**[*] (여객숙사)가 자리해있다. 무갈 여행자들은 그러나 더 이상 이용하질 않고 단지 이 일대를 주 무대로 삼아 활동하는 구자르 유목민들만이 허물어져가는 이들 옛 사라이 건물과 구조물들을 활용, 다름아닌 그들의 대다수 돌집거처 자체가 바로 이 오래된 사라이 건물들의 돌들을 빼내어 시공(!)재료로 삼아 만든 것들임을 알린다.

알리아바드 사라이 & 하팟계곡 방면

알리아바드 사라이 유허

* 사라이 : 무갈(Mughal) 시대 고관들이 이용하던 여객숙사. 터키/아라비아 어원으로는 '궁전'의 뜻을 지니고도 있다.

하팟칼 골짜기와 루프리피크(4530m) 원경

알리아바드 사라이 초지를 지나 남쪽 자디(자즈)나르 계곡을 따라 오르다 1시간쯤 나아가면 골짜기가 남서향으로 크게 도는 지점에 **하팟칼** 초지가 있다. 그리 방대하지는 않은 목초지로 구자르 유목민들의 거처가 몇몇 형성돼있다. 이곳에서 머물러도 무방할 것이지만 시간상 조금 더 올라가 자디계곡 기슭 연안의 지계곡 합수부 하팟나르까지 일정을 종용할 수 있겠다. 물가 근방에 자리한 캠프지로서 식수조달이 용이하고 신세도 수려히여 일정을 갈무리하고 하루 머물며 보내기에 알맞다.

2일 : 하팟나르(3250m)-(3~4시간)-자디마르그(3660m)-(1시간)-난단갈리(3860m)-(10분)-난단사르(3840m)

남서방면으로 거슬러오르는 자즈(자디)나르 계곡을 따라 진행한다. 서너 시간 그리 급하지 않은 오르막루트로 꾸준히, 이윽고 세 골짜기가 만나는 너른 계곡안부 초원지대 **자디마르그**에 당도한다. 이로부터 다소 경사진 남서향 오름길로 1시간쯤 나아가면 피르판잘 물가름(分水嶺) 야트막한 구릉능선(**난단갈리**; 3860m)을 넘어 산상호수로서의 첫 만남 **난단사르**[1]에 도착한다. 길쭉한 타원형 형태의 난단사르는 본 사트사리안 트레일 상의 가장 크고 아름다운 호수의 하나. 길이 1km가 넘으며 물빛은 짙은 푸른색. 바로 북쪽에 웅장한 난단피크 봉우리가 바라보이는바 해발 4250미터인 그 동쪽 안부(사르갈리; 4100m) 너머 북향 루트로는 곧 피르키갈리 바로 아래 광대한 피르마르그 초지부를 관통하는 무갈로드 도로변으로 나아가는 트레일이 열려있다. 그래 시작을 바로 이 피르마르그 기점으로 잡을 수도 있겠으나[피르마르그~사르갈리~난단사르 약 5~6시간 소요], 아무래도 하루나절에 곧바로 해발 4천미터가 훌쩍 넘는 고산고개(사르갈리)를 넘어서 나아오는 것은 분명코 고도적응에 무리가 따를 것이기에 고로 만약 고소적응이 확실히 되어있지 않다면 이 코스로의 시작에 나서는 것은 권치 않는다. 캠핑은 널따란 난단사르 호수 근처 초지 어디에서든 나무랄 데 없다. 산상호수와 목초지가 어우러진 훌륭한 야영지다.

자디마르그

난단사르(※ 사진협조: Devinder Singh)

3일 : 난단사르(3840m)-(40분)-찬단사르(3900m)-(1시간)-찬단갈리(4060m)-(2시간)-아칼 다르시니(4000m)(-(30분)-네인수크마르그(3900m))
[런치캠프]

난단사르에서 동남방 아랫길로 되돌아 자디(자즈)나르 골짜기로 다시 내려와 이의 최상류 계류를 건넌 후 남동쪽에 놓인 두 번째 호수 **찬단사르**②로 올라선다. 난단사르에서 약 1km 거리. 앞선 길쭉한 난단사르와는 다른 대략적인 둥그스름한 콩모양의 원형 호수로서 크기도 난단사르보다는 조금 작아보이고 주위로 둘러친 높다란 산세 가운데에 푹 꺼져 내려앉은 형국으로 드리워있다. 이로부터 동북방으로 바라보이는 찬단피크(4300m)의 풍모가 인상적이다.

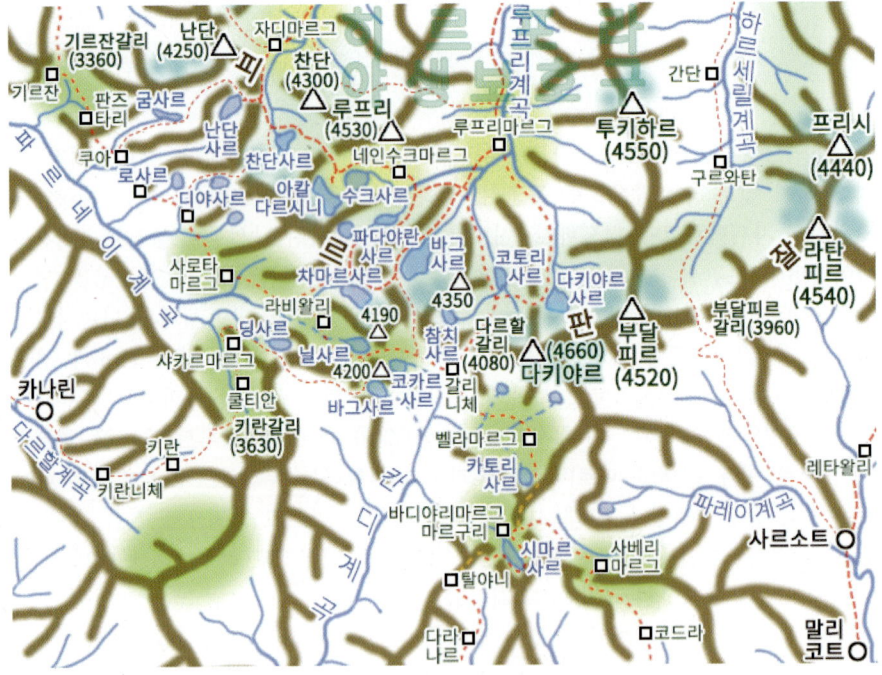

찬단사르에서 남동방면 능선(찬단갈리; 4060m)으로 올라붙어 바로남쪽에 들어앉은 세 번째 호수 아칼 다르시니로 이동한다. 곧바로 산사면을 타고 미끄러지듯 내리면 이제 피르판잘 산상의 가장 높은 호수의 하나 **아칼 다르시니**③에 안착한다. 길이 약 4백미터, 폭 약 2백미터 정도로, 얼핏 가운데가 움폭 들어간 길쭉한 삼각 내지는 사각형 형태- 얼핏 보면 흡사 우리네 '한반도' 형태인양 -의 아칼 다르시니는 본 사트사리안 산상호수지구에서 가장 높은 곳에 위치해있는 호수다. 구자르 바카르왈 유목민들로부터 '성호'로 추앙받는 호수로서, 대체로 푸른 물빛으로 시위하는 다른 호수들과 다르게 '검은' 색조의 물빛을 띠는 것이 특징이다. 북동향 루프리 계곡의 최상부 수원으로, 곧 이의 젤룸강 카시미르밸리의 거미줄같이 얽힌 핵심

지류계의 하나인 람비아라 강의 발원지로서 매겨진다. 난단사르에서 예까지 4시간이 채 걸리지 않는 거리. 고로 오전일정으로만 여정을 운용하고 런치캠프를 차리고 느긋하게 주변유람을 곁들이며 여유로운 시간을 갖는다. 동북향 물길 따라 아래쪽 30분 거리의 **수크사르**(루크사르; 3920m) 근처에서 캠프를 취할 수도. 아칼다르시니~수크사르 일대의 목초지를 일명 '네인수크마르그'라 지칭키도 함이다.

4일 : 아칼 다르시니(4000m)…(3~7시간; 산상호수 탐승)…루프리마르그(3560m)

루프리마르그는 카시미르밸리(스리나가르분지) 방면으로 자리잡은 가장 규모가 큰 구자르 바카르왈 유목민들의 하계 집단거처지로서 이곳까지 곧바로 아칼 다르시니/수크사르에서 동쪽골짜기 따라 내려가 대략 두어 시간이면 닿을 수 있다. 하지만 일정이 급하지 않다면야 이후의 여러 명승 산상호수들 또한 탐승 섭렵해봄이 마땅함이다. 그럭저럭 무난한 동선계획으로 아래 탐승노정(안)을 제시해본다.

★ 산상호수 탐승노정(안) 〉 아칼 다르시니(4000m)-(0:30)-수크사르(루크사르; 3900m)-(0:20)-네인수크마르그(3800m)-(0:40)-파다야란사르 1호수(3960m)-(0:40)-2호수(4090m)-(1:00)-파다야란갈리(4200m)-(1:00)-차마르사르(3910m)-(0:40)-차마르갈리(4070m)-(0:40)-바그사르(3940m)-(1:00)-루프리마르그(3560m)

아칼 다르시니에서 흘러내리는 계류를 따라 동쪽으로 연이어진 하부호수 수크사르로 이동한다. 이 아칼 다르시니와 연결된 동쪽기슭 조금 아래 약 1km 거리에 놓인 **수크사르**[④]는 다른 한편으로 북쪽 루프리계곡(수크사라이계곡) 방면에서 오를시 만나는 첫 번째 호수가 되겠다. 타원형 달걀 모양의 작고 아담한 호수이며 이 아래쪽에 형성된 초지를 일명 '네인수크마르그'라 지칭함인데 다른 목초지처럼 그리 넓은 규모는 아니나 나름 풋풋하고 호젓한 분위기로 드리워있다. 이로부터 동쪽 골짜기 길로 하행, 남쪽의 산상호수지대 탐방을 생략하고 루프리마르그로 곧장 진행할 경우 대략 1시간반 남짓 소요된다. 반면 나머지 호수지대 탐방계획시에는 수크사르 아래 네인수크마르그에서 완경사의 동쪽골짜기 방향으로 조금 내려가다 이내 완사면의 남서골짜기로 다시 곧바로 틀어 나아가 곧 또다른 작고 아담한 파다야란사르 호수지대로 입성한다. 수크사르에서 약 1시간가량 소요.

파다야란사르[⑤]는 닮은꼴 두 개의 호수로 구성돼있음에 이로부터 일명 '트윈레이크(쌍둥이호수)'라 명하기도. 편의상 **1,2호수**로 분리하여 매기는즉 **상부호수**(2호수)는 **하부호수**(1호수)보다 약간 작은 크기이며 해발 4천1백미터에 육박하는, 소위 피르판잘 산상에서 가장 높은 호수로 앞선 아칼 다르시니, 수크사르와 마찬가지로 이 일대 연중 6개월 이상 거의 눈으로 덮여있다.(6~10월 기간만 온전한 푸른 물빛 호수형태 관찰 가능.) 파다야란사르 상부호수(2호수)에서 남서방향으로 다시 피르판잘 분수령 해발 4천2백미터 **파다야란갈리** 마루로 올라서면 바로 남쪽에 차마르사르가 놓여있고 동쪽으로 또한 좀 더 커다란 계란형의 바그사르가 보인다. 어느 호수로도

이정을 잡을 수 있지만 이후 행선지를 루프리마르그 방면으로 정했다면 차마르사르
→바그사르 순서가 유리하니 곧 이의 가파른 파다야란갈리(4200m) 남쪽 루트로 내
리막, 차마르사르로 먼저 내려서길 종용한다.

얼추 콩 모양의 대체적인 불규칙 타원 형태의 **차마르사르®**는 예전부터 서쪽 푼치 지
역 수란밸리 방면 사로타마르그를 경유*하여 오르내리며 드나들던 인기있는 피크닉
장소다. 6월말까지 주위 사방 10km가 넘는 일대에 녹지 않은 눈과 얼음으로 무장한
두터운 빙설지대가 가득히 형성돼있는 이곳은 다름아닌 젤룸강 제3지류 – 지류로서
닐룸강(키샹강가; 245km), 쿠나르강(165km) 다음으로 세 번째로 긴 – **푼치강(150km)의
발원지**. 이로부터 시작되는 차마르계곡은 이내 서북행로의 파르네히계곡으로 흘
러내려 베람갈라에서 '수란'강이란 이름을 달고 바플리아즈, 수란코트를 거쳐 푼치
로 나아가 그로부터 '푼치'강이란 이름으로 갈아입고는 곧 LOC 정전선을 가로질러
파키스탄령 아자드카시미르의 산하로 흘러들어가 미르푸르의 망글라호수에서 편잡
지류 젤룸강과 연합, 편잡평원 인더스 물길로 옮겨들기까지 계속되는 유장한 흐름
의 일원으로 나아간다.

* 곧, 반대방향인 이들 푼치/라조우리 방면에서 오를시 이 아래쪽 사로타마르그나 샤카르마르그 일
대에 캠프를 차리고 이의 차마르사르/바그사르 일원을 당일치기로 왕복 탐승하는 일정으로도 많이
섭렵하는 기본루트. 단, 조금 떨어진 샤카르마르그 남쪽의 라비왈리(마르그)를 베이스로 삼을 시에
는 당일왕복으로는 좀 벅차고 2일 일정으로 답사하고 복귀하는 계획이 보편적.

차마르사르에서 이제 사트사리안 마지막 일곱 번째 호수 바그사르로 가려면 호수
북쪽기슭을 따라 나아간 후 다시금 피르판잘 분수령 **차마르갈리(4070m)** 마루터기
로 올라선 후 이내 북동방면 바로 아래 **바그사르®**로 곧장 내려서면 되겠다. 허나
만약 빙설지대가 완전히 해빙되지 않았을 경우 이 루트로 나아가긴 어려우므로 곧
차마르사르 서측호안에서 다시 왔던 길로 올라 이내 빙사면 위쪽으로 해발 4천2백
미터 **파다라얀갈리** 능선까지 올라선 후 이로부터 동쪽으로 바라보이는 바그사르 방
면 내리막으로 이어가야 함이다.(∴ 우회루트.) 대체적인 계란 꼴 타원형의 큼지막한
바그사르는 무릇 사트사리안(산상 7호수) 중 가장 큰 호수로서 언급된다. 대부분의
이들 커다란 호수들은 이렇듯 카시미르밸리와 잠무평원을 가름하는 산맥줄기 바로
주능선 좌우로 형성돼있음에,∵ 즉 크게 보면 이들 능선상의 산상호수들 자체가 '분
수령'임을 반증한다 하겠다. 특히 차마르사르와 바그사르는 단지 얇은 한 가닥 산릉
을 사이에 두고 나뉘어져있는데 바로 그 가름막 마루터기가 피르판잘 분수령능선
차마르갈리(4070m)이다. 곧 이를 경계로 차마르사르는 잠무지방 수란밸리의 푼치
강 수역, 바그사르는 카시미르밸리의 젤룸 람비아라강 수역으로 이처럼 거국적 분
수계가∵ 갈린다는 중요한 논지를 담고 있다. 풍치가 뛰어나고 인상적인 이 바그사르
또한 둘레로 한편 여름철까지 녹지 않는 두터운 빙설지대가 한가득 펼쳐져있다.

바그사르에서 루프리마르그는 이제 북동쪽으로 이의 바그사르에서 흘러내리는 물줄기
따라 그대로 내려가면 된다. 바로 루프리계곡의 최상류이자 카시미르밸리 람비아라

강의 원류다. 1시간쯤 내려가면 사방에서 모여드는 골짜기 합수지에 이르고 조금 더 내려가면 수많은 구자르 유목민들의 거처지(독/도카)가 산재해있는 광대한 계곡 안부 초원지대 **루프리마르그**에 이른다. 물가 근처 적당한 곳을 찾아 야영토록.

∴ 수계별 (호수)구분

- KWS) 카시미르밸리(젤룸 람비아라강 수역) : 찬단사르, 아칼 다르시니, 수크사르, 파다야란사르, 바그사르(루프리계곡), 참치사르, 코토리사르, 다키야르사르 / 코운사르낙, 시르사르, 브람사르
- PWS) 수란밸리(젤룸 푼치강 수역) : 난단사르, 굼사르, 로사르, 디야사르, 차마르사르, 라비왈리마르그 2호수(닐사르, 딩사르)
- CWS) 부달밸리(체나브강 수역) : 라비왈리마르그 2호수(바그사르, 코카르사르), 카토리사르, 시마르사르(사모트사르), 안드라치사르

* KWS = Kashmir Valley Water System / PWS = Poonch…〃… / CWS = Chenab…〃…

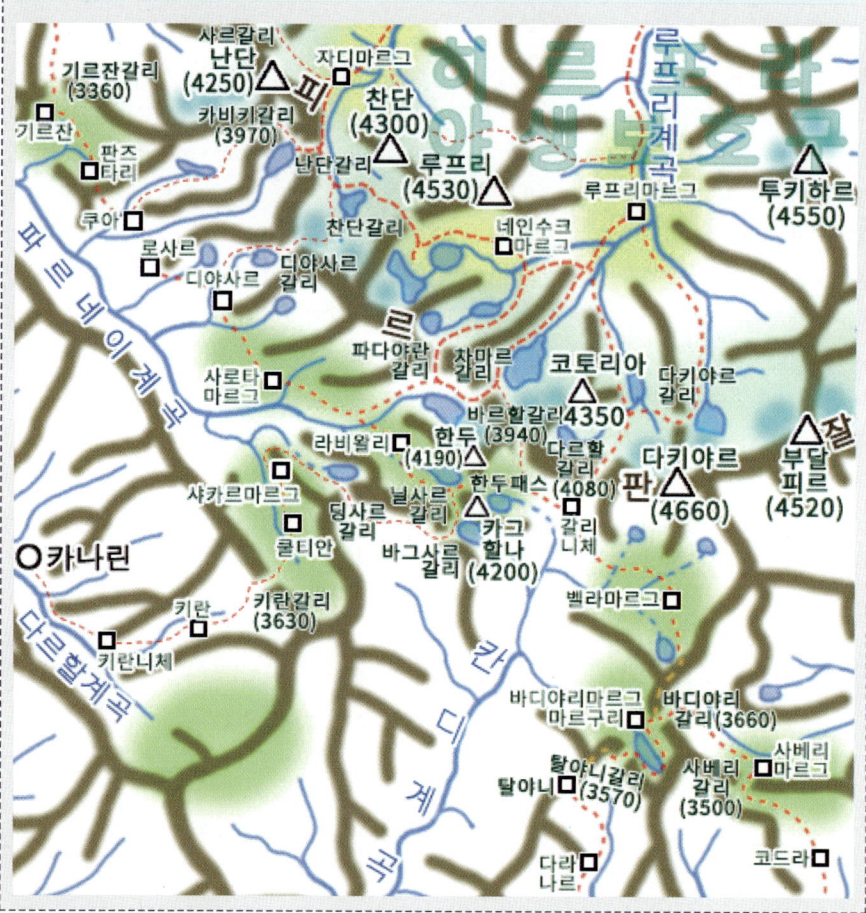

찬단사르(※사진: Mahmood Shah)

수크사르

네인수크마르그

차마르사르

바그사르(※사진: Mahmood Shah)

루프리마르그

5일 : 루프리마르그(3560m)-(3시간)-하티칼(루프리나르; 3350m)-(3시간)-후산탐(하스티얀; 3230m)

북향의 루프리계곡을 따라 하산길을 긋는다. 고원풍정에서 점차 계곡양안의 산세가 급준하게 세워지기 시작하면서 계곡의 풍광도 바뀐다. 계곡 우측(동쪽)자락으로 나있는 완만한 트레일로 3시간가량 밟아 내리면 이윽고 루트가 나뉘는 **하티칼** 분지에 이른다. 주 트레일은 여기서 북쪽 아랫길로 조금 더 내려가 이의 루프리계곡을 건넌 후 드리우는 초지사면 상층부로 등행, 그로부터 산허리를 끼고 북동향으로 휘어돌면서 후산탐 유목초지 방면으로 나아가는 루트가 되겠다. 반면 하티칼에서 계곡을 건너지 않고 계속해서 북동향으로 진행하면 투키하르(4550m) 북릉자락을 타고 히르포라 또는 아하르발 방면으로 여정을 이을 수 있다. 하지만 노정 거리가 길어 숙고해봐야할 여지가 있다.(하팟칼~히르포라/아하르발 약 7~8시간 소요.) **후산탐(하스티얀)** 목초지 역시 어김없는 구자르 유목민들의 하계거처(독/도카)로서 자리매김한다. 물을 뜨는 곳은 조금 떨어져있으므로 야영 시 식수조달을 위해 다소간 다리품을 팔아야 할 일이다. 시간적, 체력적 여유가 있다면 두어 시간 거리의 수크사라이까지 나아가 숙소를 정해도 되겠다.

후산탐의 구자르 도카

사리마스탄 초원언덕

루프리계곡 람비아라강 합류부 어귀

6일 : 후산탐(하스티얀; 3230m)-(1시간)-사리마스탄(2900m)-(2시간)-수크사라이(2800m) / 복귀〉 수크사라이(2800m)~히르포라(히르푸르; 2280m; ACP)~쇼피안(2070m)~스리나가르(1580m)/아난트낙(1600m)
[차량이동 2시간±]

후산탐 동북향으로 드넓게 펼쳐진 구릉초원을 가로질러 하산, 곧이어 서쪽 파냐랑가계곡과 남쪽 루프리계곡이 만나는 람비아라강의 시발점 **수크사라이**에 이른다. (전날 이곳까지 나아와 머물 수도.) 피르판잘 고원산상 도보여행은 이로써 끝이 나고 곧 무갈로드 수크사라이의 길가로 나와 차편으로 스리나가르/아난트낙 행선으로 여정을 갈무리한다.

◆ **인근명소 : 쇼피안지역**〉 자미아 마스지드(모스크), 아사리샤리프 다르가(시크사원)

1〉 피르판잘 무갈로드를 활주(!)하는 구자르 바카르왈 유목행단(수크사라이 일대)
2〉 푼치 행로 차칸다바그에서의 피르판잘 산상7호수 이정

■ 카시미르유목민 관련 주요 어휘

어휘	뜻
카빌라(Qabila)	부족, 가족공동체
구자르	카시미르 유목민 족속 (인도 내 부족 카스트의 하나)
바카르왈	카시미르 서남부 잠무지방(잠무~리아시~라조우리~푼치 일대) 유목부족 구자르 족속의 한 분파
파하리	산악지역 사람(거주민)들을 일컫는 말 (※ 파(하)르 = '산')
마르그	초원, 목초지. 파트리(파테르)/마이단(마스탄)/메도우 등 표현과도 혼용.
독/도카(둑/두카)	유목민 산상(방목지)거처
다라	유목거처로서의 방(Room). 외부와 뚫려있고 벽과 지붕은 돌과 나무, 진흙으로 구성. 가축들과 함께 공동기거.
당기	유목거처(집) 내 짚단 위에 침상을 놓은 형태의 취침장소
사투스	유목민들의 옥수수빵
라시	버터를 넣지 않고 우유로만 휘저어 만든 요거트 주스
칼라리스	유목민들이 만드는 치즈의 일종
바카나스	야생(산)딸기. 영어로는 '시벅톤(Seabuckthorn)'이라 표현키도.
남킨차이(짜이)	녹차/홍차에 버터와 소금을 넣고 끓인 차 나막차이, 솔트티(영어), 수유차(한국어) 등으로 호명
카흐와	카시미르 홍차
사모바르	중앙아시아 유목민들이 쓰는 주전자
후카	긴 통 모양에 빨대가 달린 물담뱃대
수피아냐 칼람	수피교의 성사곡(노래)
피란	카시미르 무슬림들이 입는 두루마기 옷 (남녀 공히 원피스 형태로 둘러써 입음)
샬와르	(무슬림 유목민들이 입는) 바지
터반	무슬림 유목민들이 머리에 돌돌 말아 쓰는 것 비상시 (몸을 덮는) 덮개로도 활용
두파타	유목민 여자들이 착용하는 스카프. 무슬림 히잡 비슷한 형태
남다스	카시미리 스타일의 전통 카펫
알그호자/알고자	오보에 형태의 피리악기
반졸리	현으로 뜯는 악기. 류트, 기타(Guitar) 형태.
조디	드럼 형태의 손으로 두드리는 작은북 (※ 네팔의 '마달'과 흡사)
피르	이슬람 수피교파의 성자 - 일명 '피르 사히브'라 하여 영혼의 안내자로서 칭송 받는 인물 -를 호칭하는 말
사라이/세라이	중동지방 이슬람사회의 고위고관 여객숙사. '황궁'의 의미에서 유래했으며, 현재는 일반대중 상대로 고품격 여관을 지칭하는 용어로도 쓰인다.
푸르/푸라/포라	마을, 도시 (⇒ '포라'는 카시미르식, '푸르/푸라'는 힌디식 표현)
아바드	마을, 도시 (⇒ 이슬람식 표칭)

☆ **확장루트; 라조우리 다라바비사라(산상고원호수)* 트레일**
(# 5일~)

* 피르판잘산지의 이러한 산상목초지를 라조우리 지역방언으로 '다라바브히사라(Daravabhi Sara)' 라 일컫는다. ⇒ 산[다라]+고원(초원)[바브히]+호수[사라]

· 루트A〉 라비왈리 트레일
(푼치 베람갈라 하산)

5일 : 루프리마르그(3560m)-(2시간30분)-**코토리사르**(3890m)-(1시간)-**참치사르**(4070m)-(30분)-**다르할갈리**(4080m)-(30분)-갈리니체(갈림길; 3920m)-(1시간)-**코카르사르(카그할나사르; 3950m)**-(30분)-**한두패스(4010m)**-〈라비왈리마르그〉(30분)-**닐사르(3820m)**-(30분)-**라비왈리(3700m)**

루프리마르그 정남쪽 골짜기로 등행, 1시간쯤 오르면 형태가 불규칙한 메말라가는 호수(코토리사르 하부)가 있고 이를 지나 계속 남행 오름길로 1시간여 나아가면 남북으로 길쭉한 형태의 **코토리사르**(상부)에 도착한다. 다른 호수들과 비교해 수심이 낮은 코토리사르는 그처럼 담수량에 따라 형태가 일정치 않은 가변형의 호수로 물빛깔은 연푸른 청색이다. 상단과 하단 연이은 2개 호수로 구성되어있었으나 근자에 아래쪽(하단) 호수는 물이 점점 말라버리고 있다. 코토리사르에서 서남향으로 방향을 틀어 경사진 언덕사면으로 등행, 이를 넘어서면 곧 또다른 호수 **참치사르**에 이르는데, 이는 카시미르 피르판잘 산상에서 파다라얀사르 2호수(4090m) 및 아칼 다르시니(4000m) 호수와 더불어 가장 높은 지대(4070m)에 형성된 호수다. 앞선 코토리사르보다는 좀 더 규모가 큰 호수로 대략 길쭉한 마름모 형태의 호수로서 생성되어있다.

이어서 호수 동남기슭으로 틀어 나아가면 이내 잘록한 능선마루로 오르게 되는데 바로 라조우리 방면 라비왈리/샤카르마르그와 벨라마르그 방면으로 넘어가는 **다르할갈리(4080m)** 고개이다. 이로부터 서쪽 가파른 내리막으로 하행, 곧 평탄한 골짜기안부에 이르러 갈림길에 이르는바 계속 직진 서남향길로 나아가면 곧이어 봉긋한 카그할나 봉우리(4200m) 바로 아래 놓인 라비왈리 산상의 첫 호수 **코카르사르(카그할나*사르)**와 마주하고, 이로부터 서쪽편 곧 북쪽의 둔중한 한두피크(4190m)와 남쪽의 이 카그할나(4200m) 사이에 가로 놓인 능마루(**한두패스; 4080m**)를 넘어서서 바야흐로 푼치 지경 라비왈리 본토(**라비왈리마르그**) **닐사르*** 호수에 내리게 된다. 이곳 일대 또는 서북향 골짜기 하행길 따라 조금 더 내려가 골짜기 너머로 사로타마르그가 바라보이는 너른 초지부에서 캠핑을 해도 좋겠다.

코카르사르(※사진: Shafeeq Aarish)

닐사르

* 카그할나 = 까마귀[카그]+둥지[알나/할나] / 닐사르 = 푸른[닐]+호수[사르]

6일 : 라비왈리(3700m)-(1시간)-**사로타마르그**(3600m)-(1시간)-**디야사르**(3800m)
　　　-(1시간)-**로사르**(3680m)-(1시간)-**쿠아**(3360m)-(1시간)-**판즈타리**(3250m)
　　　-(1시간)-**기르잔**(3300m)

푼치 지역(District) 최동남단 지경 라비왈리마르그 서북향으로 골짜기 따라 내려선 뒤 동쪽 차마르사르에서 내려오는 사로타계곡(차마르계곡)을 건너 **사로타마르그** 지대로 들어선다. 여름철 야생화가 흐드러지는 사로타마르그는 푼치·라조우리 지역민들 사이에 일명 '꽃의 계곡'으로 불리기도. 광활한 산상목초지를 가로질러 계속해서 서북향 디야사르 호수까지 진행. **디야사르**는 사로타마르그 북서방면 약 1.5km 거리에 놓인 호수로 피르판잘 분수령 본줄기(디야사르갈리; 3950m) 바로 서남자락 아래에 위치한다. 차마르사르와 마찬가지로 카시미르밸리(스리나가르분지)에서 벗어난 푼치강 수계의 일원이다. 명칭유래는 옛사람들의 '흙으로 빚은 등잔[디야]'과 같은 모양으로 생겼다는 데서 비롯되었다 한다. (※ 원점회귀 노정계획 시에는 곧 이 끝자락 바로 위 피르판잘 분수령 디야사르갈리를 넘어 다시 찬단사르로 나아가는 동선루트로 수립할 수 있다.) 이곳에서 서쪽으로 조금 떨어진 아랫녘에 이의 푼치강(수란강) 수계를 이루는 또다른 호수인즉 곧 삼각형 모양의 **로사르**이다. 이로부터 다시 북쪽 2km 지점 난단피크(4250m) 남쪽자락 바로아래 길쭉한 형태의 또하나의 호수 굼사르(3700m)가 있는바, 이를 경유하여 기르잔으로 행선할 수도 있겠지만 굳이 '탐사' 목적이 아닌 이상에야 이렇게 2~3시간이나 추가로 소요되는 먼 길 한참을 에둘러 진행할 필요는 없을 듯.(∵ 그다지 볼품없는 굼사르는 일반 탐승노정에서는 제외되기 일쑤다.)

로사르 서북편에 형성된 **쿠아**, **판즈타리**, **기르잔** 유목 초지는 전체 포괄하여 일명 '기르잔독' 내지는 '기르잔마르그' 라고도 지칭한다. '독/둑"은 도카/두카 라고도 부르며 이러한 유목초원(마르그)에 형성된 **유목민**들의 집단 **하계거처지**를 일컫는다. 이들이 거주하는 임시가옥 구조물을 '**다라**'라고 하며 대개는 그들이 몰고 온 가축들 중 일부를 함께 들여놓고 기거한다.(∵ 때로 1층에는 가축들을, 2층에는 가족들 생활공간을 마련하여 함께 생활하며 각 층간은 서로 개방돼있어 거의 한통속(!) 생활이라 봐도 무방하다.) 이러한 유목민들의 독/도카는 피르판잘뿐 아니라 카시미르히말라야 내원과 히마찰 참바밸리와 쿨루밸리, 키나우르밸리, 나아가 멀리 우타라칸드 서부의 보라수, 람카가 일원에서도 찾아볼 수 있다. 실로 대장정 방대한 거리를 매년 들고나는 이들 카시미르의 **구자르 바카르왈 유목민들의 모습**◇이다. 한편 기르잔은 푼치/라조우리 지역(District)경계가 만나는 곳으로 곧 이로부터의 푼치 지역 관내에서는 가장 인상적이고 아름다운 목초지 풍경을 드리우는 일원으로서 회자된다.

* 한 조사결과에 따르면 이 카시미르피르판잘 산상 일대 735개의 도카(마르그 내 유목민 거처 구조물)가 있는 것으로 파악된다 전한다. 나름 저명(!)한 곳으로서 타타쿠티마르그, 네인수크마르그, 누르푸르마르그, 피르마르그, 사트사리안 일원 마르그&도카, 쿠아 독, 판즈타리 독, 기르잔 독, 사리 망기아라(사와잔밸리), 사리마스탄 독 etc. 여름철 유목민들과 가축들로 법석대는 이들 피르판잘 고산지대의 초원(마르그)과 거처지(독)는 그러나 반면 동절기로서의 연중 절반(6개월)이 넘는 기간은 그 누구도 찾지 않는 고립무원의 적막강산으로 변한다.

7일 : 기르잔(3300m)-(30분)-기르잔갈리(3360m)-(3시간)-베람갈라(1900m) / 복귀〉 베람갈라(1900m)~마흐라(세일란; 1800m)~바플리아즈(1620m)~데라키갈리(2230m)~아즈마타바드(마니알; 1700m)~탄나만디(1450m)~바롯(1300m)~라조우리(915m) [차량이동 2시간±]

또는, 베람갈라(1900m)~〈무갈로드(Mughal Road)〉~찬디마르(찬난세르; 1880m)~다르잔(두르기안; 2400m)~포시아나(2880m)~차타파니(라타참브; 3000m)~바글라(3100m)~피르키갈리(피르판잘패스; 3490m) ACP~피르마르그(3400m)~둡잔(알리아바드; 3200m)~수크사라이(2800m)~히르포라(히르푸르; 2280m) ACP~쇼피안(2070m)~스리나가르(1580m)/아난트낙(이슬람아바드; 1600m) [차량이동 3~4시간]

기르잔에서 남서쪽 파르네이계곡(베람갈라계곡) 방면으로 내려가 이로부터 계곡루트 따라 베람갈라로 나아갈[4~5시간 소요] 수도 있지만 일반적인 산상트레일 경로는 기르잔 목초지 바로 북쪽고개(기르잔갈리; 3360m)를 넘어 동쪽에서 내려오는 계곡을 따라 **베람갈라**로 하산[3~4시간 소요]하는 노정이 선호된다. 베람갈라는 제법 변화한 마을로 마을 어귀 쇼피안~라조우리 행로의 도로(무갈로드)가 가로놓여있다. 곧 이로부터의 양방향 푼치/라조우리〈서〉 또는 쇼피안(카시미르밸리)〈북〉 노선을 취사선택, 여로에 임한다. (∴ 피르판잘 무갈로드가 지나는 베람갈라는 이로부터 본 샤트사리안 트렉의 푼치 지역 베이스캠프[접근기점]로서 정의된다.)

1〉 라조우리 방면 데라키갈리 행로 바플리아즈 브릿지
2〉 데라키갈리(2230m)에서의 피르판잘 초티피크(4705m)(좌)~선셋피크(4745m)(중앙)~피르키갈리(3490m)(우) 조망

쇼피안 행로 피르키갈리 지그재그 비탈고갯길

피르키갈리 접근 표지판 & 지아랏 (기도사당) 원경

피르마르그 전경(남쪽방향)

· 루트B〉 라비왈리 차르사르(4호수)[1]~[4] & 샤카르마르그 트레일
(라조우리 다르할 하산)

5일 : 루프리마르그(3560m)…(5:30)…코카르사르(카그할나사르; 3950m)[1]…(1:00)
…닐사르(3820m; 라비왈리)[2] (☞ 위 노정 동일)

6일 : 닐사르(3820m)-(30분)-닐사르갈리(3870m)-(40분)-바그사르(3850m)[3]-
(20분)-바그사르갈리(3920m)-(2시간)-딩사르갈리(3780m)-(30분)-딩사르
(3740m)[4]-(1시간)-샤카르마르그(3600m)

닐사르 남쪽으로 열린 잘록이(**닐사르갈리; 3870m**)를 넘어 하행, 이어 좌측(남동) 산릉 - 카그할나(4200m)에서 내려오는 서남능선 안부 -으로 다시 올라붙어 잘록고개를 넘어선 뒤 곧바로 가파른 내리막 경유 강낭콩 형태의 **바그사르*** 기슭에 안착한다. 남향이라 여름철엔 설사면 걱정은 없다. 바그사르에서 이내 서남 방향으로 완만한 구릉고개(**바그사르갈리; 3920m**)를 타고 넘은 후 그로부터 평퍼짐한 둔덕부에서 서북향으로 산자락을 끼고 돌아 진행, 허리감아 돌듯 구비길 크게 휘돌아 행보를 지으며 이윽고 산모롱이 너릇하게 펼쳐내리는 안부(**딩사르갈리; 3780m**)를 에둘러 북동향 능마루 넘어 이어가면 곧바로 둥그스름 삼각형 형태의 **딩사르**가 나온다.

딩사르까지의 **라비왈리 차르사르(4호수) 탐방**을 마치고 이제 서쪽 골짜기 아랫길로 내려서서 너른 분지 **샤카르마르그*** 목초지로 이정을 잡아 내린다. 샤카르마르그 북쪽으로 계곡길 따라 하산, 다음날 푼치강 원류 파르네히계곡 (베람갈라계곡)을 따라서 푼치 베람갈라 행보로 나설 수도 있으나, 달리 지경(District)을 바꿔 곧 이의 푼치 경계마루 키란갈리(3630m) 넘어 라조우리 다르할(탄나마르그) 노정으로 나아가기 위해 남쪽 샤카르마르그 초원분지로 올라서서 머물러야 함이다. 많은 바카르왈 유목민들의 독(도카) 구조물들이 들어서있다.

* 앞선 기본노정(4일) 상의 차마르사르 동북편 바그사르(3940m)와 혼동치 말 것.
* 종종 이들 라비왈리-샤카르마르그 및 너머의 사로타마르그까지의 일대 전부를 뭉퉁그리 한통속으로 아울러 그냥 "샤카르마르그"라 통칭키도 한다.

라비왈리 산상초원

샤카르마르그

7일 : 샤카르마르그(3600m)-(30분)-쿨티안(3610m)-(30분)-키란갈리(3630m)-(1시간30분)-키란(2870m)-(1시간30분)-키란니체(2050m)-(1시간30분)-카나린(1860m)-(1시간)-탄나마르그(다르할 말칸; 1800m) / 탄나마르그(다르할; 1800m)~라조우리(915m) [차량이동 1시간±]

샤카르마르그 남쪽 최상부 초원등성이 **쿨티안**으로 이동하여 바로 남쪽고개 **키란갈리(3630m)**를 넘어서면 이제 그간의 고산마루 초원지경과는 완전히 풍토가 바뀐 잠무지방 라조우리 산경의 거칠고 험한 급준한 산세에 맞닥뜨린다. 이내 곧바로 가파른 산사면 아래로 치달리듯 내리막, 서쪽 골깊이 팬 심연의 산세 아래로 떨어져내리면서 곧 사방 높다랗게 둘러싸인 상부 **키란** 분지에 안착하면 예 또한 구자르 목동들의 처소가 마련돼있다. 계속되는 산세 가파른 내리막 곧이어 조금은 누그러지면서 남동쪽 풀와리 산상으로부터 빚어 흐른 키란 하부 계곡분지(**키란니체**)로 내려앉으면 이로부터 서북향 행로로 이의 다르할계곡 최상류 물길을 따라 하행, 계곡 우측(북동) 기슭 트레일로 밟아 나아가 이윽고 민가가 들어앉은 **카나린** 마을을 지나서 다르할 기점 **탄나마르그(다르할 말칸)** 마을에 이르게 된다. 탄나마르그는 완만한 골짜기평원의 초지부에 형성된 마을과 마을들의 집합소. 이로부터 서남방 골짜기 아랫방향으로 찻길이 나있으며 곧 차편으로 약 1시간 거리의 라조우리까지 마무리 노정을 그을 수 있다.

1〉 푼치 판즈타리 초원(파르네이밸리 사로타마르그 루트)
2〉 라조우리 다르할밸리 탄나마르그(다르할말칸) 전경 & 피르판잘산맥 (※ 사진협조: Bashir Malik)

라조우리 입성(진입부 도로이정)　　　　　라조우리 타위강브릿지(보행전용)

· 루트C〉 벨라마르그 트레일
(라조우리 타르감 하산)

5일 : 루프리마르그(3560m)-(2시간30분)-다키야르사르(3950m)-(40분)-다키야르갈리(4040m)-(30분)-코토리사르(3890m)-(1시간)-다르할갈리(루프리갈리; 4080m)-(2시간)-벨라마르그(3720m)-(30분)-카토리사르(3750m)

루프리마르그 남동 골짜기로 등행, 곧 계곡이 남향으로 휘어지면서 피르판잘산맥 주산령 다키야르(4,660m) 봉우리 북단 바로아래 깃든 산상호수 **다키야르사르**에 이른다. 험준한 다키야르피크는 트레킹피크로서도 각광받던 대상지. 카시미르 정세에 의거 지금은 등반에 나서는 이가 극히 드물어 거의 연례행사와 같은 - *인도 자국민 원정대만 어쩌다 등장하는* - 경향을 보인다. 이 험한 산령을 곧바로 넘어 남쪽으로 나아가기는 만만치 않은 고로 트레일은 이로부터 서쪽 비교적 덜 험하고 덜 가파른 다키야르 북릉고개(**다키야르갈리**; 3950m)를 넘어 **코토리사르** 방면으로 진출한 뒤 - 앞선 라비왈리 트레일의 참치사르 탐방 포함여부는 각자 선택 - 남쪽 **다르할갈리**(4080m) 방면으로 돌아 넘어서 다키야르피크 남방의 **벨라마르그** 방면으로 향한다. 도중 다르할갈리를 넘어 다키야르 서남릉을 곧장 넘는 루트는 산릉 북사면의 위험한 설상구간이 도사리고 있어 난점이 따르므로 대개는 이 코스 대신에 서측자락으로 돌아서 이내 남쪽 산사면 허리길을 끼고 에두르며 벨라마르그 행로로 잡는 것을 보편적으로 한다. 이렇게 우회시 다르할갈리~벨라마르그 약 2시간 소요되며, 벨라마르그 초원마루에 이르러 남쪽 등성이방면으로 진행 아담한 산상호수 **카토리사르**에 닿게 된다. 동그란 접시모양으로 드리워진 카토리사르는 이처럼 본 라조우리 지역 피르판잘 산상의 공식명칭이 주어진 호수 가운데 가장 작은 크기의 호수로서, 흥미로운 건 9월말 무렵부터 물이 말라 건호(乾湖)의 형태로 변모한다는 것. 아닌게아니라 주변부로부터 받아들이는 수원이 없이 단지 동절기 쌓였던 눈과 얼음이 녹아 고여 형성된 웅덩이형태라서 그렇다. 한편 예까지의 다르할갈리~벨라마르그~카토리사르 구간 상에서 서편 깊숙이 꺼진 칸디협곡 골짜기너머로 라비왈리 지구의 산상호수들 또한 가늠해볼 수 있다.

카토리사르

6일 : 카토리사르(3750m)-(40분)-바디야리갈리(3660m)-(20분)-바디야리마르그(부르야리마르그; 3540m)-(20분)-마르구리(3560m)-(10분)-시마르사르(사모트사르; 3580m)-(1시간)-탈야니갈리(3570m)-(1시간)-탈야니(3120m)-(1시간30분)-다라나르(2400m)-(2시간)-케나키폭포(2250m)-(1시간)-타르감(1600m)/케스라힐(코리힐; 2140m)*

카토리사르 남동향으로 완만한 등성고개(**바디야리갈리**; 3660m)를 넘어서 이내 목초지길이 지질편편한 동남루트(사베리마르그 트레일; ☞ 후속 〈루트D〉에 소개)를 버리고 다시 서향길로 완경사 둔덕의 초지마루를 경유, 곧바로 남서쪽 산록자락으로 내리면 바야흐로 마지막 산상초원 **바디야리마르그(부르야리마르그)**에 발을 들이고 그로부터 동남기슭 **마르구리** 유목민거처지의 마지막 호수 **시마르사르(사모트사르)**에 당도케 된다. 시마르(사모트)사르는 길이 약 1km의 남북으로 길쭉한 형태의 호수. 물색깔은 푸른색조를 띤다. 반대로 라조우리 부달밸리 방면에서 오를 시 가장 먼저 만나게 되는 근거리의 피르판잘 산상호수이기도 하다.

하산은 이제 시마르사르 서북방향으로 초지언덕을 가로질러 산릉상의 고개(**탈야니갈리; 3570m**)까지 나아간 후 서님빙면 가파른 내리막으로 진행 약 4백미터 고도를 급격히 내려서서 곧 완경사의 능선안부 **탈야니**에 이르고, 그로부터 좌측(동쪽)으로 길을 잡고 다시 급경사 내리막길로 가파르게 하산, 험산골짜기의 분지골 **다라나르** 기슭으로 내려앉는다. 이전과는 완전히 달라진 라조우리 피르판잘의 산세, 곧 더는 광활한 산산초원/호수는 찾아볼 수 없고 오로지 첩첩산중 심산협곡의 치열한 산봉우리와 골짜기 풍정으로서만 가득함이다. 계속해서 남서향의 다라나르계곡 내리막루트를 타고 하행, 곧이어 계곡이 동쪽으로 꺾어도는 계곡분지에 이르러 주계곡을 버리고 다시 서쪽 가파른 골짜기를 거슬러 등행하여 능선마루로 올라선 뒤 서북향의 산허리길을 끼고 나아가 이윽고 남동쪽에서 올라오는 계곡 말미의 폭포지대(**케나키폭포**)에 다다르면 험난한 트레킹행보는 대략 갈무리.

이로부터 길은 크게 세 갈래 나뉘는즉; 1) 서북향 능선고개(케나키갈리) 넘어서 칸디계곡 방면으로 하산. 2) 남동향 케나키계곡 따라 타르감 방면으로 하산. 3) 남향의 산허리길을 가르며 남진, 곧 해발 2140m의 **케스라힐(코리힐)** 방면으로 연결. 이들 중 본 파트에서는 트레킹루트로서의 주 행로 곧 타르감 또는 **케스라힐** 루트를 따르는 것으로 갈음한다. 해발 2천미터대의 비교적 얕은 목초언덕인 케스라힐은 한편 코리힐, 칸드라힐, 바라왈리 등등의 여러 이름으로도 불린다. 목동집이 산재해있고 적당한 평탄부의 초지 일원에서 캠핑할 수 있다.

7일 : 타르감(1,600m)/케스라힐(코리힐; 2400m)-(각 2시간±)-사모트(1540m)·
드라즈(1560m) / 복귀〉사모트(1540m)~드라즈(1560m)~코트랑카(1600m)
~판즈나라갈리(2050m)~상카리(1200m)~바둔(890m)~라조우리(915m)
[차량이동 1시간30분±]

케스라힐 동쪽, 남쪽, 서쪽 각 방향 하산길을 잡아 라조우리 지역의 안시강 상류 연안 마을들로의 내리막 행보를 긋는다. 타르감(동)·사모트(남)·드라즈(서) 마을 등지로 하산해 내려오면 곧 잠무-리아시-부달-라조우리 노선의 도로변으로 나와 차량편을 이용 곧바로 복귀여정에 임할 수 있다.

· 루트D〉사베리마르그 트레일
(라조우리 부달 하산)

5일 : 루프리마르그(3560m)…(6~7:00)…카토리사르(3750m) (☞ 앞 노정 동일)

6일 : 카토리사르(3750m)-(40분)-바디야리갈리(3660m)-(2시간30분)-사베리마르그(3470m)-(20분)-사베리갈리(3500m)-(1시간30분)-코드라(2900m)-(1시간30분)-라즈 나가르(2100m)

카토리사르 남동루트로 나룻한 **바디야리갈리(3660m)** 넘어 완만히 내려앉는 동남방면 분지계곡 목초지길 경유*(※ 바디야리갈리 서남방 허리길은 시마르(사모트)사르 방면 트레일 ☞ (루트C))*, 이윽고 골짜기가 좁아지다 다시 확 트이는 초지평원 **사베리마르그**에 이른다. 그로부터 평탄부 초원언덕에서 남쪽으로 길을 잡아 내린 후 구릉언덕 사이에 놓인 완만한 둔덕고개(**사베리갈리; 3500m**)를 통과, 이내 둥그스름 분화구처럼 패인 완경사의 골짜기안부로 내려앉는다. 서쪽에서 연결되는 트레일도 있는데 이는 시마르(사모트)사르 방면에서 넘어오는 길이다.(시마르사르 탐방계획 포함 시 이 루트 활용.) 예까지의 사베리마르그 초원지경을 뒤로하고 이제 가파른 남쪽사면 행보로 내리막을 그으면 역시나 이제까지완 분명히 다른 산세와 골깊은 협곡의 풍정. 전형적인 피르판잘 남부 잠무지방 산경의 라조우리 지역 산하로 연결됨이다. 이내 급사면 산자락을 타고 내려와 곧 동남 방향 완사면의 계곡루트를 섭렵, 곧이어 다시금 산세가 누그러지면서 완경사의 평탄부 초지가 드리운 **코드라** 유목민거처에 이른다. 이곳에서 야영을 하고 머물 수도 있지만 터가 그리 넓지는 않은 고로 썩 좋은 캠프지라 말하기는 어렵다. 고로 아주 피로도가 쌓여있지 않은 경우라면 이로부터 남쪽 골짜기길로 계속 하산여정을 종용, 약 1시간반 거리의 **라즈 나가르** 마을까지 내려와 머물길 권한다. 단 이 코드라~라즈나가르 구간은 매우 가파른 하산길로 다소 체력적 부담이 따를 수 있음을 유념. 코드라를 지나면서 수목한계선 아래로 내려온 터라 빽빽한 삼림대가 트레커들을 맞이한다. 라즈 나가르 마을 일원의 적당한 곳을 찾아 캠핑 또는 민가 활용 홈스테이를 취할 수도. 북쪽 카시미르밸리의 이슬람권과는 달리 힌두권역이라 이방객들의 홈스테이 요청에 선뜻 응해주는 집들이 많다.

벨라마르그

사베리마르그

7일 : 복귀〉 라즈 나가르(2100m)~부달(1840m)~켈라드(케왈; 1370m)~사모트 (1540m)~드라즈(1560m)~코트랑카(1600m)~판즈나라갈리(2050m)~ 상카리(1200m)~바둔(890m)~라조우리(915m) [차량이동 2시간±]

라즈 나가르에서 부달까지는 도보 약 1시간반 거리. 하지만 근자에 이 라즈 나가르 산간까지도 도로가 닦여 차량편 연계가 가능하므로 굳이 부달까지 걸어내려갈 필요 없이 곧바로 차편 이용 귀환여정으로 갈음해도 되겠다. 이 부달 일원은 라조우리의 주민거주지역 중 가장 기온이 낮은 곳으로서 여름엔 서늘하나 겨울엔 냉혹한 기후 환경으로 연중 동절기 4~5개월 동안은 거의 눈에 덮여있는 풍정을 연출한다. 코트랑카는 라조우리 부달밸리의 안시강 상류부 남측하안에 위치한 마을로, 부달 방면 의 도로가 이 코트랑카 안시강(Ansi River) 북단의 다리를 건너 넘어오게 돼있다. 이로부터 북쪽 안시강 최상류 칸디계곡 방향으로 나아가면서 도로는 이내 칸디계곡 을 벗어나 서쪽으로 굽이돌아 오르며, 곧 두리뭉실 판즈나라갈리(2050m) 고갯마루 를 넘어 라조우리 산하의 산등성이 고갯길을 타고 넘으면서는 이윽고 동북방에서 내려오는 칸들리계곡 아래로 하행, 이어 상카리 마을을 거쳐 막바지 타위강에 합류 하는 바둔마을 칸들리브릿지를 건너서 라조우리 도심으로 진입하게 된다.

유목민들의 후카(물담뱃대)

부달계곡

◇ 산악유목민(파하리 & 구자르 바카르왈)들의 유목생활 ◇

매해 5월 여름이 시작될 무렵 방대한 가축떼를 몰고 산으로 오르는 이 시기 각 카시미르의 유목민들 부족민(가족)과 부족민 간의 끝없는 이동행렬이 사방 도로를 점거한다. 갓난아이는 보자기에 싸여 엄마 등에 업혀 오르고, 젊은이들은 여정 도중 가축들에게 먹일 꼴(풀과 나뭇가지 이파리 등)을 수집하면서, 그리고 나이든 연장자들은 연로(!)함에 힘입어 말에 타고 여정에 나선다. 도중 때로 날씨, 지형 등 환경적 악조건에 의해 적잖은 가축들이 희생되기도 한다. 이동 상의 막영은 물이 있는 샘가(계곡) 근처에서 취함이 통상적이다. 푼치-라조우리 지역 산악거주민[파하리 & 구자르 바카르왈]의 약 1/3이 이렇듯 하절기 산상초원(마르그) 및 산상하계거처(독/도카)로 올라가 여름을 나며, 이들에겐 가족 전체가 따라나서서 생활하는 자신들 고유의 호칭(부족/가족명)을 부여해놓은 각각의 방목지[마르그] 및 거처지[독/도카]가 있다. 이들 유목민들의 생계는 가축들로부터 얻는 우유와 양·염소의 고기 및 양모제품 곧 양털로 손수 짜서 만든 담요/숄/스카프(캐시미어·파슈미나) 등을 판매하여 그 수입으로 생계를 꾸려나간다.

초지[마르그] 내 거처지[독/도카]에는 돌집구조물로 만들어놓은 '다라(Dhara)'가 있다. 보통 한 다라에 너댓 식구가 들어가 생활한다. 일대에 문명의 혜택은 전무하다. 학교도 없고 전기도, 수도시설도 없다. 종종 유목민들 간에 서로서로 이러한 산상 방목지(마르그 & 독)를 다른 부족민들과 공유하며 생활하기도 하는데 물론 (고유의)영역 관련한 다툼은 없다. 상호간 매우 우호적이며 평화적인 그들 곧 순하디 순한 가축떼와 함께 생활하는 목동종족으로서의 특성이랄까. 단지 가족과 가축들을 위협하는 존재(맹수 등)에 대해서만 단호히 대처한다.

- 파하리 : 산〈파하르〉 사람들. 보편적인 북인도 히말라야 남쪽(카시미르·히마찰·우타란찰〈현 우타라칸드〉) 산악지역 생활민들을 일컬음.
- 구자르 바카르왈 : 카시미르 지역 유목족속 '구자르'족에서 파생한 가족공동체/부족 명칭. 주로 카시미르의 피르판잘산맥 남서지역 잠무 지방(푼치·라조우리)에 거주. 이들 대다수가 카시미르 산지에서 유목생활 영위.
- 당기 : 처소로서의 다라 내에 만들어놓은 침상.
- 사투스 : 구운 옥수수가루, 옥수수빵
- 라시 : 버터를 넣지 않고 흔들어 만든 밀크쉐이크.

∴ **방목지에서의 생활**(※ 우리네 옛 생활상과도 비교)

I) 나이 어린 남아/여아는 목초지 내에서 가축들을 돌보며 함께 뛰어노는 일상이다. 각자 스스로 개발(?)한 나름의 재미난 놀이게임을 하면서 보내기도.(동기들과의 학교생활을 대체하는 유일한 즐길거리.) II) 여자들은 인근 산간에서 식용으로 쓸 만한 것들(산나물, 약초, 과일 등)을 채취하거나 집 안에서 요거트, 버터, 치즈 등등 먹거리를 만든다. III) 젊고 왕성한 이들은 원거리로 가축들을 몰고나가 풀을 뜯게 하는 일과 더불어 숙련도가 필요한 양털깎기 등 비교적 쉽잖은, 모름지기 '젊은이로서 해야 할' 일에 매진한다. IV) 나이 지긋한 여자들은 양모 직물에 자수를 놓거나 상품으로 팔기 위한 북방타입- *투르키스탄 스타일* -의 모자 등을 만들기도.

이들 남녀노소 막론하고 해지기 전에 모든 가족들이 처소[독]로 - ∵ 여자들은 수집한 꼴(풀/잎)과 채취한 나물/약초를 등짐에 메고, 남자들은 데리고 나갔던 가축떼를 다시 몰고 - 돌아와 저녁상과 함께 다시 어울린다. 가축들은 밤사이 사나운 짐승들로부터 보호키 위해 처소건물[다라] 안에 따로 구획해둔 공간에 몰아둔다. 모두가 둘러앉는 저녁식사는 밥과 커리, 로티(구운 밀떡) 또는 옥수수(빵), 채소, 양고기 등으로 나름 하루의 성대한 '만찬'을 즐긴다. 나아가 이슬람 전통기념일 등 중요한 날엔 달달한 요거트 형태의 우유죽을 밥에 버무려 먹는 음식을 선보이기도. 더하여 흔히않은 축제나 혼례일 등 기쁘고 즐거운 축하의 날엔 염소나 양을 잡아 자축연을 벌이기도 한다. 저녁식사 후엔 모닥불을 피워놓고 오랜 시간 가족 모두 둘러앉아 그날 있었던 일에 대한, 또는 가족(부족)의 관심사, 문젯거리 등에 대한 이야기를 나눈다. 취침 시엔 가축들을 야수로부터 지키기 위해 가족 중의 젊고 건장한 남자가 지킴이를 서며 밤을 보낸다.(∵ 교대 내지는 순번제)

∴ 기본의상

♂ 남자) 바지 & 원피스형의 긴 셔츠 착용. 머리엔 '**터반**'을 두르고 어깨에는 담요 같은 두툼한 숄을 걸친다.(상황에 따라 담요로도 활용.) 가축들을 부리는 용도로 쓰는 나무지팡이를 항상 손에 쥐고 있다. ♀ **여자**) 남자들이 입는 것과는 조금 다른 여자용 바지 및 원피스형 긴 셔츠 착용. 아울러 무슬림 여성들의 '히잡'과 비슷한 '**두파타**'라고 하는 유목민 여자들이 쓰는 스카프를 두르고 있다.

바야흐로 나이 지긋한 부족(가족)의 최고 수장이 말에 올라 하얗게 긴 수염을 휘날리며 고품스러운 전통의상을 걸치고 부족과 무리들을 이끌고 나아가는 광경을 보노라면 흡사 고대의 군주가 행차하는 모습과도 대비된다. 이런 휘황찬란한 유목행단(Nomadic Caravan) 수장의 모습에 과거 인도 초대 수상(총리)이었던 자와할랄 네루는 이름하야 '숲의 제왕'이란 표칭을 붙였기도.

이같은 카시미르 피르판잘 산지의 파하리 & 구자르 바카르왈 유목민들은 모름지기 북방계 아리안(Aryan)족과 유사한 삶의 모습으로서도 각인된다. 매우 단순한 이러한 생활상은 곧 근본적으로 '자연의 순리'에 맞춰 살아가고자하는 원초적 생활방식을 추구하는 데 그 바탕이 깔려있다. 이의 구자르 바카르왈 유목민들 모두는 경건하고 신실한 무슬림으로, 무릇 이슬람 수피교의 성자로서 이른바 '영혼의 안내자'로서 칭송받는 '피르 사히브(Pir Sahib)'를 추앙, 그와 같은 삶으로 조화되길 바라마지않는다. 그래 아닐 것도 없이 더욱 **평화롭고 우호적이며 자애로운** 족속임을 다시금 환기한다. (✔ 이들이 외부인(여행객 포함)에게 비우호적-적대적일 거라는 다분히 '정치적 - 힌두이즘에 의거한 - 견해'에 의거한 인도군 보안군의 경고와는 전혀 상반되는 **실제**이다.) 현세에 이르면서 그러나 이들 유목부족들의 산상(마르그/독) 생활이 점점 사라져가고 있는 추세 또한 현실인즉, 아닌게아니라 현재 대다수 구자르 바카르왈 및 파하리 부족민들이 이른바 도회화된 '모던라이프(Mordern Life)'에 안주하게 되면서 이같은 과거로부터의 고단한 산상생활을 더 이상 연명하려하지 않고 이제 문명의 편의와 안락이 조장된 저지대평원의 도회에서 그들 자신을 그러한 새로운 도시적 삶의 일환으로서 투여하고 있음에, 그로부터 이러한 전통적인 산상유목생활의 모습은 모름지기 '보존'의 문제로서 대두될 더욱 요원한 숙제로 남겨질 전망이다.

※ **라조우리 지역(District) 기본정보** : 잠무~푼치 하이웨이 상에 놓인 지역(District) 으로 이른바 카시미르에서 가장 아름다운 여행목적지로 꼽히는 곳 중의 하나. 일명 '타른계곡, 호수의 골짜기'란 필명으로 회자되는바 나아가 카시미르의 전 면모를 요약 압축해놓은 축소판이라 할 수 있다. 이에 근세기 이후로 수많은 관광객들의 탐방/탐승을 이끈 실로 인기있는 여정행선지로 주목받던 곳이었으나 카시미르분쟁 발발 이후 안전의 문제가 대두되어 이의 관광부문이 현저하게 위축, 부실한 인프라확충에 이은 관광객수 감소로 진행되었다.

지역명칭 유래는 과거의 토후국 번왕(라자)이 다스렸던 도시라 하여 일명 '라자푸르 〈라자의 땅〉'라 불리던 것이 작금의 '라자리/라주리/라조우리'란 명칭으로 굳어지게 된 것. 역사적으로는 12세기말~19세기 중엽까지 번왕국인 자랄 왕조에 의해 통치되어왔으며 현재의 성곽과 모스크는 그때당시로부터 존속해 내려오는 것들로 고고학적 및 건축학적 유물/자료로서의 가치를 지닌다. 지역 정치행정 관계에 있어서는 무릇 인도령 잠무카시미르 주 푼치 지역(District)에 속해있다 1967년 9월 '라조우리&푼치'란 명칭으로 바뀌고, 이어 3개월 후인 이듬해 1967년 1월 1일 비로소 독립된 지방자치 정부로서의 '라조우리 지역(District)'으로서 분리행정이 시작되었다. 언어는 카시미르 지역공용어 우르두어와 더불어 지역방언인 신드어 및 국제공용어 영어가 함께 쓰인다. 지역 전체인구는 약 70만명으로, 잠무지방에서는 잠무 지역(District) 다음으로 인구가 많은 지역이다.*

---

* 참고로 잠무카시미르 주 대표지역별 인구분포 순서는 다음과 같다. **잠무**(1백6십만명)–**스리나가르**(1백3십만명)–**아난트낙**(1백1십만명)–**바라물라**(1백5만명)–**쿠프와라**(90만명)–**바드감**(80만명)–**라조우리**(70만명)…(중략)…**푼치**(50만명)…(중략)…**레**(라다크; 30만명)–**카르길**(15만명)

여행적기는 3~6월 및 9~10월. 반면 7~8월은 몬순 우기의 영향으로, 11~2월은 동절기 폭설과 혹한의 영향으로 여행하기에 어려움이 많다. 피르판잘 고산지대는 차치하고 라조우리의 비교적 저지대 산악지대를 여행코자한다면 몬순 전후 3~5월 및 9~11월 방문이 좋다. 잠무에서 145km[4~5시간], 카시미르밸리 스리나가르에서는 무갈로드 피르판잘고개(피르키갈리; 3490m) 경유 175km 거리[5~6시간]로 잠무/스리나가르 각 방면에서 주정부 운영 매일편 버스와 승합택시 편성 운행한다. 라조우리 도심 내 다양한 여러 호텔이 들어서있으며 시설 좋고 평판 좋은 다음 세 곳이 유명하다.

Hotel Shubham Vilas / Hotel Mughal Palace / Surya Continental Hotel

라조우리 도심 중심부는 한편 인도군 공군비행장이 들어서있어 접근이 금지된다.
(⇒ LOC 인접지역임을 시사)

코트랑카(안시강 방면 이정기점)

타위강(좌)-다르할계곡(우) & 라조우리 전경

• 라조우리 명소유적

△ 다니다르 포트(Dhanidhar Fort = 라조우리 포트, 일명 '도그라 포트') : 라조우리 타운에서 칸들리브릿지 건너 북동쪽 언덕에 위치. 19세기 초엽 도그라왕국의 마하라자 란지트 싱의 카시미르 원정 시에 이 라조우리 지역이 점령되면서 파괴된 성을 그의 아들 마하라자 굴랍 싱이 1846년 복구하기 시작하여 1855년 완전 재건 현재의 모습으로 축조. 이곳에서 바라보는 라조우리 도시 풍경이 일품으로 성 내 유람은 자유롭게 허용되지만 군 초소 및 막사가 들어서있는 일대는 사진촬영 금지구역으로서 통제된다.

△ 랄바울리(Lal Bawli) : 라조우리~탄나만디 노정 상에 있는, 맑은 물이 용출하는 연못이 드리운 정원. 스리나가르의 무갈가든 '차스마 샤히'만큼 멋진 곳. 전설에 의하면 이 연못의 물은 피르판잘 산상의 난단사르(3840m)와 지하로 연결되어 곧바로 용출되어 나오는 것이라고.

△ 만마마타(데비) 사원(Manma Mata(Devi) Temple) : 힌두교 나바라티 축제(10월 2째주) 때 많은 탐방객들이 몰려드는 인기있는 힌두순례지.(※ 마타 = 데비)

△ 발리단 바반(Balidan Bhavan) : 1947~48년 1차 인·파 전쟁 당시 파키스탄 군대와 맞서 싸워 라조우리를 지켜낸 지역주민들의 희생과 헌신을 기리는 전적기념비. [※ 관련축제] 4월13일 일명 '라조우리 축일(Rajauri Day)']

△ 지아랏 세인간지 사히브(노우간지 지아랏) : 노우셰라 LOC 인근에 위치한 이슬람 순례지 유적.(※ 지아랏 : 이슬람 순례기도처)

△ 망글라데비포트 & 망글라데비(마타) 사원 : 노우셰라 남단에 위치한 옛성과 힌두사원 유적. 가리마타(Ghari Mata)라고도 부른다.

△ 그 외 : 구루드와라 챠티 파드샤히, 무라드푸르 사라이&모스크, 우스만 기념비, 자먀 마스지드, 나드푸르 사라이, 라마템플, 차니프라 템플, 데라바바 데람샤히브, 쉬브만디르(Shiv Mandir; 노우셰라 소재) etc.

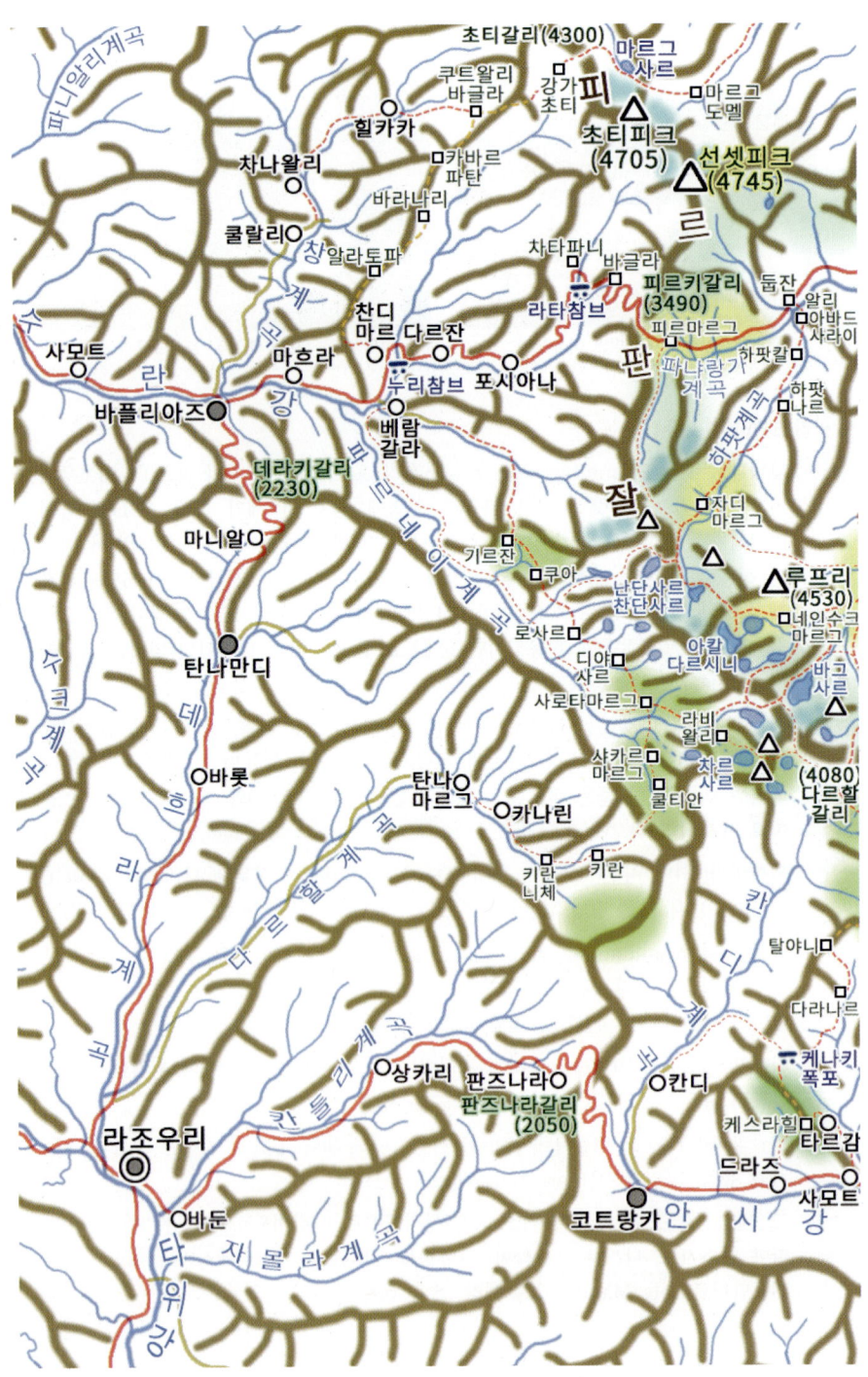

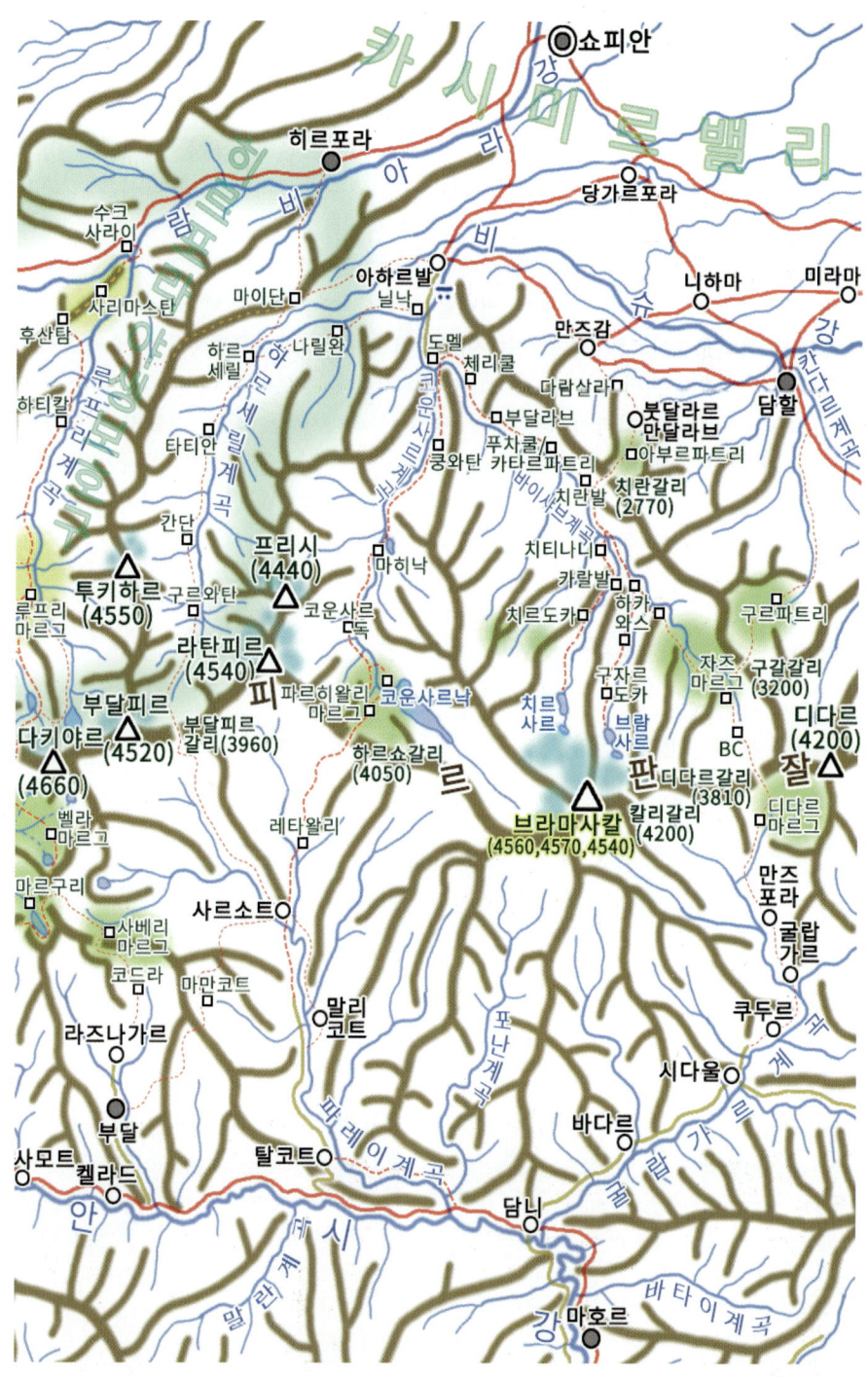

1-3-4. 브라마사칼 아하르발 트레일

◆ **특징** : 카시미르밸리(스리나가르분지)의 쿨감 지역(District)에 놓인 탐방코스로 이 역시 1980년대까지 인기있는 여정대상지였으나 그간의 불안한 카시미르 정국에 의해 방문의 제약을 받아오다 근자의 2014년부터 일반인에게 다시 개방되기 시작, 카시미르밸리의 명소로서 재등극하고 있다. 특히 초입부 바이샤브(비슈)계곡의 수류가 이내 거대한 포말을 일으키며 떨어지는 아하르발폭포의 장관으로부터 일명 '카시미르의 나이아가라'라는 별명을 얻기도 했을 만큼 빼어난 풍광으로 관광객들을 불러모은다. 트레킹코스는 이로부터 남쪽 코운사르계곡을 거슬러오르는 카시미르 피르판잘 산상의 가장 큰 호수 코운사르낙 행로의 트레일과, 동남쪽 바이샤브(비슈) 주계곡을 따라서 피르판잘 명산 브라마사칼(브라마 사클리; 4570m) 북단의 치르사르, 브람사르 두 호수를 탐방하는 루트로서 소개된다. 나아가 이의 피르판잘산맥 넘어 잠무지방 라조우리·리아시 산경의 부달밸리, 굴랍가르밸리 방면으로의 확대여정도 추려볼 수 있다.

◆ **트레킹적기** : 5~6월 & 9~10월

◆ **트레킹 최고점** : 코운사르낙(2620m) + 하르쇼갈리(4050m) /
　　　　　　　　치르사르(3530m)·브람사르(3620m) + 디다르갈리(3810m)

◆ **트레킹 방식** : 캠핑트레킹

◆ **퍼밋** : 트레킹퍼밋 필요. (현지 최소 2일 소요)

1) 아하르발 가는 길 피르판잘산맥 조망(※사진협조: Ritu Saini)
2) 쿨감 지역의 명소 아하르발 폭포관광지 진입부 / 3) 아하르발 레스트하우스(※ 사진협조: Koshik Shil Kumar)

바이샤브계곡 아하르발폭포 방면　　　　　　　아하르발폭포

≪코운사르낙 트레킹≫

- **개략** : 카시미르 피르판잘 산경 내 가장 큰 호수 코운사르낙을 탐승하는 트레킹 여정으로, 그림같은 아름다운 산상호수의 풍정으로부터 모름지기 본 피르판잘 산군 내원을 섭렵하는 카시미르밸리의 가장 인기있는 트레킹아이템의 하나로 자리매김한다. 시작은 카시미르 제일의 폭포명승지 아하르발을 기점으로 이윽고 남쪽 피르판잘산맥의 독보적인 브라마사칼(브라마 사클리; 4570m) 산봉군 바로 서편그늘에 자리한 이의 코운사르낙 호수까지의 왕복탐승여정이 되겠으며, 나아가 남쪽 피르판잘 주령 하르쇼갈리(4050m)를 넘어 잠무지방 리아시 지경으로까지 확내 십렵해나가는 피르판잘 중단여정으로서도 추진해볼만하다.

0~1일 : 출발〉 잠무(330m)/스리나가르(1580m)~쿨감(1740m)/풀와마(1630m)
~니하마(1950m)/쇼피안(2070m)~아하르발(2260m)
[차량이동 잠무 시점 9~10시간 / 스리나가르 시점 2~3시간]

트레킹〉 **아하르발**(2260m; 폭포지대)-(1시간)-**닐낙**(2290m)-(40분)-
도멜(2350m)-(2시간)-**쿵와탄**(2600m)

잠무 방면에서는 바니할(자화하르터널)을 넘어와 쿨감-니하마를 거쳐서, 스리나가르 방면에서는 풀와마를 경유하여 쇼피안-아하르발로 진입한다. **아하르발**은 사과산지의 명성과 더불어 바이샤브계곡의 웅장한 협곡부에 생성된 거대한 폭포지대로 더욱 많은 방문객들이 찾아드는 명소로 떠오르고 있다. 아닌게아니라 그 규모와 풍정이 흡사 나이아가라폭포를 연상케도 한다 하여 일명 '카시미르의 나이아가라'라는 닉네임을 달고 있기도 한즉 필시 카시미르 여행 상에 가장 인상적인 경관의 하나로서 아로새겨질만할 터이다. 이로부터 본격적인 도보트레일 시작, 남동쪽에서 흘러오는 바이샤브 상류계곡을 따라 오른다. 우측(서쪽)에서 내려오는 계곡합수부 일대 울창한 솔숲에 감싸인 작은 호수가 **닐낙**사르. 이를 지나 울창한 소나무, 전나무 숲지대를 경유하여 남서향 비슈계곡(코운사르낙계곡)을 따라 오르며 이윽고 카시미르 목동들의 방목초지 **쿵와탄**에 이른다. 푸르게 펼쳐진 초원대지에 숲이 둘러쳐있고 주위로 유목민들의 통나무집 거처가 산재해있다. 여름철엔 야생화가 만발하여 더욱 아름답고 그윽한 풍치를 자아낸다.

풀와마 지역 팜포르의 쇼아그바부 사히브 지아랏(이슬람사당) / 풀와마 시내거리 / 아하르발 후방

아하르발 삼림지대

아하르발 바이샤브계곡(폭포 원경)

아하르발폭포

닐낙 삼림기슭 원주민마을

쿵와탄 행로 코운사르낙계곡 도멜 브릿지

쿵와탄

2일 : 쿵와탄(2600m)-(3시간)-마히낙(2950m)-(1시간30분)-코운사르독(3190m)
   -(1시간30분)-코운사르낙(3620m)

화사한 목초지길을 가로질러 오름길에 나선다. 남서향의 계곡 골짜기 좌측(동측) 기슭 루트로 등행, 곧이어 수림지대가 벗겨지고 돌과 바위가 어우러진 산상트레일을 밟아 이윽고 우뚝우뚝 산봉우리들로 둘러친 기슭변의 자그마한 타른호수지대 **마히낙** 초지에 발을 들인다. 남북으로 나란히 두 개의 길쭉한 작은 호수로 형성되어있는데 갈수기에는 말라붙어 형태가 온전치 않다. 너른 고산초지를 가르며 이내 이들 사이에 가로놓인 계류부를 건너 진행, 계속해서 비슈계곡 측면 트레일 따라 남행길로 점차 올라서면서 곧 계곡이 남동향으로 구부러지는 기슭자락에 이르러 이의 비슈계곡 주계곡을 도하, 곧바로 앞에 놓인 구자르 목동들의 거처지 일명 **코운사르 독(도카)** 목초지로 들어서고 계속해서 계곡길 남동루트 따라 등행, 마침내 커다란 연초록 물빛을 반사하는 **코운사르낙** 산상초원 호수에 이른다.

쿵와탄 초지골짜기

마히낙 계곡초지

마히낙 도카 / 마히낙 캠프지 / 코운사르독 접근부의 스노우브릿지

직선길이 3km가 넘는 길쭉한 삼각형 형태의 코운사르낙 호수는 카시미르에서 가장 그윽하고 아름다운 산상호수의 하나로 새겨진다. 서남방향 호수 정면으로 피르판잘의 웅혼한 브라마사칼(브라마 사클리; 4570m) 산봉군이 우뚝, 남쪽으로는 둔딕부 완시면의 파르히알리마르그(초원) 위로 듬성듬성 설사면에 긴 산릉장벽을 두른 하르쇼갈리(4050m) 능선이 바라보인다. 캠프는 호수의 정면부 북쪽과 동쪽 초입부에서 차릴 수 있다.

코운사르낙 호반 / 파르히왈리(마르그)에서의 코운사르낙 전경. 멀리 구름속 봉우리는 브라마사칼(4570m)

3일 : 휴식·유람일

코운사르낙 호수 일대를 둘러보는 **유람**일정으로 갈음한다. 단, 호수 동쪽 측면으로만 돌아 탐사에 나설 수 있으며 호수 남쪽 측면은 가파른 산세로 일구어져있어 근거리 탐승만 가능하고 등반 목적이 아닌 이상 안전을 위해 그쪽 방면으로의 더 이상의 일주 유람(!)은 지양토록 권고된다. (∴ 안전장비 없이 코운사르낙 호수 일주는 불가능!) 다만 대안루트로 호수 남쪽 언덕 위로 올라 파르히왈리마르그~하르쇼갈리 고갯마루까지의 전망루트 답사 등으로 할애할 수도 있겠다. (※ 피르판잘 너머의 부달 밸리 방면으로까지 트레킹 연계시에는 본 휴식일을 배제하고 이 하르쇼갈리를 넘어 진행토록 일정수립. ☞ ☆ 확장트렉; 하르쇼갈리 트렉 참조.)

4일 : 코운사르낙(3620m)…(4:30)…쿵와탄(2600m)…(3:00)…아하르발(2260m)

올랐던 길 되돌아 내려간다. 아하르발까지 하산코자할 시 노정거리가 다소 길기에 일찍 출발해 나설 것을 종용한다. 아하르발 폭포지대 일원에 여행자숙소(아하르발 관광게스트하우스 / PWD 레스트하우스 etc.) 및 호텔, 리조트시설 들어서있는바 이들 편의시설에 투숙하여 머무는 것도 나쁘지 않다.

5일 : 복귀〉 아하르발(2260m)~쇼피안(2070m)~스리나가르(1580m)/아난트낙 (이슬람아바드; 1600m) [차량이동 2시간±]

일반적인 귀환행로 시에는 스리나가르로, 또는 계속해서 리데르밸리·브렝밸리·와르완밸리 등지로 연계 시에는 **아난트낙** 행로로 이정을 삼아 진행한다.

☆ 확장트렉; 하르쇼갈리 트렉
(# 3일~)

· **개략** : 코운사르낙 남쪽언덕 피르판잘산맥 주산령 하르쇼갈리(4050m) 고개를 넘어 잠무지방 리아시 지역 산하로 여정을 잇는 트레킹 행로이다. 이 또한 구자르 바카르왈 유목민들이 즐겨 애용하던 피르판잘 유목루트로서 고원지경 카시미르밸리의 온화한 정취와 더불어 너머의 골깊고 첩첩한 잠무지방 부달밸리 산하의 웅장하고 심오한 풍치 또한 아울러 섭렵해볼 수 있다. 하산점인 피르판잘 남부산지에서 라조우리〈서〉 또는 리아시〈남동〉 방면으로의 여로를 택해 복귀한다.

3일 : 코운사르낙(3620m)-(30분)-파르히왈리마르그(3660m)-(1시간30분)-하르쇼갈리(4050m)-(4~5시간)-레타왈리(이츠니; 2200m)

코운사르낙 호수 서쪽기슭에서 이내 남쪽 경사면 언덕으로 올라서서 등행루트를 잡아 나아간다. 목동들과 가축짐승들이 오간 흔적이 있으므로 어렵잖게 밟아오를 수 있을 것이다. 약 30분쯤 올라서면 곧 넓게 펼쳐진 산상초지가 발앞에 놓인다. 남쪽 피르판잘산맥 주령에서부터 펴져 내려온 **파르히왈리마르그** 목초지다. 바로 그처럼 '산〈파(하)르히〉'에서부터 흘러내려왔다 하여 이러한 이름이 걸쳐졌다. 방목지 우측(서쪽)으로 난 트레일을 밟아 계속 남행길로 오른다. 이윽고 잔설이 쌓인 능선 바로 아래 경사진 언덕을 등행해 오르면 마침내 피르판잘산맥 주능선 **하르쇼갈리(4050m)**에 올라선다. 풍치절경이 따로 없다. 올라온 북쪽방향으로 카시미르밸리의 아스라한 산하가, 특히 날이라도 청명할라치면 이내 멀찍이 솟구쳐오른 북서방면 콜라호이피크(5425m)와 그 너머로의 눈(7135m)·쿤(7077m) 봉우리에 이르기까지, 아울러 카시미르밸리의 북서 장벽을 도맡은 하라무크(5148m) 산의 풍모 또한 예외 없이 짚어볼 수 있다. 남서 방향으로는 이제 피르판잘 북동 지경과는 완전히 다른 새로운 형세와 색채가 사로잡는다. 깊숙이 꺼져내린 발치 아래 심연의 협곡으로 드리운 잠무지방 리아시 산경의 부달밸리 산하가 첩첩이 아득하게 놓여있다. 바야흐로 고원에서 이내 한없이 추락하는 심오한 골짜기로 내려섬이다.

하산트레일은 하르쇼갈리 고갯마루에서 서향으로 비껴내리다 곧 돌과 초본류가 성글어 눌러붙은 가파른 산사면 아래로 지그재그 산길로 진행, 아닌게아니라 무지막지한 내리막 한참을 가파르게 곤두박칠치듯 떨구어내리면서는 동시에 수목한계선 아래로 다시 내려오면서 울창한 숲지대를 관통하여 하산 진행케 된다. 유목민들과 가축들이 다져놓은 이의 급사면 트레일을 밟아 얼추 너댓 시간이나 걸려 다다른 계곡 안부 **레타왈리(이츠니)** 초지에 이르러 이제 버거운 다리품을 접고 캠프를 취하면 그것으로 하루 여정은 종료된다. 고도차 2천미터 가까이 막말로 '꼴아박듯' 내달렸을 것이기에 몸깨나 고달팠을 것. 숲 우거진 맑은 물이 흐르는 계곡변 캠프지에서의 나머지 편안한 시간으로 하루를 갈무리한다.

4일 : 레타왈리(이츠니; 2200m)-(2시간)-**사르소트**(1860m)-(2시간30분)-**마만코트**(2250m)-(2시간30분)-**부달**(1840m)

레타왈리에서 남향의 계곡 따라 하행, 민가가 있는 **사르소트**까지 약 2시간가량 걸린다. 사르소티에서 계속 골짜기 따라 남행길로 약 1시간반 거리의 말리코트에 이르면 찻길이 놓여있는바 곧바로 차편을 이용해 탈코트(차사나)~라조우리〈서〉/리아시〈동〉 행선으로 귀로에 나설 수도 있겠다. 하지만 조금 더 트레킹여정을 긋는 일정계획으로 곧 사르소트 서쪽으로 **마만코트**를 경유하여 **부달** 방면으로 진행하는 노정으로 운용한다. 이로부터 사르소티 마을을 뒤로하고 서쪽골짜기로 진입, 다시 산길로 등행해 오르면서 마만코트 산록의 숲지와 목초지를 끼고 트레킹, 산자락을 구비구비 돌아 이으면서는 이윽고 발아래 부달 마을이 바라보이는 산기슭사면 내리막으로 향한다. 그리 힘들지 않은 약 너댓 시간 가량의 산록트레일로, 마지막 산릉안부 끝자락에 이르러 바로아래 부달 마을의 도로변까지는 30분이 채 소요되지 않는다. 이렇게 부달 마을에서 본 트레킹여정의 마지막 밤을 보내는 것으로 기본적인 4일 여정의 행보를 모두 갈무리한다. 부달에서의 캠핑/홈스테이 모두 가능하다.

5일 : 복귀(피르판잘 사파리)〉 **부달**(1840m)~켈라드(케왈; 1370m)~코트랑카(1600m)~**판즈나라갈리**(2050m)~바둔(890m)~**라조우리**(915m)~(환승)~탄나만디(1500m)~**데라키갈리**(2000m)~바플리아즈(1620m)~〈무갈로드(Mughal Road)〉~베람갈라(1750m)~찬디마르(찬난세르; 1800m)~차타파니(라타참브; 3000m)~피르키갈리(피르판잘패스; 3490m)~둡잔(알리아바드; 3200m)~수크사라이(2800m)~히르포라(히르푸르; 2280m)~쇼피안(2070m)~스리나가르(1580m)/아난트낙(1600m) [차량이동 6~7시간] 또는,

부달(1840m)~켈라드(케왈; 1370m)~담니(900m)~아르나스(700m)~리아시(죠티푸람; 480m)~카트라(870m)~잠무(330m)/우담푸르(750m)
[차량이동 5~6시간]

⇒ 각자의 여정행로와 방향, 차후목적지에 따라 행선을 취사선택하여 귀환길에 나서도록.

≪치르사르 & 브람사르 트레킹≫

· **개략** : 피르판잘산맥 **브라마사칼**(브라마 사클리; 4570m) 북사면 아래 가로놓인 또다른 두 곳의 **타른호수**를 탐승하는 트레일로, 아름다운 자즈나르계곡을 따라서 풋풋하고 호젓한 숲지대와 목초지대를 함께 아우르며 탐방할 수 있는 훌륭한 여가코스로서 떠오르고 있다. 시작은 쿨감 지역 피르판잘 산록의 만즈감이나 담할 등 도회지 근교로부터 곧바로 등행하여 탐방에 나설 수 있으나 아무래도 대체적인 무난한 등로는 코운사르낙 트레일과 마찬가지로 앞서의 쇼피안 지역 아하르발을 기점으로 잡는 것이 통례적이다.(※ 이 만즈감/담할 방면은 등행보다는 주로 하행 트레일로 삼아 나서는 경우가 일반적이다.)

한편 코운사르낙과 더불어 이들 산상호수들의 본원 **브라마사칼**은 무릇 전 카시미르 피르판잘 산경 중에서 가장 돋보이는 역동적인 산봉군으로 언급된다. 이는 피르판잘 주릉 상의 해발 4천5백미터 이상 3개 고봉이 동서로 연달아 솟아있는 형국으로 이 중 가장 중앙에 위치한 봉우리가 해발 4570m의 높이로서 가장 우뚝하다. 이 브라마사칼 중앙봉과 서봉(4560m)은 또한 서쪽 코운사르낙 방면에서 바라보면 거의 수직으로 솟구쳐오른 압도적인 급준한 산세로 각인된다. 4540m의 동봉은 반대로 북쪽 브람사르 방면에서 바라볼 시 완전 직각의 절벽진 산세로 이룩돼있는 대신 반대편 서쪽 코운사르낙 쪽에서 보면 상대적으로 덜 가파르고 험준해보여 등정의 유혹을 불러일으키기도 한다.(∴ 하지만 알파인등반이 아닌 일반적인 트레킹등정은 완만한 북쪽 브람사르 방면에서 이 브라마사칼 산봉군 동북편의 칼리갈리(4200m)로 올라서서 완사면의 남서릉을 경유하여 오르게 돼있다.)

0~1일 : 출발〉 잠무(330m)/스리나가르(1580m)~쿨감(1740m)/풀와마(1630m)
~니하마(1950m)/쇼피안(2070m)~아하르발(2260m)
[차량이동 잠무 시점 9~10시간 / 스리나가르 시점 2시간±]
트레킹〉 **아하르발(2260m; 폭포지대)**-(1시간)-**닐낙(2290m)**-(40분)-**도멜(2350m)**-(40분)-**체리쿨(2400m)**-(40분)-**부달라브(2440m)**-(40분)-**푸차쿨(2480m)**-(40분)-**카타르파트리(2530m)**-(40분)-**치란발(2570m)**

진입은 앞서와 같다. 저명한 카시미르의 거대폭포지대 **아하르발**을 시점으로 트레킹 시작, 계곡에 놓인 다리를 건너 남동향 바이샤브계곡을 따라 거슬러오른다. **닐낙** 지나 **도멜** 합수부에 이르러 코운사르낙 행로를 버리고 동남향으로 자즈나르 계곡 따라 숲 짙은 정글지대로 이어가면서는 시시때때 출몰하는 원숭이무리와도 조우. 이로부터 체리쿨~부달라브 구간 서쪽에 놓인 계곡줄기와 함께 숲지대와 초지부를 교차 아우르면서 진행한다. 도중 구자르 목동들의 하계거처지인 **체리쿨** 초지 기슭에 숙소로서 활용 가능한 산림오두막이 소재해있다. 아름답고 고즈넉한 완사면 초지부에 들어서있어 일정이 여유롭다면 이 일대에서 하루 머물러도 좋을 만하다.

부달라브 지나 삼림대가 서서히 바뀌며 본 트레일 상의 가장 빼어난 풍광을 지닌 캠프지의 하나 **푸차쿨** 목초지에 이르고 이를 지나 **카타르파트리**의 소나무숲지대를 거쳐 **치란발** 목초지에 도착한다. 이 또한 매우 멋진 초지캠프로 주변에 구자르 거처(독/도카)가 형성돼있다. 이들 카시미르로 넘어와 유목생활을 하는 구자르인들은 소위 잠무·펀잡 지방 근원의 구자르 족속 일명 '라지푸트 구자르'라고도 일컬어지는데 일설에 의하면 성서 상의 유대족속 아브라함과 이삭의 후손이라 전해진다고도 한다.

아하르발 관광지 들머리

아하르발 바이샤브계곡 바위협곡

아하르발폭포

아하르발폭포 하류방향

체리쿨

치란발 목초지

2일 : 치란발(2570m)-(1시간)-치티나디(2720m)-(2시간)-치르도카(3260m)-(3시간)-치르사르(치티사르; 3530m)

치란발 동남향으로 계속 계곡과 나란히 나아가다 곧 물줄기가 나뉘는 지점(**치티나디**)에 이르러 동쪽 자즈나르 주계곡 루트를 버리고 수류를 건너 남측기슭으로 옮겨붙어 행로를 진행한다. 이로부터 남쪽 피르판잘 산지의 치르사르(치티사르) 호수에서 발원하여 북상해 흘러내리는 치티나디(계곡)를 거슬러 약 2시간가량 올라서면 목동집이 들어선 방목지(독/도카)에 이른다. 치르사르 트레일 상의 유목민 거처(독/도카)라 하여 일명 '**치르도카**'로서 호명한다. 이를 지나 치르사르로 나아가는 동안 남쪽 우뚝한 피르판잘 주산령 브라마사칼(4570m) 산봉군의 웅장한 모습을 줄곧 바라보며 걷는다. 뒤편 북동방향으로는 카시미르분지 너머로 불쑥한 콜라호이피크(5425m)의 모습이 아련하다. 3시간가량 등행해 올라선 치르사르는 대략 달걀형 타원형태의 아담한 타른호수로 직경 약 3백미터 정도로 그리 크지 않은 규모다. 치르사르 남쪽 가파른 빙하모레인 위쪽으로 올라가면 자그마한 빙하호가 하나 더 있다. 그 바로 위쪽이 첨봉의 형세를 이룬 **브라마사칼**(4570m) 산봉군으로,

그로부터의 빙하가 흘러내려 이 상부 빙하호와 하부 타른호수(시르사르)를 빚어 놓았다. 치르사르 양 끝단(북쪽/남쪽)에 평평한 초지가 드리워있어 캠프를 치기 알맞다. 다만 빙하골짜기가 가까운지라 밤사이 기온저하 및 고소증에 유의토록.

치티나디 / 치르도카 근방 치티나디계곡 / 치르사르&브라마사칼(4570m) 산봉군 (※ 사진협조: Swed Wasem)

3일 : **치르사르(3530m)**-(2시간)-**치르도카(3260m)**-(2시간)〈계곡도하〉-**카랄발 (카를라발; 3000m)**-(1시간30분)-**분* 하카와스(3050m)**-(1시간)-**페트* 하카와스(3240m)**

올랐던 길 되내려 하산, **치르도카**를 지나 치티나디 초지에 이르기 전 계곡이 북쪽으로 꺾어지는 기슭에서 물을 건너 동쪽 **카랄발** 초지로 내려앉는다. 카랄발 방목초지에 허름한 목동집 오두막이 있으며 이로부터 바라보이는 브라마사칼(4570m)

카랄발 초지에 방목된 염소 떼

봉우리의 웅장한 형세가 압권이다. 흡사 대성당의 거대한 천장마루인양. 카랄발에서 남동쪽으로 이동하여 남쪽에서 내려오는 브람계곡을 건너 **분* 하카와스** 광활한 초원으로 입성한다. 이 일대는 예로부터 멀리 남쪽 잠무·펀잡평원에 접한 시발릭(시왈리크) 산지의 구자르 바카르왈 유목민들이 소, 양, 염소 등 가축떼를 이끌고 피르판잘산맥을 넘어와 함께 기거하면서 대단위 거처지[독/도카]를 형성하고 방목생활을 영위하던 지평으로 남동방으로는 이로부터의 드넓은 자즈마르그 초원이 한가득 펼쳐져있다. 트레일은 그러나 대초원으로 향하지 않고 하카와스 위쪽 언덕을 횡단하여 이내 남쪽 브람계곡 행로로 진입, 다소 고된 오르막을 경유하여 골짜기 상부의 조금 규모가 작은 **페트* 하카와스** 목초지로 이어간다. 수목한계선이 벗겨지며 삼림대는 아래로 치우치고 초지만 성근 산록으로 만개, 유목민거처(독/도카) 구조물도 듬성듬성 자리해있다.

* 현지 방언 '분'=lower, '페트'=upper 즉, 상/하 하카와스 목초지를 구분키 위해 부르는 접두호칭
* 이곳에서는 유목민들의 독/도카를 또달리 지역사투리로 '반드'라 한다. 달리 카시미르분지에서의 '파업'을 뜻하는 '반드'란 명칭에 익숙해있다면 이렇게 곳곳마다 다르게 불리는 호칭에 적잖이 혼란스러울 만도 하다.

4일 : 페트 하카와스(3380m)-(2시간)-구자르도카(브라마사칼 B.C.; 3500m)-
(30분)-브람사르(3620m) 탐승 후 분 하카와스(3050m) 하산(3~4시간)

상부(페트) 하카와스 목초지 남행길로 브람계곡루트 따라 거슬러오른다. 브람사르 오르막 내내 피르판잘 웅봉 브라마사칼(4570m)을 바라보며 진행, 후방 북동향으로는 언제나처럼 카시미르평원 위로 불쑥한 콜라호이피크(5425m)와 히말라야 산령의 너울거림이 장렬하다. 브람사르 직전 마지막 구자르 목동집 오두막 한 곳이 있는데 일명 '**구자르도카**'로 지칭한다. 브라마사칼 등정에 나선 경우 이곳을 원정 전초캠프(B.C.)로 삼는바 트레커들 역시도 이곳에 무거운 패키지는 놔두고 간소한 몸가짐으로 이제 바위와 자갈길 어우러진 트레일을 밟아 약 30분여 거리의 최종 목적지 **브람사르** 탐방에 나선다.

브람사르 설경(※ 사진협조: Mahmood Shah)   자즈마르그 하카와스 방목초원

브람사르는 브라마사칼 북쪽 바로 아래 위치한 산상호수로 앞전의 치르사르보다 약간 더 규모가 큰 직경 약 5백미터 정도의 동그란 원형 호수이며 사파이어 빛깔처럼 푸르른 영롱한 물색깔로 수심이 제법 깊어보인다. 북향으로 배수되는 하행골짜기 쪽 말고는 호수 주변으로 서쪽과 남쪽 동쪽은 완전히 첨예한 산봉군에 에워싸여있다. 호수에서 남쪽으로 상부계곡 따라 20분가량 좀 더 올라가면 이내 바위절벽으로 깎아지른 브라마사칼 주봉(4570m) 북쪽자락 바로 아래 빙하지대에 형성된 작은 호수- 속칭 '*안다르사르*' -가 하나 더 있다. 이 상부빙하호 일대는 야영을 하기엔 적합지 않은 고로 등반(브라마 사칼) 목적이 아닌 이상 대개는 예까지만 잠깐 구경삼아 올랐다 되내려오는 행보로 수렴한다.

브람사르 상부호수(안다르사르)
(※ 사진협조: Swed Wasem)

브람사르 탐방을 마치면 다시 올랐던 길 되밟아 **구자르도카~하카와스 목초지** 하산하여 캠프를 차리고 일정을 마무리한다. 광활한 목초지대에서의 멋진 야회 혹은 인근 유목민들과 어울려 함께 캠프파이어를 즐길 수도 있겠다.

5일 : 분 하카와스(3050m)-(1시간)-카랄발(카를라발; 3000m)-(1시간)-치티나디-(1시간)-치란발(2570m)-(1시간)-치란갈리(2770m)-(1시간)-아부르파트리(알라스마르그; 2460m)

하카와스 목초지를 뒤로하고 다시 서북향 행로로 자즈나르 계곡을 따라서 하행길을 긋는다. 곧 **카랄발, 치티나디** 지나서 **치란발**에 이르면 루트가 둘로 나뉘는즉 왔던 길 그대로 되돌아 아하르발 원점으로 복귀할 수도 있겠으나, 본 편에서는 다른 루트를 경유하여 여정을 갈무리짓는 조금 변형된 이정 곧 피르판잘 서북 지릉 너머 **만즈감 방면**으로 트레킹을 마무리하는 것으로 안내한다.(∴ 이 만즈감 방면 트레일은 실상 카시미르밸리 방면에서 넘나드는 최단거리의 루트이긴 하나 그만큼 가파른 산세를 넘어와야 하는 만큼 진입시보다는 이처럼 하행시의 루트로 삼는 것이 유리하다. 물론 차제에 명소 아하르발 폭포지대 리조트에서의 아늑한 휴식을 꿈꾼다면 그냥 왔던 길 되밟아 자즈나르 계곡 따라서 원점으로 복귀함이 마땅타.)

곧 서북향의 자즈나르 계곡길을 버리고 북동루트로 등행, 이내 펑퍼짐한, 캠프지로서도 훌륭해마지않은 상부 치란발 초원마루로 올라서고 다시 이로부터 가파른 북동루트로 올라서면 이내 숲지대에 감싸인 잘록한 **치란갈리(2770m)** 고갯마루에 이른다. 내리막 역시 북동골짜기 경유, 곧이어 드리우는 **아부르파트리*(알라스마르그)** 까지의 진득한 하산길로 이어진다. 그로부터 목동들의 처소가 형성된 일대 초지에 캠프를 차리고 본 트레킹행보의 마지막날밤을 아우른다.

* 아부르파트리 = 구름[아부르]+초원[파트리]. 즉, 숲에 둘러싸인 이 일대에 구름이 늘상 껴있어 이러한 이름이 붙었다 전한다.

6일 : 아부르파트리(알라스마르그; 2460m)-(1시간)-만달라브(2250m)-(1시간)-붓달라르(2200m)-(30분)-다람살라(키르바와니 마타; 2150m)-(30분)-만즈감(2090m) / 만즈감(2090m)~*(아하르발(2,260m)*~쇼피안(2070m)~스리나가르(1580m)/아난트낙(이슬람아바드; 1600m) [차량이동 2시간±]

동북 방면으로 골짜기길 따라 하산, **만달라브** 지나 붓달라르 마을까지 가파른 내리막으로 이어지는바 하지만 번듯한 길이 잘 닦여있어 수월하게 내려설 수 있다. **붓달라르** 마을에서 찻길 따라 곧바로 차편을 이용 복귀행로에 임할 수도 있지만 만즈감까지 거리가 얼마 되지 않으므로 질러가는 산록트레일을 경유 마무리 하산 노정으로 종용한다. 그리하여 붓달라르 마을 북서방면으로 길을 잡아 이동, 산록 사면의 마을길을 경유하여 1시간쯤 나아가 키르바와니 마타(데비) 사원이 있는 옛 **다람살라**(힌두순례숙소) 언덕에 이르고, 이로부터 북향 내리막길로 하산해 내려가면 약 30분 거리의 **만즈감** 마을에 당도한다. 제법 큰 도회지 마을로서 이로부터 쇼피안/스리나가르/아난트낙 각 방면으로의 차편이 운행, 각자 여정에 맞추어 귀로를 택할 것.

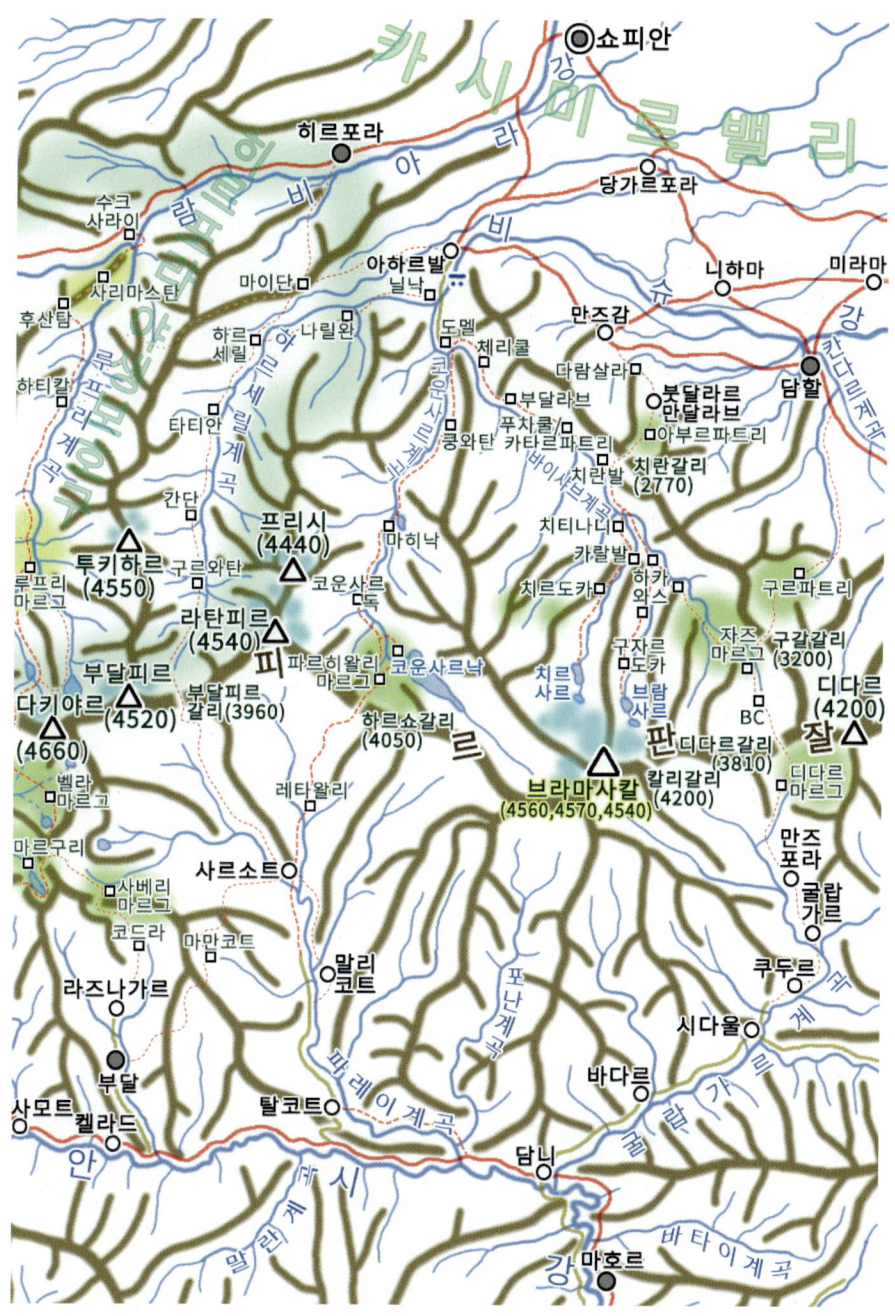

☆ 확장트렉; 디다르갈리 트렉
(# 5일~)

- **개략** : 피르판잘산맥을 사이에 두고 북쪽 카시미르밸리 쿨감 지역과 남쪽 굴랍가르 밸리 리아시 지역을 연결하는 산상고개 트레일이다. 곧 카시미르밸리 쪽 자즈나르 계곡을 따라 오르는 상부의 자즈마르그 초원 그리고 너머의 디다르마르그 초원 이들 피르판잘 주산령 양편에 가로놓인 구자르 유목민들의 양대 목초지를 함께 아우르며 탐방 섭렵해 나아간다. 하산점인 굴랍가르에 이르러 본관인 리아시 경유 잠무 지역으로 나아오거나 달리 안시강(Ansi River) 부달계곡을 거슬러 라조우리 방면으로 귀로계획을 수립할 수 있다.

 # 5일 : 분 하카와스(3050m)-(3~4시간)-자즈마르그(구갈마르그; 3180m)-(1시간)-
  디다르 B.C.(3420m) [런치캠프]

하카와스 하부초지 남동향으로 펼쳐진 광활한 초지고원으로 이동한다. 이 하카와스 에서부터 시작되는 **자즈마르그** 초원은 자즈나르계곡 최상부 고원에 형성된 매우 드 넓고 아름다운 산상목초지의 풍경을 연출하고 있다. 대략 서너 시간이면 목초지 끝 자락에까지 다다르는데 조금 더 오르 면 디다르갈리(3810m) 북단 계곡 최 상류부의 분지터에 깃든 마지막 목초지 (디다르 B.C.)에 이른다. 다음날 일정 을 위해 일찌감치 여장을 풀고 런치 캠프를 차리고 머물도록. 바로 남쪽으로 디다르갈리(3810m) 능선부가 보이는 데 정작 넘어야할 잘록한 고갯마루는 주변 언덕에 가려서 가늠되지 않는다. **오후시간**은 주변 유목민거처나 전망 좋은 언덕을 찾아 따사로이 머물며 **휴식**을 취한다.

자즈마르그 완사면 초원골짜기 원경. 능줄기 너머로는 카시 미르분지 담할(쿨감지역) ⇒ 치르사르 산상고원에서의 조망
(※ 사진협조: Swed Wasem)

 # 6일 : 자즈마르그(구갈마르그; 3420m)-(2시간)-디다르갈리(굴랍가르패스; 3810m)
  -(1시간)-디다르마르그(3500m)-(2시간)-만즈포라(아리탈; 2540m)-(2시간)
  -굴랍가르(1980m)

남쪽 골짜기로 진입, 점차 가파르게 올라서는 산상루트를 따라 올라 이윽고 해발 3810m의 피르판잘 고갯마루 **디다르갈리(굴랍가르패스; 3810m)**에 올라선다. 날만 좋 다면 풍광은 장관이다. 올라온 북쪽방향으로 자즈나르 골짜기와 아랫녘 발치로 펼쳐 진 그림같은 피르판잘 산상초원의 풍경이 한가득, 이에 멀리 콜라호이(5425m) 봉우 리와 히말라야 눈(7135m)·쿤(7077m) 두 오롯한 봉우리의 형상이 아련하다. 나아가

청명해마지않은 날이라면 북방 멀리 카시미르분지의 수호자 하라무크(5148m) 산봉우리의 모습도 아스라이 짚어볼 수 있다. 반대편 이제곧 넘어서게 될 남동 방면으로는 전혀 다른 골골이 깊숙한 잠무지방 리아시 산경의 첩첩한 산세가 놓여있다. 바라보이는 산과 산, 계곡과 골짜기마다 심오함과 첩첩함, 들쭉날쭉한 기골찬 형세적 특징이 시야 가득 한껏 휘몰아친다.

하산은 남동향 완사면의 내리막을 경유하여 이내 또다른 산상초원 **디다르마르그**의 넓은 목초지길을 밟아 내려선다. 목동들의 더없이 훌륭한 방목초지 디다르마르그까지는 그리 힘들지 않은 하행길이지만 이후 남서향으로 틀어내리는 가파른 산록 트레일은 제법 발바닥에 땀깨나 솟게 하는 고되고 뻐근한 하산내리막으로, 2시간가량 내려서면 비로소 민가가 들어앉은

디다르마르그(※ 사진협조: Swed Wasem)

만즈포라(아리탈) 마을자락에 이르게 된다. 그로부터 남향으로 흘러내리는 굴랍가르계곡 좌측(동쪽)사면의 로컬트레일을 밟아 하산, 대략 2시간쯤 발품을 팔면 마침내 마을집들이 옹기종기 들어앉은 **굴랍가르** 마을녘에 당도, 일대의 초지부나 마을집 주위의 야영지를 활용한 캠핑 또는 민가 홈스테이를 부탁하여 머물 수 있다.

7일 : 굴랍가르(1980m)-(1시간)-쿠두르(1760m)-(30분)-시다울(1680m)-(1시간 30분)-바다르(1520m) / 복귀〉 바다르(1520m)~담니(900m)~승리(920m)~켈라드(케왈; 1370m)~코트랑가(1600m)~판즈나라갈리(2050m)~상카리(1200m)~바둔(890m)~라조우리(915m) [차량이동 4시간±] 또는, …담니(900m)~마호르(1500m)~아르나스(700m)~리아시(죠티푸람; 480m)~카트라(870m)~잠무(330m)/우담푸르(750m) [차량이동 5~6시간]

리아시 지역의 최오지 굴랍가르밸리 일원은 찻길이 아직 들어오지 않는다. 고로 이로부터 서남방향 골짜기길 따라 계속 다리품을 팔아 **바다르 마을까지** 나아가야 함이다. 바다르 마을 아래 서남향 굴랍가르계곡 따라 내려가 **담니**에 이르면 서쪽과 남쪽 행선이 두 방향으로 나뉜다. 각자 여로에 따라 **라조우리〈서〉** 방면 또는 **리아시~잠무 방면〈남〉**으로 행선을 정하여 복귀토록.

◆ 인근명소 :

· **카시미르밸리 방면**〉 난디마르그(담할 남부초원), 키르바와니마타 사원 etc.

· **리아시 방면**〉 리아시 포트(성), 쉬브코리 동굴, 시야르바바 사원 & 폭포, 리아시철교(세계최대높이 교량) etc.

상〉 마르간패스 행로 동편 시샤르갈리(3850m) 방면 목초골짜기
하〉 노우칸계곡 초입 레한반의 유목민(바카르왈) 거처

1-4. 브렝밸리 트레일

✦ **개략** : 아난트낙분지로 모여드는 젤룸강 4대물줄기* 중 원류 리데르강 다음으로 유장한 브링기강 수역의 계곡과 골짜기를 아울러 '브렝밸리'로서 지칭한다. 이러한 찬란하면서도 세밀한 지세적, 풍치적 특징에 의거 속칭 '카시미르의 황관(Goden Crown of Kashmir)'이란 별명으로 회자되기도 한즉 소위 카시미르분지 내원의 가장 장엄하면서도 풍치 그윽한 멋진 여행대상지의 하나로서 손꼽힌다. 이 브렝밸리 골짜기는 와일루(2030m)를 기점으로 크게 3개의 지류계곡으로 나누어짐에 다음과 같다. 1) 가우란계곡{마르간 행로} 2) 닥숨계곡{심탄 행로} 3) 아흘란계곡{쿤갈리 행로} (※ 북서부 아라팟계곡 & 남서부 카프랍계곡은 번외) 이들 골짜기 상류의 하이패스(고산고개) 산상트레일은 남북으로 길게 뻗어가는 세키판잘산맥 분수령 – 서쪽 브링기강과 동쪽 머로우(마르와)강 수계와의 물가름 – 횡단 트레일로서도 언급된다.

* 아난트낙 젤룸강 4대 지류 : ①람비아라강[피르판잘 사트사리안 발원] ②비슈(바이샤브)강[피르판잘 브라마사칼(4570m) 발원 ⇒ 아하르발] ③리데르강[세키판잘 콜라호이(5425m) 발원] ④브링기강 [세키판잘 초하르낙(3910m) & 피르판잘 순다르칸티(4140m) 발원 ⇒ 브렝밸리]

✦ **여행적기** : 5~6월 & 9~10월

✦ **퍼밋** : 불필요

와일루 남향 아흘란계곡의 물놀이

단디푸라 진입부의 닥숨계곡

구드라만 근교 가우란계곡의 피서

하류방향 가우란계곡

1-4-1. 마르간 초하르낙 트레일

◆ **개략** : 브링기강 동부로 삼지창처럼 퍼진 지류계곡 중 북역을 담당하는 가우란 밸리 그 최상부 노우칸계곡~**마르간패스**(3700m) 사이의 수려한 골짜기와 고원 산상호수지대(**초하르낙***)를 탐승 섭렵하는 트레킹코스이다. 매혹적인 산상초원과 주위 인상적인 바위산들의 형세에 감싸여 깃든 크고 아름다운 연못〈낙〉들의 어우러짐은 더욱 그윽하고 매력적인 풍치를 빚어낸다. 출·발착 포함 그리 길지 않은 대략 3일간의 여정으로 매듭지어진다. 연계하여 마르간패스 동쪽 와르완 밸리로의, 혹은 북쪽 나가코티갈리(4000m) 넘어 아라팟밸리(쿠티할계곡) 방면으로의 확장 트레킹 여정으로 넘어올 수도 있겠다.

> * 초하르낙 = 초하르[4개] + 낙[샘/연못]. 즉 카시미리어 '초하르(추후르)' = 힌디어 '차르'〈4〉와 동일한 표현임을 알아두자. 아울러 '낙' 또한 산스크리트어 힌두신화의 '뱀(신)'을 뜻하는 말이 아님을 유념해 둘 것.

◆ **트레킹 최고점** : 초하르낙 산상호수지대(3910m~3980m) / 나가코티갈리(4000m)

◆ **트레킹 방식** : 캠핑(2박) (☆ 아라팟밸리 연계시 +1일 추가)

카시미르철도 바니할 역(※ 사진협조: Neeraj Jat)

아난트낙 택시(승합)스탠드

아차발 삼거리

코케르낙 레스트하우스

와일루

단디포라

라르누

구드라만

가우란

I. 일정요약

[※ 사진협조: Bernd Looft(독일). 오지탐험전문가]

0~1일 : 출발〉 잠무(330m)/스리나가르(1580m)~바니할(자와하르터널; 2200m) /아난트낙(1600m)~(환승)~아차발(1690m)~코케르낙(1980m)~와일루 (바일루; 2030m)~(환승)~단디푸라(2100m)~라르누(2160m)~구드라만 (2250m)~가우란(2440m)~레한반(레힌완; 2600m)

[차량이동 잠무 시점 8~10시간 / 스리나가르 시점 4시간±]

트레킹〉 레한반(레힌완; 2600m)-(2:00)-노우칸(2950m)

베리낙 정원 　　　　　　코케르낙 용천계곡수　　　　　　가우란계곡 상류물길

카시미르밸리 제2도시 **아난트낙**을 경유(환승)기점으로 도로여정을 이어가 동남향 **아차발**로 향한다. 아차발은 용천샘이 있는 무갈 시대의 아름다운 정원지(베리낙)로 유명, 이와 대조적으로 8세기경 세워진 힌두 고대사원의 유허(마르탄드 순 사원)도 깃들어있다. 마을 외곽 계곡가에는 여행객들을 위한 투어리스트 방갈로(Tourist Bungalow)*도 마련. 이를 지나면서부터 카시미르밸리의 젤룸강 최후방 지류 브링기 강을 따라 이의 아름다운 브렝밸리의 풍경을 품어안으면서 진행, 또하나 정원도시 로 유명한 **코케르낙**에 이른다. 카시미르분지 내 가장 큰 용천샘(= 코케르 낙〈샘〉)이 소재한 곳으로 JK 관광사무소와 주정부 소관 TDC 레스트하우스*가 들어서있 으며 바로 앞 브링기 강가에서의 송어낚시도 인기, 이와 관련하여 소위 남아시아 굴지의 송어양식장이 인근 강기슭 한 편에 세워져있기도 하다. 곧이어 **와일루** (바일루) 삼거리에 이르면 북쪽과 남쪽으로 노정이 크게 갈라지는바 북쪽골짜기 가우란밸리 방향으로 행선. 이내 계속되는 여정 상의 **단디푸라**는 울창한 삼림협곡 지형 아래 들어선 촌락으로, 또한 바로앞 브링기 강변에서의 민물낚시 특히 송어 낚시꾼들에겐 더할나위 없이 인기있는 명소로 회자된다. **라르누, 구드라만**을 지나 본 브렝밸리 북쪽 지류계곡 가우란밸리의 마지막 마을지경 **가우란**에 이르고 예서 트레킹준비 - 길잡이 및 말·마부 고용, 먹거리 준비 등 -를 하고 차량편으로 다시 좀 더 위쪽의 **레한반(레힌완)**까지 이동, 레한반의 초소에서 여권확인 및 신상등록- *퍼밋 확인은 하지 않음.* - 후 본격적인 트레킹 행보에 나선다.(※ 레한반까지 이동차편(대중 교통)이 여의치 않아 도보이동코자 할 경우 가우란-레한반 약 2시간가량이 소요된다.)

* TDC = Tourism Development Corporation. 이러한 JK 정부 운영의 투어리스트 방갈로 & 레스트하우스 이용을 원할시 코케르낙/스리나가르의 관광안내소에서 예약 가능하다.

목적지인 캠핑장소 노우칸까지는 이제 마르간패스 행로의 비포장길을 버리고 레한반 북쪽으로 거슬러올라 풍치좋은 목초지가 형성된 노우칸계곡의 긴 골짜기루트를 따라 진행한다. 그로부터 약 2시간 정도 계곡부의 목초지길 따라 나아가면 바야흐로 목동들의 거처가 형성된 **노우칸** 목초지캠프에 당도. 주변 초지 어디에나 캠프지로서 손색이 없다. [∵ 경유지상의 명소 탐방 등으로 본 트레킹거점(가우란) 도착이 늦게 상정된다면 이날 일정을 둘(2일)로 나누어서 진행할 것을 종용.

레한반(전방)

레한반(후방)

레한반 마을 & 노우칸계곡

2일 : 노우칸(2950m)-(3~4:00)-4호수(3900m)-(0:20)-1호수(Mother Lake; 3910m)-(0:20)-3호수(3920m)-(1:00)-2호수(3980m)

노우칸 북동향으로 차반즈계곡을 따라 올라 **초하르낙** 산상호수지대 입성한다. 가파른 고도차 약 1천미터를 꾸준히 올라야하는 계곡등행루트로 적잖이 고단한 구간임에 해발고도도 높아져 고산증세가 서서히 발현키도 함이다. 이윽고 완사면 초지부의 언덕마루를 넘어 이내 **4호수**를 거쳐 곧장 북방에 놓인 **1호수**(Mother Lake)에 안착. 자그마한 이 4호수는 그처럼 수심도 얕아서인지 매우 맑고 투명한 물빛을 반영, 이에 비해 바로 옆 1호수는 그 호칭(!)답게 크기도 웅장하고 깊이도 있어 물빛 또한 그렇게 짙은 푸른색조로 드리운다. 소위 '낙〈연못〉'이라기보다는 '사르〈호수〉'라 칭함이 맞을 듯. 그로부터 1호수에 연이어진 **3호수** 간 거리는 약 2백미터. 그러나 중요한 건 바로 이 두 낙〈연못〉 사이 특출날 것 없는 평퍼짐한 마루터기가 다름아닌 물줄기가 나뉘는 세키판잘산맥 분수령이란 것. 즉 서쪽 1호수 & 4호수는 차반즈계곡-노우칸계곡-가우란계곡-브렝밸리로의 젤룸강 수계, 동쪽 3호수 & 2호수는 이와 다른 호나르카스계곡을 따라 흘러내린 와르완밸리 머로우(마르와)강 키슈트와르의 체나브강 수계임이다.(∵ 이들 모두 아대륙 근간 인더스 5대 지류 일명 '펀잡[Punj(5)+Ab(水)]' 물줄기의 일원이나 그 사이를 이렇게 세키판잘산맥과 피르판잘산맥이 가르고 있음을 다시금 상기!) 또한 작은 크기의 3호수 역시 그리 깊지 않은 수심의 맑은 물빛을 반영, 게다가 물맛 또한 달짝지근하여 나름의 인기를 구가하고 있기도 하다. 마지막 **2호수** 진행은 3호수 동쪽으로 흘러내리는 계류를 따라 잠시 잇다가 이를 물리고 곧바로 북쪽 완사면 목초지 등행길로 넘어가 곧 평퍼짐한 고원분지 상의 호수에 이르는즉 바로 이들과 동떨어진 '독립격의' 호수. 이 2호수는 가장 높은 고지대에 자리잡고 있지만 주위 싱그러운 초지부가 너릇하게 펼쳐 있어 캠프지로 삼기에 나무랄 데 없다. 밤사이 고소증에만 유의.

∴ 호수 순서는 지역설화에 의한다. 1호수 = Mother, 2호수 = First Son, 3호수 = Second Son, 4호수 = Last Son. ⇒ 현지 구전에 따르면 이들 4호수[초하르(4) 낙(연못)] 중 가장 큰 호수가 엄마〈1호수〉, 그 바로 아래 호수가 막내아들〈4호수〉이며 이들과 달리 물줄기(수계)가 갈리는 마루터기 동부자락의 호수가 둘째아들〈3호수〉, 그리고 다소 떨어진 북쪽 언덕배기 위의 마지막 호수인즉 성장하여 '독립'한 첫째아들〈2호수〉이라 인용.

차반즈계곡 노우칸 골짜기

초하르낙 4호수

초하르낙 1호수(Mother Lake)

초하르낙 3호수

세키판잘 초하르낙 고원마루 분수령 3호수-1호수 원경

3일 : 2호수(3980m)-(0:30)-사르도멜(3900m)-(1:30)-**마르간패스(3700m)** / 복귀〉 마르간패스(3700m)~가우란(2440m)~와일루(2030m)~아난트낙(1600m)…스리나가르(1580m)/잠무(330m) [차량이동 5~6시간] (또는, 마르간패스~와르완밸리 확장 연계[차량이동 1시간30분±])

2호수 남동쪽 골짜기 아래로 하행, 이로부터 비롯되는 호나르카스계곡을 따라 내려가 서쪽 3호수에서 내려오는 계류와의 합류부(**사르도멜**)의 너른 초지부에 이르고, 그로부터 서향길 내리막 계곡행로를 버리고 남쪽 산기슭 허릿길을 돌아 광활한 고원마루 **마르간패스(3700m)**로 내려선다. 그리 멀지 않은 노정이므로 어려울 것은 없지만 도중 물줄기 따라 무작정 내려가지 않도록만 주의. 물론 그러한들 이내 와르완밸리 행로의 마르간패스 찻길과 만나니 이를 따라 다시 거슬러오르면야 크게 문제될 건 없겠다만. 거대한 고원마루 형국의 마르간패스는 한편 구자르 유목민들의 훌륭한 방목지캠프이자 너머 와르완밸리로 향하는 경유캠프로서의 훌륭한 입지조건이기도. 푸르른 초지로 만연한 고원부 일대에는 여기저기 유목민들의 거처지가 형성돼있기도 하며 주위로 그들이 몰고 온 수많은 말, 양, 염소 등 가축

떼의 무리가 풀을 뜯는 목가적인 정취에 또한 이채로운 감흥을 불러일으킨다. 하산은 이제 고갯길 양편을 오가는 승합지프편을 활용, 각 방향으로의 이정을 삼으면 되겠다. (∴ 남; 복귀행로〉아난트낙 가우란~와일루 방면 / 북동; 확장행로〉키슈트와르 와르완밸리 방면)

사르도멜   2호수 등행 뒤안길 사르도멜 방면 초하르낙고원   초하르낙 2호수

초하르낙고원 전경(2호수 초지에서)   초하르낙 사르도멜~마르간패스 하행

마르간패스 초원마루(와르완밸리 방향) / 마르간패스에서의 눈(7135m)(우)·쿤(7077m)(좌) 조망(※ 사진: Koshik Shil)

4일 : 예비일

☆ 확장트렉; 아라팟밸리 트레일(하행)
(# 3일~)

- **개략** : 브렝밸리 서북산경 너머의 또하나 아름다운 승경을 빚은 계곡산하. 티마란~차트팔~라얄파트리 일대 목초지와 더불어 수려한 골짜기와 계곡풍치가 일품. 마르간패스 초하르낙 트레일로부터 북쪽 세키판잘산맥 고원분수령 나가코티갈리(4000m) 방면으로 연계하여 넘어가는 확장트레킹 코스계획으로 임할 수 있다.

3일 : 2호수(3980m)-(0:30)-나가코티갈리(4000m)-(3~4:00)-라얄파트리(2730m)
         -(1:00)-차트팔(2450m)

2호수 북서쪽으로 거반 평지와도 같은 완만한 너른 고원부를 가로질러 진행, 바야흐로 딱히 두드러질 것 없는 이 펑퍼짐한 고원마루가 세키판잘산맥 분수령고개(**나가코티갈리; 4000m**)인즉 이를 지나면 다시 (체나브 수계에서) 젤룸 수계로 행보를 긋게 됨이다. 좌우로 험준한 산세가 우뚝우뚝 도드라져있음에 그 가운데 넓고 긴 통로 형태로만 지세를 펼치고 있을 따름이지만 이렇듯 수계가 갈리는(체나브강/젤룸강) 거국적 분수령인 것! 고산목초지로 형성된 이 나가코티갈리(4000m)의 서북산경 아래로 이윽고 서서히 하행 내리막사면이 이어지다 이내 전형적인 산골짜기 급한 내리막으로 전개, 약 두어 시간 가파르게 내려앉으면 곧 동남 골짜기에서 내려오는 계곡과 만나고 그로부터 계곡 우측(동측)자락을 끼고 북서 방향으로 얼마간 진행하면 골짜기가 서쪽으로 크게 휘돌면서 아랫산록 분지골 펑퍼짐한 초지부를 형성한 **라얄파트리** 유목민거처에 안착한다. 이로부터 마을주민이 거주하는 차트팔까지는 약 1시간가량. 이내 하행 골짜기길로 굽어돌아 길을 이으면 마침내 거대한 협곡부 아래 너른 완사면 산간분지에 형성된 다시금 속세로의 첫 마을지경 **차트팔**에 당도케 됨이다. 시간이 이르다면 서북향으로 골자락 마을길 따라 좀 더 내려가 계곡합수부의 티마란 마을까지 가서 곧바로 차편을 활용 복귀행로에 임할 수도 있겠으나 시간적으로 그리 녹록치는 않을 것. 차라리 다음날로 미루고 호젓하고 평화로운 차트팔이나 이 앞전의 라얄파트리 목초지에서 머물길 종용.

나가코티갈리 메도우 / 나가코티갈리 북방 티마란갈리 & 타른호수 원경 〔※ 사진협조: Bernd Looft〕

4일 : 차트팔(2450m)-(1:00)-티마란(2320m) / 복귀〉 티마란(2320m)~차타르굴
         (1860m)~아난트낙(1600m)…(환승)…스리나가르(1580m)/잠무(330m)
         [차량이동 스리나가르 방면 3시간± / 잠무 방면 8~9시간]

하류방향 서쪽길로 내려가면 약 1시간쯤 거리에 대중교통(승합지프)편이 들어오는 **티마란** 마을에 이르고 이로부터 아난트낙 행선의 차편을 이용 복귀행로에 나선다. 전용차량을 예약했을 시 차트팔까지 올라오게 하여 곧바로 귀로에 임할 수도. 대중교통 이용 시에는 **아난트낙**에서 환승해 스리나가르/잠무 행선으로 여정을 잇는다.

1-4-2. 꽘베르밸리 판즈낙 트레일

◆ **개략** : 삼지창 형국 브렝밸리 중앙부를 장식하는 닥슘계곡(아르샨밸리)의 동부 고원 꽘베르밸리 산상호수 트레일을 섭렵, 이의 세키판잘산맥 분수령을 횡단하여 체나브강 수계의 살콜계곡·칭감계곡으로 연계하는 산상트레일 노정이다. 분수령 고원산상에 놓인 '다섯 호수'를 이름하야 '판즈낙"이라 지칭, 그로부터 나릇하게 펴져내린 싱그러운 꽘베르 골짜기의 목초지와 수려한 계곡풍정을 담으며 소풍길 걷듯 완만히 내려앉는 편안한 트레일로 인기를 끈다. 하산길 계곡 행로는 두 가지로 취사선택이 가능, 어느 행로를 잡든 무리가 없으며 트레킹 종점은 스리나가르~키슈트와르 지역 간선도로 심탄패스(3800m) 노선과의 분기점 칭감 마을로 갈무리한다. 복귀/확장여정 또한 이로부터 스리나가르/키슈트와르 (잠무지방) 등지로 취사선택하여 임할 수 있다.

* 판즈낙 = 5[판즈]+연못(호수)[낙] : ①다리안사르(3820m), ②네흐낙(3940m), ③제드낙(4010m), ④페트낙(4130m), ⑤호크낙(4050m)

◆ **트레킹 최고점** : 판즈낙 호수지대(3820m~4160m)
◆ **트레킹 방식** : 캠핑(3박)

I. 일정요약

0~1일 : 출발〉 잠무(330m)/스리나가르(1580m)~바니할(자와하르터널; 2200m)/아난트낙(1600m)~(환승)~아차발(1690m)~코케르낙(1980m)~와일루(2030m)~(환승)~단디푸라(2100m)~데수(2220m)~닥슘(2350m)~밤브파트리(2560m)~〈심탄고갯길〉~아르샨(3400m)
[차량이동 잠무 시점 8~ 10시간 / 스리나가르 시점 4시간±]

와일루까지는 기존 노선과 동일하다. 이를 지나 단디푸라에 이르러 가우란밸리 방면 직진길을 버리고 북동향 데수 방면으로 진입 이의 닥슘계곡 행로로 접어든다. 무릇 이 닥슘계곡(데수~심탄패스)은 카시미르분지~키슈트와르밸리를 연결하는 최단경로의 도로교통노선이기도 하다. 곧이은 세 갈래 계곡합수목의 닥슘 마을 일원은 그렇듯 세 골짜기로부터의 맑은 계류와 싱그러운 목초지가 어우러진 그림같은 산천. 이를 지나 곧 동남 골짜기 행로로 길을 이으면서는 얼마지 않아 산악도로가 시작, 완경사 목초지 **밤브파트리** 지나 남동계곡 산록사면 위로 점차 구불구불 이어져 오르며 이내 마구잡이 갈지(之)자로 틀어오르는 아찔한 산판도로로 전개되면서 이의 '현란'한 심탄패스 고갯길 등로로 나아가게 된다. 그로부터 약 사오십 분쯤 드라이빙, 이어 심탄패스 도로와 분리되는 산골짜기 완사면 기슭의 **칸만두** 상부초지(**아르샨**)에 이르는바 진입 행로의 도로여정은 이것으로 매조지, 도로를 벗어나 완경사의 초지부 일원에 캠프를 취하고 야영함으로써 하루여정을 갈무리한다.

데수 / 닥숨 유원지 / 닥숨 레스트하우스

2일 : 트레킹〉 아르샨(3400m)-(1:00)-아르샨파트리(3700m)-(1:30)-아르샨파트리낙(4000m)-(0:40)-다리안사르패스(제드낙갈리; 4160m)-(0:20)-제드낙(4010m)-(0:30~1:00)-*(페트낙(4130m)-)*네호낙(3940m)
[런치캠프]

산림한계선이 벗겨진 아르샨밸리의 동북골짜기 행로로 거슬러오르며 약 1시간가량 진행하면 동쪽으로 골짜기가 크게 열리는 완경사부의 너른 목초지가 펼쳐지는 **아르샨파트리** 계곡안부에 이른다. 제법 길이 헷갈리는바 이의 뚜렷한 동쪽 방향 초원길 행로를 버리고 북쪽 다소 경사진 오름길로 진행, 조금씩 가팔라지면서 약 1시간반 정도 올라 이윽고 험준한 산세 가운데 오롯한 평탄분지 내 연못과도 같은 작은 타른호수(**아르샨파트리낙**)에 이른다. 해발 4천미터 넘는 고산이지만 남향자락에 형성돼있어 일대에 나름 부드럽고 아늑한 초원지경을 빚어내고 있다. 이를 지나 루트는 둘로 나뉘는데 북쪽 산릉 잘록한 **다리안사르패스(제드낙갈리; 4160m)** 방면으로 길을 잡아 오른다. 달리, 보다 가파른 북동루트로 올라 넘어설 수도 있는데 이 길은 팜베르밸리 상부호수 탐승을 생략하고 곧장 판즈낙 제1호수(Main Lake) 다리안사르로 이정을 짓고자할 시 채택되는 루트이다.(⇒ 일정 1일 단축.)

아르샨파트리 & 후방 심탄패스 고갯길 / 아르샨파트리낙(산상호수) / 호수 전방 제드낙갈리 방면

제드낙 / 네호낙 / 팜베르밸리 내원 유목초지

본 행로 다리안사르패스(제드낙갈리) 북릉고개를 넘어서면 곧바로 판즈낙 호수지대로의 첫 발 **제드낙**(판즈낙 3호수). 내려서기 전 고갯마루에서의 풍광도 장관이다. 남북으로 춤추듯이 펼쳐 달리는 세키판잘산맥의 험준한 맥놀이가 온 시야를 첩첩이 수놓는다. 분수령을 넘었는바 바야흐로 체나브 수계 팜베르밸리의 시작. 이내 제드낙 호수 바로 동북방향 아래 완만한 초지부에 또하나 **네흐낙**(판즈낙 2호수)이 놓여있는데 캠핑장소로 좋다. 시간여유 많다면 제드낙 북쪽 사면길로 올라 본 팜베르밸리의 가장 높은 호수 **페트낙**(4130m)을 탐승하고 내려오거나 또는 페트낙 동쪽 너머의 제일 끝호수 **호크낙**(4050m)으로까지 나아가 일대 초원에서 캠핑할 수도. [∴ 단순 왕복여정으로 호크낙까지 탐승계획시 페트낙~호크낙 왕복 2시간 추가 산정. (※ 제드낙/네흐낙 기점시에는 왕복 약 3~4시간 ⇒ 팜베르밸리에 일찍 이르렀을 시 런치캠프를 차리고선 오후 유람일정으로 다녀올 수도 있다.)]

3일 : ≪팜베르밸리 트레일≫

△ 루트A; 살콜계곡루트〉 **네흐낙**(3940m)-(1:30)-**다리안사르**(3820m)-(1:00)-**낙파트리**(3650m)-(1:00)-**바린나르**(3440m)-(1:00)-**왕마르그**(3350m)-〈살콜계곡〉(1:30)-**하팟마르그**(3300m)

▽ 루트B; 칭감계곡루트〉 **네흐낙**(3940m)…(3:30)…**바린나르**(3440m)-(0:30)-**바린나르갈리**(3600m)-〈칭감계곡〉(2:00)-**마플리마르그**(2800m)

네흐낙 북동쪽 내리막루트로 길을 잇는다. 곧 산자락 우측(동쪽)으로 꺾이는 능선 사면에서 남쪽으로 이행, 완사면 산릉자락 허리길을 타고 진행하여 판즈낙 제1호수 **다리안사르** 초지부에 발을 들인다. 주변 탐승을 마치고 다시 북쪽 완만한 초원 골짜기길로 하행, 곧이어 본 팜베르밸리의 가

다리안사르

장 넓고 풍요로운 목초지 **낙파트리**에 이른다. 군데군데 목동집들과 더불어 한가로이 풀을 뜯는 가축떼의 풍경이 정겨운 곳. 계속되는 초원지경의 주골짜기는 이내 동북방에서 남동향으로 크게 완만히 휘어돌며 곧 또달리 남서쪽의

너른 초원골짜기와 만나는 **바린나르** 합수부로 이어져내린다. 목동(유목민)들의 대규모 하계거처지이기도 한 이곳엔 많은 처소가옥들과 더불어 그들로부터의 수많은 가축 떼가 무리를 지어 방목되는 풍정을 엿볼 수 있다. 트레일은 이를 지나면서부터 이내 동부길(루트A)과 남부길(루트B)이 나뉜다. 계속되는 목초계곡길로 보다 편한 여정으로 진행시에는 **동부길**로 곧 **왕마르그**의 목동집이 성근 초지를 거쳐 남향으로 골골이 굽어 흐르는 살콜계곡 트레일을 밟아 하행, 약 2시간반 가량의 고산계곡 - 해발 3천3백미터 이상 고지대 - 트레일로 섭렵해 나아가 이윽고 또하나 하계거처지로서의 **하팟마르그** 방목초지에 이르러 캠핑 이날 여정을 갈무리한다.

이와 달리 바린나르 남부길은 계곡길을 버리고 유목민 하계거처지를 가로질러 곧바로 남쪽 산릉마루 등행로로 오르게 되는데 해발 3600m 이 **바린나르갈리** 고갯마루에서의 풍치가 일품. 동방으로 팜베르밸리 고원의 장대한 풍경, 남쪽과 동쪽으로는 골 깊은 칭감계곡과 살콜계곡의 유려한 계곡풍광이 시야 가득이다. 그로부터 곧장 남향 골짜기로의 가파른 내리막길 따라 하산, 약 2시간가량 계곡루트 따라 내려가 이제 수목한계선 아래로 다시 들어선 **마플리마르그**의 산림초지에 캠프를 취하고 일정을 마무리한다.

낙파트리 다라(유목민처소)

바린나르 살콜계곡

4일 : ≪팜베르밸리 트레일 + 복귀노정≫

△ 루트A〉 **하팟마르그(3300m)-(2:00)-파파르고트(3100m)-(1:00)-인다르바츠 갈리(3250m)-(0:30)-인다르바츠(3300m)-(2:00)-칭감(1930m)** /

▽ 루트B〉 **마플리마르그(2800m)-(1:40)-합탈(2500m)-(1:40)-자왁(2200m)-(1:40)-칭감(1930m)** /

복귀〉 **칭감(1930m)~크랄룬(2400m)~왓사르(2660m)~보탈란(2900m)~심탄패스(3800m)~밤브파트리(칸만두; 2600m)~닥숨(2350m)~데수(2220m)…와일루(2030m)…아차발(1690m)…아난트낙(1600m)…스리나가르(1580m)** [차량이동 6~7시간] 또는,
칭감(1930m)~담바르(1760m)~차트루(1600m)~무갈마이단(1250m)~미얀(1180m)~푸찰(푸샬; 1200m)~반다르코트(1150m)~나야풀(체나브브릿지; 1110m)~키슈트와르(1630m) 행로로 여정 이동 [차량이동 1시간30분±]

A〉 고산자락 살콜계곡 따라 하팟마르그 남쪽으로 계속 골짜기길로 하행, 이윽고 계곡이 남동향으로 틀어가기 전 고지대 계곡하안의 마지막 초지캠프 **파파르고트**에 이르고, 예서 곧바로 서쪽기슭 아래로 내려가 이내 살콜계곡 물길을 건너 반대편 서쪽 등로로 올라서면서 이의 살콜계곡 트레일을 떨구고 남북으로 길게 뻗은 긴

하팟마르그 유목민거처(도카)

능선부의 고갯마루(**인다르바츠갈리**; 3250m)에 올라선다. 이로부터 남쪽 능선길로 진행, 다소간 오르내림을 밟아 나아가다 곧 완사면 초지의 능선부에 형성된 **인다르바츠** 하계거처를 지나 산릉이 좌우(남동/남서)로 갈라지는 마루터기에 이르러 남서 행로로 하행 2시간가량 내려서면 마침내 심탄패스 도로가 진입하는 **칭감** 마을기슭에 이른다.

B> 마플리마르그 합수초지에서의 남향 골짜기길로 하행, 계곡변 기슭루트를 밟아 내리며 약 2시간 거리의 **합탈** 방목지 하계거처에 이르고 계속해서 이의 칭감계곡 따라 하산, 민가가 들어선 **자왓** 마을을 거쳐 이윽고 심탄패스 도로와 만나는 **칭감** 마을 북단의 교각 아래로 나아온다. 도로가 뚫린 자왓 마을에서 곧장 차편으로 나올 수도 있을 것.

복귀행로는 이들 칭감 도로변에서 차량편을 이용 북서향 심탄패스(3800m) 쪽으로 넘어 와일루~아난트낙 방면으로 혹은 남쪽 칭감계곡을 따라 키슈트와르 노선을 타고 키슈트와르 · 잠무 · 참바(히마찰) 지방으로의 행선으로 나서도 되겠다.

칭감

칭감 골짜기에서 바라본 심탄패스

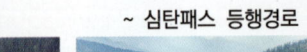
~ 심탄패스 등행경로 ~

크랄룬(랄파트리)

왓사르

보탈란

상행 정상부 굽이길

심탄패스(3780m) 정상

하행 아르샨밸리 방면 산록도로

1-4-3. 포슈완(꽃의계곡) 마와르낙 트레일

- **개략** : 브렝밸리 3대골짜기 중 가장 남쪽에 빚어진 아름다운 아흘란계곡의 최상부 세키판잘산지와 접목된 산상목초지와 고원호수 탐승트레일. 탐방목적지 마와르낙 호수는 특히 칼슘함유가 풍부하여 음용수로도 인기있는 명소로서 방문객들의 발걸음을 유도한다. 이와 아울러 세키판잘산맥 횡단루트인 루탄갈리(마와르갈리; 3810m)를 넘어 체나브 수계 싱포라~차트루~무갈마이단~키슈트와르 행로의 잠무지방 산하로의 연결노정을 지을 수 있다.
- **트레킹 최고점** : 마와르낙(3830m), 루탄갈리(마와르갈리; 3810m)
- **트레킹 방식** : 캠핑(2박) *(+로컬 게스트하우스/홈스테이)*

I. 일정요약

> \# 0~1일 : 출발〉 잠무(330m)/스리나가르(1580m)~바니할(자와하르터널; 2200m)
> /아난트낙(1600m)~(환승)~아차발(1690m)~코케르낙(1980m)~
> 와일루(2030m)~(환승)~마르발(2150m)~파탄(헤라 아흘란; 2350m)
> [차량이동 잠무 시점 8~9시간 / 스리나가르 시점 3시간±] /
> 트레킹〉 **파탄(헤라 아흘란; 2350m)-(2:00)-포슈완(꽃의계곡; 2830m)**

와일루까지는 동일노선. 이 남쪽 골짜기행로로 진입 곧 세키판잘산맥의 가장 남쪽 산경을 감싼 아흘란밸리 내원으로 들어간다. 그로부터 **마르발**을 지나 '**헤라 아흘란**'이란 지명의 **파탄** 마을녘에 이르면 이내 도로여정은 물리고 본격적인 트레킹행로로 연계, 곧바로 마을 동쪽 포슈완계곡을 거슬러올라 이른바 '꽃의 계곡'이라는 너른 골짜기안부의 '포슈-완*' 초지캠프에 이르러 야영지를 구축 하루를 갈무리한다.

* 포슈완 = 꽃[포슈] + 밭(언덕)[완]. 즉 명칭 그대로 '꽃밭' 내지는 '꽃의 골짜기'임이다.

와일루

와일루 남동향 아흘란계곡 초입

2일 : 포슈완(꽃의계곡; 2830m)-(2:00)-인다르왈(마와르; 3450m)-(2:00)-
마와르낙(3830m) 왕복(7시간 내외)

포슈완 초지부 남동향으로 길게 열린 골짜기길 따라 등행, 완경사의 호젓한 등산길 따라 약 2시간쯤 오르면 루트가 나뉘는데 동쪽 초원오름길은 세키판잘산맥 루탄갈리(마와르갈리; 3810m) 넘어 키슈트와르밸리 싱포라 방면으로 이행하는 노정. 본 트레일은 이와 달리 계속 남동 행로의 완만한 주골짜기 등로 따라 진행, 곧 이의 **인다르왈** 초지갈림길에서 약 2시간쯤 주계곡 방향으로 더 거슬러오르면 마침내 산중고원의 아름다운 두 개의 호수가 연이어 드리운 **마와르낙** 호수지대에 이른다. 카시미르밸리 남부 사람들에겐 나름 인지도를 지닌 산상호수로, 호수 수질이 약효- *칼슘 풍부* -가 있다 하여 때마다 제법 방문객을 끌어 모으는 인기를 구가하고도 있다. 두 호수를 탐승하고 다시 올랐던 길 되돌아 인드라왈-포슈완까지의 하산은 대략 3시간 내외로 왕복 총 7~8시간 정도의 당일여정으로 탐승해볼 수 있다. 물론 캠핑장비를 가져왔다면 느긋하게 올라서 이 마와르낙 산상호수 고산초원에서의 하룻밤 추억을 남겨도 좋을 일. 각자 선택의 몫이겠다.

포슈완계곡   마와르낙 하부호수   마와르낙 상부호수

3일 : 포슈완(2830m)…(1:30)…**파탄(헤라 아홀란; 2350m) / 복귀**〉 파탄(헤라 아홀란; 2350m)…와일루(2030m)…아차발(1690m)…아난트낙(1600m)…스리나가르(1580m) [차량이동 3시간±]

〈0~1일차〉일정의 역순. 미련 남는다면 포슈완 초원에서 하루 더 여유부려봄직도.

☆ 확장트렉; 루탄갈리 트레일(키슈트와르 행로)
(# 2일~)

- **개략** : 마와르낙 세키판잘산맥 북쪽산릉 너머의 잘록한 고갯마루 루탄갈리(3810m) 안부 양편으로 동서간의 연결소통로 역할을 해오던 산상횡단 트레일로, 마와르낙 남쪽 샤리파하르(4400m) 너머의 쿨갈리(3970m)와 더불어 예로부터 심탄패스(3800m) 도로가 뚫리기 전 아난트낙-키슈트와르 양 지역 간 소통로 역할을 담당해오던 중요한 고개였다. 아울러 이 두 고개를 끝으로 남쪽 히마날(4200m) 능선 삼거리에 이르러 본 세키판잘산맥은 남부 카시미르의 주령 피르판잘산맥에 맥놀이를 물려주게 되는바 그로써 이어지는 중요한 분수령 산경으로서의 역할 또한 축이 바뀌게 됨 또한 인지해볼 대목이다.

2일 : 포슈완(꽃의계곡; 2830m)…(4:00)…마와르낙(3830m)…(1:30)…인다르왈
　　　　(마와르; 3450m) 〈캠핑〉

인다르왈 목초고원 삼거리까지는 앞선 기본노정 준용 또는 마와르낙 산상호수를 탐승을 마치고 인드라왈로 내려와 더는 하산치 않고 그대로 일정을 종료, 캠핑함으로써 다음날 본 루탄갈리 트레일로의 행보를 준비한다.

3일 : 인다르왈(마와르; 3450m)-(1:00)-루탄갈리(마와르갈리; 3810m)-(4~5:00)
　　　　-싱포라(싱푸르; 2100m) 〈로컬 게스트하우스/홈스테이 이용〉

인다르왈 동쪽 세키판잘산맥 능선고개 **루탄갈리(마와르갈리; 3810m)**까지는 비교적 완만한 고원사면의 평이한 오름길이다. 대략 1시간 정도면 올라설 수 있으며 이로부터 본 세키판잘산맥의 분수계가 나뉨인즉 서쪽 올라온 방향은 아홀란계곡 브렝밸리의 젤룸강 수계, 이제곧 넘어서는 반대편 동쪽으로는 싱포라계곡 키슈트와르밸리의 체나브강 수계. 키슈트와르밸리 싱포라 하산길은 이제 보다 가파른 내리막으로 진행, 앞서완 완연히 다른 산세와 형국으로 빚어져있다. 동남향 길고긴 내리막 두어 시간쯤 내려서면 계곡이 동쪽으로 완만히 굴곡지면서 다소 경사가 누그러지는 계곡행로로 나아가게 되는데 그로부터 약 두시간쯤 더 내려가면 이윽고 큰 세 골짜기가 만나는 합류부의 너른 산간분지 **싱포라** 기슭에 다다른다. 차편은 이곳까지 들어오나 하산시간도 늦었을 터라 차편확보가 용이치 않을 테고 또 키슈트와르까지의 귀로 역시 제법 시간이 소요되기에 그냥 다음날 여정으로 미루고 이 싱포라 마을녘 계곡하안의 초지부나 마을 일원 민가를 활용 홈스테이로 하루 머물도록 종용한다.
(∴ 세키판잘산맥 너머 동부의 이 키슈트와르밸리 쪽은 무슬림 말고도 힌두교를 믿는 주민들이 많이 살고 있어 외지인의 숙박(홈스테이) 요청에 그리 거부적이지 않다.)

4일 : 복귀〉 **싱포라(2100m)~차트루(1600m)~무갈마이단(1250m)~미얀(1180m)**
　　　　~푸찰(푸샬; 1200m)~반다르코트(1150m)~나야풀(체나브브릿지;
　　　　1110m)~키슈트와르(1630m) [차량이동 1시간30분±]

싱포라에서 키슈트와르로 나가는 차편을 이용하여 귀로에 임한다. 만약 카시미르밸리(아난트낙-스리나가르 방면)로 귀환코자한다면 계곡분기점 차트루에서 하차, 북쪽 칭감 방면으로 올라가는 차편을 이용, 심탄패스 도로여정을 따른다.

* 나야풀 = 신(新)[나야] +교(橋)[풀]. 즉 '새로 만든 다리'란 의미로부터 지명화되었다. 아울러 이 키슈트와르 나야풀 건너편 북쪽 언덕 반다르코트에서부터의 체나브강 상류구간〈키슈트와르~라하울(히마찰)〉을 일명 '찬드라바가' 강으로서 달리 표칭하고도 있음을 알아두자.
(체나브 = 찬드라바가 ☞ 펀잡어 vs 힌디어)

• 인근명소 : 잘랑감 파인포레스트(소나무숲), 코케르낙 자미아마스지드[*]
　* 자미아 마스지드 = 도시[자미아] + 모스크[마스지드]. 즉 "도시 공회당"의 뜻.

차트루

무갈마이단 행로 차트루계곡

무갈마이단(촌락)

좌〉 반다르코트에서의 하류방향 체나브강 조망 - 좁은 협수로가 피르판잘산맥을 끊어먹는 단락구간을 만들었다.
우〉 체나브강변 반다르코트 바위절벽의 힌두사당

반다르코트 방면 전경(바타 내리막 고갯길에서)

키슈트와르 전경

키슈트와르 도심 거리

키슈트와르의 명소 초우간 공원(하안단구 대초원지대)

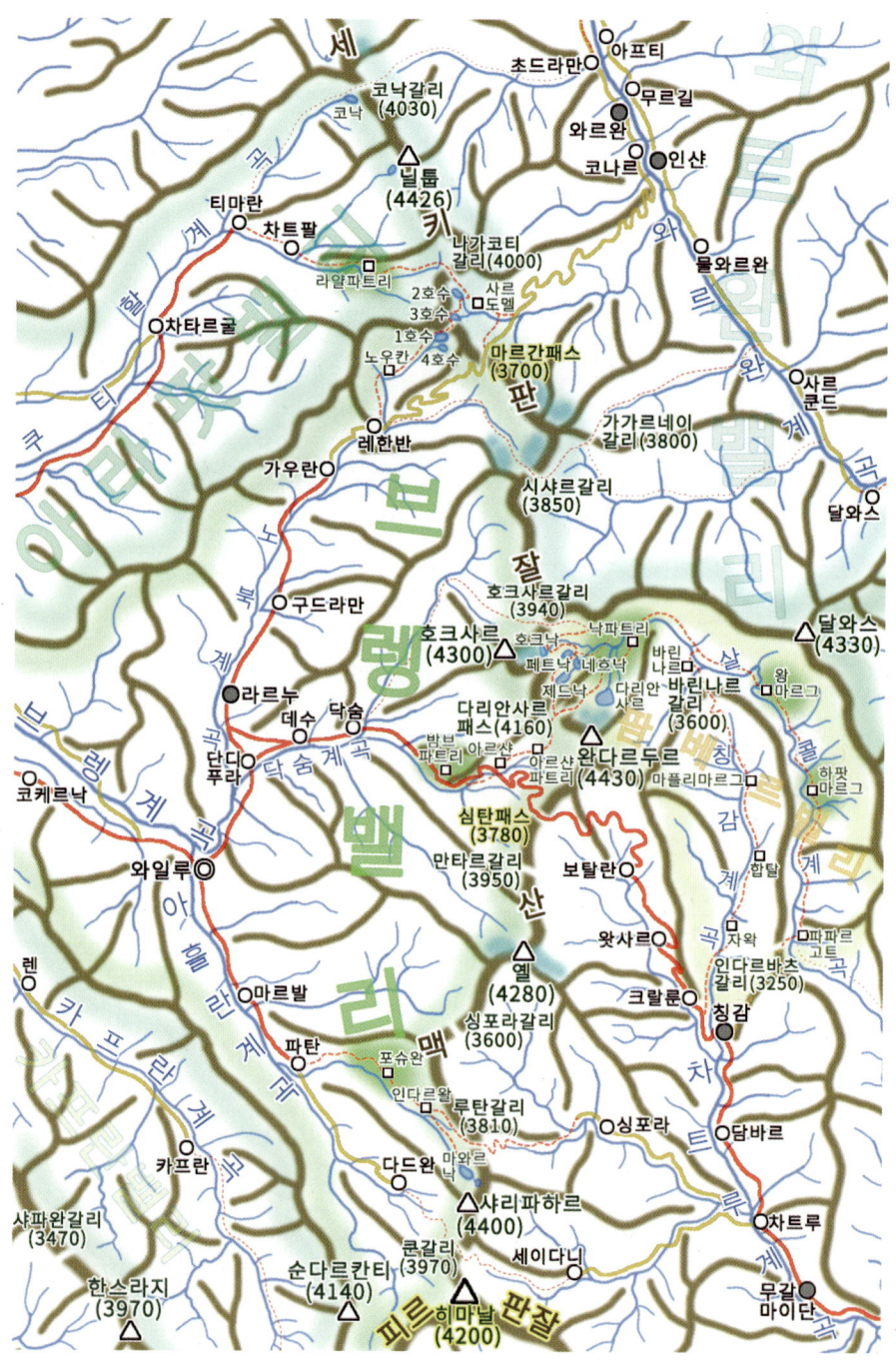

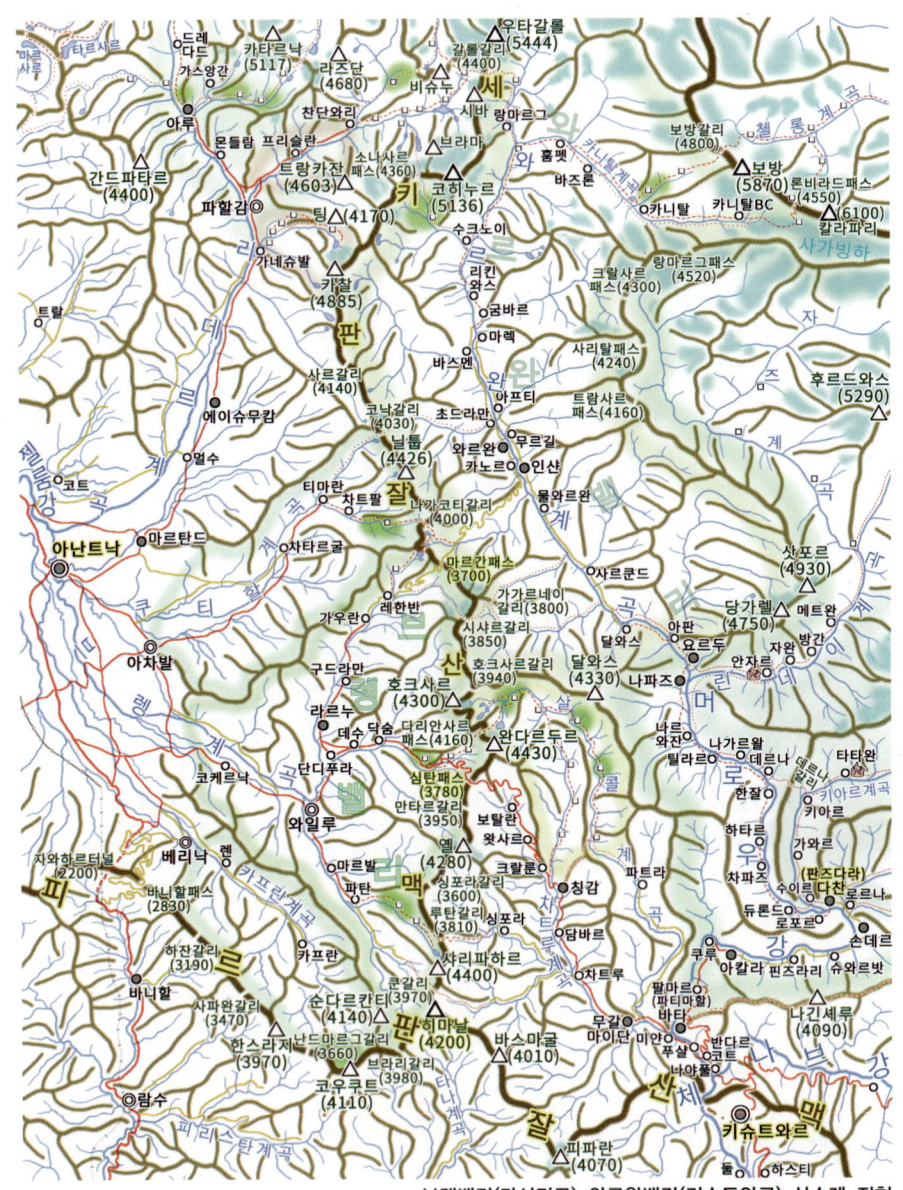

브랭밸리(카시미르)~와르완밸리(키슈트와르) 산수계 지형

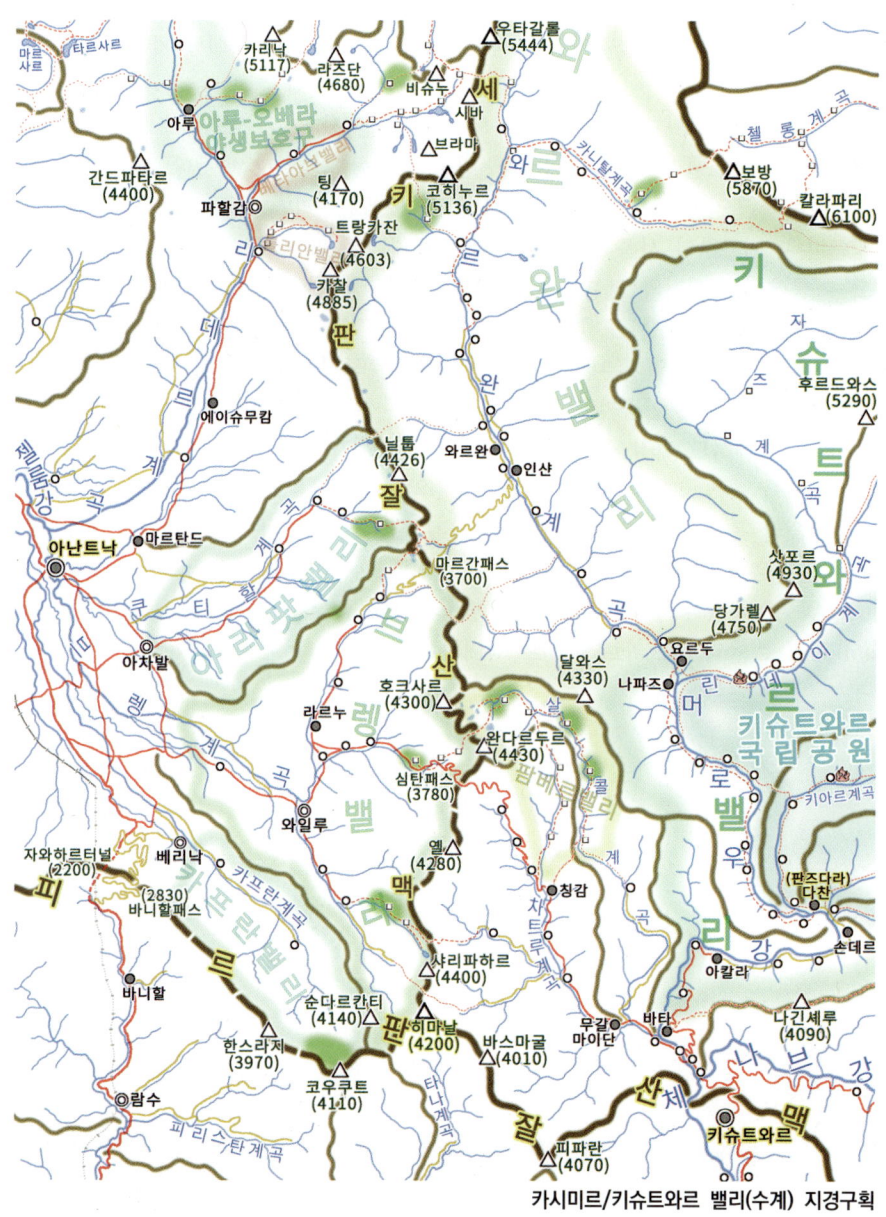

카시미르/키슈트와르 밸리(수계) 지경구획

1-5. 와르완밸리(키슈트와르) 트레킹

✦ **개략** : 카시미르밸리의 가장 깊숙한 골짜기 와르완밸리는 실상 카시미르분지의 주축수계 젤룸강 수역이 아닌 남부 잠무평원을 주 무대로 하는 체나브강 수역에 놓여있다. 그럼에도 이 카시미르분지의 아난트낙에서 주로 진출입이 이루어지기에 곧 이 카시미르밸리의 산수계로 엮어본들 외람될 건 없다 하겠다. 와르완밸리의 최상류는 히말라야 주산줄기이자 카시미르의 으뜸봉우리인 눈(7135m)·쿤(7077m) 산군이다. 이로부터 서쪽 카니탈빙하가 빚어내리고 바야흐로 와르완밸리의 수려하고 아름다운 골짜기와 계류가 비롯된다. 가장 빼어난 구간인즉 계곡이 남쪽으로 꺾여 흐르는 랑마르그 도멜~굼바르~와르완~요르두~다찬 일대이다. 한편으론 이 남쪽 요르두~다찬 일대 내원지경은 **키슈트와르국립공원**으로 지정, 일명 '키슈트와르밸리'로서 별도 언급키도 한다. 이 와르완~키슈트와르밸리 일원은 뭇 카시미르의 계곡 중에서도 가장 풍광이 뛰어난 곳으로 회자된다. 나아가 북서쪽 갈롤갈리(4450m)를 넘어 힌두성지 세슈낙 산상호수와 아마르나트 시바성지, 또는 시원(始原)을 거슬러 북동 방면으로 보방갈리(4800m)나 론비라드패스(4450m)를 넘어 카르길 지경으로 진출하는 여정계획도 상정해볼 수 있다. 아울러 키슈트와르밸리(국립공원) 내원의 깊숙한 골짜기를 탐방하거나 좀 더 노고를 쏟아 동쪽 칠룽라(5070m)로 올라 잔스카르(랑둠)로 넘어가는 상급트레킹 계획도 구상해볼 수 있다.

와르완밸리 상행트레일 (건너편 마렉 마을)

✦ **트레킹 적기** : 5~7월, 9~10월 (∴ 최적기는 6~7월)

✦ **트레킹 최고점** : 론비라드패스(보트콜갈리; 4450m) / 보방갈리(4800m)

✦ **트레킹 방식 : 캠핑트레킹** (※ 히말라얀패스[보방갈리/론비라드패스 etc.]를 배제하고 와르완밸리 탐승으로만 갈음코자할 경우는 현지 레스트하우스 및 홈스테이나 유목민 거처 활용도 가능하다. 단, 지역민 전부가 무슬림이므로 문화(종교)적 성향에 따라 이러한 이방인의 숙박(홈스테이) 요청에 거부적일 수 있다. - 그렇다고 이 방인들에게 절대 적대적이거나 위협적이거나 하지는 않다. 현지민이든 잠무 지역에서 올라온 유목민들이든 만나는 여행객들에게 매우 친절하고 우호적이다. 다만 와르완밸리 내원 곳곳에 캠프를 차리고 주둔해있는 인도군 병사들과의 관계가 좀 껄끄러울 - 힌두 vs 이슬람 - 뿐이다. 그들 역시 외국여행객들의 이 와르완밸리 방문에 대해 꽤나 민감하게 반응한다. 퍼밋 여부도 확실히 챙겨야 함이다. 물론 그렇다고 현지 인도군 병사들이 무례하다거나 비호의적이란 건 아니다. 그들 역시 방문여행객들에게 대체로 호의를 베푼다. 카시미르의 지역/종교 갈등만 아니라면 더 없이 좋을...)

✦ **퍼밋 : 외국인 필수 / 자국민은 불필요** (∴ 군 캠프가 소재한 굼바르 이상까지 트레킹에 나서고자할 경우 필히 트레킹에이전시나 당해 주무관청[스리나가르/아난트낙]을 방문하여 미리 신청 발급받고 나설 것. 반면 반대쪽 카르길 수루밸리 방면에서부터 (보방갈리/론비라드패스를 타고) 넘어와 진행할 경우 공식적으로 퍼밋은 필요 없으나, 역시 독자적으로 트레킹에 나서는 것은 불허. 고로 스리나가르 카르길 또는 라다크(레)의 전문 트레킹에이전시를 통해 트레킹스태프와 도우미들을 필수적으로 대동하고 나서야만 체크포스트 통과 가능.)

✦ **주의사항** : 계곡도하 시 수량(오후 급증)/수온(빙류(氷流))에 각별히 유의. 보방갈리/론비라드패스(복톨갈리) 통과 계획 시에는 필히 루트를 훤히 꿰고 있는 전문 가이드와 동행할 것. (⇒ 난이도가 매우 높음. ∵ 보방갈리 = '리틀 곤도고로라')

* 곤도고로라(5700m) : K2(8611m), 가셔브룸1·2봉(8068m/8035m), 브로드피크(8047m) 등 8천 미터급 4개봉 포진한 파키스탄 카라코람 발토로 지역에서 시오크(샤이옥)강 골짜기 후세밸리로의 횡단 트레킹 시의 고난이도 통과루트(하이패스). 이름하야 곤도(돌)+고로(파편)+라(고개) 즉 '낙석고개'라고나. (☞ 1권 「K2 트레킹」 - 1장 중앙카라코람 편 참고)

✔ **와르완밸리의 브릿지** : 인샨브릿지, 무르길브릿지, 마렉브릿지, 리킨와스브릿지, 수크노이브릿지, 도멜브릿지(임시). 그 외 구간지역은 오전 이른 시간 계곡유량이 줄어들어있을 시에만 선택적 도하 가능. (※ 상류지대에서는 스노우브릿지 또는 빙하모레인을 타고 횡단할 수도.)

I. 일정가이드

0~1일차 : 출발〉잠무(330m)/스리나가르(1580m)~바니할(자와하르터널;
2200m)/아난트낙(이슬람아바드; 1600m)*~(환승)~아차발(1690m)~
코케르낙(1980m)~와일루(2030m)~(환승)~단디푸라(2100m)~라르누
(2160m)~구드라만(2250m)~가우란(2440m)~(지프환승)~레한반
(레힌완; 2600m; CP)~마르간패스(3700m)~인샨(2500m)/와르완
(2540m)~무르길(아프티; 2550m)/초드라만(2530m)
[차량이동 잠무 시점 10~12시간 / 스리나가르 시점 7~8시간]

* 잠무-아난트낙 경로 : 잠무(330m)~우담푸르(760m)~바토르(2020m)~바니할(자와하르터널;
2200m)~(아차발(1690m)~)**아난트낙(1600m)** /
* 스리나가르-아난트낙 경로 : 스리나가르(1580m)~판드레탄(1580m)~팜포르(1590m)~아반티포라
(1590m)~상감(1600m)~카나발(1600m)~아난트낙(1600m)

가우란까지의 노정은; ☞ 1-4-1. 마르간 초하르낙 트레일 진입노정과 같다. 여정 도중 **아난트낙** 남쪽 무갈정원 베리낙 – 카시미르에서 가장 아름다운 정원 – 과 마르탄드 순 사원 – 8세기 건립, 이후 폐허가 된 힌두유적 – 등지를 방문해볼만하다. 아차발 남동향 브링기강을 따라 브렝밸리의 기점 **와일루(바일루)**에 이르고 그로부터의 가우란계곡 행로로 **가우란**에 종착, 대중교통편으로 왔다면 차편(승합지프)을 환승하여 이제 마르간패스(3700m)를 넘는 산악도로 노정으로 옮겨간다. 가우란 마을 지나 곧바로 만나는 **레한반(레힌완)**의 초소에서는 딱히 퍼밋 확인은 없이 여권확인(외국인)과 신상등록만을 하고 지나게 된다.

베리낙 정원

마르탄드 순 고대사원유적

와일루

구비구비 험산도로를 타고올라 다다른 해발 3천7백미터의 고갯마루 **마르간패스**는 바야흐로 카시미르분지〈서〉와 키슈트와르밸리〈동〉를 가르는 세키판잘산맥의 분수령. 예로부터 카시미르(스리나가르)·잠무(키슈트와르)·카르길(수루)/라다크(잔스카르) 세 권역을 연결하는 중요한 길목이었기도 한즉 근래에 더욱이 이러한 차량통행이 가능한 산악도로가 뚫려 지역소통뿐 아니라 관광행로 진입의 편의성까지 더해진 더욱 많은 왕래가 이루어지는 교통의 요지로서 매겨지게도 되었다. 고갯마루 전반 드넓은 초원으로 이룩된 산상고원 형국을 빚고 있음에 일대 주위로 여름철 가축 방목을 위해 올라온 구자르 유목민들의 하계거처지와 그들 말, 양, 염소 등등 수많은

가축떼가 여기저기 무리지어 풀을 뜯는 목가적 풍경을 목도할 수 있다. 아울러 조망 또한 빼놓을 수 없음은 곧 날만 좋다면 동쪽 내리막 방향에서 바라보이는 카시미르히말라야의 맹주 눈(7135m)·쿤(7077m) 두 봉우리의 선한 모습 또한 첩첩한 히말라야 맥놀이 장령 위로 아련히 담아볼 수 있음이다. 마르간패스는 한편 인근 북방에 위치한 초하르낙 트레일의 기점(시·종점)으로서도 탐해볼 수 있는데 곧 이곳에서 왕복 너댓 시간의 반나절 하이킹으로 섭렵 다녀올 수 있어 더욱 인기를 끈다. 혹은 아예 이곳을 출발지로 삼아(캠핑) 초하르낙 4호수 모두를 탐승하고 나아가 너머의 노우칸계곡이나 아라팟계곡 방면으로 여정을 갈무리하는 산상트레킹 계획으로도 추진해볼 수 있다. (☞ 1-4-1. 마르간 초하르낙 트레일(역방향) 참조.)

가우란 / 레한반 체크포스트 / 마르간패스 오름길 남동골 세키판잘산맥 시샤르갈리(3850m) 방면 조망

마르간패스 정상 초원마루 & 눈(7135m)·쿤(7077m) 방면 구름띠 / 운무 속 살짝 드러난 눈(중앙)·쿤(좌) 봉우리

초하르낙 등로에서 내려다본 마르간패스 초원분지 / 마르간패스 상부 초하르낙 산상호수지대(3호수-1호수 방면)

마르간패스 내리막 동편으로도 꼬불꼬불 이리저리 틀어재끼는 아찔한 산악도로의 연속이다. 우측(서쪽)편으로 부드러운 산록자락에 가축떼가 노니는 풍경과 그들을 몰고 온 유목민들의 하계거처지가 두리뭉실 언덕과 산록 여기저기에 성글어있다. 수목한계선 아래로 다시 내려와 약 1시간정도 비탈진 구비길을 지그재그 꺾어돌아 내리면 이윽고 흐느적 우윳빛 강줄기가 포말을 일으키며 흘러가는 하안자락에 이르는데 바로 키슈트와르밸리 산하 머로우(마르와)강 상류 와르완밸리로의 입성이다. 곧이어 다다른 코나르 강가에 놓인 인도교를 건너 **인샨** 마을로 진입, 혹은 다리를 건너지 않고 그냥 북서향으로 뻗은 도로 따라 이의 유래가 된 **'와르완'** 마을 방면으로 갈 수도 있음인데 이정 선택은 각자의 몫. 어느 길로 가든 - *건너편 머로우강 동측 하안도로든 직진길 서측 하안길이든* - 크게 다를 건 없다. 단지 거쳐 가는 마을지경만 달리할 뿐. 그로부터 약 20분 정도면 도로여정이 끝나게 되며 차가 들어가는 마지막 마을 **아프티**(동안) 내지는 **초드라만**(서안)에 이르러 여장을 풀고 이후의 트레킹여정을 준비하게 된다. 마을들은 제법 규모가 크나 외지인의 홈스테이 요청에 대해서는 그리 반기려들지 않는다. 온순하고 평화로운 주민 심성이지만 확실히 무슬림 관습에 의거 선뜻 내 집으로 이방객을 모시려하진 않음이다. 차라리 인근 강가로 내려가 평탄하고 아늑한 하안초지에서 야영을 권고. 아니면 여행자숙소(PWD 레스트하우스)가 있는 인샨 마을에서 머물도록 종용한다. **무르길**(아프티 직전마을)-초드라만 간 가교가 놓여있어 강 건너 쉽게 오갈 수 있다. **아프티**에는 군부대가 소재해있으므로 무단통행 및 사진촬영에 유의.

마르간패스 동쪽 와르완밸리 방면 초지산록 & 굽이길

마르간패스 하행말미 와르완밸리 입성(머로우강 하류방향)

머로우강 와르완밸리 기점 인샨마을(건너편) & 브릿지

와르완밸리 상류 와르완(좌) & 무르길(중앙) 마을 원경

2일차 : 트레킹〉무르길(아프티; 2550m)/초드라만(2530m)-(2시간)-마렉(마르기; 2630m)/바스멘(2600m)-(1시간)-굼바르(2730m; ACP)-(1시간)-리킨와스(2760m)-(2시간)-수크노이(2790m)

와르완밸리 하안마을 초드라만(좌) & 아프티(우)   초드라만 마을 북단 와르완계곡 하상초원 캠프사이트

머로우강 와르완계곡 상류방향으로 북상해 오른다. 넓은 하상은 이내 흐느적 물길을 지으면서 계곡 전반에 여러 토양지를 생성해놓았는데 어김없이 싱그러운 풀밭 목초지가 형성돼있어 소와 말 등 동네 가축들의 좋은 놀이터 겸 먹거리터가 되어주고 있기도 하다. 풍경 또한 너무나도 매력적. 어디서나 예술이 따로 없을 사진 작품 피사체의 향연이다. 동안기슭 마렉(마르기) 마을 혹은 서안기슭 바스멘 마을 지경을 가로질러 계속 북상해 나아가 이윽고 굼바르 언덕의 군 체크포스트(ACP)로 향하는 노정으로 접어든다. (∵ 바스멘 경유 시에는 마렉브릿지 건너 이동. 와르완밸리 트레일은 다리를 건너지 않고 서안루트 직진길 따라서도 계속되나 무릇 외국인은 무조건 이 굼바르 포스트에서 확인절차를 밟고 지나가야 하기에 그렇게 진행할 수는 없다. 이를 무시하고 그냥 나아갈 경우 순찰중인 부대원들에 의해 다시 굼바르의 초소로 환송, 상황 진작에 좀 더 애먹을 수 있다. 단, 역으로 수루밸리(카르길 지역) 방면에서 넘어와 이 와르완밸리를 경유하여 하행하는 경우라면 이런 ACP에서의 필수절차는 무시되기 일쑤다. 고로 이러한 까탈스런 복잡한 행사(?)가 거북스럽다면 달리 저 북동방면으로 수루밸리 쪽에서부터 시작- ⇒ 보방갈리·론비라드패스 경유 -해 나아오는 편이 낫겠다.)

바스멘 마을길(상행)   바스멘~굼바르 방면 상행트레일(계곡건너 우측은 마렉 마을)

굼바르 ACP를 통과했다면 이후 노정은 일사천리다. 크게 장애될 게 없다. 와르완 계곡 동안기슭을 따라 계속 북상하여 **리킨와스**의 언덕진 군부대를 뒤로하고 다시 계곡 하상으로 내려가 가교(리킨와스브릿지)를 건너서 반대편 서안자락으로 옮겨 트레일 진행. 그로부터 약 2시간 정도 하안기슭길을 따라서 이제 민가가 소재한 마지막 거주마을 **수크노이**에 이른다. 캠핑은 마을 아래 하안기슭 계곡부 초지에서. 마을집을 활용한 홈스테이는 실상 외지인(이방객)들에겐 좋은 방편은 못된다. 특히 이런 오지 무슬림 지역에선 더더욱. 차라리 유목민들의 허름한 움막이나 돌집 초대가 훨씬 더 우호적이고 친근할 터이다. (※ 여의치 않을 경우 이러한 유목민거처에서의 홈스테이(= Shelter(Doka) Stay) 응용 ⇒ 상류지역)

마렉 마을 / 마렉브릿지(상류방향) / 굼바르계곡(이 계곡을 따라 오르면 크랄사르패스(4300m)가 나온다.)

굼바르(하류방향) / 리킨와스 언덕마을 & 브릿지 / 수크노이 동부산록(※ 사진협조: Pradeep Kumbhashi)

수크노이 방면(상류방향)　　　　　　　수크노이 마을 배경(하류방향)

 # 3일차 : 수크노이(2790m)-(4시간)-도멜*(3080m)-(2시간)-홈펫(춤펫; 3340m)

수크노이를 지난 물길은 이제 상류방향으로 '와르완'계곡이 아닌 '밧콜'계곡이란 이름으로 명칭을 달리하여 수류를 빚는다. 한편 수크노이 마을 북서향 계곡 따라서도 트레킹루트가 그어지는데 바로 아마르나트* 야트라 찬단와리~세슈낙 행로로 넘어가는 **소나사르*패스 트렉***. 이를 차치하고 마을 앞 수크노이브릿지를 건너 다시

계곡 동측 하안루트를 밟아 북상, 줄곧되는 이의 와르완밸리 상류부 밧콜계곡을 따라 나아가 약 4시간쯤 진행해 오르면 물줄기가 크게 두 갈래로 나뉘는 합수목에 당도한다. 보편적인 카시미리어 '두 물목(=합수목)'의 의미를 지닌 '도멜'이란 지명으로서, 직진하는 북쪽 계곡루트는 이내 마지막 **랑마르그의 군 캠프**를 거쳐 아마르나트* 세슈낙 트레일로의 갈롤갈리 트렉*으로 연결, 곧바로 험준한 산악행보로 이어지게 된다. 반면 이와 달리 와르완밸리 주 골짜기는 도멜 합수목 동쪽으로 틀어 또한 이제 '밧콜계곡'의 이름을 벗고 새로이 '카니탈계곡'이란 명칭으로서 최상류의 물길을 구축 거슬러오르게 된다. 그로부터 동북 방면 휘어지는 주계곡 물길 따라 하안자락 트레일을 밟아 이어가면 약 2시간 거리에 위치한 **홈펫(춤펫)** 유목민마을에 도착. 시간이 이르다면 동남향으로 휘어지는 계곡길 따라 조금 더 진행하여 또다른 유목민부락 바즈론까지 나아갈 수도 있겠다.(1시간반 정도 추가 소요.) 캠핑은 계곡부 근처 여기저기 훌륭한 하안초지가 형성돼있어 어디서나 쉽게 야영지를 잡을 수 있다. 빼어난 경치는 물론이려니와 멋드러진 하상초원에서의 호젓한 캠핑, 더불어 가축 떼 이끄는 목자처럼 그렇게 온화하고 화평하기 그지없는 유목민들과의 만남과 그들로부터의 호의 역시 떼놓을 수 없는 이 와르완-카니탈밸리 트레킹 백미로서 꼽힌다. (※ 참고로 본 카니탈계곡 구간은 계곡을 건너는 다리가 놓여있지 않아 섣부르게 도하키 어려우므로 특히 유의. 더욱이 오후가 되면 빙하융빙수량 증가로 계곡수가 불어나 도하가 거의 불가함을 명심. 고로 다음날 아침 일찍 계곡상류부의 빙하가 녹기 전 유량 적을 시에 훔펫이나 바즈론에서 - *필요시 유목민들의 도움을 청하여 (그들 가축무리인 말 등에 올라타 건너는 방법 등)* - 도하에 나서도록 권고.)

1)〉 수크노이 마을의 가교(수크노이브릿지) / 2) 수크노이 상류브릿지 / 3) 유실된 도멜브릿지(이같은 경우 세인나르(계곡) 상류(랑마르그 방면)로 한참 거슬러올라 스노우브릿지를 찾아 건너선 후 되내려와야 한다. 고로 이런 불확실성을 덜려면 앞의 수크노이브릿지(1,2)를 건너 동안길로 진행토록 강권)

1)〉 도멜 합수골짜기 방면(멀리 좌측골은 랑마르그 행 세인나르계곡, 우측골은 카니탈계곡〈본행로〉) /
2)〉 도멜 북골 세인나르(계곡) 물줄기 / 3) 홈펫 합수부 전경(주트레일은 우측골)*(※ 사진: Pradeep Kumbhashi)*

* 아마르나트 순례(야트라) : 세슈낙 호수를 중간거점으로 하여 양방향으로 진행. 곧 「찬단와리~핏수~세슈낙~마하구나스패스~판치타르니~상감~아마르나트(시바동굴) 왕복~도멜~발탈」까지의 도보트레킹 노정으로 이어지는데 대개는 발탈캠프를 기점으로 하여 아마르나트 **단순왕복** 또는 위의 역방향 즉 마하구나스패스를 넘어와 세슈낙(호수)를 거쳐 찬단와리로 나아와 파할감에서 종료하는 **역순 트레일**로서 많이 섭렵한다. 아울러 이 야트라 시즌에는 소위 "카시미르밸리의 온 동네 말들이 다 그리로" 모여 순례객들을 나른다 할 정도로 실로 어마어마한 참여인원이 모여듦에 이로 인해 순례객 이동수단으로서의 말/마부 고용비용 또한 평소의 2배 이상으로 치솟는다. 이러한 순례기간(야트라)에는 인도정부 당국의 더욱 엄격한 통제가 수반되어 곧 찬단와리, 세슈낙, 판치타르니, 발탈 이 네 곳의 체크포스트에서 매우 엄격히 탐방인원을 관리한다.
(☞ 1-1. 콜라호이-타지와스 트렉 〉 ※ 확대여정: 아마르나트 야트라 트레일 참조)
* 콜라호이-타지와스 트렉 상의 동명의 호수 소나사르와 혼동치 않도록. 둘 다 금빛호수의 뜻.

★ **소나사르패스 트렉** 》 수크노이 마을에서 북서향 지계곡을 따라 올라 …—(2:30)—**나긴따트리(3500m)**—(3:00)—**소나사르패스(4360m)**—(1:30)—**소나사르(3750m)**—(1:00)—**부줄쿳(3450m)**—(0:30)—**조지발(가이즈발라; 3350m)**—(2:00)—**세슈낙(3570m)** 행로의 이정 ⇒ 복잡한 찬단와리 진입경로를 피하여 한적한 와르완밸리를 경유하여 넘어갈 수 있는, 그리고 또한 수려한 계곡과 산세 모두를 아우르며 - 특히 소나사르패스 정상에서의 조망 압권으로 서북방면 콜라호이 산군, 동쪽으로 히말라야 눈·쿤 산봉이 장엄하게 도열 - 통찰해 섭렵할 수 있는 훌륭한 트레킹아이템으로서 새로이 주목받는 코스. 단, **야트라 기간(7~8월)**에는 앞전의 굼바르 체크포스트에서 이를 엄격히 제지하므로 인도 자국민이 아닌 외국 트레커들은 이 루트를 통한 트레킹이 **실질적으로 불가**하다.

★ **갈롤갈리 트렉**》 도멜 북쪽으로 …—(0:30)—**랑마르그(3150m)**—(1:00)—**세인나르(페르만달; 3220m)**—(4~5:00)—**갈롤갈리(4560m)**—(1:30)—**그랏발(3880m)**—(1:00)—**세슈낙(3570m)**…**찬단와리(2850m)/아마르나트(링감; 3900m)** 방면으로 연계되는 트레킹루트. 역시 **야트라 기간** 중에는 외국인은 현실적으로 **통행 불가**. (랑마르그의 체크포스트(Army Camp)에서 세슈낙(야트라 루트) 방면으로의 통행 불허! ⇒ 외국인은 안전의 문제를 이유로 그러한 야트라 코스 자체 탐방퍼밋도 발급해주지 않는 현실인 만큼. ☞ 아래 ※ 세슈낥 경유 와르완밸리 진입(트레킹) 참조)

※ 세슈낙 경유 와르완밸리 진입(트레킹)

(∵ 1-1. 콜라호이-타지와스 트렉 〉 ※ 확대여정: 아마르나트 야트라 트레일 연계 참조)

1) **찬단와리 기점**〉 파할감(2140m)/아루(2400m; 콜라호이 트레일)~)**찬단와리(2850m)** …(2:00)… **핏수톱(3300m)** …(3:30)… **세슈낙캠프; 3740m)** // —(1:00)—**그랏발(3880m)** —(2:30)—**갈롤갈리(4560m)**—(2:30)—**세인나르(페르만달; 3220m)** // —(1:00)—**랑마르그(자바르마르그; 3150m)**—(2:00)—**홈펫(춤펫; 3340m)**

2) **발탈 기점**〉 (소나마르그(2720m)~)**발탈(2840m)** …(4:30)… **상감(3550m)** // …(2:00)… **아마르나트(3900m)** …(2:30)… **판치타르니(3600m)** // …(4:00)… **마하구나스패스(4210m)** …(1:30)… **세슈낙캠프; 3740m)** // …**갈롤갈리(4560m)** …**세인나르(페르만달; 3220m)** // …**랑마르그(자바르마르그; 3150m)**—**홈펫(3340m)** 〈위와 동일〉

≈ 소나사르패스 트레일·갈롤갈리 트레일 풍경 [※ 사진협조: Bernd Looft(오지탐험전문가)] ≈

수크노이계곡 등행 뒤안길(수크노이마을)

나긴파트리 합류목

소나사르패스로 오르는 양떼와 목동

도멜 상류 세인계곡 스노우브릿지 지대

세인계곡 랑마르그 합류분지(하류쪽)

1〉 랑마르그 상부 페르만달(세인나르) 협곡초지 / 2〉 갈롤갈리(4400m)에서 되돌아본 세인나르(계곡) 쪽 풍광
3〉 세슈낙 그랏발 방면 갈롤갈리 정상부 설원.(좌측 운해 아래쪽에 세슈낙 호수지대가 가라앉아있다.)

갈롤갈리 하산길에서의 그랏발 방면 풍정

세슈낙 성호(힌두성지)

세슈낙 남단의 브라마피크(4650m) / 세슈낙 동부골짜기 주봉 시바피크(4800m) / 아마르나트 케이브(힌두성지)

343

4일차 : 홈펫(춤펫; 3340m)-(1시간30분)-바즈론(3380m)-(1시간30분)-사르 (호수; 3450m)-(30분)〈지계곡(보방계곡)도하〉-카니탈(코낙; 3470m) -(2시간)-카니탈 B.C.(3520m; 와르완밸리 최상부 유목민 거처부락)

홈펫이나 **바즈론**의 유목민부락에서 카니탈계곡(본 와르완밸리 최상류)을 도하, 골짜기 북측기슭루트로 옮겨 트레일 진행, 이내 **사르**(호수) 방면으로 행로를 밟게 됨이지만 계곡유량에 따라 도하가 쉽지 않을 시엔 무리해서 건너서려 하지 말고 그냥 동남 방향으로 계속 카니탈계곡 남측하안루트를 밟아 카니탈계곡의 마지막 유목민부락(카니탈 B.C.)까지 나아간다. 이 경우 위 노정계획 상의 사르 및 카니탈 유목민마을은 거치지 않는다. 한편 하계거처지로서의 **카니탈**(유목마을)은 카인탈* 혹은 코낙*이란 지명으로도 불리는데 체류하는 유목부족 및 군부대원들 등 오가는 관계자들 간의 각기 조금씩 다른 호칭에 기인한다. 홈펫/바즈론에서 카니탈계곡 도하에 성공했다면 곧 '**사르**'란 이름의 계곡이 작은 하안호수를 거치게 되는데 말인즉슨 키시미리 셰나어「사르=호수」임이다. 이를 지나면 곧바로 루트가 갈리는데 북동향 지계곡(보방계곡) 방면으로는 **나르드** 산간초지의 또다른 유목민거처를 경유하여 험준한 히말라얀패스 **보방갈리** 빙하고개를 넘어 새로운 지경 카르길(지역; District) 관내의 첼롱계곡 루트를 타고 수루밸리로 연계할 수 있다*. 하지만 언급했다시피 빙하골 루트가 험난하고 낙석위험이 높아 무작정 나서기엔 상당한 어려움이 있다. 반면 본 와르완밸리 최상류부의 주 트레일은 곧 이 나르드 골짜기로부터의 보방계곡 물길을 곧장 건너 계속 동남향 직진행로로 나아간다. 단, 이 지계곡 보방계곡 도하 역시도 수류가 세차고 몹시 차가워(영하 수온) 각별히 신경써서 건너야 함이다. 여의치 않다면 근처의 목동들에게 도움을 청하라. 주저치 않고 도움을 베풀 것인즉.

곧이어 드리우는 계곡하안의 너른 초지엔 또 역시나 어김없이 멀리 잠무지방에서까지 찾아온 구자르 유목민들의 거처가 형성돼있다. 바로 '**카니탈**' 유목민마을. 이들 소박한 풍정들과 더불어 말들과 양떼, 염소떼가 무리지어 강변에서 풀을 뜯는 목가적인 정취가 더할 나위 없이 평화롭고 아늑한 곳으로 본 와르완밸리 트레일의 가장 아름다운 풍경의 하나로 꼽을만하다. 그로부터 유유자적 싱그러운 하안목초길을 밟아 완만한 계곡 수류 따라 거슬러오르면 이내 너릇한 하안단구 상에 형성된 마지막 유목부락으로서의 **카니탈 B.C.**에 이른다. 이로부터 바로 앞 시커멓게 드리운 경사면의 거대한 사가빙하(카니탈빙하)의 풍모가 압권. 와르완밸리 최상류 계곡수류는 이로써 갈무리되고 곧 섬뜩한 돌바위무더기의 모레인지형과 그 위 언저리의 카니탈빙하 세락(Serac)과 크레바스(Crevasse)지대 속으로 스며들며 모습을 감춘다. 비로소 본격적인 최후방 와르완밸리 빙하트레킹 등행의 전조가 드리움이다. 캠핑은 유목민거처 하안언덕의 평탄부나 계곡변 아랫자락 물가 근처 초지부가 좋다. 건너편 카니탈계곡 남측하안으로도 길이 나있는바 앞서 얘기한 홈펫/바즈론에서 카니탈계곡을 건너지 않고 그냥 주욱 나아올 경우 이렇게 카니탈빙하 스나우트(빙하어귀) 근방의 하부빙하 모레인 지형을 타고넘어 당도하게 된다.

344

* 카니탈(카인탈) = 코낙 실상 같은 의미의 단어조합이다. 호수를 뜻하는 카시미리 셰나어 '사르'에 기반, 이를 산악 파하리 언어인 '탈'을 써서 명칭했으며 달리 역시 호수(못)를 지칭하는 힌드코 카시미리어 '낙'을 써서 표기하고도 있다. 어두인 칸(카니/카인/콘 etc.) 역시 같은 어원으로, 이로부터 상류 카니탈빙하 중단부의 고개 론비라드패스 명칭을 또달리 '칸스(간스)갈리'라고 부르는 연유이기도 하다.

홈펫~바즈론 카니탈계곡 구간(상류방면) / 바즈론 하상초원(하류방향)(※ 사진협조: Pradeep Kumbhashi)

바즈론 하상물길 도하부 & 하류방향 홈펫 원경 / 사르 호수기슭 & 바즈론-홈펫 방면 뒤안길 / 카니탈 사르(호수)

카니탈 보방계곡(도하지점) / 카니탈 유목부락(우측봉은 칼라파리(6100m)) / 카니탈 초지 계곡건너 암벽용출폭

카니탈 중부초원 캠프지 & 사가빙하 원경(중앙골) / 와르완밸리 마지막 하계거처 카니탈 상부유목마을(카니탈 B.C.)

△ 론비라드패스(보트콜갈리/칸스갈리) 트렉 △

• **개략** : 카시미르의 키슈트와르 지역(District) 최북단지경 와르완밸리에서 히말라야산맥을 넘어 카르길 지역 수루밸리로 넘어가는 히말라얀패스 트레일로, 험난함이 예사롭지 않지만 그럼에도 불구 예로부터 양 지역 유목민들의 왕래길로 꾸준히 이용되어왔던 대표적인 루트이다. **론비라드패스**는 카시미리어와 셰나어가 합쳐진 방언 **'보트콜*갈리'**란 이름으로도 불린다. '갈리'란 알다시피 '고개'를 뜻하는 말인즉 '론비라드'의 유래는 그러나 명확치 않다. 대략 이 고개를 통과했던 그 누군가 유명인의 이름일 것으로 사료되는바 현지 유력인사든 외국 탐험객이었든. (※ 현지에서도 이를 인명(人名)으로부터의 유래로 결부시키는 경향이 강하다.) 이 론비라드패스는 이웃한 돌파편고개 보방갈리(4800m)와 달리 남쪽이 완만하고 북쪽이 가파른 형세를 취하고 있다. 또한 보방갈리 트렉에서는 좀체 보기 힘든 세락(빙탑) 지대가 이 남쪽 사가빙하(카니탈빙하) 지대에 광대하게 펼쳐져 있기도 하다. 여기에 론비라드 사가빙하 상부로는 더욱 거대한 사가빙하 본진이 웅장하게 포진하고 있어 풍광의 극치를 이루며 그로부터 북쪽 사가빙하 최상부 센티라(4970m)를 통과하여 넘으면 이내 수루밸리의 눈(7135m)·쿤(7077m) 발치로 나아가게도 됨이다. 허나 이 센틱라 루트는 일급 빙하트레킹코스로서 섣불리 나설 수 없는 곳인즉, 전문가이드는 물론 만반의 안전장비를 갖추고서만 도전할 수 있는 곳임을 유념! 이 론비라드패스는 한편 저 네팔 히말라야의 8천미터 고봉 마나슬루(8163m) 산군의 라르케(5200m) 고개를 연상케 하는, 곧 이로부터 그렇게 **'리틀 라르케'**란 애칭을 부여할만도 하다. 단지 높이와 규모만 상대적 왜소〈Little〉할뿐 트레일의 전반적인 분위기나 풍광, 지형 특징 등등 상당한 동질성을 연호케 한다.(※ 단, 트레킹 난이도는 훨씬 높다.)

* 보트콜 : 보트(Bhot)는 티베트(인)를 달리 부르는 카시미르 방언이기도 한즉 곧 이로부터 너머의 수루/잔스카르 지역을 향한 '보트' 지경의 '호수(콜)'란 의미를 유추해볼 수 있다. 한편 또 다르게는 이 '콜'을 '칼'이라 표현키도 함에 즉 호수가 아닌 '고개'를 뜻하는 파하리(산악민) 언어 '칼(Khal)'에서 왔다 하여 이로써 단지 '보트의 고개'라 풀이해볼 수도 있음인데, 게다가 현지에서는 또달리 이 명칭 발음의 모음-자음을 와전시켜 소위 복톨, 복탈, 밧콜, 밧칼 등등으로 각 부락민들마다 다르게 부르고 있다는 점도 혼동을 가중시키는 요인이기도 하다.

카니탈 초원 전방 사가빙하 & 칼라파리(6100m)(중앙) / 카니탈의 바카르왈 유목민 / 카니탈 캠프초지(하류방향)

5일차 : 카니탈 B.C.(3520m)-(3시간)-사가빙하(빙하캠프; 4160m)-(1시간)-
론비라드패스(보트콜갈리; 4450m)-(15분)-보트콜(론비라드빙하호;
4370m; 패스캠프)

와르완밸리 최상부 카니탈 베이스캠프로서의 마지막 유목민부락의 정겨운 풍경을 뒤로하고 동쪽 본격적인 상류골짜기 내원빙하 등행으로의 노정을 시작한다. 카니탈빙하 또는 사가빙하라 불리는 이 거대한 빙하골짜기는 카시미르밸리 전역에서도 가히 손꼽히는 빙하로, 본 와르완밸리의 모토(母土) 키슈트와르 전 지경으로 보면 가장 길고 웅장한 빙하의 하나로 매겨진다. 이내 스나우트(빙하어귀) 지대로 곧장 등행해 나아가 얼음자갈 혼재의 빙퇴지형 모레인빙하를 거쳐 카니탈 본빙하(사가빙하)로 오르면서 점차 세락지대와 큰 바위가 박힌 아이스돌멘(Ice Dolmen) 지대가 등장. 오르막은 크게 가파르지 않아 그리 고단한 등정은 아니지만 때로 여기저기 얼음틈새 갈라진 이른바 빙혈 크레바스도 드리움에 그러나 거의가 밖으로 드러나있기에 아주 폭설이 내려 쌓인 경우가 아니라면 그럭저럭 잘 살피며 우회해가면 큰 문제는 없다. 다만 상부로 오를수록 빙하의 좌우 폭이 넓어지므로 동떨어진 루트로 개별 진행하다간 점차로 노정 간격이 벌어지고 또 도중 예상치 못한 난관(우회나 도약 불가능한 크레바스 조우 등)에 당면할 여지도 있으므로, 루트를 잘 알고 경험이 풍부한 선등 안내자(가이드/유목민 길잡이)의 후미에서 가급적 크게 벗어나지 않고 등행해 나아가도록 종용한다. 오름길 앞방향은 삭막한 돌비탈 얼음골짜기 전모이지만 반면 지나온 뒷방향 돌아보면 풍치 그윽한 와르완밸리 카니탈 골짜기의 흐느적 정경이 깊이 배웅한다. 지구상 가장 아름다운 지경으로부터 나아오고 있음인즉.

카니탈 B.C.의 유목민가족 / 카니탈빙하(사가빙하) 방면 목초계곡 / 빙하초입 모레인지대(카니탈계곡 도하가능지점)

카니탈빙하(사가빙하) 진입부(빙하트레일 시작점)   빙하어귀(스나우트) 제로포인트(Zero Point; 빙류수 유출부)

사가빙하를 오르는 염소떼 & 후방 카니탈계곡

하부빙하구간 오름길(정면 봉우리는 칼라파리(6100m))

빙탑지대 아이스돌멘(Ice Dolmen)≫ 하부(칼라파리(6100m) 배경) / 중부(하류방면) / 상부(사가빙하 본빙하 연결부)

사가빙하 크레바스(Crevasse)≫ 중단부~사가빙하 본빙하평원 연결부 구간

론비라드패스(좌측) 갈림부(정면봉우리는 칼라파리(6100m)) / 빙하캠프에서 바라본 사가빙하 본진 아이스필드

얼음지형 낙석과 미끄러짐에 유의하면서 천천히 두어 시간쯤 오르면 이윽고 북쪽 골짜기 갈라지는 론비라드패스(4450m) 루트와 동쪽 계속되는 빙하골짜기 등정행로 센틱라(4970m) 루트와의 갈림부에 이르는데, 그간의 얼음바위 돌자갈 혼재된 빙하지형은 물러나고 시나브로 폭넓은 사가빙하의 본격 눈부신 장대한 얼음빙하 내경이 펼쳐지기 시작한다. 이 합류빙하평원 일대 산록기슭 희한케도 초본류 파릇한 녹지가 드리워있음에 목동들이 올라와 임시 방목처소로 활용, 이른바 **사가빙하캠프**로 불리는 곳으로 바로 서북자락에 큰 바위굴로 형성된 그들 캠프지가 있어 위급 시에나 일기가 나쁠 시에는 이곳을 임시캠프로 활용해 머물 수도 있겠다.

센틱라 넘어 수루밸리 통골 행 이정☆이 아니라면 이제 이 동편 풍광 장엄한 사가 본빙하를 물리고 북쪽 가파르게 열려있는 지골짜기 루트로 등행해 오른다. 바야흐로 카시미르 대히말라야산맥 분수령 론비라드패스(보트콜갈리/칸스갈리; 4450m) 향한 오름짓이다. 이전까지완 다르게 빙하지대는 더 이상 드리우지 않으며 가파른 빙퇴지형의 모레인골짜기 등사면으로 이룩돼있다. 정면 우측(북동쪽)에 솟은 웅장한 봉우리는 해발 6100m의 히말라야 주령봉우리. 지도상 딱히 붙여진 명칭 없이 히말라야 첨산령 가운데 일개 산봉으로서만 존치해있으나 현지명칭 왈 '검은 산괴'란 의미의 **'칼라파리'**란 이름을 붙들고 있다. 오를수록 뒤안길 너머로 더욱 넓게 펼쳐지는 사가빙하의 광휘 또한 거세다. 흡사 산중고토에 몰아치는 거대 얼음의 물결인양. 그 양안으로 곧추선 병풍장벽 첨산첨봉들의 도열 또한 눈부신 명승의 향연. 히말라야 내원속살 진경을 한껏 목도해마지않는다. 산과 산 그리고 봉우리와 골짜기 사이사이 빛나는 빙원과 그로부터 빚어내린 아찔한 빙폭의 풍치 또한 놓칠 수 없는 비경의 연속.

☆ 센틱라(4970m) 트레일 : 이 경우 사가빙하캠프에 머물고선 다음날〈8일차〉센틱라 통과행로(상부 사가빙하~센틱라~통골)에 나설 것. 단, 센틱라 정상에 이르기까지 온통 크레바스가 산재한 빙하천지이니 안전장비를 확실히 갖추고서 아울러 루트를 훤히 꿰고 있는 전문가이드(또는 현지유목민)와 동행 필수! (☞ 후속 ☆ 상급 대체루트; 센틱라 트렉 참조.)

론비라드패스 정상 직전 빙설골   짐승뼈로 세운 론비라드패스 정상표시   고갯마루 정상부 설원지대(뒷방향)

사가빙하로부터의 론비라드패스 행로 북쪽골짜기 이윽고 마지막 상부 약 1km 구간은 빙하지대는 아니나 한여름에도 녹지 않는 두텁게 쌓여진 빙설구간이 이내 움푹 패인 긴 골을 따라 형성돼있다. 골비탈면 가파른 퇴석더미 구간 오름짓이 힘들다면 이 푹신한 빙설구간을 따라서도 거슬러오를만. 다만 도중 예기치 않은 빙혈

구간 도래에 역시나 쉬이 넘겨짚지 말고 살펴가야 함은 필수항목이다. 사가빙하 캠프로부터 거슬러 어느덧 1시간쯤 올라 나아오면 마침내 시야가 훤히 트이는 **론비라드패스** 정상. 비로소 본 트레일의 해발 4450m 최고점에 다다랐음이다. 가파르게 올랐던 사가빙하 쪽 풍치와는 다르게 이 론비라드패스 정상마루 형세는 그야말로 산중고원의 국면이다. 단지 푸르른 초원지대 아닌 삭막 거대한 얼음지평 돌과 자갈이 혼재된 이 또한 거대빙하의 한 단면으로서의 빙하고원지대. 광활한 석산마루 얼음바위 평원에 더하여 서편기슭 발치아래 커다란 녹회색 빙하호가 드리워있기도 한즉, 그로 인해 주변 휘황찬란 풍치에 한결 이채로운 경관을 빚어보이고도 있다. 이로부터의 남쪽풍광은 광대한 사가빙하의 백색 얼음세상, 그리고 반대편 고갯마루 이 북쪽풍광은 웅장한 빙하고원 양편으로 우뚝한 히말라야 고봉령이 뫼악을 틀고 있음에 그로부터 흘러내린 수직의 아찔한 빙설빙폭의 풍모 또한 새롭게 시야를 장악한다. 과연 예사롭잖은 히말라야고개임인즉. 거국적 수계 또한 그렇게 히말라야 분수령임을 피력한다. 고갯마루 남쪽은 인더스 편잡 **체나브강** 수계의 키슈트와르(와르완밸리) 지경, 북쪽은 달리 **인더스** 상부 **본류**역 수루강(수루밸리) 카르길 지경이다.

히말라야고개 론비라드패스(4550m) 정상부의 빙하호(보트콜) ≫ 북쪽방향 / 서쪽방향

하루 행보는 이제 이 멋진 곳에서 갈무리한다. 평평마루이나 울퉁불퉁 고르지 않은 론비라드패스 정상부에서보다는 서쪽아래 **보트콜*** 빙하호(론비라드빙하)로 조금 다리품 팔아 내려가 캠프를 치는 것이 낫겠다. 호숫가 비교적 평탄한 모래인지평이 형성돼있다. 식수를 구하는 것은 어렵지 않다. 고갯마루 온 전체가 빙하지대이므로 여기저기 빙류골 계류 찾아 물을 긷기만 하면 될 일이다. 빼어난 풍광과 더불어 구름 걷혀 밤새 드리우는 별빛의 향연 또한 주어지는 선물이다. 높디높은 해발고도 고산증에 유의하며 만끽토록. (∴ 고산증이 우려된다면 계속해서 트레일을 진행, 론비라드패스 북향 하행길 재촉해 해발 4천미터 아래로 내려선 목초지 칼라파리캠프까지 하산해 캠프를 차릴 수도 있겠다. 2~3시간 소요되므로 오후시간 아주 늦게 나서지만 않는다면 충분히 가능한 일정이다. 허나 권고컨대 다음날 보트콜 론비라드의 찬란한 아침 풍경을 누리려면 이곳 정상캠프에서 머물며 느긋하게 일정을 즐기길 바라마지않는다. 아닌게아니라 오후시간에는 이 분수령 히말라야 자연지리의 특성상 구름이 몰려와 온전한 풍광을 감상하기 어려울 때가 많기에 그렇다.)

6일차 : 보트콜(론비라드빙하호; 4370m)-(3시간)-칼라파리(3980m; 빙퇴초지)-(1시간)-피르팔루(3780m; 하상초지)-〈계곡도하〉(1시간)-도나라(데노라; 3600m)-(20분)-도나라니체(3550m)-(20분)-첼롱독(3500m)-(30분)-첼롱메도우(3450m)-(50분)-첼롱(3330m; PCP)-파니카르(수루; 3240m) / 복귀〉 파니카르(3240m)~푸르틱체(3200m)~샹쿠(2970m)~트레스폰(2820m)~카르길(2670m) [차량이동 2시간] 또는, 파니카르(3040m)~통골(3350m)~파르카체(3520m)~율퉁(3940m; 샤팟 빙하 어귀)~랑둠(4020m)~펜지라(4400m; 드룽드룽빙하˚ 전망대)…잔스카르(파둠; 3570m) 여정 확대 [차량이동 8~9시간]

찬란한 론비라드패스 아침풍광을 만끽하며 하산행로로 이정해 나아간다. 루트는 딱히 정해져있지 않은바 중간 중간 선답자들 혹은 목동들이 쌓아놓은 케른(돌더미) 표시를 보고 방향 잡아 진행한다. 이내 보트콜(론비라드 빙하호) 동안기슭 모레인루트를 끼고 북향의 빙하고원 말미에 이르러 바라뵈는 동측 거대한 수직 산괴가 아

론비라드패스 정상의 설국(뒷방향). (※ 히말라야고개의 특성상 해가 오르면 구름이 모이고 눈비가 내리는 일이 잦아 온전한 풍치 감상이 어렵다.)

찔하다. 전날 올려다보았던 칼라파리 (6100m) 멧부리의 또다른 형상이다. 산꼭대기로부터 거진 수직각도로 흘러내린 은백 천사포 같은 빙설폭의 모습이 장관. 중단부 이하 하층 지평부로는 단락된 현수빙하와 거칠고 험한 빙폭, 빙상지대가 방대한 산사면의 모레인형질과 아울러서 펼쳐져있다. 고갯길 너머 이 반대편 서북산세에 펼쳐내린 빙하빙폭의 풍광도 훌륭하다. 거무튀튀 투박한 암골바위 협곡을 비집고 흘러내리는 거대한 은백색 얼음폭포는 진정 그 어느 곳에서도 쉽게 마주치 못할 비경 중의 비경. 북향의 론비라드 빙하고원이 끝나는 곳에서 하행길은 뚜렷한 족적이 그어지며 가파른 모레인릿지 날등을 타고 급격히 내려앉는다. 구르는 돌과 실족에 유의하며 조심조심 하산, 곧이어 모레인능선은 끝나고 다시 울퉁불퉁 방대한 빙퇴지형 돌자갈 완사면 행로를 잇게 되는데 우측(남동) 칼라파리(6100m) 산괴의 수직사면 아찔한 빙폭자락이 행여 무너져 사태를 낼까 신경이 곤두서기도. 해서 호연지기 고성방가는 절대 금물! 그저 신속히 그러나 조용히 지나쳐가기만을 강조한다. 이어지는 하행길은 다시금 펼쳐지는 빙하지대 곧 이의 칼라파리빙하 표면을 밟아 행보를 짓는다. 이내 맞닥뜨리는 서쪽빙하골의 거대 빙폭은 그냥 지나칠 수 없는 일품 광경이다. 그로부터 역시나 북향 정면 아랫발치 또하나 거대한 빙하호수가 형성돼있기도 함인즉 그러나 일대 지형이 험준하고 난해하여 그 호안자락을 따라 이동하는 것은 불가하다.

고로 호수 좌측(서쪽)편으로 이의 칼라파리 서부빙하의 빙상표면을 직접 밟아오르면서는 이를 비껴돌아 큼지막이 우회해 나아가게 되는데 곳곳에 푹 꺼진 빙혈과 크레바스가 산재해있으므로 특히 주의해서 진행해야 함이다. 그렇다고 너무 겁먹을 필요는 없다. 이 론비라드패스 통로는 목동들의 가축 떼뿐 아니라 운반수단으로서의 말/나귀 등 몸집 큰 짐승들도 만만히 지나다니기에 그들 오간 흔적만 잘 찾아 걸음해 나아가면 크게 어려움 없는 무난한 행정이다.

론비라드패스 북쪽방향(첼룽계곡 방면) 이정돌탑 / 론비라드 서북 빙폭지대(제1빙폭) / 내리막 모레인릿지

하행길 서부 제2빙폭(칼라파리 서부빙폭) ⇒ 빙폭 하단부의 아이스필드를 가로질러 트레일이 이어진다.

칼라파리 서부빙폭(제2빙폭)에서 흘러내린 아이스필드(빙하트레일) / 칼라파리 빙하호 사태사면(위험구간) & 유빙

기상상황이나 도중 뜻하지 않은 난관 등을 당면치 않고 정상적인 행보라면 론비라드패스 정상캠프로부터 출발해 이윽고 두어 시간 가량이면 모든 빙상구간 빙하지대를 통과해 빙하호수 북측기슭 포근히 드리운 **칼라파리** 목초지 캠프에 당도케 된다. 방목된 가축들과 더불어 주위 녹지산록에 흐드러진 야생화원의 풍정 또한 매혹적이다. 아울러 지나온 빙하루트 상부의 빼어난 광경과 기골찬 산세에 더하여 빙하호수 건너편 동쪽 상부골 방면 새롭게 바라뵈는 또다른 거대빙하의 풍모 또한 아로새겨진다. 다름아닌 히말라야 주산령 칼라파리(6100m) 연봉 빙원골짜기로부터의 또한편 장관인즉. 더불어 이 칼라파리캠프 초지사면 북쪽 내리막 방면으로

점차 넓게 트이며 풍치를 발산하는 수루밸리 지경 첼롱계곡 내경 골짜기의 산세와 풋풋한 하상초지의 풍광도 시야를 장식한다. 일정여유 넉넉하다면 이곳 칼라파리 캠프초지에서 하루 더 여유를 갖고 머물러도 좋을 일이겠다. 선택은 각자 여유와 후속일정에 따라 조율할 것.

칼라파리캠프 남동 건너편 칼라파리빙하

칼라파리빙하호 & 칼라피리(6100m) 수직산괴

칼라파리빙하호 & 뒤안길 론비라드패스 방면 빙하모레인 지대 /

칼라파리(6100m) 연봉 & 목초캠프

계속 하산여정을 진행한다면 곧 칼라파리 캠프초지 돌담장 둘러친 유목민처소(도카)를 뒤로하고 북쪽 야생초 만발한 골자락 등성이 넘어 이내 경사진 내리막 행로로 루트를 밟아 하산한다. 첼롱계곡에 둥지를 튼 유목민들과 수많은 가축 떼가 오르내린 관계로 산길은 매우 뚜렷이 잘 나 있음에 더는 힘겹게 얼음지대를 우회하거나 고단한 바윗돌 자갈지평을 통과할 일도 없다. 다만 그로부터 약 사오십 분 가량 내리면 또하나 유목민 방목거처에 안착케 되는데 바로 그 일대 대단위 하상초원지대가 펼쳐져있음은 앞서 상부 칼라파리 캠프에 대비, 하부 **피르팔루** 캠프로서 매겨지는 곳이다. 관건은 예서 물길을 건너야 함인데, 만약 너무 늦게 오후시간대에 임하게 되면 알다시피 빙하계곡의 특성상 유량증가로 도하에 난관! 고로 모름지기 오전시간대에 가급적 이 첼롱계곡 물길을 통과해 넘어가길 주지한다. 정히 유량이 불어 맨몸으로 건너기 어렵다면 운반짐승 또는 일대 목동들에게 부탁, 방목된 말을 협조 요청해 타고 건너는 방식도 모색할 수 있다. 허나 어쨌건 이런저런 상황 상 도하가 도저히 어렵겠다면 그냥 이 피르팔루 하상초지에 캠프를 치고 머물고 다음날 아침에 나서도록 종용한다. 괜히 섣부르게 나섰다가 더 큰 화를 자초치 말길 당부한다.

칼라파리~피르팔루 하산길 야생화원 & 후방 칼라파리(6100m) 봉우리 / 첼롱계곡 피르팔루 방면 내리막 야생화길

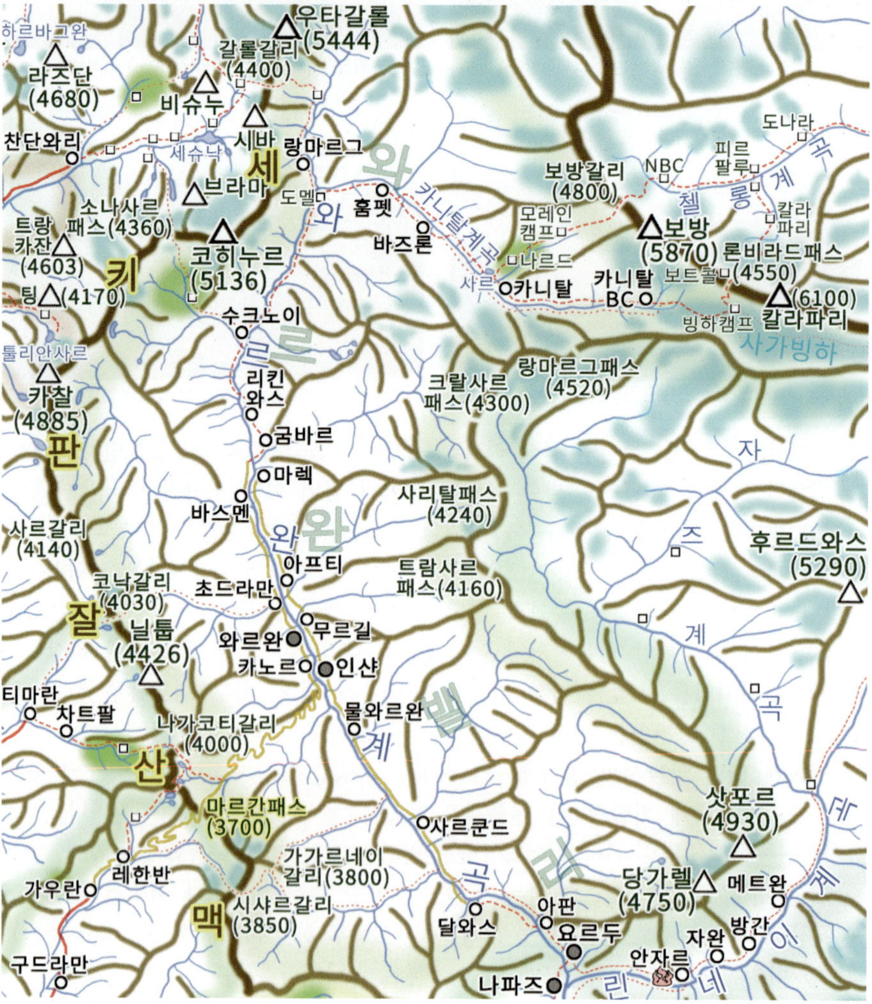

와르완밸리 상부

쳴롱계곡 합수지 피르팔루 하부 유목캠프(L.C.)　　　피르팔루 합류부 쳴롱계곡 도하(빙하융빙수 냉류)

피르팔루 하부초지의 물길을 도하해 이제 쳴롱계곡 북안루트로 접어들어 행보를 잡으면 이후부터의 하행은 편하디편한 노정이다. 이로부터 동북향 하류물길 따라 계속되는 이의 북안루트 행로로 아름답고 포근한 하상물길초원을 마주하며 이정을 짓기만 하면 된다. 한편 이와 다르게 원점회귀 계획으로 출발지 와르완밸리 지경으로 되돌아 회귀하는 곧 남서쪽 쳴롱계곡 상류부로 거슬러 또다른 히말라얀 패스 보방갈리(4800m) 루트를 통해 넘어가는 트레킹계획도 상정해볼 수 있다. 이곳 피르팔루 하상초지에서 이정이 나뉘는바 동북향 하류행로는 카르길 수루밸리 행, 반대쪽 서남향 상류행로는 그 보방갈리 경유 와르완밸리 카니탈 방면으로 넘어가게 된다. 단, 저 보방갈리 루트는 본 론비라드패스 루트와 달리 운반짐승을 대동해 넘는 것이 불가능하다. 고로 순전히 트레커와 도우미 등 인력으로서만 챙겨 나서야 할 일급 트레킹루트 ! 이를 주지하고 철저히 준비하여 나설 일이다.(☞ 후속 ☆ 대체루트; 보방갈리 트렉 역순 참조.)

원점회귀 계획이 아니라면 그냥 하류물길 따라 이의 합류본토 수루밸리 향한 행정을 잡는다. 1시간쯤 나아가 계곡단구초지 **도나라**에 이르고 조금 더 내려가 하부초지(**도나라 니체**)를 지나며 이내 목동거처 세워진 **쳴롱독** 기슭변 트레일로 마지막 계곡초지(**쳴롱메도우**)를 거쳐 이어간다. 그로부터 마지막 하산지점까지 더는 풋풋한 초록지경은 드리우지 않는다. 오로지 황량갈색의 메마른 산세와 잿빛 비류수만 쏜살같이 내려갈뿐. 계속해서 1시간여 휠칠한 계곡변 트레일 밟아 내려가면 이내 쳴롱계곡 물길건너편 동남등성이 너머로 카시미르밸리 으뜸봉우리들이 성큼, 우측의 백색피라미드 눈(7135m) 형상에 대조적으로 좌측 기골찬 검은 바위 톱날 암봉으로 이룩된 쿤(7077m)-피너클(6930m) 멧부리의 모습 또한 인상적이다. 이어서 황량이 벗겨진 계곡가 골산자락 한 켠의 천막포스트에 당도. 본 론비라드패스 하행 쳴롱계곡 트레일의 종점이 되는 곳으로, 바로 지역경찰이 상주하면서는 외지인들의 출입을 확인 통제하는 지점(PCP*)이기도 하다. 다만 이로부터 등행해 나아올 시만 확인, 달리 이처럼 하산 종착 시에 맞닥뜨리노라면 이런저런 제지 없이 그냥 신원만 확인하고 통과다. 이로부터 차량진입 가능한 비포장 찻길이 드리워있는바, 에이전시를 통해 미리 준비시켜둔 차량으로 속히 귀로에 오를 수도 있겠다.

이내 첼롱계곡 골짜기를 빠져나와 수루밸리 본지경의 **파니카르**(수루) 마을지평에 입성케 되며, 만약 대절차량을 준비치 않았다면 그냥 1시간 정도 걸어가 파니카르 마을의 승합 차편을 이용해 복귀토록 권면한다. (※ 마을 도착시간이 늦다면 다음날 〈7일차〉 차편으로 복귀.) 첼롱포스트(PCP)~파니카르~푸르틱체~상쿠~트레스폰~카르길 도로여정은 약 2시간 정도 소요되며, 달리 일정에 여유(!)를 부린다면 인근 통골~파르카칙 일대 유람이나 더 나아가 동쪽 잔스카르 행로로 본 수루밸리 상류 골짜기를 거슬러 랑둠~펜지라~잔스카르(파둠)로의 여정을 획책할 수도 있음이겠다. 이제껏 언급한 카시미르밸리의 웅장한 빙하들과 대비, 이 잔스카르 노선 상의 승경지 펜지라(4400m)* 하단의 드룽드룽빙하 역시 빼놓고 얘기할 수 없는 명승인 즉 소위 라다크 인더스 남부지경 잔스카르 산계의 최대빙하로서, 모름지기 지나는 모든 여행객들의 필수 스톱포인트(Stop Point)임도 주지.

(∴ 전술했듯 트레킹 종착지인 첼롱(PCP)에서부터 차량이동이 가능하나 대중교통(버스/승합 지프)은 파니카르(수루)까지 나아가야 이용 가능하다. 그로부터 파니카르~상쿠~카르길 노정은 잘 포장된 아스팔트길. 달리 반대방향 수루밸리(파니카르)~통골~파르카체~랑둠~펜지라~잔스카르 방면은 비포장 험로로 연속된다. 카르길 행로의 파니카르는 수루밸리 여행의 거점으로 식료품점, 로컬식당 및 PWD 레스트하우스가 소재해있다. ※ 대중교통편은; ☞ 1-6. 수루밸리 & 눈·쿤 어라운드 편 참고.)

* 펜지라(4400m)는 수루밸리와 잔스카르(밸리)의 경계산릉으로, 실제적인(자연지리적인) 카르길/라다크 지리경계로 매김할 수 있다. 아울러 이곳에서 바라보는 잔스카르산계 최대빙하 '드룽드룽빙하'의 모습 또한 장관이다.(☞ 후속 1-6. 수루밸리 & 눈·쿤 어라운드 편 참조.)

피르팔루 서쪽 첼롱계곡 상류골(보방갈리 행로) / 피르팔루 동북방 첼롱계곡 하류물길 / 도나라 캠프(하류방향)

도나라 니체(상류방향)   첼롱독 돌담장 유목민거처   첼롱메도우(상류방향)

7일차 : 예비일
(# 8일차~ : 스리나가르 복귀 또는, 레/잔스카르(파둠) 등지 여정확대)

☆ 대체루트; 보방갈리 트렉
(# 4일차~)

- **개략** : 키슈트와르 와르완밸리~카르길 수루밸리를 잇는 카시미르히말라얀 트레일 중에서 목동들을 제외하곤 거의 사람이 넘어다니지 않는 은둔의 트레킹루트. 심지어 와르완밸리 주둔 병사들마저도 이 고개는 거의 '난공불락*'의 고개로서 언급해왔는바 그러나 근자 들어 차츰 트레커들의 답방이 이루어지면서 점점 더 세간의 관심과 주목을 받고 있다. 무릇 전 카시미르히말라야 빙하고개 트레일 중에서도 몇 손가락 안에 들 정도의 뛰어난 풍치와 황홀한 매력을 지닌 멋진 히말라야 횡단트레킹 아이템으로, 일견 저 파키스탄 발토로의 카라코람 곤도고로라*에 대비 그 축소판 소위 '리틀 곤도고로라'라 일컬어질 만하다.

* **곤도고로라** : 파키스탄 카라코람의 발토로(중앙카라코람/발티스탄) 산계에 있는 해발 5700m의 산악고개. '곤도'는 파편, '고로'는 돌의 뜻이다. 즉 온통 '돌파편'으로 형성된 지형임을 강변한다. 북쪽 발토로빙하(상부) 지역과 남쪽 후세밸리 지역을 연결하는 큰 고개로서 이 곤도고로라 통과를 목표로 삼고 나서는 카라코람 발토로 트레킹 프로그램이 큰 인기를 구가한다. 매우 험난하지만 그만큼 성취감도 만족도 또한 대단히 크다. (☞ 이하 자세한 내용은 1권 「K2 트레킹」'1장 - K2 트레킹(중앙카라코람)' 편 참조)

★ 강설/강우 등으로 히말라얀패스 통과가 어려울 경우는 굳이 무리해서 시도하려하지 말고 길을 되돌려 와르완밸리 복귀. ✔ 와르완밸리 쪽 험하디험한 등로도 그렇거니와 너머의 북쪽편 첼롱 골짜기 방향으로는 거대한 빙하와 사태지역이 도사리고 있음. 특히 보방갈리 루트는 악천후 시 더더욱 험난. 따라서 이 카시미르의 히말라얀패스는 가급적 북쪽 수루밸리 방면을 기점으로 출발하여 이 남쪽 와르완밸리·키슈트와르밸리 방면으로 넘어오는 것이 유리. 그럼에도 이 카시미르밸리 방면에서부터 나서서 기어이 이를 넘고자 한다면 기본일정에 의거한 **론비라드패스(보트콜갈리) 루트**를 택하여 나서길 권면.

(⇒ 폭설/폭우가 아닌 이상 숙련된 가이드와 함께 주의를 기울여 임하면 그리 큰 어려움 없이 무난한 통과가 가능. 아울러 론비라드패스 트레일은 운반짐승(말)을 대동한 카라반(Horse/Mule Caravan) 형태의 트레킹도 가능. 반면 본 보방갈리 루트는 말/나귀 통행 절대 불가 !)

곤도고로라의 축소판 보방갈리 정상부 파석지대(역방향)

보방피크(5665m) 만년설봉 & 보방빙하트레일(역방향)

4일차 : 홈펫(춤펫; 3340m)…(3:00)…사르(3550m)-(2시간)-나르드(3850m; 고산초원)-(2시간30분)-모레인캠프(보방 SBC˚; 4200m; 빙퇴초지)

홈펫~사르(호수)까지의 노정은 와르완밸리 본편 기본노정 〈4일차〉 전반부 준용. 이어 사르 호수지역을 지나 카니탈 유목마을 직진행로로 나서지 않고 호수 북동 산록으로 가파른 지그재그 초지사면을 등행해 오르막 행보를 짓는다. 사르 호수에서 약 1시간가량 오르면 경사진 등행길은 마무리되고 큰산 비탈면의 허리길을 따라 북상해 이동케 되는데 바로 북동산령 히말라야 보방(5870m) 산군에서 내려오는 이의 보방계곡 북안산록 트레일로 진행함이다. 그로부터 약 1시간 평이한 산록길을 따라 여정, 곧이어 가축 떼가 방목된 유목거처지에 이르는바 멀리 잠무지방에서 나아온 바카르왈 유목민의 하계마을 일명 '**나르드**' 초원이라 일컫는 곳에 당도한다. 한없이 너그러운 바카르왈 유목민과의 조우도 좋은 추억이거니와 일정여유 허락한다면 예서 여장을 풀고 그들과 한껏 회포를 풀며 두런두런 하루일과 정리함도 좋을 일. 허나 다음날 해발 4천8백미터 보방갈리 등행고도가 녹록치 않은 탓에 만약 순탄한 일정진행과 보다 나은 고도적응을 위해서라면 이를 뒤로하고 계속 좀 더 나아가 다음 캠프지인 해발 4천2백고지 **모레인캠프**(보방 SBC)까지 올라 캠프를 취함이 보다 나은 권고안이겠다. 이곳 상부 모레인캠프 지대는 말 그대로 서남향으로 장대히 흘러내린 보방 서부빙하의 북안 빙하둑(모레인릿지) 안쪽에 형성된 수더분한 초지안부로, 이곳까지 아랫마을 목동들이 가축 떼를 이끌고 올라와 풀을 뜯게도 하는바 고즈넉한 정경이 주위 탁월한 산세와 어우러져 이내 빙하골의 삭막함을 걷어내고 정겹고 아름다운 풍경을 연출한다. 모름지기 이를 지나서는 더는 목초지경이 드리우지 않는즉, 곧 보방갈리 등행의 마지막 캠프초지로서 자리매김. 혹여 상부행로로 더 오르는 목동과 가축들이 있다면 그것은 필시 히말라야 너머의 반대편 수루밸리 첼롱 골짜기 지평에 둥지를 튼 서로 다른 유목부족일 것. 하여 이 보방갈리를 초행길에 넘고자할 시 바로 그 산너머에서 넘어온 저들 유목민을 섭외, 소정의 사례를 두고 안내동행 삼아 나서면 좋을 방편이다.

카니탈계곡 바즈론~홈펫 원경

나르드 행 산록비탈에서의 사르(호수)~바즈론~홈펫 뒤안길 풍경

나르드 보방계곡 스노우브릿지골 & 보방서부빙하 원경 / 나르드의 유목민 돌집거처   / 나르드 유목민 천막거소

보방계곡 나르드의 무슬림 유목민 가족. 선한 목자가 따로 없다.

나르드 상부초원(캠프지)   보방계곡 나르드 초원 방면 뒤안길   상행 빙하모레인(보방서부빙하) 시작부

보방서부빙하 모레인캠프(빙퇴릿지 안쪽) : 아랫방향 vs 윗방향(보방피크 & 남부빙원이 보인다.)

5일차 : 모레인캠프(4200m)-〈낙석길 험로〉(2시간30분)-보방갈리(4800m)-(1시간)-보방빙하(4600m)-〈빙하루트〉(2시간30분)-보방 NBC(4120m)

빙하둑 아래 자리한 마지막 목초지를 뒤로하고 빙퇴골 모레인등성이를 넘어 행보를 시작한다. 자갈무더기와 돌파편 허다한 빙퇴언덕을 올라서면서 본격적인 빙하골짜기로의 등행루트가 이어진다. 돌길로 점철된 빙하릿지 트레일로 이어 오르면서는 점차 족적도 흐릿해지고 등로도 주위 돌무더기 산자락과 구별키 어렵도록 난해해지기 일쑤다. 안내자가 더욱 요망되는 연유. 빙하릿지 트레일 우측(남단)은 아닐 것도 없이 점점 비대해지는 빙상평원이 광활한 U자협 완경사 골짜기를 헤집으며 펼쳐내리고 있다. 바로 동북방 우뚝한 백색 얼음산 보방(5870m) 산군에서 흘러내린 보방 서부빙하이다. 트레일은 점점 더 험난해진다. 보방 서부빙하와 나란히 가파른 돌파편길을 점점 거슬러오르게 되는데, 곧 더 이상 빙하계곡 북안 측사면 따라 진행할 수 없는 지경이 나온다. 바로 빙폭지대와도 같은 직하강 빙하의 하단부가 도래하기에 그렇다. 여기서 루트를 잘 살피면 이내 좌측(북쪽)으로 온통 파쇄더미로 점철된 돌밭골짜기 위 가파르게 오르는 등로가 나있다. 오갔던 유목민들이 나름 루트를 다듬어놓은 것인데, 단지 돌무더기 비탈면에 조금 발 딛기 편하도록 푸석파편을 정리했을 뿐이다. 그렇게 급격히 오르는 지그재그 돌밭길이 마치 사다리 계단과도 같이 수직하늘 위로 쭉 뻗어 올라간다. 매우 유의해야하는 구간으로, 낙석은 물론 흔들리는 돌에 자칫 실족치 않도록 신경써야 함이겠다. 풍광은 기가 막히다. 우측(동쪽)편으로 더욱 거대해진 웅장한 보방 서부빙하 본진과 그 위 새하얀 보방피크(5870m) 둥근 돔과 같은 형체가 압권이다. 가장 힘들고 고된 이 돌밭 오르막길 대략 표고차 4백여 미터를 급준히 오르면 이윽고 경사가 차츰 완만해지면서 너릇한 능선마루 안부에 도착케 된다. 바로 해발 4800m 최고점 히말라야패스 **보방갈리** 정상이다. 올라왔던 풍광도 진경이지만 반대편 너머의 첼롱계곡 내경 쪽 풍치도 빼어나다. 이름없는 수많은 히말라야 설산고봉들의 운집이다. 어느 하나 화려한 빙하골짜기 거느리지 않은 곳이 없다. 하절기에 찾았다면 고원의 야생화도 한 몫 거든다. 눈과 얼음, 그리고 꽃의 향연이다.

1) 빙하릿지 상행트레일에서의 보방서부빙하·빙원 조망. 보방갈리 등행은 좌측 메마른 급비탈면으로 오른다.
2) 보방갈리 등행 급사면 돌비탈 뒷방향(보방서부빙하 방면). 돌파편고개 곤도고로라의 축소판이다.

보방갈리 본격 오름길에서의 보방피크(중앙) & 서부빙하

보방서부빙하 후방 빙퇴골 & 나르드-카니탈 골짜기

보방갈리 정상 직전 퇴석지대 빙상계류(상류/하류)

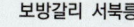
보방갈리 서북릉

돌파편과 초본류가 어우러진 보방갈리 정상부의 풍정≫ 후방〉 보방계곡방향 vs 전방〉 첼롱계곡 방향

와르완밸리 지경 뒤로한 북향 첼롱계곡 방면 내리막은 한결 쉽다. 거칠고 피곤한 돌밭길은 크게 드리우지 않는다. 대신 얼마지 않아 거대한 빙하루트가 발앞에 놓인다. **보방빙하** 트레일이다. 경사도 완만하여 크게 어려움 없다. 위험한 크레바스나 세락지대는 나타나지 않는다. 완경사의 흡사 거대한 빙상슬로프와도 같은 형국이다. 보방갈리 내림길 초반 바위지대에 이어 설사면 경사구간만 잘 내려서면 이내 빙하 트레일 행보에 진입케 되는데 그야말로 얼음세상의 진경. 남향으론 웅장한 흰색 돔 보방피크(5870m)로부터 흘러내린 장대한 빙하고원, 그리고 나아갈 북향으론 역시 방대한 완경사 빙사면에 이어 또다른 히말라야 고봉령과 빙하군의 너울이다. 보방빙하 루트를 잘 횡단해 내려왔다면 잠시 완등성이 기슭변 모레인언덕에서 한 숨 돌리곤 이어지는 보다 가파른 내리막행보를 준비한다. 모쪼록 보방빙하 트레일 상에 큰 난관은 없겠으나 무릇 해가 올라 기온이 상승하게 되면 빙하표면이 녹아 보행에 지장을 겪을 수 있으므로 이 역시 되도록 이른 시간대(가급적 10시 이전)에 통과토록 종용함이 마땅하겠다.

1) 보방갈리 북쪽 내리막. 정면 곧바로 보방빙하가 펼쳐진다. 너머 날등 세운 산세 중턱 빙하는 첼롱북부빙하.
2) 보방빙하 아이스필드 & 상부 보방산군(5870m) 만년설봉 / 3) 보방빙하 아이스필드 말미 빙퇴구릉 방면

보방피크·빙하 아이스필드 뒤안길 / 보방빙하 말단 빙하호 / 퇴석내리막 계류 & 첼롱빙하 스나우트(어귀) 원경

계속되는 하행길은 점차 다시 가팔라지며 이내 급격한 골짜기 아래로 향해 내리는 트레일. 빙하구간은 종료되고 빙퇴골짜기 경사구간을 내려서서 하산하면서는 잠시 완만한 분지골의 소호수가 나오고, 이를 지나면 다시금 급경사 비탈길로 하산루트가 이어진다. 마지막 이 구간 특히 주의해야 함인데 딱히 루트가 정해져있지도 않거니와 그저 돌비탈 사이사이 초본류 성근 지경을 디뎌 밟아 내려서야하기 때문이다. 앞서 올랐던 와르완밸리 쪽 루트만큼이나 힘하고 긴장되는 구간. 아무쪼록 1시간가량 이 험로사면을 잘 내려서면 곧바로 첼롱계곡 최상부의 물길하상 모레인지평에 당도하면서 이제 더는 고달플 일 없다. 비로소 새로운 지평에 내려섰음인즉 카시미르 북역 수루밸리의 첼롱계곡 목초지경이다. 짤막한 빙퇴지대를 거쳐 곧 더욱 넓게 펼쳐지는 하상초지부로 접목케 되는데, 이곳 바로 보방 북부지경 **베이스캠프(NBC)**로서 매겨지는 입지. 풍치 좋은 초원캠프는 물길 건너편 북단에 드리워져있음에, 예 다다르라치면 아무래도 해가 중천에 올라 그처럼 빙하 융빙수량도 급증해있을 터. 고로 쉽사리 이 첼롱계곡 상류물길을 도하해 건너기란 용이치 않을 것이다. 그렇담 무릅쓰고 건너려하지 말고 내일을 기약, 그냥 이 남단 하상계류가의 수더분한 초지부에서 캠핑해 머물 것을 권고한다. 경관 면에서 조금은 덜한 지세이지만 캠프지로서의 조건은 나무랄 없다.

1) 첼롱계곡 상부골짜기 내리막 급경사 비탈면 / 2) 첼롱계곡 최상류부의 보방 NBC 남안초지 & 보방 북부 현수빙하군 / 3) 보방 NBC 하상초원 & 첼롱빙하 원경(좌측 비탈진 골짜기가 보방갈리 루트)

≈ 보방 NBC 북안언덕 첼롱북부빙하 뷰포인트(Viewpoint)에서 바라본 풍경(파노라마) ≈

첼롱계곡 하류방향(좌) ~ 보방 현수빙하군(중앙) & 보방북부빙하(우)

보방피크(5665m; 중앙 운무봉) 북부빙하(우중앙) & 현수빙하지대(좌중앙)

첼롱계곡 최상류부 보방 NBC(중앙 하단)~보방갈리 등행골짜기(우중앙)~첼롱빙하(우)

첼롱북부빙하(뷰포인트 후방)

첼롱빙하 원경(보방 NBC에서)

6일차 : 보방 NBC(4120m)-(2시간)-피르팔루(3780m)…(1:00)…도나라(데노라; 3600m)…(2:00)…첼롱(3330m; PCP) / 복귀〉 첼롱(3330m)~파니카르(수루; 3240m)/파르카체(3520m)…상쿠(2970m)/랑둠(4020m)…카르길(2670m)/잔스카르(파둠; 3570m) [차량이동 2시간 / 8~9시간]

보방 NBC 첼롱계곡 도하 / 보방 NBC 북안캠프 & 보방 현수빙하 / 보방 현수빙하 & 빙퇴언덕의 야생화

첼롱계곡 최상부의 보방 북면캠프(NBC*)를 출발하여 하산이정을 긋는다. 트레킹 마지막일차 곧 새로운 지경 카르길 수루밸리로의 여정이다. 계곡 남단기슭 초지에서 머물렀다면 이내 계곡유량 적은 아침시간 곧바로 바짓가랑이 걷어붙이고 도하하면 될 일이기에 고심할 거리는 없다. 그저 차디찬 냉류에 발을 담가야 함이 자못 뼛속까지 찌릿찌릿 전해올 터. 그로부터 본 첼롱계곡 동북향 하류행로 따라 북안길로 여정행로 잡아 나선다. 30분쯤 이어가면 계류부를 다시 건너게 되는데 스노우브릿지가 형성된 곳을 찾아 건너서면 되겠다. 이어 빙퇴자락 모레인등성이로 올라서게 되고 돌바위 점철된 다소 피곤한 빙퇴릿지 루트를 밟아 하행, 곧이어 퇴석더미 아래 분지 형태로 깃든 작은 빙퇴호 지대를 거쳐 나아가는바 일대에 형성된 스노우브릿지가 없어 부득불 다시 발 벗고 계류 건너 가로질러가야 한다. 그리고 곧바로 채석장과도 같은 모레인등성이 내리막으로 이첩, 이렇게 첼롱계곡 하류골짜기 따라 나아가는 내내 목초지경을 벗자마자 스노우브릿지, 빙퇴릿지, 모레인구릉 등등 제법 까다로운 통과구간을 1시간남짓 겪어가야 함이다. 그렇지만 좌우 험준한 산세로 빚어진 협곡부 풍광은 가히 일품이다. 특히 산중턱 단락된 현수빙하와 거대한 빙원빙폭의 경관은 아찔함 이상으로 경이롭기 그지없다. 실로 절경의 연속으로 빚어진 승경구간! 이윽고 모레인 퇴석언덕을 넘어와 하행해 내리면서 재차 계곡부에 형성된 스노우브릿지를 통과, 원래의 북안기슭 트레일로 다시금 옮겨 행로를 짓는다. 그리곤 훨씬 수월해진 하상계곡 트레일을 따라 진행, 마침내 널찍하니 바라보이는 동북방 정면 피르팔루 합수초원지경으로 행적을 잡는다. 이내 남쪽으로부터 흘러드는 큰 골짜기 보트콜계곡(칸스계곡)과의 합류부 바로 피르팔루 하부캠프(L.C.)로서 매겨지는 하상평원이다. 그 남쪽 보트콜갈리(론비라드패스; 4450m)로부터 넘어온 트레일과도 합류목. 계속해서 이의 첼롱계곡 좌측(북안)기슭 트레일을 끼고 나아왔기에 예서부터의 하행길 역시 물 건널 필요 없이 그대로 진행하면 되겠다. 탁월한 풍치 아래 풋풋하고 여유로운 하산노정을 이어간다. 이후 여정행보는 기준 본편 와르완밸리-론비라드 트렉 〈6일차〉 후반부 준용.

* NBC = North Base Camp / SBC = South Base Camp

하행길 모레인등행 직전 스노우브릿지   모레인언덕 넘어 빙퇴호 계곡통과   피르팔루 합수초지 방면 유목거처

피르팔루 남쪽골짜기(론비라드 행로) & 6100봉 연릉과 빙하 / 쳴롱계곡 피르팔루 하상초지 뒤안길(상류방향)

하산루트 쳴롱계곡 하류방향   도나라 캠프지   쳴롱메도우 하행길

1〉쳴롱포스트(쳴롱계곡 하류말미) 건너편 너머로 떠오른 쿤(7077m) 산세 / 2〉파르카칙패스(중앙능선) & 눈(7135m)(우)·쿤(7077m)(좌) 산봉(파니카르에서) / 3〉수루밸리 담사나 강변에서의 눈·쿤 전경

잔스카르 행로 수루밸리 상류고원 랑둠 곰파언덕   펜지라 남단 드룽드룽빙하(잔스카르 최대빙하)

☆ 상급 대체루트; 셴틱라 트렉
(# 7일차~)

• **개략** : 와르완밸리 최상류부 사가빙하(카니탈빙하)에서 좌측(북쪽) 론비라드패스 방면으로 오르지 않고 계속 사가빙하 상부로 직등해 올라 그로부터의 정상 셴틱라 (4970m) 빙하고개를 넘어 북쪽 수루밸리로 내려서는 트레일이다. 실상 '트레일' 이라고 했지만 모험과 도전정신에 입각한 몇몇 등반객 및 현지 목동들 빼고는 그 누구도 섣불리 나서지 않는 일급 등정루트이다. 하여 이 코스는 전적으로 그러한 준 '등반'에 입각한 자세로 임해야 할 것(거반 트레킹피크 급)이다. 이 사가빙하 최상류는 그러한 최상급 빙하루트로서 수많은 크레바스와 세락들이 산재해있다. 때로 광활한 카페트 형태의 아이스빙하가 펼쳐져있기도 하지만 사이사이 거대한 횡단 크레바스가 도사리고 있어 특히 주의를 요한다. 러닝빌레이(안자일렌)는 필수 이다. (✔ 소수인원으로만 나서는 것은 절대 만류한다.)

7일차 : 카니탈 B.C.(3520m)-(3시간)-사가빙하(빙하캠프; 4160m)
[런치캠프 - 오후 유람(빙하루트 정찰)]

☞ 와르완밸리 기본노정 〈5일차〉 전반부 참조

칼라파리(6100m) 암산봉 & 빙하루트 갈림부(캠프지는 좌측 빙퇴단구 상부) / 사가빙하 & 캠프초지

8일차 : 사가빙하(빙하캠프; 4160m)-〈아이스빙하 트레일(히든크레바스 주의!)〉 (4~6시간)-셴틱라(4970m)-(1~2시간)-셴틱라 B.C.(4460m)-(1시간30분) -통골 B.C.(눈·쿤 OBC; 4200m)

론비라드패스 루트와의 갈림목 사가빙하캠프 초지부를 뒤로하고 동남향 주빙하를 등행해 곧장 타고 오른다. 아무쪼록 오후가 되면 히말라야 산령 일대 구름이 덮어 기상조건을 악화시키므로 될 수 있으면 아침 일찍 새벽녘 무렵(오전 6시 이전)에 출발해 나서길 종용. 바야흐로 층층진 세락지대와 가로로 길게 형성된 크레바스지대가 동시공존하고 있는바 이를 잘 회피하여 곧 널따란 빙하사면의 중앙좌측(빙하북단) 통로로 진입해 오르면 되는데, 경험 많은 가이드나 루트를 숙지한 현지목동과의 동행이 필수다. 그로부터 1.5km쯤 거슬러오르면 거대빙하가 남쪽과 동쪽으로 갈래쳐

굽이지는데 남쪽빙원은 이내 옹고한 암산장벽에 막혀 매조지되고 본 사가빙하 행선은 계속해서 동향의 주빙하 골짜기를 따라 진행, 시나브로 층층진 빙하 표층면은 점차로 완경사의 평탄빙하로 이첩되면서 위험천만한 세락과 크레바스 지형도 조금씩 완화되어가기에 이른다. 어쨌든 난해한 빙하험곡을 잘 우회하여 루트를 진행해 오르면 점점 더 넓은 빙하분지로 나아가게 되는데, 대략 8~9km 구간 이렇게 약 서너시간쯤 오르면 더는 직진해 넘어갈 수 없는 빙산장벽에 맞닥뜨린다. 경험이 없고 루트를 모르는 초행자들은 당최 루트를 잡아 나아가기 곤란한 지경. 고로 출중한 길잡이를 대동하고선 행로를 이어가야하는바, 곧바로 상단빙하 북동측면으로 아련히 밟아오르는 빙설루트를 등행해 올라서게 됨이다. 경사도가 조금씩 가팔라지는즉 안전장비는 필수. 러닝빌레이(안자일렌) 역시 필수항목이다. 그로부터 얼추 1시간 남짓 힘겹게 올라서면 마침내 대히말라야 해발 4970m 빙상고개 **셴틱라** 정상이다. 분수령 능선 좌우로 도열한 히말라야 산봉의 너울이 압권이며 특히 동북향 카시미르 제일봉 눈(7135m) 새하얀 삼각봉우리와 그 아랫녘 북향의 장엄한 백색고원 이른바 눈·쿤 빙원의 풍광이 압도적이다. 너머로 연이은 또다른 7천미터 고봉 쿤(7077m) 바위산과 바로 옆 우뚝한 피너클(6930m) 첨탑봉우리도 기립.

사가빙하 본진 개시부 세락지대(바위가 아니라 얼음이다. 빙하루트는 좌측 완경사면으로 진행) / 본빙하 진입부

사가빙하 상행 아이스필드   사가빙하캠프 ~ 본진 아이스필드 전경 & 남부빙원 현수빙하군

현지목동을 도우미(길잡이)로 대동하고 올라왔다면 예서 이제 안녕을 고하고 즉 목동은 올라온 서남골 사가빙하 행로로 되내려감에 오직 트레커들만 고개 넘어 북향 내리막을 지어야 함이겠다. 그러나 위축될 건 없다. 이후부터의 곧 센틱라 북쪽방향 통골 행 내리막은 올랐던 지경과 다르게 보다 수월하게 내려설 수 있음에서다. 내려서는 북쪽 정면으로 수루밸리 파르카칙능선(4200m)과 너머 토나피크(5817m)를 바라보며 하산. 이내 가파른 빙설사면을 타고 내려서자 차차 부드럽게 완만히 쓸려내리는 설사면을 따라 나아가게 되며, 그로부터 약 사오십 분쯤 나아가 잠시 가파른 빙상지대가 나오는즉 험로사면을 잘 우회하여 조심스레 내려서면 이어지는 완사면 빙퇴지형 푸석길 내리막으로 30분쯤 진행, 비로소 원정등반대의 단위캠프지로서 활용되는 안부터 **센틱라 B.C.**(눈·쿤 OHC*) 모레인지평에 이르게 된다. 상부 눈·쿤 빙원 탐승 – 우측 *가파른 동측 모레인사면(4700m) 위로 등행* –을 계획했다면 이곳에다 캠프를 치고 머물면 되겠고, 그러잖고 계속 하산을 재촉한다면 북향골짜기 모레인계곡을 따라 더 내려가 약 1시간반 거리의 **통골 B.C.**까지 나아가 야영함이 권고된다. 과거 이 눈·쿤 원정대의 기본 베이스캠프(OBC*)이기도 했던 만큼 주변지형도 너그럽고 일대 그럭저럭 녹지가 깃들어있어 분위기 상으로 상부캠프보다는 훨씬 호젓하다. 선택은 어쨌거나 트레커의 몫. 식수는 상부캠프(OHC)든 하부캠프(OBC)든 조달에 어려움이 없다. 지형조건과 캠프지 일원 초지 여부만 대비된다.

* OHC = Old High Camp / OBC = Old Base Camp

센틱라(4970m)(중앙) & 센틱 B.C. 분지골 전경 (※ 파르카칙능선에서의 조망)

9일차 : 통골 B.C.(눈·쿤 OBC; 4200m)…(1시간)…통골(3350m) / 복귀〉 통골(3350m)~파니카르(수루; 3240m)~상쿠(2970m)~트레스폰(2820m)~카르길(2670m)

☞ 1-6-1. 수루밸리 & 파르카칙 하이킹 〉★ 눈·쿤 OBC 트렉 〈4일〉 준용

센틱 B.C. 빙퇴분지 & 센틱라(우) 능선

통골계곡 내리막에서 바라보이는 통골 마을

쿤(7077m)-눈(7135m)-바르말(5813m) 연봉(율죽에서)

눈(7135m)(우) · 쿤(7077m)(중앙) 전경(담사나 수루강변에서)

✧ 사이드트레일; 키슈트와르밸리(머로우강) 트레일

· **개략** : 와르완밸리 남쪽으로 동일한 물줄기 머로우(마르와)강을 따라 하류 방향으로 연계하여 노정을 짓는 트레킹 행보이다. 울창한 침엽수 산림과 수려한 골짜기 계곡 물줄기 하안의 트레일을 밟으며 진행, 아울러 곳곳에 만나는 수더분한 마을과 인심 좋은 넉넉한 고을들을 경유하며 키슈트와르 행로의 여러 풍경구를 섭렵 여정을 일군다. 카시미르밸리에서 비로소 잠무지방 연계 키슈트와르밸리로 넘어오는 과도격 트레킹행보랄 수 있다. 카시미르 지방의 가장 울창하고 아름다우며 그윽한 산악·계곡트레일로 꼽는다.

· **트레킹적기** : 4월말~7월, 9월~11월초

마르간패스 하행길에서의 인샨 방면 / 와르완밸리 기점 인샨 / 인샨브릿지 건너편의 여행자숙소와 마을집들

다스발 전경 / 물와르완 원경(와르완계곡 머로우강 하류행로)

사르쿤드(하류방향) / 요르두의 마르와브릿지(건너편 좌측골짜기는 린네이계곡 진입부)

1일차 : 출발〉 스리나가르(1580m)~아난트낙(1600m)~아차발(1690m)~코케르낙 (1980m)~와일루(2030m)~구드라만(2160m)~가우란(2440m)~ (지프환승)~레힌완(2600m)~마르간패스(3700m)~인샨브릿지 (2450m)~인샨(2500m) [차량이동 7~8시간]

인샨까지는 와르완밸리 기본일정 진입노정과 동일하다. 단지 와르완마을로 향하지 않고 인샨브릿지 건너 인샨 마을로 향함만 다르다. 인샨은 상류쪽 하류쪽 두 마을로 양분돼있는데 서로간 거리는 도보 약 10~20분 소요. 상부마을 쪽에 여행자를 위한 산림숙소(FRH)가 소재해있으며 이와 달리 와르완밸리 하안초지에서 캠핑을 취할 수도 있다.

* FRH = Forest Resthouse. 지역 공공사업부(PWD) 소관.

2일차 : 트레킹〉 인샨(2500m)-(0:30)-다스발(2510m)-(0:30)-물와르완(2460m) -(2:00)-사르쿤드(2380m)-(1:30)-달와스(2300m)-(1:00)-아판 (2200m)-(1:00)-요르두(마르와; 2160m)

인샨 마을 남서향으로 머로우강의 와르완밸리 하류 방향으로 트레일이 시작된다. 계곡 동측기슭의 하안루트(도로)를 따라 이어지며 오르내림이 심하지 않아 편하게 걷기에 좋다. 다만 근자에 도로가 닦여 차량통행이 가능케 되었는바 이로 인해 흙먼지 풀풀 날리는 쾌적치 못한 환경은 다소 감수해야 하겠다. 이 찻길은 요르두까지 연장되는 것으로 계획되어있는데 아직까진 완전히 개통되진 않고 **다스발, 물와르완, 사르쿤드**를 지나 **달와스**의 머로우강을 건너는 브릿지까지만 개설돼있다. - 아울러 요르두까지도 비포장 찻길이 드리워있으나 중간중간 유실구간이 많아 실제 차량편으로 이동키엔 난점이 따른다. - 도보트레일은 굳이 이 찻길을 따를 것 없이 즉 달와스로 건너지 않고 계속 머로우강 북안길로 **아판**계곡 합류지를 지나 요르두로 향해갈 수 있음이다. 각자 상황에 따라 취사선택토록. **요르두**는 달리 '마르와'라고도 불리는 지명인데 곧 이로부터의 '마르와'='머로우' 강의 하천명이 유래하게 된 바탕이 되었다. 머로우강 연안에서는 가장 큰 고을로 소위 강줄기가 남향으로 돌아흐르며 생성된 거대한 모래톱 지형에 넓은 경작지평과 하안녹지 일원의 여러 주거촌락을 형성, 대략 8개 마을이 모여 이 마르와의 요르두 하안부락을 이루었다. 행정상으로는 남부의 다찬밸리{한잘~다찬~아칼라} 키슈트와르 지역(District)에 결합돼있으나 실질적인 지역소통은 외려 이 북부 인샨 와르완밸리 마르간패스 넘어 카시미르밸리(아난트낙 지역)와 밀착한 모양새다. 이유인즉 인샨(와르완밸리)~요르두(마르와밸리)까지는 도로가 개설돼있는 반면 이하 요르두~다찬밸리 구간은 미개설되어 있음이다. 이로 인해 따지고 보면 이 요르두(마르와) 일원은 양 지역 어느 쪽에도 완벽히 연루(!)되지 못한 사실상 독립적인 지리형국에 놓여있다 보겠다. 물론 행정편의를 위한 키슈트와르 지역구의 '마르와출장소'가 2005년 이래로 들어서있긴 하지만 말이다. 머물곳으로 요르두의 산림숙소(FRH)가 소재해있는바 이를 이용하거나 마찬가지로 강변 자락 푸르른 녹지 일원에서 캠핑지를 물색해도 되겠다.

3일차 : 요르두*(마르와ʰ; 2160m)-(0:10)〈마르와브릿지〉-나파즈(노파치ʰ; 2150m) -(1:20)-나르와잔(2170m)-(0:40)-틸라르(튤레르ʰ; 2180m)-(1:20)-한잘 (한지ʰ; 2070m)-(1:00)-하타르(2000m)-(0:30)-차파즈(파칼ʰ; 2010m)- (2:00)-듀론드(딜고트ʰ; 2020m)-로포르(로파라ʰ; 1750m)-다찬브릿지 (1700m)-(0:10)-다찬(로르나/판즈다라; 1820m)

〈ʰ〉 요르두부터는 힌두와 무슬림이 공생하는 환경으로 인해 불리는 지명이 각각 조금씩 다르게 표현되기도 한다. (∴ h표 지명은 힌두식 표명)

요르두 원마을의 머로우(마르와)강을 건너 서측 하안길로 트레일을 진행한다. 이내 남진 행로로 **나파즈(노파치)** 마을녘 아랫자락 초지길을 경유해 나아가면 약 1시간 반 거리의 **나르와잔** 기슭에서 강줄기가 크게 동쪽으로 굽어돌며 이를 따라 계속 계곡 우측(남측) 하안루트를 따라 진행, 남쪽에서 내려오는 지계곡 합수지의 **틸라르 (튤레르)** 를 지나 산림녹지 기슭의 너른 하안자락 한잘 마을로 여정을 잇는다. **한지 (한잘)** 에서 강줄기 골짜기는 다시 남향으로 휘어돌며 트레일은 계속 우측(서측) 하안기슭을 타고 하행, 민가 몇 채 성근 아담한 **차파즈(파칼)** 숲기슭에 이르러 다시금 동쪽으로 굽이도는 골짜기 따라 다찬 마을 앞 현수교에까지 다다르면 곧 머로우강 에 놓인 가교를 건너 **다찬** 마을로 입성케 된다. 이 다찬 중심마을인즉 '**로르나**'라고 도 불리며 인근 동쪽의 난트계곡 합수부의 **판즈다라*** 마을 명칭을 혼용하여 아우르 기도. 앞선 요르두 고을과 마찬가지로 여러 계곡들의 - *북방(키슈트와르국립공원* 내 원산간)에서 내려오는* - 합수분지에 터 잡은 뭇 마을들의 복합고을이자 본 머로우강 줄기 하안의 교통요지이기도 하다. (※ 흥미롭게도 키슈트와르의 행정출장관서 마르와 테실 (Tehsil)은 지나온 상류지역 오지 요르두(나파즈)에 개설돼있음에, 다찬엔 그 하부관서(지엽 출장소)로서의 '다찬 니아밧(Niabat)'이 세워져있다. 이러한 점에서 상류쪽 마르와(요르두)나 하류쪽 키슈트와르 방면 행정 쪽으로부터도 상당부분 고립된 지역·지리적 특성을 내포하고 있다.) 강변자락에서의 캠핑 또는 마을 일원 산림숙소(FRH)- *치차다찬(수이르) 및 이후 복귀여정 행로의 손데르, 아칼라(이칼라) 등지에 마련* -나 민가를 활용한 홈스테이도 가 능하다. 북부의 와르완밸리 지경과는 다르게 무슬림만은 아닌 힌두문화 풍토도 어 느덧 깃들어있음이다.

* 요르두=머로우=마르와 : 각 고을 지역민들 부르는 명칭에 따라 조금씩 발음/표기가 다르다. 이 로부터 본 와르완밸리 하류 물길 이른바 '머로우강(마르와밸리)'의 명칭이 태동했다.

∵ 보다 모험적인 트레킹으로서 요르두 동북향 린네이계곡-크라슈계곡(만딕사르계곡)을 따라 올라 눈·쿤 남면을 탐승하고, 나아가 칠룽라(5070m)를 넘어 랑둠(수루밸리)·파둠(잔스카르) 방면으로 넘어가는 상급트레킹을 계획해볼 수 있다. 단, 만딕사르(호수&빙하) 이후 파리다바드~ 칠룽라~수루밸리 구간은 빙하트렉을 포함한 최상급 전문코스로서 대략적인 등산장비만 갖추 고서는 넘기 어렵다. 고로 전문 길잡이와 도우미, 철저한 등반준비 및 장비를 갖춰야 함을 피력한다. ☞ 5-2. 칠룽라-키슈트와르밸리 종단트렉 참조〈역방향〉
(※ 요르두~파리다바드~눈·쿤 남면 B.C. 단순 왕복 시 7~8일 일정.)

한편 다찬은 **키슈트와르국립공원*** 내원트레킹 기점이기도 한즉 이로부터의 또다른 새로운 산악트레킹 일정을 수립할 수도 있겠다. 카시미르분지를 벗어난 잠무지방 산악지역 중 단연 으뜸의, 가장 아름답고 매혹적인 산경을 지닌 곳으로, 국립공원 입산허가는 현지에서 조율 가능하다.

* 다찬밸리 부락 중심고을인 로르나는 달리 '판즈다라'란 명칭으로도 통용 - 특히 *키슈트와르에서의 대중교통편 이용시 이 명칭을 활용해야* - 되며 곧 말인즉슨 이러한 '판즈⟨5⟩ 다라⟨언덕⟩' 고을들을 아울러 이의 '다찬'으로서 통칭하고 있음에 각각의 세부적, 지엽적 지명/마을명칭 호명에 따른 혼동을 피하길 당부. (∴ 판즈다라 = 다찬밸리 4개 물줄기(머로우강/키아르계곡/난트계곡/키베르계곡) 합수부 일원 다섯 언덕(고을) : 치차다찬(수이르; 키아르계곡 어귀), 로르나(난트계곡 어귀), 자낙푸르(난트계곡-키베르계곡 어귀), 손데르(키베르계곡 어귀) 이상 4개 부락은 머로우강 우측(북-동편)기슭에 위치. 이하 로파라(로포르) 마을은 이들 합수부 남-동쪽의 머로우강 좌측(남측) 하안에 위치.)

4~5일차 : 복귀+예비일〉 **다찬(1820m)~손데르(1850m)~슈와르밧(1800m)~핀즈라리(1640m)~아칼라(이칼라/탕두르; 1550m)~쿠루(1290m)~팔마르(파티마할; 1530m)~바타(1700m)~푸샬(푸찰; 1200m; 이정분기)** [차량이동 약 2시간] ………

· 잠무 행(파트니 하이웨이)》 …푸샬(푸찰; 1200m)~반다르코트(반데르콧; 1150m)~나야풀(체나브브릿지; 1110m)~키슈트와르(1630m)~둘하스티(1200m)~(*사르탈(2000m)*)~칸드니(카니니; 1000m)~드라스발라(1070m)~타트리(950m)~도다(910m)~바토테(1650m)~<u>파트니톱(파트니패스; 2040m)</u>~쿠드(1700m)~체나니(1100m)~우담푸르(750m)~잠무(330m) [+ 차량이동 약 6~8시간]

· 스리나가르 행(심탄 하이웨이)》 …푸샬(푸찰; 1200m)~미얀(1180m)~무갈마이단(1250m)~차트루(1600m)~담바르(1760m)~칭감(1930m)~크랄룬(2400m)~왓사르(2660m)~보탈란(2900m)~<u>심탄패스(3800m)</u>~밤브파트리(칸만두; 2600m)~닥숨(2350m)~데수(2220m)~단디푸라(2100m)~와일루(2030m)~코케르낙(1980m)~아차발(1690m)~아난트낙(1600m)…스리나가르(1580m) [+ 차량이동 약 5~7시간]

다찬에서부터 차량편으로 키슈트와르 행로로 나아올 수 있다. 다만 손데르 남서향 약 10km 지점 **아칼라(이칼라/탕두르)**까지는 도로 노면이 힘하여 차량통행이 어려울 수도 있단 점 상정토록. 이 경우 약 **3~4시간 트레킹여정**으로 진행해야 하며 슈와르밧 지나 도중 민가마을은 핀즈라리가 유일하다. **팔마르(파티마할)** 지나 **바타** 건너편 머로우(마르와)강 너머로 심탄패스, 팜베르밸리 행로인 **미얀** 합류목이 바라보이는데 만약 스리나가르 행선으로 귀환코자 할 시 그쪽 이정으로 나아가고자 한다면 곧바로 건너갈 수는 없고 계속 키슈트와르 방면으로 한참 돌아내려와 **푸샬(푸찰)**의 머로우강 다리를 건너 다시 북상해 진행케 된다. 반면 키슈트와르 행선으로 계속 진행시 이 푸샬브릿지를 건너지 않고 계속 머로우(마리브 수디르)강 하류방향으로 이동, 곧 체나브강과의 합수지 **반다르코트***의 **나야풀(New Bridge)*** 교량을 건너 이내 가파른 하안산록 구비길을 타고 올라 거대한 체나브강 단구대 위의 키슈트와르 고원에 이른다. 큼지막한 고원도시 키슈트와르는 바로 이처럼 체나브 물굽이 위 단구지형 상에 터잡은 도시로, 모름지기 이 북쪽 와르완밸리와 더불어 또달리 동쪽 체나브(찬드라바가)강을 따라 파다르밸리(굴랍가르), 팡기밸리(킬라르), 파탄밸리 (우다이푸르), 라하울밸리(킬롱) & 찬드라밸리(발탈) 등지로의 **히마찰 피르판잘·히말라야 노정***을 향한 기점이기도 하다. (☞ 2부; 히마찰 권 7장-참바밸리 각 편 참조.)

* 반다르코트(반데르코트) : 와르완밸리·키슈트와르밸리에서 내려온 머로우(마르와)강- *푸샬에서 '마리브 수디르(소데르)'강으로 개명* -이 편잡지류 체나브강에 합류하는 지점. 이로부터 체나브 상류(팡기·라하울 방면) 쪽은 '찬드라바가'라는 이름으로 다르게 표명되기도 한다.

* 나야풀 = New[나야] + Bridge[풀].

다찬 수이르의 이슬람모스크 & 힌두사원(시바사당)   다찬 판즈다라

바타 언덕부 산간경작지 & 체나브강 원경 /   반다르코트 방면   /   반다르코트 올드브릿지

단구고원도시 키슈트와르   키슈트와르 둘·하스티 댐

· **파트니톱》** 한편 키슈트와르~잠무 방면 행선 시 도다 지나서 바토테(2020m)·파트니(2040m)·쿠드(1850m) - 잠무 지역 유명한 산악휴양관광지(Hill Station) - 등지를 거쳐가게 되는데 일정이 빡빡하지 않다면 여유를 갖고 이들 산악휴양촌에서 휴식·유람을 즐기면서 여로를 수렴할 수도 있겠다. 특히 일명 '파트니톱(Top)'으로서 일컬어지는 파트니 산촌 고원마루 일원에는 관광리조트단지가 형성, 사철 푸르름을 간직한 그로부터 연중 많은 방문객이 찾는 관광휴양명소로 자리매김하고 있다.

키슈트와르 남단 체나브강의 둘하스티 담수댐 / 도다(체나브강 하안단구도시) / 파트니톱 산릉줄기

· **심탄패스》** 다시 카시미르분지(스리나가르) 방면으로 복귀시에는 심탄패스(3800m)를 경유하여 - 앞서 브렝밸리 편에서 기술한 - 이정을 이어가게 되는데 이 또한 가히 카시미르 제일의 관광산악노정이라 함에 이견이 없다. 특히 심탄패스 직전마을 왓사, 보탈란 일대를 지나며 바라보이는 이의 카시미리 전통가옥들°의 인상적인 풍정에 시선을 빼앗기기도. 그리고 이어지는 심탄패스 오르막 초목이 무성한 고갯길이 등장, 점차 고도를 높이면서 산록사면 울창한 침엽수림대를 관통하며 더욱더 높이 오르면 이내 초록빛 목초지대가 나타나고, 이로부터 뒤편으로는 피르판잘산맥의 만년설을 덮어쓴 설산고봉들이 첩첩이 치열하게 멧부리를 일렁이고 있음 또한 더더욱 실감해마지않을 카시미르 산수의 강렬한 인상으로 다가온다.

차트루 / 칭감 / 심탄패스

한편 이러한 잠무지방 체나브강 수계의 도다·키슈트와르밸리와 스리나가르분지 젤룸강 수계의 카시미르밸리를 연결하는 도로노선 상의 심탄패스(3800m)는 전 카시미르밸리 내 '포장된 가장 높은' 자동차도로이자 이의 키슈트와르밸리~카시미르분지를 연결하는 최단경로의 도로노선이기도. 고갯마루 정상에서의 조망 또한 빼놓을 수 없는바 환상적인 대히말라야의 물결치듯 넘실대는 거대한 파노라마가, 그리고 서북향으로 열리는 아득한 카시미르밸리의 산하와 이에 대조적으로 반대편

남동향으로 펼쳐지는 첩첩한 키슈트와르밸리의 풍치 등등 통과객들의 눈과 마음을 들뜨게 하는 실로 멋진 조망지, 관광행로라 아니할 수 없다. 그래 시간여유 있다면 이곳 심탄패스 정상에서 남릉언덕이나 북동언덕 방향으로 조금 다리품을 팔아 전망 좋은 마루터기(4000m) 위에 올라봄직도 권고사항이라 하겠다.[각 방향 왕복 2시간 정도 소요.] 내리막으로 이어지면서는 또한 이내 구자르 목동들의 방목지를 통과, 가축떼를 모는 그들의 휘파람소리도 그윽히 곳곳에 울려퍼진다. 이 심탄패스 고갯길은 4월~10월 기간만 통행가능으로 이 외 기간은 눈이 두텁게 쌓여 차량소통이 단절된다. 그로부터 심탄패스 넘어 닥숨 마을까지 이제 울창한 삼림지대 아래로 내려와 구비구비 돌아내리며 이윽고 싱그러운 목초지와 계류를 따라 하행, 바야흐로 늘푸른 상록수마을 닥숨에 내려앉는다. 숲 짙은 협곡부에 위치해있어 풍치가 뛰어나며 바로 브랭밸리(브링기강) 상류지역 물골이 갈리는 중앙부에 자리한 마을인지라 각 방향 여행객들의 경유기점으로서 매김하고도 있다. 이로부터 스리나가르까지 85km 차로 4시간가량 소요되며, 여의치 않을 경우 더 나아가 복잡한 도회에서 머물려기보다는 그냥 이곳 수더분한 전원마을 닥숨 일원에서 하루 보내고 여정을 이어가길 권한다. 주정부 운영의 관광숙소(Tourist Bungalow)도 소재해있어 편하게 머물기에 좋다.(※ 팜베르밸리 역방향 트레킹 시의 종착지로서 이를 숙박지로 삼아도 좋겠다. ☞ 1-4-2. 팜베르밸리 판즈낙 트레일 역방향 참조.)

* 전형적인 목조가옥에 경사진 지붕은 말마따나 겨울철 내리는 눈이 자연스럽게 흘러내리도록 함인즉, 상대적으로 눈이 많이 내리지 않는 라다크의 정방형 평탄지붕 가옥과 대조적.

심탄패스 고갯길 제설단면(5~6월)　　심탄패스 정상 설경　　　　　닥숨

※ 잠무 방면으로 복귀여정을 잡지 않고 체나브(찬드라바가)강을 따라 상류 방향으로 거슬러 올라, 곧 **키슈트와르(1630m)**~파드야르나(1560m)~**갈하르(1700m)**~피아스(1720m)~랍라디(리드라리; 1600m)~샤슈(1730m)~타타파니(1800m; 온천)~**아톨리(1850m)**~굴랍가르(파다르; 1840m)~쇼아스(숄; 2000m)~이스타하리(2420m)~다르와스(2550m)~**팡기(킬라르; 2450m)**~핀드루(2200m)~사츠가랏(2210m)~**체리(2230m; 팡기밸리)**~푸르티(2390m)~사갈바스(2420m)~**우다이푸르(2650m; 미야르밸리)**~티롯(2740m)~**탄디(2900m; 파탄밸리)/킬롱(3080m; 라하울밸리)** 방면으로의 확대여정 가능 ⇒ 도중 파다르밸리, 수랄밸리, 훈단밸리, 팡기밸리, 미야르밸리, 파탄밸리 등 카시미르히말라야 남단의 히마찰 명품계곡 하이킹·트레킹 일정 포함할 수도. 아울러 소요사태 등 카시미르 방면 이정 난관 시 복귀대체노정으로 이의 찬드라바가 협랑경로- *키슈트와르~팡기(킬라르)~라하울(킬롱)* -를 활용, 그로부터 **로탕패스(3980m)~마날리(2050m)** 행로로 복귀 종용.[차량편 키슈트와르~마날리 2~3일 상정]

★ 키슈트와르국립공원 트레일(KNPT)

・**개략** : 카시미르의 키슈트와르 지역 북방의 와르완밸리와 쌍벽을 이루는 아름답고 수려한 골짜기 바로 '**키슈트와르국립공원**◆'으로 구획된 내원지경을 탐승하는 여정이다. 지구상 가장 아름다운 산악트레일의 하나로, 카시미르히말라야 남서릉 곁가지 바란자르(시클문〈Sickle Moon(초승달)〉; 6574m) 산군을 중앙에 두고 북쪽 **키아르계곡**①, 중앙 **난트계곡**②과 남쪽 **키바르계곡**③으로 구분 탐승길이 열린다. 다만 여전히 현지 목동들과 일부 오지탐승꾼 및 때때로 방문하는 야트라 순례객들을 제외하곤 인적을 찾기 힘든 무인지경의 원시골짜기로서, 곳곳에 푸르고 넉넉한 방목초지들이 맑은 계류골짜기 주변에 어우러져있으며 때묻지 않은 순수한 자연과 맑고 청량한 풍경은 카시미르 제일의 비경이라 칭한들 이견이 없을 것. 풋풋하며 첩첩한 산악골짜기들과 그로부터 빚어내린 뭇 산록은 수많은 히말라야 야생 동식물의 천국으로도 언급된다.

* KNPT = Kishtwar National Park Trail

◆ **키슈트와르국립공원** : 공원면적 약 400㎢. JK 주의 잠무지방 유일의 국립공원으로 1981년 2월 제정되었다. (※ 카시미르분지(스리나가르) 방면에는 '다치감국립공원' 제정.) 생물학적 다양성과 멸종위기 야생동물 특히 히말라야 설표(Snow Leopard)를 보호하기 위한 특별구- 원 명칭은 「**키슈트와르 고산국립공원**(Kishtwar High Altitude National Park)」- 로 발현, 브란자르(시클문; 6574m) 봉우리를 중심으로 머로우(마르와)강 하안을 경계로 북쪽 린네이계곡 중단부에서부터 잠무카시미르 동부의 명산 브라마〈1봉(6416m)·2봉(6425m)〉 산군을 남쪽 산경으로 구획, 동쪽은 히말라야 산맥 줄기 잔스카르 산계와의 경계릉까지를 범역으로 끌어안고 있다. 공원구역 아랫자락(해발 2천5백미터 이하)에는 사계절 연중 주민거주 촌락지대가 형성돼있음에, 반면 해발 3천미터 이상 수목한계구를 넘어서면 목동(유목민) 하계거처지(도카)만 산자락 내원에 깃들어있다. 이러한 깊숙한 내원지경 구조와 트레일을 제대로 아는 이는 실상 거의 없으며 심지어 인근 마을주민들조차도 다를 바 없다. 대략 목동(유목민)들만이 그들이 활약하는 지엽적 구간에만 정통할 뿐. 거창하지 않은 그러나 빼어나기 이를 데 없는 등반과 트레킹의 낙원으로서 회자되는즉 우뚝우뚝 솟구친 산봉들의 암괴는 주로 화강암과 편마암, 편암 성분으로 이루어져있으며 간간이 유려한 대리석 지질의 하부암층이 형성돼있기도 하다. 공원구역 내 가장 규모가 큰 빙하는 약 18km 길이로 형성된 브라마빙하(북부)로 이로부터의 인기있는 트레킹과 야트라(순례)의 탐승대상이 되고도 있다. (※ 공원 내 여행자숙소(FRH; 지방정부 운영 산림숙소) 소재지 : 요르두(마르와), 치차다찬(수이르), 손데르 및 이 외 키슈트와르 노정 경유지 아칼라(이칼라)에도 마련돼있다.)

≪① 키아르계곡(上); 바란자르(시클문) 트레일(KNPT-1)≫

[※ 사진협조: Bernd Looft(독일); 오지탐험전문가]

+1일〉 다찬(수이르; 1820m)-(1:30)-가와르(1900m)-(2:00)-키아르(2100m)-(1:00)-타타완(2200m; 온천)-(1:00)-룽갬(2270m)

키슈트와르국립공원 진입기점인 다찬 판즈다라 일원은 일명 '다찬밸리'로서 지칭된다. 이는 곧 상류〈북〉쪽 한잘~(15km)~다찬~(15km)~하류〈남서〉쪽 아칼라(이칼라)까지의 머로우(마르와)강 유역 전체를 아울러 이르는 말이다. 다찬 촌락지구 서쪽으로 머로우강 지류 키아르계곡 합수부의 **수이르** 마을은 '시르슈' 또는 '치차다찬'이란 이름으로도 불리는즉 마을 외곽 여행자를 위한 산림숙소(FRH)가 소재해있다. 이로부터 곧 북향으로 휘어지는 키아르계곡 따라서 키슈트와르국립공원 트레일 시작, 풍치 수려한 계곡을 따라 약 1시간반쯤 지나 작은 촌락 **가와르**를 경유, 이윽고 민가가 들어앉은 마지막마을 룽갬까지의 총 15km 구간 그리 어려울 것 없는 평이한 노정으로 내내 울창한 숲길을 경유하여 나아간다. 가와르에서 2시간쯤 계속 오르면 제법 규모있는 **키아르** 마을에 이르는데 수이르(치차다찬) 기점 약 10km 거리다. 참고로 키아르 마을 서쪽으로 이의 키아르계곡 건너 산등성이로 올라붙는 트레일은 곧 데르나갈리(3000m)를 넘어 머로우강 본류 하안의 데르나(다르니운드) 마을로 연결되는바, 만약 와르완밸리로부터 곧장 이 키트와르밸리 내원 키아르계곡 산하로 넘어오고자 한다면 이 직선루트를 택해 넘어올 수도 있을 것. (∴ 요르두(마르와)~데르나(다르니운드)~데르나갈리~키아르~룽갬 하루일정.)

머로우강 상행 손데르 산록. 멀리 다찬 분지골 향해 거슬러오른다. / 다찬 수이르의 모스크 / 가와르 마을집

키아르에서 동북향으로 꺾어지는 계곡루트 따라 노천온천이 자리한 **타타완**의 출렁다리를 건너 키아르계곡 북측기슭루으로 옮겨붙어 트레일을 진행한다. 쾌적한 타타완 일대 숲지의 캠프사이트에서 하루 머물 수도. 목가적 풍치가 그윽하다. 이로부터 마지막마을 **룽갬**까지 약 1시간 거리. 룽갬 마을 인근 강변 초지에서의 캠핑 또는 민가 활용 홈스테이도 가능하다. 마지막 경찰체크포스트가 소재해있는바 트레킹퍼밋 확보치 못했을 경우 상부(상류)지역으로 등행이 제지될 수 있음을 유념.(✔ 키슈트와르 방면에서 진입해올 경우 다찬 일원 키슈트와르국립공원 지경 내 총 3곳의 경찰포스트(PCP)와 2곳의 군 체크포스트(ACP)를 경유해야 함을 미리 알아두자. – 퍼밋 확보 필수 !)

키아르 　　　　타타완 포레스트캠프 　　　　룽걈

+2일〉 룽걈(2270m)-(2:00)-노마드캠프(2900m)-(3:00)-마이단(3200m)

룽걈은 키아르밸리의 마지막 주민마을. 이를 지나면 더 이상 주거민은 살지 않고 여름 한 철 올라와 방목생활을 하는 목동들의 하계거처만 형성돼있다. 경찰 체크포스트를 지나 오르면서 이내 넓은 트레일은 목동들만 오르내리는 간소한 폭으로 좁아지고 골짜기도 험상궂게 변모한다. 계곡 북측기슭으로 붙어 진행, 오르내림구간도 제법 나타나며 이어지는 계곡풍치는 빼어나기 그지없다. 산록사면의 울창한 침엽수 삼림대가 압권으로 계곡하안 녹지 성글어진 여러 곳에 **목동(노마드)캠프**가 산재해있다. 넓고 호방한 키아르 **유목초지(마이단)**의 한 자락을 차지하여 캠핑토록. 저녁시간 인근 목동들의 거처로 선뜻 초대에 응할 수도 있을 것.

상행 키아르계곡 풍정 　　천변초지캠프(노마드캠프) 　　인근 목동거처(도카)

키아르계곡의 거대 스노우브릿지 　키아르계곡 상부 암산기슭 초원지대(마이단) 　일대 유목민 도카(하계거처)

+3일〉 마이단(3200m)-(3:00)-사르발(3650m)-(2:00)-와칼(시클문 B.C.; 3850m)

계속되는 목동길 초지트레일을 경유해 나아간다. 목동캠프도 여기저기 드리운다. 골짜기가 더욱 넓게 열리며 계곡하안의 목초지도 보다 넓게 펼쳐지는바 대표적 고산 하안초지인즉 사르발과 와칼. **사르발**은 곧 작은 호수〈사르〉가 형성된 일대의 너른 목초지〈발〉를 가리키는 이름으로 방목가축들의 목가적 풍경이 시야를 수놓는다. 이로부터 남쪽에서 유입되는 약 2km 자갈과 바위가 어우러진 빙하모레인 하상을 가로질러 진행하면 다시 남쪽에서 흘러드는 지류빙하 모레인을 가로지르고 이어 약 3km 구간 평탄한 루트가 드리우며 마지막 캠프지 **와칼(시클문 B.C.)**에 이른다. 바로 거대한 본빙하(키아르빙하)가 마주놓이는 빙하어귀 전초부의 캠프지다. 이후 난해한 이 프룰빙하(키아르빙하)를 타고 히말라야 산줄기〈GHR〉넘어 잔스카르 드룽드룽빙하 방면으로는 전문 원정대가 아닌 이상 일반 트레킹으로 횡단이 불가하다. 단, 남부 빙하인 빌란빙하 방면으로의 도날리콜(빌란패스; 5100m) 경로의 파다르밸리(마첼) 행로는 노련한 길잡이와 안전장비를 갖추고 시도해볼 수도 있을 터. 와칼 캠프지 남쪽 골짜기 위로 솟구쳐 바라보이는 바란자르(시클문; 6574m) 만년설봉의 풍광이 압권으로 본 트레킹여정의 백미로 꼽는다.

키아르계곡 하류물길(사르발 직전구간)

사르발 초원캠프

남쪽 빙퇴골 & 바란자르(시클문; 6574m)

바란자르(6574m)(좌) & 키슈트와르 아이거(6000m)(우)

와칼 캠프 /

와칼 동북방 키아르계곡 원천빙하 - 키아르(프룰)빙하(좌) & 빌란빙하(우) - 스나우트 조망

+4~5일〉복귀 하산일정

올랐던 키아르계곡 경유 그대로 되돌아 다찬밸리로 하산. 키슈트와르 동부 파다르밸리로의 (최)상급트레킹 행보(도날리콜 트렉)는 다음 대략적인 노정 참조.

▲ 도날리콜(Col) 트렉(키슈트와르밸리~파다르밸리 횡단)
(+4일~) [※ 사진협조: Bernd Looft(독일)]

· **요약** : 연중 한두 그룹만 이 루트 탐승·탐험에 나서는바 다찬 주민들도 잘 모르고 현지 목동들도 한 시즌 기껏 2~3회 정도만 넘어다니는 일급코스. 키슈트와르밸리(국립공원지경)~파다르밸리(마첼) 간의 유일한 통로로, 전문영역을 배제하고 이 외 다른 통과행로는 없다. 최상급 빙하루트를 경유함에 따라 크램폰(아이젠), 로프, 하켄(아이스액스) 등 지참은 필수항목이다. 아울러 전문 안내자 또한 필수.

+4일〉 와칼(시클문 B.C.; 3850m)-(2:00)-프룰빙하(3900m)-〈빌란빙하(바란자르빙하)〉(3:00)-빌란 B.C.(4500m)

1) 와칼 못미처 남쪽 빙하골 키슈트와르 아이거(6000m) / 2) 와칼 북쪽 키아르피크(6392m) 방면 빙퇴골짜기 / 3) 와칼 동북방 키아르계곡 용출부 키아르빙하(좌 정면)·프룰빙하(중앙 우측) 합류어귀

와칼 목초지를 지나면 동쪽 멀찍이 빙하모레인이 바라보이며 그로부터의 빙하계곡 하상이 넓게 드리우는바 때로 물길을 가로질러(도하) 가야할 수도. 곧 동북향 직행으로 바라보이는 **프룰빙하**(키아르빙하)로부터 벗어나 남쪽으로 틀어 오르는 또다른 거대한 **빌란빙하** 골짜기를 따라 등행길에 나서는바, 약 7km 구간 무지막지한 끔찍한 모레인지형 통과가 난관이나 일대 경치는 매우 뛰어나다. 이윽고 빙하골짜기가 동서남북 네 갈래 나뉘는 합류빙하지역에 도달, 동쪽 빙하골짜기 행로가 본 루트이나 등로가 마땅찮고 또 좋은 캠프지 선정을 위해 이 동쪽 합류빙하지대를 가로질러 빌란빙하 주골짜기 방향으로 조금 더 남쪽으로 등행하여 곧 동쪽빙하구 합류구간이 갈무리되는 자락의 빌란빙하 빙하둑 너머의 작은 빙하호와 주변 녹지 형성된 곳에 캠프를 차린다. 소위 **빌란 B.C.**인즉 매우 훌륭한 캠프지. 이로부터 빌란 본빙하에서 가지친 서쪽빙하 위 바란자르(시클문) 풍모가 압도적이다. (※ 참고로, 바란자르(시클문; 6574m) 동북능선 바로 아래쪽으로도 캠프를 취할만한 곳이 있으나 바람이 많이 불고 바닥이 지형이 고르지 못해 베이스캠프로서 삼기는 부적합. 단지 임시캠프로서만 고려대상.)

빌란빙하 합류부에서의 키아르빙하 빙폭(프룰빙하는 우측골) / 빌란빙하 합류부 뒷방향 / 빌란빙하 등행

빌란 B.C.에서의 풍경≫ 1〉 뒤안길 빌란빙하 & 키아르피크(6392m) / 2〉 빌란빙하호(B.C.) & 남부 빙원(빌란상부빙하) / 3〉 바란자르(시클문[Sickle Moon]; 6574m) 방면 빌란 남서빙하 빙폭지대

+5일〉 빌란 B.C.(4500m)-(2~3:00)-도날리콜(빌란패스; 5100m)-(2:00)-도날리 H.C. (4600m)-(2:00)-바랍도멜(4000m)-(2:00)-도날리숨도(도날리 B.C.; 3600m)

녹지가 성근 빌란빙하캠프(베이스캠프) 동쪽으로 모레인골짜기를 거슬러오른다. 점차 빙상구간이 드리워지며 넓고 거대한 오르막 빙하트레일로 이어진다. 경사가 그리 급하지 않아 세락(Serac; 빙괴/빙탑) 등 위험지대는 없으나 히든크레바스가 염려되기에 빙하횡단구간에서는 러닝빌레이(안자일렌) 보행이 요구된다. 베이스캠프를 출발하여 두어 시간쯤 오르면 잘록한 능선안부에 올라서게 되는데 바로 해발 5100m의 **도날리콜**. 빌란패스라고도 불릴 수 있지만 너머의 파다르밸리 도날리계곡으로 넘어가는 목(Col)이라 하여 그러한 명칭으로 갈음하였다. 언급한 바대로 키슈트와르밸리~파다르밸리를 연결하는 유일한 트레킹통로이다. 올라온 정상마루 서쪽으로 보이는 바란자르(시클문; 6574m)와 넘어서는 방향 동쪽 거대한 암산장벽 너머로 보이는 바르나즈(6290m) 산봉군의 치열한 히말라야 일렁임이 장관이다.

1〉 빌란동부빙하 & 도날리콜(5100m) 원경 / 2〉 뒷방향 빌란상부빙하 방면
3〉 빌란동부빙하 뒤안길 빌란빙하호(B.C.) & 키슈트와르국립공원 산경 최고봉 바란자르(시클문; 6574m)

바란자르(Sickle Moon) 배경 빌란동부빙하 아이스필드 러닝빌레이 / 도날리콜(5100m) 정상(남서방향)

도날리콜 북동방 도다피크(6550m)(우중앙) 방면 　 동쪽 하단부 도날리빙하(C) & 바르나즈(6300m) 운무

 내려서는 길은 더욱 가파르고 험난한 여정이다. 안전로프를 걸고 급경사 빙하내리막을 경유하여 조심조심 2시간쯤 내리면 다소 경사가 누그러지는 도날리계곡 방면 골짜기안부의 **하이캠프(도날리 H.C.)**에 이른다. 바로 도날리 동부빙하의 두 골짜기 중 서쪽골짜기로 빚어진 기슭의 측면자락인데 경사가 누그러졌다고는 해도 역시나 험준하고 가파르며 제법 위험한 빙상구간도 군데군데 도드라져있으니 긴장을 늦추어서는 안 된다. 이로부터 남쪽 행보로 진행, 2시간쯤 내려가면 곧 빙하물이 합류하는 계곡분지에 이르는데 바로 북동쪽에서 이어져 내려오는 도날리 동부빙하와의 합수지이다. 일명 '얼음(빙하)골 합수목'이란 의미의 **'바랍〈얼음〉 도멜〈합류〉'**. 루트는 계속해서 합류골짜기 하류방향으로 남진의 행로로 이어지는데 도중 빙하물골을 통과하는 구간에서는 주변에 형성된 스노우브릿지를 타고 넘어서도록 한다. 그로부터 대략 2시간여 내려서면 이윽고 서쪽의 웅장한 도날리 서부빙하에서 내려오는 거대 모레인골짜기와 맞닥뜨리게 되고 바로 아래에 넓게 성근 목초분지가 깃들어있어 이곳을 캠프지로 삼으면 되겠다. 계곡을 내려서면서 또한 세찬 물길로 쏟아지는 협곡부를 건너서야 하는데 다행히 스노우브릿지가 그리 멀지 않은 곳에 형성돼있어 잘 타고 넘어서도록 한다. 이를 통과하면 더는 큰 난관은 없으며 바로 언저리 기슭에 목동들의 막영터(**도날리숨도 캠프**)가 조성돼있다. 하룻밤 머물기 적당하다. 가장 길고 힘든 여정으로 총 10시간 안팎의 소요일정으로 가름된다.

도날리콜 동쪽 내리막 / 도날리 중앙(C)빙하 하단부에서의 도날리콜(좌중앙) 방면 / 도날리 중앙(C)빙하 안부(H.C.)

도날리빙하 합류말미 바랍도멜 캠프 　 하행 도날리숨도 방면 　 도날리숨도 계곡합류부

+6일〉 도날리숨도(도날리 B.C.; 3600m)-(2:30)-바준메도우(3400m)-(3:30)-항고 (2850m)-(-1:00)-마첼(2750m))

도날리 동부계곡과 서부계곡이 만나는 도날리숨도에서 이제 계곡명칭은 표기를 달리하여 '바준(혹은 부잔)' 계곡이란 이름을 걸고 남동 방향으로 큰 수류를 빚어흘려 달린다. 이의 계곡변 트레일을 밟아 하행, 두어 시간쯤 완경사 하안 목초지길로 행보를 지으면 이윽고 널찍한 방목초지(**바준메도우**)에 이르며 본격적으로 다시금 인간지경이 가까왔음을 알리는 방목된 가축들과 흐드러진 목초지, 목동들의 처소 풍경이 차례차례 마주놓인다. 바야흐로 목적지 마첼 파다르가 멀지 않았음을 시연. 그로부터 풍요로운 산하 골짜기길 밟아 내리며 약 3시간여 진행, 마침내 첫 만나는 민가마을 **항고**에 이르는데 이곳 일원에서 캠핑 또는 홈스테이를 요청하여 머물 수 있음이다. 불교도 마을이라 이방인에 대해 선뜻 자기 공간을 내어주는 것에 익숙하며 민심도 매우 좋다. 또는 조금 더 진행하여 1시간쯤 거리의 파다르 다를랑 밸리 교류목의 거점 **마첼** 마을까지 내려가 숙소를 물색할 수도. 8월 야트라 시즌에는 마을 내 찬디마타(마아찬디) 사원에서의 축제가 벌어져 볼거리를 제공한다.

바준메도우 / 항고 / 마첼(※ 삼각지붕 모양의 힌두성지 찬디마타(마아찬디) 사원이 도드라져 보인다.)

마첼 동편 다를랑밸리 초입 북단 키슈트와르 쉬블링(6000m) 전경(※ *사진협조: Silvestro Franchin*)

+7~8일〉 *(항고(2850m)-(1:00)-*마첼*(2750m)-(1:00)-*하모리*(카무르; 2650m; CP)
-(1:00)-*치쇼티*(치샷; 2410m)-(2:00)-*쿤델*(쿠날; 2070m) /*
복귀〉 쿤델*(쿠날; 2070m)~*레운디*(둔디; 2000m)~*마슈*(맛수; 1950m)~*
굴랍가르*(파다르; 1840m)~(*환승*)<*체나브브릿지*)~*아톨리*(1850m)~((*타타파니
*(1800m; 온천)~*샤슈*(1730m)~*랍라디*(리드라리; 1600m)~*피아스*(1720m)
~갈하르*(1700m)~*파드야르나*(낙세리; 1560m)~*키슈트와르*(1630m) *또는,
…~굴랍가르*(2240m)~*쇼아스*(솔; 2200m)~*이스타하리*(2420m)~*다르와스
*(2550m)~*킬라르*(팡기; 2450m)* [각 방면 차량이동 7~8시간]

※ 이후여정〉 키슈트와르*(1630m)/*킬라르*(2450m)~*파트니톱*(2040m)/*사츠패스
*(4420m)/*잠무*(330m)/*참바*(990m)* [잠무 행 6~7시간 / 참바 행 9~11시간]

전날 마첼까지 나아가지 않고 항고에서 머물렀다면 험난했던 도날리콜 트레킹의 마지막 행보로 이제 새로운 지경 파다르밸리의 거점마을 **마첼**까지 반반히 잘 드리운 마을길 따라서 나아가면 되겠다. 그리 힘들 것 없는 평이한 트레일로, 주민 거주 항고~마첼 마을 구간은 대략 1시간 이내 거리에 길도 널찍하니 뚜렷하고 잘 나있다. 비로소 주민들의 왕래가 잦아진 속세지경에 내려왔음을 실감한다. 바준계곡 말미의 동측하안길을 따라 나아가면서는 곧 마첼 부락에 당도. 모름지기 키슈트와르의 보석이라 일컬어지는 – 또한 아닌게아니라 이 마첼 마을 북동방 숨춤 골짜기 상부에 유명한 사파이어광산이 소재해있기도 함인즉. – 파다르밸리의 가장 큰 마을 마첼이다.

야트라 성소 마첼 찬디마타(마아찬디) 사원

혹여 8월 **야트라**˚ 시즌에 찾았다면 더더욱 많은 순례인파(야트리)로 인해 북새통을 이룰 것. 모쪼록 그 유명한 마첼의 힌두 성지 찬디마타(마아찬디) 사원 방문 또한 빼놓지 말아야 할 항목이다. 마첼에 이르러 바라보이는 동쪽 고고한 봉우리 **키슈트와르 쉬블링(6,000m)**은 특히 만년설로 덮인 정상까지 1천4백미터 높이로 뻗어올라간 강렬한 릿지라인이 인상적으로, 다름아닌 히말라야의 힌두 주신 시바(Shiva)의 신성한 정수리와도 같다 하여 그렇게 '쉬블링'이란 호칭을 얻었다. 파다르밸리의 거점지 마첼은 한편 이 북서방 도날리콜 트렉뿐 아니라 북동방 잔스카르 행 학슈라(5070m), 우마시라(5300m) 및 무니라(5400m) 트렉, 그리고 보다 많은 왕래가 이루어져왔던 이의 상류 다를랑밸리 경유 포아트라(5470m) 트렉 등등의 저명한 히말라얀패스 트레일의 기점이기도 하다. 고로 트레킹시즌에 찾았다면 삼삼오오 무리지어 탐승탐험에 나서는 트레커들과 카라반행렬을 목도할 수도 있을 것. (✔ 단, 실질적으로 운반짐승을 대동한 카라반은 오로지 동북향 다를랑밸리 포아트라 트레킹 행정의 경우만 제한적으로 가능. 그 외 북방고개 우마시라 및 무니라 루트는 말/나귀 등 카라반행정이 일절 불가! ⇒ 현지인들 사이에서는 과거 야크카라반이 심심찮게 넘어다녔다고도 하나 작금의 시점에는 운용여부 불투명.)

* 마첼 야트라 : 잠무지방에서 아그랄-사르탈 야트라 다음으로 두 번째로 규모가 큰 순례행사. 파다르밸리 마첼에 배치된 JK 주 소속 경관 타쿠르 쿨비르 싱에 의해 시작된 것으로 알려져있다. 매해 8월 성대히 열리며, 잠무 시의 락슈미 나라얀 만디르(사당)에서부터 순례객들이 모여 키슈트와르를 거쳐 아톨리·굴랍가르(파다르)를 경유해 순례행보(도보여정)가 시작된다. 사원 호칭인즉 마아찬디(Maa Chandi) 혹은 찬디마타(Chandi Mata) 사원으로 일컬어지며, 달리 뱅갈리(웨스트뱅갈 지역민) 순례자들은 어머니를 뜻하는 또다른 표칭 '두르가'를 써서 일명 '마아 두르가(Maa Durga)' 사원이라 지명키도. 더하여 8~9월 순례성수기에는 이른바 헬리투어가 성행키도 함에 대략 굴랍가르~마첼 운항 8분이 소요된다. 요금은 1인당 편도 ₹6,000 안팎(한화 10만원 선). [※ 찬디(힌디)=두르가(뱅갈리)=샥티(불교식)]

바준계곡이 동쪽으로부터의 다를랑계곡과 만나 이제 하류물길 새로이 '부트'계곡 곧 파다르밸리란 명칭으로 탈바꿈하면서는 마첼 바로 서쪽으로 일전의 지류골 바준계곡 목교를 건너 나머지 하행길 노정을 긋는다. 마첼 소재 경찰 체크포스트를 통과해 이내 부트계곡(파다르계곡) 북안트레일로 이첩되며 그대로 서남향 계곡골짜기 따라 하행, 약 1시간쯤 비탈진 하안산록길 따라 하산해 나아가면 또 한 민초지경 **하모리(카무르)**에 이르는바, 종종 시중 발간 지도상에 이 하모리를 앞전의 '항고'라 잘못 오기한 경우도 있으니 유의토록. 이를 지나 계속해서 서남 행로 골짜기 루트 북안길 하행이정 다시 1시간쯤 걸어 내려가면 북쪽에서 내려오는 라주르계곡 합류골에 이르는데, 바로 다리 건너편 기슭에 **치쇼티(치샷)** 마을이 깃들어있다. 치쇼티는 본 파다르밸리의 티베트계 잔스카리 민초들의 마지막 파다르[바토/보테=부트] 마을로서, 주위 삼나무숲, 소나무숲 지대와 아름답고 풍요로운 농경지대가 펼쳐있어 정취를 더한다. 나름 준수한 여행자숙소(게스트하우스)도 소재, 여행객들에게도 좋은 여정경유지가 돼주고도 있다. 여정을 계속 진행한다면 이제 마을 남쪽으로 본물길 파다르계곡의 다리를 건너 하산여로를 진행. 실상 이전의 파다르밸리의 중심마을인 마첼까지 최근 도로가 개설되어 고로 굳이 예 치샷까지 걸어 내려가지 않고서도 차량편으로 키슈트와르 노선에 합류하는 체나브강 연안 굴랍가르까지 이동이 가능하나, 무릇 몬순기와 겹치는 6~9월 트레킹시즌에 아무래도 도로 상황이 여의치 않을 것을 고려, 일단 이렇게 도보행정으로 수립해 치샷까지 나아와 복귀교통편 거점으로 삼는 것이 바람직하다. 물론, 역시나 이로부터의 치샷~굴랍가르 행로 역시 몬순기 도로 유실로 부득불 차량이동이 곤란할 경우

파다르밸리의 도로(하류방향)

를 상정, 별 수 없이 도보로 걸어 나아와야 함을 주지해본다면 곧 하루 예비일(+8일차)을 더 추가해 일정을 수립함이 권고되는 바이다. (※ 도로개설 이전 과거 마첼~굴랍가르 도보 노정은 꼬박 하루가 걸리는 고된 행보였다.)

모쪼록 (필연이든 선택이든) 마무리 여로 또한 도보로 진행케 된다면 계속해서 치쇼티~굴랍가르 하행길 행보를 믿게 됨인즉, 파다르밸리의 부트날라(계곡)을 건너 이제 남안루트로 옮겨 이정을 긋는다. 아닐 것 없이 구불구불 노정에 오르내림도 간간이. 더불어 협곡부 주변 산록은 매우 가파르지만 삼림이 울창하게 펼쳐있고 시나브로 등장하는 중간중간 크고작은 마을들 또한 하행길 사위 주변으로 여기저기 자리하고 있다. 이윽고 2가량의 도보길을 이으면 파다르계곡 하류부의 **쿤델(쿠날)** 마을 기슭에 이르는데 예서부터는 도로의 상태가 좋아 아무쪼록 차량편이 그리 어렵잖게 들어오므로 곧바로 차편을 통해 복귀길에 임할 수 있겠다. 곧 **쿤델~레운디~마슈** 마을을 거쳐 이내 체나브강에 합류하는 파다르계곡 말미의 **굴랍가르**에 이르게 되는바, – 만약 계속 도보로 나아간다면 2~3시간 추가소요 – 에서 행선을 정하고 이제 서향 키슈트와르~잠무 행로 또는 남동향 팡기/참바 이정경로로서 마지막 귀로를 택해 나선다.

파다르밸리 하류부 쿤델 부근 / 굴랍가르(아래) & 체나브강 건너 아톨리(중앙) / 아톨리 체나브강 협곡

전용차편이 아닐 경우 시간이 늦어 대중교통편을 이용키 어렵다면 **굴랍가르**나 바로 체나브강 건너편 남단기슭 **아톨리** 등지에서 하루 머문 뒤 다음날 새벽 차편으로 귀로를 종용한다. 굴랍가르는 모름지기 파다르밸리와 체나브강이 만나는 곳에 위치한 지역중심지로서, 잠무 버스*가 들어오는 마지막 종점. 키슈트와르 행선 시 이 굴랍가르에서 키슈트와르 방면으로 약 4km 지점 **타타파니 온천**이 자리해있다. 전용 대절차량으로 이동이라면 도중 잠깐 들러서 온천욕을 하고 갈 수도 있음이다. 복귀여로는 이처럼 체나브강 따라 하류 쪽인 키슈트와르 방면으로 나아가는 것이 일반적으로, 거점 경유도시로서 **키슈트와르** 시가 내에 코티지, 게스트하우스, 호텔 등 숙소가 다양하다. 아울러 잠무/굴랍가르 행선의 승합지프(Share Taxi) 또한 자주 운행되어 교통편 이용이 용이한 점도 한 몫 한다. (✔ 단, 잠무카시미르 지역의 정치·사회적 상황에 따라 키슈트와르 방면으로의 진출이 여의치 않을 수도 있으니 사전 해당 지역 소식을 알아보고 여로에 임할 것. 이 경우 달리 그 반대 상류쪽 팡기(킬라르) 방면으로 여로를 잡아야 하겠는바, 일단 카시미르 쪽에 소요사태가 발생했다 들리면 키슈트와르가 그렇든 않든(휘말리든 않든) 무조건 이 반대방향 히마찰(참바/라하울) 쪽으로 탈출로를 삼을 것! ⇒ 어쩌면 실상으로는 저 카시미르밸리보다 그 키슈트와르 지역이 상황에 좀 더 민감할 수도 있다. 한편 체나브강 상류행로 킬라르(팡기밸리)에 이르러 사츠패스(4420m)~참바 행로 대신 계속해서 체나브(찬드라바가) 강 상류물길 따라 따라 라하울 쪽으로 여정을 잡고자할 시 팡기~킬롱 간을 오가는 트럭을 요령껏 잡아타고(히치하이킹) 이동하는 방편도 모색해볼 수 있겠다.)

★ 잠무 인드라초크 스탠드(정류장)에서 키슈트와르를 거쳐 굴랍가르로 들어오는 매일편 버스 운행. 03:30 출발. 잠무로 나가는 차는 새벽 5시경 굴랍가르에서 출발. 잠무까지 총 300km. 키슈트와르 6~7시간, 잠무 12~13시간 소요. 길은 험하나 풍경은 극히 아름답다. 체나브 상류 팡기(킬라르) 방면으로는 버스는 운행치 않고 승합지프만 운행한다. (∴ 출발시간은 승객정원 확충에 따라 가변적. 대체로 06:00~10:00 사이 1일 1~2회 운행.) 굴랍가르에는 오래된 힌두사원과 더불어 불교도를 위한 곰파도 들어서있으며 여행객을 위한 롯지, 게스트하우스도 마련되어있다.

※ 참고로, 만약 역방향 행로로 이 파다르밸리 경유 우마시라/무니라/포아트라 등 히말라얀패스를 넘어 저 잔스카르로 입성코자 한다면 모쪼록 루트를 잘 안내할 수 있는 트레킹도우미(가이드/포터)는 킬라르나 이스타하리, 굴랍가르 등지의 굵직한 마을에서 쉽게 찾을 수 있다. 말/나귀를 대동한 카라반으로 진행코자한다면 굴랍가르에서 수배하는 게 선택과 운용의 폭이 넓다. 덧붙여, 이러한 역방향 노정으로 나설 경우 잠무에서 키슈트와르를 거쳐 나아오기보다는 카시미르밸리의 스리나가르에서 심탄패스를 경유하여 키슈트와르로 들어서는 것이 거리도 짧고 볼거리도 풍성하다. 특히 심탄패스(3790m) 정상에서 바라보는 동북방으로 첩첩이 출렁거리는 카시미르 대히말라야산맥의 물결은 가히 그림과도 같은 으뜸 풍경이다.

+9일〉예비일

※ 라다크·잔스카르 이정시 키슈트와르/창바(팡기) 행로의 굴랍가르 하행 대신, 마첼(2750m)~숨춤(3250m)~부즈와스(3440m)로 진행, 히말라얀패스 우마시라(5300m)를 통과해 넘는 **잔스카르 행로**˚ 확장연계 상정도 가능. (☞ 2부 - 잔스카르 트레킹 〉 카시미르 GHT 〉 학슈라-우마시라 트렉 참고.)

* 기본적으로 파다르(마첼)~잔스카르(파둠)로 넘는 행로(히말라얀패스) 4개 루트 학슈라/우마시라/무니라/포아트라 중 **가장 빠른** 직행루트가 이 우마시라(5300m) 코스로, 과거 도그라왕국의 군주 마하라자의 잔스카르 진공 시 원정경로이기도 했다. **가장 쉬운** 루트는 포아트라(5490m) 코스이나 노정이 길고[1~2일 추가 소요], 고개 넘어 하산부인 차랍강 협곡부를 거쳐 나아와야 하는 점도 상대적으로 고려된 대목이었을 터. 한편 학슈라(5070m)와 무니라(5200m·5400m)는 매우 난이도 높은 상급코스로, 학슈라는 통상 반대편 잔스카르 쪽에서 시작해 넘어오는 것이 보다 수월하다. 무니라는 더욱 힘들고 난해한 빙하루트로 제대로 된 코스를 아는 이가 극히 드물며, 게다가 5천미터 이상 두 개의 고개를 넘어야 하며 거쳐가는 빙하구간도 매우 난이도가 높다. 물론 과거에는 현지인들과 더불어 일반 트레커들도 간간이 넘어다니곤 했다지만 현재는 다른 루트들에 (선택지가) 밀려 일반 트레킹행로로서는 거의 수용되지 않는 실정이다.(⇒ 일대 대히말라야(잔스카르히말라야) 준봉들을 등반키 위해 찾아나선 원정단의 섭렵(진입)루트로서만 주로 채택된다고나.☞ 2부 - 잔스카르 트레킹 〉 카시미르 GHT 〉 학슈라-우마시라 트렉 〉 ☆ 변용루트; 무니라(5200m$^{(W)}$·5400m$^{(E)}$) 트렉 참조.)

≪② 난트계곡(中); 브라마 트리산디야 야트라(KNPT-2)≫

[※ 사진협조: Pardeep Parihar]

(✔ 이하 지명이나 명소·특징요소들은 몇몇 부분을 제외하곤 기준 통용 지도상에는 일체 등재돼있지 않은바 전적으로 현지 명칭(호칭)에 의거한 것임을 유념.)

+1일〉 다찬(로르나; 1830m)-(1:00)-훈자르(1840m)-(1:30)-난트(2180m)-(1:00)-듀착(2300n)-(1:00)-구갓(구갈; 2410m)

7월 보름달이 뜨는 2주간 거행되는 후드마타 & 트리산디야 야트라는 애초 다찬밸리 지역주민들 사이에서 행해지던 연례행사였으나 이후 명망있는 지역순례행사로 급부상, 곧 키슈트와르 전역으로부터 참례객이 모집되어 오늘에 이르고 있다. (⇒ 잠무지방 각지로부터 이내 키슈트와르 도심 사르쿳 일대 가우리샹카르 사원에서 순례객 집결 시발. 한편 본 후드마타 & 트리산디야 야트라의 거점이기도 한 딜고트(듀론드)- 다찬밸리의 메로우강 건너 로파라 서부마을 -의 마아칼리 사원 또한 찾아볼만한다.)

이제 이 다찬 촌락지구 중앙부의 로르나 마을 북쪽으로 메로우(마르와)강 지류 난트계곡을 따라 거슬러오른다. 이내 절벽 위에 난 난트계곡 상류마을과 연결하는 유일한 통행로 '히든브릿지(Hidden Bridge)' 아찔한 벼랑길을 통과, 약 1시간 거리의 훈자르 마을에 이르고 그로부터 동북향으로 계곡이 휘어지면서는 다시 1시간반 정도 계곡 북안자락 트레일을 밟아 난트 마을에 발을 들인다. 줄곧되는 계곡루트 따라 듀착 지나 구갓에 이르면 이제 난트계곡 상류부의 마지막 마을로 계곡부의 그림같은 산촌풍경이 인상적이다. 힌두사원 람 만디르(사원) 소재, 아울러 여름철 상류지역으로 향하는 아랫지역 다찬밸리 목동들의 거점부락이기도. 마을자락 계곡변에서의 캠핑 또는 민가에서의 홈스테이도 활용 가능하다.

손데르 다찬

판즈다라 다찬(로르나)

난트계곡 히든브릿지

+2일〉 구갓(구갈; 2410m)-(0:40)-초군드(2550m)-(0:40)-하왈(2640m)-(0:40)-프라산(2750m)-(1:00)-카이쿳(2930m)-(1:00)-바타스탈케이브(키슈트와르 아마르나트(링감); 3100m)-(1:00)-트리산디야(3300m)

하계거처인 초군드, 하왈, 프라산 등지를 경유, 순례탐방 대상지인 후드마타 바그완(사원)이 위치한 카이쿳까지 마지막 마을인 구갓 기점 약 8km로 도보 3시간가량이 소요된다. 도중 프라산 유목거처지의 쉬브 만디르(사당)를 돌아볼 수 있다. 카이쿳 유목민부락에는 17세기 도그라 왕국의 군주 마하라자 싱의 키슈트와르 통치 시절 축조된 석·목조 사원 람(나가) 만디르와 더불어 주 순례처소인 후드마타 바그완

(사원)이 세워져있다. 후드마타는 히말라야 주신 시바(Lord Shiva)의 부인 파르바티를 키슈트와르 방언에 의거한 존칭 표현으로 산스크리트어 '(아)후티' 유래의 '후드(=파르바티)' + 어머니로서의 상징 '마타(= Mother)'의 결합어이다. 아울러 인근 일명 **'키슈트와르 아마르나트'**라 불리는 **바타스탈케이브** 또한 눈여겨볼 대목으로 순례객들은 이곳에서 소위 '다르샨'이라고 하는 성소/성물 알현과 푸자 공양에 시간을 할애한다. 곧 이 곳 성스러운 동굴(바타스탈케이브) 내 **링감**은 말 그대로 아래에서 위로 자라나는 '얼음〈링〉 석순〈감〉'을 지칭, 바야흐로 이 카이쿳 산자락의 바위굴 내 그러한 시바·파르바티·가네샤³ 3신을 상징하는 세 개의 **링감**(빙순)이 한여름에 돋아나 매우 신비로운 현상으로 회자되기에 이르렀다. 이로부터 카시미르의 아마르나트와 비견되는 **키슈트와르 아마르나트**(시바동굴 성지)로서 필명, 야트라 행보를 더욱 신실케하는 요소로서 자리매김한다. 모름지기 야트라 시즌에는 카이쿳 일대 순례숙소(천막)가 세워지므로 이를 활용할 수 있으며 또는 이로부터 약 2km 상류에 위치한 본 야트라 최고의 명승 **트리산디야** 기슭까지 나아가 머물(캠핑) 수도 있겠다.

* 다르샨 : 성소/성물 '알현'의 뜻. 프라사드(=푸자) + 랑가(공양) 형식을 취한다.
* 가네샤 : 코끼리 얼굴을 한 시바의 아들로, 홧김에 아들의 목을 쳐버린 시바가 그만 부인 파르바티의 원망에 황급히 바로 앞을 지나던 코끼리의 목을 떼어 아들의 몸통에 붙였다는 설화가 깃들어있다. 화합을 상징하며 네팔에서는 '가네시'라 부른다.

카이쿳 '람(나가) 만디르' | 후드마타 바그완(사원) | 바타스탈케이브(키슈트와르 아마르나트)

+3일〉 트리산디야(3300m)-(1:00)-사타르찬(두드강가 마이단; 3400m)-(2:00)-브람사르(브라마 B.C.; 3600m) 탐승 후 카이쿳 귀환. [왕복 6~8시간 일정]

'**트리산디야**'란 난트계곡 건너 브라마피크 맞은편 산지로부터 아침/점심/저녁 하루 세〈트리〉 번 약 2km 구간에 걸쳐 계곡수(= 신령한 물〈산디야〉)가 빚어내렸다가는 이내 사라지는 현상을 일컫는 말로 속칭 이 야트라의 행선지명으로 대상화하기에 이르렀다. 아닌게아니라 매우 신비롭기 그지없는 비현실적 현상으로, 더욱이 난트계곡 주계곡으로부터 남동향으로 갈라져 지계곡으로 형성된 이 마른 골짜기 위쪽으로는 그 어떤 호수나 연못, 빙하지대도 보이질 않아 더더욱 오묘한 '신의 조화'이자 성스러워마지않은 현상이라며 뭇 순례객들의 신앙심을 북돋운다. 이를 뒤로 하면 이제 본 트리산디야 주계곡 상류 2km쯤 지대에 웅장한 브라마빙하에서 흘러내려온 우유〈두드〉빛깔의 '두드강가' 수류가 이내 계곡하안의 너른 초지(마이단)를 드리우면서 형성한 **사타르찬** 평탄지형 녹지부를 통과하게 되고, 그로부터 마지막 순례목적지 **브람사르**까지는 약 5km 거리로 2시간 정도면 다다른다.

하루 세 번 물이 흐르는 트리산디야 계류의 모습

사타르찬 초원(두드강가 마이단). 정면 봉우리는 키슈트와르 아이거(6000m) / 브라마사로바(브람사르) 성호

브람사르는 브라마피크 발치 아래 놓인 작은 빙하호수로 힌두 주신 브라마(브라흐마)의 성스러운 연못이라고도 일컬어져 일명 '브라마사로바'라고도 불린다. 맑고 투명한 푸른빛을 띠며 이곳에 몸을 담그는 것은 또한 평생의 죄를 씻는 매우 상서로운 행위로 전해짐에 따라 많은 순례객들이 한기 서리는 냉수에도 불구 훌훌 벗고 몸소 시연해보이길 주저하지 않는다. 일반 트레킹으로는 이후 브람사르를 지나서 험준한 브라마빙하 상부빙하를 타고 파다르밸리 방면으로 넘어가는 것은 불가능한바 절대적으로 전문 고산등반(클라이밍) 영역이라 하겠다. 브람사르 탐승을 마치고는 다시 길을 되돌려 지나왔던 사타르찬, 트리산디야를 경유 카이쿳으로 귀환.

브라마 북부빙하(사이드트레일)　　북부빙하에서 올려다본 운무에 휘감긴 브라마(1봉; 6416m)

난트계곡 하행길 뒷방향 키슈트와르 아이거(6000m) / 난트계곡(하류) / 카이쿳 후방 키슈트와르 아이거

+4일〉 카이쿳…구갓…난트…다찬 [하행 7~8시간]

올랐던 길 되돌아 다찬으로 하산. 노정거리가 길므로 일찍 나서길 종용.

≪③ 키베르계곡(下); 브라마 남면 B.C. + 나긴셰루 트레킹(KNPT-3)≫

+1일〉 다찬/손데르(1850m)-(2:30)-키베르(2440m)-(2:00)-도바티(3000m)

이 키베르계곡 트레일은 키슈트와르의 명산 봉우리 브라마 1봉(6416m) 남단 바로 아래까지 이어지는 루트로 앞선 난트계곡 트리산디야 트레일과 더불어 브라마의 양대 신성한 탐방코스로 익히 알려져왔다. 트레킹 시점은 다찬 촌락지구의 가장 동쪽에 위치한 손데르 마을로 이로부터 머로우(마르와)강 동쪽지류 키베르계곡을 따라 등행 시작, 약 2시간여 걸어올라 계곡 내 마지막마을인 **키베르** 부락에 이르고 계속 동쪽 골짜기길로 따라 올라 너른 골짜기안부의 **도바티** 목초지에 다다른다. 목동거처가 형성돼있으며 노정이 그리 길지 않은 관계로 점심때쯤 도착하여 런치캠프를 꾸릴 수도 있겠다.

+2일〉 도바티(3000m)-(2~3:00)-브라마 남면 B.C.(3650m) 탐승 [왕복 5~6시간]

브라마 남부빙하에서 내려오는 계곡을 거슬러 브라마 **남면 베이스캠프(B.C.)**까지 답사하고 돌아온다. B.C. 북쪽으로 웅장한 브라마 1봉(6416m)과 그 좌측(서쪽)에 나란한 일명 브라마의 '배우자'봉으로서의 브라마와이프(5280m), 동쪽으로는 '굽은 손가락'이란 필명의 '크룩트핑거(Crooked Finger)' 툰투르(5680m)와 평평봉이란 뜻을 지닌 플랫톱(Flat Top; 6100m) 봉우리가 우뚝, 남쪽으로는 보다 얕은 바드라(5186m) 봉우리가 험한 골짜기 장벽을 두르고 있다.

+3일〉 도바티(3000m)-(3:00)-아르걋(3150m)-(2~3:00)-사루르갈리(3930m)

도바티 방목초지 목동집을 뒤로하고 남쪽으로 키베르계곡 건너 루트를 진행한다. 산기슭을 거슬러 서향으로 허리길을 타고 서서히 오르며 도중 여러 지류 골짜기들을 통과, 이윽고 약 3시간쯤 나아가면 산중턱의 임시거처가 형성된 **아르걋** 목동부락에 이른다. 이로부터 등행길은 남쪽으로 향해 오르며 점차 가팔라지는 산록 사면길을 타고 두어 시간쯤 올라서면 산모롱이를 휘도는 고갯길 **사루르갈리(3,930m)**에 이른다. 일대에 고산 방목초지가 형성돼있고 군데군데 목동집도 세워져있는바 적당한 곳을 찾아 캠핑지를 삼도록. 식수는 서쪽 산록자락 아래에서 조달할 수 있다.

+4일〉 사루르갈리(3,930m)-(5~6:00)-나긴셰루(푸잔셰루; 4,090m)

본격적인 능선트레일이다. 사루르갈리 남서향으로 휘어지는 나긴셰루 산릉길을 밟아 진행, 여러 오르내림 능선을 거쳐 대여섯 시간 나아가면 서향으로 그어지는 능마루 우뚝한 주봉우리 **해발 4090m 나긴셰루** 동릉안부에 이른다. 나긴셰루는 힌두 '나가(Naga)' 신의 여성형을 취해 그로부터 '사자'를 뜻하는 '셰루'를 합성, 소위 '신령한 암사자'로서의 상징을 내포한다. 또달리 '푸잔셰루'라고도 불리는즉 이는 거대한 히말라야 주령에서 내려와 마지막 체나브강에 맺히기 전 불쑥 튀어나온 '아기사자'와도 같은 봉우리란 의미로서의 표칭이다. 메마른 산록과 바위투성이로 이루어져있지만 안부지대가 평탄하여 캠프지로 적합하다. 숲지대와 녹지가 성글어있는 북쪽산록에서 식수를 구할 수 있다.

※ 대체루트; 사르가드(사루르계곡) 하행

- **개략** : 사루르갈리를 넘어 남서향 사르가드 골짜기로 하행, 이내 체나브(찬드라바가)강 연안으로 곧장 진출해 나아가는 하산여정이다. 잠무 방면으로 나아가지 않고 이의 체나브 상류방향으로 연계하여 이정을 잇고자할 때 질러가는 계획으로 운용할 수 있다. 그로부터 종착지 체리즈 남쪽 체나브강 연안에서의 강변도로를 타고 동쪽 굴랍가르(파다르밸리), 킬라르(팡기) 등지로 확장해가면 되겠다. (∵ 이후 히마찰 참바/라하울 여정으로 승계.)

⇒ **사루르갈리(3930m)**-(3:00)-**알가드(2200m)**-(1:30)-**파드리(1730m)**-(1:30)-**체리즈(1500m)** / 복귀〉 체리즈(1500m)~키슈트와르(1630m)/굴랍가르(1840m)
[차량이동 키슈트와르 방면 2시간± / 굴랍가르 방면 3시간±]

+5일〉 나긴셰루(푸잔; 4090m)-(3:00)-파리바그(3000m)-(3:00)-바타(1700m) / 복귀〉 바타(1700m)~푸샬(푸찰; 1200m)~반다르코트(반데르콧; 1150m)~ 나야풀(체나브브릿지; 1110m)~키슈트와르(1630m) [차량이동 1시간]

나긴셰루(4090m)를 넘어 서북향 능선안부로 내려앉았다가 곧 서향으로 구부러지는 능선봉우리로 다시 올라 길을 잇는다. 이를 넘어 다시 가라앉은 잘록마루에서 곧바로 남서 내리막루트로 진행, 체나브(찬드라바가)강 연안 협곡자락으로 내릴 수도 있으나 루트가 험하고 종착점에서 다시 체나브 협곡 건너 반대편(남쪽) 가파른 산록으로 힘들게 치고 올라야 하므로 권할만한 코스선택은 아니다. 고로 계속 서쪽 능선 트레일로 방향을 잡고 직진, 약 2시간쯤 나아가면 산릉이 갈래치는 마지막 능선마루에 이르고 이로부터 서남 방향 내리막으로 진행, 1시간쯤 내려서서 목동들의 임시부락이 형성된 **파리바그** 산록안부에 안착한다. 계속해서 남서자락 내리막길로 가파른 산사면 트레일을 밟아 이내 급격히 떨어져내린 체나브(찬드라바가)강 산록 중턱의 촌락지구 **바타**에 이름으로써 트레킹을 갈무리. 복귀는 아칼라(이칼라)~**바타**~푸샬(푸찰)~반다르코트(반데르콧)~키슈트와르 노선 차편(버스/승합지프)을 이용하면 되겠다.

※ 키슈트와르 지역(District) 개황

키슈트와르는 잠무카시미르(JK) 주에서 레(라다크), 카르길 지역(District) 다음으로 넓은 면적의 지역으로 북방으로 **대히말라야(카시미르히말라야)**의 지엽 **키슈트와르 히말라야**(속칭 '키슈트와르 알프스') 산지를 두르고 남방으로 체나브강의 주령 **피르 판잘산맥**에 휘감긴 첩첩한 산악의 고장으로 자리매김한다. 아울러 거국적 지경 상으로는 동방으로 히마찰프라데시, 서방으로 잠무카시미르 주(State) 사이에 놓인 양 권역 간 요지로서, 그러나 독립 후 십년이 넘게 지난 1958년 비로소 잠무에서 넘어오는 키슈트와르 행로의 차량통행 가능 도로가 첫 개설되기에 이르렀는바 그 이전까지는 거반 히말라야와 피르판잘의 첩첩한 산과 골짜기에 가로막힌 고립무원의 세계로 인식되어왔다. 현재는 무릇 2010년부터 이른바 '히말라얀 모터스포츠' 경로(총 6백km) - [무갈로드랠리(Mughal Road Rally) : **스리나가르**(1580m)~아난트낙(1600m)~닥숨(2350m)~심탄패스(3800m)~차트루(1600m)~무갈마이단(1250m)~**키슈트와르**(1630m)~우담푸르(750m)~만사르(호수; 660m)~수린사르(호수; 600m)~**잠무**(330m)~리아시(480m)~**라조우리**(915m)~푼치(바플리아즈; 1620m)~〈무갈로드〉~피르키갈리(3490m)~쇼피안(2070m)~스리나가르(1580m)] - 상의 거점으로서까지 등단, 보다 왕성한 교통량의 요지이자 사회·문화·경제 소통 및 교류중심지로서의 입지를 다지고 있다.

키슈트와르 **지명 유래**에 대해 한편 역사가들은 이 지방의 코슈르어 - 카시미리 방언의 일종 - '카샵와스' 즉 '카샵의 땅(고원)'이란 전래에서 나왔다 피력한다. 전반적인 **지세 및 지리경계** 면면으로는; 바야흐로 S자 혹은 Z자 역모습으로 굴곡져 흐르는 편잡지류 체나브(찬드라바가)강을 끼고 **남**으로는 그 체나브강이 서쪽으로 꺾어지는 자락의 타트리(뉴 타트리)에서 **서북향** 피파란(4070m) 산봉의 피르판잘 산맥줄기에까지, **북**으로는 이의 체나브강 지류 마리브수디르(머로우)강 최상류부 론비라드패스(보트콜갈리; 4450m)와 센틱라(4970m) 아래 사가빙하(카니탈빙하)로부터 흘러내린 와르완밸리 내원골짜기와 히말라야 본줄기 일대를 최북지경으로, 그리고 **동**으로는 이어지는 카시미르히말라야의 잔스카르 경계부에 이어 히마찰 참바 지역(District) 체나브(찬드라바가) 연안의 팡기밸리 다르와즈 서부산록까지를 지역경계(District border)이자 주계(State boundary)로서 구획하고 있다.(⇒ 가장 오지이자 최동단 주민마을이 바로 그 다르와즈 산릉 경계의 산사리계곡 내원 해발 3천3백미터 고지대에 자리한 툰 마을.)

지역민들의 전반적인 **삶의 방식**은 농경과 목축(가축방목)이 주를 이루며 특히 산악지역에서의 여름철 유목부족 **구자르 바카르왈**과 **가디** 목동들이 혼연*되어 한 시기를 나는 모습은 다른 지역에서는 찾아보기 힘든 이채로운 풍미를 자아낸다. 모름지기 이들은 심지어 4백km나 떨어진 원격지에서부터 그들의 방대한 가축 떼를 이끌고 (도보) 나아오기도 하여 새삼 놀라움을 금치 못하는 실로 대이동의 행보를 이 키슈트와르 고산지경에 흩뿌리고 있음이다. **종교**적으로는 이슬람교, 힌두교, 시크교, 불교 모두가 어우러진, 카시미르 지역의 독특한 인문지리형국을 내포하고 있음에 이 또한 복합문화·종교성향으로서의 다른 카시미르 권역에서는 좀체 찾아보기 힘든 아우름·인내·수용·화합의 고장으로 강조되고도 있다.

이 잠무지방에서 가장 큰 고원도시이기도 한 키슈트와르 중심부의 소위 '키슈트와르의 왕관'이란 필명의 초우간 녹지공원은 무려 520개의 수로가 얼키설키 맺혀져있어 더욱 이색적이고 신비로운 볼거리, 즐길거리를 제공한다. 아울러 키슈트와르는 고귀한 향료 사프론- *페르시아어로는 '케사르'라 함* -의 최대 생산지이자 잠무카시미르 유일한 생산지이기도 하여 곧 '향내의 중심(지)'을 뜻하는 일명 '로힛 만달(Lohit Mandal)'로서도 지칭, 아닌게아니라 키슈트와르 중심부를 위시한 주변 여러 지구에서 산출되며 인도에서 가장 우수한 품질로 인정받고 있다. 더하여 보석광물로서 석영, 루비와 더불어 닐룸* 일명 '푸른 다이아몬드'라는 카시미르 최대의 사파이어 산지- *키슈트와르 동부 파다르밸리 내원골짜기(숨춤) 북쪽계곡 해발 4270m 지대* -를 보유하고 있기도 한바 1881년부터 채굴을 시작한 유서 깊은 보석광산이기도 하다. 여행자를 위한 숙박편의(시설)는 키슈트와르 도회 내 다양한 호텔/게스트하우스와 더불어 인근 각지에서의 홈스테이가 활성화되어있어 활용에 큰 어려움이 없다.

* 산스크리트 고어(古語)로 '아시키니'라 불리었던 **찬드라바가**는 달리 힌디어 '찬드라(달)'와 산스크리트어 '바가(주군)'의 합성어인데 말인즉슨 '달의 신'을 의미한다 하겠다. 이는 히마찰라하울 지역에서부터 비롯, 곧 북동방으로부터의 '바가'계곡과 동방으로부터의 '찬드라'계곡이 지역도읍 킬롱 서남부 탄디 합수부에서 만나 그로부터 거국적 이 찬드라바가 내지는 체나브 물줄기로서 흐름을 달리게 됨이다. 발원- *라하울 찬드라계곡 최상부 바랄라차라* -에서부터 파키스탄 편잡 주와 마주한 국경도시 아크누르까지 인도 관내(인도령) 체나브 강의 총길이는 약 570km이다.

* 무슬림계 바카르왈(잠무지방 출신) 유목민들은 주로 머로우(마르와)강 유역과 체나브(찬드라바가) 북역 산지(히말라야 산권) 위주로, 힌두계 가디(히마찰 참바/캉그라지방 출신) 목동들은 달리 체나브 남역의 피르판잘 산지를 주무대로 활약.

* 닐룸 = 푸른[닐] + 보석[움/암]. 참고로 젤룸강 지류로서의 파키스탄령 아자드카시미르 북방을 흐르는 인도명 '키샹강가'의 파키스탄 우르두어 명칭이 '닐룸'강임을 상기해볼 필요가 있다. 그 또한 대리석과 더불어 이러한 푸른 보석 사파이어 산지로도 이름나있다.
(☞ 1권;「K2 트레킹」 5장-닐룸밸리 편 참고)

○ **특산품** : 모피담요, 숄, 스카프 등.

○ 주요 명소

△ 초우간 : 키슈트와르 버스스탠드(정류장)에서 2km. 소위 키슈트와르의 심장이라 불리며 커다란 플라타너스와 삼나무, 소나무가 에워싼 너른 자연녹지에 기반한 시민공원으로 자리매김한다. 19세기 영국의 여행가 고드프리 비뉴(Godfrey Thomas Vigne)는 '키슈트와르의 천국' 내지는 '바그다드의 모사판'이라 언급.

△ 킬라 톱(Top) : 키슈트와르 버스스탠드에서 1.5km. 키슈트와르 도심이 내려다보이는 언덕부의 공원지역으로 키슈트와르의 라자(도그라 토후) 통치 시절 지어진 성채와 궁궐 등이 소재해있다. 공원 내 샘터가 들어앉아있다.

- △ 카타르삼나 : 키슈트와르 도심에서 3km. 키슈트와르 도심 조망이 가능한 도로가 연결돼있으며 내원에 카스티 스와미 힌두사원이 들어서있다. 북방으로 체나브협곡 너머에 솟구친 나긴셰루(4090m) 봉우리가 인상적으로 바라보인다.
- △ 바르노이 : 키슈트와르 도심에서 3km 떨어진 푸찰 마을 아래에 위치. 삼나무를 비롯한 울창한 침엽수림 숲지대로 번잡함과 도시의 오염, 공해로부터 벗어난 평온하고 한적한 휴식지로 자리매김한다. 발아래 거세게 흐르는 체나브강의 수류와 장엄한 협곡풍경이 인상적이다.
- △ 푸찰 : 유명한 사프론 산지. 키슈트와르 중심부에서 약 6km 거리에 위치한 마을로 초우간과 더불어 키슈트와르 필수 탐방명소로 매겨진다. 사프론 개화기인 10월이 방문 최적기로 꼽힌다.

○ 사원(힌두/이슬람)

- △ 자미아 마스지드(모스크) : 버스스탠드 바로 옆. 1650년경 세워진 키슈트와르 지역에서 가장 오래된 모스크(대중공회당)이자 잠무지방의 가장 큰 모스크의 하나
- △ 파리드우딘 바그다디 지아랏(이슬람사당) : 버스스탠드에서 1.5km
- △ 아스라르우딘 지아랏 : 버스스탠드에서 2km 초우간 녹지공원의 남동자락에 위치
- △ 압달샤히브 지아랏 : 키슈트와르 도심 3.5km 두가 마을에 위치
- △ 고리샹카르 만디르(힌두사원) : 시바와 파르바티를 모신 사원. 초우간 자락에 위치
- △ 닐칸트 마하데브 만디르 : 키슈트와르 중심부에 위치
- △ 라구나트 만디르 : 라마신을 모신 사원으로 6백년 역사를 지녔다.
- △ 쉬브 만디르 : 시바 사원으로 도그라왕국 통치시절 건립되었다.
- △ 비말낙 : 시바(신)의 현신장소라 여겨지는 신령한 연못(호수). 비말낙 사원 소재.

○ 축제・이벤트 : 칸초우트(힌두 기혼여성축제), 파다르 굴랍가르 메일라(종교축제), 파다르 불교축제(부트〈티베탄〉 민속노래/무용 등 시연) etc.

○ 지역 특색음식〈식단〉 (※ 단, 전국적으로 흔한 닭요리는 생략)

- ▽ 로간 조슈(트) : 양고기 다리부위 요리
- ▽ 리스타 : 양고기 완자
- ▽ 야크니 : 흰 양고기커리
- ▽ 타박마즈 : 양갈비
- ▽ 라즈마달 : 라즈마 콩 소스(커리보다 걸쭉한 형태)
- ▽ 구치풀라오 : 버섯볶음밥
- ▽ 아나르다네키 처트니 : 맛살라 소스(걸쭉한 찍어먹는 소스 형태)
- ▽ 미타밧 : 맛밥(설탕밥. 끈끈하고 매우 달달함) [미타〈맛난〉 + 밧〈밥〉]
- ▽ 카스로드 : 고비(양치류) 절임/무침/볶음류

▽ 보트레이(카메라) : 부디스트 티베탄 스타일의 기름에 튀긴 빵. 티베탄브레드 혹은 힌디음식 '푸리'와 유사.
▽ 사브지 : 채소(볶음)
▽ 마키로티 : 펀자비브레드(옥수수밀떡 종류)
▽ 삭 : 펀자비 야채버무림 소스(찍어먹는 것(처트니))
▽ 남킨차이 : 버터를 넣은 솔트티(Solt Tea). '나막차이'라고도. 한국어로는 수유차
▽ 쿨차 : 펀자비 브레드정식(펀자비로티(밀떡) + 라즈마달 + 펀자비 커리 etc.)

○ 탐방지역·코스

▷ 사프론밸리(사파리 유람) : 키슈트와르 도시 인근(반경 3~5km) 푸찰, 하타, 베라바타, 마타, 베르와르 등지. 10~11월 중 사프론 꽃밭 만개. 푸찰 레스트하우스 소재

▷ 칼람사타르 : 키슈트와르 북방 10km 지점. 삼나무숲과 싱그러운 녹지가 형성된 나들이장소로 각광.

▷ 반데르쿳(반다르코트) : '창고'의 의미. 마리브 수디르(머로우) 강이 체나브강에 합류하는 하안기슭 언덕으로, 잠무 행로(파트니패스 노선)와 스리나가르 행로(심탄패스 노선)가 나뉘는 기점. 언덕 위 무너진 옛성의 흔적이 있다. 풍치가 뛰어난 일대는 암벽등반/훈련 장소로서도 각광.

▷ 무갈마이단 : 차트루계곡(칭감계곡) 하안에 깃든 경치 뛰어난 마을부락지구. 계곡에서의 송어낚시가 유명하며 정부 관리의 송어부화장이 소재해있다.

▷ 칭감 : 심탄패스 행로의 사철 푸른 숲이 울창한 그림 같은 정경의 아름다운 산촌자락. 계단경작지의 인상적인 풍광이 한껏 펼쳐진다. 팜베르밸리 트레일 기점. (☞ 1-4. 브렝밸리 편 참조)

▷ 심탄패스 : 스리나가르분지~키슈트와르밸리를 연결하는 하이패스 자동차고개(포장도로). 고갯길 양편 모두 경치가 탁월하여 사파리유람 프로그램으로서도 인기를 끈다. 고갯마루 정상부에서의 패러글라이딩 및 호스라이딩(Horse Riding), 주변 암벽/릿지 탐험 등등 프로그램도 각광. 너머의 아난트낙 지역 닥숨 일대는 더욱 풍치 그윽한 트레킹/휴양지구로서 인기를 누린다. (밤브파트리, 아르샨밸리, 팜베르밸리 등등.) 탐방적기는 4월~10월. (※ 11월~이듬해 3월은 적설기로 통행불가.)

▷ 둘 댐(Dam) : 둘-하스티 국영 수력발전시설(NHPC; National Hydro Power Corporation) 소재. 키슈트와르 포함 잠무지방 내 만사르(자연호수), 수린사르(자연호수), 바길라르 댐- *란반~도다 중간부의 체나브강 물막이댐* -과 함께 4대 수원지(저수지)로 거명된다.

▷ 파드야르나(낙세니) : 키슈트와르 동쪽 체나브(찬드라바가)강을 따라 약 30km 거리에 위치한 체나브강 하안의 승경지. 일대 마을 주위로 무너진 석조사원, 신상, 명문 등등 역사적 유물/유적이 산재해있다. 쿠미야낙 사원이 찾아볼만하다.

▷ 이칼라(이칼라) : 다찬밸리 키슈트와르국립공원 행로의 이정(버스편) 기점으로 수풀 우거진 아름다운 마을정경이 인상적이다. 산림숙소(FRH)가 마련돼있다.

▷ 손데르 : 난트계곡 후드마타 야트라 기점. (※ 매년 7월 라다 크리센(크리슈나) 사원에서 출발.) PWD 레스트하우스 소재.

▷ 인샨 : 머로우(마르와)강 북쪽 상류부 와르완밸리 거점(중심지)으로 마르간패스 넘어〈사파리〉아난트낙 행로 및 최상류부 사가빙하(카니탈빙하)의 히말라얀패스 (론비라드*패스) 넘어카르길 지역 수루밸리로 이정(트레킹) 연계가 가능하다.

* 론비라드(패스)를 키슈트와르 현지에서는 란빌라/란윌라 등으로 호칭키도 한다.

푸찰(사프론 산지)　　　상공에서 본 사프론밸리(구릉경작지)　　　사프론 꽃잎 수확

▲▲ **명산명봉(인기 등반대상지) :** 눈(7135m)·쿤(7077m), N8(키아르피크; 6392m), **바란자르(시클문; 6574m)**, 키슈트와르 아이거(6000m), 카테드랄(5635m), **브라마 1봉 (6416m) & 2봉(드라이칸트; 6425m)**, 툰투르(크룩트핑거; 5630m), 아르주나(6230m), **키슈트와르 쉬블링(6000m)**, 바르나즈 산봉군(1봉(6250m)·**2봉(6290m)**·3봉(5870m)), 학슈(6300m), 초모쵸르(6210m), 세로키슈트와르(5930m), **키슈트와르 카일라스(6451m)**, 가롤(샤만트순드; 6000m), 스파이어(5610m), **아갸솔(6200m)**, 토펜두 1봉(5830m) ·2봉(5500m), 칼리다하르(5670m) etc. 이들 외에도 수많은 5천미터급 준봉들이 산재해있는바 내외국인 원정대 및 자국 산악대원들로부터의 많은 등반활동이 이어져 내려오고 있다. 이들 속칭 '키슈트와르 알프스' 산지의 비죽비죽 첨예한 바위봉과 만년설산으로 뒤덮인 고봉준령은 뭇 등반가들의 욕망(!)을 불러일으키기에 일절 부족함이 없다.

∴ **키슈트와르 히말라야산지 이방인 탐험 & 주요 초등기록**

- 1946년 오스트리아 산악인 프리츠 콜프(Fritz Kolb)*, 루드비히 크레넥(Ludwig Krenek), 파비안 게둘디히(Fabian Geduldig) 3인에 의한 탐험이 시초. 그 해 브라마 2봉(6425m) 탐험 후 '드라이칸트'란 필명 붙이기도. 이듬해 1947년 바란자르(시클문; 6574m) 동부루트(파다르밸리 마첼 경로) 탐험.

　　* 프리츠 콜프 : 이전 1939년 현 히마찰 주 라하울 지역 대히말라야 산지 물킬라 (6517m) 초등.

- 1969년 툰타르(크룩트핑거; 5630m) 영국 찰스 클라크(Charles Clarke) 초등.

- 1973년 브라마 1봉(6416m) 영국 크리스 보닝턴(Chris Bonnington), 닉 에스코트 (Nick Escort) 및 인도인 발완트 산두(Balwant Sandu) 초등.
- 1975년 브라마 2봉(6425m) 일본 케이라 원정대 초등.(키슈트와르밸리 난트계곡 브라마빙하 루트 경유)
- 1975년 바란자르(시클문; 6574m) 탕카 대령 인솔 인도 고산군사학교(High Altitude Warfare School; 약칭 HAWS) 원정단에 의해 최초 등정.
- 1977년 바르나즈 2봉(6290m; 바르나즈 최고봉) 일본 쿠보 원정대 초등.
- 1977년 딜루전(착각봉; 6000m) 영국 롭 콜리스터(Rob Collister) 초등. (∵ 고도계 착시(Delusion)로 5660m을 6550m라 기록, 한동안 통용되어왔는바 그로 인해 '딜루전' 봉우리란 필명이 붙었다. 최근 실측에 의하면 이도저도(?) 아닌 해발 6천미터 봉우리로 판명. 이 또한 'Delusion!'이라고나.)
- 1977년 가롤(6000m) 인도군 무전통신단 초등.
- 1979년 아이거(6000m) 폴란드 핀트(W.Fint) & 코카이(M.Kokaj) 초등.
- 1980년 플랫톱(6100m) 영국 마즈로이 윌슨 & 이탈리아 베르가마세히 초등.
- 1981년 아갸솔(6200m) & 스파이어(5600m) 영국 사이먼 리차드슨(Simon Richardson) 초등.
- 1983년 키슈트와르 쉬블링(6000m) 영국 스테픈 베너블스(Stephen Venables) & 딕 렌쇼(Dick Renshaw) 초등.
- 1983년 아주르나(6230m) 폴란드 슬라르노(B.Slarno) 원정대 초등.
- 1984년 토펜두 1봉(5816m)·2봉(5500m) 영국 사이먼 리차드슨 초등.
  (★ '키슈트와르 알프스'의 가장 유명한 봉우리의 하나.)
- 1988년 초모쵸르(6210m) 영국(스코틀랜드) 로저 에베렛(Roger Everett) & 사이먼 리차드슨(Simon Richardson) 초등.(초모쵸르빙하 경유)
- 1993년 영국 믹 파울러(Mick Fowler) & 스티브 서스타드(Steve Sustad) 세로 키슈트와르(Cerro Kishtwar; 5930m) 초등.
- 2013년 키슈트와르 카일라스(6451m) 영국 믹 파울러(Mick Fowler) & 폴 람스덴(Paul Ramsden) 초등.

∴ 이 중 가장 많은 등정인기를 누리는 대상은 아닐 것도 없이 본 키슈트와르국립공원 산경 내 최고봉 바란자르(시클문; 6574m)!

⌂ **관광안내소**(JK Tourism Reception Center)
△ 스리나가르 TRC≫ (+0091) 0194-2452690, 2479548 //
  e-mail: dtk@jktourism.org
△ 잠무 TRC≫ (+0091) 0191-2548172, 2548358 //
  e-mail: dtj@jktourism.org

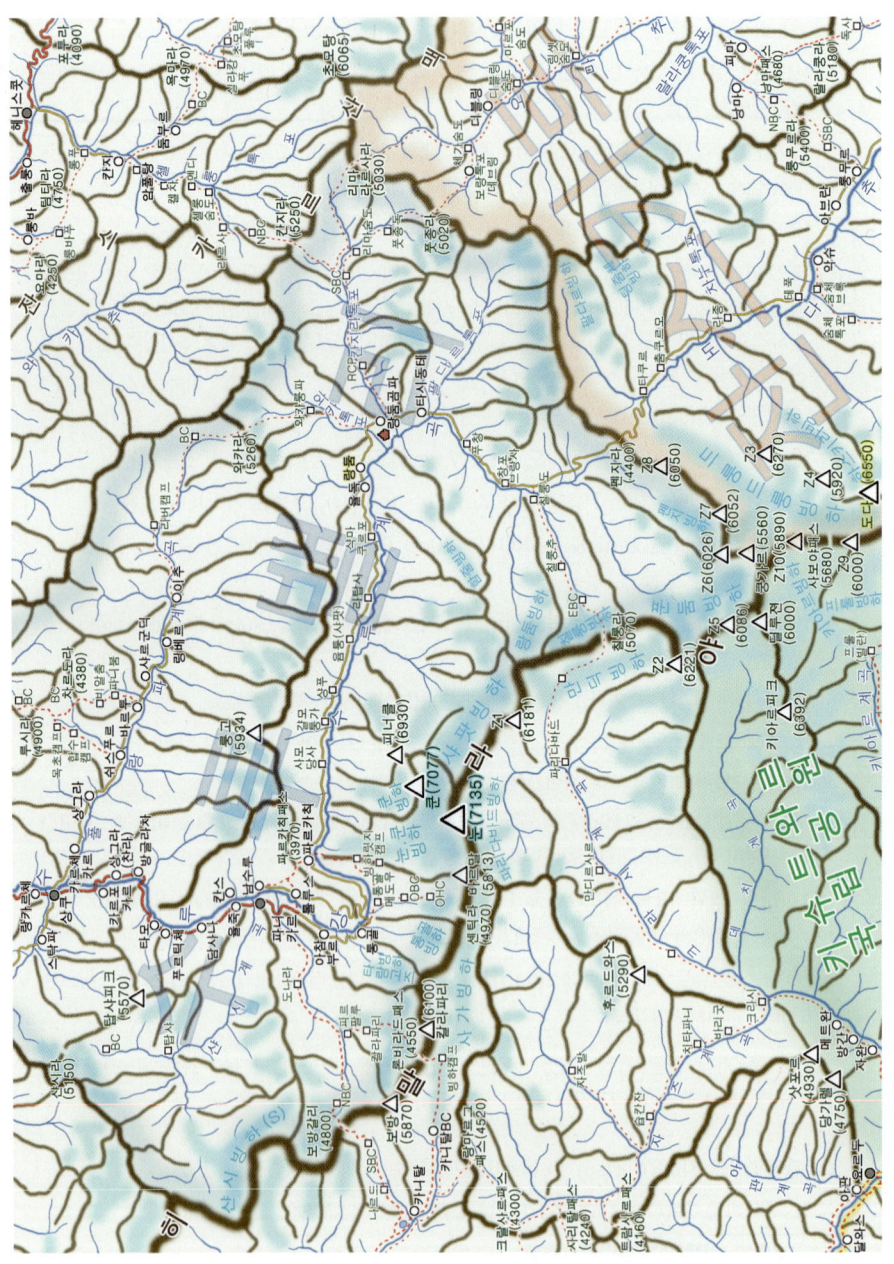

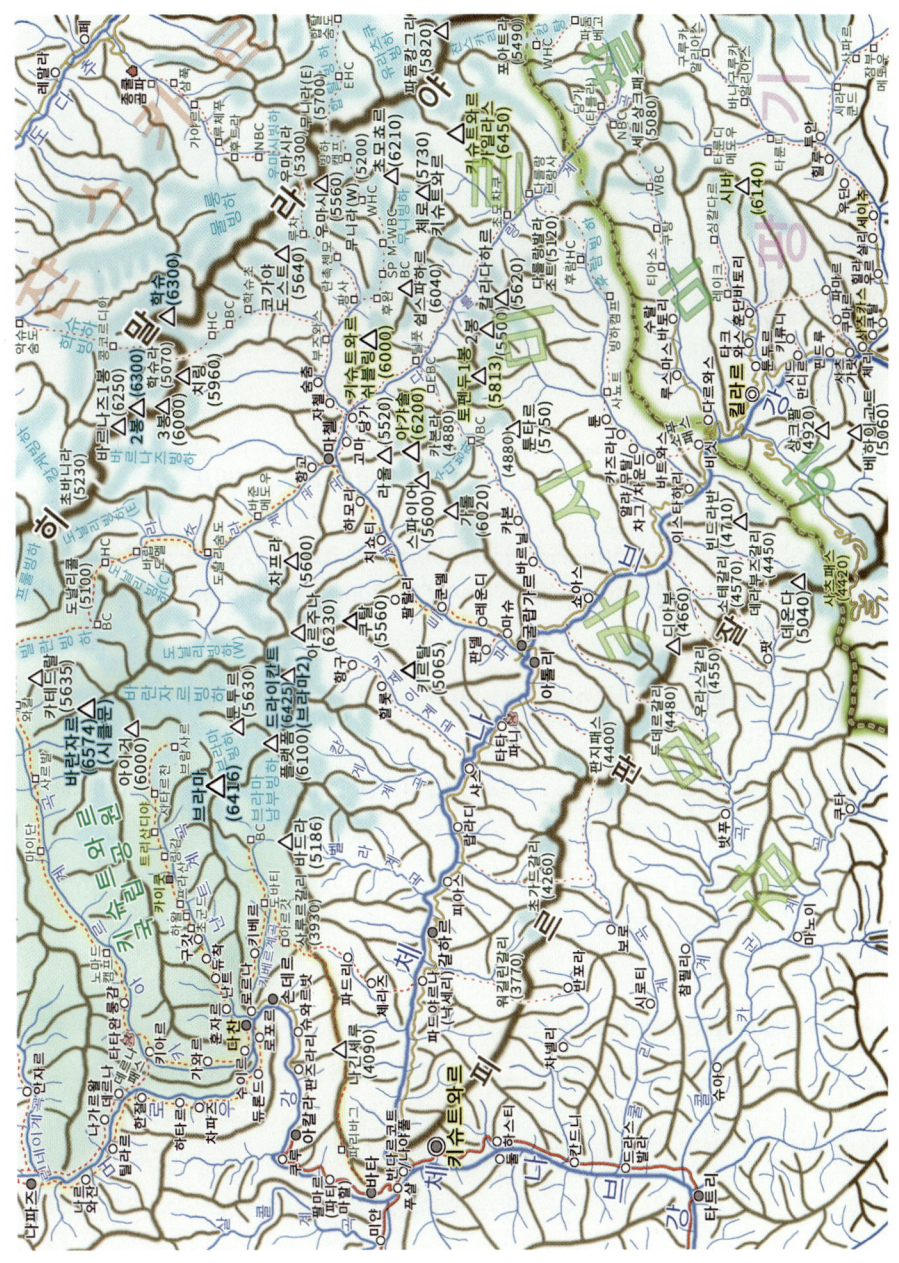

히마찰 라하울 상공에서의 카시미르 방면 히말라야산맥 조망(주요 산봉 & 골짜기)

▲△ 기획여정; 와르완밸리-키슈트와르밸리 크로스서키트 △▲

1~5일 : …와르완(2550m)…굼바르(2590m)…수크노이(2750m)…춤펫(3400m)
 …카니탈(3740m)…론비라드패스(4450m)…피르팔루 H.C.(3980m)
  ☞ 본 편 기본노정 〈1~6일차〉 준용

6일 : 피르팔루 H.C.(3980m)…(1:00)…피르팔루 L.C.(3700m)…(3:00)…보방 NBC(4000m) [런치캠프]

7일 : 보방 NBC(4000m)…(4~5:00)…보방갈리(4800m)…(3:00)…나르드(3800m)
  ☞ 본편 ☆ 대체루트; 보방갈리 트렉 〈6일차〉 앞부분 역순 준용

8~9일 : 나르드(3800m)…춤펫(3400m)…수크노이(2750m)…굼바르(2590m)
 …인샨(2450m)
  ☞ 본편 기본노정 〈2~4일차〉 역순 준용

10~13일 : 인샨(2450m)…요르두(2230m)…다찬(시르슈; 1830m) /
  복귀〉 ~푸샬(푸찰; 1220m)~키슈트와르(1630m)~잠무(330m) 또는,
  ~푸샬(푸찰; 1220m)~심탄패스(3800m)~아난트낙(1600m)~
  스리나가르(1580m)
  ☞ 본편 ◇ 사이드트레일; 키슈트와르밸리(머로우강) 트레일 〈2~5일차〉 준용

14일차 : 예비일

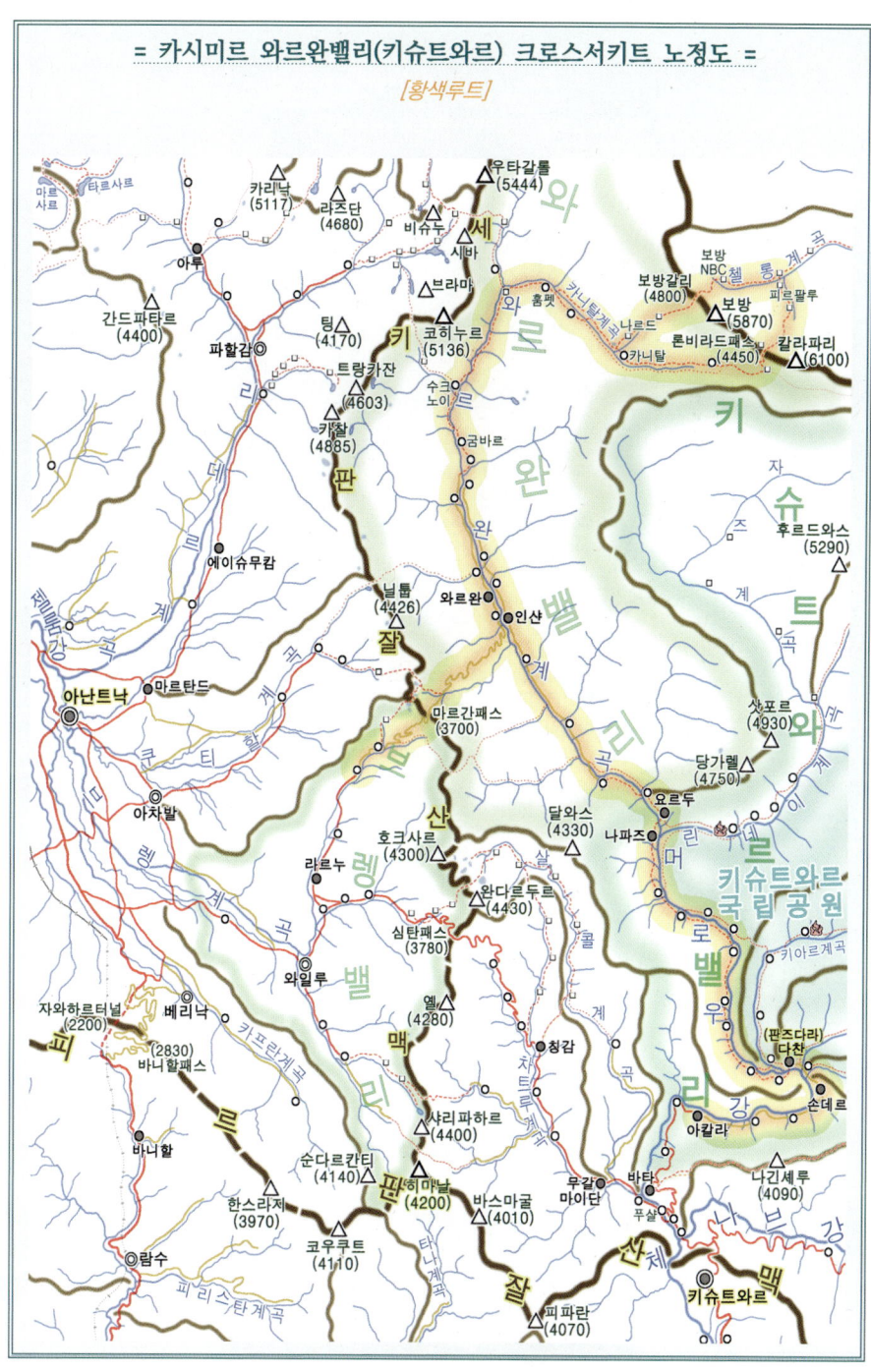

카시미르밸리 vs 라다크의 교차지 카르길.
그처럼 이슬람과 불교가 교합하는, 고대로부터의 양대
문화풍토 간 중요한 교류길목이기도 했다.

수루밸리 담사나 강변에서의 눈(우)·쿤(좌)

1-6. 수루밸리(카르길) & 눈·쿤 어라운드

✦ **개요** : 펀잡히말라야와 카시미르히말라야의 분계 조지라(3530m) 히말라얀패스를 넘어선 동북쪽 고장은 카르길과 라다크 지역이다. 지경이 갈리는 만큼 물줄기(수계)도 갈리고 또한 고도(高度)부터 풍토와 환경, 기후조건 모두가 다 바뀐다. 그럼에도 이 조지라 북쪽 카르길을 카시미르밸리에 구속한 연유는 다름아닌 '이슬람'과 '히말라야'다. 바로 이 카르길 지역은 그러한 종교성과 산악적 요건에 의거 남쪽 아랫녘 스리나가르분지의 카시미르밸리와 묶어 표명함이 보다 친밀하고 또 이해도 용이함이다. 카르길에서 마주하는 수류는 서쪽 조지라에서 흘러오는 드라스밸리, 북쪽 데오사이(파키스탄령)에서 흘러오는 시가르(싱고)밸리, 그리고 남쪽 눈·쿤, 잔스카르에서 흘러오는 수루밸리 이 세 물길이다. 그중 **수루밸리**는 드라스밸리나 싱고밸리와 달리 국경(LOC)으로부터 외떨어진 남쪽 방향에 놓여있어 여행자들 누구나 큰 제약 없이 들고나기가 수월하다. 곧, 이의 수루밸리의 가장 큰 핵이라 할 수 있는 **눈**(7135m)·**쿤**(7077m) 산봉과 더불어 그 주위(Around)의 여러 탐방명소들과 기행루트들이 무릇 아름답고 수려한 일품 수루밸리로 여정을 더욱 빛나게 한다. 나아가 랑둠과 펜지라(4400m)를 넘어 옛 잔스카르왕국의 도읍 파둠 내경으로까지의 첩첩오지 여정은 또 한편의 숨가쁘면서도 그윽한 라다크 여행의 기로로서 자리매김한다.

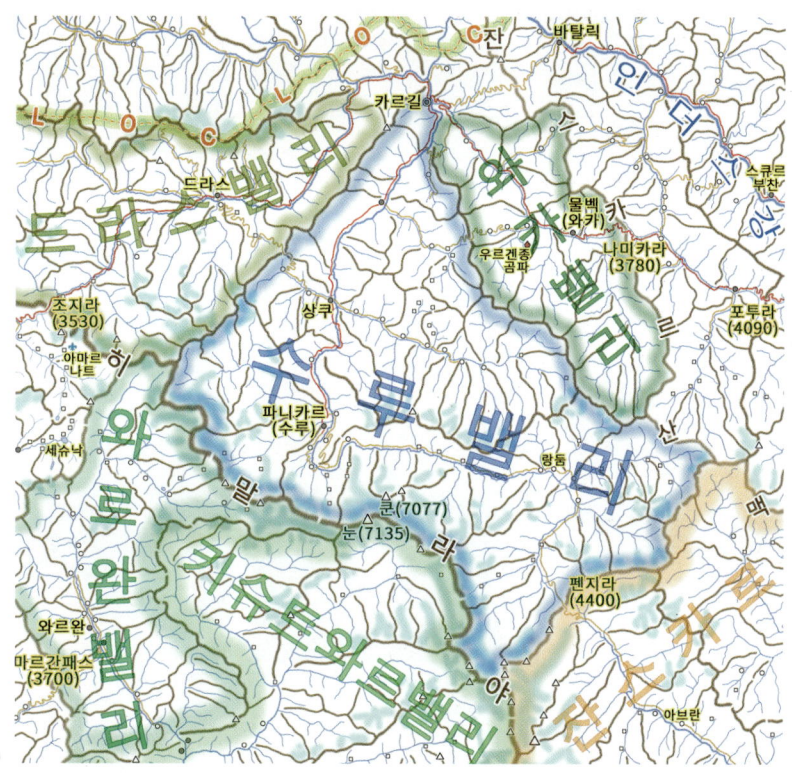

1-6-1. 수루밸리 & 파르카칙 하이킹(파르카칙패스 + 눈·쿤 빙하)

◆ **개 략** : 카르길 남쪽골짜기 수루밸리 내원을 탐승하는 여정이다. 아울러 수루밸리 최고의 전망포인트로 꼽히는 파르카칙 고갯길(3910m)을 섭렵하는 단출한 하이킹여정 또한 기본프로그램으로 엮어 운용할 수 있다. 개별여행도 그리 부담되지 않으며 도중 만나는 현지 마을의 풍정과 그들 주민들로부터의 따뜻한 호의 또한 덤으로 얻어갈 수 있는 즐거움이 배가되는 여행루트이다. 수려한 수루밸리의 아름다움을 가장 가까이, 또한 가장 쉽게 마주할 수 있는 여정이다.

◆ **여행적기** : 5월~10월초 (∴ 최적기는 6~7월 & 9월)

◆ **트레킹 최고점** : 눈·쿤 빙하릿지(4000~4200m), 파르카칙패스(라고라; 3970m)

◆ **트레킹 방식** : 레스트하우스(Resthouse)/홈스테이(Homestay) 트레킹.

◆ **퍼밋** : 불필요

트레스폰 / 쿰바탕 / 쿰바탕에서 바라본 수루강변마을 토나(좌)-파로나(우) & 탑샤피크(5570m) 원경

1,2〉 수루밸리의 고대 불교유적: 파로나의 붓다암각화 & 카르체카르의 마이트리야 붓다(미륵불) 암각화
3〉 수루밸리 전형의 이슬람사원(카르체카르 모스크)

I. 일정가이드

1일차 : 출발〉 **카르길(2670m)~트레스폰(2820m)~파로나(2860m)~상쿠(2970m)~ 푸르틱체(3200m)~파니카르(수루; 3240m)/남수루(3220m)~ 아참부르(3300m)/톨루스(3270m)~통골(3350m)/욕마파르카칙 (3500m)~파르카리안(3490m)~파르카체(3520m; 눈·쿤 빙하어귀)** *(~파르카칙(3640m))* [차량이동 3~4시간]

하이킹(선택일정)〉 **파르카체(3520m)-눈·쿤 빙하 B.C.(빙하롓지; 4000m)** 탐승[왕복 4~5시간] ※ 지리에 익숙한 현지 가이드를 대동하고 통골 방면으로 하산루트*를 잡을 수도. 도중 험로 유의!
(☞ ★ 눈·쿤 OBC 트렉 참조)

✔ 신속한 여정진행이 여의치 않은 대중교통* 이용 시에 또는 아예 일정을 여유있게 잡고 나설 량이라면 본 일정을 2일에 걸쳐 나누어 진행토록 권고! (⇒ 1일차〉 카르길 ~파르카체 // 2일차〉 눈·쿤 빙하 하이킹)

* 대중교통(JK SRTC 버스) : 5월~10월 기간 카르길~상쿠~수루(파니카르)~파르카칙 1일 1회 (11:30) 운행. 단, 파니카르 행은 이른 아침 버스편(07:00)도 있음 (※ SRTC = State Road Transport Corporation)

인도령 JK(잠무카시미르) 주 스리나가르-라다크(레) 사이 카르길 지역(District)의 중심지이자 거점도시 **카르길**은 그러한 입지적 중요성의 한 축을 담당, 이로부터 서쪽 드라스밸리, 남쪽 수루밸리 수류가 이 카르길 분지에서 만나 어우러지며 북쪽 시가르(싱고)강 물길에 합류해 들어간다. 수루밸리 여정은 바로 이 남쪽 수루강을 거슬러 들어가는 행로로 중간의 **트레스폰, 상쿠** 등 거점마을들을 경유해 나아가며 상쿠에 이르러 동과 서로 다시 지계곡(움바계곡/카르체계곡)이 갈리는즉 이를 물리고 계속해서 하안노정 주계곡 수루 물길을 끼고 남진해 오른다. 거점지 **상쿠**는 수루밸리의 가장 큰 마을로 모여든 촌락의 규모도 크고 시장거리(Bazar)와 더불어 상점가도 제법 크게 길쭉이 형성되어있다. 여행자숙소(게스트하우스)는 그러나 단 두 곳으로, 닥(Dak) 방갈로 및 강변의 JK 주정부 운영 레스트하우스가 소재해있다. 이 상쿠 일원은 카르길 현지인들의 인기있는 나들이장소로도 유명, 특히

상쿠 중심거리

본격적인 하계시즌 7월에 접어들면 카르길의 많은 학교들이 버스를 대절하여 학생들을 싣고 본 수루밸리 일원으로의 야외활동(피크닉)에 나서는바 이로 인한 다소간 병목현상 및 교통정체를 빚기도 한다.

번잡한 상쿠 시내를 통과해 나아왔다면 다음 행선은 **푸르틱체**. 곧 눈·쿤* 봉우리의 완벽한 조망을 선사하는 가장 멋진 조망처이기도 하여 많은 여행객들이 허투루 지나치지 않고 머물렀다 가는 명소로서 자리매김한다. 아울러 푸르틱체의 수루 밸리 강변에 여행객 숙소로서의 방갈로(JK Tourism Alpine Bungalow) 및 게스트하우스 등 편의시설이 마련돼있어 여정상의 하루 머물 곳으로 선호하는 대상지이기도. 이어 다음 여정인 **파니카르**는 소위 '수루'의 명칭이 태동한 곳으로 달리 이 **'수루'**란 지명으로서도 통용되며 어원적으로 풀이하면 '물[파니]의 성[카르]'이란 뜻을 지니고 있는바 이는 곧 바로 앞 남동쪽에 장막처럼 길게 형성된 파르카칙 능선의 풍세에 연유하여 생성된 것으로 유추된다. 즉, 그 웅고하고 기다란 능선자락 아래 휘도는 물줄기인즉 '수루'이며 그 바로 아래 터잡은 너른 지평인즉 이러한 물(돌이)성 '파니-카르'인 것. 근교 명소로서 1836년 건립된 옛 힌두용사 조라와르 싱의 성〈조라와르 포트〉이 찾아볼만하다.

* 눈 = '소금'의 뜻 / 쿤 = '돌/바위'를 뜻하는 북쪽지방 유래어.

≈ 수루강 기슭에서의 눈·쿤 조망 ≈

1〉 푸르틱체에서 바라보이는 눈(7135m) 봉우리. 영락없는 소금더미의 형상이다. / 2〉 파니카르 직전 율죽마을녘에서의 정면 파르카칙패스(라고라; 3970m) 산릉 너머 쿤(7077m)-눈(7135m)-바르말(5813m) 연봉 조망

담사나 수루강변에서의 눈(7135m) (우) & 쿤(7077m)(좌) 전망 / 파니카르(수루) 들녘에서 타랑고즈빙하 방면 / 톨루스 산기슭에서 돌아본 수루강과 수루(파니카르)(좌) & 남수루(우)

남수루에서의 수루강 상류쪽 타랑고즈빙하 조망 / 톨루스(원) & 초스케르(근) 단구마을 전경 / 통골 마을 & 빙퇴골짜기

잔스카르 경계 펜지라(4400m)에서부터 내려오는 수루밸리의 총길이는 약 140km. 이 중 '수루' 명칭의 기원이 된 본 파니카르까지의 상류부 약 65km + 이후 카르길 시가르(싱고)강에 합류하는 하류부의 길이가 약 75km로 구획된다. 수루밸리 권역에 거주하는 전체 주민수는 약 3만. 대개가 티베트탄계- *라다크와 잔스카르에서 넘어온* - & 다르디스탄계- *인더스 연안지역에서 올라온* -의 후손이다. 16세기 중엽부터 이슬람문화가 지배하면서 그간의 불교적 풍토가 대체되고 오롯한 무슬림 세력을 형성케 되었다. 다만 깊숙한 골짜기 내원지경[사피(람바), 랑둠 등]에는 여전히 불교도 주민들이 터전을 이루어 살아가고도 있다. 파니카르에서 물줄기는 크게 세 갈래로 나뉘는데 서북쪽에서 유입되는 샨시계곡과 서남쪽에서 유입되는 첼롱계곡, 그리고 이들이 합해지는 수루밸리 본물길이다. 이중 서남향 첼롱계곡을 따라 거슬러오르면 히말라야산맥 주산령 론비라드패스(4450m) 혹은 보방갈리(4800m) 고개를 넘어 카시미르의 키슈트와르 지역 와르완밸리로 나아가는 트레킹루트가 열린다. 수루밸리 여로에 이를 연계하여 계획을 수립할 수도 있겠다. 단, 히말라야 주령을 넘는 행보는 실로 만만찮은 매우 험하고 고된 여정이기에 철저한 준비를 갖추고 나설 것 ! (✔ 현지가이드 필수. 편의시설 전무. 캠핑 최소 5~6일. ☞ 1-5. 와르완밸리(키슈트와르) 트레킹<주트레일 역순> & ☆ 대체루트; 보방갈리 트렉 참조.

수루밸리 여정은 계속해서 남서향으로 굽어지는 본물길 수루계곡을 따라 진행, 계곡 서안의 **아참부르~타랑고즈~통골** 마을을 경유해 나아가거나 또는 달리 파니카르에서 남수루브릿지를 건너 동안기슭 **남수루** 마을자락으로 옮겨간 후 그로부터 파르카칙 장릉의 하안산록길을 경유하여 **톨루스** 마을을 경유하여 진행해 간다. 자동차길로 닦인 두 길 모두 이윽고 수루계곡이 동향으로 크게 꺾어도는 협곡부 너머 **욕마파르카칙** 언덕부 지평에서 만나며 그로부터 동북향 상류물길 따라 북측 하안길로 진행, 그간의 형세와 풍광이 판연히 달라진 수루밸리 협곡하상의 **파르카리안-파르카체** 마을을 지나 마침내 수루밸리의 마지막 무슬림마을 **파르카칙** 하상고원에 당도케 된다.

1) 남수루 들녘에서의 통골빙하(좌)-타랑고즈빙하(중앙) & 첼롱계곡(우) 원경 / 2,3) 수루강 통골협곡 브릿지 경관 ⇒ 수루강 수직협 양안이 거의 붙어있는 형국으로 바로아래 수류는 가늠할 수조차 없다.

욕마파르카칙 하안들녘 & 수루계곡 상류 파르카칙 방면 / 파르카칙 하부마을(파르카체) & 바르말피크(5813m) 전경

눈·쿤빙하 & 파르카체 티하우스(숙식편의) / 카르길 발 JK 공영버스 / 파르카칙 JK-Tourist 레스트하우스(방갈로)

상부와 하부 두 구획으로 나뉘어져있는 파르카칙 마을은 호칭편의상 아랫마을은 '파르카체', 윗마을은 '파르카칙'이란 지명으로 가름한다. 카르길 대중교통(공영버스)은 파르카칙 상부마을까지 들어가며 늦은 오후 도착, 예서 하루 머물고 다음날 아침 새벽 카르길로 복귀한다. 상부와 하부 마을 중간 갈림길에 서쪽으로 난 찻길을 따라가면 주정부에서 운영하는 여행자숙소[JK 투어리스트 방갈로]가 마련돼있다. 숙소 앞마당에서 캠핑도 가능하며 굳이 이곳을 이용치 않고 전망 좋은 파르카칙 상부마을 일원의 녹지에서 캠핑하거나 아예 현지 무슬림들의 민가에 요청하여 홈스테이를 취해볼 수도 있겠다. 앞선 수루밸리 하류지역 수니파 마을인 파니카르, 상쿠, 트레스폰 등지와 달리 카르길 본지(중심지)와 같은 비교적 온건한 성향의 시아파 무슬림이라 외지인들의 민박요청에도 그리 거부감을 보이지 않고 선뜻 응해주며 매우 호의적인 태도로 맞이한다.✧ (※ 파르카칙 여행자숙소 : 파르카칙 마을 중턱부 JK 투어리스트 방갈로, 파르카체 수루강변 JAFFAPIYA 휴게소 & NUN KUN Glacer View 휴게소)

눈·쿤빙하 어귀(스나우트) / 파르카체-파르카칙 강마을 산촌과 쿤(좌)-눈(중앙)-바르말(우) 연봉 & 눈·쿤빙하 전경

☆ **잔스카르(파둠) 방면으로부터의 여정** : 파둠(3570m)~페(파예; 3550m)~아브란(3780m)~펜지라(4400m)~랑둠(3980m)~융퉁(3800m)~파르카칙(파르카체; 3520m) 경로로 이동.[차량이동 약 8~9시간.(☞ 2부 - 잔스카르 트레킹 〉 4-3. 잔스카르 내원 컬처트레일 〉 잔스카르 내원트레일 단기여정(차량이용-복귀) 참조.)]

⇒ 파둠~카르길 구간을 운행하는 8인승 승합지프 이용 가능하며 - *단, 운임은 파둠~카르길 구간 전액요금 지불(1인당 ₹ 1,500 ≒ 한화 약 ₩27,000 선)* - 여의치 않을 시 파둠~카르길 간을 오가는 트럭 히치하이킹으로도 이동 가능. (∵ 트럭이용 1인당 운임은 위 승합지프 요금의 1/3~1/2 정도로 사례.)

✧ 카시미르(북인도) 지역민 종교 분포

- 카시미르밸리(스리나가르분지) : 이슬람(수니*)
- 키슈트와르밸리 : 이슬람(수니) + 힌두
- 카르길(중심부) : 이슬람(시아*)
- 아리안밸리(인도령 인더스강 서부연안) : 이슬람(이스마일리*) + 뵌교(원시불교)
- 수루밸리 하부(상쿠~파니카르~퉁골) : 이슬람(수니)
- 수루밸리 중부(파르카칙) : 이슬람(시아)
- 수루밸리 상부(랑둠) : 불교
- 잔스카르(파둠) : 불교 + 이슬람(수니)
- 라다크(레) : 불교 + 이슬람(수니+시아)
- ※ 라하울 : 불교{라하울분지} + 힌두{찬드라바가(체나브강) 연안}
- ※ 스피티 : 불교

✔ 불교는 티베트 유래의 금강승불교(라마불교)를 표방.

* 이슬람교는 크게 4개의 분파로 정리할 수 있다. 서기 632년 이슬람교 창시자인 예언자 모하메드(마호멧)의 사후 후계자를 정하는 과정상의 대립에서 코란과 모하메드의 가르침을 근간으로 하는 **'수니파'**와, 반면 코란을 전파하고 일상생활에서도 모하메드의 사위인 **알리**의 자손으로서 최고 종교지도자인 이맘(Imam)의 교의와 설법을 중시하는 **'시아파'**(시아알리=알리추종자)로 분파되었는바, 이후 시아파의 종교지도자 선출에 반대하여 8세기에 시아파에서 분파되어 나와 이른바 "종교와 기도는 지극히 개인적인 일"로 주창하고 모스크를 주민공동회당으로 바꾸고 동시에 개방적이고 온건한 사고와 행동을 권장하는 '이스마일리' 파가 따로 독립케 되었다. 또다른 한편으론 이슬람 본래의 기조와 맥을 같이하는 **'수피'** 분파가 있는데, 원래는 인도 아대륙에서의 종교전파를 주된 목적으로 하여 태동한 종파로 과격 이슬람주의자들의 명분(종교전파; '개종 아니면 죽음')으로서 악용되기도 하였으나 현재는 그 중심사상인 '자비'와 '관용'을 기치로 대다수 무슬림들의 전통정서로서 자리매김하고 있다. 즉, 이슬람교 본연의 교리의 이해와 그에 상응하는 실천을 강조하며 종교행위에 있어 어떤 형식도 중요하지 않다는 점을 피력, 곧 형식보다는 마음과 신앙 그 자체에 더욱 우선순위를 둔다. 이들 이슬람 교파 중 75% 이상이 주류(정통파)인 수니파이며, 20%는 시아파, 그리고 이스마일리와 수피 등이 나머지 소수종파로서의 분포를 보이고 있다.

2일차 : 하이킹〉 *(파르카체(3520m)-(40분)-*파르카칙(3640m)-(1시간30분)-파르카칙패스(라고라; 3970m)-(2시간)-남수루브릿지(3000m)-(30분)-파니카르(수루; 3240m)~상쿠(2970m)~트레스폰(2820m)~카르길(2670m) [차량이동 2시간]

파르카체 하부마을에서 파르카칙 상부마을로의 오름길은 약 30분가량 소요된다. 전날 차편으로 파르카칙까지 올라와 머물 수도 있겠지만 그러잖을 경우 찻길 따라 길게 돌아오르지 말고 도보길 직행루트로 밟아 오른다. 도중 헷갈릴 수도 있으므로 잘 살펴 나아갈 것. 하지만 첫 언덕부만 넘어서면 시야가 훤히 트이기에 행로 잡아 나아가기에 큰 무리가 없다. 오름길 내내 뒤편 후방으로 장대한 눈·쿤 빙하의 풍광이 압권이다. 거칠게 쏟아붓는 대빙하 하단부의 세락과 크레바스는 가히 섬뜩함과 두려움을 자아내게 하는즉, 이의 파르카칙의 유래가 된 빙하*. 그 우측(서쪽)으로 불거진 소위 빙하릿지 능선부의 초원과 바위가 어우러진 풍광 또한 일품이다. 트레킹코스로도 많이들 오르내린다. (☞ ★ 눈·쿤 OBC 트렉 참조)

* **파르카칙** : 카시미리어 파르〈산〉+카칙〈얼음/빙하〉 = 라다키(티베트)어 강〈얼음/빙하〉+리〈산〉
∴ 파르카칙=강리='빙산(氷山)' ⇒ 얼음산; '눈' 봉우리와 빙하를 지칭. 한편 이로부터 따온 파르카칙이란 마을은 위/아래 촌락으로 구분돼있는데 혼동을 피하기 위해 윗마을은 현지인들이 부르는 지명 파르카칙으로, 아랫마을은 지도상에 나온 이름 파르카체를 준용하여 표명한다.

파르카체(하부)-파르카칙(상부) & 파르카칙패스 능선 | 눈·쿤빙하 | 눈(7135m) 만년설산 & 눈·쿤빙하-빙하릿지

파르카칙 상부마을에 이르러 본격적인 파르카칙패스(라고라*; 3970m) 하이킹이 시작된다. 옹기종기 들어앉은 마을집들을 가로질러 널찍한 버스정류장 광장을 지나면 동북향으로 싱그러운 초원부를 가로질러 이내 방목지 돌담장 넘어 가파른 산사면 오름길이 시작되는데 초입부 길찾기가 여의치 않아 종종 헤매기도 하는 구간이다. 하지만 곧장 오르기만 하면 바로 잘 나있는 지그재그 등행로와 만나게 되니 큰 어려움은 없다. 이로부터 가파른 돌길사면에 관목과 초지가 성근 비탈길을 지그재그 한 시간여 오르면 마침내 사위 전망이 탁 트인 고갯마루 정상. 직진하면 다시 내리막 루트를 경유하여 멀리 드넓게 바라보이는 수루(파니카르 & 남수루) 지경인즉 바야흐로 수루밸리의 좁은 통로 통골 협곡에 길이 뚫리지 않았던 시절 곧 수루 본마을과 왕래하던 파르카칙 사람들의 주 소통로였던 것.

* 라고라는 파르카칙패스를 파니카르 주민들이 달리 부르는 명칭으로, 티베트계의 이름〈~라〉을 표방

파르카칙 상부고원 & 바르말피크 / 파르카칙패스에서 바라본 파르카칙 수루계곡 / 파르카칙패스 기암릉 트레일

수루계곡 상류물길 & 파르카칙·파르카체 전경 / 눈·쿤 빙하릿지 & 쿤(7077m)-눈(7135m)-바르말(5813m) 연봉

파르카칙 고갯마루 정상에서의 풍광은 가히 장관이다. 올라온 남쪽 정면으로 거대한 눈·쿤 빙하의 풍모가, 그리고 날만 좋다면 그 위 우뚝선 어마어마한 소금산과도 같은 인도카시미르 제일봉 세칭 하얀 피라미드 눈(7135m) 봉우리의 위용이 장엄하다. 아울러 그 좌측(동쪽)으로 또 다르게 거무칙칙 험상궂은 돌바위 첨봉의 형상으로 직립한 쿤(7077m) 암산군의 운집 또한 시야를 장악한다. 일정여유를 갖고 나섰다면 고갯마루 북동릉으로 좀 더 오른 전망포인트를 다녀와보는 것도 권할만하다. 왕복 30분~1시간가량 투여, 더욱 훤칠히 드러나는 장대한 눈·쿤 빙하의 전모를 감상해볼 수 있다. 하얗게 눈부신 빛을 발하는 장엄한 얼음세상의 빙원 또한 한가득 펼쳐진다. 해서 얼음산 즉 '강리(=캉그리)'라 했던가. 달리 반대방향 동남쪽으로 파르카칙능선 긴 장릉을 타고 완만히 올라 약 1시간반 거리의 돌탑이 세워진 능선줄기 정상마루까지 탐방해봐도 좋다. 도중 목동들이 풀어놓은 가축 떼와도 조우, 이윽고 경사진 오르막 등행을 섭렵하면 험준한 바위봉우리 안부의 기암지대에 이르는데 조금 더 노고를 쏟아 다소 험준한 바윗길을 경유하여 최정상부에 올라설 수 있겠다. 이로부터의 사위 조망은 가히 수루밸리 최고의 절경대로서 북인도 카시미르의 카라코람부터 히말라야 뭇 산세와 골골이 첩첩한 만산골짜기의 풍치를 목도한다. 바야흐로 서쪽과 남쪽 히말라야에서 이의 카르길 지경 수루밸리로 넘어 이내 잔스카르 산경과 멀리 라다크 산줄기 그리고 그 너머의 더욱 아득한 카라코람의 첩첩산경까지 한 눈에 거머쥘 수 있음이다.

파르카칙 능선마루 전역 초지가 드리워있는바 예서 하룻밤 머무는 것 또한 최고의 매력. 단, 능선부 일원 물이 없으므로 식수를 충분히 준비하고 나서야 할 일이겠다. 혹은 북서편 너머로 파니카르 쪽으로 30분가량 내려가면 목동들이 사용하는 몇몇 야영지가 있는데 이곳에 작은 샘이 드리워있으므로 다소간 발품을 팔아 예까지 내려와 식수를 조달할 수도.(※ 갈수기에는 식수조달 불확실.)

1) 파르카칙패스 북쪽 수루밸리 코스케르-수루(파니카르)-남수루 방면. 멀리 떠오른 설산령은 탑샤(5570m) 산군
2) 파니카르 하산 후 되돌아본 파르카칙패스 능선 & 쿤(7077m)-눈(7135m)-바르말(5813m) 연봉

하산은 왔던 길로 되돌아 파르카칙 마을로 하산하거나, 또는 아예 루트를 달리하여 곧 과거 수루~파르카칙 옛길 탐승여정으로 이제 파르카칙패스 평탄부에서 곧장 북서향으로 완만히 내려앉는 목동길을 따라 진행, 서북사면의 초지부를 경유하여 길게 이어지는 트레일을 밟아 **남수루**까지 하산해 내려간다. 그로부터 1시간쯤 나아가 산자락 하단부 메마른 푸석사면을 가로지르고 이어 비포장 찻길이 드리우는 옆길을 따라 하산, 다시 1시간쯤 이어가면 비로소 녹지와 숲지대가 성근 남수루 마을녘에 당도. 곧바로 서쪽 강변길로 나아가 수루(카르차)강 물길을 가로지르는 남수루브릿지를 건너면 이의 수루 본마을 **파니카르**에 이른다. 곧 파니카르에서 차량편(버스/지프)을 이용 카르길로 복귀하는 것으로 본 여정을 맺음한다.

※ 하이킹 일정을 마치고 파르카칙이나 파니카르에서 카르길 복귀 대신 다시 상류방향으로 거슬러 랑둠-파둠 방면으로의 잔스카르 확장여정으로 기획할 수도. 단, 파니카르/파르카칙~잔스카르(파둠) 대중교통이 여의치 않으므로 만약 전용차량편이 확보되어있지 않다면 현지 택시(지프)를 대절하여 이동하든가, 개인여행객인 경우 카르길~잔스카르(파둠) 구간을 오가는 화물트럭 등을 이용(히치하이킹)하여 이동하는 방편을 모색. (∵ 트럭 히치하이킹 시 기존 카르길~파둠 간 승합지프 요금(1인당 ₹1,500)의 1/3~1/2 정도로 흥정하면 무난.)

❖ 보방갈리/론비라드패스(복톨갈리) 등 히말라얀패스 크로스트레킹이 기획되어 있을 경우 파니카르에서 곧바로 서남 방면 첼롱계곡으로 진입하여 도나라(데노라)까지[도보 2~3시간] 진행할 수도 있겠다. 단, 체크포스트를 거쳐야 하며 카르길 현지의 트레킹 전문 에이전시를 통해 진행되어야 한다.(단독추진 불허!) ☞ 1-5. 와르완밸리(키슈트와르) 트레킹 〉△ 론비라드패스(보트콜갈리/칸스갈리) 트렉 △ 부분 참조.

★ 눈·쿤 OBC* 트렉

- **개략** : 카시미르의 7천미터급 맹봉 눈(7135m)·쿤(7077m) 산군의 서부 베이스캠프를 탐승하고 돌아오는 트레킹코스이다. 이 카시미르밸리의 최고봉 눈과 쿤 봉우리는 각각 40년의 시차를 두고 초등이 이루어졌는데, 먼저 등정된 것은 1913년 이탈리아의 등반가 마리오 피아첸자에 의해 북동릿지를 통해 올라선 쿤(7077m) 봉우리이다. 그로부터 40년 뒤 베르나르 피에르(Bernard Pierre)와 피에르 비토즈(Pierre Vittoz)가 이끈 프랑스-스위스-인도 합동대에 의해 1953년 **서부릿지**를 통해 난공의 백색 피라미드 눈(7135m) 봉우리가 비로소 정상을 내주었다. 현재 등반원정대가 실질적인 등정에 나서는 알파인 베이스캠프는 눈·쿤 바로 북쪽 빙원으로 옮겨가고 본 **서쪽의 베이스캠프**는 말 그대로 옛(Old) 베이스캠프(B.C.)로 남게 되었다. 현지 목동들만 간간이 오가는 잊혀진 코스가 되었으나 근래 들어 차츰 수루밸리 방문 인원이 늘면서 이의 통골~OBC 루트를 탐승코자 하는 트레커들의 발걸음이 잦아지고 있는 추세다. 최상부의 센틱라(4970m)를 넘어 카시미르의 와르완밸리 지경으로 나아갈 수도 있으나 거대한 빙하지대(사가빙하)가 도사리고 있어 난해한 루트를 찾아 나서기에 어려움이 많고 또 낙석과 크레바스의 위험도 상당하다. 정히 나서려거든 필히 루트를 잘 아는 현지인(주로 목동들)을 대동하고 만반의 안전장비[크램폰(아이젠)/로프(자일)/아이스액스(하켄) 등]를 갖추고 나서라. 현지 목동들 개중에는 구둣발로 이 센틱라를 넘어댕겼(!)다고도. 믿거나 말거나...

✔ **주의사항** : 루트를 잘 아는 현지가이드를 필히 대동하고 나설 것.

- **1일〉** 파르카칙(파르카체; 3520m)-(20분)-카르차브릿지(3180m)-(2시간30분)-빙하릿지캠프(목동거처=눈·쿤 빙하 B.C.; 4000m)-(1시간)-릿지TM*(상부초지; 4200m)-(40분)-**빙하릿지캠프(4000m)** 귀환 [런치캠프 - 오후시간 눈·쿤빙하 하단부 탐승계획 상정 가능(왕복 3~4시간)]

파르카칙 하부마을(**파르카체**)에서 수루계곡 인도교(**카르차브릿지**) 건너편 남쪽으로 눈·쿤 빙하(강리빙하) 우측(서쪽)사면으로 등행해 이어지는 목동길을 따라 오른다. 이의 빙하릿지 트레일 도중 샘(식수원)이 있는 목동거처 몇 군데를 지나는바 참고토록. 초반부 완사면 등성이로 오르자 이내 막아서는 급준한 바위지대를 직등해 오르기 어렵기에 우측(서쪽)으로 초지부가 성근 능선사면을 크게 지그재그로 돌아돌아 올라서게 돼있다. 이어 다시 드리우는 초지부, 그러나 곧바로 가파른 오르막으로 타고 올라서야 되니 힘깨나 들고 고달픈 행보이다. 특히 큰 짐을 메고 오를시 더더욱 고역이겠다. 이러한 노고는 빙하릿지 정상부(**빙하릿지캠프; 4000m**)에 이르러 제대로 보답받는다. 잔잔한 초지가 펼쳐진 능선언덕부 발아래로까지 펼쳐진 휘황찬란한 장대한 눈·쿤 빙하의 위용이 시야를 장악, 바야흐로 카시미르밸리 최고봉 눈(7135m)

북사면 상층부에서부터 흘러내린 장엄한 빙폭 바로 이의 눈·쿤 빙하의 압도적 장관이다. 혹 카라코람을 방문해본 이들이라면 파키스탄 북부 라카포시(7788m)* 미나핀빙하에 버금가는 감흥임을 지울 수 없을 것. 빙하릿지 상층부 풀이 무성한 반반한 초지언덕에 캠프를 차릴 수 있겠으나 단, 물을 구하기 어렵다는 점 또한 주목. 식수를 미리 충분히 준비하고 나서야 하겠다. 시간여유 있을시 이로부터 바위지대가 성근 남쪽 능선줄기를 계속 따라 올라 약 2백미터 상부의 보다 멋진 전망포인트 (릿지 TM*; 4200m)까지 탐승하거나 아예 그곳까지 올라 캠핑을 취할 수도.

한편 이 눈·쿤 거대빙하를 더욱 가까이 섭렵코자 동측사면 아래 곧바로 빙하 표면부로 내려서서 이의 빙하루트(빙하골)를 따라 오를 수도 있겠다. 시나브로 눈(7135m) 백색피라미드 봉우리와 더불어 그로부터 흘러내린 거대 빙폭을 코앞 마주한다. 보행에 유의해야 함은 물론. 아닌게아니라 빙퇴작용에 의한 바위파편과 날카로운 돌 부스러기 험로가 오르내림 상에 점철돼있다. 빙하표면으로 걸을 시에는 크레바스에도 유의. 하여 전문 빙상등반장비를 지참치 않았다면 일정거리 이상 오르기는 무리인바 (매우 위험!) 다시 길을 되돌려 본 릿지캠프로 귀환토록.

카르차브릿지 건너 눈·쿤빙하 & 빙하릿지 등사면 / 눈·쿤빙하 우편 빙하릿지 등행루트 & 눈(7135m) 만년설봉

1) 눈·쿤 빙하릿지 전경 & 눈(7135m)-바르말(5813m) 산봉
2) 눈·쿤빙하 어귀(스나우트)에서 바라본 빙하릿지 & 상부메도우(릿지TM)

* OBC = Old Base Camp / OHC = Old High Camp
* TM = Top Meadows
* 라카포시(7788m) : ☞ 1권 - K2 트레킹 〉 2-1. 라카포시 & 디란 B.C. 트레킹 참고.

> ・2일〉 릿지TM(상부초지; 4200m)/빙하릿지캠프(4000m)-〈초지사면+절벽길 험로〉
> (1시간30분)-절벽통로(3800m)-(2시간)-통골안부(3500m; 수루계곡변)-
> (1시간)-통골 메도우캠프(3750m)-(1시간30분)-눈·쿤 OBC(4200m)

상부초지(릿지 TM; 4200m)에서 캠핑했을 시 **빙하릿지캠프(4000m)**로 되내려올 필요 없이 곧바로 좌측(서부) 바위산록으로 난 비스듬히 경사진 허리길로 내려서서 진행할 수 있으며, 달리 남쪽 오르막 바위능선을 넘어 또다른 초지안부에 이른 후 곧바로 서쪽 경사진 내리막사면으로 초지길을 밟아 하행길로 섭렵해 나아올 수도 있다. 단, 이 경우 우뚝 돌출한 암릉길을 타고 넘을 시 안전에 각별히 유의.(⇒ 일반 트레킹으로 섭렵할 수 있는 눈·쿤 빙하 트레일의 최고 전망능선이기도.)

눈·쿤 빙하릿지 상부메도우(릿지 TM) 방면 / 눈·쿤빙하 릿지메도우 트레일 & 쿤(7077m)-눈(7135m) 운무

눈·쿤 빙하릿지 서부산록루트 전경   서부산록사면 절벽통로 구간

이어 OBC(구(舊) 눈·쿤 B.C.)를 향해 수루밸리 방면으로 내닫는 하산길은 때로 위험한 절벽루트를 통과해 나아가야 하는 실로 만만찮은 트레일. 먼저 눈·쿤 빙하릿지의 서쪽 가파른 초지사면을 밟아 내리며 곧 조금씩 완만해지는 산록 허리길을 따라 발아래 급준히 놓인 수루협곡 물길 흐름과 나란히 남서향으로 진행, 이윽고 험준한 수직절벽지대를 따라서 좌편으로 길게 이어지는 완사면의 초원부를 섭렵해 나아가면 이내 부드러운 초지사면 좁은 통로로 형성된 층층내리막(**절벽통로**)이 나오는데 이 지점 말고는 통골 방면으로 넘어설 수 있는 루트가 없으니 유념키 바란다. 이로부터 루트를 밟아 내리면 다시 부드러운 완경사의 초지산록이 드리우는데 북쪽에서 올라오는 파르카체 목동길과도 만난다. 계속해서 남서진 행로로 점차 수루계곡 물길과 가까이 다가가면서는 얼마지 않아 산 위에서 길게 흘러내린 좁은 빙퇴계곡들과 조우, 제법 까다로운 이 빙퇴골짜기를 잘 통과하여 맞은편으로 건너서면 이제

바로 앞 바라보이는 **통골 계곡안부(수루계곡변)**까지는 크게 어려움은 없다. 예서 통골 방면 계곡방향으로 내려서면 곧바로 수루계곡의 거칠고 세찬 본 협곡 물길과 맞닥뜨리게 되나 그리로 내려서서 계곡을 도하하는 것은 불가능. 고로 다시금 가파른 초지사면을 기어올라 통골계곡(센틱계곡) 초입부 목초지대로 진행해야 함인즉, 바야흐로 수루계곡 물길에 가까이 다가선 연후에 그러나 뚜렷한 서쪽 목동길을 버리고 남서향으로 초지사면이 형성된 산록길을 밟아 등행, 1시간쯤 오르면 곧 거대한 빙하골짜기 중층부의 **초지안부(메도우캠프)**에 이른다. 주위로 깨끗한 샘이 흐르는 식수원이 있어 입지도 괜찮은 고로 예서 캠프를 취할 수도 있겠으나 시간과 체력에 딱히 문제가 없다면 기왕 좀 더 나아가 옛 눈·쿤 등정 베이스캠프 이른바 OBC 캠프지에까지 나아가길 종용한다. 그로부터 계속해서 오르막사면의 다소 험한 돌길, 성가신 자갈길을 섭렵 진행, 간혹 길흔적도 아스라한 트레일을 따라 마침내 목적지 **구(舊) 눈·쿤 B.C.(OBC)**에 도착. 이 역시 통골 주민 목동들의 방목지캠프로서 식수 조달 문제없고 초지 분위기도 넉넉하니 푸근하고 좋아 가히 눈·쿤 루트 상의 최적 캠프지로서 호칭할만하다.

빙하릿지 서면 산록루트 & 바르말(5813m) 운무   통골 진로 기슭사면 & 바르말(5813m) 첨봉

1) 통골 센틱계곡 어귀 / 2) 센틱계곡 등행뒤안길 통골마을 방면 (※ *사진협조*: Jean Luc Fohal & Petr Liska)
3) 센틱계곡 등로 상층부에서 돌아본 수루밸리 상류 통골~파르카칙 방면 & 쿤(7077m) 봉우리(우중앙)

· 3일〉 통골 B.C.(눈·쿤 OBC; 4200m)…센틱라 B.C.(눈·쿤 OHC; 4460m) 탐승 후 OBC(4200m) 귀환 [왕복 3~4시간]

눈·쿤 B.C. 남쪽으로 빙하계곡을 거슬러올라 센틱라(4970m; 히말라얀패스) 방면으로 향하는 루트는 트레일이 확연치 않아 자칫 길을 헤맬 수 있으나 단지 이 V자 빙하계곡 정면으로 바라보고 오르면 이윽고 빙하루트가 좌우 갈래로 나뉘는 평탄부

의 **하이캠프**(OHC; 4460m)에 도달한다.[약 1시간 소요.] 좌측 가파른 동측 모레인 사면(4700m; **전망포인트**) 위로 오르면 곧 눈·쿤 본빙하의 장엄한 풍광에 맞닥뜨리는데 실로 이 웅장한 백색거봉 눈(7135m) 상층부로부터 이내 파르카체 수루밸리 아래로까지 장엄하게 쏟아져 흘러내린 거대한 빙폭&빙원은 보는 이의 말문이 막히게 한다. 단, 전문 등반장비 없이는 더 이상 진행키는 곤란, – *이후 크레바스빙하지대로서 이를 우회하려면 옆의 50m 절벽을 올라야 함.* – 이만 눈으로만 담고 되돌아 내려설 것. [∵ 하이캠프-눈·쿤 전망포인트 왕복 2시간 내외.] 한편 히말라야산맥 인더스 분수계 **센틱라**(4970m) 등행은 하이캠프 우측 곧 남쪽비탈 오름길로 직진하여 올라설 수 있는데 역시 센틱라 정상까지는 크레바스가 산재한 위험한 빙하지역으로 반드시 경험 많은 전문 가이드(혹은 루트를 잘 아는 경험 풍부한 현지 목동 등) 대동 및 로프/크램폰 등 안전장비를 갖추고 나서야 함이다. (∵ 나아가 이 센틱라 넘어 본 히말라야 주산령 통과여정에 나서는 경우 역시 이 너머의 사가빙하(카니탈빙하)~카니탈 B.C.까지도 마찬가지.) 그러지 못한다면 단지 하이캠프(OHC)까지만 탐승, 길을 되돌려 OBC로 하산할 것.

파르카칙 서북릉에서 담아본 센틱계곡 내경 / 눈·쿤 OBC-센틱라 B.C.-센틱라(4970m)(우중앙) 설사면 원경

1) 센틱라 B.C. & 센틱라(4970m)(우측끝 능선) / 2) 센틱빙하 배경 눈·쿤빙원 빙퇴릿지 등로
3) 눈·쿤빙원에서 센틱빙하로 흘러내린 빙폭자락 [※ *사진협조: Jean Luc Fohal*]

바야흐로 해발고도 5천미터에 육박하는 히말라얀고개 센틱라(4970m) 정상능선까지 오르면 북쪽으로 V자 협곡을 이룬 가파른 통골밸리와 대조적으로 남쪽 온통 눈부신 거대한 백색 빙하고원을 이룬 사가빙하골짜기의 장려한 풍광이 환하게 펼쳐진다. 실로 꿈인지 현실인지 구분키 어려울 장관을 목도케 됨인즉 !

·4일〉 통골 B.C.(눈·쿤 OBC; 4200m)-(2시간)-통골(센틱; 3350m) / 통골(3350m) ~파니카르(수루; 3240m)~푸르틱체(3200m)~샹쿠(2970m)~트레스폰(2820m) ~카르길(2670m) 복귀[차량이동 3시간] 또는, 통골(3350m)~파르카칙 (파르카체; 3520m)~융룽(샤팟; 3920m)~율독(줄리독; 3970m)-랑둠 (3980m; CP)~랑둠곰파(4030m)~타시동테(4020m)~칠룽도(4080m)~ 펜지라(4400m~····~잔스카르(파둠; 3570m) 여정확대 [차량이동 8~9시간]

눈·쿤 베이스캠프(OBC)에서 계곡부 하행길로 뚜렷한 트레일을 따라 통골 마을까지 하산한다. 약 2시간가량 소요되며 이윽고 통골 상부마을(센틱) 못미처 수루밸리 협곡부가 바라보이는 안부지대에 이르러 서쪽으로 길을 잡아 이내 북쪽에서 내려오는 빙하계곡의 계류를 건넌 후 바로 통골 마을에 도착해 내린다. 이로써 험난하고도 환상적이었던 눈·쿤 트레킹은 종료! 통골을 오가는 차량편(버스/지프)을 이용, 카르길 귀환여로에 임하거나 또는 확장여정 잔스카르(파둠) 행선으로 연계할 수 있겠다. (☞ 2부 - 잔스카르 트레킹〉잔스카르 내원 컬처트레일〉잔스카르 내원트레일 단기여정(차량이용-복귀) 참고(역방향))

1) 하늘에서 바라본 눈(7135m)(중앙)-쿤(7077m)(우) 만년설릉. 멀리 펀잡히말라야의 맹주 낭가파르밧(8126m; 파키스탄)이 떠올라있다. / 2) 눈·쿤 산군 & 빙하 항공조망 [※ 사진협조: Romesh Bhattachrji]

1) 캠프1(ABC)에서 바라본 눈(7135m) / 2) 등정 뒤안길의 캠프2 풍경
3) 눈(7135m) 정상에서 바라본 쿤(7077m) (좌) & 피너클(6930m)(중앙) [※ 사진협조: Jean Luc Fohal]

1) 눈(7135m) 정상조망 - 키슈트와르밸리 방면 운해 / 2) 쿤(7077m) 봉우리
3) 사가빙하 바르말라(5050m)에서의 눈(우중앙)-쿤(중앙) 조망

파르카칙 능선에서의 수루밸리 남방 히말라야산맥 풍광. 좌로부터 운무 속 쿤(7077m)-눈(7135m)-바르말(5813m), 중앙 볼록한 파르카칙릿지(4200m) 좌우 센틱빙하-통골빙하(운무)에 이어 우측 타랑고즈빙하가 시야에 놓인다.

≈ 잔스카르 여정행로 ≈

윰퉁(샤팟) 경찰포스트   율독(랑둠 방면)   랑둠 마을 & 눈·쿤 산군 원경

랑둠곰파   타시동테

펜지라(4400m) 초르텐(불탑) & 타르초(기도깃발)   펜지라 너머의 드롱드룽빙하(잔스카르 최대빙하)

도다추(계곡) 악슈브릿지   아브란 갈림목   파예

잔스카르 파둠 전경(잔스카르강 하류방향)   잔스카르 우바락(6157m) 산군 & 파둠 원경(카르샤에서)

1-6-2. 카르체밸리 와카라 트렉

◆ **개략** : 수루밸리의 카르체계곡은 고대 불교문화가 융성했던 곳으로 알려져 있으나 현재는 빛바랜 **붓다의 석조상**만 남아있을 뿐 옛 모습은 현재의 이슬람 문화와 풍토로 대체되어 찾아보기 어렵다. 이 카르체밸리 내원으로 진입, 옛 불교시절의 영화를 되짚어보며 트레킹에 나선다. 계곡 안쪽 마지막 마을을 지나고 나면 깊고 험한 골짜기는 더욱 삭막하고 적막하여 인적이 거의 없는 무주공산이나 다름없다. 그리고 해발 5천미터가 넘는 마지막 **와카라**를 넘고 나면 이내 잔스카르의 풍토로 발을 들인다. 바로 티베트불교의 표상 랑둠곰파가 자리한 잔스카르의 최서단 지경이다. 수루밸리의 최후방 구간이기도 한 **랑둠**은 한편 본원 카르길과는 완연히 다른 환경과 풍치를 머금고 있다. 최상류 수루계곡의 풍정 또한 완전히 달라져있다. 해발 4천미터에 육박하는 너른 고원습지에 이어 주변 산세들도 초록을 완전히 벗고 울퉁불퉁 험상궂은 바위산의 모습과 더불어 멀리 희끗한 빙하의 모습들도 골골이 피어난다. 연계하여 랑둠~펜지라(4400m)~파둠(잔스카르) 사파리 내지는 트레킹을 좀 더 확장해 랑둠-칸지라(5250m)-칸지 혹은 랑둠-풋종라(5020m)-링셋 루트로 이어갈 수 있다.

◆ **트레킹 적기** : 6월~9월 (∴ 최적기는 7~8월)

◆ **트레킹 최고점** : 와카라(랑둠패스; 5260m)

◆ **트레킹 방식** : **캠핑트레킹**(※ 운반짐승 대동 불가. 와카라 상부구간 빙하지대 경유)

◆ **퍼밋** : 불필요

◆ **주의사항** : 이 루트는 그리 대중적인 트레일이 아니므로 독자적으로 추진시 실지 지리에 능통한 길잡이- *상쿠나 카르체카르 등 현지 마을에서 섭외 가능* -를 필히 대동하고 나설 것. 아울러 와카라 오름길 도중 위험한 빙하지대가 드리워져있으므로 통과에 각별히 유의. (※ 에이전시를 통해 기획시 최소 2주 전 카르길의 현지에이전시에 의뢰하여 준비. 라다크의 레(Leh) 에이전시보다 카르길 에이전시에 의뢰하는 것이 유리*)

★ **중요!)** 참고로 '와카'란 지리명칭은 카르길 지역(District) 내 두 곳이 있다. 하나는 본 트레일 하산행로 수루밸리 랑둠 방면으로의 와카톡포(계곡)이며 또다른 하나는 반대편 북쪽너머 곧 스리나가르~카르길~레 하이웨이(NH1) 상에 나란히 드리우는 샤르골-물벡 일대의 계곡골짜기(=와카밸리)이다. 곧 제법 촌락과 인구가 형성된 이 물벡 일대 와카계곡을 보통은 먼저 떠올리게 되는데, 모름지기 본 수루밸리의 와카라 트렉을 직접 섭렵해본 경력이 없는 에이전시의 경우라면 역시나 그렇게 이 와카밸리 물벡 남쪽 상류골짜기 루트로 오인할 수도 있음을 유념. 고로 필히 **"수루밸리의 와카라 트렉"** 임을 주지토록.

I. 일정가이드

※ { } 안은 사피라-루시라 트레일- ☞ *1-4-3. 사이드트레일 > ST-1) 사피라 · 루시라 트레일 참조* -과 연계하여 트레킹시의 진행일차

1일차 : 차량이동〉 카르길(2670m)~트레스폰(2,780m)~상쿠(2920m)~카르체카르*(3070m)~〈카르체(풀랑파)계곡〉~상그라(3200m)~쉬스푸르(3300m)~바르투(3400m)~샤르군딕(3440m)~링베르(3520m)~이추(3760m)

카르길에서 차량편으로 수루밸리 상쿠 마을 경유 카르체계곡 마지막부락 이추 마을까지 들어간다. 하루 1회 버스편[카르길에서 오후 출발(14:00경)]이 있으나 여의치 않을 경우 상쿠까지 차편 이용 후 상쿠에서 카르체카르~쉬스푸르~바르투~이추 내원을 오가는 승합지프편을 활용(또는 대절)하여 진입할 수도 있겠다. 무릇 이 카르체밸리의 중간지점 쉬스푸르까지의 하류부는 카르체계곡, 이후 내원지경 상류부는 풀랑파계곡으로서 불린다. 이의 쉬스푸르 마을 지나 곧 다음 여정인 바르투~이추 구간은 더욱 깊숙한 산악오지 내원으로서 산세도 험준, 도로 상태도 그만큼 불량하다. 해서 혹 차량이동이 불가할 경우도 상정, 이 경우 도보(트레킹)이동 3~4시간 가량 잡는다. 마지막 이추 마을은 민가 몇 채 있는 소규모 촌락으로 무슬림(수니) 주민의 특성상 홈스테이 요청이 그리 녹록치 않아 근처 적당한 곳을 찾아 캠핑토록 권고한다.

* 카르체 마을에는 1천5백년 전(7세기경) 음각된 불교유적 이른바 '카르체붓다'라고 하는 거대한 마이트리야 붓다(미륵부처) 바위조각상이 소재하고 있다. 허나 이 뛰어난 고대의 명승유물인 카르체붓다 유적은 이후 16세기부터 이 지역에 들어선 이슬람문화 성향에 의거, 제대로 관리되지 못하고 거반 방치되다시피 한 실정이다. 이 마을지명을 일컫는 카르체카르는 한편 옛 수루밸리를 장악하고 세력을 떨쳤던 구 카르체 왕국의 도읍(=성[카르])이었다는 데서 연유한 이름이다.

 /  /

카르체밸리(우) 진입부(랑카르체에서) / 상쿠 산록분지 원경 & 탑샤(5570m) 암산릉 / 상쿠 시내

 /  /

카르체밸리 어귀(상쿠에서) / 카르체카르(고성) / 카르체카르 마이트리야 붓다(미륵불) 암각화

카르체카르 산록 들판 전경

카르체밸리 풀랑파계곡 상류방향

≈ 카르체밸리 내원 풍경 *(※ 사진협조: Pierre Martin)* ≈

카르체카르 마을

상그라

쉬스푸르 풀랑파계곡

쉬스푸르

바르투

바르투 Trekker's Hut

2{5}일차 : 트레킹〉 이추(3760m)-(3~4시간)-풀랑파 리버캠프(4300m)
[런치캠프]

이추 마을 동쪽으로 깊숙이 펼쳐지는 풀랑파 계곡 내원지경으로 진입해 들어간다. 서서히 오르는 골짜기길 따라 3시간여 나아가면 이윽고 너른 평탄부 하안초지에 이르는데 조금 더 올라가 방목지가 드리운 계곡가 초지부에 캠프를 차리고 머문다. 등행시간이 그리 많이 걸리지 않아 아침에 나섰다면 대략 점심시간 이전에 도착할 수 있을 것. 런치캠프를 취하고 고소적응 겸한 주변 지계곡 골짜기 등지로의 탐승일정에 오후시간을 할애해도 좋다. 대체적인 산세는 메마른 바위산군과 삭막한 암산골짜기로 이룩돼있다.

풀랑파 리버캠프 일대 *(※ 사진협조: Antoine Marnat)*

3{6}일차 : 풀랑파 리버캠프(4300m)-(3~4시간)-와카라 B.C.(4800m)
[런치캠프]

하안캠프지를 떠나 계속 주계곡을 따라 등행해 오른다. 계곡이 이윽고 남향으로 들어지면서는 고도가 높아진 만큼 좌우 산세는 느지막이 완만한 형세로 계곡하상을 더욱 넓게 펼치운다. 곧 해발 4천6백미터대를 넘어서면서부터 주계곡 등행길에 모레인 지형이 펼쳐지고 돌바위 푸석길을 밟아 올라 마지막 계곡 말미의 빙하지대와 만년설산릉이 바라보이는 상층부 계곡분지에 올라선다. 해발 4800m에 이르는 이 풀랑파계곡의 최상류 바로 좌측(남향) 와카라(5260m)로 넘어가기 직전 안부의 베이스캠프임이다. 모레인지형의 그럭저럭 평평한 곳에 자리잡아 야영토록. 해발고도가 높기에 밤사이 고소증에 각별히 주의한다. 시간거리상으로 그리 멀지 않아 런치캠프가 가능하며 오후시간은 마찬가지로 다음날 5천2백미터 와카라를 넘기 위한 사전 고소적응 차원에서의 주변 탐승 하이킹을 종용한다. 와카라 남서 방향으로 본 풀랑파계곡 발원부의 풀랑파빙하 일대를 탐사해보는 것도 좋을 듯. 딱히 루트가 없고 빙하지대 위험요소가 산재해있으므로 행보에 주의를 기울일 것.

4{7}일차 : 와카라 B.C.(4800m)-(2~3시간)-와카라(랑둠패스; 5260m)-(2시간 30분)-와카룽파(와카날라; 4360m)-(2시간30분)-랑둠(3900m)

마지막 난관 해발 5260m의 **와카라(랑둠패스)** 고개를 넘는 날이다. 빙하지대를 거슬러 남동방향으로 오르며 비탈진 오르막과 아랫자락 위험한 크레바스 지형에 실족치 않도록 유의한다. 베이스캠프를 출발, 두어 시간쯤 천천히 오르면 마침내 시야가 뻥 뚫린 고갯마루 정상에 당도한다. 세간에 넘어다녔음을 암시하는 옛 케른이 무너진 채 놓여있으며 빛바랜 타르초(기도깃발)가 휘날리고 있기도 하다. 연중 몇몇 모험꾼 탐험꾼 트레커들 외에는 거진 오르내림 없는 이 루트는 모름지기 카시미르-잔스카르-라다크 산계의 가장 험난한 트렉 중의 하나로 시나브로 찾는 이가 더더욱 줄어들면서 지도상에조차 잊혀진 루트가 되어가고 있다. 그래도 이 외진

와카라 넘어선 랑둠 방면 분지골(와카톡포 물골시작부). 후방 중앙의 잘록한 능선이 와카라(5260m) 고갯마루.
(※ 사진협조: Antoine Marnat)

험산령 넘어 이내 발아래 잔스카르 랑둠 지평에 발을 들이게 되었노라면 자못 잊지 못할 남다른 감회에 사무칠 터! 전망은 북쪽과 남쪽, 동쪽으로 열리는데 수많은 이름 없는 첩첩한 골산 봉우리와 색색의 암산릉들이 도열, 이루 헤아리기 어렵다. 일기가 좋을 시 서남방 바위산령 사이로 멀찍이 눈(7135m)· 쿤(7077m) 봉우리가 어렴풋 가늠되기도.

고개 넘어 하산은 남서향 내리막으로 가파른 산세를 타고 내린다. 곧바로 와카라 빙하 기슭자락으로 붙어내리면서는 역시 빙상구간 내리막 통과에 유의. 1시간쯤 내려서면 이내 평퍼짐한 분지골에 이르는데 빙상지대는 갈무리되고 완사면의 내리막길로 정남향 골짜기 따라 하산, 그로부터 바윗골 푸석길 밟아 내리며 약 1시간쯤 거리의 계곡합수지(**와카룽파**)에 이르고 계속해서 남서향으로 굽어지는 계곡 따라 진행하여 이윽고 골짜기 하상이 넓게 벌어지면서 정면으로 광활한 습윤평원이 바라보이는 수루밸리 최상부 **랑둠** 분지에 안착한다. 평탄부로 나오는 합류목 언저리의 비포장길과 맞닥뜨리면 곧 양방

와카룽파(와카톡포)(※ 사진: Antoine Marnat)

향으로 이정을 잡을 수 있는데 우측(서쪽) 방향으로는 민가가 소재한 **랑둠 마을**, 좌측(남쪽) 방향은 고풍스런 언덕 위 불교사원이 들어선 **랑둠곰파**로 나아가게 된다. 두 곳 모두 여행자를 위한 숙박편의시설이 마련돼있으므로 취사선택하여 행보를 지으면 되겠다. 합류목에서 양쪽 각각 1시간여 거리. (∴ 랑둠의 숙박시설로 최근 지어진 Tourist Complex와 함께 바로 옆 게스트하우스, 홈스테이하우스 등이 있다. 아울러 랑둠곰파 하부의 군 캠프 뒤쪽에 마련된 글램핑텐트를 이용하여 숙박할 수도.) 참고로 이 랑둠 일대 해발 4천미터에 육박하는 높디높은 고산지대임에도 불구 여름철(7~8월) 모기가 실로 극성임을 유념하라. 특히 밤사이 더욱 판을 치는데 참으로 기이한 현상이 아닐 수 없다. 아마도 기후변화에 따른 이의 랑둠고원 광활한 습지 분포가 원인일 듯.

와카톡포 계곡출구(와카톡포브릿지) / 랑둠 마을(상행 와카톡포밸리 방향) / 랑둠곰파 & 글램핑 관광숙박시설

랑둠 Tourist Bungalow / 타시동테에서 바라본 랑둠곰파언덕 & 와카톡포밸리(중앙 우측골짜기)

5{8}일차 : 복귀〉 랑둠(3900m)~율독(줄리독; 3970m)~융퉁(샤팟; 3800m)~
파르카칙(파르카체; 3520m)~파니카르(3240m)~푸르틱체(3200m)
~상쿠(2970m)~트레스폰(2820m)~카르길(2670m) [차량이동 6~7시간]
또는, 랑둠(3900m)~펜지라(4400m)~잔스카르(파둠; 3570m) 여정
확대 [차량이동 5~6시간]

차량편 복귀시 랑둠(마을)에서 카르길 복귀행로로 곧바로 나서지 않고 인근 랑둠 곰파 탐방을 포함하여 복귀일정을 수립할 수 있겠다. 단, 도보이동 시 랑둠~랑둠 곰파 왕복 약 3~4시간 잡아야 함인즉 추가일정이 필요할 수도 있다. 차량을 활용하여 다녀오고자 한다면 대중교통편 이용은 거의 불가하니 오가는 트럭을 요령껏 세워(히치하이킹) 이동- *트럭이용 1인당 운임 편도* ₹*100(≒₩1,800) 정도 사례* -하는 방안을 모색토록. (※ 에이전시와 연계한 그룹 트레킹의 경우에는 복귀시 전용차량을 활용하여 이 랑둠곰파 탐방까지 일정에 포함하는 여행계획으로서 사전 조율.)

※ 파둠 방문시 자전거 유람(하이킹) 추천〈1일 투어〉. ☞ 카르길 Roots Ladakh(여행사) 파둠 분소에서 대여 가능

랑둠 게스트하우스 / 랑둠 홈스테이하우스 / 랑둠곰파

율독 마을(랑둠분지 방향) / 융퉁 샤팟계곡 어귀 & 샤팟 남릉 암설봉

파르카칙 & 파르카칙패스 능선 원경 / 파니카르에서 바라본 쿤(7077m)-눈(7135m) / 푸르틱체 마을

수루밸리 파르카칙 산촌부락의 농정

1-6-3. 수루밸리 사이드트레일〈ST*〉

◆ **코스개략**

- **사피라** : 카르길 지역 샤르골과 수루밸리를 연결하는 해발 4350m의 고개이다. 불교권인 샤르골과 이슬람권인 수루밸리의 문화적 풍토가 교차하는 길목이기도 하다. 찻길이 개통되어 바이크와 지프차량이 통과할 수 있으며 트레킹코스로도 손색이 없다. 샤르골의 누렇고 황량한 풍경에 반해 수루밸리 쪽 사피(람바) 방면은 초록이 깃든 다소 풍요로운 풍경이다. 사피라만 넘는 경우 홈스테이를 활용한 트레킹여정이 가능하다. 단, 현지인과 의사소통은 거의 불가하단 점 유념.
  - 불교권인 샤르골 쪽은 의사소통 면에서 조금 낫다. 라다크적(라다키) 불교도들의 특성상 주민 일부는 어느 정도 영어로 의사소통이 가능키도 하다. - 이 사피라 트렉은 짧은 일정의 단기트레킹코스로서 꽤 권할만한 훌륭한 코스이다. 다만 단독적으로(가이드 없이) 나서는 트레커들 대개가 신설된 자동차길을 따라 나서므로 트레킹의 묘미가 반감된다. 고로 기왕이면 비용을 조금 들이더라도 루트를 꿰고 있는 지역민을 안내자로 대하여 이런 무료한 찻길을 버리고 당초 드리웠던 도보길(트레일)을 짚어 루트를 섭렵하길 권한다.

- **루시라** : 사피라보다 한층 더 높은 해발 4900m의 루시라는 같은 이슬람권 수루밸리 내 사피(람바) 마을〈北〉과 쉬스푸르 마을〈南〉을 연결하는 산악고개이다. 샤르골에서 사피라를 넘어와 계속해서 이 루시라 트렉으로 곧바로 나설 수도 있고 달리 그냥 수루밸리의 트레스폰~사피 마을로 진입, 그로부터 루시라 루트만 섭렵하는 트레킹으로 나설 수 있다. 곧, 사피라 트레일보다도 더욱 빼어난 코스로서 단지 이 루시라를 넘는 자체만으로도 노고에 대한 충분한 보상이 된다. 더하여 좀 더 긴 트레킹 여로를 구축코자한다면 충분한 장비[취사/캠핑]를 꾸리고 본 루시라 트렉에 연이어 카르체밸리 내원의 와카라(5260m)를 넘어 잔스카르 권역 랑둠까지 나아가는 보다 장구한 트레킹여정으로 나서봄직도 하다. 그로부터 이윽고 랑둠으로 넘어와서는 흐느적 수루밸리를 따라서 파르카칙 일대 눈·쿤 산세를 섭렵하며 카르길 행로로 복귀하거나, 또는 달리 반대방향 펜지라(4400m)를 넘어서 파둠 행로의 잔스카르 본토여행으로 확대해 나갈 수도 있을 터이다.

- **움바라** : 카르길의 수루밸리와 드라스밸리를 횡단 연결하는 해발 4500m의 산악고개이다. 수루밸리의 상쿠에서 출발, 구불구불한 산악 자동차도로를 따라 넘거나 직등루트를 타고 트레킹으로 넘어갈 수 있다. 지프사파리나 바이크 여행시 하루 만에 통과가 가능하나 도보로 여정을 잇는다면 2~3일 노정으로 나서야 한다. 움바 마을을 지나면 도중 숙박할 곳을 찾기 힘들므로 캠핑장비를 지참하고 나서야 하겠다.(대개는 사파리투어로서 갈음.) 라다크적인 황량한 산세와 기괴한 바위산의 풍광이 인상적이다. 멀찌감치 높은 산봉들로부터 흘러내리는 빙하의 장관도 목도할 수 있다.

* ST = Side Trail / Side Trek

사피라 ⇒ 토나피크(5817m) 조망

루시라 ⇒ 룽고(6934m) & 눈(7135m)·쿤(7077m) 조망

움바라 ⇒ 드라스밸리 방면

ST-1〉 사피라-루시라 트레일(샤르골~카르체 종단루트)

- **트레킹 적기** : 5월~10월초 (∴ 최적기는 6~9월)
- **트레킹 최고점** : 사피라(4350m), 루시라(4900m), 차르도라(4380m)
- **트레킹 방식** : 홈스테이(사피라 트레일) & 캠핑트레킹(루시라 트렉)
- **퍼밋** : 불필요
- **주의사항** : 루시라트렉 길찾기 유의(가급적 현지가이드와 동행 요망)

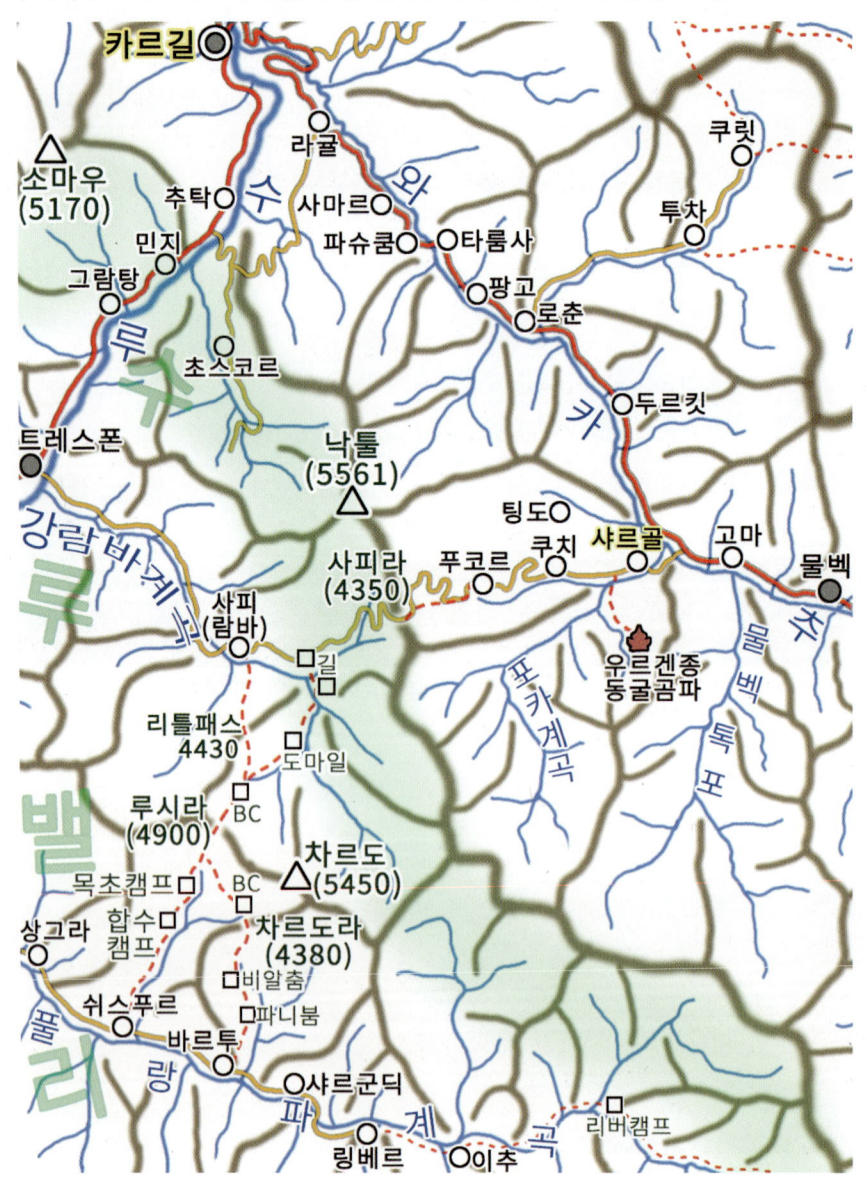

I. 일정가이드

[※ 사진협조: 오지탐험여행가 Pierre Martin(프랑스)]

> # 1일차 : 출발〉 카르길(2670m)~파슈쿰(2900m)~로춘(3060m)~샤르골(3240m)
> [차량이동 1시간30분±] /
> ※ 라다크(레) 출발시〉 레(3400m)~(스피툭(3230m)~페(3190m))~님무(3150m)
> ~(리키르(3660m)~알치(3120m))~칼체(3020m)~라마유루
> (3450m)~포투라(4090m)~헤나스쿠(헤니스콧; 3680m)~부드
> 카르부(3450m)~캉그랄(3390m)~나미카라(3780m)~물벡(3300m)~
> 샤르골(3240m) [차량이동 4~5시간] /
> 트레킹〉 샤르골(3240m)…우르겐종 동굴곰파(3500m) 탐방(왕복 2~3시간)
> + 샤르골(3240m)-(2시간)-쿠치(3600m)-(1시간)-푸코르(포케르
> 푸/샤스콧; 3800m; 사피라 B.C.)

카르길에서 차량편으로 샤르골까지 이동 후 트레킹을 시작한다. 대중교통은 물벡행 차편(버스/승합지프) 이용, 샤르골에서 하차하여 마을 어귀로 들어서서 도보여정을 진행한다. 카르길 정류장에서 운행시간을 잘 맞추면 **샤르골**을 경유하여 본격적인 트레킹 시점인 샤르골 서쪽골짜기의 마지막 마을 **푸코르(포케르푸)**까지 진입하는 차편[하계 1일 2회 운행]을 이용해 곧장 들어갈 수도 있다. 샤르골~푸코르 도보이동 시 2~3시간 소요되며 도중 불교유적인 **우르겐종 동굴곰파**(사원)를 왕복 탐방하는 여정도 포함할 수 있겠다[+2~3시간 추가]. 마지막 마을 푸코르의 불교민가에서 홈스테이가 가능하다. 무슬림 명칭으로는 **샤스콧** 마을이라 부른다.

(※ 라다크(레) 기점일 경우 대절차량을 이용해서 온다면 샤르골에 이르기 전 물벡 마을 뒤편에 7세기경 새겨진 거대한 8미터 높이의 마이트리야 붓다 조각상을 탐방해보길 권한다. 카르길 지역(District)의 몇 안 되는 뛰어난 불교유적 중의 하나로 레~카르길을 오가는 여행자들은 거의 틀림없이 찾아보는 명소이다. 이와 비교하여 앞서 수루밸리의 카르체카르 붓다상 역시 동일한 마이트리야 조각상으로서 얼추 비슷한 높이 7미터 규모에 역시 동시대(7세기) 조각된 것으로 같은 역사적 바탕을 갖고 있다. 대중교통으로 나설 경우에는 아예 물벡에서 하차, 유적 일원을 탐방하고 물벡의 홈스테이를 이용하여 하루 머물고선 다음날 샤르골-푸코르(사피라 B.C.)로 이동[물벡~푸코르 차로 1시간 거리]하여 본 사피라 트레킹에 나서기도 한다. 참고할 것.)

우르겐종 곰파 & 낙툴(5561m) 원경

우르겐종 동굴사원

카르길 / 로춘

물벡 마이트리야붓다 암각 / 와카추 하안 샤르골 & 사피라(4350m)(중앙좌)-낙툴(5561m)(중앙우) 원경

쿠치 전경 / 포케르푸(샤스콧) & 사피라 원경 / 포케르푸 마을 & 낙툴(5561m)

/// ~~~~~~ ///
≈ 라다크(레) 경로 ≈

레 / 칼체 / 라마유루

포투라(4090m) / 캉그랄 부드카르부 / 나미카라(3780m)

2일차 : 푸코르(포케르푸/샤스콧; 3800m)-(2시간)-사피라(4350m)-(1시간30분)
-길(공마길/욕마길; 3900m)-(1시간)-사피(람바; 3780m)-(2시간)-
리틀패스(4430m)-(1시간)-루시라 B.C.(4370m) 또는 단축코스로서,
…길(3900m)-(30분)-합수계곡(길계곡; 3840m)-(1시간)-도마일(3950m)
-(1시간30분)-루시라 B.C.(4370m)

푸코르 마을에서 서쪽 능선 사피라(4350m) 고개로 오르는 트레일은 넓은 찻길을 따르지 않고 지름길 보행로로 이동해 올라간다. 약 2시간 내외 소요되며, 동쪽과 서쪽으로 막힐 것 없는 **사피라 정상**에서의 조망은 카르길과 라다크 여행의 훌륭한 감흥으로 선사된다. 사피라를 넘어 서쪽 방향으로 구불구불 내리막으로 진행, 곧이어 남쪽에서 내려오는 계곡합수지가 내려다보이는 **길(Gil)*** 언저리에 당도한다. 부락이 합수계곡의 맞은편 북쪽기슭의 위아래로 들어서있는데 윗마을〈사피라 방향〉은 **욕마˙길**, 아랫마을〈사피(람바) 방향〉은 **공마˙길**로 지칭한다. 계속되는 하산트레일은 욕마-공마길 지나 아랫녘 창길 계곡캠프까지 이어지고 캠핑장비를 지참치 않았다면 서남향 계곡 행로의 찻길 따라 좀 더 내려가 **사피(람바)** 마을까지 가서 민가에 홈스테이를 요청하여 머문다. (✔ 홈스테이는 이슬람 문화의 특성상 무슬림 가정은 이방인의 홈스테이 요청에 거부적이므로 불교도 민가에 요청하여 이용토록. 단, 이렇게 사피마을에서 머물 시 다음날 여정이 매우 길어지게 되므로 (익일) 아침 일찍 출발해 나설 것!)

* 라다키어 욕마는 '마지막/위쪽'의 뜻, 공마는 '크다/넓다'의 뜻이다. '길(Gil)'은 셰나어에서 왔는데 '합류〈목〉'를 뜻하는 어원이다. 길-기트, 카르-길, 푸르-길 등등의 명칭이 그러하다.

푸코르(샤스콧)

사피라 등행 뒤안길 푸코르 배경

사피라 정상

사피라 내리막(람바 방면) 굽이도로 & 토나피크(5817m) 전경

사피라 하행 공마길에서 바라본 토나피크(5817m)

이 사피라-루시라 트렉 중간거점인 사피 마을은 불교도와 무슬림 공존 마을로서, 무슬림 지명은 '사피', 불교도 지명은 '람바'이다. 이로부터 본격적인 이슬람 문화권인 수루밸리로의 여정이 시작되는바 서북향 사피계곡 따라 하류로 내려가면 이윽고 수루밸리 본역 트레스폰으로, 남쪽 루시라(4900m)를 넘어 카르체계곡 방면으로 진출하면 쉬스푸르~카르체~상쿠 일대의 역시 수루밸리의 중심권역으로 향하게 된다. 사피라 넘어 하산행로인 사피 마을까지도 실상 카르길 대중교통(버스)-카르길~〈수루밸리〉~트레스폰~〈사피계곡〉~카노르(티캇)~마르폴리~사피(람바): [1시간30분± 소요] -이 들어오는데 이를 이용할 경우 일정 하루가 단축된다*. 수행꾼(안내자/짐꾼 등)을 요할시 수루밸리의 트레스폰 건너 사피계곡 진입부 카노르(티캇) 마을 일원에서 섭외하여 해결할 수 있다. 도로가 닦여진 사피라 트렉은 바이크(산악자전거) 투어로도 섭렵 가능하나 반면 이후의 루시라 트렉은 어렵다. (∵ 난코스는 아니지만 길이 반반하게 나있는 게 아니라서 도보 즉 트레킹이 최선이다. 물론 자전거를 아예 등에 업고 나서는 도전적인 '트렉바이커'들도 있긴 하다.).

★ 카르길~트레스폰~사피 노선 : 사피라(4350m) 트렉을 생략하고 루시라(4900m) 트렉으로만 나서는 경우, 또는 루시라 트렉을 배제하고 반대로 이 사피(람바) 마을을 기점으로 사피라를 넘어 샤르골로 트레킹〈단축하이킹〉하는 경우 활용되는 방편이다. 달리 역으로 이 사피라를 넘어와 트레킹을 갈무리코자 할 때 차편으로 카르길 귀환 시 응용할 수도 있다. 차량편 대신 도보로 이동 시에는 사피~카노르(티캇)~트레스폰 3~4시간가량 소요된다. 트레스폰에서 카르길 행 차편(버스/승합지프)은 자주 있다.

한편 이른 시간에 사피라를 넘어와 만약 캠핑장비를 지참하고 루시라 트레킹으로 계속 여정에 나서고자 할 경우, 길(Gil)에서 서쪽 사피(람바) 마을로 향하지 않고 찻길을 버리고 남쪽 합수계곡(사피라 하산길에서 만나는 두 번째 계곡) 아래로 내려서서 계곡을 건너 남향의 길(Gil) 계곡으로 접어들어 상류방향으로 다시 거슬러 올라 트레킹을 진행한다. 단, 이 사피계곡/길계곡~루시라 루트는 트레일이 분명치 않아 단독으로 섣불리 나서는 건 권고되지 않는다. 고로 사전에 루트를 잘 아는 현지인[샤르골/푸코르/사피(람바) 등지에서 섭외]을 대동하고 나서길 종용한다. (✔ 정히 용맹무쌍(!) 나서고자 한다면 하산길 도중 만나는 여러 마을들을 방문하여 주민들에게 확실히 방향과 길(route)을 물어보고 나서라. - 단, 워낙 오지인 관계로 영어 의사소통은 거의 불가하니 만약 가이드를 대동치 않았다면 대략 손짓, 몸짓을 섞어서 소위 '보디랭귀지'를 곁들여 소통토록. - 대개는 이를 무시하고 그저 눈앞에 보이는 능선 대충 넘으면 되겠지 하고 무턱대고 나섰다가 낭패를 보는 사례가 허다하다. 특히 사피 마을에서 머물고선 다음날 출발해 나설 경우 길(Gil) 계곡으로 되올라 오르는 여정을 생략, 지름길로 곧바로 사피 마을 남쪽 골짜기코스로 오르게 되는데 여기서 초입부의 가파른 골짜기로 오르는 루트(리틀패스(4430m) 등행로)를 놓치고 그냥 휑한 주골짜기 길을 따르다 점차 길을 잃고 막판에 힘겹게 5천미터 험산장벽에 막혀 되돌아서는 경우가 흔하다. 고로 사피계곡~루시라 행보는 현지 안내자와의 동행이 거진 필수라 보겠다.)

438

사피(람바) 마을 기점 루시라 B.C.(4370m)까지 트레킹은 4~5시간 잡으며, 사피 마을 앞 남쪽으로 가교 건너 완등사면 오르막길로 진행, 그로부터 다소 험해보이는 바위봉을 에둘러 나아가면서 약 2시간쯤 힘들게 진행해 오르면 딱히 이름 붙지 않은 능선고개(**리틀패스; 4430m**)에 다다르게 된다. 이로부터 고개 넘어 건너편 잠시 내리막길로 이어지다 이내 곧 길(Gil) 계곡에서 올라오는 어렴풋한 트레일과 합류하여 남서향 구비길로 다시 오름길로 나아가면서는 이윽고 험상궂은 바위봉과 그로부터의 장중한 바위능선 아래 안부에 자리잡은 권곡부의 계곡분지에 도달케 되는바 예서 캠프를 차리고 머문다. 다음날 넘게 되는 마지막 최고능선 루시라 (4900m) 바로 북사면 아래에 위치한 **베이스캠프**랄 수 있다.

람바(사피) 마을　　　/　길계곡 합수갈림목　/　루시라계곡 도마일(합수목) & 차르도피크(5450m) 설산

리틀패스(4430m) 케른 & 차르도피크(4450m)　/　루시라 B.C. 언덕에서 바라본 차르도피크-루시라 설산릉

사피(람바) 마을에서 오르는 루트 대신 길(Gil) 계곡 따라 오르는 (단축)루트 역시 곧바로 남쪽 계곡갈림길(**합수계곡; 3840m**)에서 우측(남향) 계곡길로 택해 들어간 후 1시간쯤 진행 후에 다시 계곡이 갈리는 곳(**도마일; 3950m**)에 이르는데 여기서 또한 많이 길을 잘못 들어 곤경에 처하기 일쑤다. 남동향으로 틀어지는 주계곡 따라 계속 직진해 나아가면 협곡은 점점 험해지고 결국 도저히 넘어서기 어려운 지경에 맞닥뜨린다.(⇒ 불가능한 것은 아니나 여차여차 험산령을 넘어선다 해도 더욱 깊고 험한 골짜기 내리막으로 직하강이다. 위험요소가 급증!) 고로 이 남측 계곡갈림길에서 반드시 우측(남서향) 지계곡으로 들어서야 함을 유념. 이로부터 서쪽 완등사면을 타고 올라서게 되고 이윽고 능선과 가까워지면서 우측(북쪽)에서 나아오는 트레일과 만나게 되는데 바로 사피 마을에서 출발시 올라서 넘어와 만나는 길이다. 이로부터 다시 서남 방향으로 나아가는 트레일을 밟아 산허리를 타고 진행, 1시간쯤 완경사 구비길을 걸어 나가면 이윽고 언급한 대로 바위봉과 암릉자락 골짜기 권곡부 안부에 형성된 계곡 **최상류부 캠프지**에 도달. 말마따나 익일 루시라 (4900m)로 오르기 전 마지막 캠핑을 취할 수 있는 곳으로서, 해발 4천4백미터에 육박함인즉 고소증에 유의해야 하겠다.

3일차 : 루시라 B.C.(4370m)-(2시간)-루시라(4900m)-(1시간30분)-목초캠프
　　　　(4350m; 갈림목)-(30분)-**합류캠프(4150m)**-(2시간)-**쉬스푸르(3300m)** /
　　　　복귀〉 쉬스푸르(3300m)~〈카르체계곡〉~상그라(3200m)~카르체카르
　　　　(3070m)~상쿠(2920m)~트레스폰(2780m)~카르길(2670m)
　　　　[차량이동 약 2시간]

베이스캠프에서 루시라(4900m) 정상은 길게 이어지는 서남향 완만한 골짜기길로 올라 점차 좌우 산세가 넓게 열리면서 경사가 가팔라지는 오르막사면을 타고 등행케 된다. 고도차 약 5백여 미터, 2시간쯤 소요. 앞서 사피 마을에서 올라올 경우 리틀패스(4430m)에서 베이스캠프 행로로 나아가지 않고 능선루트로 밟아 오를 수도 있는데, 이 경우 노정은 단축되나 마지막 루시라 고개에 이르기 전 봉우리를 하나 넘어야 하며 루시라 넘어서까지의 노정거리가 매우 길기 때문에 하루 일정으로 섭렵해 나아가기에는 부담이 많아 대개는 이 윗길능선 대신 아랫길 즉 베이스캠프에서 머물고서 다음날 진행하는 노정 및 일정계획으로 많이 나선다.

루시라(4900m) 등행길에서의 차르도피크 첨봉 & 루시라 능선(우) 　　　루시라 설릉마루(중앙) 방면

동서로 기다란 장릉으로 구축된 **루시라(4900m)** 고갯마루는 훤칠한 조망이 압권이다. 북으로 발티스탄 카라코람의 첩첩한 산령들이, 청명한 날에는 멀리 카라코람의 맹주 세계2위봉 K2(8611m)를 위시한 가셔브룸(8068m), 브로드피크(8047m) 등 호위준봉들의 모습도 아스라이 잡힌다. 아울러 서쪽 멀리로 파키스탄 데오사이 고원(4000m) 너머 펀잡히말라야의 맹주 낭가파르밧(8126m)의 산세 또한 아련히. 남쪽으로는 한편 바로앞 룽고(5934m) 장릉 너머로 카시미르 제일봉 눈(7135m) 봉우리의 풍모가 시선을 당기며 바로 좌편(동편)에 불거진 다른 형세의 기골찬 쿤(7077m), 피너클(6930m) 바위산의 형상 또한 빠지지 않음에, 더하여 이들로부터의 굽이치는 대히말라야 만년설산령의 물결이 파도와도 같다. 실로 이의 라다크·잔스카르 산경 내 그 어떤 고개보다도 전망이 탁월한 고개인즉. 그래 이 멋진 풍광과 조망을 선사하는 루시라 정상마루에서의 캠핑 또한 매력적인 일이겠다. 단, 오후가 되면 능선마루에 불어닥치는 거센 바람이 예사롭지 않다. 게다가 식수를 구하기 어렵고 해발 5천미터 가까이 되는 높디높은 고산의 밤기온 또한 매우 낮아 추위까지 견딜라치면 절대 만만히 생각하고 시도할 일은 아니다. 충분한 식수와 고산증, 낮은 기온에 대비한 철저한 준비를 하고 나설 것.

1〉 루시라 서쪽 토나피크(5817m)(좌) & 람바계곡(중앙) 골짜기 조망 / 2〉 루시라 남향 룽고빙하(좌) & 룽고(5934m) 산봉 너머로 떠오르는 히말라야 눈(7135m)(우)-쿤(7077m)(중앙)-피너클(6930m)(좌) 연봉

루시라 남쪽 룽고(5934m) 설산령 & 너머 눈(7135m)·쿤(7077m) 산봉(중앙) 원경 / 루시라 남사면 목초캠프

하산길은 이제 남서향 내리막으로 이어지게 되는데 트레일이 그다지 확연치 않아 내려서는 데도 애먹기 일쑤다. 잡석, 푸석으로 점철된 가파른 사면을 지그재그로 잘 틀어 내리다 곧 골짜기가 넓게 펴지는 비탈사면에서 남향으로 루트를 밟아 나서게 되는데 특히 이로부터 아랫지경 각 마을에서 오르내리는 여러 갈래의 트레일이 지질펀펀하게 산재해있어 헷갈리기 십상. 대략 가장 반질반질한(족적이 많은) 길- *메인트레일* -을 따르면 그럭저럭 무난히 하행로를 그을 수 있겠다. 어쨌든 크고작은 트레일 모두다 아랫녘 마을자락으로 향하게 되니 너무 산만해하여 당황할 필요는 없다. 마을에 이르기까지 노정거리가 꽤 되고 시간깨나 걸리기에 도중 간식거리 및 점심도시락(팩런치) 등은 필히 준비하고 나서야 할 것. 특히 야영장비 없이 사피(람바) 마을에서 하루 만에 이 루시라를 등행해 넘어 카르체밸리 쉬스푸르 마을까지 가고자 할 경우는 걷는 시간만(휴식/중식시간 제외) 10시간 이상 걸리니 아침 일찍 출발함은 물론 먹거리(중식/행동식), 식수 등 철저히 준비하고 나서도록(∴ 편의시설 전무).

남향골짜기 내리막 트레일은 곧이어 남서향으로 휘어지면서 녹지가 성근 안부(**목초캠프; 4350m**)에 이르게 되는데 예서 루트가 나뉜다. 좌측(남쪽) 루트는 이내 초지사면을 거슬러 언덕배기를 넘어 동쪽에서 내려오는 계곡과 만나고 이로부터 남사면 능선마루로 올라 차르도라(4380m)를 넘어 카르체밸리 상류 바르투로 넘어가는 길이다. 주 트레일은 이와 달리 남서향 직진길을 따라 곧 좌측(동쪽)에서 내려오는 계곡과 만나며(**합류캠프**; 4150m) 계속해서 이의 주계곡 루트를 밟아 하산 약 2시간 거리의 쉬스푸르 마을에 이르게 된다. 도중 좁고 가파른 협곡부를 통과하여 내려오게 되는데 마을사람들이 제법 오르내려 길은 잘 나있다. 쉬스푸르까지 싱그러운 목초지길이 이어지며 마침내 V자 계곡 좁은 통로가 열리면서 널찍한 카르체계곡 하상이 드리우는 **쉬스푸르** 마을녘에 당도한다.

쉬스푸르 풀랑파계곡   카르체카르 초록지평 & 바위성[카르]   카르체카르 모스크 & 마을집들

루시라를 넘어 이 카르체밸리 쉬스푸르 일대로 여러 마을들이 옹기종기 들어서있는바 도착시간이 늦었다면 민가에 홈스테이를 요청하여 머물고자 할 수 있겠다. 하지만 지역특성(무슬림 권역으로 완연히 접어듦)으로 해서 문화적 성향 상 주민들이 이방객들의 투숙 요청에 그리 선뜻 응하지 않을 수도 있음을 유념, 고로 가급적 캠핑장비를 지참하고 넘어와 인근 적당한 곳에서 야영을 취함이 낫겠다.(※ 물론 여행객에 호의적인 무슬림 가정을 만나면 생각지 않게 따뜻한 환대를 받을 수도 있다.) 적절한 시간대에 하산완료했다면 한편 마을에서 머물 필요 없이 이로부터 서쪽 카르체계곡 하류 방향으로 찻길을 따라 계속 이동, 약 3~4시간 거리의 보다 많은 차편과 여행자 편의시설이 갖추어진 수루밸리의 거점지 상쿠까지 걸어내려가도 되겠다. 시간적으로 대중교통 이용은 용이치 아니한바 하루 한 번 운행하는 이추~쉬스푸르~상쿠~카르길 차편(버스)*은 오전시간대(08:30분경)에 운행하기 때문. 전용차량을 미리 예약해놨다면 쉬스푸르 하산 후 곧바로 차량에 탑승, **카르체카르**를 거쳐 **상쿠**로 나아와 **트레스폰~카르길** 행로로 곧장 귀환할 수 있을 것이다. 또는 쉬스푸르 마을에 정차중인 지프차량을 전세- *소위 부킹(booking)* -내어 이동하든가 아예 상쿠 마을에 대기중인 지프차량을 호출 대절하여 이동할 수도. (∵ 일단 상쿠까지만 나아왔다면 예서 머문 뒤 다음날 카르길 귀환 또는 달리 파니카르 경유 수루밸리 유람 내지는 랑둠 경유 잔스카르 행로로의 여정확대도 쉽게 취사선택이 가능하다.) 한편 캠핑취사장비와 더불어 충분한 식량을 준비하고 이의 풀랑파계곡~와카라~랑둠 트렉으로 확장할 수도 있겠는바 대략 이러한 일정계획의 경우에는 대개들 위 골짜기상부의 목초캠프에서 쉬스푸르 하산로로 잡지 않고 동쪽 차르도라(4380m)를 경유하여 나아오는 *– 카르체밸리 상류 바르투 하산 –* 루트계획으로 섭렵한다.(☞ 이어지는 ☆ 확장트렉; 와카라 트렉 연계 참조.)

★ 쉬스푸르에서 버스편 이용시(익일) 카르체밸리 상부(풀랑파계곡) 도로 끝지점 이추 마을(마지막 마을)에서 오전 08:00에 출발하는 카르길행 버스편(1일1회)에 탑승하여 나올 수 있다. 쉬스푸르~상쿠 40분 / 상쿠~카르길 1시간 30분 소요.

☆ 확장트렉; 와카라 트렉 연계(차르도라 경유)
(# 3일차~)

3일차 : 루시라 B.C.(4370m)…(2:00)…루시라(4900m)…(1:30)…목초캠프(4350m)-(1:00)-차르도라 B.C.(메도우캠프; 4260m) [런치캠프]

루시라(4,900m) 넘어 트레일이 나뉘는 **목초캠프(4300m)**까지는 기본 루시라 트레일을 준용한다. 다만 루시라를 넘어와 갈림목에 해당하는 너른 골짜기 안부로 내리기 전 짐승들이 다닌 길이 산만하게 흩어져있으므로 주의를 요한다. 골짜기 안부의 목초지 캠프에 다다르면 주위 계곡수가 흘러 식수로 활용, 중식지로 삼기에 좋으며 달리 이 반대방향으로 루시라를 넘어 사피(람바) 방향으로 향하는 경우에는 이를 남사면 베이스캠프(SBC)로 삼고 머물고서 다음날 루시라 등행으로 나서면 되겠다. 어쨌든 이로부터 골짜기 아래로 쉬스푸르 마을까지 남쪽으로 길게 목초지 트레일이 드리우는데, 하지만 이 길을 따르지 않고 남동쪽으로 작은 언덕마루 등성이를 넘어 곧 V골짜기 하단부의 다소 가파른 작은 협곡부를 가로질러 내리면 이내 쉬스푸르계곡 (차르도계곡)의 주골짜기와 만나는 펑퍼짐한 권곡형 안부(**차르도라 B.C.; 4260m**)에 이르게 되는바 역시 식수로 삼을만한 맑은 계류부가 드리워있어 이 일대를 중식지로 삼거나 캠프를 치고 머물러도 되겠다.

 /

목초캠프에서 차르도라 B.C.로 넘어가는 능고개 / 차르도라 B.C. 방목지 & 후방 차르도피크(5450m) 암산봉

예서 또한 길이 나뉘는즉 서남향으로 파릇한 목초지길 주계곡 따라 내려가면 다시 앞서의 쉬스푸르 행 주 트레일과 만나게 된다. 반면 이내 계류(차르도계곡) 건너 동남 사면으로 올라붙어 대략 20~30분 정도면 능선이 느슨하게 늘어진 고갯마루에 이르게 되는데 바로 해발 4380m의 **차르도라** 정상이다. 여기서 남쪽 아래 마을집들이 보이는 골짜기 기슭안부까지 계속해서 여정을 이어 내려갈 수도 있겠으나 만약 카르길 복귀계획이 아니라 계속해서 와카라 트렉으로까지의 확장여정을 기획했다면 굳이 마을 아랫녘까지 당일 긴 시간 할애하여 나아갈 필요는 없음인즉, 간단한 오후 유람일정 - 시간여유 넉넉할 경우 차르도라 남서릉 전망능선(뷰포인트; 4530m)까지 답사하고 돌아올 수 있다. 차르도라에서 왕복 2~3시간 소요. -으로서만 갈음하고 다시 골짜기 안부의 초지캠프[런치캠프]로 되내려와 하루 머물렀다 다음날 청명한 아침시간에 등행해 나서길 종용한다.

4일차 : 차르도라 B.C.(메도우캠프; 4260m)-(0:20)-차르도라(4380m)-(1:00)-브랑사(팡시; 3880m)-(0:20)-비알춤(3650m)-(0:20)-파니봄(판바르독; 3560m)-(0:40)-바르투(3350m)-(1:00)-샤르군딕(3400m)-(1:00)-링베르(3500m)-(1:00)-이추(3800m)

(※ 바르투~링베르~이추 구간은 차량으로 이동 가능. [30분 소요])

권곡분지 초지부의 차르도라 베이스캠프를 뒤로하고 계곡 건너편 동남사면으로 올라붙어 차르도라 등행에 나선다. 그리 힘들지 않게 금방 오를 수 있는 **차르도라 정상(4380m)**은 그러나 너머의 남방 기슭으로는 심연으로 꺼져내린 골깊은 산세와 첩첩한 산골짜기 준령의 연속이다. 해발 4천4백에 이르는 고갯마루 정상에서의 조망 역시 훌륭하다. 골짜기 마을과 마을들, 깊디깊은 협곡풍광 등등이 뭇 시야를 수놓는다. 남쪽으로 카르체밸리의 남단장벽을 이루는 장중한 룽고(5934m) 산령의 풍모 또한 더욱 거대하게 일어서있다.

하산은 남쪽으로 가파른 산등 내리막을 타고 지그재그 틀고틀어 내려간다. 급하게 내리꽂듯 가파른 길로 1시간쯤 내리면 경사가 조금 누그러지는 분지골 **브랑사**(목초지)에 이르고 20분쯤 더 내려가면 골짜기 우측(서측)사면에 기댄 퇴락한 **비알춤** 산터가 나온다. 계속해서 잘 나있는 산길을 따라 남동향 골짜기를 좌측(동쪽)에 끼고 하행, 다시 20분쯤 이어가면 곧 북동쪽에서 내려오는 계곡과의 합수지 **파니봄** 마을에 이른다. 두 골짜기가 합세하면서 보다 규모가 커진 주계곡을 따라 남행 길로 계속 하행, 그로부터 약 40여분 내려가면 이윽고 카르체밸리의 동서로 놓인 도로와 만나는 **바르투** 마을지평에 닿게 된다. 차르도라 트레킹은 이로써 종료.

차르도라 직후 비알춤 산록의 퇴락한 돌집거처. 정면으로 룽고(5934m) 산군이 운무에 휩싸여있다.

| 파니붐 내리막산록 | 파니붐 마을 | 바르투 마을 찻길 |

이어지는 여정은 카르체밸리의 찻길을 따라 서쪽 쉬스푸르~카르체~샹그라~샹쿠 행 여정 갈무리, 또는 반대로 이의 카르체계곡이 풀랑파계곡으로서 명칭을 달리하는 동쪽 상류계곡 따라 거슬러올라 **샤르군딕, 링베르** 마을을 거쳐 이내 찻길이 끝나는 마지막 거주지경 **이추** 마을까지로 향해가겠다. 하류방향 바르투~쉬스푸르 하산은 도보 약 1시간반, 상류방향 **바르투~이추** 등행은 도보 약 3시간가량 소요. 차편(버스)은 하행은 오전에(08:00 경), - *실질적으로 이날 이용이 불가하다.* - 상행은 오후에(15:00~16:00 경) 들어오기에 시간을 잘 맞추면 이추 마을까지 차편으로 편하게 이동할 수도 있겠다. 이추 마을 역시 수루밸리의 수니무슬림 마을로서 홈스테이 숙박이 녹록치 않다. 어차피 **와카라(5260m) 확장트렉**에 나섰으니만큼 캠핑장비는 지참하고 나섰을 터. 부족한 먹거리 정도만 마을주민에게 요청(구입)하고 대략 마을녘 적당한 캠프지를 찾아 야영을 취함이 바람직하다. (※ 앞서 바르투 마을에서 머물고자할 시 마을기슭 여행자숙소 건물이 세워져있어 이곳을 활용할 수도 있겠으나 관리가 제대로 되지 않고 거반 방치돼있는 형편으로 실상 편의시설로서의 활용성은 많이 떨어진다. 인근 캠프사이트에서 야영을 취해 머묾이 차라리 낫다.)

⟨5~8⟩일차 : 이추(3800m)…⟨풀랑파계곡⟩…**와카라(5260m)**…랑둠(3900m)~⟨차량이동⟩~카르길(2670m)/잔스카르(파둠; 3570m)

☞ <u>1-6-2. 카르체밸리 와카라 트렉 ⟨2{5}~5{8}일차⟩ 준용</u>

ST-2〉 움바라 트레일(하이킹/바이킹/지프사파리)

· **트레킹 적기** : 5월~10월초 (∴ 최적기는 6~9월)
· **트레킹 최고점** : 움바라(4500m)
· **트레킹(여행) 방식** : **홈스테이+캠핑트레킹** 또는, 산악자전거(MTB) 및 모터바이크
　　　　　　　　　내지는 지프사파리 1~2일 여정 계획
· **퍼밋** : 불필요
· **주의사항** : 도보트레킹 시에는 구비구비 자동차도로를 따르지 말고 단축루트
　　　　　　(트레일)를 따를 것.

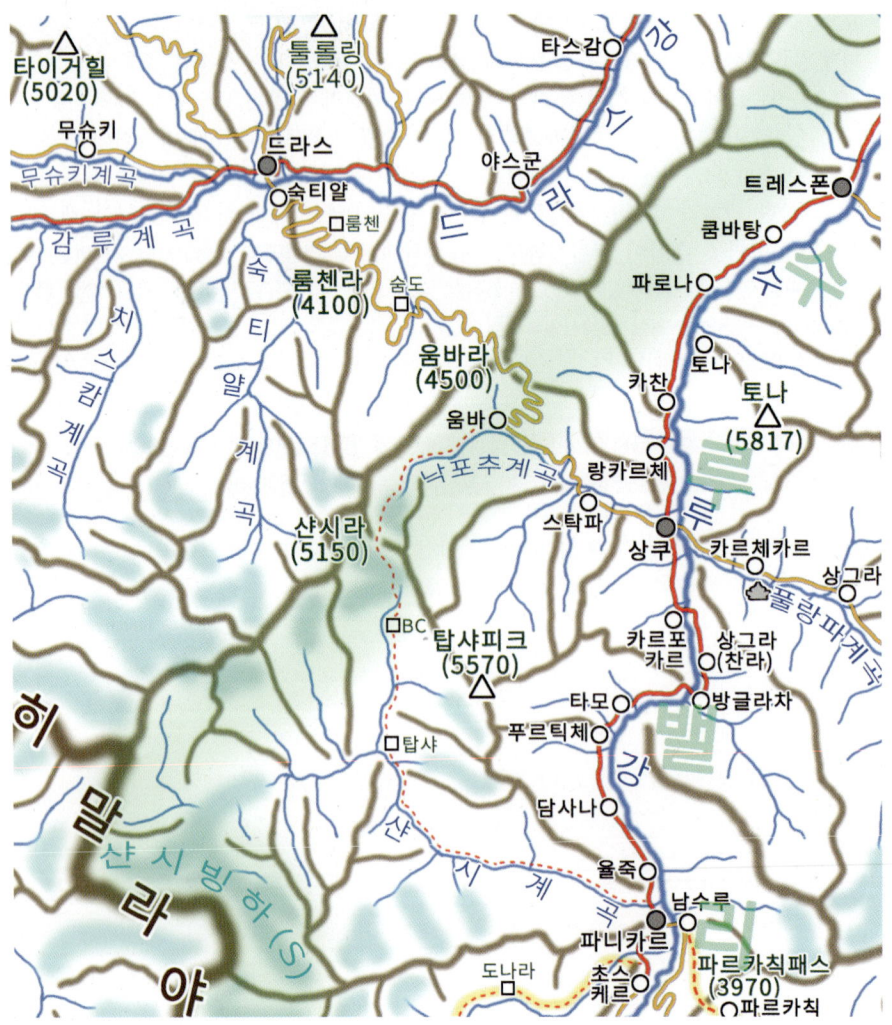

상쿠 남부산록에서 바라본 움바라 고갯길

움바라 뒤안길 움바 마을 골짜기 & 탑샤피크(5570m)(우), 룽고(5934m)(중앙) 산군 조망

I. 일정가이드

 # 1일차 : 차량이동〉 카르길 (2670m)~트레스폰(2,80m)~상쿠(2920m)~〈낙포추계곡〉~스탁파(3160m)~움바(3400m) [차량이동 약 2시간] / 트레킹/하이킹(MTB)〉 움바(3400m)-(3~5시간)-움바라(4500m)-(2~3시간)-숨도(합수캠프; 3700m)

상쿠

스탁파

차편으로 카르길에서 수루밸리 거점 **상쿠**를 경유, 서북골짜기 낙포추계곡으로 진입하여 **스탁파** 마을을 거쳐 마지막 **움바** 마을까지 들어간다. 찻길은 움바 마을 상부 북쪽 산사면으로 구비구비 올라 계속해서 움바라(4500m) 넘어 드라스 방면으로까지 연결돼있으나 대중교통(버스/승합지프)편은 이 이상 올라가지는 않고 움바 마을을 종착으로 이정을 갈무리한다. 전용 지프차량으로 나설 시에는 계속 사파리 노정으로 드라스 행로의 움바라 산악도로를 타고 이동. 트레킹으로 나섰다면 이제 움바 종점에서 하차 후 북사면 도로를 따라 빙글뱅글 오르지 말고[이동시간 상당 소요] 직등길을 택해 오른다. 가파르고 힘들긴 해도 거리가 짧아 이동시간을 단축할 수 있다. 단, 이렇게 오를시 루트를 헷갈릴 수 있으므로 필히 안내자(현지가이드)와 함께 나서도록. **움바라(4500m)**까지 대략 서너 시간쯤 걸리며 여정상황에 따라 조금 더 소요되기도. 움바라 정상에서의 조망 역시 탁월하여 사방을 휘둘러보며 호젓한 시간을 갖는 것도 좋다. 다만 오후로 접어들면 바람이 거세게 불어닥치니 너무 오래 머무르지는 말 것. 북서향으로 드라스밸리 가로질러 파키스탄령 카시미르 LOC와의 첨봉줄기 툴롤링(5140m), 타이거힐(5020m) 등등의 멧부리가 집힌다. 나아가 청명한 하늘아래서라면 모름지기 발티스탄 데오사이 고원(4000m) 너머로 만년설을 덮어쓴 펀잡히말라야 낭가파르밧(8126m)과 아자드카시미르 최고봉 사라왈리(토샤인; 6424m)의 모습도 아스라이. 더하여 북동방 멀리로는 카라코람산군 K2(8611m)-브로드피크(8047m)-가셔브룸(8068m)으로 일어난 세계최고(最高)의 고봉준령의 형상도 아련히 가늠해볼 수 있을 것. 남방으로는 반면 바로 가까이 탑샤피크(5570m) 산괴의 웅장함에 덧입어 수루밸리 너머의 룽고(6934m) 장산령이 한껏 날개를 펼쳐 하늘금 긋는다.

움바라에서 드라스로의 이정은 이
내 만나는 찻길을 따라 함께 나아
간다. 간혹 구비길을 마다하고 곧장
질러내리는 지름길도 나오긴 하나
대체로 이의 자동차길과 동일하게
북서골짜기 따라 내려앉으면 된다.
약 1시간쯤 내려오면 곧 계곡안부
에 이르는데 이로부터 북서향 골짜
기길 따라서 계속 산악도로를 타고
진행, 다시 1시간쯤 더 나아가면 이

움바라 북방 내리막고갯길(숨도 방면)
(※ 사진협조: Dr.Victor)

윽고 남쪽에서 흘러오는 쿤다계곡 주계곡과 만난다. 합류지를 뜻하는 라다키어
'**숨도**'로서 거명되는데 시간상 더 이상 진행은 무리고 예서 가져온 야영장비를 풀
고 캠핑을 취한다. 대략 하루여정 6~8시간 정도의 다소 빠근한 행보이다. 산악
바이크(MTB) 하이킹인 경우에는 모쪼록 이동속도가 빠르기에 여정을 보다 길게 이
어 아예 다음 고개(위부패스; 4100m) 넘어서 드라스까지 단번에 길을 이을 수도 있
을 것이다. (⇒ 움바~움바라~숨도 구간 약 4~5시간, 숨도~드라스 약 3~4시간 정도로 상정)

* 숨도/숨나 : 계곡합류부(River Junction)

2일차 : 숨도(3700m)-(2시간)-룸첸라(라모첸라; 4100m)-(2시간)-라모첸
(3350m)-(1시간)-숙티얄(3200m)-(20분)-드라스브릿지(3070m)-
(10분)-드라스(3100m) /

복귀〉 드라스(3230m)~카르길(2670m) [차량이동 약 1시간30분] 또는,
드라스(3230m)~조지라(3530m)~발탈(2840m)~소나마르그(2720m)~
캉간(1800m)~스리나가르(1580m) 행로로 여정 확대
(⇒ 델리 귀환여정 시에도 이 노선 이용; 카르길~드라스~〈육로〉~
스리나가르…〈항공/육로〉…(잠무)…델리)

숨도 캠프에서 서쪽 가파른 골짜기를 거슬러 **룸첸라(4100m)**로 올라간다. 먼지 날
리는 찻길은 반대방향 남서쪽으로 되돌아 구불구불 오르게 돼있다. 이 도로를 따르
면 1시간 이상 족히 더 걸린다. 급경사 트레일이지만 보다 빠른 이동을 위해 서쪽
언덕 지름길로 곧바로 오르길 강권한다. 2시간쯤 올라서면 다시금 훤칠한 조망이
트이는 위부패스(라모첸라) 고갯마루에 서게 된다. 북쪽과 동쪽으로 시야가 열려
있다. 펀잡히말라야와 카라코람의 첩첩준령이 하늘금을 지으며 일렁인다. 다시 자
동차길 따라서 서북 방향으로 노정을 잇게 되는데 내리막이라 구비구비 이어진다.

고갯길을 따라 얼마간 내려서면 그로부터는 편안하게 내려앉는 **룸첸(라모첸)** 초원계곡 트레일을 따라 서북 방향으로 에둘러 **슉티얄** 마을자락까지 진행한다. 비교적 편하고 수월한 노정으로 위부패스에서 대략 3시간 정도면 마을녘에 당도한다. 종착지 드라스는 슉티얄 북쪽 계곡 건너편 바로 앞에 보이는 도회급 고을이다. 동서로 가로놓인 드라스계곡 물길의 가교를 건너 **드라스**◆ 본지에 이르는 것으로 여정 갈무리. 귀환여로는 잘 닦여진 차도를 따라 차편으로 동쪽 카르길 행선 복귀 또는, 이와 다르게 서남쪽 마초이 경유 히말라얀고개 조지라(3530m)*를 넘어 소나마르그 경유 카시미르밸리 스리나가르 행선으로의 이정으로 잡을 수도 있겠다. 단, 스리나가르 행 버스편은 이용이 어려우므로 드라스 승합정류장의 지프차량을 이용해야 함이다. 한편 드라스에서 서쪽 무슈키밸리를 관통하여 카불갈리(카오발갈리; 4140m)를 넘어 키샹강가 툴렐밸리-구레즈밸리로의 반디포라 여정경로*로 행선을 잡을 수도 있겠으나 실상 인도 자국민이 아닌 외국인들의 경우에는 이 파키스탄과의 접경 LOC(정전선) 일대에 근접한 제한지역을 통행하기가 무척 까다로우므로 - ILP 및 SP 발급 + 현지 군부대장 승인 ⇒ 실질적으로 통과 불가능 ! - 지도로만 음미하고 후일을 기약하는 편이 낫겠다.

* 조지라 : 낭가파르밧(8126m)~남차바르와(7756m)에 이르는 파키스탄-카시미르-북인도-네팔-시킴-부탄-아루나찰(동북인디아) 전 구간 대히말라야(GHR) 주릉줄기(분수령) 상에서 해발고도가 가장 낮은 최저(最低)의 고개. 어원은 '정상/마루'를 뜻하는 남부 히말라얀&피르판잘 파하리(산악민) 방언 '조스(좃)' 내지는 '자즈'의 변음인 '조즈(조지)' + 라다키(티베트어)어 고개를 뜻하는 '라'의 합성어로서, 글자 그대로 "(산상)고개"를 뜻함이다.

★ 반디포라 행로(구레즈 방면) : ☞ 1-2. 하라무크 산상호수 트레일 〉☆ 확장트렉-2; 툴렐-구레즈(구라스)밸리 트렉 〉❖ 카불갈리 횡단여정 역방향 참조

1) 룸첸라(4100m)에서의 룸첸 산록마을 & 드라스강 건너 드라스 분지 전경. 중앙봉우리는 타이거힐(5020m)
2) 룸첸 마을 북단에서 되돌아본 룸첸라 산악도로

❖ 드라스 : 매우 아름다운 풍정을 지닌 히말라야 고원도시의 한 곳. 다르디 유목민들(드록파)에 의해 형성된 지경으로 그로부터의 다르드→다라스→드라스의 유래를 가졌다. 수은주 상의 영하 (-)56도를 기록, 극지를 제외한 지구상 가장 추운 곳의 하나로 기록된 바 있다. 알려진 것처럼 1999년 파키스탄군과의 이른바 **카르길전투** 당시 무슈키밸리에서부터 타이거힐(5020m), 톨롤링(5140m) 산악고지에서의 치열한 전투가 벌어졌던 이래로 현 대규모 군부대가 들어앉은 전략의 요지로서 자리매김하고 있다. 드라스의 명소 전쟁기념관은 오가는 이들의 필수 방문대상지이다.(∴ 1999년 카르길전투 승전에 기념하여 준공)

✧ 연계확장; 샨시라 트렉 경유

⇒ 파니카르(3240m)-(6~7:00)-탑샤(3700m) // -(3:00)-샨시라 B.C.(4400m) // -(2~3:00)-샨시라(5150m)-(4~5:00)-움바(3400m) [도보 3일 여정]

1) 숙티얄고개 상부에서 바라본 톨롤링(5140m) 설봉과 드라스 전경
2) 드라스브릿지. 좌측 산사면 헤집은 산악도로가 룸첸라 고갯길 [※ *사진협조: Petr Liska*]

드라스에서 바라본 룸첸라 고갯길(좌) & 숙티얄 마을(우)   드라스 여행자숙소(JK Tourist Bungalow)

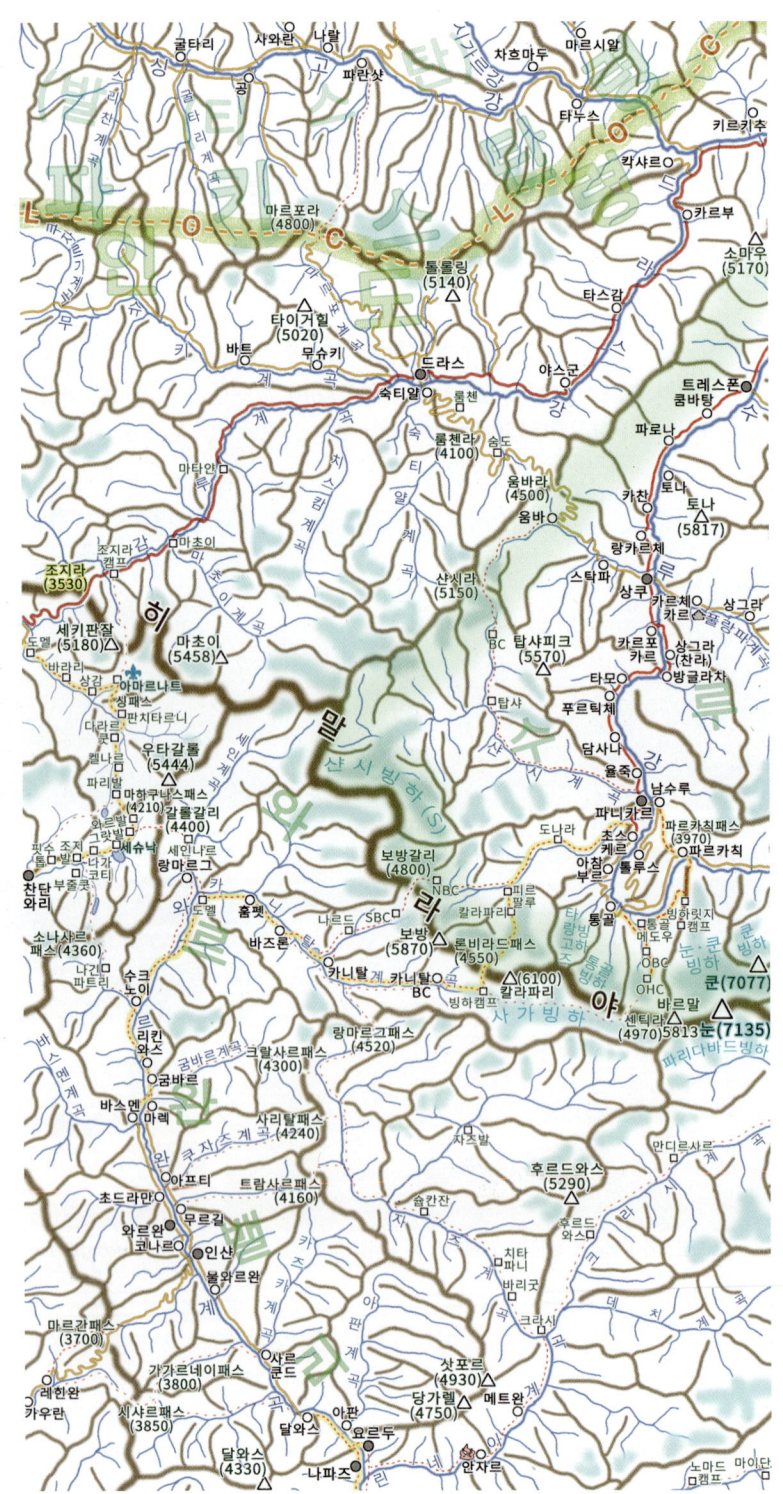

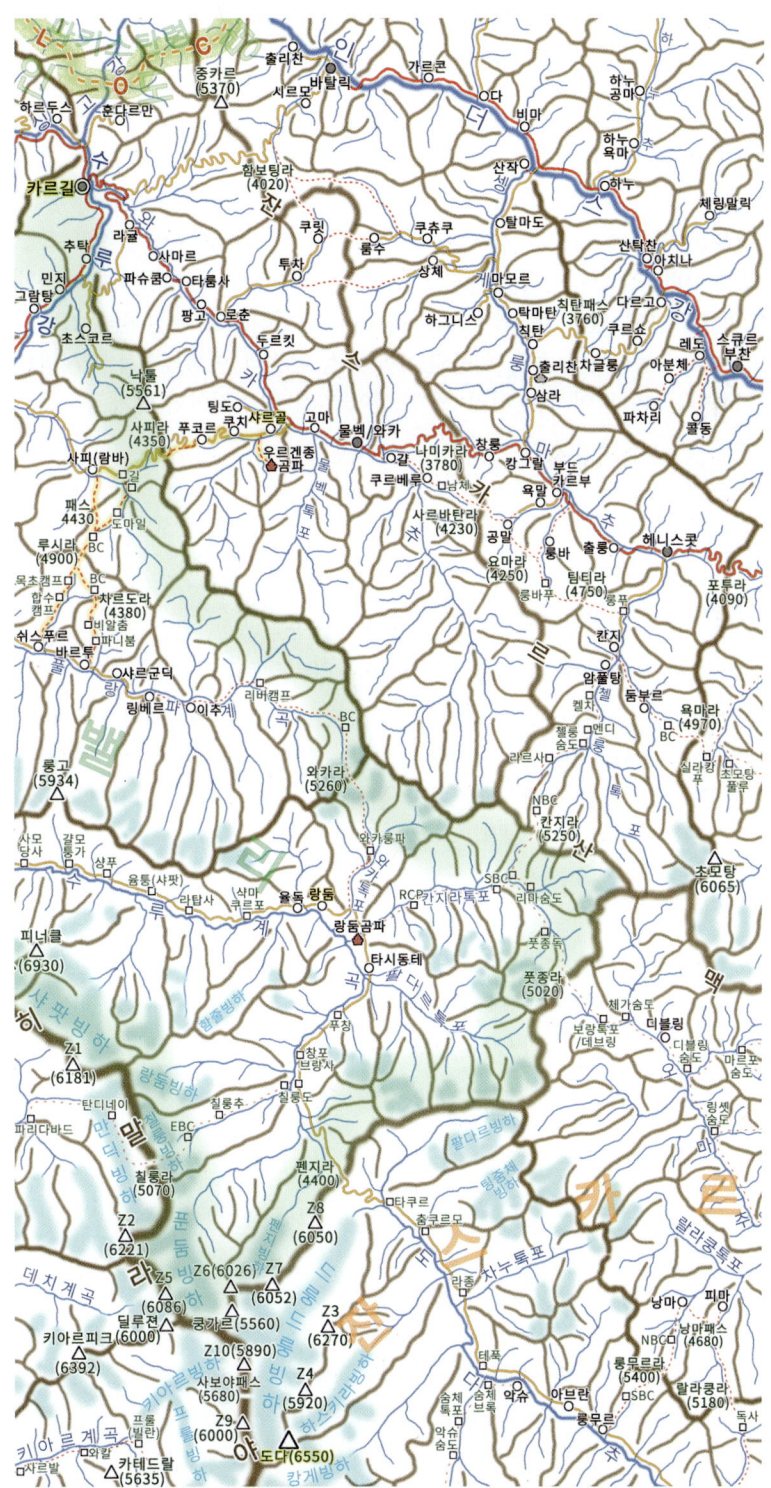

○ 교통가이드(항공/육로)

✈ 항공

- **국제선** : 한국(인천공항)→인도(델리) 국제선항공편 매일 수 회 운항. 단, 현지 상황 및 국제선편 운용상황에 따라 직항편의 경우 운행횟수 및 시간변동 유동적. 경유편의 경우는 이용에 다소간 불편은 따르나 항공편 조합과 운용범위의 옵션 폭이 넓으므로 경비절감과 아울러 상대적으로 일정을 수립하고 추진하는 데 용이한 점이 있다. 한편, 인도 델리 행 외에 뭄바이/첸나이/뱅갈로르/코친 등등 그 외 대도시 지방으로 운행하는 노선을 이용할 수도. 단, 본권의 여행목적지 카시미르 지역으로 이동하는 데 있어서는 델리 행 노선이 가장 보편적이며 경제적.

- **현지국내선(직항)**

  a. 델리→스리나가르(카시미르밸리) 매일편(하루 8~10회). 1시간30분 소요.

  b. 델리→잠무 매일편(하루 7~8회). 1시간 소요.

  c. 잠무→스리나가르 매일편(하루 5~8회). 1시간 소요.

  d. 찬디가르→스리나가르 매일편(1일 3회). 1시간20분 소요.

  ✔ 델리(뉴델리) 공항에서의 국내선 청사건물(Terminal)이 국제선청사와 한참 떨어져있으므로 - *셔틀버스 또는 현지 노선버스 이용!* - 탑승권 정보 꼼꼼히 확인하여 착오 없도록 유의. (아울러 실제 출발 당일 현장에서 갑작스레 탑승터미널(청사)이 바뀌기도 ! ⇒ 실제 필자가 겪은 일이기도 하다.)

🚌 육로

- **철도** : a. 잠무노선〉델리~⋯⋯~암리차르/파탄콧~잠무~우담푸르 (※ 우담푸르~바니할 철도공사 완공 개통시 아래 카시미르철도로 곧바로 환승 가능.)

  b. 카시미르철도〉바니할~카지군드~아난트낙~스리나가르~바라물라

  ※ 시각표) https://www.cleartrip.com/trains, https://www.irctc.co.in, http://www.irctc.com

- **버스**

  a. 델리~잠무(~우담푸르) 행 공영버스(AC 버스) 주·야간 수시운행. 소요시간 10시간 이상.

  b. (델리~)잠무~스리나가르 행은 2층 침대버스(Sleepers)도 운영. 잠무~ 스리나가르 소요시간 8~10시간. (※ 사설버스 역시 상당수 업체가 운영하나 대고객이미지가 좋지 못한데다가 종종 이중예약 등등으로 물의를 일으켜 신뢰도가 공영버스에 미치지 못한다는 등의 단점이 있다.)

c. 잠무~우담푸르~키슈트와르 행 공영버스 매일편 수시운행. 소요시간 6~8시간.

d. 스리나가르~카르길(라다크 노선) 행 공영버스 하계(5/15~9/15 기간) 매일편 운행.(1일 1회. 사전예약 필수!) 단, 이 노선은 1박2일 여정 스리나가르↔레(라다크) 기본행정이기 때문에 중간숙박지 카르길 하차는 가능해도 달리 이 카르길에서 레 방면으로 환승탑승 또는 반대로 카르길~스리나가르 행선으로 중간 탑승해 올 수는 없음을 유의 ! ⇒ 고로 부득불, 아래 승합차편을 이용해 카르길→스리나가르 행선에 임해야 한다.

· 승합차량

a. 카시미르밸리(젤룸강 스리나가르분지) 지역 : 스리나가르 도심의 승합터미널에서 각 지역(District) 행선별로 - e.g) 대표행로 아난트낙 행, 바라물라 행, 반디포라 행, 쿨감 행, 쇼피안 행 etc.(운행편 다수) 및, 각 지역 내원 지엽마을 행선지별(운행편 제한적) - 승객을 모집해 탑승한다. 기본적으로 승합차량(지프/랜드크루저)의 승차인원이 다 차야 출발하므로 딱히 정해진 발차시각이 없다. (※ 물론 빈 좌석값을 대신 지불하면 실제 승차정원 충족 이전에라도 출발할 수 있다 !)

b. 잠무지방(체나브강 하류권역) : 위와 마찬가지로, 잠무 도심 승합터미널에서 각 지역(District) 행선별로 - e.g) 대표적 산악지대노선 리아시 행, 라조우리 행, 푼치 행 및 인근 우담푸르 행(운행편 다수), 키슈트와르 행 etc. 및, 각 지역 내원 지엽마을 행선지별(운행편 제한적) - 승객 모집 탑승. (※ 실상 공영버스가 운행치 않는 기간에도 이들 승합차편은 운행편의를 도모하고 있으며, 나아가 버스노선이 배제된 중장거리 곧 잠무~(스리나가르 무정차 통과)~카르길 노선까지 다이렉트(직통) 승합노선으로 운용키도 한다. ⇒ 성수기 매일편 및 비수기 2~3일 간격 운행. 이른 새벽 출발, 늦은 오후 내지는 저녁시간 도착.(최소 12~16시간 소요. 중간에 운전수가 교체되기도 하며, 상황에 따라서 도중 마을에서 숙박을 취하고 가기도 한다.⇒ 1박2일 여정!)

c. 키슈트와르 지역(체나브강 상류권역) : 역시 마찬가지로, 키슈트와르 도심 승합터미널에서 각 지역(District) 행선별 - e.g. 대표행로 도다/우담푸르/잠무 노선 & 스리나가르 노선(심탄패스 경유), 머로우강 다찬 노선 etc. 및, 각 지역 내원 지엽마을 행선지별(운행편 제한적) - 승합차량 이용. 모집 및 탑승방법, 발차, 운행범위는 동일하다. 나아가 장거리운행편의 경우 체나브강 상류 아찔한(!) 협곡을 거슬러 파다르밸리(굴랍가르) 내지는 더욱더 깊숙히 히말라야 내원 히마찰 참바지역 팡기밸리(킬라르)까지 운행키도.(∴ 매일편 또는 승객수에 따라 격일 운행. 소요시간 약 10시간 내외.)

d. 카르길 지역(인더스 권역) : 카르길 도심 승합터미널에서 카르길 지역 내 각 방면 지엽마을단위 행선 - *e.g. 대표행로 드라스 노선, 와카밸리(샤르골/물벡) 노선, 아리안밸리(바탈릭) 노선, 수루밸리(상쿠/파니카르) 노선* - 승합차편이 운행한다. 단, 앞선 지역들과는 달리 히말라야 산간으로 올라오면서 도로사정이 여의치 않은 관계로 거의가 '지프'차량 형태로 운용, 단지 도로포장이 잘 된 수루밸리(파니카르까지) 및 레(라다크) 행로의 경우에만 번듯(!)한 랜드크루저나 미니 봉고 타입의 차량이 운행. (∵ 특히, 근자 들어 더욱 인기를 타고 있는 수루밸리 상류부 내원(랑둠 지경) 내지는 나아가 잔스카르까지 여정을 도모하는 경우라면 필히 4륜구동 지프차량으로 - *승합차량의 경우 격일제 운행* - 임해야 할 것 ! 그러찮고서는 도중 시쳇말로 '퍼져서' 오도가도 못하는 일반 승용차량들의 비애(!)를 몸소 체험하게도 됨이다.)

· **전용차량 이용시** (∵기본 3인 이상 동행 여행시에 권고.)

⇒ 지역거점 기준으로 각 여정동선에 입각하여 전용차편(대절차량; Reserve/Booking vehicle) 기본 노정경로 안내. (※ 하기 노선들 역시 승합차편으로 이용해 - *비록 운행 편수가 뜸하긴 하나* - 임할 수도 있다.)

a. (스리나가르→)아난트낙→파할감→아루⟨콜라호이 트렉⟩/찬단와리⟨아마르나트 야트라⟩

b. (스리나가르→)아난트낙→가우란→인샨⟨마르간패스 경유 와르완밸리⟩/닥숨&아흘란⟨브렝밸리⟩/심탄패스(→⟨확대여정⟩→키슈트와르 행로)

c. (스리나가르→바라물라→)쿠프와라→롤랍밸리/구레즈밸리⟨라즈담간패스 경유⟩

d. (스리나가르→간데르발→)캉간→소나마르그→발탈→조지라→드라스→카르길(→⟨확대여정⟩→샤르골→물벡→⟨*라다크 진입*⟩→라마유루⟨곰파⟩→칼체→알치⟨곰파⟩→리키르⟨곰파⟩→셍게슘도⟨잔스카르강 어귀⟩→스피툭⟨곰파⟩→레⟨*라다크 도읍*⟩)

e. 카르길→상쿠→파니카르→파르카칙→랑둠⟨곰파⟩→펜지라 · 드룽드룽빙하→⟨잔스카르 진입⟩→파둠⟨잔스카르⟩(→⟨확대여정⟩→잔스카르강 하류행선(하누밀/장글라/호냐) & 잔스카르강 상류(룽낙추)행선(바르단→무네→레루→이차르→앙무---→푸르네/테스타))

○ 음식 & 숙박

🍲 **카시미리 대표음식** : 로간조슈(진한 양고기커리) / 모두르 풀라우(카시미리 풀라우; 카시미르식 견과류 믹스볶음밥) / 맛스찬드(붉은고추 양고기미트볼) / 야크니커리(요거트커리) / 둠 올라우(둠 알루; 생강 믹스 통감자볶음) / 카시미리 무지가드(카시미르식 무+양고기찜 또는 생선찜) / 아브 고슈트(양고기 볶음밥) / 고슈타바(양고기완자 요거트) / 료두르 차차만(차만 칼리아; 크림치즈 야채수프) / 룬와간 차차만(진한 치즈토마토수프) / 리체(미트볼 커리) / 나데르-티-가드(연잎생선요리-축제음식) / 마슈왕간 코메흐(매운 양념고기 요거트) / 다니왈 코메흐(고수/파슬리 양념 양고기),

　※ 이슬람식 : 각종 양고기 & 닭고기, 생선 요리. (✔ 소고기는 허용되나 돼지고기는 금지!)

　※ 힌두식 : 각종 채식요리 & 닭고기, 생선 요리. (✔ 소고기/돼지고기 모두 금지! 양고기는 경우에 따라 허용.)

　※ 불교식(라다키/잔스카리) : 소/닭/돼지/양/염소/야크 등등 모든 육류 요리. (✔ 단, 물고기(생선)는 문화풍토 및 종교정서적으로 기피.)

🏠 **거점지 숙박 및 숙소정보**

· **스리나가르** : 달레이크(Dal Lake) 진입부인 달게이트(Dal Gate)부터 이의 호반을 따라 엄청난 수의 숙박업소가 밀집해있음에 자신의 형편(?)과 기호(!)에 따라 숙소를 정해 머물면 되겠다. 특히, 호수 물 위에 떠있는 일명 '보트하우스'에 몸을 맡겨도 되겠는바, 다만 이 또한 시설과 서비스에 따라 요율(숙박비)이 천차만별이니 본인 상황에 따라 잘 정하여 여가를 누리도록. (※ 호반정취를 만끽하며 편히 느긋하게 쉴 요량이라면 이러한 평화로운 보트하우스에서의 휴식이 으뜸이겠지만, 그러찮고 시내거리 구경 등등 이동이 잦을 량이라면 시카라(나룻배)를 타고 들고나는 데 제약이 있는 호수 내 보트하우스 체류보다는 아무래도 달레이크 호반 기슭의 숙소지를 정하는 게 낫지 싶다. 특히나 다리품 마다않는 적극 배낭여행 스타일의 여행자들에게는 모쪼록 다음과 같은 시쳇말로 "가성비 좋은" 중상급~중저가 숙소들을 추천해볼만하다. 「Kunzsum Guesthouse(중급)」, 「New Pine Guesthouse(중급)」, 「Rimshah Guesthouse(중저가)」. 이 외에 도심 간 이동편의성 및 좀 더 고급스럽고 쾌적한 숙박을 염두에 두었다면 「Hotel Heemal(특급)」, 「Welcome Hotel(상급)」, 「Walisons Hotel(중상급)」과 같은 인지도와 선호도를 지닌 '호텔급'의 숙소를 잡는 것도 나쁘지 않다.

- 바라물라 : 바라물라 도심보다는 남부외곽 피르팔잘산지의 유명관광지 굴마르그 & 탕마르그 일대가 여행객들에게 인기. 참고로, 굴마르그 산악지대는 인도 최대의 스키리조트 시설이 갖추어있는 곳이기도 하다.

  a.특급〉「The Khyber Himalayan Resort & Spa」, 「Hotel Highlands Park」, 「Heaven Retreat Gulmarg」, 「Gulmarg Meadows(글램핑텐트)」

  b.상급〉「Shaw Inn by Stay Pattern」, 「Shaw Resort 11」, 「The Vintage Gulmarg」

  c.중(상)급〉「Hotel Affarwat」, 「Pine View Resort」, 「Nedous Hotel Gulmarg」, 「OYO Gulmarg Inn / OYO Price View Hotel Tangmarg」, 「Rosewood Hut」

  e.중저가(economy)〉「Roseland Cottage Gulmarg」

- 반디포라 : 구레즈밸리 일원 중급숙소〉「The Wood Vibes」, 「Gures Retreat」, 「Kaka Palace Guesthouse & Hotels」, 「Sagg Eco Village」

- 아난트낙 : 산악관광지구인 파할감 일대 숙소지가 인기.

  a.특급〉「Welcome Pine Hotel」, 「Heaven Pahalgam」, 「Royal Hilton Pahalgam」

  b.상급〉「Hotel Brwon Palace」, 「OYO Maharaja Inn / OYO Crown Pine」, 「OYO Ice Berg Resort / OYO Pine Cliff Resort」

  c.중상급〉「Hotel Paradise Inn」, 「Hotel Royal Foothill」, 「Sheshnag Hotel」, 「Hotel Royalton」, 「OYO Hotel Royal Spring / OYO Hotel Hill View」

  d.중급〉「Hotel Pine Spring」, 「Hotel Himalaya House」, 「Premier Pahalgam」, 「Hotel White House」, 「Hotel River Square」, 「Volag Hotel」, 「Eden Resorts & Spa Pahalgam」, 「Exploring Kshmir Tours & Treks」, 「OYO Pine View Resort / OYO Hotel Pine Green / OYO Sabnam Resort」, 「Falak Resorts Pahalgam(추천 중급숙소)」, 「Milky Way Hotel(아루 소재)」

  e.중저가(economy)〉「Hotel Green Heaven」, 「Hotel Pahalgam Divine」, 「Hyatt Guesthouse」, 「Paradise Guesthouse」, 「Pahalgam Vilas」, 「Hotel Alpine K2」, 「Wonderland Guesthouse」, 「Lalaji Cottage」, 「Capital Hotel Golden Residency」, 「Haier Resort」, 「OYO Hotel Bright Palace / OYO Hotel Fifth Season」

- 쇼피안 : 중저가숙소〉「Daanish Resorts」, 「Hote Tulip Residency Shopian」, 「Shah Guesthouse」 및 아하르발 관광지 일대 관광개발국 Resthouse, Guesthouse, Hotel 등 다수.

・라조우리 : 도심 내 중급숙소 「Hotel Ashoka」, 「Hotel Tariq Residency Rajouri」, 「Hotel Shubham Vilas」, 「Hotel Mughal Palace」, 「Surya Continental Hotel」

・잠무 : 도심 중앙 타위강 북부/남부 일대
  a.특급〉「Lemon Tree Hotel」, 「Radisson Blue Jammu Hotel」
  b.상급〉「Cygnett Park Asia」, 「OYO Maa Bhawani Lodge」
  c.중상급〉「Ramad Jammu City」, 「Zone by the Park」
  d.중급〉「Hotel Raghunath」, 「Le Roi Jammu」, 「Capital Hotel Imperial Lodge」, 「OYO Comfort Inn」
  e.중저가(economy)〉「Tahban Guesthouse」, 「Sandy's Homestay」, 「OYO Hotel Zeenat / OYO Sunny International」

・우담푸르 : 도심 중앙부 주요 숙박업소
  b.상급〉「Hotel Grand King」
  c.중상급〉「Hotel Dolphin」, 「Hotel Blue Sapphire」
  d.중급〉「Chankya Hotel」, 「Hotel Highway」, 「Samrat Hotel & Resthouse」, 「Le Mars Hotel」, 「Hotel Skylark Udhampur」, 「Hotel Singh Axis」, 「Tanishq Hotel Udhampur」, 「Pine Villa Guesthouse」
  e.중저가(economy)〉「Hotel Devika」
(※ 이 외 인근 서쪽 순례관광도시 카트라 및 북동부 도다·키슈트와르 행로 산악관광지 바토테 (파트니톱) 일대 특/상급 & 이하 다양한 등급/형태의 숙박업소 다수 소재.)

・키슈트와르: 「Hotel Phoenix International(도심 내 중급숙소)」 및 주정부/지방정부 운영 Resthouse/Guesthouse 소재. 그 외 개별 주민들의 여행객 대상 Homestay 숙박 활성화.

・카르길 : 도심 및 수루강 하천기슭 주요 숙박업소
  b.상급〉「Hotel Zojila Residency(추천 상급숙소)」, 「Hotel PC Palace」
  c.중상급〉「Hotel Suru View」, 「Royal Gasho Hotel」
  d.중급〉「Hotel Siachen(추천 중급숙소)」, 「Caravan Sarai」, 「Hotel D'Zojila」, 「Hotel Rangyul」, 「Hotel Zero Miles Kargil」, 「Ashiyana Hotel」, 「Hotel Jan Palace」
  e.중저가(Economy)〉「The Heritage Kargil Guesthouse」, 「OYO New International Guesthouse」, 「Mountain Place Guesthouse」, 「Payupa Guesthouse(아리안밸리 가르콘 소재)」

○ 주요명소(여행/탐방대상지)

▶ **카시미르밸리**(스리나가르분지) **지역**

· 도심 일원〉 달레이크, 하리파르밧 두라니포트, 하즈랏발 마스지드(모스크)

· 무갈정원〉 살리마르바그, 니샷바그, 차스미샤히, 파리마할, 아차발 정원, 베리낙

· 힌두유적〉 아반티포라 아반티스와미 사원, 마르탄드 순 사원, 나라낙 사원

· 산악관광지〉 아마르나트 케이브(시바동굴 순례성지), 소나마르그 & 타지와스빙하, 조지라(히말라얀패스), 트락발 라즈담간패스, 굴마르그, 탕마르그, 토사마이단, 유스마르그, 아하르발, 피르키갈리(피르판잘패스), 마르간패스 & 심탄패스

· 계곡관광지〉 리데르밸리(파할감), 베타아브밸리(파할감), 구레즈밸리(반디포라), 반거스밸리, 롤랍밸리, 닥숨계곡(브렝밸리), 아라팟계곡, 아흘란계곡,

· 국립공원〉 다치감국립공원, 카지낙국립공원

▶ **잠무지방**(푼치-라조우리-리아시-카트라-잠무-우담푸르-도다 지역(District))

· 푼 치〉 푼치포트(고성), 낭갈리 사히브 구루드와라(시크교사원), 룸쿤드 사원, 스와미붓다 아마르나트지 사원, 수란코트계곡, 누리참브(폭포) & 난디슐폭포, 로란밸리, 기르잔 유목초원, 피르키갈리(피르판잘패스) & 데라키갈리

· 라조우리〉 다니다르포트(고성), 랄바울리 정원, 샤흐다라 샤리프 지아랏, 세인간지 사히브 지아랏, 차티파트샤히 구르드와라(시크교사원), 두다다리 사원, 피르 바데사르 사원, 만마마타(데비) 사원, 망글라마타(데비)포트(고성) & 망글라마타 사원, 부달 코트랑카(산간 전원마을)

· 리아시〉 빔가르포트(고성), 데라바바 반다 구르드와라(시크교사원), 시야드(세하르) 바바 폭포, 바바 단사르 폭포&사원, 쉬브코리동굴(란수케이브), 슈리마타 바이슈노(비슈누)데비 사원, 노우마타(데비) 사원, 살랄 댐, 리아시 철교

· 카트라〉 마아 바이슈노데비 사원, 반 강가, 바이라브나트(바이론 사원), 힘코티 산록, 자자르 코틀리(계곡)

· 잠 무〉 바후포트(고성), 아마르마할 팰리스, 부파락만디 팰리스, 도그라 미술박물관, 바그-에-바후(정원), 라구나트 사원&바자르, 피르코 케이브, 만다 동물원, 라젠드라공원, 란비레슈와르 사원, 두단다리 사원, 쉬스마할, 발리단 스탐브 (전쟁기념관), 아크누르포트(고성)

· 우담푸르〉 튤립공원, 파트니톱 · 나타톱(산상휴양지), 사나사르 · 만사르 · 수린사르 (산상호수지대), 가우리쿤드(호수) & 수드마하데브 사원, 그림치 사원, 만탈라이 사원

· 도 다〉 바데르와(순례성지), 카일라스쿤드(순례성호), 세오즈초원, 친타밸리, 뎃사밸리, 제이밸리, 발 파드리(산상초원), 텔리가르(산상관광지), 굽트강가 · 시틀라마타 · 알라바니 · 낙니마타 · 수바르낙 · 투부낙 · 바수키낙 사원지구

▶ **키슈트와르 지역**(머로우강 유역 및 체나브(찬드라바가) 강 유역)

· 산악·계곡관광지〉 와르완밸리, 팜베르밸리, 다찬밸리, 파드야르나 쿠미야낙 사원, 반다르코트(반데르콧) 체나브강 협곡, 파다르밸리 & 마칠 마아찬디 사원, 타타파니(온천), 찬드라바가(체나브강) 하안절벽도로, 심탄패스

· 키슈트와르 도시인근〉 초우간 공원, 칼라톱 · 카타르삼나 전망공원, 바르노이 휴식공원, 푸찰 사프론밸리(사프론 재비지), 둘-하스티 댐

· 시내 사원(힌두)/사당(이슬람)〉 고리샹카르 사원, 닐칸드 마하데브 사원, 비말낙 사원, 라구나트 사원 / 파리드두딘 바그다디 지아랏, 아스라르우딘 지아랏, 압달샤히브 지아랏

· 국립공원〉 키슈트와르국립공원(히말라야산지)

▶ **카르길 권역** : 드라스 전쟁기념관, 움바라 하이웨이, 국경부(LOC) 훈다르만 전통마을, 바탈릭 아리안밸리(다·하누밸리), 수루밸리 강변드라이브, 카르체카르 마이트리야붓다(음각석조미륵불), 통골협곡, 파르카칙 마을 & 패스(전망고개), 눈·쿤빙하, 샤팟빙하

　+잔스카르 행로〉 랑둠곰파, 펜지라 & 드룽드룽빙하, 사니곰파, 파둠(잔스카르) 왕궁 & 카르샤곰파, 스통데곰파, 장글라포트(고성), 바르단곰파, 푹탈곰파

　+라다크 행로〉 샤르골 우르겐종 동굴곰파, 물벡 곰파 & 마이트리야붓다(음각석조미륵불), 칙탄 출리찬포트(고성), 나미카라&포투라 고갯길(+라마유루곰파)

- **주의사항**

🔄 **환전** : 인도 현지의 일반 환전상(Forex / Money Changer)을 이용할 경우 대개는 원화(₩)를 받지 않으므로 - *받아준다 하더라도 심히 불리한 환율 적용!* - 현지화폐 (루피〈₹〉) 환전을 위해서는 미리 달러화나 유로화 등의 이른바 '기축통화'를 마련해 갖고 가야 할 것. 또는 이처럼 액면 현찰을 지니고 다님이 분실이나 도난의 위험을 야기, 비록 현지 환전상을 통한 환전이 요율은 좋다 해도 근자에는 위험성 감수 때문에 여행객들이 다소 수수료와 환율손해를 감수하더라도 현지 ATM 기기를 통해 현지통화를 그때그때 확보해 나서는 사례가 늘고 있다. 특히 금융전산기기가 잘 확충되어있는 인도는 웬만한 중소도시에라도 각 은행별 ATM 기기가 잘 보급돼있어 이를 통한 현금인출에 크게 문제가 없다. 여하간 환전상을 통하든 ATM 기기를 통하든 현지화폐를 수중에 넣게 되었을 때 반드시 확인해야할 일이 있다. 바로 '손상된 화폐' 여부이다. 정말 중요한 대목으로, 통상적으로 ₹100(≒₩1,800) 이상 가액권의 경우 조금이라도 찢어지거나 혹은 속칭 '테이핑땜빵'이 되어 있을 경우 거의 통용되기 어렵다.(아예 받질 않는다.) 이런 불량지폐는 그래서 별 수 없이 은행을 찾아가 재환전해야 하는데 바쁜 여행일정 중에 이런 번외적인 일 처리가 그리 녹록치는 않을 터. 고로 수칙이라 여기고 환전/인출 시에 현장에서 고액권 지폐의 손상여부를 한 장 한 장 반드시 꼼꼼히 확인하는 여유를 가지라.

🚌 **교통편 이용** : 세계 어디에나 마찬가지겠지만 인도를 여행하는 경우 특히 교통편 이용 시에 주의해야할 덕목이 있다. 시쳇말로 '삐끼'들을 조심해야하는데, 그중에서도 개인이 운영주체인 사설버스 및 승합차량(랜드크루저/승합지프) 이용시 예상 밖 불편과 갈등을 많이 겪는다. 해서 가급적이면 정해진 운행시간과 노선경로를 확실하게 준용하는 공영버스편을 이용키를 강권. 허나 만약 그러지 못할 (운행편이 없는) 상황이라면 부득불 이러한 사설운송수단을 택할 수밖에 없음인 즉, 미리 주의를 기울이고 속칭 호객 승차모집꾼의 '구설'에 쉬이 넘어가지 않도록 잘 사려해야 하겠다. 특히나 '발차시각' 및 '정원' & '요금' 제시에 있어 그런 협잡- *시쳇말로 눈가리고 아웅!* -의 사례가 많은바 가장 주의하고 신중해야 할 대목이다.

- **공영버스** : 권고했듯 배낭여행객에게 가장 좋은 이동수단이다. 짐 분실/도난 위험도 기차나 타 교통수단에 비해 훨씬 안전하다. 출발시간이 대체로 엄수되며 등급에 따라 좌석제가 운영되므로 편하고 안락한 이동행정으로서의 선택적 고려도 가능하다. 좌석제가 아닌 일반버스(Ordinary)의 경우라도 특정 일부 구간이나 노선을 제외하면 차내 좌석여유를 그리 걱정할 계제도 아니기에 굳이 기피할 이유는 없다. 단, 정확하고 편리한 대신 때로 난폭운전이 종종 도마에 오르기도 한다. 아무래도 내 차가 아니란 - *험하게 몰아도 상관없단* - 마인드가 이런

스릴(?)넘치는 질주도 마다않게 하는 듯하다. 대신 안에 탄 승객들은 죽을 맛! 고로 뒷자리보다는 가급적 앞쪽에 자리를 잡길 종용.

- **사설 승합차량(미니밴/랜드크루저/지프)** : 차량을 보유한 개인이 기사를 고용, 승차(탑승객) 실적에 따라 수입을 올리는 시스템이기 때문에 아무래도 최대한 많은 인원을 탑승시켜 운행코자하는 성향이 강하다. 그러므로 정해진 발차시각이란 건 거의 없다. 일단 기본정원이 다 차야만 출발한다. 고로 이런 승합차량 이용 시에는 출발시각 어쩌구저쩌구... 그냥 무시하고 기왕 좋은 좌석티켓 끊은 후 마음 비우고 느긋하게 출발을 기다리는 자세가 필요하다. - 실제로 필자 경우 새벽 6시 발차예정인 차량이 11시가 돼서야 출발, 아닌게아니라 승객정원 모일 때까지 5시간이나 허송해 기다려본 사례도 있다. - 아울러 종종 요금 & 좌석 문제로 실랑이가 벌어지기도 하는데, 이 역시 처음부터 확실하게 해두지 않으면 나중 문제제기나 취소환불 등의 조치가 실현되기 어렵다. 사실상 인도 오지 여행에서 가장 많이 이용하는 교통수단임에, 그만큼 가장 많은 불편과 애로를 겪는 애증(!)스러운 방편이기도 하다. 모쪼록 차차로 각자 '경험치'를 쌓으면서 발전해나갈 일이다.

- **전세차량** : 대중교통상황이 열악하거나 일정 및 시간적으로 여유가 없을 때 이러한 대절 즉 차량을 통째로 전세내어(Reserve/Booking) 이용케 된다. 때로 단 혼자만의 여행일지라도 선택의 여지 없이 이럴 수밖에 없는 상황에도 놓인다. 따라서 웃돈을 요구하거나 당초 제안과 다르게 속칭 '꼼수'를 부리는 차주/운전기사와 맞닥뜨리게도 될 터인데 이 역시 처음의 흥정과 계약조건이 절대적이다. 구두계약일 경우에는 반드시 두 번 세 번 재삼 확인하고 다짐하여 나중에 다른 얘기가 결코 나오질 않도록, 혹은 그러더라도 단호히 애초 계약을 거론하며 맞설 수 있는 자세가 되어야 한다. 특히 승합스탠드(승차장)에서 즉석 흥정을 통해 이른바 Booking/Reserve 차량을 정할 경우 필수 아닌 '철칙'이다 !

- **히치하이킹(얻어타기)** : 히말라야 산악오지 여행시 묘미(!)로 꼽히는 방안이기도 한데, 단 '나홀로여행자'의 경우 신중을 기하라. 특히 여성 단독여행 시에 이처럼 오지 경로에서의 섣부른 히치하이킹은 크나큰 안전상의 위험이 도사린다. 남자들이라도 가급적 둘 셋 이상의 동행이 구성되었을 경우 시도직한 방편이다. 다만 소형승용차량 히치하이킹 경우는 상대적 리스크가 덜하겠으나 그래도 지역과 상황, 그리고 무엇보다 본인 스스로의 상황을 봐가면서 이러한 '얻어타기' 행정에 임해야 할 것이다. 대체로 활용되는 구간은 카시미르밸리(스리나가르분지) 일원보다는 민심 & 여행객 호응도가 좋은 카르길 지역 수루밸리 내경의 파르카칙~랑둠~파둠(잔스카르) 노정이다. 특히 잔스카르 쪽 물류를 위해 오가는 트럭을 잘 활용해 - *적절한 사례 및 흥정은 필수 !* - 보다 쉽고 편리한 노정을 지을 수 있다.

🚶🚶 현지도우미 이용 및 여행업자 접촉 : 트레킹여정의 경우 주로 맞닥뜨리게 되는 사안이다. 애시당초 에이전시를 통해 도우미를 고용하고 나섰을 시엔 문제 될 게 없으나 만약 독자적으로 나선 트레킹 시에 때로 단독 진행이 불가하여 현지 당면해서 긴히 도우미(가이드 · 운반(마부)/주방도우미 etc.)를 고용해 나아가고자 할 경우 각각의 유/불리점이 있는데, 비용문제는 감소할 수도 되레 증가할 수도 있다. - 이런 경험이 일천하다면 대개는 흥정에서 '을'의 위치에 놓이게 되어 예상했던 이상의 고비용을 부담하는 사례가 흔하다. - 여하튼 중요한 것은 '제대로 된' 트레킹스탭(도우미) 들을 고용하는 것! 무작정 현지소개인의 말만 듣고서 냅다 그러라 할 게 아니라 충분한 상황파악 및 제시내용 검토 확인, 또 비용문제나 일정운용, 참가스태프 (도우미)의 신체적/연령적 상태나 요구조건[여정진행 · 1일 운행시간 · 개별 숙식문제 etc.] 등등을 면밀히 잘 따져본 후 확실한 의사 및 진행방식, 그리고 아울러 안전 장치(사전 관할 공무원/경찰 등에 여정 신고 및 위급시 후송방법 등)에 관한 것들도 어느 정도 조율한 후에 추진되어야 할 것이다. 특히, 비용 전부를 몽땅 선지급하는 것은 절대적으로 바람직하지 못하다. 대략 총비용의 30~50% 정도만을 일종의 선금 내지는 준비금 조로 지급하고, 실제 목적한 트레킹이 정상적으로 완수되었을 시 소정의 인센티브(팁)와 함께 스태프 임금 등 잔여 비용을 지급하는 방안이 최선 이다. 이는 꼭 현지도우미 고용에 있어서뿐 아니라 사전 에이전시를 접촉해 일정 을 조율한 후 진행하는 통상의 트레킹행태에 대해서도 비슷하게 준용된다. 다만, 트레킹에이전시의 통례상 대부분 트레킹 시작 전에 비용 전액을 결제받길 원하기에 이 부분만 서로간 잘 조율해서 - 이를테면 스태프(도우미) 임금은 후결제 방식 등 - 임하면 큰 무리가 없는 선에서는 대부분 수용이 될 것이다. 만약 그러잖은 에이전시라면 역시나 시간을 두고 여러 에이전시를 다방면으로 둘러보고 접촉해보아 그중 뜻 맞고 합리적이며 신뢰가 가는 에이전시를 택해 본인의 여정을 일임하면 될 터이다. 모름지기 급하면 급할수록 탈나기 쉬운 법! 여유를 갖고 차근히 돌아볼수록 패착 곧 실수&실패는 확연히 줄어들 것이다.

🏠 위생 · 안전 · 도난 · 질병&병원

인도 여행에 있어서 **위생** 문제는 각별히 주의를 기울여야 할 대목이다. 특히 더운 지방 쪽뿐만 아니라 상대적으로 서늘하고 쾌적한 북인도 지방이라 하더라도 생활 습관이라든가 문화/음식의 차이로 인해 위생의 문제는 늘 대두된다. 수칙으로, 길거리에서 만난 모르는 사람이 주는 차(차이) 대접은 사양할 것! 불순한 의도로 접근하여 여행객을 곤경에 빠트리고자하는 사례가 적지 않다는 게 이미 많은 경험 담으로 보고되어있다. 물론 여행지 현지에서 선의의 친절과 호의로 맞이하고 응대 코자 이런 우호적인 면모를 보이는 상황도 많다. 판단의 어려움이 있겠지만 일단은 본인이 처한 주변 상황을 잘 감지해보면 대충 판단이 서리라.

이러한 점은 개인의 '**안전**'에 대한 문제에 있어서도 동일하다. 위험하고 혼잡스런 상황에는 가급적 노출되지 않도록 함이 중요하겠지만, 역시나 뜬금없이 나서서 호의랍시고 제시하며 다가오는 부류에 대해서도 주의를 요한다. 말마따나 일반적인 인도인의 정서적 특성상 보통은 도움을 먼저 요청하지 않는데 굳이 설레발치듯 적극 나서서 해결을 도모해주겠다는 예는 잘 없기 때문이다. 고로 요청치 않았음에도 과도하게 적극적으로 다가오는 수상쩍은 의도의 접근자들을 단호히 차단하는 것이 우선 중요하다. 바로 '안전' 문제와 직결되기 때문이다.

이와 아울러서 역시 '**도난**'의 위험 또한 증가하기 마련. 특히 말한 것처럼 괜시리 뜬금없이 설레발치며 다가와 정신을 팔리게 한 후 다른 제2, 제3의 인물들이 기회를 봐 – *특히나 과도한 친밀도를 앞세우며 천진난만해보임직한 꼬맹이들이 본인을 빙 둘러 에워싸는 행태는 그야말로 '털림'이 임박했음을 암시하는 대목이다 !* – 순식간에 소지품을 털어가기도 하는바, 참으로 신경을 곤두세워야 할 대목이 아닐 수 없다. 그래 이런 상황에 당면하지 않도록 아예 그러한 장소나 시간, 그리고 그러한 장면을 유발하는 본인의 행동들 역시 각별히 주의토록 당부한다.

그리고 또하나, 예기치 않은 **부상**이나 **질병**으로 몸 고생 마음고생을 하는 상황. 여행자보험이 적용되지 않는 이러한 북인도의 카시미르지방이다보니 행여 돈 아깝다, 경비를 아끼겠다 해서 그냥 참고 넘어가련다… 참 멍청하고 바보같은 짓이다. 절대 권고컨대, "아프면 그냥 **병원** 가라 !" 사람 사는 곳 어디든 의사와 병원은 있다. 상비약 한두 번으로 해결될 게 아니라면 정답은 병원이다. 그리고 아주 심각한 중증질환이 아닌 이상 대개는 약소한 – *한국에서의 건강보험 적용비용보다도 훨씬 적은* – 비용 정도로 해결된다.(필자 역시 그러했다.) 이러한 현지의료에 정보가 없다면 관광안내소 또는 그냥 묵고 있는 본인의 숙소 주인에게 물어보면 된다. 의료진과의 의사소통문제 역시 기초적인 영어 및 속칭 '보디랭귀지'만으로도 얼추 해결, 고로 너무 부담 갖지 말라. 종교 막론, 카시미르의 거의 모든 의사들은 – *남자건 여자건* – 기본적으로 영어 의사소통 및 진단서, 처방전 발행이 능숙하다. 처방약은 경구약이건 주사약이건 설령 입원치료라 하더라도 내원환자 본인/보호자가 직접 약국(Chemist)에 가서 구입해온 것을 의료진이 처치해주는 방식이므로 한국의 의료시스템과는 다소 다르다는 점을 인지. 또한 같은 JK(잠무카시미르) 주 내 의료기관이라 하더라도 잠무지방 & 카시미르밸리(스리나가르분지) 지역 같은 경우에는 소정의 의료비를 부담하나, 히말라야 너머의 오지권인 라다크(레) 및 이웃한 히마찰 주의 참바 지역 북부권(팡기밸리)과 라하울&스피티 지역의 경우는 외국인 여행자의 경우에라도 무상의료서비스를 지원해주는 시스템이 제도적으로 갖추어져 있다. 미리 알고 임하면 좋을 것이다. 나아가, 급성고산병 등으로 상태가 악화 [폐수종-폐렴/뇌수종 etc.]되거나 현지 의료시스템으로 조속한 호전이 어렵다 판단 – *의료진으로부터의 상급병원 후송 종용* – 이 설 경우, 지체 없이 대사관에 연락 및 대도시(델리) 병원으로의 이송을 도모하라. 가장 중요한 것은 '**본인의 생명**' 이다 !

✊ 소요사태 등 긴급상황

카시미르 여행시의 종종 민감한 항목으로 대두되는 사안이 아닐 수 없다. 대개는 평화롭고 우호적인 자연미 그윽한 고장으로 받아들여지지만 때로 사회적 정치적 종교적 이념적 이슈에 의하여 발발되는 지역민 소요사태가 언론의 일면을 대서특필 차지하고도 있기 때문이다. 특히 7~8월에 몰려드는 순례여행 일명 '야트라' 시즌에는 그야말로 더욱 민감해지는 분위기다. 인도 정부의 **보안군**이 카시미르밸리 (스리나가르분지) 각 곳에 배치되어 더욱 긴장감이 고조된다. 아무래도 인도 전역에서 몰려드는 수많은 야트리(순례객)의 안전과 또한 그로부터의 지역사회 불안요소를 다잡으려는 기본적 정치이슈에 기인함이렷다. 외국인여행객들 역시 7~8월 하계시즌에 카시미르 여행에 많이 나서게 되는바, 가급적 이러한 소위 '극성수기' 시기 인파가 많이 몰리는 순례탐방지로의 여행은 자제하길 권고한다. 그만큼 사건사고 위험도 많고 또 실상 해당 관내 여기저기 배치된 보안군에 의해 제지되어 괜히 시간만 낭비하고 이내 발걸음을 되돌리게 될 확률이 크기 때문이다. 아울러, 혹여 본인의 여행목적이 이러한 관내 보안/경비체계에 의해 좌절되는 상황에 놓이게 되었다 하더라도 절대 군인들(보안군)과는 실랑이나 마찰을 빚지 않도록 주의! 인도의 여타 - *설령 LOC & LAC 등 실질 국경부에 인접한* - 지역의 군인들과 달리 이 카시미르에 투입된 보안군의 분위기는 실로 긴장감이 감돌며 또 그로부터 현지인들에게뿐 아니라 외국인이든 어느 누구든 접근해오는 이들에게 극도의 경계심과 예민한 대응으로 맞닥뜨리게 될 터이니 말이다. 고로 (여행자들에게 비교적 호감도 높은) 타 지역의 군(인) 정서와는 상당히 동떨어져있는 이의 카시미르 보안군의 상황이라는 점 미리 주지하고 여행에 임하길 바란다.

카시미르밸리 스리나가르 하이웨이의 인도 보안군 장갑차량

그러나 급기야 ! **소요사태**가 발생했을 경우, 예외 없다. 무조건 해당지역을 빠져 나오라. 휩쓸리는 순간 모든 권리와 안전에 대한 경구는 공염불이 되어버린다. 이내 위험지역, 긴급지역을 (모든 수단과 방법을 동원하여) 빠져나와 안전지대로 대피하라. 스리나가르 도심지역의 경우는 통상적으로 달레이크 호수 내 보트하우스 일대가 그나마 외국인여행객들의 피난처로 인식돼있으므로 정히 도시 밖으로 벗어 나기 어렵다면 이곳들을 활용하는 게 차선책이다. 물론 이런 뜻밖의 사태나 불안 상황이 카시미르를 여행코자하는 희망자들을 움츠러들게 하는 건 사실이지만 그 러나 늘상 이런 위험이 그렇다고 비일비재 여행객들을 위협하는 건 아니다. 그럼 에도 마음 한 켠에 늘 염두는 두고 혹시 모를 이런 위급/긴급상황에 대해서 어느 정도 대처할 마음가짐과 준비자세는 갖자.

그리고 시간이 지나 어느 정도 진정국면이 되었으면 말했듯, 곧바로 후송조치를 밟아 해당 지역을 빠져나오도록 한다. 걱정하는 가족과 친지들을 위해서도 곧장 연락을 취하고, 여의치 않을 경우 대사관/영사관을 통해 본인이 처한 상황을 알리고 즉시 귀국조치를 취하게끔 도모할 수도 있다. 더하여, 인도 정부의 외국인여행객 에 대한 조치에 적극 호응하고 따를 것 ! 이유 막론하고 실제 '칼자루'를 쥐고 있는 그들이기 때문이다. 고로 시쳇말로 '갑'의 위치에 있는 이러한 대응주체인 보안군 의 지시나 이행사항에 일절 반감이나 거부적인 태도- *혹여 오해를 불러일으킬만한 행동도 물론 !* -를 보이지 말고 최선 다해 감내하는 자세로 임하라. 수칙을 넘어선 '철칙' 이다 !

스리나가르 달레이크 네루파크 앞 경비중인 보안군. 시카라(나룻배) 너머로 멀찍이 보트하우스들이 보인다.

색 인
(트레킹코스 & 주요루트)

KGL 트렉	193	아라팟밸리 트레일	320
강가발 트렉	209	아마르나트 야트라 트레일	179
나긴셰루 트레킹	394	와르완밸리(키슈트와르) 트레킹	334
나프란밸리	154	와르완밸리-키슈트와르밸리 크로스서키트	404
난트계곡 브라마 트리산디야 야트라	390	와카라 트렉 연계	443
눈·쿤 OBC 트렉	417	움바라 트레일	446
닐룸강 남부연안 인도령 특별지구	251	유스마르그	268
다그완밸리(다치감국립공원) 트레일	174	자미안계곡 루트	263
도날리콜 트렉	382	잔스카르 방면으로의 여정	413
두드파트리	254	주마르패스 루트	173
두리나르 트렉	169	차르도라 경유	443
드랑갸리밸리 & 카르나밸리	241	치르사르 & 브람사르 트레킹	306
디다르갈리 트렉	312	카르체밸리 와카라 트렉	425
라비왈리 차르사르(4호수) 트레일	288	카바르파탄(칼라문드) 트레일	272
라비왈리 트레일	285	카불갈리 횡단여정	224
라조우리 산상고원호수 트레일	285	카시미르밸리	138
로란밸리 트레일	262	카시미르 피르판잘 트레일	226
론비라드패스 트렉	346	코운사르낙 트레킹	301
롤랍밸리	244	콜라호이-타지와스 트렉	148
루탄갈리 트레일(키슈트와르 행로)	328	콜라호이패스 트렉	166
룰굴갈리 하산루트	207	키베르계곡 브라마 남면 B.C.	394
리데르-신드밸리 산상호수 트레일	170	키슈트와르국립공원 트레일	378
마르간 초하르낙 트레일	316	키슈트와르밸리(머로우강) 트레일	370
마르초이밸리 트레일	210	키슈트와르밸리~파다르밸리 횡단	382
마와르낙 트레일	327	키아르계곡 바란자르(시클문) 트레일	379
반거스밸리 트레일	231	타타쿠티 초티갈리 트레일	267
벨라마르그 트레일	290	토사마이단	254
보방갈리 트렉	357	툴렐-구레즈(구라스)밸리 트렉	219
브라마사칼 아하르발 트레일	300	팅 전망피크 등정	190
브렝밸리 트레일	315	파르카칙패스 + 눈·쿤 빙하	408
사르가드(사루르계곡) 하행	395	파할감 툴리안밸리 트레킹	188
사베리마르그 트레일	292	팜베르밸리 판즈낙 트레일	322
사피라-루시라 트레일	434	포슈완(꽃의계곡) 트레일	327
샤르골~카르체 종단루트	434	피르판잘 북부 산상호수 트레일	254
샤카르마르그 트레일	288	피르판잘산맥	140
샨시라 트렉	451	피르판잘 산상7호수 트레일	274
세슈낙 경유 와르완밸리 진입(트레킹)	342	하라무크 등정루트	215
세키판잘산맥	144	하라무크산맥	143
센틱라 트렉	366	하라무크 산상호수 트레일	193
수루밸리 & 파르카칙 하이킹	408	하라무크 서키트 트레일	214
수루밸리 사이드트레일	432	하르바그완 트렉	154
수루밸리(카르길) & 눈·쿤 어라운드	407	하르쇼갈리 트렉	304

= 산행이력 =

국내〉 1987년~현재(2020년); 국내 1,000여 산, 1,800회 이상 산행 및 한국 산하 (남한 땅) 1대간-3정맥-13지맥-64기맥 실지답사(신 산줄기체계 재고)

[※ 2000년 금강산 세존봉(1132m) 등정, 2003년 백두산 종주(중국 쪽 경유) 및 이하 국내 설악산·지리산 100회 이상 / 덕유산·오대산 30회 이상 / 속리산 & 월악산 및 문경3산(주흘·운달·백화) 각 30~50회 이상 / 그 외 한라산, 계방산, 함백산, 태백산, 가리왕산 등의 한국 10대 고봉명산 각기 20회 이상 산행]

해외〉

▷ 2011년
- 6월 중국 사천성 **공가산(7556m)** 종단 트레킹
- 11월 네팔 히말라야 **마나슬루(8163m)**⑧ 서키트 트레킹
- 11~12월 네팔 히말라야 **안나푸르나(8091m)**⑩ 일주[북부·서부라운딩+남면 베이스캠프 (ABC)] 트레킹
- 12월 네팔 히말라야 **로체(8516m)**④ · **에베레스트(8848m)**① · **초오유(8201m)**⑥ 베이스캠프 & 쿰부 라운딩 트레킹
- 12월~2012.1월 네팔 히말라야 **가네시히말(7422m)** 동부라운딩 + **랑탕히말(7234m)** 종주 라운딩 [타망 헤리티지 & 랑탕밸리-고사인쿤드-헬람부) 트레킹]

▷ 2012년
- 10월 네팔 히말라야 **안나푸르나(8091m)** 남부라운딩(푼힐~간드룩) 트레킹
- 10월~11월 서부네팔 **돌포~무스탕 GHT**＊ 완주
- 11월~12월 네팔 히말라야 **칸첸중가(8586m)**③ 남·북 베이스캠프 종주라운딩 트레킹
- 12월 동북인디아 **시킴 칸첸중가(8586m) & 카브루(7412m)** 베이스캠프 트레킹
- 12월 **부탄** 히말라야 **조몰하리(7626m)** 남부라운딩[드룩패스; 4400m] 트레킹

▷ 2013년
- 7월~8월 북인도 카시미르히말라야 「**잔스카르**」 종·횡단 트레킹
- 8월~9월 **파키스탄** 카라코람 **발토로빙하(62km), 비아포빙하(61km) & 발토로 4개봉 [K2(8611m)**②, **가셔브룸 1·2봉(8068m/8035m)**⑪⑬, **브로드피크(8047m)**⑫] 베이스캠프 트레킹
- 9월 **파키스탄** 펀잡히말라야 **낭가파르밧(8126m)**⑨ 남·북 베이스캠프 트레킹
- 9월 **파키스탄** 북부카라코람 **파수빙하 및 미나핀빙하 & 라카포시(7788m)·디란(7257m)** 베이스캠프 트레킹
- 9월~10월 네팔 히말라야 **어퍼무스탕(로만탕)** 서키트 트레킹
- 10월 네팔 히말라야 **다울라기리(8167m)**⑦ 서키트 트레킹 [역방향 완주]
- 10~11월 네팔 중부 Low Himalaya **판차세(2750m)** 트렉 종주
- 11월 네팔 히말라야 **마칼루(8463m)**⑤ 서키트 & 베이스캠프 트레킹

~ ★ 이상 히말라야 13좌 베이스캠프 트레킹 완수! {①~⑬ : 히말라야 13고봉} ~

- 11월~12월 동부네팔 아룬밸리-솔루쿰부-**피케(4067m) CHT** 종주라운딩 트레킹
  [마칼루 아룬밸리~살파라~라나다라~걍카르카~피케(4067m)~지리]
- 12월 동부네팔 롤왈링히말 **가우리샹카르(7135m)·체키고(6257m)·바몽고(6400m)**
  베이스캠프 & **초롤파(4540m)** 트레킹
- 12월 중부네팔 **시바푸리(2725m)-헬람부-라우레비나(4640m)-고사인쿤드(4370m)**
  횡단-종단 트레킹

▷ 2015년
- 9월 북인도 가르왈히말라야 **난다데비(7821m)** 서부내원 **다란시패스(4400m)** 트레킹
- 10월 북인도 가르왈히말라야 **난다데비(7821m)** 서남부 순환서키트(Outer Circuit;
  쿠아리패스(3800m)~룹쿤드(4900m)) 종주 트레킹
- 10월 북인도 쿠마온히말라야 **난다데비(7821m)** 동면 베이스캠프 & **밀람빙하 하르데올
  (7151m)·트리슐(7074m)** 트레킹
- 11월 북인도 쿠마온히말라야 **난다코트(6861m) & 난다카트(6611m) 카프니빙하·
  핀다리빙하** 트레킹
- 11월~12월 서부네팔 **아피히말(7132m)** 북면·남면 베이스캠프 종주라운딩 트레킹
- 12월 서부네팔 **아피남파-사이팔(7030m) CHT** 트레킹(BBC* Trek)
- 12월~2016.1월 서부네팔 **무구(라라호수)~줌라 CHT** 종단-횡단 트레킹
- 1월 서부네팔 **카프타드(3300m)** 횡단 트레킹
- 1월 서부네팔 **도르파탄** 크로스(Cross) + 마오이스트 **게릴라트렉** 종주 트레킹
  [잘잘라(3400m)~도르파탄(3000m)~팔구네라그나(3990m)~루쿰]

▷ 2016년
- 6월 카시미르(북인도) **콜라호이빙하(3600m)** 트레킹
- 7월 카시미르(북인도) **강가발(산상호수; 3500m)** 트레킹
- 7월 카시미르(북인도) **키슈트와르국립공원 와르완밸리** 트레킹
- 7월 북인도 잔스카르 **헤미스국립공원 「라마유루-칠링-마르카밸리」** 횡단 트레킹
  [콘즈케라(4920m)~둥둥체라(4600m)~마르카밸리~공마루라(5260m)~헤미스]
- 7월 북인도 라다크산맥 **네북라(5400m)** 횡단 트레킹(누브라밸리~팡공초)
- 8월 북인도 카시미르히말라야 **보방갈리(4800m)-론비라드패스(4600m) GHT** 서키트
- 8월 북인도 잔스카르산맥 **피르체라(5450m)** 횡단 트레킹(잔스카르 파둠~사르추)
- 8월 북인도 창탕고원 트랜스히말라야 **룹슈밸리-초모리리** 종단 트레킹
  [초카르(4500m)~캬마유리라(5420m)~얄룽야우라(5500m)~코르조그(초모리리; 4450m)]
- 8월~9월 북인도 카시미르히말라야 **파랑라(5600m) GHT** 종단 트레킹
  [카시미르 초모리리~히마찰 스피티밸리) 트레킹]
- 9월 북인도 히마찰 **키네르카일라스(6050m) & 조르카덴(6473m)** 파리크라마(코라)
  서키트 트레킹 [차랑라(5320m) 횡단]
- 9월 북인도 **대히말라야 람카가패스(5280m)** 횡단 트레킹
  [카시미르히말라야(히마찰)~가르왈히말라야(우타라칸드)]

- 9월 북인도 가르왈히말라야 **강고트리 쉬블링(6543m)** 빙하 트레킹
- 9월 북인도 가르왈히말라야 **스와르가 로히니(6252m)** 하르키둔 좀다르빙하 트레킹
- 10월 북인도 카시미르히말라야(히마찰) **미야르빙하(4200m)** 트레킹
- 10월 북인도 카시미르히말라야(히마찰) **팡기밸리(3300m)** 트레킹
- 10월 북인도 피르판잘 다울라다르산맥(히마찰) **인드라하르(4450m)** 종단 트레킹
- 10월 북인도 가르왈히말라야 **반다르푼치(6316m) 야무노트리** 야트라(Yatra) 트레킹
- 11월 네팔 카트만두밸리 **ERCT*** 트레킹 답사
  [파나우티~나모붓다~둘리켈~나가르코트~창구]
- 11~12월 네팔 히말라야 서부오지 **CHT** 트레킹 종주
  [훔라~무구~줌라~돌포~〈드와리라그나(패스; 4700m)〉~도르파탄(루쿰·바글룽)~베니(먀그디) 등 7지역 10패스 컬처럴 트레일 완주]
- 12월 중부네팔 **구르자히말(7193m)** 남부라운딩 트레킹[도르파탄~구르자히말 내원]
- 12월 네팔 중부 Low Himalaya **노우다라-사랑코트** 하이루트 트레킹
- 12월 네팔 히말라야 **안나푸르나(8091m)** 남부 시클리스 컬처트렉 완주
- 12월 네팔 히말라야 **가네시히말(7422m)** 남부라운딩 트레킹
- 12월 네팔 동부 Low Himalaya **세이룽(3150m)** 종단 트레킹
- 12월 네팔 카트만두밸리 나가르준 국립공원 **자마초(2220m)** 트레킹 답사

▷ 2017년
- 10월 북인도 히마찰 키나우르 대히말라야 **레오푸르길(6816m)** 항랑밸리 탐승 트레킹
- 10월 북인도 히마찰 라하울 대히말라야 찬드라밸리 **물킬라(6510m)** 동부라운딩 트레킹
  [쿤줌라(4550m)~찬드라탈(4270m)~바랄라차라(4900m)]
- 10월 북인도 가르왈히말라야 **초캄바(7138m)** 판치케다르 트레킹
  [케다르나트/마드마헤슈와르/퉁나트/루드라나트/칼페슈와르]
- 10월 북인도 가르왈히말라야 **하르데올(7151m)** 서면 **바기니빙하 & 3패스** 트레킹
- 11월 북인도 쿠마온히말라야 **판차출리(6904m)** 동면 베이스캠프 트레킹
- 11월 네팔히말라야 **잘잘레히말 밀케다라(3670m)** 트레킹
- 12월 네팔히말라야 **안나푸르나(8091m)** 북면 코라서키트 트레킹
  [역방향 토롱패스(5416m) + 틸리초(4920m)]
- 12월 네팔히말라야 **안나푸르나(8091m)** 남면 베이스캠프 & 하이루트 트레킹
  [ABC~물데(3650m)~푼힐(3210m)~도바토(3500m)]
- 12월 네팔히말라야 **주갈히말(6980m)** 남부라운딩 트레킹
  [판치포카리(4100m)-바이랍쿤드(4160m) 종주]

▷ 2019년
- 12월 말레이시아 키나발루산(4095m) 서미트 트레킹

* GHT = Great Himalayan Trail / CHT : Cultural Himalayan Trail
* BBC Trek = Bhajang-Bajura Cultural Trek
* ERCT = Eastern Rounding Culture Trail

카시미르의 소녀(와르완밸리)